旅游乡村振兴规划研究

——基于秦巴山区脱贫转型

覃建雄　著

中国旅游出版社

责任编辑：刘志龙
责任印制：闫立中
封面设计：中文天地

图书在版编目（ＣＩＰ）数据

旅游乡村振兴规划研究：基于秦巴山区脱贫转型 ／ 覃建雄著. -- 北京：中国旅游出版社，2023.2
ISBN 978-7-5032-6741-3

Ⅰ．①旅… Ⅱ．①覃… Ⅲ．①乡村旅游－旅游规划－研究－陕南地区 Ⅳ．①F592.741

中国国家版本馆CIP数据核字（2023）第026548号

书　　名：旅游乡村振兴规划研究：基于秦巴山区脱贫转型

作　　者：覃建雄著
出版发行：中国旅游出版社
　　　　　（北京静安东里6号　邮编：100028）
　　　　　http://www.cttp.net.cn　E-mail:cttp@mct.gov.cn
　　　　　营销中心电话：010-57377103，010-57377106
　　　　　读者服务部电话：010-57377107
排　　版：北京旅教文化传播有限公司
经　　销：全国各地新华书店
印　　刷：北京工商事务印刷有限公司
版　　次：2023年2月第1版　2023年2月第1次印刷
开　　本：787毫米×1092毫米　1/16
印　　张：28.5
字　　数：560千
定　　价：79.00元
ＩＳＢＮ　　978-7-5032-6741-3

前　言

　　2018 年 12 月 20 日，第 73 届联合国大会通过了《消除农村贫困　落实 2030 年可持续发展议程》（以下简称《议程》）决议草案。《议程》中设定了人类社会的可持续发展目标，到 2030 年在全世界"消除地球上一切形式的贫困"，既包括收入不能满足基本需求的"贫"，也包括不能获得基本教育、医疗卫生、劳动就业、住房等带来的"困"。2018 年 9 月，党中央、国务院印发了《国家乡村振兴战略规划（2018—2022）》。2020 年我国现行标准下农村脱贫人口全部实现脱贫，脱贫县全部摘帽，区域性整体贫困得到解决，实现了全面小康社会这一宏伟目标。2021 年 3 月，党中央、国务院发布《关于实现巩固拓展脱贫攻坚成果同乡村振兴有效衔接的意见》，就是要求打赢脱贫攻坚战，全面建成小康社会后，在巩固拓展脱贫攻坚成果的基础上，做好乡村振兴这篇大文章，持续推进脱贫地区高质量发展和群众生活持续改善。可见，当前在扎实做好巩固脱贫攻坚成果的同时，如何找到科学解决脱贫转型与乡村振兴衔接的有效方法及实现路径，做到未雨绸缪，已成为当务之急，意义重大。

　　生态旅游的核心理念是可持续发展，本质特征是自觉责任心，同时具有旅游、环境保护、社区发展及教育四大功能。也就是说，生态旅游的重要责任和核心义务之一，就是帮助促进目的地社区经济社会可持续高质量发展。或者说，旅游脱贫转型和乡村振兴就是生态旅游自身的重要功能和应该担负的责任和义务之一。因此，旅游脱贫转型及乡村振兴成为贫困山区生态旅游发展的重要使命和目标，而基于生态旅游基础上的旅游脱贫转型和乡村振兴规划则成为贫困山区实现最终脱贫和乡村振兴的理想途径。一方面，通过生态旅游产品的规划、开发、包装、出售，给贫困山区带来实际的经济收益增加。另一方面，在促进社区经济效益增长的同时，推动社区资源合理利用、生态环境保护与地域文化自信的同步提升，从而实现经济效益、社会效益与生态效益的和谐统一。更重要的是，生态旅游主张以生态文明观为统领，统筹贫困山区科学脱贫转型和乡村振兴，促进区域乡村经济社会可持续发展。生态旅游脱贫转型和乡村振兴不仅强调旅游者、经营者、管理者、旅游业对贫困山区的自觉责任心，更要关注贫困山区生态旅游发展过程中经济发展、环境保护、社区服务和生态教育等功能效益的统一性。

生态旅游因其先进的理念、主张、功能和价值观，而呈现出与旅游脱贫转型和乡村振兴发展理念之间一种天然的成因联系，这就决定了生态旅游发展模式成为脱贫转型途径和乡村振兴最理想、最重要、最科学、最切实际、最值得推崇的发展模式。主要表现在如下几个方面：一是生态旅游目的地往往就是贫困山区和乡村振兴的主战场，与贫困乡村社区、民族地区、边远山区、革命老区相一致，这些地区通常是高品质生态旅游资源富集区，也是开展经典生态旅游活动的理想场所；二是旅游脱贫转型和乡村振兴发展是生态旅游本身的重要内容和组成部分，生态旅游促进脱贫转型和乡村振兴发展的使命与贫困山区渴望高质量发展的诉求不谋而合；三是生态旅游的环境保护功能与贫困山区生态脆弱的天然性前后呼应，生态旅游发展就是通过就地取材，强调发挥贫困山区资源特色优势，走独具特色的生态旅游经济可持续发展之路；四是贫困山区社会文化的复杂性、教育科技和发展理念的相对滞后性，与生态旅游强调的生态环境伦理教育功能不谋而合，在注重贫困山区经济发展和乡村振兴的同时，又注重贫困山区资源环境保护与文化生态的共同进步。可见，生态旅游成为贫困山区脱贫转型和乡村振兴的最佳模式和路径。

以秦巴山区为代表的我国广大中西部边远山区和革命老区，多样化的自然地理条件及区域空间差异性，决定了传统工业化发展模式无法完美地解决中西部山区可持续发展所面临的根本问题。这些地区有其独特的自然环境条件、历史人文背景和经济社会特性，客观上要求走符合当地具体实际的生态经济发展道路。通过发展生态旅游业，贫困山区扬长避短，发挥原生态自然和人文景观资源的特色和优势，有利于促进贫困山区旅游资源优势向旅游产业优势再向旅游经济优势转化，进而实现我国除工业化以外的另一种可持续发展之路——生态旅游经济发展模式。通过发展生态旅游业，贫困山区生物多样性和文化多样性，及其相关的丰富的原生态自然山地和人文景观旅游资源，相对于平原和沿海地区形成了明显的比较优势，从而有利于促进区域经济社会的发展。通过发展生态旅游业，广大山区多样化的地理空间和多元化的环境要素形成了沿海和平原城市所不具备的比较优势，在保持山地乡村固有风貌基础上，通过生态旅游发展提升农业生产的附加值，有利于壮大农业生产能力、推动农业现代化发展。通过生态旅游业发展，不仅弥补了工业化"不能上山"的短处，而且发扬了广大山区生态旅游资源富集的长处，并能很好地实现发展与保护的辩证统一，从而在解决贫困山区乡村脱贫转型和乡村振兴的过程中发挥特殊的作用和意义。

通过秦巴山区旅游脱贫转型和乡村振兴规划理论与实践证实，我国中西部边远山区、民族地区和革命老区，作为旅游资源富集的限制开发与禁止开发的广大区域，脱贫转型和乡村振兴的关键是培育"造血"功能，要有突出当地资源特色的产业带动，这个产业就是绿色产业，严格讲就是生态旅游业。生态旅游业由于其产业特色与优势，能够在促进广大山区经济社会全面发展的同时，实现资源与生态环境的保护与可持续发展，并在 2020 年后脱贫转型及乡村振兴过程中，仍将发挥其优势产业和主导产业的独特作用。广大山区乡村振兴与可持续发展的战略思路是，坚持生态文明观，以可持续旅游理念为引领，以生态旅游业作为战略性支柱产业，带动整个中西部广大山区城乡建设、空间形态、产业布局、经济发展、社会进步、资源利用和环境保护等全面协调可持续发展。通过生态旅游业发展，带动当地经济社会全面发展，从而实现旅游脱贫转型和乡村振兴。在此基础上按照高质量发展要求，进一步充分发挥生态旅游业发展在乡村振兴实践过程中的优势和龙头作用。要实现这个目标，关键是要创新体制机制，为确保实现生态旅游业作为区域战略性支柱产业的地位保驾护航，最终保证区域生态旅游战略性支柱产业的健康可持续发展。

本书以习近平总书记精准扶贫、脱贫攻坚成果与共同富裕、乡村振兴、高质量发展及"两山"理论为统领，运用生态旅游扶贫、主体功能区、国家公园体系、国土空间规划体系、山地生态经济、可持续发展综合研究方法体系，在生态旅游精准脱贫规划成果基础上，提出秦巴山区 2020 年后脱贫转型与乡村振兴战略思路及实施路径，进而编制基于生态旅游理念的旅游脱贫转型规划及旅游乡村振兴规划框架体系。具体从旅游高质量发展视角，通过阐述脱贫转型的概念、内涵及特征，旅游脱贫转型及乡村振兴战略意义，以及旅游脱贫转型和乡村振兴战规划的作用，运用生态旅游脱贫、主体功能区、国家公园、国土空间规划、山地生态经济及可持续发展理论和方法，构建旅游脱贫转型及乡村振兴规划的内容框架体系。在此基础上，系统介绍了秦巴山区旅游脱贫规划、旅游脱贫转型规划及旅游乡村振兴规划相关成果，具体主要包括规划总则与基础条件、旅游产业发展规划、旅游产业脱贫转型规划、旅游脱贫转型空间体系规划、旅游脱贫转型区域协作规划、旅游脱贫转型支撑体系规划、旅游脱贫转型保障体系规划、旅游乡村振兴规划路径及重点、旅游乡村振兴规划纲要，以及体制机制创新与规划实施。尽可能地反映近年来国内外在旅游脱贫转型、旅游乡村振兴等领域的理论研究进展，以及我国在旅游脱贫规划、旅游脱贫转型规划及旅游乡村振兴规划等方面的实践经验。

本书系作者近十几年来对以秦巴山区为代表的中西部广大山区生态旅游脱贫、生态旅游脱贫转型及生态旅游乡村振兴规划相关研究课题的阶段总结。感谢文化和旅游部、四川省文化与旅游厅、四川社科联、四川旅游规划设计研究院等给予的项目合作，感谢秦巴山区有关省（市）、市（州）、县（区）相关部门在实地调研与资料收集过程中所给予的大力支持！在本专著撰写过程中，何星博士和宋慧娟博士分别参加第一章第二节和第四章第一节的编写，在此表示衷心感谢！感谢四川旅游规划设计研究院徐蓓兵原院长、张先智院长给予的全力帮助，感谢原四川省旅游局局长何一心教授级高工、原四川省旅游局规划处处长陈隆志教授级高工、中国科学院成都山地研究所何毓成研究员等专家所提出的建议，感谢四川旅游规划设计研究院索林军所长、李楠硕士以及四川旅游发展研究中心主任李树信高工的大力支持和愉快合作！与此同时，陈璇博士、潘安博士、陈兴博士、蔡新良博士、张敏敏博士、宋慧娟博士、陈赖嘉措博士、曹兴华博士、海笑博士、陈敏硕士、龚桂莉硕士等，参加了本研究的野外调研及室内资料整理、图件绘制等相关工作，在此一并致谢！最后，衷心感谢项目规划研究过程中相关参与个人和机构给予的支持和帮助！

本书引用了相关专家学者的相关文献和专著成果，在此对他们的劳动一并表示衷心感谢！本书是一种尝试，更是一种探索。由于作者水平所限，书中疏漏、错讹之处在所难免，在此恳请广大学者和同行批评指正！

目　录

第一篇　研究背景及意义

第二篇　规划理论基础与方法体系

第三篇 规划框架体系及要求

第四篇 旅游脱贫转型规划研究：秦巴山区

第五篇　旅游乡村振兴规划研究：框架体系

第一篇
研究背景及意义

第一节　脱贫转型及乡村振兴沿革

一、贫困与脱贫

自从人类社会出现以来，贫困问题一直伴随着人类社会和经济发展。在某种意义上说，人类文明发展史，就是人类不断与贫困作斗争的历史。联合国在 1945 年成立时，就把"消灭贫困"庄严地写进了《联合国宪章》。然而，当人类社会进入 21 世纪的时候，日益严峻的贫困问题摆在人类面前，消除贫困成为全世界的一项迫切任务。1992 年年底，第 47 届联合国大会通过决议，确定每年的 10 月 17 日为国际消除贫困日，要求各成员国宣传和促进全世界消除贫困工作，采取具体的脱贫行动。据联合国统计，目前发展中国家仍有近 10 亿人口生活在绝对贫困状态。据世界银行数据，2021 年有 6.96 亿人生活在极端贫困之中，10.03 亿人生活在脱贫线以下；全球 2022 年可能会新增 7500 万极端脱贫人口。每年约有 1800 万人死于贫困（王颖，2006）。贫困是当今全世界关注的重大社会经济问题，人类为了摆脱贫困进行了不懈的努力。消除贫困（脱贫）是全人类的共同目标，是保证社会公平持久发展的根本问题。

随着对贫困问题研究的不断深入，人们对贫困的认识也在不断提高。一方面，研究"贫困"的视野正朝着多元化方向不断拓展；另一方面，缓解贫困和消除贫困的政策也在不断完善之中（林闽钢，2018）。由于贫困现象具有多样性和复杂性，不同国家、群体受特定政治、经济、社会条件的影响，对贫困的理解各不相同。同一国家、群体在不同时期对贫困的认识也在不断发展变化。贫困作为一种特殊的社会现象，不会因为经济社会的快速发展而消失（周仲高和柏萍，2014）。贫困作为物质资源匮乏或遭受剥夺的状态，其典型特征是不能满足基本生活需求（周仲高和柏萍，2014）。我国自改革开放以来，经济持续发展，社会财富不断累积，脱贫工作取得了前所未有的巨大成就，于 2020 年年底实现了全面小康社会的宏伟目标，但相对贫困仍然存在。

（一）绝对贫困

绝对贫困是针对满足生存需求而言的。绝对贫困也称生存贫困（subsistence poverty），是指在一定的社会生活及生产方式下，个人和家庭依靠其劳动所得及其他合法收入不能维持其基本的生存需要，这样的个人或家庭即为贫困人口或贫困户（林闽钢，2018）。最早对绝对贫困（absolute poverty）进行系统性调查和研究的是英国的布思（C.J. Booth，1840—1916），绝对贫困概念的提出是以生存观念为基础的，就是指为了维持身体功能而必须满足的基本条件。对"绝对贫困"进行研究的另一重要人物是朗特里（B. S. Rowntree），1901 年他编写出版了专著《贫困：城市生活研究》（Poverty：A Study of Town Life）（Peter Malpass，2012）。在书中，他较为明确地界定了"贫困"的概念，并确定了"绝对贫困标准线"，即如果某家庭的总收入不足以获取维持纯粹体能所需的最低数量的生活必需品，那么该家庭就是处于贫困状态（林闽钢，2018）。国际脱贫线标准（International Poverty Line Standard，IPLS）实际上是一种收入比例法（林闽钢，2018）。经济合作与发展组织（OECD）在 1976 年通过对其成员国的一次大规模调查后提出了一个贫困标准，即以一个国家或地区社会的中位收入或平均收入的 50% 作为这个国家或地区的脱贫线，这就是被广泛运用的国际脱贫线标准。

朗特里将绝对贫困理解为物质上的匮乏。在此基础上，他将贫困划分为：初级贫困（primary poverty）和次级贫困（secondary poverty）。初级贫困是指家庭全部收入不足以获取维持身体功能所需的最低生活必需品。在这里，初级贫困实际上相当于绝对贫困。不过，它更强调贫困的客观性，也就是生存资源的绝对匮乏。次级贫困则是指如果不把收入的一部分用于其他方面的支出（不管是有用的还是浪费的），收入足以维持身体功能方面的最低需要（林闽钢，2018）。

绝对脱贫人口规模与脱贫线标准设定密切相关。脱贫线标准是国际社会认定"贫困"的重要指标，它具有动态性特征。按照世界银行定义的国际脱贫线标准，脱贫人口是指每天生活费低于 1.25 美元的人群。据以前统计，以绝对贫困标准测算，我国农村绝对脱贫人口规模从 2000 年的 3209 万人下降到 2008 年的 1004 万人，绝对贫困发生率从 2000 年的 3.5% 下降到 2008 年的 1%（周仲高和柏萍，2014）。从我国脱贫人口数量来看，按 2010 年贫困标准（农村居民家庭人均纯收入 1274 元），脱贫人口仍有 2688 万人，而按 2011 年修订后的贫困标准（农村居民家庭人均纯收入 2300 元），中国还有 1.28 亿的脱贫人口。2013 年脱贫人口减少到 8249 万人，下降了 1650 万人。从 2014 年以后，脱贫标准改为 2800 元，我国脱贫人口减少到 7017 万人，下降了 1232 万人；2015 年脱贫人口减少到 5578 万人，下降了 1439 万人；2016 年脱贫人口减少到 4335 万人，下降了 1243 万人；2017 年脱贫人口减少到 3046 万人，减少了 1289 万人；2018 年脱贫人口减少到 1660 万人，减少了 1386 万人。直到 2020 年年底，中国已经进入一个没有"贫困"的时代。在此过程中，脱贫的要求从以吃、住为主，逐渐向吃、住、健康等标准转变。

贫困形成及脱贫均与制度有关。从贫困形成来看，资本短缺、资源贫乏、人口失控、自然地理条件及科技文化落后等都是贫困成因的表象，它们都可以在制度分析中找到答案。而制度落后和制度供给短缺才是贫困形成的重要根源。从脱贫来看，好的制度变迁和制度创新是脱贫取得成功的关键（黄渊基，2017）。2010 年开始，随着脱贫工作的推进，我国绝对脱贫人口大幅减少，绝对贫困发生率已经很低，并在 2020 年年底实现了全面脱贫目标。在脱贫人口中，相对贫困问题日益凸显，按照相对贫困标准线统计，我国相对脱贫人口总数约有 2.6 亿人，相对脱贫人口正在成为贫困的主体（周仲高和柏萍，2014）。在相对脱贫人口中，除农村相对脱贫人口外，城市相对脱贫人口也值得重视，随着城市化的推进，生活在城市的相对脱贫人口规模呈不断上升态势（周仲高和柏萍，2014）。

周仲高和柏萍（2014）认为，贫困发生的原因很多，大致可以归结为资源禀赋、市场竞争和体制机制三类因素，而贫困代际传递则是以上各种因素在代际之间综合作用的结果：①资源禀赋劣势是贫困发生的客观条件；②脱贫人口在市场竞争中处于弱势地位；③制度性贫困导致脱贫人口丧失发展机会；④贫困因素的综合深化促使贫困在代际之间传递。

（二）相对贫困

相对贫困与绝对贫困共存、相对贫困凸显，曾经是我国社会贫困的一个显著特征（周仲高和柏萍，2014）。相对贫困是与绝对贫困相对而言的，是指与社会平均收入相比，其收入水平少到一定程度时所维持的那种社会生活状况。各社会阶层之间和各阶层内部的收入差异，通常是以一个国家或地区社会中位收入或平均收入的 50%，作为这个国家或地区的相对脱贫线（周仲高和柏萍，2014）。通常把人口的一定比例确定生活在相对的贫困之中。随着经济社会发展，贫困表现为一种相对状态，逐渐从内涵拓展至精神层面。

到 20 世纪 80 年代，"贫困"概念日渐被拓宽，人们逐渐意识到，人类福祉的很多方面是无法完全用货币来衡量的（林闽钢，2018）。以货币作为衡量贫困尺度的前提是，货币能在市场上购买到一切。然而，尽管货币作为度量贫困的一个重要维度，但它并不能完整地反映其他方面问题，如预期寿命、教育、健康、自由、安全、公共服务等。因此，"贫困"是个多维度概念，不仅仅是指收入低下。

阿玛蒂亚·森[①]（2001）从能力贫困的视角出发，认为贫困的实质是人们创造收入和机会的贫困，是人们缺乏维持正常生活和参与社会活动的可行能力，即贫困应该被认为是对人们可行能力的剥夺（林闽钢，2018）。此外，阿玛蒂亚·森还从权利的角度提出了权利贫困的定义，提出了基于人头指数、贫困距离和脱贫人口的基尼系数的一个贫困综合指数——森贫困指数（许加明，2020），他把视野转向贫困者权利的缺乏或被剥夺，认为贫困是由于权利丧失的结果，并提出了权利方法，把贫困的原因归结为权利贫困。从阿玛蒂亚·森的新界定，"贫困"从此被赋予了全新的内涵，即贫困不再仅仅局限于物质生活方面的匮乏，还包括人们在社会生活、精神文化生活、政治

---

① 阿玛蒂亚·森，印度著名经济学家，1998 年获得诺贝尔经济学奖。他从能力的视角提出能力贫困的概念，从权利的视角提出了权利贫困的定义，提出了结合人头指数、贫困距离和脱贫人口的基尼系数的一个贫困综合指数——森的贫困指数。典型的著述是《贫困与饥荒：论权利与剥夺》。

生活方面的匮乏，意味着人们处于一种被社会排斥和相对剥夺的生活状态（林闽钢，2018）。从此，"多维贫困"（Multidimensional Poverty）概念（Satya R. Chakravarty，2008）应运而生。

联合国开发计划署（United Nations Development Programme，UNDP）于1990年发布的《人类发展报告》中指出，人们应该同等具有享受长寿、健康和创造性的生活条件和权利，应该创造出这种生活环境。并首次提出了"人文贫困"与"人类发展指数"（Human Development Index，HDI）的概念。"人文贫困"即缺乏最基本的个人发展机会和选择权。"人类发展指数"由三个维度组成：一是出生时的预期寿命；二是预期受教育年限（包括成人识字率）；三是购买力平价折算的实际人均国内生产总值（GDP）。

联合国开发计划署在1997年的《人类发展报告》中，提出了"人类贫困指数"（Human Poverty Index，HPI）的概念，将该指数作为衡量一个国家人类平均发展水平的参考指数。"人类贫困指数"有关发展中国家的三个维度指标分别是寿命、读写能力和生活水平。联合国2000年的《千年发展目标》（Millennium Development Goals，MDGs）中提出了人类发展目标，即消除极端贫困和饥饿、普及小学教育、促进性别平等和提高妇女权利、降低儿童死亡率、改善产妇保健、与艾滋病、疟疾和其他疾病做斗争、确保环境的可持续能力、全球合作促进发展，这些目标维度是建构多维贫困维度的基础（林闽钢，2018）。

联合国开发计划署通过采用"Alkire-Foster方法"测算全球多维贫困结果[①]，阿尔基尔和福斯特在此基础上，于2010年提出了"全球多维贫困指数"概念，包括教育、健康、生活水平三个贫困维度共10个指标，提出在每年的《人类发展报告》中，公布全球多维贫困状况。

2015年9月，联合国提出了《2030年可持续发展议程》，该议程设定了人类社会到2030年的"可持续发展目标"（Sustainable Development Goals，SDGs）。其中，第一个目标就是到2030年，实现"消除一切形式的贫困"，并实现可持续发展。"在全世界消除一切形式的贫困"，既包括收入不能满足基本需求的"贫"，也包括由于不能获得基本教育、医疗卫生服务、住房、劳动市场就业等带来的"困"，总体上表现为在社会上的劣势和参与机会缺失。在此基础上，多维度的贫困——相对贫困的概念即应运而生。

相对贫困的指标体系主要针对收入、就业、教育、住房、健康五个方面进行测量，同时结合生命周期，进而得出不同生命阶段的具体指标。相对贫困评估结果超越了传

---

① 2007年5月，由阿马蒂亚·森发起，在牛津大学国际发展系创立了牛津贫困与人类发展中心（Oxford Poverty and Human Development Initiative，OPHI），致力于多维贫困的测量。该中心主任阿尔基尔（S. Alkire）和福斯特（J. Foster）根据基本能力理论，提出了计算"多维贫困指数"（Multidimensional Poverty Index，MPI）的"Alkire-Foster方法"，以此评价多维贫困状况。

统的贫困概念，即从经济的贫困转变到了多层面的贫困，由静态、单一层面转为动态、立体层面，由个人或家庭扩大到社区，从聚焦分配转向聚焦关系，由侧重社会关系的连续性转向灾难性中断（林闽钢，2018）。

张茜（2018）从收入、教育、健康保险、资产和生活质量五个维度，选取了包括人均年收入、受教育程度、医疗保险、养老保险、电器资产、生活负担、掌握技能、居住环境、经济地位在内的9个二级指标，构成了识别贫困群体多维贫困的指标体系。采用模糊集方法中的完全模糊和相对方法（Totally Fuzzy and Relative Approach, TFR）构建多维贫困模糊指数，进而对中国农村家庭的多维贫困状况进行了测度和分类。研究结果表明，单维度的贫困发生率主要集中在生活负担、居住环境、经济地位和人均年收入等方面，多维模糊—随机森林模型在识别贫困方面具有很高的精度。

二、生态旅游与旅游脱贫

（一）生态旅游

本书中的生态旅游系指现代生态旅游，即在生态文明观指导下，真正的生态旅游资源或者吸引物，在生态旅游环境（自然环境和人文环境）中，经过生态旅游媒体（旅游企业、旅游事业、旅游业等）的生态加工过程所形成的生态旅游产品（生态旅游区或生态旅游地）。在此基础上，经过生态旅游者采取生态友好方式，进行负责任的生态旅游活动，所产生的全新形式的生态旅游——可持续发展理念不仅贯穿生态旅游资源经过科学规划设计和绿色开发建设→真正的生态旅游产品→生态旅游媒体的绿色旅游经营管理→生态旅游可持续发展的始终，而且贯穿于真正的生态旅游者离开旅游客源地到达生态旅游目的地，进行真正的生态旅游活动，然后返回旅游客源地的整个过程的各个环节和层面，是生态旅游发展的全新阶段和顶级层面（覃建雄，2018）。

现代生态旅游并非简单的"一种行为""一种经历""一种过程"，亦非单纯的"一种原理""一种理念""一种理论""一种方式""一种模式"等，而是更为复杂、立体、综合、动态的系统动力综合体（Dynamicaly Systmetical Complexcity），是负责任的绿色旅游和可持续旅游，是新时代的全域生态旅游（覃建雄，2018）。现代生态旅游并非传统的、所谓经典的唯自然生态旅游是论，而是在可持续发展原则下的全域开放，只要符合了生态文明、可持续发展、原生态美特质，以及资源节约、环境友好、对社区自觉负责任的，无论是自然的还是人文的，都应纳入现代生态旅游客体范畴中。

1. 生态旅游的本质

这里的生态旅游特指现代生态旅游，是以生态文明观为指导，以可持续发展为目标，建立在现代旅游系统理论框架下，将可持续发展理念贯穿生态旅游系统各个亚系统、子系统、小系统、微系统的现代旅游。现代生态旅游涉及生态旅游主体、生态旅游客体、生态旅游媒体、生态旅游载体四个端元，其中任何一个、两个或三个端元之间的相互作用均难以定义真正的生态旅游。现代生态旅游定义应该是，真正的生态旅游主体、真正的生态旅游客体、真正的生态旅游媒体、真正的生态旅游载体之间相互影响、共同作用而形成的可持续旅游系统，是复杂、综合、动态的系统动力综合体，是真正意义上的生态旅游。

现代生态旅游并非单一定义的简单概念，而是客观存在的复杂综合体。这个综合体，在理论上是一个系统动力学理论，在实践中是一个系统动力综合体。它建立在生态旅游主体、生态旅游客体、生态旅游媒体、生态旅游载体四个亚系统之上，而每一个亚系统又是由分属的不同类型的下一层级子系统、小系统和微系统所组成（覃建雄，2018）。所以，现代生态旅游在横向上或空间上具有各自分布的异质性和规律性，在纵向上或时间上具有成因连续性和相关性。但应强调的是，现代生态旅游不只是由纵向和横向两个方向维度的变量构成，而是由多维、全域、多元化、多成因、多期性、动态性的变量有机组合而成的复杂综合体。

现代生态旅游是人们一直追寻的目标，该目标的真正实现需要一个过程。关于现代生态旅游实践标准问题，国内与国外之间存在明显的差异。国外将通过国际生态旅游认证的相关生态游归结于真正的生态旅游，但同一种标准在国内的实践情况则有所不同。现代生态旅游在国内的具体实施和实现，需要国外生态旅游认证标准与国内具体实践之间的科学结合。这就涉及国内认证机构及其监督过程，以及标准的具体实施、实施真实性和实施有效性等问题。现代生态旅游理论体系上的复杂性和多维性，决定了现代生态旅游实践中的难度，即现代生态旅游的实践与实现，需要相关部门机构、人员、行业等，以全新方式鼎力相助和有机协作，即需要全方位、全领域朝着可持续发展这一目标共同努力。这就是所谓的全域生态旅游实践的概念。

现代生态旅游一方面不等同于传统的生态旅游系统，不应与传统生态旅游系统相混淆；另一方面，在参与、研究、实施、实践现代生态旅游的过程中，不能忽视了生态旅游系统理论的指导。"负责任旅游"并非"有责任旅游"。"负责任旅游"不只是针对旅游主体，而是针对旅游主体、旅游客体、旅游媒体和旅游载体各方面构成的生态旅游系统所有相关领域的"自觉负责任的旅游主体"，"负责任旅游"不是被动或强迫式的"有责任旅游"，而是乐于负责任、热心负责任、主动负责任的友好、节约、绿色的可持续旅游（覃建雄，2018）。

2. 生态旅游的特点

作为自觉负责任的可持续旅游和复杂、动态的综合动力学系统，现代生态旅游在强调旅游功能、保护功能、教育功能和社区功能四大基本功能基础上，极力主张"五观"（覃建雄，2018）：①自觉责任观，即强调生态旅游整个过程中各相关利益主体的自觉责任心，既包括生态旅游者、生态旅游地、生态旅游业和生态旅游环境各级层面主体的自觉责任心，也包括生态旅游发展过程中全社会所有相关主体的自觉责任心；②动力系统观，即强调生态旅游不只是生态旅游者与生态旅游地之间的时空动态关系，而且是由真正的生态旅游主体、生态旅游客体、生态旅游媒体、生态旅游载体四端元之间不同级别和维度的系统、变量、因子之间相互作用、有机构成的系统动力综合体；③可持续旅游观，强调以可持续发展为目标，将可持续发展理念贯穿于生态旅游发展过程不同层面和各个环节之中，即强调旅游目的地社会、经济与资源环境系统协调发展；④全域发展观，即在强调游客高质量生命体验的同时，强调生态旅游地社区根本利益和资源环境保护，强调生态旅游企事业和相关行业之间的鼎力协作与发展质量，也强调不同旅游发展环境之间政治、经济、社会、生态、科技等的协调可持续发展；⑤生态文明观，即强调环境与发展的辩证关系，强调环境哲学理论框架下改善和提高生活质量，共享平等、自由、教育的成果，强调天—地—人的高度和谐统一。可见，现代生态旅游从某种程度上讲，是一个国家或地区政治、经济、社会综合发展水平的综合体现，是衡量一个国家或地区全民综合素养和文明程度的重要标志，现代生态旅游构成一个国家或地区重要的综合软实力，也是维护世界公平、公正、正义、和平的重要力量。

3. 生态旅游的优势与契机

世界已经进入"旅游时代"，全球生态旅游面临前所未有的发展机遇。中国正在进入生态经济时期，正在成为 21 世纪全球生态旅游目的地之一。目前，旅游基本实现了休闲化、大众化和社会化，成为人们一种普遍的生活方式和基本权利。根据世界旅游业理事会（World Travel & Tourism Council，WTTC）数据，2018 年旅游业对全球 GDP 的综合贡献为 7.98 万亿美元，占全球 GDP 总量的 1/10。我国 2018 年旅游业收入对全国 GDP 的综合贡献为 9.94 万亿元，占 GDP 总量的 11.04%。2020 年新冠肺炎疫情开始大流行，当年旅游业对 GDP 的贡献下降到 4.8 万亿美元，2021 年回升到 5.8 万亿美元。WTTC 预测，旅游业对全球经济贡献 2023 年将恢复到疫情前水平而全球生态旅游年增长率 25%~30%。可见，生态旅游是世界旅游活动中非常重要和增长最快的部分，生态旅游俨然已成为全球性旅游的潮流。

随着全域旅游成为国家战略，生态旅游业成为满足人民群众对美好生活日益增长需求的现代服务业和战略性支柱产业。健康幸福、美好生活、延年益寿是人类追求的永恒主题，人们对健康、养生、养老、长寿、幸福生活的需求更加迫切。旅游业已成为新时代提高国民素质、改变国民生活方式、提升国民体能和智力的幸福产业。生态旅游业正成为建设美丽生态、富裕文明国家的绿色产业，成为百姓增收致富、提高生活质量、全面建成小康社会的民生产业，成为对外交流合作的开放产业。随着信息时代、大数据时代、散客时代、高铁时代、全球一体化时代的到来，旅游空间、游客目的、需求动机、旅游方式、游客市场等正在发生革命性变革，现代生态旅游发展及其综合作用正面临前所未有的契机。

我国中西部边远山区和革命老区，其独特的自然环境条件、历史人文背景和经济社会特性，客观上要求走符合当地具体实情的生态旅游经济发展道路（覃建雄，2018）。通过发展生态旅游业，贫困山区扬长避短，发挥原生态自然和人文景观资源的特色和优势，有利于促进贫困山区旅游资源优势向旅游产业优势再向旅游经济优势转化，实现我国工业化以外的另一种可持续发展之路——生态旅游经济发展模式。通过发展生态旅游业，山区生物多样性和文化多样性，及其相关的丰富的原生态自然山地和人文景观旅游资源，相对于平原和沿海地区形成了明显的比较优势，有利于促进区域经济社会的发展。通过发展生态旅游业，贫困山区多样化的地理空间和多元化的环境要素形成了沿海和平原城市所不具备的比较优势，在保持山地乡村固有风貌基础上，通过旅游发展提升农业生产的附加值，有利于壮大农业生产的能力、推动农业现代化发展。通过生态旅游业发展，不仅弥补了工业化"不能上山"的短处，而且发扬了贫困山区生态旅游资源富集的长处，并能很好地实现发展与保护的协调统一，从而在解决贫困山区乡村脱贫和乡村振兴的过程中发挥独特的作用和意义。

由于生态旅游的综合性、关联性、拉动性、辐射性等产业特点，生态旅游实践的优势既能"上山"又能"下山"，加之其理念的新颖性以及理论的先进性、战略性和带动性（覃建雄，2018），生态旅游已在全球可持续发展中发挥特殊作用。随着我国轰轰烈烈的脱贫转型和乡村振兴战略的实施，生态旅游面临前所未有的发展契机和优势，应该在我国乃至全球可持续发展中发挥愈加突出的作用和贡献。

（二）生态旅游脱贫

有关旅游脱贫，至今学术界没有一个大家认同、统一、明确的定义。本文认为，生态旅游脱贫就是以生态文明观为统领，通过广大贫困山区丰富的生态旅游资源开发，兴办生态旅游经济实体，生态旅游业成为贫困山区战略性支柱产业，促进贫困山区居民和地方财政的双脱贫致富，实现贫困山区经济社会与资源环境协调可持续发展。旅游脱贫的对象主要是贫困山区或乡村区域，由于广大的贫困山区往往处在远离大城市、交通不便的大山深处、偏远山区，而这些地区往往也是少数民族聚集区、革命老区和生态屏障区，所以贫困山区通常成为生态旅游脱贫对象统一的代名词。生态旅游脱贫的前提是贫困山区必须具备一定丰度和品质的旅游资源，而贫困山区往往就是山地生态乡村旅游资源富集区域，正因为如此，生态旅游脱贫成为广大贫困山区脱贫转型最主要的方法和路径。生态旅游脱贫的目的就是贫困山区居民实现就业和收入增加、地方财政脱贫致富，乃至乡村振兴可持续发展。生态旅游脱贫的方法和手段是就地取材，简而言之，就是通过贫困山区独特的旅游资源开发促进当地经济社会发展。生态旅游脱贫不能简单地等同于一般的经济欠发达地区的旅游开发（王铁，2008）。生态旅游脱贫与传统的旅游脱贫，在脱贫方法、路径、规划、建设、要求、标准等方面，具有不同程度的差异性（覃建雄，2018）。传统的旅游脱贫主要强调的是，贫困山区的旅游刚性脱贫，尤其强调旅游脱贫的经济效益。与之相比较，生态旅游脱贫是在可持续发展理念指导下的旅游脱贫，除了强调旅游脱贫的经济效益，同时注重旅游脱贫的社会效益和生态效益，即注重广大贫困山区旅游脱贫的经济、社会、生态三大效益的统一（覃建雄，2018）。

三、脱贫转型与乡村振兴

（一）脱贫转型

目前我国已经实现社会全面小康的脱贫目标，也就是于2020年即"十三五"期末，确保中国现行标准下农村贫困人口实现脱贫，脱贫县全部摘帽，解决区域性整体贫困的目标。具体是基于国内经济发展水平提高以及人们在吃、住等基本生活成本上升后的实际情况，国家以2011年人均年收入2300元（2014年以后脱贫标准为2800元）作为绝对脱贫线，对相关贫困地区进行评估。

按照这个标准估算，已于2020年年末，我国脱贫县自然走入历史，进入了一个没有"贫困"的时代。然而，这里需要指出的是，这是按照农民人均收入2300元（按2014年以后脱贫标准为2800元）计算的脱贫人口在统计意义上的消失，绝对不意味着中国农村贫困的终结（李小云和许汉泽，2018）。原因主要包括：

（1）现有脱贫主要解决的是区域性整体贫困问题，2020年农村脱贫人口实现脱贫，针对的是全国连片特困地区的脱贫县全部摘帽，但这并不意味着所有贫困的彻底消失；（2）现有脱贫主要是解决绝对贫困问题，因为贫困标准及脱贫线的设定，是按照2011年2300元（按2014年以后脱贫标准为2800元）的要求计算的（李小云和许汉泽，2018）；（3）作为贫困的重要组成部分，相对贫困将依然长期存在，如收入差距、公共服务资源不均、社会不公平现象等，这是全世界尚未解决的重大问题；（4）2300元的贫困标准线（按2014年以后脱贫标准为2800元）并非固定不动的，2300元以上的群体（已脱贫群体）仍然有可能在各种变化风险中再次掉入脱贫线以下（李小云和许汉泽，2018）；（5）脱贫线是一个动态的概念，随着生活水平和成本的上升，一旦调整脱贫线，在统计意义上的绝对脱贫人口又会重新出现（李小云和许汉泽，2018）；（6）如果按照2020年"两不愁，三保障"[①]的脱贫目标要求，这意味着脱贫不仅要解决贫困户最基本的生存需要，而且还要解决其部分发展需要问题（李小云和许汉泽，2018）。

因此，需要从经济社会、人文历史、自然生境等多个维度，去重新审视2020年之

---

① "两不愁，三保障"即农村脱贫人口不愁吃、不愁穿，农村脱贫人口义务教育、基本医疗、住房安全有保障。

后的贫困问题。以山区农村为主要对象、以绝对贫困为主要特征的以经济领域为主的脱贫攻坚，在2020年之后的新形势下，正在发生全新的变化、形成全新的特点（李小云和许汉泽，2018）：一是城乡统筹脱贫，农村贫困脱贫向城乡统筹贫困脱贫转型；二是相对贫困脱贫，绝对贫困脱贫向相对贫困脱贫转型；三是乡村全域振兴发展，农村贫困脱贫向乡村全域振兴转型。李小云和许汉泽等专家认为，2020年后的脱贫特殊性主要表现在以下六个方面：一是脱贫对象发生了变化，已经从农村贫困群体转向城乡全域所有贫困群体；二是脱贫杠杆发生了变化，已经从经济脱贫为主转向以经济社会为主的脱贫；三是脱贫方式发生了变化，从行政手段转向常规性贫困治理体系；四是脱贫内容发生了变化，已经从绝对贫困脱贫转向以相对贫困为核心的脱贫攻坚；五是脱贫目标发生了变化，从以2800元为标准脱贫线转向以实现"两不愁，三保障"的全新脱贫；六是脱贫环境发生了变化，已经从几年前以经济建设为主的发展环境转向以全域治理体系为主的发展环境，该时期的经济、社会、文化环境乃至生态环境和国际环境，都相应发生重大变化。

正因为上述这些变化，造成2020年以后二次脱贫转型攻坚面临诸多挑战。这意味着在2020年年底实现绝对贫困全面脱贫后，正在面对接踵而至的全新的相对贫困脱贫，脱贫目标、战略、思路、策略、路径等都要发生转型升级。在此背景下，脱贫转型的概念应运而生。广义的脱贫转型通常指脱贫攻坚在全新的脱贫背景、发展环境和条件下，在脱贫目标、战略、思路、策略、路径等方面的转型升级，这是全世界范围普遍意义上的脱贫转型。狭义的脱贫转型（也是这里讨论的重点）特指我国2020年实现经济意义上的"刚性脱贫"后，面对全新的脱贫背景、发展环境、总体要求和主要任务，为实现"乡村全面振兴，农业强、农村美、农民富全面实现的目标"，所应该采取的脱贫战略、思路、策略、路径、对策等方面的转型升级。

（二）乡村振兴

从某种程度上讲，脱贫是乡村振兴的基础和初级阶段，乡村振兴是农村脱贫的中远期阶段和远景目标。如何促进从贫困脱贫向乡村振兴的转型升级，这是国家层面的重大战略和方向性问题。乡村是具有自然、社会、经济特征的地域综合体，兼具生产、生活、生态、文化等多重功能，与城镇互促互进、共生共存，共同构成人类活动的主要空间。根据《全国乡村振兴战略规划》，当前我国农业农村基础差、底子薄、发展滞后的状况尚未根本改变，经济社会发展中最明显的短板仍然在"三农"，现代化建设中最薄弱的环节仍然是农业农村。主要表现在：农产品阶段性供过于求和供给不足并存，农村一二三产业融合发展深度不够，农业供给质量和效益亟待提高；农民适应生产力发展和市场竞争的能力不足，农村人才匮乏；农村基础设施建设仍然滞后，农村环境和生态问题比较突出，乡村发展整体水平亟待提升；农村民生领域欠账较多，城乡基本公共服务和收入水平差距仍然较大，脱贫攻坚任务依然艰巨；国家支农体系相对薄弱，农村金融改革任务繁重，城乡之间要素合理流动机制亟待健全；农村基层基础工作存在薄弱环节，乡村治理体系和治理能力亟待强化。我国人民日益增长的美好生活需要和不平衡不充分的发展之间的矛盾在乡村最为突出，我国仍处于并将长期处于社会主义初级阶段的特征很大程度上表现于乡村。全面建成小康社会和全面建设社会主义现代化强国，最艰巨最繁重的任务在农村，最广泛最深厚的基础在农村，最大的潜力和后劲也在农村。

乡村振兴战略是党中央、国务院深刻把握现代化建设规律和城乡关系变化特征，顺应亿万农民对美好生活的向往，对"三农"工作作出的重大决策部署，是决胜全面建成小康社会、全面建设社会主义现代化国家的重大历史任务，是新时代做好"三农"工作的总抓手。按照产业兴旺、生态宜居、乡风文明、治理有效、生活富裕的总要求，对实施乡村振兴战略作出阶段性谋划，分别明确至2020年全面建成小康社会和2022年召开党的二十大时的目标任务，细化实化工作重点和政策措施，部署重大工程、重大计划、重大行动，确保乡村振兴战略落实落地，是指导各地区各部门分类有序推进乡村振兴的重要依据。乡村振兴的目标[①]是，到2020年，乡村振兴的制度框架和政策体系基本形成，各地区各部门乡村振兴的思路举措得以确立，全面建成小康社会的目标如期实现。到2022年，乡村振兴的制度框架和政策体系初步健全。国家粮食安全保障水平进一步提高，现代农业体系初步建立，

农业绿色发展全面推进；农村一二三产业融合发展格局初步形成，乡村产业加快发展，农民收入水平进一步提高，脱贫攻坚超过得到进一步巩固；农村基础设施条件持续改善，城乡统一的社会保障制度体系基本建立；农村人居环境显著改善，生态宜居的美丽乡村建设扎实推进；城乡融合发展体制机制初步建立，农村基本公共服务水平进一步提升；乡村优秀传统文化得以传承和发展，农民精神文化生活需求基本得到满足；以党组织为核心的农村基层组织建设明显加强，乡村治理能力进一步提升，现代乡村治理体系初步构建。探索形成一批各具特色的乡村振兴模式和经验，乡村振兴取得阶段性成果。远景目标是："到2035年，乡村振兴取得决定性进展，农业农村现代化基本实现。农业结构得到根本性改善，农民就业质量显著提高，相对贫困进一步缓解，共同富裕迈出坚实步伐；城乡基本公共服务均等化基本实现，城乡融合发展体制机制更加完善；乡风文明达到新高度，乡村治理体系更加完善；农村生态环境根本好转，生态宜居的美丽乡村基本实现。""到2050年，乡村全面振兴，农业强、农村美、农民富全面实现。"

---

① 中共中央 国务院，国家乡村振兴战略规划（2018—2022），http://www.xinhuanet.com/politics/2018-09/26/c_1123487123.htm。

乡村振兴战略的主要任务[①]是：建设产业兴旺、生态宜居、乡风文明、治理有效、生活富裕的社会主义新农村。具体包括：一是以农业供给侧结构性改革为主线，构建现代农业产业体系、生产体系、经营体系，推动乡村产业振兴；二是以践行绿水青山就是金山银山的理念为遵循，加快转变生产生活方式，推动乡村生态振兴；三是传承发展乡村优秀传统文化，培育文明乡风、良好家风、淳朴民风，建设邻里守望、诚信重礼、勤俭节约的文明乡村，推动乡村文化振兴；四是建立健全党委领导、政府负责、社会协同、公众参与、法治保障的现代乡村社会治理体制，推动乡村组织振兴，打造充满活力、和谐有序的善治乡村；五是以确保实现全面小康为目标，加快补齐农村民生短板，让农民群众有更多实实在在的获得感、幸福感、安全感。构建乡村振兴新战略格局，具体是：统筹城乡发展空间、优化乡村发展布局、分类推进乡村发展、坚决打好精准脱贫攻坚战、夯实农业生产能力基础、加快农业转型升级、建立现代农业经营体系、完善农业支持保护制度、推动农村产业深度融合、完善紧密型利益联结机制、激发农村创新创业活力。

第二节　旅游脱贫国内外实践历程

一、旅游脱贫的源起

旅游脱贫（Tourism Poverty Alleviation）的概念（Mohd Yusop，2011），源于脱贫旅游即 PPT（Poor-Pro Tourism），脱贫旅游则源于国际学界有关旅游发展与消除贫困的直接关联的研究（Lee Jolliffe，2009）。1999 年 4 月，英国国际发展署（Department for International Development，DFID）在《可持续发展委员会报告》中，提出了 PPT 的概念。PPT 系指有利于脱贫人口发展的旅游，它强调要提高脱贫人口在旅游发展过程中获得更多的发展机会和净收益，包括经济、社会和文化各个方面。PPT 不是一种特殊的旅游产品（Jean Junying Lor et al，2019），也不是旅游业的一个组成部分，更不是全面扩展的整个旅游产业，而是发展旅游的一种方式和途径。PPT 战略（PPT Strategy）致力于脱贫人口发展机会的开发方面，它强调通过旅游业的关联带动效应，增强贫困地区自身发展的能力，最终进入良性循环的可持续发展轨道，从而使脱贫人口受益和发展（Richard Sharpley，2016）（图 1-1）。

[①]　中共中央 国务院，国家乡村振兴战略规划（2020—2022），http://www.xinhuanet.com/politics/2018-09/26/c_1123487123.htm。

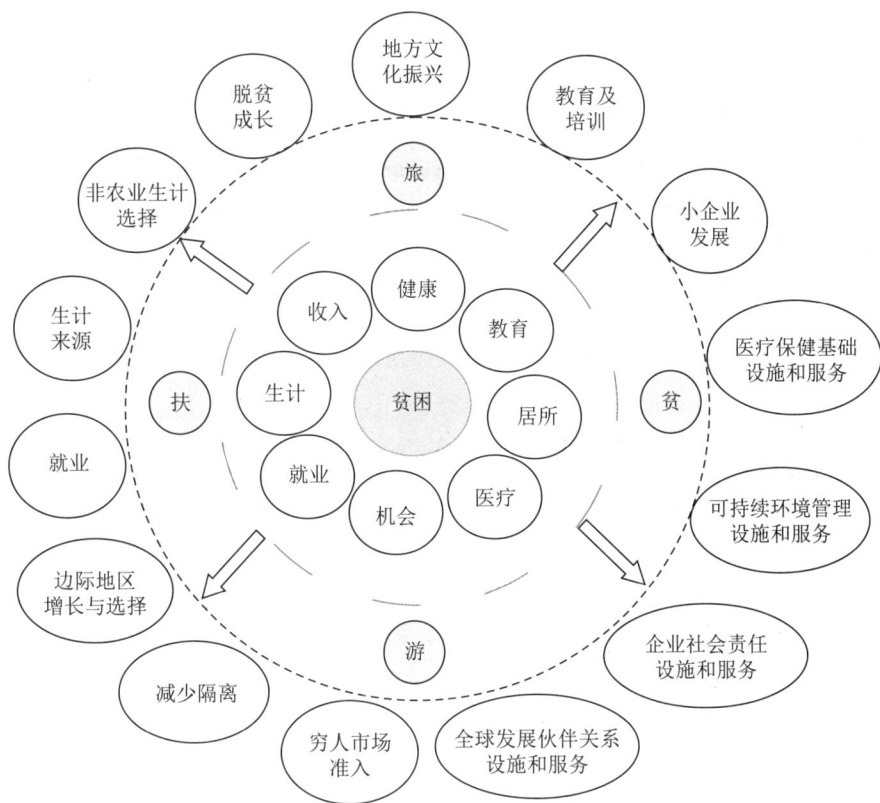

图 1-1　旅游与贫困及脱贫的关系

（据 Regina Scheyvens，2011。有修改和补充）

　　PPT 是第一次真正将旅游发展与脱贫直接关联的研究理论和方法。PPT 研究注重旅游产业经济理论和贫困理论相结合，直接将贫困山区、贫困人口作为研究对象，重点研究贫困山区、贫困社区、贫困群体的特点，以及在参与旅游过程、获得发展机会等方面存在的问题。其中，如何增加脱贫人口的发展机会和提高旅游发展对脱贫人口生活的积极影响是 PPT 研究的核心内容（王颖，2006）。PPT 研究认为，尽管旅游业可能在全球发展中出现了很多问题，但仍然被认为在发展经济和消除贫困方面大有潜力可挖，如果对其发展方向和策略进行有效调整，就有可能在脱贫和创造发展机会过程中发挥更大的作用（DFID，1999）。

　　对国外旅游与脱贫问题的研究，最早可以追溯到旅游的经济研究和影响研究，即旅游对目的地社会经济发展的作用、意义以及造成的负面影响，从而对随后出现的发展中国家旅游进行研究（王颖，2006）。20 世纪 60—70 年代，旅游研究焦点侧重于旅游宏观经济效益，包括就业、经济增长、GDP 贡献、外汇赚取等，而贫困只是作为旅游影响效应的一个因素出现在相关研究文献中。20 世纪 80 年代以来，旅游对目的地特别是不发达国家和地区经济、社会、文化、环境的负面影响日益突出，旅游伦理和可持续发展问题备受旅游研究者和从业者的关注，生态旅游、可持续旅游、社区旅游等小众（niche）旅游应运而生，并成为这一阶段旅游研究的主流（图1-1）。直至20世纪90年代末，世界各国仍未将消除贫困作为旅游研究内容的一部分，尽管在此之前已有不少国家进行了旅游脱贫实践活动（Neda Zarandian et al，2016）。换句话说，旅游脱贫相关概念的提出与发展是在20世纪以后的事。

事实上，旅游的经济效益和朴素的旅游脱贫思想，早在第二次世界大战以前，欧洲旅游学者就从旅游活动的形态、结构和活动要素的研究中有所察觉，确认了旅游活动是属于经济性质的一种社会现象，并发现旅游活动可以获得巨大的经济利益，而且对接待地人群具有某种帮助的特殊功能（表1-1）。1999年10月，在马来西亚召开的世界生态旅游专题讨论会上发表了"沙巴宣言"，提出将生态旅游保护、开发与利用规范化起来。同年成立了国际生态旅游协会网站（Ecoclub），目的是通过生态旅游支持环境保护、促进环境及文化教育、辅助当地人民受益。澳大利亚学者Haether D. Zeppel（2005）在其著作《原住民旅游可持续开发与管理》中，系统阐述了生态旅游与原住民社区、土著文化及生态环境保护之间协调可持续发展和管理路径。从此，有关生态旅游的兴起、原因、作用、规划、管理以及社区居民参与等的研究成为热点。

表1-1　全球典型生态旅游脱贫项目类型及分布

国家/地区	生态旅游景区产品	生态旅游项目（活动项目或建设项目）
南非	兰多罗兹自然保护区（Londolozi Reserve）	实地野生动物考察；私人狩猎
	芬达私人野生动物自然保护区（Phinda Private Game Reserve）	生态小木屋食宿；野生动植物观赏
	萨比萨比野生动物自然保护区（Sabi Sabi Game Reserve）	野生动植物观赏；生态"泥屋"居住；户外矿泉疗养浴；露营
	奇特瓦奇特瓦自然保护区（Chitwa Chitwa Reserve）	露台观鸟；野生动物观赏；露营
	纳各拉度假和野生动物自然保护区（Ngala Lodge and Game Reserve）	野生动物观赏；自然生态度假
	邦加尼山林度假区（Bongani Mountain Lodge）	观赏野生动物；捕猎水牛；欣赏布须曼人（Bushman）艺术珍品；徒步穿越
	科瓦祖鲁—纳塔尔省自然保护区（Kwazulu–Natal Conservation）	狩猎；钓鱼；露营；购买当地手工艺品
	麦迪科威野生动物自然保护区（Madikwe Game Reserve）	观赏野生动物；狩猎；生态度假
坦桑尼亚	琼贝岛珊瑚公园（Chumbe Island）	游泳；潜水；水下摄影；海洋研究
	奥利佛露营区（Oliver's Camp，Tanzania）	长途徒步；露营

续表

国家/地区	生态旅游产品	生态旅游项目（活动项目或建设项目）
坦桑尼亚	纳戈熔戈火山口度假区 （Ngorongoro Crater Lodge）	野生动植物观赏；火山口深度游览、休闲度假
	多罗伯长途探险旅游生态系统保护区 （Dorobo Tours and Safaris，Tanzania）	汽车露营；徒步长途旅游
	阿玛尼自然保护区（Amani Nature Reserve）	观赏鸟类、植物、蝴蝶和青蛙；了解当地自然和人文历史
	罗宾呼尔特（Robin Hunting Safaris）	徒步；狩猎
博茨瓦纳	桑迪比度假区（Sandibe Lodge，Botswana）	生态摄影；狩猎；生态度假小屋食宿；木船垂钓与赏鸟；划玻璃纤维小船
	纳夏柏加度假区（Nxabega Lodge，Botswana）	水景观赏与体验；乘坐小游艇；水鸟等野生动物观赏
	杰克露营区（Jake's Camp，Botswana）	露营；观赏野生动物及其迁徙；观赏盐沼区；当地生态系统知识学习
赞比亚	卡桑卡国家公园 （Kasanka National Park，Zambia）	野生动物观赏；生态摄影
津巴布韦	奇科文亚露营区（Chikwenya Camp）	观赏野生动物；避暑露营；乘船舟游河；徒步旅行
	维多利亚瀑布谢尔渥特探险旅游区 （Victory Shearwater Adventures）	木筏激流；橡皮艇、木筏、独木舟漂流；水上雪橇；观赏野生动物；观赏鸟类；乘坐小艇、独木舟等；帐篷露营
纳米比亚	斯皮茨库伯花岗岩区（Spitzkoppe）	休闲度假露营；欣赏当地民间艺术和文化；欣赏岩石雕刻绘画艺术品
	科亚第荷亚斯自然保护区 （Khoadi Hoas Conservancy）	赛马；私人狩猎
	那亚—那亚自然保护区 （Nyae–Nyae Conservancy）	赛马；狩猎；生态度假
塞舌尔	卡森岛、丹尼斯岛、佛莱加特岛 （Cousin Island，Denis Island，Fregate Island）	海鸟、海龟、玳瑁等观赏；海岛度假
乌干达	白尼罗河乌干达河（White Nile Uganda）	漂流；滑翔
	布文迪国家公园和马加辛加国家公园 （Bwindi and Mgahinga National Parks）	观赏丛林大猩猩；观赏鸟类、蝶类；森林徒步；帐篷露营
	布辛吉罗旅游区（Busingiro）	寻找黑猩猩；购买当地手工艺品；当地环境教育
塞内加尔	卡萨曼斯乡村旅游度假村（Casamance Village Tourism，Senegal）	观赏野生动物；游玩海滩；与当地渔民捕鱼；和村民一起从事日常的农业生产劳作；游玩旅游俱乐部
肯尼亚	伊赛兰凯自然保护区 （Eselenkei Conservation Area，Kenya）	观赏大象等野生动物；露营
	肯尼亚国家公园（National Park，Kenya）	垂钓；生态度假；观赏火烈鸟；湖畔赏鱼

续表

国家/地区	生态旅游产品	生态旅游项目（活动项目或建设项目）
加纳	卡库姆空中走廊 （Kakum Canopy Walkway）	行走空中走廊；欣赏雨林动植物景观；海滨休闲度假；露营；品尝当地美食；徒步旅行；观赏野生动物
马达加斯加	安塔那那利佛（Antananarivo）及其周围地区、罗西贝（Nosy Be）岛地区、埃圣玛丽（Ile St Marie）岛地区	海滨生态度假；观赏狐猴、鸟类、兰花等野生动植物
	马绍拉半岛（Masaola Peninsula）	徒步旅行；乘坐独木舟
菲律宾	巴拉望意勒尼都假区 （El Nido Resort，Palawan）	野外跳水；居住沙滩小屋、水上小屋及森林小屋；划船等水上运动项目；观赏珊瑚、海龟等海洋生物
	苏拔—峨兰哥岛（Suba Olango Island）	观鸟；海岸远足；荡舟；潜水；游泳
	棉兰老岛（Mindanao Island）	劳斯莱克树荫漫步（Noslek Arbor Canopy Walk）；宿营旅游；观赏瀑布
斐济	海龟岛（Turtle Island）	岛屿休闲度假；体验当地民间民俗
	阿巴卡娱乐休闲公园 （Abaca Village and Recreation Park）	徒步野营；游览雨林、火山地带和原始森林；体验当地历史和文化；体验家庭服务；参与当地农事工作
	维提·利乌的纳武阿和怀尼克罗卢瓦上游 （Navua and Wainikoroiluva，Viti Levu）	急流冲浪；海滩生态旅游
	塔沃柔森林公园（Tavoro Forest Park）	游览雨林、瀑布；游泳；森林小溪戏水等亲水项目
	科罗亚尼图自然保护区 （Koroyanitu Conservation Area）	游览考古景点；观鸟；观赏干旱地森林
萨摩亚	萨纳尼冲浪度假区（Salani Surf Resort）	冲浪；体验当地民俗；居住当地民居
	乌波卢阿皮亚雨林生态小屋区 （Rain-forest Eco-lodge，Apia，Upolu）	远足；海面漂流；居住海边吊脚楼；生态探险
	塔夫阿雨林（Tafua Rain-forest）	天篷路；观赏雨林等自然景观
	瓦法拖自然保护区（Uafato Conservation Area）	观赏瀑布、雨林景观；观鸟
	塔基图姆自然保护区 （Takitumu Conservation Area）	浅水沙滩休闲度假；观鸟
	萨纳蒲—萨唐自然保护区 （Saanapu-Sataoa Conservation Area）	沙滩休闲；穿越红树林；观鸟
尼泊尔	纳拉尼亚狩猎旅馆和生态小屋 （Narayani Safari Hotel and Lodge）	狩猎；居住生态建筑
	喜马拉雅山脉安纳布尔纳地区（Annapurna）	远足；登山；木筏漂流；骑车；游艇游览；野生花卉考察游；自然和历史主体旅行；观察和拍摄野生动物
	喜马拉雅山脉埃佛勒斯地区（Everest）	远足；登山；急流漂流；林中小屋和茶室休闲
	上马斯唐（Upper Mustang）	观赏野生动植物；远足；露营

续表

国家/地区	生态旅游产品	生态旅游项目（活动项目或建设项目）
尼泊尔	巴格马拉社区森林 （Baghmara Community Forest）	观赏野生生物；独木舟旅行；森林观景塔
	萨嘉玛莎峰国家公园 （Sagarmatha National Park）	观赏杜鹃等高山植物；生态小屋休闲度假；徒步穿越；登山；攀岩
	马卡路巴润国家公园 （Makalu—Barun National Park）	当地手工纺织品——阿娄（Allo）；徒步旅行；生态小屋
马来西亚	沙捞越州乌卢艾岛长屋 （Ulu Ai Longhouse Sarawak）	参观长屋；观赏野猩猩等野生生物；乘坐游艇；购买当地手工艺品
	东海岸坎布格渔村（Coastal Kampung）	背包徒步；居民家庭接待；沙滩露营；乘坐渔船
	关丹"萤火虫观光旅行" （Kuantan Fireflies）	夜间观赏萤火虫；居住茅草生态小屋；红树林湿地景观观赏
印度尼西亚	托吉安群岛（Togian Islands）	潜水；珍稀生物观赏；居住当地民居；徒步；乘船
	布罗默峰（Mount Bromo）	观赏野生动物；山地探险；骑马；观赏火山口；火山口观看日出
	贡通哈利姆国家公园 （Gunung Halimun National Park）	野生动植物观赏；生物考察；购买当地由竹子和藤制作的手工艺品
	科莫多国家公园（Komodo National Park）	专业野生物旅游；乘坐船只；观看野生生物
	唐可可杜阿苏达拉（Tangkoko DuaSudara）	潜水；原始森林珍稀生物观赏；海岸、珊瑚、瀑布和山林观赏
瓦努阿图	瓦特艾自然保护区 （Vatthe Conservation Area）	黑色沙滩休闲度假；观鸟；低纬度雨林景观
纽埃	胡瓦鹿森林保护区 （Huvalu Forest Conservation Area）	观赏珊瑚；观赏当地传统圣树；观赏椰子蟹、飞狐等动物
中国	喜马拉雅山流域的主要支流	乘坐皮筏；地球科学考察；体验自然、文化；探险
泰国	攀牙贝（Phang Nga Bay）	乘坐充气筏；观赏特有动植物；红树林漂流；参观燕窝洞穴
	干乍那武里（Kanchanaburi）	观赏瀑布；探索岩洞；体验当地手工艺品、园艺、传统医药；参加当地文化遗产保护活动
	考尧国家公园（Khao Yai National Park）	观赏风景、瀑布和野生动物；野餐
印度	坎勒阿国家公园（Kanha National Park）	环境教育；森林夜景；观鸟
	玛那里和帕提里库尔（Manali and Patlikul）	直升机滑雪；雪橇滑雪；喜马拉雅景观观赏
斯里兰卡	穆修拉甲威拉沼泽地 （Muthurajawela Wetlands）	游船旅游；沼泽地及礁湖景观
蒙古	古尔班塞克汗戈壁（Gobi Gurbansaikhan）	观赏野生动植物；峡谷景观；沙滩休闲

续表

国家/地区	生态旅游产品	生态旅游项目（活动项目或建设项目）
越南	库克芬、塔刀马、巴维、百马国家公园（Cuc Phuong，Tam Dao，Ba Vi，Bach Ma National Park）	观赏珍稀动植物；观鸟；了解当地历史、文化；欣赏当地建筑
	下龙湾（Halong Bay）	游览溶洞；溶洞探险；游船；潜游；背包徒步；环境教育
所罗门群岛	科马林蒂自然保护区（Komarindi Conservation Area）	观鸟；森林生态景观；岩洞考古景点
	伦内尔岛（Rennell Island）	潜水；"二战"遗迹；冲浪；生态度假屋；森林、瀑布、村庄一日游
	拉皮塔生态小屋（Rapita Lodge）	灌木草药旅游；江河游猎旅游
澳大利亚	艾德雷德瓦拉旺（Warrawong，Adelaide）	观赏濒危物种；环境教育；生态摄影
	新南威尔士苏格提阿（Scotia，NSW）	野生生物旅游
	野生生物乐园——佛雷泽的选择（Fraser's Selection，Land for Wildlife）	观赏野生生物；森林、原始雨林、瀑布景观
	安达拉火山国家公园（Undara Volcanic National Park）	观赏独特的热带雨林景观；帐篷露营；安达拉岩浆旅店；居住世纪变迁火车车厢
	七神湾（Seven Spirit Bay）	航海；野生生物观赏；钓鱼；漫步
	布鲁姆观鸟台（Broome Bird Observatory）	海洋鸟类游；红树林鸟类游；灌木鸟类驾车观赏；鸟类专业讲座；环境教育活动
	金伯利地区维拉里特角（Cape Villaret，Kimberley）	垂钓；水上运动；野生生物观赏；露天淋浴；生态小屋食宿
	帕金卡山庄（Pajinka Lodge）	自驾车旅行；灌木丛露营；土著文化、遗产、传统饮食和医药介绍
	奥瑞利宾馆（O'Reilly's Guesthouse）	森林度假；公园露营；野餐；鹦鹉、别墅鸟观赏
	宾纳布拉山庄（Binna Burra Lodge）	帐篷露营；溜索、钢丝秋千过河
	丝橡树山庄（Silky Oaks Lodge）	徒步；就餐区鸭嘴兽观赏；温泉浴；生态小屋；环境教育与解说
	登特利生态居（Daintree Ecolodge）	独栋生态别墅居室；温泉浴；温泉治疗项目；当地动植物、土著绘画解说
	克里斯托克里克亚雨林（Crystal Creek Rain-forest Retreat）	玻璃生态小屋；雨林风景观赏；雨林漫步；救治受伤野生生物活动；种植藤蔓
	科洛克戴勒斯村（Crocodylus Village）	背包旅游；自驾车旅游；雨林风景观赏；穿越雨林旅游环线；游泳；夜间散步；海上赛艇
	莱蒙西姆山庄（Lemonthyme Lodge）	森林度假；个人温泉浴；湖泊观赏
	真贝—林加山庄（Jemby-Rinjah Lodge）	灌木生态小屋；森林度假

— 20 —

续表

国家/地区	生态旅游产品	生态旅游项目（活动项目或建设项目）
澳大利亚	中澳大利亚皮特简特加特加拉人（Pitjantjatjara）和言昆特加特加拉人（Yankunytjatjara）传统聚居区	凯夫希尔（Cave Hill）一日游；传统岩画欣赏三日游；永久性野营基地七日游
	尤莫达克旅游区（Umorrduk Safaris）	小型露营旅行；岩石艺术画廊观赏；古代墓地观赏
	欣钦布鲁克岛（Hinchinbrook Island）	海上皮艇旅游；沙滩露营；海洋环境解说
	塔斯马尼亚富兰克林河（Franklin River，Tasmania）	漂流；划艇；远足；环境解说
	新南威尔士东北宁博伊达河（Nymboida River，NSW）	漂流旅游；划艇；露营
	大堡礁海洋公园（Great Barrier Reef Marine Park）	专业潜水旅游；海底潜游；跳水；直升机观景；水下珊瑚观赏；动物习性、安全讲解；环境教育；海礁生态环境研究和监测
	维多利亚公园（Victoria Park）	背包旅行；环保工作假期；土著文化旅游（Aboriginal Culture Tourism）
	曼亚拉卢克（Manyallaluk）	探险旅游；传统手工制品制作了解丛林中的食物和药品；走访各类原始岩石地区篷车公园游览；露营
	杰诺伦洞穴保护区（Jenolan Caves Reserve）	濒危物种观赏；洞穴游览
	菲利普岛企鹅保护区（Phillip Island Penguin Reserve）	企鹅观赏；岛屿休闲度假；企鹅观景区；保护区解说标牌
	格林山空中走廊（Green Mountain Canopy Walkway）	森林空中走廊；环境教育
	曼塔戈岛自然保护区（Montague Island Nature Reserve）	森林景观观赏；乘坐游船；海水潜游
	罗特内斯特岛（Rottnest Island）	考拉观赏；海滩冲浪；垂钓；潜水；自行车骑行；观鸟；丛林小路漫步
	那拉古特山洞（Naracoorte Caves）	夜间观赏弯翅蝙蝠；石灰岩山洞和化石观赏；山洞游客中心；蝙蝠洞录像远程操作
	哈梅林叠层石（Hamelin Stromatolites）	叠层石及其微生物观赏；带有解说标识的木栈道
	乌鲁鲁—卡塔尤他（Uluru–Kata Tjuta）	汽车营地；野营；攀岩；当地历史、土著传统文化和生活方式体验
	蒙瑞伯海龟（Mon Repos Turtles）	海龟群栖地观赏；环境保护教育；海滩沙丘游客中心；木制走廊；海滩休闲
	西澳大利亚州树梢走廊（Tree Top Walk）	树梢空中走廊；桉树林景观观赏
	塔胡纳空中走廊（Tahuna Air–walk）	森林休闲；森林空中走廊；森林探险
	库兰科佛风景区（Couran Cove Resort）	船舶式公寓、水上公寓、丛林矮屋参观与居住；捕鱼；游泳；乘坐电动车

续表

国家/地区	生态旅游产品	生态旅游项目（活动项目或建设项目）
澳大利亚	金鱼湾旅游胜地（Kingfisher Bay Resort）	自助生态别墅、小屋食宿；海滩休闲度假；沙地岛屿观光游览；湖泊、溪流观赏；当地历史文化体验
	绿岛旅游胜地（Green Island Resort）	珊瑚礁观赏；当地植物展览；林间漫步
新西兰	黄眼企鹅保护区（Yellow-eyed Penguin Reserve）	20分钟保护区多语种讲演和幻灯片放映；生物科学研究；隧道观赏黄眼企鹅
	维多摩蛇蜥洞（Waitomo Glow Worm Caves）	观看蛇蜥；徒步；乘坐小船；地下山洞游览
	泰阿若阿角（Taiaroa Head）	皇冠信天翁观赏；野生生物考察；动植物观赏
	凯库拉（Kaikoura）	海豹观赏；观抹香鲸表演；徒步背包
马尔代夫	马尔代夫岛屿（Maldives Islands）	海滩休闲度假；海礁观赏；潜水；空中飞行；悬浮飞机登陆；海底鲨鱼观赏；冲浪；冬日阳光旅游；水上小屋观光与居住
哥斯达黎加	蒙特威尔德云雾林自然保护区（Monteverde Cloud Forest Reserve）	云雾林观赏；克沙尔鸟群观赏；当地手工艺品展览
	拉拉阿维斯（Rara Avis）	乘坐拖拉机；观鸟；动植物知识展览；森林漫步；树冠攀爬；野生动物观赏；瀑布、池塘观赏
	托图格罗国家公园（Tortuguer National Park）	水上漂流；参观与居住山区小屋、雨林河上小屋；体验私人农场篝火
	哥斯达黎加国家公园（Costa Rica National Park）	水上漂流；森林观鸟；沙滩度假；蜜月旅行；探险旅游；徒步旅行；海上泛舟；浪上漂流
巴西	法兹恩达·里奥·内格罗（Fazenda Rio Negro）	观鸟；野生动物观赏；乘坐独木舟；骑马垂钓；骑马放鱼；居住生态居室
	尤娜生态公园（Una Ecopark）	生态空中走廊；观鸟；森林野生动物观赏；攀岩
	克里斯塔里诺（Christalino Lodge）	观鸟；划舟；丛林小屋居室；森林景观
	普萨达巨鳄屋（Pousada Caiman）	观鸟；徒步穿越；骑马；泛舟；农场生态小屋
	加塔普河流（Jatapu River）	乘船、独木舟；近距离观赏野生动物；船上睡袋、树间吊床居住；野生动植物观赏
	大西洋海岸森林（Atlantic Coastal Forest）	动植物观赏；森林穿越；海滩避暑；户外野营；瀑布群观光；海湾游泳；垂钓；攀岩；乡村体验
巴拿马	威克索生态小屋（Wekso Ecolodge）	乘坐传统木筏；观鸟；游览参观当地社区；居住小户型生态小屋；徒步穿越；居住瀑布小屋
玻利维亚	查拉兰生态小屋（Chalalan Ecolodge）	划船；徒步；观鸟；野生动物观赏；生态小屋
秘鲁	波萨达亚马孙和坦波帕塔自然保护区（Posada Amazonas and Tambopata Reserve）	雨林生态小屋；野生动物观赏；原始云雾林遗迹观赏；树冠观赏塔观赏雨林景观；乘坐竹筏；森林徒步
	花丝卡兰国家公园（Huascaran National Park）	登山；攀岩；骑山地车；徒步旅行；滑雪；印加人遗址参观；传统安地文化体验

国家/地区	生态旅游产品	生态旅游项目（活动项目或建设项目）
墨西哥	阿祖雷斯山地生物圈保护区（Montes Azules Biosphere Reserve）	乘船；植物解说与展示；参观玛雅遗迹；动植物观赏
	卡特罗塞内加斯（Cuatro Cienegas）	沙湖观光与体验；鱼类观赏；濒危野生动物观赏；地热喷泉观赏；湖泊、峡谷景观观赏
	瓜达拉哈拉（Guadalajara）	蝴蝶观赏、摄影；温泉康乐；山地森林度假
	基亚帕丝（Chiapas）	野生物种观赏；攀岩；观鸟
智利	普塔哥尼亚夫塔雷夫河（Rio Futalerfu，Patagonia）	独木舟漂流；山地野营；垂钓；踩水；桑拿；居住河边宾馆和当地民居
	浮依河（Rio Fuy）	漂流；露营；垂钓
	飙飙河（Rio Bio Bio）	独木舟漂流；垂钓；居住河边宾馆
阿根廷	曼莎河（Rio Manso）	漂流；露营；垂钓
伯利兹	狒狒保护区（Community Baboon Sanctuary）	面对面观赏狒狒；观鸟；森林穿越；居住民居
	南部的雨林区印第安玛雅村落（Mayan Indian villages）	参观居住当地生态小屋；民居餐饮、住宿；当地歌舞观赏；森林游；当地手工艺品展销
	鸡冠花盆地野生动物保护区（Cockscomb Basin Wildlife Sanctuary）	野生动物观赏；观鸟；当地纪念品展销；徒步穿越
厄瓜多尔	基瓜社区（Quichua Communities）	原始森林游；基瓜人歌舞观赏；社区参观；狩猎
	里堪西和拿波鲁那（Riancie and the Napo Runa）	森林徒步；独木舟旅行；传统实地运动；传统口语知识；分享社区日常生活；当地手工艺品展销
	阿玛桑尼亚亚苏尼国家公园（Amazonian Yasuni National Park）	社区参观；背包徒步；乘坐独木舟；野生动物观赏；自然环境知识教育
	考凡和库亚贝诺野生动物保护区（Cofan and Cuyabeno Wildlife Reserve）	野生动物观赏；乘坐独木舟；观鸟；森林徒步穿越
	加拉帕哥斯群岛（Galapagos Islands）	野生动植物观赏；珊瑚礁游览；环境教育
危地马拉	皮腾地区（Pten）	玛雅遗址观赏；夜间观赏野生动物；观鸟；参观居住老式雨林社区；猩红金刚鹦鹉喂养
	圣彼得罗火山（San Pedro Volcano）	云雾林观赏；当地特色文化体验；火山观光游览
洪都拉斯	泰拉普恩塔萨尔国家公园（Punta Sal National Park，Tela）	沟谷雨林观赏；野生动物观赏；湖泊水景观赏
加拿大	萨斯卡特湾红莓湖（Redberry Lake，Saskatchewan）	观鸟；湖心岛游览；鹈鹕影像观赏
	阿鲁姆生态小屋（Aurum Lodge）	越野；滑雪；踩雪；狩猎；骑马；乘坐雪橇车；山地车骑行；路外驾车；瀑布观赏；野生动物观赏；当地建筑及其文化游览体验；生态小屋、汽车旅馆居住
	圣劳伦斯河（St Lawrence River）	海上、海底白鲸观赏

国家/地区	生态旅游产品	生态旅游项目（活动项目或建设项目）
加拿大	胡德森湾丘吉希尔和曼尼托巴（Churchill and Manitoba，Hudson Bay）	陆地极地熊观赏；生态小屋居住；冻土带轻便马车旅行；乘直升机观赏熊；其他野生动植物观赏
	加拿大南部落基山脉（Rockies）	直升机、雪板滑雪；徒步旅行；生态小屋居住；野生动物廊道观赏；森林景观观赏
	加斯帕国家公园（Jasper National Park）	森林景观观赏；野生动植物观赏；登山；长途跋涉；钓鱼；漂流；泛舟；滑雪；骑车
美国	圣母玛利亚群岛玛奥湾（Maho Bay，Virgin Island）	野营；潜水；潜泳；海中划独木舟；帆船驾驶；生态小屋、和谐小屋参观、居住；林间徒步
	加利福尼亚野生动物保护区（California Wildlife Reserve）	野生动物观赏；野生动物标识标牌解说；生态狩猎、捕鱼
	佛罗里达西部湿地（Wetlands in western Florida）	湿地、森林景观观赏；绿色小屋居住；当地文化体验
	华盛顿圣酉安岛（San juan Island）	海岸风光观赏游览；当地民居居住
	阿拉斯加威廉王子湾（Prince William Sound，Alaska）	海上独木舟；野营；潜水
	阿拉斯加德那里国家公园（Denali National Park）	徒步旅行；野外露宿；保护区游览观赏；野外生存技能、技巧教育及评估
	黄石国家公园（Yellowstone National Park）	森林景观观赏；大熊等野生动物观赏；特有、稀有植物观赏；登山；长途跋涉
俄罗斯	贝加尔湖（Lake Baikal）	湖泊观赏；环境教育水域珍稀物种观赏
	加波文尼克斯保护区（Zapovedniks Reserve）	游猎观赏、观鸟、植物观赏游；乘牛车、划木筏、骑马旅行；考古、社区文化旅游；漂流；徒步穿越
	卡莱里亚沃德罗滋罗国家公园（Vodlozero National Park，Karelia）	森林休闲度假；野外露营；环境教育
希腊	苏福里森林保护区（Soufli Forest Reserve）	野生动植物观赏；观鸟；徒步旅行；野营；当地民居食宿；纪念品制作
	普莱斯帕（Prespa）	朗姆萨遗址观光游览；鹈鹕等濒危珍稀野生动物观赏
南极	南极和次南极地区（Antarctica and sub Antarctica）	高空环游；游船航运；专家极地游；越野滑雪；登山；驾海上独木舟；乘航海快艇；露营；野生动物观赏；冰山、南极景观观赏
北极	北极地区（Arctic region）	北极风管和冰川观赏；野生动物观赏；运动性垂钓；雪地车、自行车骑行

二、旅游脱贫的国外实践

国际社会一直致力于挖掘和探索旅游产业在消除贫困问题上的潜力和能力。旅游脱贫理论与实践，随着生态旅游概念的诞生、理论发展、具体实践应运而生。国外的旅游脱贫实践通常要早于旅游脱贫概念和旅游脱贫理论的产生。广义的旅游脱贫，实际上从19世纪晚期美国黄石国家公园成立即已开始（Cara Cherry & Kirsten M. Leong，2018）。当时黄石国家公园的目的和任务，除了美国国家资源保护外就是教育、科学研究，此外就是开展旅游和休闲活动（Ryan M. Yonk & Jordan K，2020）。而教育、科学研究，以及旅游和休闲活动这些功能，实际上相当于帮助人们向大自然学习、增进人类与大自然交流的自然大讲堂，可视为一种知识、智慧、智力、科研等方面的脱贫。事实上，这些都是旅游脱贫的开拓者（Hayley M. Benham & Matthew P. McCollum，2021）。随后，类似的广义旅游脱贫项目不断涌现，如20世纪20年代的美国加州Fresno城乡生态文化旅游融合、30年代的日本MOKUMOKU产业生态文化旅游融合、50年代的法国Provence乡村生态文化旅游融合、70—80年代的日本广岛中央森林公园、80年代的我国台湾地区主题民宿乡村生态旅游融合等。所有这些都是基于农业、文化、旅游融合理念的早期旅游脱贫实践案例。

世界上最典型的旅游脱贫案例，莫过于肯尼亚生态旅游业发展相关的脱贫经验，这里成为发展以当地居民利益为出发点的生态旅游的世界典型代表（John S. Akama，1996）。马赛马拉国家保护区是肯尼亚最受欢迎的旅游景点，在保护活动与当地居民参与的有效结合上十分成功（Lalita A. Manrai 等，2020）。许多居住在保护区内的马赛人被吸收为旅游发展协会的成员，通过参与其中，民众渐渐接受并学会全新的土地和资源利用方式。伴随着生态旅游带来的丰厚收益，许多旅游业者和土地拥有者非常热衷于发展以观赏野生动物为主的生态旅游业，并且对保护工作抱着积极参与的态度。从此，居民再也不愿冒险去打猎，数百年来形成的偷猎情形，发生了前所未有的改善（B.O.Imbaya，2019）。维系当地人民生活，强调社区参与，兼顾当地居民的利益是肯尼亚生态旅游实践成功的关键，也是生态旅游可持续发展的基本保证（David S. Green 和 Elise F. Zipkin，2019）。生态旅游除了是一种提供自然体验的环境责任型旅游之外，也具有繁荣地方经济、提高当地居民生活品质的重要功能。肯尼亚马赛马拉保护区案例很好地证实了，生态旅游是解决环境保护、经济发展与当地民众三者矛盾的最佳方案（Barker A，Stockdale A，2008）。

作为极高山地国家，尼泊尔的山地生态旅游脱贫堪称世界榜样。数百年来，皇家奇特旺的野生动物（老虎、大型独角犀牛、大量有蹄类动物）与周围的社区利益是相互冲突的（Stephen F. McCool，2019）。后于1973年建立了皇家奇特旺国家公园，并于1992年列为"世界自然遗产"后，随着生态旅游业发展，既解决了当地百姓的生活与就业问题，满足了人类需要，也很好地保护了野生动物的繁衍生息，缓解了人与野生生物的冲突（Marie-Eve Yergean，2020）。萨加玛塔国家公园成立及相应旅游业兴起以后，极大地改变了当地夏尔巴人的生活方式，旅游业已经成为当地居民主要的经济来源，平均每户都有一人从事与生态旅游相关的行业。从此，夏尔巴人被公认为不仅拥有丰富的文化修养，而且也是人与环境之间协调共生的典范。安纳布尔纳保护区是尼泊尔境内最大的保护区，这里有丰富多彩的自然景观和生动的农民生活场景（Novelli M. and Scarth A.，2007）。由于保护区内居住着大量的原住民，保护区的项目开发很注重当地人的参与，以求得旅游开发与环境保护协调发展。

20世纪晚期到21世纪初叶，巴厘岛一直保持着30多年度假旅游业平稳发展势头。2000年，超过140万国际游客从境外直飞巴厘岛，国际游客占巴厘岛游客总人数的一半以上（Gusti Kade Sutawa，2012）。旅游业发展为巴厘岛带来了源源不断的财富，现在的巴厘岛已经成为印度尼西亚最富裕的省份之一。在这个远离大都市的偏僻的巴厘岛上，300多万居民不仅摆脱了世代贫困，而且过上了富裕的生活（Julia Jeyacheya & Mark P. Hampton，2020）。保护好自然环境、开发好旅游资源，处理好旅游发展与生态保护之间的辩证关系，是巴厘岛旅游经济发展的前提和基础。而先进的经营管理理念则为巴厘岛旅游业持续发展提供了保障（Kevin X. Li，Mengjie Jin & Wenming Shi，2018）。巴厘省旅游局为此做出了巨大的贡献，他们注重提高政府管理旅游的能力，学习欧洲、新加坡的发展模式（Dumilah Ayuningtyas & Anwar Fachry，2020）。巴厘岛旅游实践证明，发展旅游不一定需要中心城市的依托，旅游可以在远离中心城市的生态环境良好的地方生根发芽，进而实现旅游业带动当地社区发展，哪怕是离开大城市的偏远、孤僻岛屿（Freya Higgins-Desbiolles，2018）。

南非尼加拉私人狩猎保护区旅游业造就的旅游社区受益体系，是世界旅游脱贫又一个非常成功的案例（Dallen J Timothy，1995）。尼加拉私人狩猎保护区通过非洲保护协会（African Conservation Association，ACA）这样一个机构把收益分给当地居民。该协会致力于引导国际捐赠人赞助非洲农村的地区项目。非洲基金会以下列方式赞助这些项目：①项目必须由尼加拉自然狩猎保护区附近的社区成员发起，必须有益于社区发展；②必须解决非洲基金会预先确定的项目类型，如小企业开发、文化发展、地区基础设施建设或配套服务设施建设和培训（David Harrison，1995）；③提议者必须有证据表明项目具有经济、社会和环境可持续性；④社区成员必须与非洲基金会合作，致力于发展社区生态旅游（Victor Teye，1988）；⑤提议要经过非洲基金会地区管理人员的审查并提交基金托管人；⑥如果提议被通过，非洲基金会就把预算划拨给地区管理人员，并由他们监督项目的实施。

厄瓜多尔加拉帕哥斯群岛，就是通过发展生态旅游实现岛上居民获得发展机会与海洋动物得到良好保护的典型案例（César Viteri Mejía and Sylvia Brandt，2015）。自从1959年建立了加拉帕哥斯国家公园，通过发展生态旅游和旅游脱贫，加拉帕哥斯群岛不仅成为人类自然遗产（UNESCO，1979）、生物圈保护区（MAB/UNESCO，1985）和鲸鱼保护区，而且成为继澳大利亚大堡礁之后第二个世界海洋保护区（Carlos Mestanza and Camilo M，2019）。1990年成立厄瓜多尔生态旅游协会，这是拉丁美洲的第一家生态旅游协会（Lenin Riascos-Flores and Stijn Bruneel，2020）。厄瓜多尔政府在协会协助下通过旅游与环境部批准了生态旅游企业的认证计划，对开展生态旅游活动、推动可持续发展的企业，提供技术帮助和经济激励措施（Min Jiang 和 Terry DeLacy，2011）。

三、旅游脱贫的国内实践历程

中国是世界上最大的发展中国家，直到 2020 年年底前，贫困一直长期困扰着我国的发展与进步。以发展旅游业带动贫困地区、经济欠发达地区脱贫致富即旅游脱贫，是 2010 年以来国家主导脱贫攻坚的重要创举，也是从实践中总结出的脱贫创新模式，同时也是推动旅游业深入发展的新思路。这不仅为我国贫困山区、经济欠发达地区的发展和农村人口的脱贫致富开辟了新途径，也为我国旅游经济的持续发展找到了一个新增长点。

事实上，我国旅游脱贫实践早已展开，但当时只是作为我国国民经济社会发展的一个方面。在 20 世纪 60 年代开始的以体制驱动为主的旅游发展时期，主要是通过发展旅游换取外汇；在 20 世纪 80 年代的以市场驱动为主的旅游发展时期，我国的一些景区，如深圳锦绣中华（客源动力型）和桂林山水（产品动力型），主要是通过促进城市旅游和山水旅游发展换取外汇和扩大就业机会；在 20 世纪 90 年代到 2000 年的以形象驱动为主的旅游发展时期，从张家界—九寨沟（景区更名型）到北京天安门—西安古城、上海城隍庙（历史文化型），再到天津万象之城（地标型），这些景区主要是通过推动都市旅游发展和经典遗产山水人文旅游发展，带动当地社区居民的就业和增收；在 2001—2010 年的社会驱动为主的旅游发展时期，从创意产业园区到商贸型再到社区型旅游区，主要是通过旅游发展盘活城市工业和社区资源存量，带动城市社区经济社会协调发展。在 2011 开始至今的全域旅游发展时期，主要是运用生态文明观统领旅游业带动城乡、经济、社会、人文全域可持续发展。换句话说，在我国旅游发展的过程中，从东部沿海地区到中部平原地区，再到中西部城市区域，乃至西部民族山区的旅游发展过程，就是通过旅游业带动区域发展、城乡统筹、经济发展、社会进步和全域发展的过程。

由于我国与欧美国家在生态旅游实践背景和理论研究诸方面的差异性，造成了我国旅游脱贫无论在具体脱贫实践还是旅游脱贫理论研究方面，都具有与西方不同的特点，主要表现在：①欧美旅游业发展滞后于城乡发展和经济社会发展，通常是国家经济和城乡发展达到一定程度的产物，主要是随着城乡和经济社会发展而发展起来的，是区域经济、城乡发展和市场规律的结果。例如，欧美城乡基础设施及配套服务设施建设在区域规划框架下城乡建设发展初期即已完成，正是由于城乡经济发展以及基础设施及配套服务设施条件的提升，带动了欧美城乡旅游经济的发展。与欧美旅游发展实践不同，我国旅游业主要是由政府主导发展起来的，旅游业启动往往先于区域经济和城乡发展或处于经济和城乡发展初期，目的是通过旅游业发展促进区域经济和城乡协调发展。最典型的案例是，我国许多具备一定资源条件的地方，当地政府通常以旅游业发展为先导引领城乡基础设施建设和配套服务设施建设，都确定以旅游业作为战略性支柱产业，带动区域经济社会可持续发展。②与国外旅游业相比，我国生态旅游承担着区域产业发展和促进经济社会全面进步的双重责任，无论在改革开放初期，还是扩大内需时期，乃至旅游脱贫时期，从扩大开放、获取外汇、地震恢复重建，再到产业结构调整、民族地区和谐稳定，以及区域可持续发展乃至生态文明新时代，旅游业均发挥了非常重要而独特的作用，一直不同程度地承担着优势产业、主导产业、龙头产业、支柱产业或战略产业的重任。③欧美国家旅游作为区域发展、城乡发展和经济社会进步的自然产物，其发展经历了从大众旅游到生态旅游再到现代生态旅游的循序渐进的发展过程。而我国旅游由于国家背景、发展目的和动机不同，其发展表现为大众旅游与生态旅游近同步发展、大众旅游发展过程漫长而生态旅游发展历程短暂的特征，并与国家经济发展、城乡一体化和区域发展近同步。相应地，在欧美国家与我国之间，生态旅游理论研究同样显示类似的规律性。

尽管旅游脱贫理论研究滞后于欧美国家，但我国旅游脱贫实践具有后来居上、赶超世界的气魄和趋势。早在2011年12月，党中央、国务院就已提出，到2020年中国要实现全面建成小康社会的奋斗目标，要开展针对基本覆盖全国绝大部分贫困地区和深度贫困群体的全国14个集中连片特殊贫困山区（简称连片特困地区）的脱贫攻坚战，明确要求中央财政专项脱贫资金新增部分主要用于连片特困地区，集中连片特困地区作为脱贫攻坚主战场，是新阶段脱贫开发工作的重大战略举措。为了实现这一战略性宏伟目标，中共中央、国务院制定了《中国农村脱贫开发纲要（2011—2020年）》，明确指出将六盘山区、秦巴山区、武陵山区、乌蒙山区、滇桂黔石漠化区、滇西边境山区、大兴安岭南麓山区、燕山—太行山区、吕梁山区、大别山区、罗霄山区等区域的连片特困地区已明确实施特殊政策的西藏、四省藏区和新疆南疆三地州，共计689个县作为脱贫攻坚主战场。通过"十三五"期间的共建奋战，我国脱贫人口已经从2011年的1.239亿人，降到2018年的1660万人，2019年农村脱贫人口再减少到110万人。在此过程中，旅游发挥了战略性支柱产业的独特意义和作用。如2014年，国务院印发了《国务院关于促进旅游业改革发展的若干建议》、国家发改委等七部委联合发布了《关于实施乡村旅游富民工程推进旅游扶贫工作的通知》《关于印发乡村旅游脱贫工程行动的通知》。2015年，国家旅游局、国务院扶贫开发领导小组办公室共同召开了全国乡村旅游提升与旅游脱贫推进会议，国务院发布《关于进一步促进旅游投资和消费的若干意见》，农业部等11部门颁布了《关于积极开发农业多种功能大力促进休闲农业发展的通知》，国土资源部等三部门《关于支持旅游业发展用地政策的意见》。2016

年中国人民银行等七部门印发了《关于金融助推脱贫攻坚的实施意见》、国家旅游局等12部门联合印发《乡村旅游脱贫工程行动方案》，国家旅游局启动了实施120亿元旅游基建基金申报工程；2017年国家旅游局发布了《关于推动落实休闲农业和乡村旅游发展政策的通知》《促进旅游产业发展，支持旅游脱贫工程合作协议》；2018年，国家发展改革委等13部门发布了《促进乡村旅游发展提质升级行动方案（2018年—2020年）》；国家旅游局发布了《关于促进乡村旅游可持续发展的指导意见的通知》，同年中央一号文件发布，大力发展休闲农业和乡村旅游；自始至终，旅游业在我国贫困山区脱贫攻坚过程中做出了应有的特殊贡献。

自从国务院《关于建立国土空间规划体系并监督实施的若干意见》的颁布与实施，我国开始进入了新一轮的旅游规划时代——国土空间规划框架下相关功能区旅游专项规划时代。与传统的旅游规划不同的是，新时期的功能区旅游专项规划强调三大目标、六大任务、三大保障措施。三大目标系指充分对接国民经济和社会发展规划，促进经济社会环境协调发展；优化功能区旅游生产力布局，谋划功能区文旅高质量发展；保障旅游重大项目落实落地，无缝衔接功能区国土空间规划。六大任务是指理清综合评价、明确总体要求、创新产品供给、提升设施配套、规划重点功能区、提出用地规划。三大保障措施包括政策保障、资金保障、人才保障。此外，新时期的功能区旅游专项规划的主要内容包括规划总责、规划衔接、适应性评估、规划定位于目标、旅游用地规划、旅游产品规划、旅游基础与公共服务设施规划、旅游宣传营销规划、旅游环境整治提升规划、规划实施保障等方面。

第三节　旅游脱贫转型内涵及特征

随着国家精准脱贫成效的持续提升和2020年脱贫攻坚的圆满结束，我国正在迎来全面小康社会，进入向第二个百年奋斗目标进军的新征程。在贫困治理领域，这就意味着各种相关的治贫实践将进入与传统的"脱贫"相对应的"后脱贫时代"。这里主要从后脱贫时代的实践认识、后脱贫时代一词的源起、后脱贫时代的概念及内涵、后脱贫转型时代的贫困特征等方面进行论述。

一、脱贫转型的源起

叶兴庆和殷浩栋（2019）通过从消除绝对贫困到缓解相对贫困——中国减贫历程与2020年后的减贫战略研究认为，改革开放以来，我国的减贫以消除绝对贫困为目标，经历了农村改革推动减贫（1978—1985年），工业化、城镇化与开发式脱贫推动减贫（1986—2012年），全面建成小康社会建设推动减贫（2013—2020年）三个阶段。以

2020年年底作为节点，之前为以经济要素为主的绝对贫困脱贫时代的结束，之后为以经济、社会、生态综合要素统筹考虑的相对贫困脱贫时代开始，2020年以后相当一段时期属于从绝对贫困脱贫向相对贫困脱贫转变的特殊阶段，这里称为脱贫转型及相应的脱贫转型时代或后脱贫时代。

关于后脱贫时代，肖兴政和肖钰琪（2017）在"后脱贫时代农村人力资源配置研究——以S省B市柳林镇为例"一文中，较早地提出了"后脱贫时代"这一表述。肖兴政和肖钰琪（2017）认为，后脱贫时代指的是贫困地区在政府或其他社会组织的帮助下，脱贫攻坚成功脱掉贫困帽子后所处的一段巩固时期。此后，越来越多的学者提出了"后脱贫时代""后刚性脱贫时代"或其他暗含其意的表述。其中，提及"后脱贫时代"的学者有：肖兴政和袁兰（2018）、康彦华等（2018，2019）、段从宇和任增元（2019）、刘建（2019）、周孟亮和袁玲玲（2019）、赵航（2019）、杨立昌（2020）、李娜和王有强（2020）、肖主宸（2019）、许斌（2020）、刘远杰（2020）、郭小卉和冯艳博（2020）、郭景福和董帮国（2020）、刘开华（2020）、高卉（2020）、李维和许佳宾（2020）、夏支平（2020）、彭志刚（2020）、李小红和段雪辉（2020）、何晓妍等（2020）、李晓夏和赵秀凤（2020）、萧子扬（2020）、郭洪涛（2020）等。

提及"后刚性脱贫时代"的学者主要有：周正义（2018）、邱锋露等（2018）、向勇和孙迎联（2019）、骆胜东和邓飞（2019）、孙迎联和向勇（2019）、徐曼（2019）、王增文（2019）、孟庆武（2019）、肖主宸（2020）、何阳和娄成武（2020）、田波和柳长兴（2020）、刘佳和蒋洁梅（2020）、孔凡飞和赵东旭（2020）、王习明和张慧中（2020）、沈芳（2020）、许源源（2020）、周正义和胡林波（2020）、刘学敏（2020）等。本书大致将"全国大范围减贫治理后原发性绝对贫困基本终结"开始而形成的历史时段称为"后刚性脱贫时代"。此外，文献中暗含"后脱贫时代"之意、未直接提及"后刚性脱贫时代"，但以"2020年以后"或以"脱贫转型"相关概念为表述的学者主要有：李小云和许汉泽（2018）、王立创和代秀亮（2018）、叶兴庆和殷浩栋（2019）、白永秀和刘盼（2019）、高强（2019）、黄承伟（2019）、凌经球（2019）、邢成举和李小云（2019）、王太明（2019）、黄征学等（2019）、张协奎和吴碧波（2019）、姜会明等（2019）、李小云等（2020）、卢黎歌和武星星（2020）等。

段从宇和任增元（2019）认为，"后脱贫时代"和"后刚性脱贫时代"均系我国精准脱贫工作深入推进的伴生性表述，而随着2020年后既定标准下绝对贫困的终结，"后刚性脱贫时代"的表述显然比"后脱贫时代"的表述更加适宜，并将其具体理解为，在贫困治理领域内，以精准脱贫的系统推进而终结绝对原生性贫困后的一个新的历史时期。肖兴政和袁兰（2018）认为，后刚性脱贫时代指的是贫困地区在政府或其他社会组织的帮助下，通过脱贫攻坚成功摘掉贫穷帽子后所处的一段巩固时期。在此时期，脱贫人口已经脱贫，精准脱贫已经取得明显的效果，但由于资源有限以及社会公平等原因，政府可能会减轻扶持力度。贫困地区在此期间，如果不能充分利用自身资源进行科学规划和管理，则很有可能会出现返贫的现象。所以这是一个非常关键的时期。

本书以为，后脱贫时代以及暗含此意但没有明确表达的脱贫转型时代，虽然就字面理解上会存在诸多歧义，但从我国脱贫攻坚实践、脱贫理论研究以及学界初衷和学者情怀上讲，实际上基本表达同一个意思，即从绝对原生性贫困终结的节点开始的一个全新的历史时期就是后脱贫时代，具体从 2020 年年底绝对贫困脱贫结束、全面小康实现的那一刻开始，就是后脱贫时代的开始。值得提及的是，本书中的后脱贫时代指绝对贫困脱贫以后不包含相对贫困脱贫时期，而用"后刚性脱贫时代"表达更为贴切。本书认为，将这种"后刚性脱贫时代"称为脱贫转型时代，更为确切（图 1-2）。

严格意义上讲，脱贫转型时代就是从绝对贫困脱贫的节点（2020 年年底）开始，到相对贫困脱贫制度框架及政策体系建成时候的节点之间的时期。由于绝对贫困和相对贫困之间的本质差异性，导致绝对贫困脱贫和相对贫困脱贫在制度、政策、目标、战略、路径、措施等方面的差异性，从而造成自绝对贫困脱贫结束到真正的相对贫困脱贫开始之间存在一个混合的过渡期，这个过渡期就是脱贫转型时期，该时期持续的时间长短取决于所在地区制度、政策、目标、战略、路径、措施等方面的系统效率，效率越高脱贫转型时期就越短，反之就越长。在脱贫转型时代结束之后，就进入相对贫困脱贫时代，这个时代可能伴随乡村振兴的整个过程，因为相对贫困是人类未来较长时期内无法解决的重大课题。

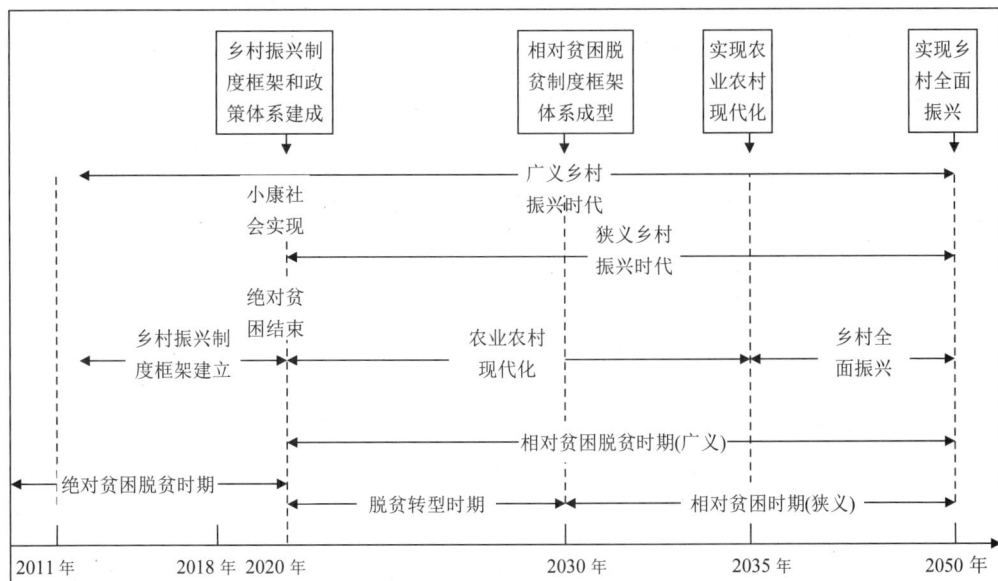

图 1-2 脱贫转型及乡村振兴之间的时空转换关系

二、脱贫转型时期的贫困特征

2020 年后，我国贫困的属性和贫困群体的特征将发生重大变化。相对贫困将取代绝对贫困成为贫困的主要表现形态，集中连片的区域性贫困分布转变为分散点状分布，以农村贫困为主转变为农村和城镇贫困并存，老少病残等特殊群体成为主要的贫困群体，并提出应按中位收入比例法制定相对贫困的脱贫线，统一城乡脱贫目标与治理机制，以包容性增长和多维度改善促进长期减贫。同时，需要构建缓解相对贫困的政策体系，包括实施以基本公共服务均等化为基础的防贫政策、发展型低收入群体救助政策、有利于低收入群体增收的产业政策，以及推动欠发达地区发展的区域政策（叶兴庆和殷浩栋，2019）。

谷树忠（2016）认为，2020 年之后的贫困问题应从经济、社会、生态等多个方面来进行综合考虑。牛胜强（2018）提出，在 2020 年后，贫困标准需要进一步补充与完善，不能仅仅局限于经济角度，而是要更多地从民生角度加以衡量。李小云和许汉泽（2018）认为，2020 年后新的农村脱贫战略，要考虑城乡一体化开发与社会公共服务一体化。2020 年后，反贫困的战略重点应集中在新贫困标准的制定、反贫困产业的可持续发展、城乡一体化反贫困体系的建立、农民工市民化配套设施的完善四个方面，以巩固脱贫攻坚成果，进而实现共同富裕。

2020 年是我国全面建成小康社会和消除绝对脱贫人口的时间节点。如何巩固脱贫攻坚成果，关系到广大农村相对贫困群体的长治久安。在脱贫转型时代的防贫反贫实践中，许多相对贫困地区由于自然地理资源匮乏、对外部帮扶高度依赖、内生"造血"功能贫缺等现实困难，农村集体经济发展较为薄弱，部分甚至出现空壳化，防贫反贫的经济基础遭遇严峻挑战（刘开华，2020）。进一步指出，在此背景下，探索农村集体经济创新发展路径，增强农村集体组织财力和凝聚力，完善基础设施和公共服务，改善农业生产资源禀赋，提高农业生产力，倡导勤劳致富的乡风文明，引导相对贫困农户积极参与农业生产和市场竞争，成为脱贫转型时代推动相对贫困地区高质量转型发展和持续振兴的关键着力点。

夏支平（2020）提出，后脱贫时期农民返贫风险的源头和类型是多样的，包括资源不足型贫困风险、能力欠缺型贫困风险、自然灾害型贫困风险、社会影响型贫困风险四个方面，从而决定着产业兴旺、生态宜居、乡风文明、治理有效、生活富裕五个方面，抵御返贫风险将成为脱贫转型时代脱贫工作的中心。刘建（2019）认为，在后脱贫时代，需要加快均衡性贫困治理体系的构建，实现政府政治主体性与行政主体性及农民权利与责任的对称性均衡。在具体路径上，可以从加强贫困治理体系的法制化及标准化、加强社会保障体系建设、通过赋权增能来激发农民的主体性及构建贫困治理的长效机制等路径，推动后脱贫时代贫困治理体系的均衡性转型。

2020年后中国绝对脱贫人口的数量和比例会进一步下降，但这并不意味着贫困的完全消除，相对贫困、多维贫困将成为贫困的主要表现方式，中国脱贫开发的重点和方向将会发生根本性转型。2020年后，深度贫困区域、支出型贫困群体和持久性脱贫人口正成为脱贫开发新的目标群体。在脱贫开发目标上，应以农民增收富裕为脱贫人口基本目标，以基本实现农业农村现代化为贫困区域发展目标，以持续发展确保脱贫不返贫为贫困户永久目标。在脱贫开发政策上，要坚持产业脱贫与乡村振兴战略相衔接，坚持脱贫开发与城乡融合相贯通，坚持强化外部支持与提高农民自我发展能力相结合。建立起政府、社会、农户参与联动的持续脱贫机制，确保贫困户脱贫、脱贫村退出、脱贫县摘帽后实现可持续发展。应尽快构建2020年后中国贫困治理机制、治理结构以及构建城乡融合的多维度脱贫政策体系和保障体系（姜会明等，2020）。

王立创和代秀亮（2018）认为，2020年后的后脱贫时代农村地区致贫因素和贫困形态也将发生变化，贫困治理将面临新的挑战，并从宏观和微观视角梳理2020年后农村贫困治理面临的挑战，提出回归社会救助本质、营造新时代大贫困治理格局、社会救助与脱贫攻坚有效衔接等战略思路，并建议以"全覆盖、精准化、多层次"为原则关注重点群体，建立综合性贫困治理体制，采用加大对支出型贫困家庭支持力度、建立长效脱贫减困机制、持续完善农村基本公共服务体系、实施内生性脱贫战略、保障脱贫人口合法权益等举措，缔造2020年后我国农村贫困治理新模式。高强等（2019）认为，由于贫困是一个客观现象，不仅相对贫困问题没有解决，绝对贫困问题也将长期存在。巩固脱贫攻坚成果，有效防止绝对贫困返贫，需要及早谋划2020年脱贫攻坚目标任务完成后的战略思路，立足当前、着眼长远，调整优化现有的产业脱贫、易地脱贫搬迁、教育脱贫、健康脱贫、住房保障脱贫、兜底保障脱贫等相关脱贫政策，推动政策、责任、帮扶、监管统筹接续，夯实防止返贫的基础，构建长效脱贫机制。

李小云等（2020）认为，2020年之后农村贫困的治理战略需要由长期以来的"脱贫战略"转向"以防贫为主"的新的贫困治理战略框架。2020年之后中国减贫的战略目标需要从过去长期以来通过制定不同的绝对贫困标准继而努力超越绝对贫困标准，转变为通过逐步实现城乡社会公共服务均等化等手段来缓解不平等为主要目标。2020年后以防贫为主要目标的减贫政策应将现行所有的政策工具进行重新梳理，建立起相互衔接、互不重复、目标明确的新的减贫政策体系。高强和孔祥智（2020）认为，全面建成小康社会之后，我国反贫困战略将发生历史性转变，相对贫困在脱贫工作中的战略定位将更加凸显。对于相对贫困理论与实践维度的不同理解，决定了2020年以后脱贫工作的历史定位。与绝对贫困相比，相对贫困具有人口基数大、贫困维度广、致贫风险高等特点，也在持续增收、多维贫困、内生动力、体制机制等方面面临诸多挑战。在脱贫转型时代，应在乡村振兴与脱贫攻坚"两大战略"统筹衔接的视角下，以欠发达地区和低收入群体能力建设为基础，创新完善脱贫政策设计，建立一套缓解相对贫困的体制机制。

白永秀和刘盼（2019）认为，到2020年全面建成小康社会后，我国将进入城市贫困和农村贫困并重的贫困分布第二阶段，反贫困也将面临如何划定新贫困标准、促进脱贫产业可持续发展、建立完整的城市反贫困体系、将农民工贫困治理纳入我国反贫困体系四大难点。与此对应，反贫困的战略重点应集中在新贫困标准的制定、反贫困产业的可持续发展、城乡一体化反贫困体系的建立、农民工市民化配套设施提升四个方面，以巩固脱贫攻坚成果，实现共同富裕。凌经球（2019）提出，2020年后中国的贫困治理将从解决绝对贫困问题向解决相对贫困问题转变。缓解相对贫困是乡村振兴战略的内在要求，而把握好2020年后我国相对贫困的总体趋势，是有效缓解相对贫困的前提基础。为适应这一形势发展需要，我国贫困治理迫切需要实现以可持续脱贫为导向的贫困治理战略转型。强化贫困治理新理念、完善贫困治理政策、创新贫困治理模式、健全贫困治理机制，是实现这一战略转型的可行路径。

邢成举和李小云（2019）认为，2020年后新时代的贫困治理将以相对贫困为核心。相对贫困具有相对性、转型性、发展性、多维性、结构性和特殊群体性等特征，这意味着要在统筹考虑相对贫困内涵的基础上，建立普遍性与特殊性相结合的新型贫困治理机制。应构建脱贫转型时代的贫困治理机制，应转变现有的贫困治理理念与范式，制定新的贫困治理战略，整合贫困治理路径，完善贫困治理体制。黄征学等（2019）提出，2020年后的减贫工作将发生五个"转向"：减贫目标转向建立高质量的标准体系，减贫方向转向兼顾农村贫困和城市贫困，减贫重点转向防范"三区三州"等深度贫困地区返贫，减贫动力转向外在帮扶与内生发展并重，减贫财政转向更加突出保底性与靶向性。王太明（2019）认为，2020年后的后脱贫时代，知识贫困、精神贫困、隐形贫困和代际贫困，是全面小康社会进程中的四种新型贫困，贫困治理的四重属性、社会资源的分配不均、脱贫制度体系不畅是其三个层面的原因，亟须以精准脱贫成效为目标，以优化脱贫资源为关键，构建具有多元主体参与的脱贫格局，以完善脱贫制度为保障，构建中国特色脱贫攻坚制度体系，寻求新型贫困问题的治理之道。

综合上述有关前人研究成果，脱贫、脱贫转型与乡村振兴三者之间，属于广大乡村高质量发展不同阶段产物的有机统一体，既具有先后的内在成因联系，又呈现各自的特点和侧重（表1-2）。

表1-2 脱贫、脱贫转型与乡村振兴的比较

主要指标	脱贫	脱贫转型	乡村振兴
时限	2020年年底前	2020年年底后	脱贫转型期后
策略	行政手段	行政＋社会	全域社会治理
贫困类型	绝对贫困	相对贫困	相对贫困

主要指标	脱贫	脱贫转型	乡村振兴
扶贫维度	经济为主线	多维度：经济、社会、生态、文化	全域维度：全社会治理体系
所属阶段	刚性脱贫时代	脱贫转型时代	相对贫困脱贫时代
依托基础	美丽乡村、精准脱贫	脱贫攻坚成果	转型脱贫成果
脱贫本质	原生性贫困	脱贫转型	相对贫困
潜在风险	返贫现象	转型障碍	相对贫困、多维贫困成为贫困的主要方式
脱贫方式	贫困治理	构建返贫预警机制和帮扶机制、风险共担机制	建立政府、社会、农户参与联动的持续脱贫机制，确保贫困户脱贫、脱贫村退出、脱贫县摘帽后实现可持续发展
贫困类型	产业脱贫、易地脱贫搬迁、教育脱贫、健康脱贫、住房保障脱贫、兜底保障脱贫等	金融脱贫、知识贫困、精神贫困、隐形贫困、代际贫困；战略性思考、整体性布局、结构性思维	相对贫困脱贫：知识贫困、精神贫困、隐形贫困、代际贫困
贫困特征	绝对性、刚性、单维度；脱贫县之下，刚性贫困	相对贫困具有相对性、转型性、发展性、多维性、结构性和特殊群体性等特征；人口基数大、贫困维度广、致贫风险高	相对性、转型性、发展性、多维性、结构性和特殊群体性；乡村振兴战略就是一个综合、有机的综合动态系统，涉及产业、生态、文化、管理、生活等方方面面的互动
空间特征	整体连片，农村贫困为主	分散点装，城乡贫困并存	乡村整体连片全面振兴
脱贫对象	脱贫村、贫困户	城乡老少病残等弱势群体	老少病残等弱势群体，知识、精神、隐形、代际贫困群体
贫困成因	自然条件、历史原因、其他原因	贫困治理四重属性、社会资源的分配不均、脱贫制度体系不畅、相对贫困的长期性和复杂性	
脱贫目标	绝对贫困标准继而努力超越绝对贫困标准	通过逐步实现城乡社会公共服务均等化等手段来缓解不平等为主要目标	建立起相互衔接、互不重复、目标明确的新的减贫政策体系
实现路径	精准脱贫	农村集体经济创新发展机制。新贫困标准的制定、脱贫产业可持续发展、城乡一体化脱贫体系建立、农民工市民化配套优化，巩固脱贫攻坚成果	农村集体经济创新发展路径，农村集体组织财力和凝聚力，基础设施和公共服务，农业生产资源禀赋
关键因素	原有刚性脱贫线	新贫困标准的制定。巩固成效，深化提质	强化贫困治理新理念、完善贫困治理政策、创新贫困治理模式、健全贫困治理机制
脱贫政策	精准脱贫政策	构建减缓相对贫困的政策体系	构建均衡性贫困全域治理体系；强化内生性造血机制

主要指标	脱贫	脱贫转型	乡村振兴
体制创新	责任体系，工作体系，政策体系，保障资金、投入体系，帮扶体系，社会动员体系，监督体系和考核评估体系	脱贫治理长效机制。绿色发展，生态减贫	加强贫困治理体系的法制化及标准化、加强社会保障体系建设、通过赋权增能来激发农民的主体性及构建贫困治理的长效机制
机制创新	精准脱贫机制	新型脱贫治理结构、体系和机制	建立综合性贫困长效治理体制
脱贫政策	产业发展脱贫、转移就业脱贫、易地搬迁脱贫、教育脱贫、健康脱贫、生态保护脱贫、兜底保障、社会扶贫	新贫困治理机制、治理结构以及构建城乡融合的多维度脱贫政策体系和保障体系。推动政策、责任、帮扶、监管统筹接续，夯实防止返贫的基础	基本公共服务均等化为基础的防贫政策、发展型低收入群体救助政策、低收入群体增收的产业政策，欠发达地区发展的区域政策
工作目标与重点	2020年年底全面脱贫，实现社会全面小康	脱贫攻坚成果长效机制；脱贫地区巩固拓展脱贫攻坚成果同乡村振兴有效衔接；农村低收入人口常态化帮扶机制；脱贫地区整体发展水平；脱贫攻坚与乡村振兴政策有效衔接；实现巩固拓展脱贫攻坚成果同乡村振兴有效衔接的决策议事协调工作机制	"产业兴旺、生态宜居、乡风文明、治理有效、生活富裕"，提高农业生产力，勤劳致富的乡风文明，相对贫困农户积极参与农业生产和市场竞争，实现共同富裕最终实现乡村全面振兴，农业强、农村美、农民富全面实现的最终目标
主要难点	精准脱贫，产业脱贫	如何划定新贫困标准、促进脱贫产业可持续发展、建立完整的城市脱贫体系、将农民工贫困治理纳入我国脱贫体系	持续增收、多维贫困、内生动力、体制机制，强化贫困治理新理念，完善贫困治理政策、创新贫困治理模式、健全贫困治理机制
战略重点	刚性脱贫线的制定以及集中连片贫困治理	新贫困标准的制定、脱贫产业的可持续发展、城乡一体化脱贫体系的建立、农民工市民化配套设施提升、巩固脱贫攻坚成果，实现共同富裕	
最佳方式	旅游扶贫	基于旅游方式的脱贫转型	基于旅游理念的乡村振兴

三、旅游脱贫转型的概念及内涵

2021年3月，中共中央、国务院发布了《关于实现巩固拓展脱贫攻坚成果同乡村振兴有效衔接的意见》（简称《意见》），根据该《意见》要求，本书有关脱贫转型的内涵就是，在2020年年底我国实现全面小康目标后，脱贫工作要从原来的绝对贫困脱贫为主转移到以相对贫困脱贫为重点的工作上来，转移到巩固拓展脱贫攻坚成果上来，转移到与乡村振兴有效衔接上来。

根据该《意见》，旅游脱贫转型的概念可以表述为，围绕党中央、国务院关于实现巩固拓展脱贫攻坚成果同乡村振兴有效衔接的中心任务，以生态文明观为统领，以生态旅游可持续发展理念为指导，用旅游发展的方式引领我国乡村脱贫转型，确保实现巩固拓展脱贫攻坚成果同乡村振兴有效衔接。总体而言包括"三个转移""六大重点"。其中，"三个转移"就是：由旅游绝对贫困脱贫为主向以旅游相对贫困脱贫为重点转移；向旅游巩固拓展脱贫攻坚成果转移；向与旅游乡村振兴有效衔接转移。"六大重点"包括：（1）通过旅游方式，建立巩固拓展脱贫攻坚成果长效机制；（2）通过旅游方式，做好脱贫地区巩固拓展脱贫攻坚成果与乡村振兴有效衔接；（3）通过旅游方式，健全农村低收入人口常态化帮扶机制；（4）通过旅游的方式，提升脱贫地区整体发展水平；（5）通过旅游方式，加强脱贫攻坚与乡村振兴政策有效衔接；（6）通过旅游方式，建立统一高效的巩固拓展脱贫攻坚成果同乡村振兴有效衔接的决策议事协调工作机制（图1-3）。

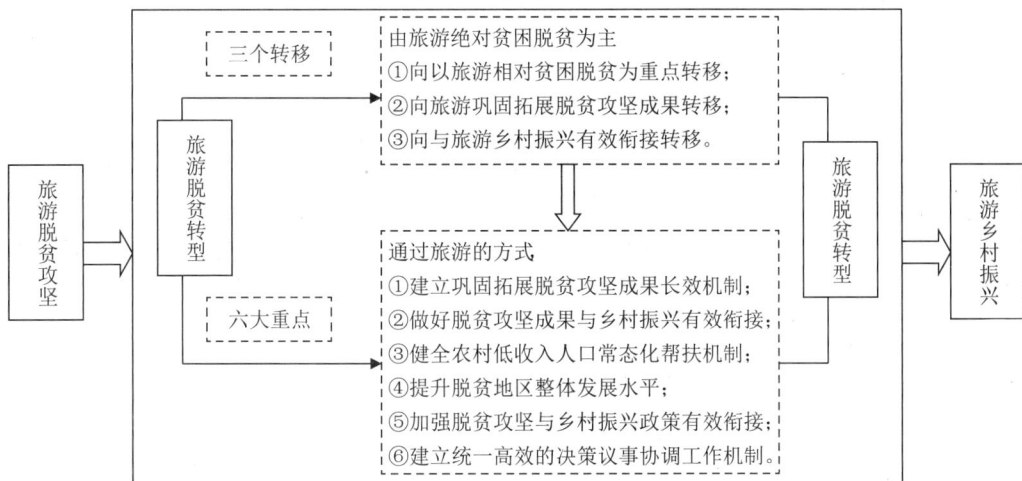

图1-3 旅游脱贫转型的内涵及内容框架

有关旅游脱贫转型概念的更深入理解，不同专家从各自的角度和不同侧面进行了解释。该概念的理解一是从"旅游"的角度，二是从脱贫转型的角度。前者主要是指从旅游理念、旅游发展、旅游引领、旅游推动、旅游政策等视角，而脱贫转型则是更深层次的东西，不仅涉及宽广的外延和丰富的内涵。所以，有关旅游脱贫转型的概念的理解，更应该关注的是脱贫转型自身。

段从宇和任增元（2020）认为，对脱贫转型时代这一概念的理解，尤其需要把握好"后""脱贫""时代"三个关键词，所谓的"后"是用来修饰和限定"脱贫"的，这就意味着在脱贫之后，隐含的是既定标准下原生性绝对贫困的终结；"脱贫"意味着脱离贫困，且是一种在外力帮扶下的脱贫，隐含的是国家的贫困治理和精准脱贫的推动；"时代"意味着不是短时期的一天两天和一年两年，而会是一个较长的时期，隐含的是业已脱贫的原生性贫困群体其发展能力总体相对不高，还需要用一定的时期来提升其综合发展、持续发展的能力。

张诗瑶（2020）通过脱贫转型时代防止返贫长效机制研究，认为在脱贫转型时代，农户依然面临着众多返贫风险，因病返贫、因灾返贫、因产业发展成效不显著返贫、因自身素质受限返贫等潜在风险，已脱贫人口再度返贫将对经济社会发展产生不利影响。康彦华等（2018，2019）通过脱贫转型时代国家级脱贫县金融脱贫政策延展策略研究，认为受地域、产业及自然条件等因素影响，国家级脱贫县产业单一，发展能力不足，脱贫人口脱贫后容易返贫。应从巩固脱贫成效、提高金融脱贫效率的角度出发，对脱贫摘帽后的国定脱贫县坚持脱贫不脱政策，在保证脱贫成效的基础上提高金融脱贫效率，深化贫困地区金融服务的广度和深度，推进金融脱贫由"特惠"向"普惠"发展。杨立昌等（2020）通过脱贫转型时代教育对口支援机制创新研究——基于"组团式植入"帮扶案例分析研究，认为脱贫转型时代的教育对口支援所面临的形势更严峻，解决的问题更复杂，承担的任务更艰巨。因此，脱贫转型时代的教育对口支援政策如何实现纵深发展是一个亟待研究的问题。

李娜和王有强（2020）通过脱贫转型时代农村边缘贫困群体帮扶机制构建研究认为，近年来随着各个脱贫县区的脱贫摘帽，我国逐渐进入了脱贫转型时代，帮扶对象由绝对贫困转向相对贫困，边缘贫困群体的相对贫困问题越发凸显，提出在脱贫转型时代构建农村边缘贫困群体返贫预警机制及帮扶机制。许斌（2020）通过脱贫转型时代的健康脱贫——基于健康的社会决定性因素的思考，认为随着2020年脱贫攻坚全面胜利，健康脱贫却依然行进在路上。脱贫转型时代的健康脱贫更需要关注人们获取健康能力的整体提升与改善，更需要关注的是脱贫的结构性思维与整体性布局。刘远杰（2020）通过脱贫转型时代的教育脱贫行动——对教育脱贫过程与结果的教育哲学思考，认为伴随2020年年底这个全面脱贫时间节点的过去，一种新动向是学界实际已在预见和窥视着一个正在到来的脱贫转型时代，这似乎是在表明教育脱贫还存在未尽的事宜，抑或有待发展出一种教育脱贫转型行动。郭小卉和冯艳博（2020）以金融脱贫的阜平模式为例，探索了脱贫转型时代金融脱贫向普惠金融的转型问题，指出阜平模式的核心经验在于政府主导，以联办共保模式为农业产业风险兜底，建立风险共担机制来撬动金融资源脱贫，打造县、乡、村三级金融服务网络与金融机构协同推进线下普惠金融发展。

郭景福和董帮国（2020）通过脱贫转型时代民族地区绿色发展与减贫对策研究人为，在脱贫转型时代民族地区整体贫困的普遍性、特定族群贫困的深度性仍然十分突出，应坚持"绿色发展、生态减贫"的原则，培育以生态资源为基础的第一、二、三次产业融合发展的"第六产业"增长极（张燕，2015；郭景福和董帮国，2020）。刘开华（2020）通过脱贫转型时代农村集体经济发展与防贫反贫机制研究认为，在脱贫转型时代的防贫反贫实践中，许多相对贫困地区由于自然地理资源匮乏、对外部帮扶高度依赖、内生"造血"功能贫瘠等现实困难，农村集体经济发展较为薄弱，部分农村甚至出现空壳化，防贫反贫的经济基础遭遇严峻挑战。高卉（2020）通过脱贫转型时代农村贫困治理的进路与出路——基于发展人类学的讨论，提出在绝对贫困和相对贫困并存的脱贫转型时代，如何建立起新型贫困治理结构、体系和机制，是当下学界和政界普遍聚焦和探索的问题。随着他们失去"贫困户"身份，大部分国家或社会的现场扶持或干预力量会相继撤出，许多脱贫人口又开始退回到原先难以持续自我发展的贫困状态，从而导致贫困的再度发生。李维和许佳宾（2020）认为，我国在2020年年底全面脱贫后，已经步入以"巩固成效，深化提质"为主的脱贫转型时代，这一时代以绝对贫困的消除和相对贫困的存在为显著特征，脱贫转型时代关注的是人口间相对贫困差距的缩小和农村的全面振兴，人的素质成为决定农村地区稳定脱贫、实现可持续发展的最大变量和核心要素。

肖兴政和袁兰（2018）提出，我国13亿多人口超过半数是农村户口，虽然数目庞大，但随着城镇化，农村人力资源逐渐转向城镇转移，使得农村经济发展因缺乏劳动力而相对滞后。要想增加农民经济收入，保持可持续脱贫，就要找出影响农村发展的因素，而人力资源在农村发展中的地位就决定了发展农村必须先开发农村人力资源，特别是在脱贫转型时代。夏支平（2020）通过脱贫转型时代农民贫困风险对乡村振兴的挑战研究，提出农村脱贫人口全部脱贫的目标实现，意味着中国农村正在走进脱贫转型时代。所谓脱贫转型时代是指2020年以后，中国农村脱贫人口全部脱离绝对贫困状态，农村脱贫工作即贫困治理的重心要从绝对贫困转向相对贫困，从脱贫人口脱贫转向农民贫困风险治理。如何有效消减农民贫困风险，实现中国农民群体持久富裕，是脱贫转型时代乡村振兴必须面对的重大挑战之一。彭志刚（2020）通过脱贫转型时代农业产业化发展的长效应对策略研究，认为脱贫攻坚战即将取得决定性胜利，脱贫人口由绝对贫困转为相对贫困，贫困治理已经进入脱贫转型时代。脱贫转型时代正在面临如何巩固脱贫成效，防止返贫现象再次发生，建立贫困治理长效机制的问题，而农业产业化发展正是解决这一系列问题的有效举措。

李小红和段雪辉（2020）研究认为，2020年脱贫后脱贫村的振兴成为社会关注的热点。要实现乡村振兴，有效治理是基础。因此，刚刚摆脱贫困的脱贫村亟须从有效治理着手推动乡村振兴。但脱贫村的治理面临着内生治理能力不足、行政化脱贫力量淡出、脱贫村内部矛盾激化以及乡村振兴的多重压力和挑战。何晓妍等（2020）通过脱贫转型时代吉林长白朝鲜族自治县脱贫成效可持续发展路径探索研究认为，长白朝鲜族自治县在脱贫成效显著的同时，由于农业地区的属性和农村人口老龄化以及受教育程度低的现状，给脱贫成效可持续带来了挑战。应强化金融脱贫、政策保障与社会参与结合、职业技能培训，以促进脱贫成效可持续性运行机制的建立。李晓夏和赵秀凤（2020）从马克思主义贫困理论、反贫困理论、共享理论、资本循环理论的原理分析出发，对 2020 年后中国贫困治理事业的整体发展与转型进行理论探索，在明确未来中国脱贫开发政策转向的基础上，借鉴已有研究成果，提出了 2020 年后中国贫困治理的新思路。肖主宸（2020）通过开发性普惠金融在脱贫转型时代的"造血"功能研究，根据相关理论与现实情况，提出了脱贫转型时代所面临的主要问题，并基于开发性普惠金融的"造血"理念提出了相应的应对措施，强调为贫困地区、脱贫产业提供导向性作用的金融支持，进而提升贫困群体的内生动力。

萧子扬（2020）研究提出，随着乡村振兴战略的不断推进和 2020 年后脱贫转型时代的到来，社区化趋势愈加明显。社区化不仅有效缓解了农村贫困问题，也进一步拓展了农村社会保障制度的模式和边界，从而形成了一种独具中国本土特色的"农村社会保障社区化"模式，并使该模式成为实现我国乡村振兴战略目标、完成脱贫攻坚任务的一种可能路径。刘建（2019）研究认为，在脱贫转型时代需要加快均衡性贫困治理体系的构建，实现政府政治主体性与行政主体性及农民权利与责任的对称性均衡。2020 年后的贫困治理需要在制度设计及政策实施层面，加快贫困治理制度体系的优化及治理能力的现代化。

第四节　生态旅游与乡村振兴耦合关系

一、生态旅游系统与乡村振兴系统

（一）生态旅游系统

生态旅游可以被看作是一个随着外界条件和时间而变化的动态平衡的动力学系统，由生态旅游的主体、客体、媒体和载体组成。生态旅游的主体是指客源地的生态旅游者，生态旅游者在生态旅游地的消费产生直接的驱动力，它是生态旅游系统发展的内因，生态旅游者的需求、价值取向与能动作用直接影响着生态旅游资源的利用方式和发展的方向。生态旅游的客体是指生态旅游地范围内具有原生态美吸引力的一切事物的总和，指向所有的生态旅游资源，是生态旅游系统发展的基础，没有旅游客源地吸引力就没有生态旅游发展的前提。生态旅游的媒体是指生态旅游业发展所需的支持保障体系，是实现旅游空间位移的保证，能有效地实现旅游客源地与旅游目的地之间的互动，它包括与之关联的生态旅游企事业，包括交通运输、信息中介、政府职能部门，它在系统中产生源源不断的传送力。生态旅游载体包括广义的生态旅游环境和狭义的生态旅游系统。前者包括政治环境、经济环境、社会环境和科技环境，即 PEST；后者是指生态旅游地的环境，对系统产生持续的支持力，包括区位条件、服务设施、基础设施等硬环境，也包括经济环境、社会环境、居民态度、公共服务等软环境。生态旅游可以看成一个四面体结构的生态旅游系统，生态旅游可持续发展涉及各个方面，只有每个方面都保持良好的状态，才能产生有效的促进作用（图1-4）。

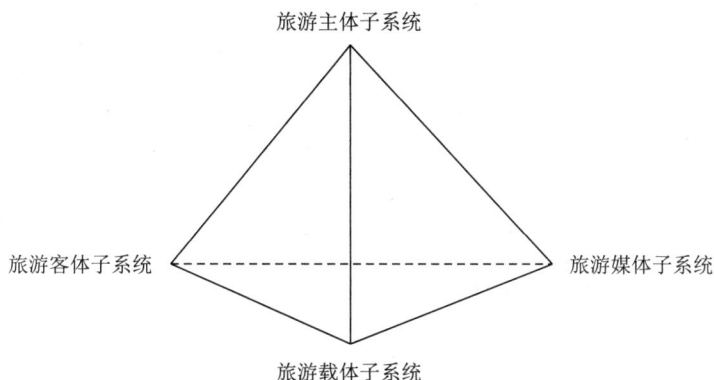

图1-4 生态旅游动力系统（覃建雄据杨桂华等修改，2018）

生态旅游系统可以称为生态旅游主体、客体、媒体与载体协调发展的系统，作为一个非线性的综合体，不仅具有可持续发展系统的一般特征，而且系统内部结构及子系统之间相互作用机制要比一般系统复杂很多，彼此间的协调程度、发展程度、持续程度都直接影响系统的可持续性。同时，生态旅游主体、客体、媒体与载体都与外界存在着千丝万缕的联系，如生态旅游者存在着迁移产生的生态旅游流涵盖着生态旅游信息流、生态旅游物流、生态旅游能流和生态旅游价值流的一个复杂子系统；生态旅游资源存在着市场交换；生态旅游业的经济本质，就是以"游客搬运"为前提，在异地（旅游地）进行终端消费的经济效果，并促进旅游地经济产业发展；生态旅游地的环境错综复杂，其间的生态环境相互影响，社会环境存在着比较和借鉴，经济环境存在着资金的流动。各种子系统、变量和因子之间不同层级、不同方向、不同角度、不同功能的沟通和交流组成了生态旅游的动力学系统。

生态旅游系统最典型的案例一是原生态自然旅游地（景区），二是原生态民族村寨（乡镇）。无论是原生态自然旅游地还是原生态民族村寨，生态旅游活动发生之前和之后，分别处于两个完全不同的系统，之前是原始的封闭系统，之后是动态的开放系统。就原生态民族村寨而言，在生态旅游发生之前，村寨内部处于相对封闭的系统中，传统农业社会、经济系统在较长的时间保持一种低水平的均衡状态，持续性较差。而生态旅游将打破原有的平衡，对村寨的生态环境、社会经济和文化习俗都会产生影响，这种影响将使得原有的系统逐渐偏离固有的平衡，变成一个开放的可持续的新系统，进而会对传统的社会—生态系统产生冲击甚至替代。

（二）乡村振兴系统

乡村振兴战略的核心就是"产业兴旺、生态宜居、乡风文明、治理有效、生活富裕"，这是乡村振兴战略的总要求和根本任务。可见乡村振兴战略就是一个综合、有机的综合动态系统，涉及产业、生态、文化、管理、生活等方方面面的互动。其中，产业振兴是基石、生态宜居是保证、乡风文明是灵魂、治理有效是核心、生活富裕是目标（图1-5）。

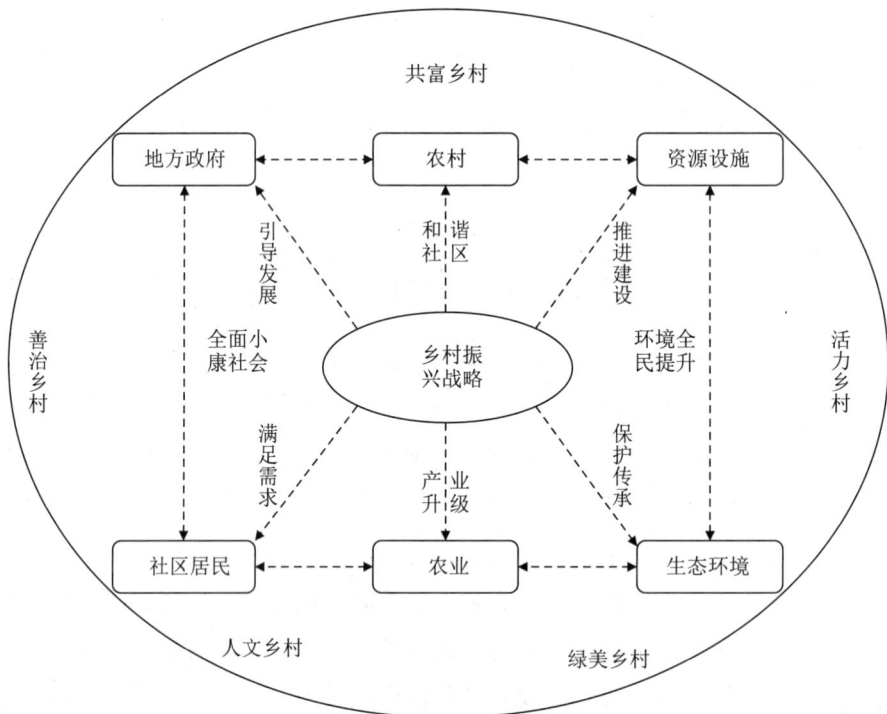

图1-5 乡村振兴系统[①]

乡村振兴的目的在于破解三农难题，直接作用于农村、农民和农业，围绕制约发展的人、地、资金要素而全面展开。从目前乡村存在的普遍问题来看，在农业方面，农业面源污染较大、沿用传统农耕模式、一二三产联动不足、农产品附加值不高、产业布局有待优化、重点产业抓手缺乏；从生态来看，生态空间格局基本形成、生态环境质量呈下降态势、环境综合整治稳步推进、环境整治仍需加大力度、公共基础设施有待完善、旅游服务设施有待提升、水体环境质量形势严峻、畜禽面源污染较为严重、乡村建筑风貌特色不足、乡村绿化景观效果较差；在文化方面，尚未形成文化品牌、硬件设施相对滞后、文化保护意识淡薄、文化对外交流薄弱、文化人才储备缺

---

① 宋慧娟.横断山区生态旅游驱动乡村振兴研究［D］.成都：西南民族大学，2021：12.

乏、文化利用方式单一、文明素质有待提升；在治理方面，基层党建仍需深化、村务阳光工程有待完善、村庄治理公众参与度低，法治德治体系有待提升、治理基础仍需完善、便民程度亟待提高；从农民发展来看，资金来源渠道不足、集体经济较为薄弱、社会参与热情不高、建设用地利用率低、生产用地整合困难、人才队伍亟须壮大。

乡村振兴的发展理念要从"农业＋"理念向"乡村＋"理念转变，把乡村看作整体，在每个农村单元形成一个较为完整的内部系统，注重乡村发展涉及的各个要素的整合共生，不仅关注产业、民生、文化、环境等多方面的发展，关注农民生产、生活、安居乐业的需求，关注生态环境可持续发展，关注田园生态链的打造与重建，关注城乡互动，进而实现产业、人才、文化、生态、组织的全面振兴。具体展开来说，引导资源配置、公共服务层面朝农业农村倾斜，统筹乡村振兴中的"人、地、钱"难题，构建现代农业产业体系、发展壮大乡村产业、建设生态宜居的美丽乡村、繁荣发展优秀传统文化、健全现代乡村治理体系、保障和改善民生、完善城乡融合发展政策体系，以绿色为导向的政策体系作用于地方政府、农村环境、农业生产、社区农民、资源设施、生态环境，提高农业资源利用率，促进农业发展与资源环境承载力更加匹配，推动基础设施在农村的延伸，公共服务在农村的全民覆盖，传承发展文明乡风，培育新型职业农民，实现质量兴农、品牌强农、三产融合，"强村富民"的"共富乡村"，生态稳定、环境整洁、景观优美的"绿美乡村"；文化彰显、文明乡风、良好家风、淳朴民风的"精神家园""人文乡村"；党建引领、公众参与、和谐有序的"善治乡村"；聚焦"人、地、钱"等关键环节的"活力乡村"。

二、生态旅游与乡村振兴的耦合关系

乡村振兴战略直面乡村衰落、城乡发展不均、脱贫攻坚成果巩固等问题，包含着乡村发展中经济、文化、环境、治理等多方面的乡村重构，既包括实体形态的物质规划建设，即乡村空间、建筑、交通、生态建设等，也包括隐性的内涵建设，即文化、教育、经济建设等，从多角度、多领域规划了未来我国农村、农业和农民发展的方向，是作用于乡村的一个重要系统，引领乡村整体状态的改变。生态旅游同样围绕乡村展开，是通过生态旅游业的发展实现经济、社会、环境三大效益最大化的一种选择，也是乡村发展的一个子系统，作为并存于乡村地域系统中的两大子系统，生态旅游系统与乡村振兴系统具有显著的内在成因联系即耦合关系（图1-6）。

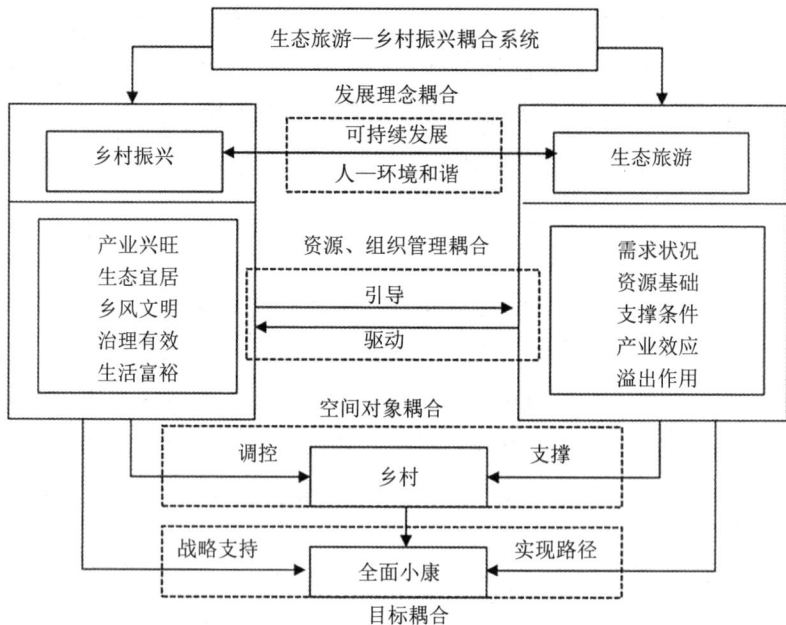

图 1-6　生态旅游与乡村振兴耦合关系 [1]

　　首先，生态旅游和乡村振兴在发展理念和目标方面具有同源耦合性。无论是乡村振兴，还是生态旅游，都秉承可持续发展理念，致力于人民生活的改善，环境质量的全面提升和社会各方面的整体进步，体现出对人类福祉生活的追求。不同于传统的大众旅游，生态旅游是一种有责任的旅游，其"责任"体现在对原生的"自然""文化"的保护，体现在同代人和代际在生态旅游消费和开发之间的公平性，体现在对社区发展的促进和有效避免"旅游飞地"，体现在其不同程度的暗示、引导、激发的教育功能。生态旅游的最初目标就是加强旅游地居民的环境保护意识，保护当地生物多样性，使旅游资源能够维持可持续性发展，增加该地区居民的收益。随着生态旅游实践的深入和其影响的扩大化，其发展的目标内涵和外延更加纵深化：生态旅游以保护和发展当地文化和生态环境为前提，通过保护性开发在目的地产生经济价值，同时体现社会与生态价值，最终实现生态旅游资源向经济、社会、生态综合效益的转化。乡村振兴强调生态环境是发展的基础，强调构建乡村发展的内源发展之路，关注社区和谐发展和保障人们公平的权利，在追求经济增长的同时更注重经济的外部正效应对区域社会的整体发展，其发展的目标体现出经济、社会、文化、生态的追求，多效益的统一，其深刻的价值内涵与生态旅游同根本源。

　　其次，生态旅游和乡村振兴在空间对象上有紧密的耦合关系。乡村是具有自然、社会、经济特征的地域综合体，兼具生产、生活、生态、文化等多重功能，与城镇互

促互进、共生共存，共同构成人类活动的主要空间。"三农"问题一直是中国发展的重要问题，从乡村脱贫到实现小康再到乡村振兴，中国乡村的发展一直是中国必须要面对和解决的现实问题。习近平总书记指出，全面建成小康社会，最艰巨、最繁重的任务在农村，特别是在贫困地区、民族地区的农村。全面小康不是一部分人的小康，是包括贫困地区在内的小康，是全社会全民族全域范围内的小康，因此乡村脱贫、减贫，经济社会高质量、可持续发展、乡村的复兴都是乡村发展的重点。从发展的经验和地缘角度来审视，"老、少、边、穷"的山区曾是脱贫攻坚的重点，也同样是乡村振兴的重要战场。生态旅游可以作用于任何不同的旅游地，但是众多的实践已经证实乡村是生态旅游的重要载体和主要活动场所，是生存空间和过程发生中心。从生态旅游资源来看，乡村集自然风光与人文风情于一体，有着发展生态旅游的天然优势，旅游资源的综合优势度、人均旅游资源拥有量综合指数、旅游资源丰度等指标都明显高于其他地方，是生态旅游资源的富集区，如秦巴山区、武陵山区、乌蒙山区、大小凉山彝区，既是典型的"老、少、边、穷"山区，也是"绿色生态优质区、自然物种密集区、历史文化沉淀区、山水风光富集区"。因此，具有丰富生态旅游资源的乡村，既是生态旅游实践的良好场所，也是全面小康、乡村振兴的重点对象。基于空间上的重合，将优质的生态资源充分加以利用开发，推动绿色生态旅游业的发展，实现贫困区域的振兴之路，全面实现小康和乡村振兴是生态旅游的重要实践。

再次，生态旅游和乡村振兴在资源要素利用和组织管理上具有高度的耦合性。生态旅游的发展并非孤立的，除了资源的禀性外，生态旅游产业的发展在形成"食、住、行、游、购、娱"的产业链时，需要整合所在地的土地、水源、生态环境、文化、设施设备等，在合理的规划和良好的组织发展下，生态旅游才能实现效益最大化，最大限度地发挥其"惠民""拉动"等作用。与此同时，对于乡村地域系统来说，发展生态旅游能够有效引导和推动更多资本、人才、信息、技术、管理等要素向乡村地域空间流动，而资源要素的合理配置是促进节约化发展的前提，是实现乡村各要素有机互动的基础。乡村振兴作用于整个乡村，不可避免地对乡村要素进行全面规划和整合，从区域层面优化产业布局，从行政层面形成自上而下的合力，乡村正在经历一次整体结构性变迁和功能价值的重塑，唯有找准路径，用好手段，才能真正激活主体、激活要素、激活市场。随着生态旅游的溢出效应，生态旅游促进产业融合发展，优化城乡体系和空间布局的优势越发显著，在更大范围内将成为众多乡村产业发展的优先选择，两者在资源整合、要素利用和组织管理上相互依存、交叉渗透，如在规划引领发展的背景下，生态旅游和乡村振兴的发展规划将逐步趋于融合，形成"你中有我，我中有你"的综合形态。

最后，作为一种新的开发理念，生态旅游是"可持续发展"的代表；作为环境友好的一种开发模式，生态旅游以保护生态环境为前提，统筹人与自然的和谐发展，在良好的自然生态环境和独特的人文生态系统基础上，以生态友好的方式进行开发；作为一种旅游产品，生态旅游是集生态体验、生态教育、生态认知为一体，使旅游者获得身心愉悦的旅游方式。生态旅游与乡村振兴的耦合是以生态旅游的发展带动人口、资本和物质等要素向生态旅游依托地积聚和扩散，从而带动乡村建设不断发展的过程以及与旅游产业发展和活动联系不断加强的现象，这种紧密的耦合在我国的贫困地区、民族地区表现得更为突出和紧密。

综上，生态旅游与乡村振兴的耦合并非简单的相加，是基于生态旅游与乡村振兴的性质和成因联系的有机结合，进而相互作用、影响和促进，协同演化形成一种层次更高、效果更加全面的发展模式，通过创新、精准资源配置方式来寻求一加一大于二的效益，达成"双赢"的效果。作为高度耦合的两个子系统，生态旅游的发展必定围绕乡村振兴战略谋篇布局，释放更大的驱动效应。而乡村振兴不仅从根本上引导生态旅游，并为其发展提供支持，如优良环境、发展空间、经济支持、政策保障、从业人员、管理组织以及其他设施设备，成为生态旅游转型升级发展的重要战略支撑和发展目标。因此，一方面乡村振兴引导生态旅游的发展，另一方面生态旅游则驱动乡村振兴，形成二者之间的双向互助联动机制，以促进区域趋于更加平衡、更加优化、更加开放的发展。

三、生态旅游驱动乡村振兴的内在逻辑

很多学者认为生态旅游是实现农村复兴的最佳路径，认为生态旅游的发展就是乡村振兴的实践。有学者认为生态旅游是一种新型的乡村振兴开发模式，是用生态学指导旅游乡村振兴过程，在环境保护的前提下，遵循循环发展的理念，形成脱贫与环境保护的可持续发展。也有学者认为生态旅游驱动乡村振兴是作为生态旅游的新功能，即通过发展生态旅游，用可持续发展的理念进行指导乡村发展，最终实现社区的发展，社区居民素质的提高，从而实现环境的保护和经济发展上的双重振兴。生态旅游无论是作为乡村振兴开发的一种模式还是生态旅游的新型功能体现，都可以看作可持续发展的有效和最优选择（图1-7）。

生态旅游以回归自然为主旨——以原生、和谐的自然及文化生态系统为对象；以保护为核心——以保护当地的自然、文化生态环境不受破坏，尊重、维护居民传统文化的完整性，保护村民的利益，提高其收入水平和生活质量；强调在保护实现人、生态、文化、环境、经济的协调发展的同时，将带动地方经济、社会、文化的共同发展为最终目标。在乡村振兴战略大背景下，作为一种特殊的产业形态，生态旅游因其具有融合性好、关联性强、覆盖面广等特点，完美契合了中国的"三农"国情和对新时代乡村发展的总要求，不仅决定了其在乡村发展中的独特功能，同时表现出对乡村振兴的巨大驱动作用，发展生态旅游既可以提升乡村环境质量、促进乡村文化传承与保

护、健全乡村社会保障制度、推进农村现代化，还能实现乡村地区产业转型升级、吸收乡村剩余劳动力、促进乡村经济发展、带动农民脱贫致富，进而驱动乡村振兴，生态旅游驱动乡村振兴的实质就是生态旅游功能的一种显性表现。

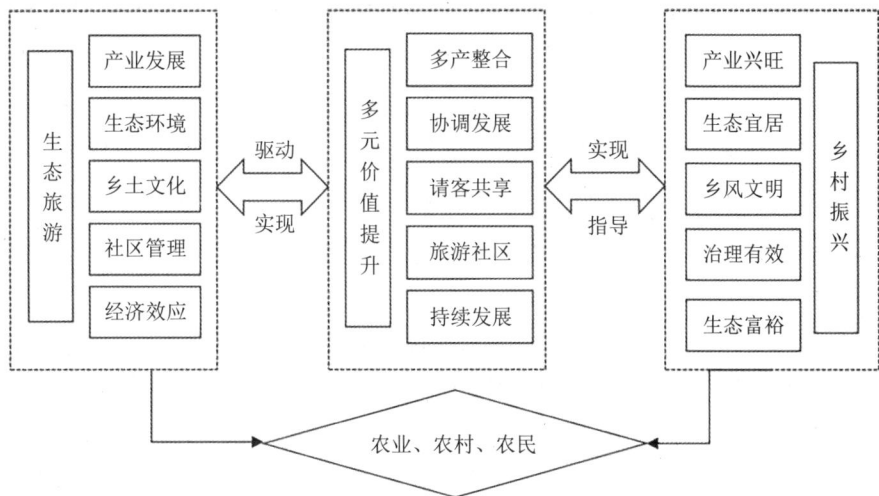

图 1-7　生态旅游驱动乡村振兴的内在机制 [1]

四、生态旅游驱动乡村振兴的动力机制

生态旅游驱动产业兴旺。旅游业被公认为是富民惠民产业，生态旅游作为旅游业重要的有机组成，同样具有产业关联度大、辐射面广、受众面大的同质特征。在过去，传统农业占据主导地位，导致产业结构单一，产业效益低。生态旅游的开发引入大量的游客，一方面直接促成了游客对旅游要素的需求，改变了当地农副产品的供求关系，刺激了当地住宿业、餐饮业、接待业发展，推动了当地交通公路、交通设施、交通工具的建设，加快当地特色资源的开发和旅游商品的包装；另一方面间接地带动了农副产品深加工、手工艺品生产、旅游用品和纪念品生产开发、商贸、运输及服务业等的共同发展，形成"一业带百业，一业举而百业兴"的联动效应。生态旅游开发为农村开拓了新市场，带来了新的需求。全新的市场和需求不仅直接助推传统农业的发展，而且引导农村一二三产业的融合，实现产业结构的调整和优化，让农村从单一的传统农业转向更加开放、多元、集聚的一二三产业体系。依托农村地域资源开发而形成的多样性、内涵性、异质性的生态旅游产品，引导生产要素在城乡之间实现自由的流动，催生新业态为产业增值并注入新的发展动能，助推已有的企业做大做强，形成引领和标杆的作用，引导农村经济增长方式的转型优化，实现区域资源价值的提升和

---

① 宋慧娟 . 横断山区生态旅游驱动乡村振兴研究［D］. 成都：西南民族大学，2021.

转换。

生态旅游驱动生态宜居。对于广大的农村地区，良好的生态环境对游客有巨大的吸引力，是潜在的"金山银山"。现代游客追求与自然、田园、乡村的零距离接触，而这种对农村沉浸式的体验离不开绿色的自然环境和社区环境。生态旅游的开发依托生态，也被生态制约，生态与开发两者"一损皆损，一荣皆荣"，这也是生态旅游传递的特殊教育功能。因此，当地社区居民作为生态旅游的参与者和受益者，在发展过程中保护本村生态环境，改善自身的居住环境和条件，提升生活环境的整体风貌，系统、综合且科学地运用各项资源，避免破坏性开发，将开发对环境与资源可能产生的负面影响降低到最小，自觉地促进乡村卫生环境、人居环境、生态环境的改善，从而实现乡村经济、社会、生态的健康循环发展。

生态旅游驱动乡风文明。根植于本土形成的乡土文化是重要的生态旅游资源，这些"生于斯、长于斯"的传统文化本身就具有凝聚人心、教化群众、淳化民风的作用。生态旅游的开发，就是对这些优秀思想观念、人文精神、道德规范的传承和发扬光大，开发本身就是复兴农村传统文化、培育淳朴民风、推动优秀文化的一种传承。随着生态旅游的发展，农民在收入提高和生活条件改善的同时，也具备了改变传统陋习的能力，能够提升自身的精神风貌和基本素养。同时，外地游客参与目的地生态旅游，他们的行为向农村传递现代社会的文化素养和先进知识，将先进的思想观念、生活习惯等带到农村地区，也会产生积极影响。通过这种双向的互动，当地农民在思想认识、文化素养、价值观念、技术技能等方面都会得到不同程度的提高。

生态旅游驱动治理有效。生态旅游的健康成长需要当地社区有效的管理、稳定的秩序，这是基于社区自觉自治的一种共建共享。大量游客的进入将打破社区封闭的空间，打破农村的地缘关系和亲缘关系，促使农村从封闭走向开放，从各自为政走向合作共生。当地居民是发展生态旅游的主体，他们直接从事或参与生态旅游的经营管理和服务工作，随着区域合作的展开，现代技术、现代化的管理理念和先进制度的引入，将改变农村的生产经营模式，农民的观念和意识，这些改变将以润物细无声的方式渗透到乡村治理的方方面面，乡村治理也会从以地缘特征和村民身份为基础的传统治理模式向以开放为特征和公民身份为基础的现代治理模式转变，进而带动乡村治理能力的提高和治理体系现代化。随着多渠道、多层次、多形式的合作，乡村之间、城乡之间共享客源、信息、资源等，促进了城乡之间的合作，促进了城乡之间的融合发展，共同提高城乡发展水平，实现城乡之间的共建共享。

生态旅游驱动生活富裕。"三农"问题是实现乡村振兴战略的重中之重，强调通过农民的"内生发展"实现农民收入的提高和农民就业的增收。生态旅游带动性强、容量大、门槛较低、层次多、方式灵活、受益面大，能充分调动当地居民群体的潜能。生态旅游带动产业的同时，不仅能直接开辟就业渠道，吸纳大量的农村劳动力，还能提供"离土不离乡"的就业方式，根据世界旅游组织测算的数据，旅游业每直接就业 1 人，就能带动社会新增就业机会 5 人。与此同时，生态旅游催生的新业态，能实现农村富余劳动力就业和向非农领域转移，能壮大一批当地中小微企业，促进其发挥存量资源价值，成为农村健康持续发展模范，引导和带动农民收入和社会财富。

地域性是生态旅游产品的重要属性，生态旅游目的地的生计模式、特色产业、农业基础、生产生活空间形态都是生态旅游产品开发的基础。生态旅游的发展易于构建乡村基于自身资源禀赋的内生发展之路。从生态旅游发展带来的影响来看，在产业发展、环境水平、传统文化、社会关系以及农民生活和素质等方面都相应地对乡村振兴的主要目标有积极正向推动作用。生态旅游同时联结了城市和乡村的纽带，促进了社会资源和文明成果在城乡之间的共享以及财富重新分配的实现，为地区之间经济发展差异和城乡差别的逐步缩小、产业结构优化等做出了很大贡献，并推动了欠发达、开发不足的农村地区经济、社会、环境和文化的可持续发展。

第五节　旅游乡村振兴的战略意义

由于生态旅游业的带动性、辐射性、综合性以及既能"上山"又能"下山"等特点，它对以限制开发和禁止开发区为主的旅游资源富集型广大中西部山地乡村地区的旅游脱贫转型，具有独特的经济、文化、社会、环境保护意义和作用，具体表现在：①生态旅游业是包含生产性服务、消费性服务以及公共服务的综合性服务业，通常构成相应地区城乡发展的战略性支柱产业和主导产业；②生态旅游业是通过创造市场需求，整合各种要素，提高资源附加值，实现产业增长的新兴服务业，因而成为相应地区创新发展的驱动产业和开放产业；③生态旅游业是覆盖众多服务门类、拉动经济增长的动力性产业，通常构成相应地区民生产业和幸福产业；④生态旅游业是服务业中具有相当规模和发展潜力的产业，通常成为相应地区发展的龙头产业和新兴经济增长点。与此同时，加之生态旅游兼具旅游功能、环境保护功能、社区功能和教育功能等功效特点，基于生态旅游的脱贫转型和乡村振兴成为乡村脱贫转型和振兴发展的最佳途径，并有利于促进实现经济、政治、文化、社会、生态五位一体的效益统一。

一、国家战略要求

（一）精准扶贫战略

党中央、国务院高度重视脱贫攻坚工作。2015 年 11 月，习近平总书记在中央扶贫工作会议上指出"新时期脱贫攻坚的目标，集中到一点，就是到 2020 年实现'两个确保'"。解决贫困人员"两不愁、三保障"问题和落实"两个确保"的论述都清晰、准确地确立和阐释了脱贫攻坚的宏伟目标。

习近平总书记有关脱贫攻坚的讲话中始终蕴含着"全面实现小康，一个民族都不能少[①]"的理念。习近平总书记的讲话旗帜鲜明地指出消除贫困是人民的基本追求，也是中国共产党的根本任务。党和国家将精准扶贫、破解相对贫困作为关乎党和国家政治方向、根本制度和发展道路的大事。"一个民族都不能少"就是要在全民族范围内实现同步小康，这就要求不能缺少汉族、壮族、苗族、彝族等民族，也要涵盖独龙族、鄂伦春族、锡伯族、仫佬族等人口较少民族。"一个民族都不能少"是对全面小康的生动阐释，也是脱贫攻坚的第一要义。

（二）脱贫攻坚成果巩固与共同富裕战略

中国特色的共同富裕是全民共富、全面富裕、共建共富和逐步共富，共同富裕是全体人民共同富裕。习近平总书记多次强调"共同富裕是全体人民共同富裕，不是少数人的富裕[②]""共同富裕路上，一个也不能掉队[③]"。习近平总书记的讲话旗帜鲜明地指出共同富裕实现的主体和覆盖的对象是全体人民，不仅指城市，也包括农村；不仅涵盖所有汉族同胞，也包括全国少数民族同胞。其中，少数民族群众、民族地区是实现共同富裕的重要主体，习近平在民族地区调研、考察和慰问少数民族群众时不断强调民族地区、少数民族群众要推动共同富裕取得更为明显的实质性进展[④]。

习近平总书记共同富裕的相关论述是对党实现脱贫攻坚百年奋斗初心使命的传承和发展，也是在新的社会矛盾下对时代命题的有力回应。新时代，巩固脱贫攻坚成果、实现共同富裕成为国家新的"中心课题"。2021 年 8 月习近平总书记在中央民族工作会议上指出"要加大对民族地区基础设施建设、产业结构调整支持力度，优化经济社会发展和生态文明建设整体布局，不断增强各族群众获得感、幸福感、安全感"。这一讲话进一步彰显党和国家对共同富裕内涵和特征地把握和认识是全方位的、是立体的[⑤]。

新时期，实现共同富裕的内在要求和最终体现是人的发展，人的全面发展水平是衡量共同富裕成败的核心指标和根本标志。随着我国脱贫攻坚战的全面胜利，人民物质生活水平显著提升，人民群众的需求也在增加，人民群众对政治参与、精神丰富、生态良好、美好生活等更高层次的需求越加凸显。

---

① 习近平 . 云南考察时讲话 .2015.
② 习近平 . 中央财经委员会第十次会议上的讲话 .2021.
③ 习近平 . 十九届中共中央政治局常委同中外记者见面时的讲话 .2017.
④ 史世姣 . 环境规制下我国民族地区经济高质量发展研究［D］. 成都：西南民族大学，2022.
⑤ 史世姣 . 环境规制下我国民族地区经济高质量发展研究［D］. 成都：西南民族大学，2022.

（三）"两山理论"要求

习近平总书记提出的"绿水青山就是金山银山"的重要发展理念为我国新时期高质量发展指明了方向。"两山"理论不仅是认识论也是方法论，不仅是生态观也是发展观。一方面，"两山"理论阐述了环境保护和经济发展之间的关系。另一方面，"两山"理论点明新时期要实现经济可持续发展就必须要走绿色发展道路。我们不能单独将绿色发展作为环境问题来处理，需要全局性的眼光。结合地区资源禀赋、环境承载力、产业布局、生态需求等方面统筹考虑，分析和发展绿色经济。特别是我国广大乡村地区，更需要将环境保护放在首位，并将环境保护和地方发展联系起来。

随着生态文明建设的推进，"两山"理论的内涵也在不断丰富。"两山"理论阐述了经济发展和生态环境之间的辩证关系，是我国实现高质量发展的必由之路。亟待脱贫转型的广大乡村地区在我国生态保护中占据重要的地位，因此，习近平总书记在调研、指导讲话中蕴含着丰富的生态文明思想，他从科学自然论、生态意识论、生态发展论等多个角度进行阐释。优质的生态环境是人民群众健康生活的基石，能够直接、显著地提升人民的获得感、幸福感和安全感。进入新的历史时期，我国生态文明建设就是要集中力量解决生态领域人民对美好生态环境和优质生态产品供给不足之间的矛盾，实现人民的生态福祉。

（四）乡村振兴与高质量发展战略

乡村振兴战略直面乡村衰落问题、城乡发展不均衡、脱贫攻坚成果巩固等问题，已自上而下在我国全面展开，要求共同富裕的路上"一个也不能落下"。"产业兴旺、生态宜居、乡风文明、治理有效、生活富裕"二十字方针中，包含着乡村经济、文化、环境、治理等多方面的乡村重构，既包括实体形态的物质规划建设，即乡村空间、建筑、交通、生态建设等，也包括隐性的内涵发展，即文化、教育、经济发展等。

我国广大乡村地区主要位于中西部山区，尤其是西部民族地区，这些地区是集高海拔地区、民族地区、高原山区、革命老区、旅游资源聚集区及生态脆弱区为一体的特殊空间区域。作为青藏高原东南缘的一部分，川西民族地区地形地貌差异明显，气候条件复杂多样，生态系统类型丰富，是长江、黄河上游重要的水源保护区和国家生态安全屏障，是国家限制开发区和禁止开发区，也是多民族文化交流的通道走廊。无论是从特殊的生态格局、国土安全、地缘政治，还是从国家总体布局来看，都具有极为重要的战略地位。

受制于自然条件限制，我国广大西部民族地区经济发展水平落后，产业结构不合理，发展极不均衡。这些地区拥有富集的原生态自然和人文景观资源，乡村旅游是区域发展生态经济的具体体现和最佳途径。通过过去多年的脱贫攻坚，这些地区乡村旅游扶贫成果斐然。在乡村振兴战略不断推进、迫切寻求破解产业发展困局的现实诉求下，这些地区乡村旅游驱动乡村振兴高质量发展研究意义重大。

二、独特优越性

通常而言，大家谈及的旅游通常指的是大众旅游，即远离常住地到想去的地方去消费旅游产品的过程，这个过程主要考虑旅游者的回报和需求，很少涉及旅游者的责任和义务。也就是说，大众旅游更多地关注"我花销我享受"，几乎没有强调旅游的责任和义务，包括旅游者、旅游地、旅游开发商、旅游政府及旅游业自身的责任和义务。所以，基于大众旅游基础上的旅游脱贫，具体是贫困地区丰富的旅游资源开发，兴办旅游经济实体，使旅游业形成区域性支柱产业，实现贫困地区居民和地方财政双脱贫致富及转型。更多的是，传统大众生态旅游只讲究针对旅游者的旅游体验功能和针对旅游经营者和旅游社区的经济效益，而几乎或者很少关注旅游的社区功能尤其是旅游脱贫转型功能和乡村振兴功能。

与大众旅游不同的是，生态旅游以生态文明观为指导，以可持续发展为核心理念，本身同时具有四大功能，即生态旅游功能、环境保护功能、社区脱贫发展功能、环境伦理教育功能，即只有同时具备这些功能的旅游，才算是真正意义上的生态旅游。也就是说，生态旅游本身的重要责任与义务之一就是，帮助旅游地社区经济社会可持续发展，也就是常说的生态旅游脱贫转型。或者说，生态旅游脱贫转型就是生态旅游自身应该具备的责任和义务，生态旅游脱贫转型是生态旅游的重要内容和组成部分。因此，基于生态旅游理念和理论框架下的旅游脱贫转型和乡村振兴才是本研究真正意义上的旅游脱贫转型及乡村振兴，生态旅游脱贫转型及乡村振兴是旅游脱贫概念的升华和延伸。一方面要借助生态旅游产品的策划设计、生产管理，给广大乡村地区的低收入人口带来实际的收益提升，另一方面要在生态旅游产品开发过程中贯彻可持续发展理念，在经济效益增长的同时，推动广大乡村地区社会文化、生态环境的同步提升，追求经济效益、社会效益与生态效益三者的和谐统一。生态旅游脱贫转型不仅要讲究针对旅游者的旅游功能和针对旅游经营者和旅游社区的经济效益，还要注重社区的社会效益、生态效益与经济效益的统一性。此外，还要强调旅游者、旅游地、旅游业、旅游环境的可持续发展。

生态旅游脱贫转型及乡村振兴的核心基点主要包括：一是生态旅游地往往与广大乡村社区或民族地区、边远山区、革命老区、生态脆弱区（生态保障区）相一致或者重合，这些地区通常是生态旅游自然与人文资源富集区，也是开展经典生态旅游活动的理想场所；二是旅游脱贫转型及乡村振兴是生态旅游本身的重要内容和组成部分，也就是说生态旅游本身的重要责任和义务之一，就是要通过生态旅游资源开发与生态旅游经济发展促进广大山区和低收入社区的经济社会发展；三是结合生态旅游的环境保护功能和生态伦理教育功能，生态旅游发展成为脱贫转型及乡村振兴的最理想的脱贫途径和模式，强调发挥旅游地资源环境特色，突出社区人文历史景观优势，同时在旅游脱贫转型的同时又非常注重生态旅游环境保护与旅游教育功能。因此，生态旅游成为脱贫转型过程中最佳、最理想、最重要、最值得推崇的理想途径和模式。

生态旅游是在保护环境前提下，以原生态自然和人文资源为吸引物，为游客提供生态旅游产品，并实现经济效益、社会效益、生态效益和谐统一的新型旅游发展模式。它不但改变了农林牧副渔业生产方式，而且在不破坏自然生态资源环境前提下实现国民经济社会的发展，实现人与自然的和谐发展。生态旅游因在吸引生态游客、发展生态旅游经济和资源环境保护方面的独特作用，而成为旅游脱贫转型及乡村振兴的最佳选择方式和当前国际旅游发展的主流。

三、特殊意义

（一）独特的发展模式

生态旅游提倡利益相关者的责任感、重视环境资源保护、关注社区居民根本利益、倡导环境伦理教育，以及构成生态旅游的四大基本功能特征，构成了生态旅游与传统大众旅游之间在层次、要求和高度上的最主要差别。由于生态旅游在脱贫转型及乡村振兴应用过程中独特的理念、思想、战略、路径、对策等，使它成为我国广大乡村地区最佳的脱贫选择方式，主要是因为：①我国广大乡村地区往往就是生态旅游资源聚集区。乡村地区具有原生态自然、人文资源以及独具特色的和良好的生态环境，通过这些资源生态加工而成的生态旅游产品，与其他旅游产品的脱贫与乡村振兴价值差异大，市场潜力与综合作用明显。②生态旅游是保护我国中西部广大乡村地区传统城乡结构、原生态环境资源的有效工具和方法途径。③开展生态旅游可实现广大乡村地区经济、社会、生态协调可持续发展。④只有通过基于生态旅游的脱贫转型及乡村振兴，才能真正充分发挥广大乡村地区的资源环境优势，这种发展模式、脱贫方式及乡村振兴路径才是与乡村山区具体实际相结合，才能最终实现可持续发展。

（二）独特的经济作用

传统的观点认为，生态旅游就是追求以生态效益为主的旅游发展模式。事实上，生态旅游不是不追求经济效益，而是强调在追求生态效益的前提条件下使经济—生态—社会综合效益实现统一。因为不讲究综合效益前提的经济发展是一种短视的一时利益。生态旅游业是坚持综合效益前提的经济发展模式，是具有资源友好、生态保护的可持续经济发展模式。促进社区经济发展是生态旅游最基本、最重要的功能之一。生态旅游脱贫转型和乡村振兴就是在确保原生态自然资源与原生态文化保护前提下的地方生态经济发展与社区社会民生进步。一方面，广大乡村地区经济基础和发展条件滞后，三次产业结构不合理，农民持续增收困难，城乡发展不平衡，地区发展极度不平衡。另一方面，广大乡村地区经济发展必须坚持走以生态旅游业为主导产业的发展之路，通过调整经济结构，转变增长方式，实现经济协调可持续发展。生态旅游在脱贫转型及乡村振兴过程中独特的经济作用主要包括：①提升广大乡村地区之区位价值，培育国民经济战略性支柱产业，发挥旅游综合先导产业作的作用和地位；②扩大服务业规模，增加服务业在国民经济中的比重；③加快经济增长方式转变，改善投资消费关系；④加快城市建设步伐，推动新农村建设；⑤统筹区域协调发展，促进区域间发展要素流动；⑥扩大服务贸易，平衡外汇收支；⑦推动服务专业化，促进生态工业化发展；⑧生态旅游从系统理论和可持续发展的理念将脱贫转型和乡村振兴视为一个有机整体加以通盘考虑。

（三）独特的文化作用

生态旅游的旅游功能、环境保护功能、促进社区功能、环境教育功能四大特征，是建立在原生态文化基础之上的。生态旅游包括自然生态与文化生态，尤其是边远山区、民族地区、革命老区等典型乡村地区，往往就是原生态自然文化和历史文化最为富集的区域，是这个地区甚至国家软实力的重要体现。生态旅游脱贫和乡村振兴最重要的内容之一，就是要通过生态旅游发展促进该地区原生态自然文化与历史人文景观资源的可持续保护与利用。贫困山区往往是生物多样性和文化多样性富集的地区，资源底蕴深厚、特色突出，是构成博大精深中华文化的重要组成部分。如青藏高原地区的生物多样性和文化多样性，分别占全球生物多样性和文化多样性的 85% 和 65%（Haether D. Zeppel，2005），我国广大的西部民族地区，不仅其原生态自然山水构成我国重要的生态屏障，而且拥有独具特色的少数民族文化景观资源，文化底蕴深厚且源远流长。同时，广大乡村地区文化发展，尤其是文化产业及其与旅游业互动效果滞后，未能发挥应有的作用。基于生态旅游的脱贫转型及乡村振兴的独特文化作用主要包括：①生态旅游业的实质是文化促进社区就业、脱贫转型与可持续发展，是生态旅游产业化发展的直接推动力；②生态旅游脱贫转型及乡村振兴是弘扬城乡传统文化，扩大文化交流的主要载体；③生态旅游脱贫转型及乡村振兴是满足人民精神文化需求，提升公民素质的重要手段；④生态旅游有利于增强我国广大中西部山区原生态文化的自豪感、自信心和自觉性。

（四）特殊的社会作用

强调社会综合效益是生态旅游的主要内容和重要任务，也是生态旅游区别于传统大众旅游的标志之一，其重要特征就是将生态旅游发展作为广大乡村地区社区实现就业致富、脱贫转型和乡村振兴可持续发展的重要方法和路径。国内外实践业已证实，生态旅游业发展对广大乡村地区当地就业、脱贫转型、乡村振兴的作用尤为突出，具体主要表现在：①生态旅游有利于扩大社会就业，帮助弱势群体脱贫转型。生态旅游业直接就业和相关产业就业系数为1∶4.3；旅游部门直接收入1元，相关行业收入就能增加4.3元；直接就业∶间接就业∶导向就业＝1.0∶0.46∶0.61。同时，在生态旅游业新增的就业人数中，转移的农村劳动力占70%，吸收的下岗职工再就业比重约占6%，而妇女在旅游业就业人员中的比例占58.4%，比全国妇女就业比例高出10多个百分点（Regina Scheyvens，2011）。②生态旅游有利于推动二次分配，缩小城乡收入差距。一般地，生态旅游资源富集的地区多数属于经济发展滞后地区，旅游客源地区大多经济条件较好。旅游的流动将带来财富从高收入者向低收入者的流动。因此，发展生态旅游业意味着通过经济手段推动国民财富的分配朝公平方向靠拢，非常有利于缩小地区之间、不同人群之间的收入差距。高度关注乡村社区可持续发展、支持居民持续就业、创造社会参与机会和公平竞争环境，是生态旅游的重要任务和主要内容之一。

（五）特殊的环境作用

倡导生态环境保护与环境伦理教育是生态旅游固有的第四大作用功能，综合的环境生态意义及作用是生态旅游的重要标志。生态旅游强调旅游业发展与旅游脱贫转型及乡村振兴必须在生态环境资源保护前提下进行，极力强调经济效益、社会效益与生态效益的统一。以秦巴山区为代表的我国广大山地乡村地区往往位于大江大河的源头，面积大、涉及区域广泛，系长江、黄河等的上游生态屏障和生态涵养区，曾经作为我国14个连片特贫地区，也是我国限制开发区、禁止开发区及生态功能区，对我国、亚洲乃至北半球可持续发展具有重大战略意义。要有效减少这些地区大型污染环境的工业企业以缓解日益紧张的生态环境压力，建设资源节约型、环境友好型的生态产业是这些乡村地区实现可持续发展的客观需要。生态环境是生态旅游业赖以生存的根本，保护环境是生态旅游业发展的内在要求。生态旅游业是对资源可持续利用、对环境影响友好的产业。通过生态旅游业替代资源破坏性产业，有利于大大改善生态环境，反过来又可以促进区域可持续发展。这里特别强调的是，生态旅游的环境作用不仅仅体现在原生态环境的保护方面，而且涉及广大山区原生态人文氛围、文化自信及精神生态理念的构建等领域。

四、现实诉求

（一）我国中西部广大乡村地区的特殊性分析

我国由于地质背景和自然地理条件多样性、历史人文的复杂性以及经济社会的不均衡性，我国区域发展存在多层次的多个二元结构。这种区域特征暗示，传统工业化无法完美地解决中国的区域发展问题。中西部广大乡村地区主要分布于我国西部和中部山区，尤其是青藏高原及其周围区域，即青藏高原地区及其周边。其中，作为未来脱贫转型和乡村振兴重要对象的青藏高原地区，在地域空间上相互联系，包括西藏自治区以及青海、四川、甘肃、云南四省交界区域，以藏族为主的少数民族聚集区，构成"世界屋脊"青藏高原的主体（覃建雄，2015）。青藏高原地区具有地理单元的完整性、自然条件的相似性、历史文化的相似性以及经济社会的关联性等特点，构成与外界存在明显差异性的特殊地理单元。由于所处特殊的地质背景，以及高海拔、高寒气候、高原高山峡谷的自然地理条件，因而呈现出全球的特殊性和唯一性。

独特的地理区位。广大乡村地区所在的青藏高原及其周边地区位于欧亚板块中南部，深居大陆内部，西距地中海约3800千米，南距印度洋450多千米，东距太平洋1700余千米，北距北冰洋4000多千米。南以喜马拉雅山脉为界，北为昆仑山、阿尔金山和祁连山所隔，东与秦岭西缘相接，东南为横断山脉，形成北与塔里木盆地落差达4000~5000米，东与四川盆地落差达1000~3000米，南与恒河平原高差达3000~7000米，高耸于印度洋、太平洋与亚欧大陆之间的"世界第三极"和"世界屋脊"，成为我国第一级阶梯和亚洲大江大河的发源地（刘峰贵，2000）。

特殊的空间区域。广大乡村地区所在的青藏高原及其周边地区尤其是青藏高原核心地区，由于所处特殊的板块构造背景和区位，形成与外界相对隔绝的"世界屋脊"和"雪域高原"，造成平均4000米高海拔、高寒气候、高原高山峡谷、地势高低悬殊、生态环境脆弱的特殊空间区域。按地形地势变化，可分为藏北高原、藏南谷地、柴达木盆地、祁连山地、青海高原和川藏高山峡谷区六个单元，系我国乃至全球独一无二的完整而独特的地理单元。区域内高原、高山、峡谷、湖泊、河流、高原盆地等地貌类型多样，气候异常复杂，从而决定了青藏高原地区与世界其他地区明显不同的自然、经济、社会、文化环境特征。

独特的历史人文背景。广大乡村地区所在的青藏高原及其周边地区是世界生物多样性和文化多样性的典型地区（Haether D. Zeppel，2005），是中华民族的源头地之一和中华文明的发祥地之一（杨兮和陈志永，2018）。青藏高原地区由于独特的地史和历史，造就了藏族为主的少数民族聚集区，形成了以藏族文化为主的高原文化体系。各民族文化在长期交往中彼此影响，相互依存，和睦共处，共同营造了青藏高原地区多民族文化共融的局面（刘峰贵，2000）。青藏高原地区区域范围内地域相通、人文相亲、经济相融、文化相连，历史文化、传统文化、民族文化、民俗文化相互交融，共同拥有青藏高原地域文化这一共性。青藏高原地区文化丰富多彩，有丰富而独特的物质文化遗产和非物质文化遗产。青藏高原地区文化有着鲜明的地域特色、浓郁的民族特色、浓厚的宗教色彩和相互交融的和谐关系（张建英，2009）。原生态历史人文构成青藏高原地区最明显特色和核心竞争力。

特殊的经济社会环境。广大乡村地区所在的青藏高原及其周边地区面积广大，人口稀疏，村寨、城镇零星分布，彼此之间距离遥远、联系度差、缺乏呼应，交通闭塞，基础设施落后，教育科技滞后，制约发展的因素错综复杂，物质文化生活水平较低。绝大部分农村地区沿袭了民族传统文化、习俗、宗教信仰及生产方式，形成了青藏高原地区比较典型的高原—沟域型（刘春腊等，2011）社会现象、传统文化和产业发展模式。在民族文化、历史人文等方面，具有明显的共性和关联性，经济发展状况属于近同水平，产业结构和生产方式较为相似，社会文化基本趋于同质（刘峰贵，2000），这就决定了青藏高原地区经济社会发展模式上的相关性。

特殊的农村产业结构。广大乡村地区所在的青藏高原及其周边地区由于自然条件的影响，农村经济小散弱差，农村产业具有非典型性二元结构（狄方耀和杨本锋，2008）特点，第一产业和第三产业比重较大，第二产业落后。一二三产业生产能力弱、发展水平低、产业基础薄弱、基础条件差，产业间缺乏协作（李少伟等，2009）。从产业结构分析，第一产业占重要地位，但绝大多数地区以畜牧业和农业为主，农业以传统的青稞、小麦和豌豆为主，具有低产值、低效益化、低市场化、低产业化的特点（温军，2002）。第三产业近几年虽然得到较大发展，但由于观念、技术、教育、科技、素质等因素的制约，亟待与其他产业深度融合发挥其带头功效。第二产业由于地理环境条件的影响和环境刚性要求不断严苛（吕志祥，刘嘉尧，2010），很难发挥作用。

独特的旅游资源富集区。广大乡村地区所在的青藏高原及其周边地区拥有全球独一无二的完整而独特的原生态自然风光体系和原生态人文景观系统。这片多民族聚集的土地孕育着具有浓郁民族特色和原生态美的物质文化遗产和丰富的非物质文化遗产。这里是世界遗产和国家遗产资源的富集区，这里是"世界之最""全球唯一"的聚集地。这里拥有喜马拉雅山、布达拉宫、雅鲁藏布江、八大名山、大江大河、高原湖泊、原始森林、珍贵奇异的高原动植物，拥有世界上最纯净的空气和生态环境。这里是世界游客梦寐以求的美丽、独特而神秘的地方。然而，长期以来，这里丰富而独特的旅游资源潜力尚未得到充分发挥。

特殊的国家战略定位。广大乡村地区所在的青藏高原及其周边地区，构成"世界第三极""世界屋脊""雪域高原""亚洲水塔""气候调节器"，对欧亚大陆地史和历史演化具有重要影响，是中华民族的源头地之一和中华文明的发祥地之一。青藏高原地区作为集特殊自然条件、历史人文背景及经济社会环境于一体的特殊空间区域，承载着民族地区、革命老区和贫困山区经济社会和谐稳定，原生态自然风光和民族文化资源保护，以及区域生态安全和国防安全的历史重任，承担着全球生物和文化多样性安全和全球可持续发展的特殊使命。

以上作为民族地区、边远山区、革命老区、生态脆弱区、灾害频发区的我国连片特困山区，它们在地理区位、自然条件、历史人文、经济社会、产业结构、资源特征、国家战略等方面的特殊性，决定了我国中西部广大山地乡村地区脱贫转型与乡村振兴发展的艰巨性和特殊性。

（二）我国山区乡村振兴面临的挑战

我国中西部广大山地乡村地区的最典型代表莫过于青藏高原及其周边涉藏地区的相关县份乡村，而青藏高原地区又是位于青藏高原核心的广大山区，总面积224.15万平方千米，相当于全国面积的23.33%，涉及5省（自治区）、18州（市、地区），具体包括西藏（拉萨市、日喀则市、昌都市、林芝市、山南市、那曲市、阿里地区）、青海藏区（海北州、黄南州、海南州、果洛州、玉树州、海西州）、四川藏区（阿坝州、甘孜州、凉山州木里县）、甘肃藏区（甘南州）、云南藏区（迪庆州），总人口约895.96万人（表1-3）。青藏高原涉藏地区地广人稀，系以藏族为主的少数民族聚集区（苏海红，2008）。

表1-3 青藏高原涉藏地区基本情况

指标 分区	市（州、地区）	县（市） （个）	人口 （万）	面积 （万平方千米）	占青藏高原地区面积（%）
西藏	拉萨市、日喀则市、昌都市、林芝市、山南市、那曲市、阿里地区	72	350.56	122.84	46.81
青海藏区	海北州、黄南州、海南州、果洛州、玉树州、海西州	30	216.96	70.02	28.03
四川藏区	阿坝州、甘孜州、凉山州木里县	13	215.42	25.05	10.12
甘肃藏区	甘南州	8	72.32	3.85	1.54
云南藏区	迪庆州	3	40.70	2.39	0.96
小结	18个市（州/地区）	126	895.96	224.15	87.46

注：表中人口数据分别依据西藏、青海、四川、甘肃、云南的《2019年国民经济和社会发展统计公报》；面积根据2000年的《中华人民共和国行政区图集》（1∶400万）；藏区人口据第六次全国人口普查数据（2019年）。

由于上述自然、人文的独特性，青藏高原涉藏地区呈现由幅员辽阔的高原山地、广大而分散的民族村寨、零星点缀的山地城镇所构成的城乡空间格局。首先面积最广大的是雪域高原、高山峡谷地区。其次是广大的高原山地乡村，沿高原大草原、高半山坪地和河流沟谷分布。最后是在高原和河谷平坝中零星分散的山地城镇。青藏高原地区面积广大，地形地貌复杂，村寨、乡镇、城市分散，人口密度全国最低，城镇体系发育缓慢，交通基础设施条件滞后，区域联系度差，缺少核心城市，很难发挥城市聚合和辐射作用，一些重要城镇在地域分布上极不平衡（曹兴华等，2018），尤其位于高海拔、高寒冷气候区域，这些地区与我国中东部乃至世界大多数地区具有明显的不同，从而给青藏高原涉藏地区经济社会发展带来了前所未有的困难。

　　正因为上述自然、人文背景的影响，青藏高原涉藏地区具有非典型的二元经济结构特点。主要特点是以高原山区沟域为单元，耕地分布区海拔高，气候条件差，高山峡谷阻断了人、物和信息的横向交流。地形复杂，交通不便，地广人稀，信息不灵，居民依山地分散而居，农业生产力低下，以自给自足的传统经济为主（庄天慧，2016）。非典型性二元经济结构以生产力低的原生态农牧业和民族旅游业为主，第二产业滞后甚至缺失。农村缺乏真正的引领产业，产业融合基础差、难度大、效应低，从而导致青藏高原涉藏地区农村缺乏有效产业支持，"造血"功能问题突出。

　　通过三次产业结构研究，青藏高原涉藏地区相比全国其他地区呈现如下特点：①人均 GDP 低，为 1.85 万~3.46 万元（平均 2.6501 万元），不及全国人均 GDP（全国人均 GDP 为 6.4644 万元）的 1/2；②农业产值低，占 GDP 的 31.45%~41.32%（平均 36.21%）；③农村产业主要为畜牧业、农业和林业，农业生产力极低，呈现明显的自给自足特点；④旅游收入占 GDP 的 35.24%~65.48%（表 1-4）[①]，旅游业发展呈现越来越明显的主导作用，并逐渐成为青藏高原地区愈加重要的就业途径和收入来源（王汝辉，2014）。上述分析表明，单一的第一产业、第二产业或者第三产业，难以依靠自身之力解决青藏高原涉藏地区农村的"造血"功能问题，而亟待通过旅游引领农村一二三产业的深度和高质量融合，激活农村产业之间的活性反应和综合效应，走出青藏高原涉藏地区农村旅游引领综合产业发展的新路子。

表 1-4　青藏高原涉藏地区农村产业发展相关指标

人均 GDP（万元）	人均 GDP 相当于全国人 GDP（%）	一产总值所占 GDP（%）	旅游总收入占 GDP（%）
1.85~3.46	42.3~48.16	31.45~41.32	35.24~65.48

　　综上，由于独特的综合区位、地理空间、自然条件、城乡空间体系、历史人文及经济社会背景，以及独特的农村产业结构特征，我国中西部广大山地乡村地区经济社会面临着诸多重大挑战：一是一二三产业生产力发展能力相对低下；二是民族地区、革命老区和边远山区，亟待通过区域发展实现脱贫转型和乡村振兴；三是在愈加严苛的资源生态环境保护刚性（吕志祥、刘嘉尧，2010）要求条件下，如何才能高质量实现农村产业可持续发展；四是广大山地乡村地区大多承载着生物及文化多样性保护、国家国防及生态安全、全球可持续发展的多重特殊使命。上述四方面困难的叠加，决定了我国中西部广大山地乡村地区脱贫转型及乡村振兴可持续发展模式的选择以及方针政策的制定，与全国乃至全世界相比，存在明显的艰巨性和挑战性。

---

　　① 数据来源：表中数据源于2018年《中国旅游统计年鉴》《中国统计年鉴》《中国农村统计年鉴》，以及青藏高原地区 5 省（自治区）的统计年鉴等有关西藏及青海藏区、四川藏区、甘肃藏区、云南藏区的原始数据统计计算所得。

第六节 旅游乡村振兴规划的作用

一、规划在区域发展中的作用及意义

规划是区域可持续发展的前提、要求、支撑和保障（图 1-8）。乡村是具有自然、社会、经济特征的地域综合体，兼具生产、生活、生态、文化等多重功能，与城镇互促互进、共生共存，共同构成人类活动的主要空间。我国人民日益增长的美好生活需要和不平衡不充分的发展之间的矛盾在乡村最为突出，我国仍处于并将长期处于社会主义初级阶段的特征很大程度上表现于乡村。全面建成小康社会和全面建设社会主义现代化强国，最艰巨最繁重的任务在农村，最广泛最深厚的基础在农村，最大的潜力和后劲也在农村。

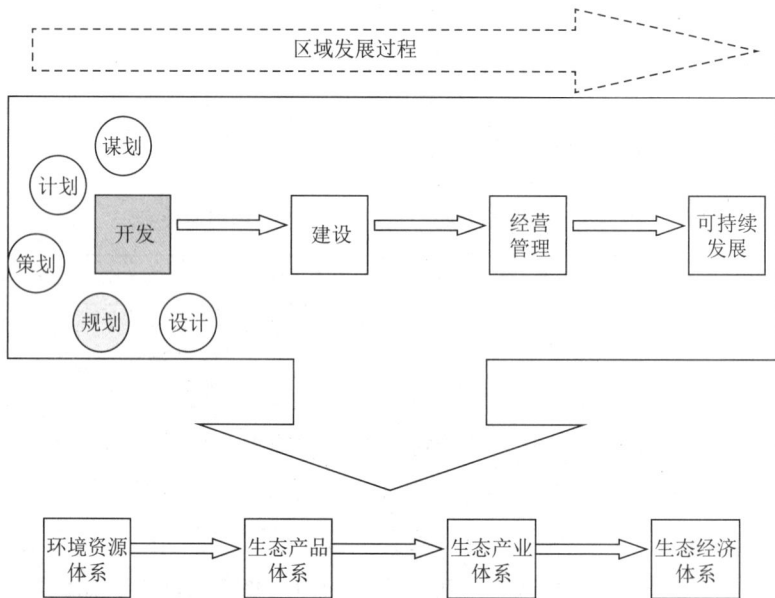

图 1-8　区域发展过程中规划的地位、作用和意义

由于上述的我国区域发展中的多个"二元结构"特点，广大乡村区域和谐、健康、可持续发展与和谐稳定，系当地各级党委、政府的重要任务，其基本条件是确保广大乡村老百姓的就业、收入、生活、安宁与稳定，要实现这一条件的重要前提是确保广大乡村地区产业和经济可持续发展。而要实现区域可持续发展，就是要充分发挥广大乡村原生态自然人文资源生态和环境的特色和优势，走出独具当地特色的生态经济发展道路，要实现这一目标必须要对广大山地乡村地区进行科学、专业的发展规划。规

划是我国广大乡村地区实现高质量发展的重要前提。

二、规划在旅游开发建设及发展框架中的地位

广义的规划涉及专项规划、策划、谋划、计划和设计等。专项规划就是针对某一领域、产业、对象而进行的未来计划，如旅游规划、产业规划、区域规划等。这里的开发是针对某一客观、具体对象的开发建设，如旅游景区的开发，从这一对象而言，相当于旅游景区的开发建设，这里的开发不同于国家主体功能区理论中的"开发"概念，后者强调的是工业化和城镇化。发展是指区域发展，强调的是区域上的概念，如乡村地区发展、民族地区发展，即县、市州、省（区、市）乃至全国的区域发展。无论是景区开发、旅游项目的建设还是区域发展，要实现高质量和可持续发展，其根本前提和龙头就是规划，科学规划是景区开发、旅游项目建设和区域发展的根本前提。科学、高质量的规划是科学、高质量开发、建设、经营管理和发展的根本前提。科学规划在区域高质量发展和可持续发展中具有重要的地位和意义（图1-9）。

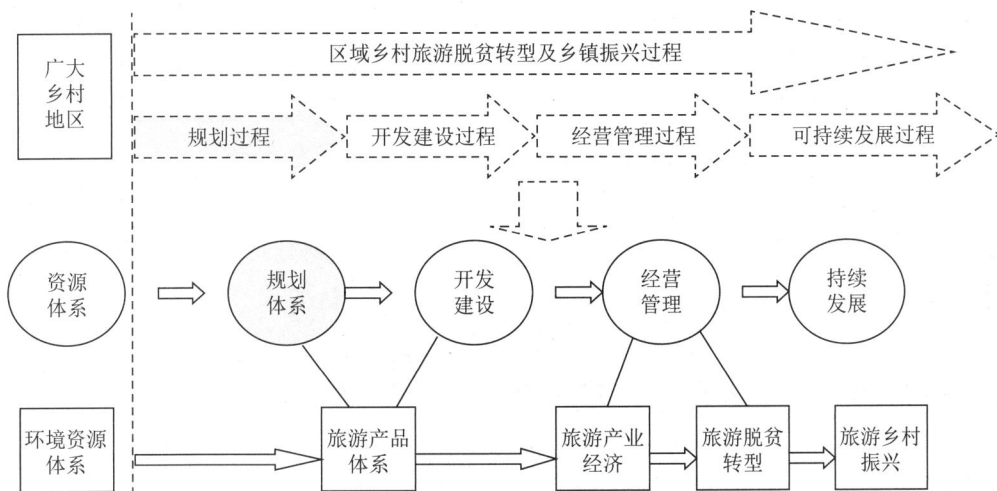

图1-9　区域乡村旅游脱贫转型及乡村振兴过程中规划的独特作用

三、规划在旅游脱贫转型及乡村振兴中的独特作用

实施脱贫转型和乡村振兴战略，是解决新时代我国社会主要矛盾、实现"两个一百年"奋斗目标和中华民族伟大复兴中国梦的必然要求，具有重大现实意义和深远历史意义。如前所述，基于我国广大乡村地区自然环境条件、景观资源特色、历史文化和经济社会背景，走生态旅游经济发展模式是我国实现脱贫转型和乡村振兴战略的重要路径。要实现这重要目标和任务，科学的规划即旅游脱贫转型和乡村振兴规划具有独特的作用和意义（图1-10）。

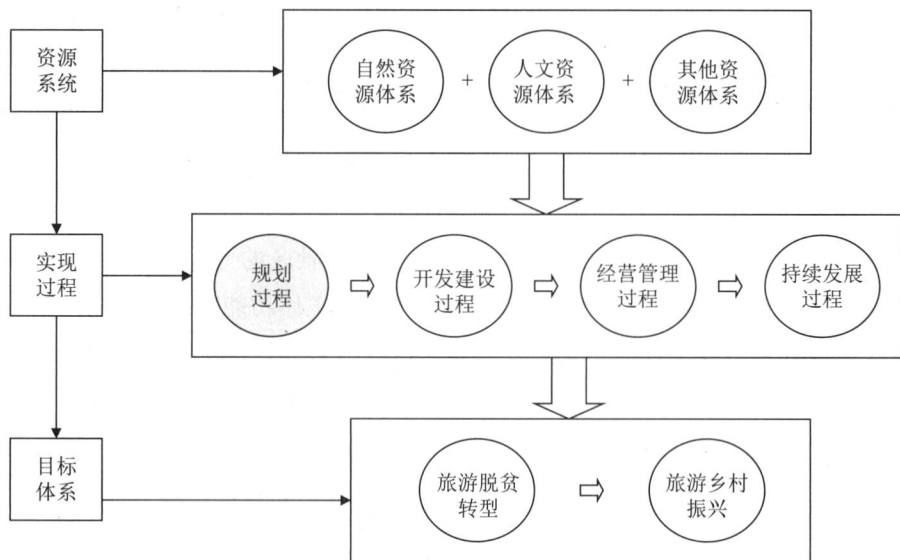

图 1-10　区域乡村旅游脱贫转型及乡村振兴实现路径

中共中央、国务院印发《关于实现巩固拓展脱贫攻坚成果同乡村振兴有效衔接的意见》提出："脱贫摘帽不是终点，而是新生活、新奋斗的起点。打赢脱贫攻坚战、全面建成小康社会后，要在巩固拓展脱贫攻坚成果的基础上，做好乡村振兴这篇大文章，接续推进脱贫地区发展和群众生活改善。"然而，在脱贫以后，脱贫地区和脱贫户还存在返贫风险，要保障不出现规模性返贫，实现同乡村振兴有效衔接，还需政府和社会各界的持续支持，帮助脱贫地区和贫困户克服风险，应对挑战。

挑战主要体现在如下几方面：（1）脱贫攻坚是在温饱的基础上解决了绝对贫困问题，返贫的风险还比较大。（2）脱贫地区较低的产业发展和就业水平影响了脱贫的稳定性。（3）家庭内的人口和生活变动也会给稳定脱贫带来风险。（4）脱贫地区的基础设施需要不断完善。（5）通过异地搬迁实现脱贫的人口，仍然需要不断巩固。（6）自然灾害是返贫的重要诱因。受到气候变化影响，极端天气气候事件多发，成为因灾返贫的主要原因。脱贫地区大多是生态脆弱地区，自然灾害频发不仅给脱贫地区带来巨大破坏，导致基础设施损毁、农作物减产或绝收，房屋倒塌，而且给低收入的脱贫户和边缘户所带来的危害更大。（7）在脱贫以后，部分政策的调整也会对少数脱贫户和边缘户带来风险。要科学实现巩固拓展脱贫攻坚成果同乡村振兴有效衔接，有必要进行科学的规划作为指导，即进行旅游脱贫转型及乡村振兴规划。

四、国内外亟待旅游脱贫转型及乡村振兴规划研究

国内学者主要从乡村旅游与乡村振兴内在关系的视角，针对乡村旅游促进乡村振兴实践和发展路径进行了初步研究，旅游脱贫研究取得了重要进展。麻学锋等（2019）

以张家界市武陵源区为例进行了旅游驱动的乡村振兴实践及发展路径研究，认为乡村旅游是以乡村特色资源为基础，将传统农业与旅游业结合的新型产业（郭焕成等，2010），发展乡村旅游不仅可以将农业农村生态优势转化为经济优势，而且有利于促进乡村地区人民生活质量的改善，形成资源节约、环境友好的乡村空间，为乡村振兴提供新的驱动要素。对于旅游资源富集的区域来说，将资源进行整合并进行合理利用，实现产业转向、管理转向和空间转向，是实现乡村振兴的重要步骤。

基于市场需求的刺激之下，地方基础设施逐渐完善，乡村人居环境得到改善，提升旅游地吸引力，区域客流量有所增加，逐渐实现"三个转向"。为使旅游业所带来的经济效益持久化，政府在积极发展自身主导作用的基础上，应尽可能地协调利益相关者的各项权益。贫困区域居民收入主要来源于生态补偿、旅游景区或旅游公司分红等，政府通过建立合理的利益分配机制，保障当地居民利益，逐渐形成小农经营为支点的村域规模经济（杨志恒等，2018）。在乡村振兴的实现过程中，产业兴旺是重点，生态宜居是关键，乡风文明是保障，治理有效是基础，生活富裕是根本，在政府、社会以及居民的共同努力下，旅游资源富集的贫困地区逐步实现乡村全面振兴。

陆林等（2019）针对乡村振兴引领乡村振兴进行了理论研究，归纳了乡村旅游引导乡村振兴的五个重点研究内容，即乡村旅游引导乡村振兴的学理和逻辑机制研究、乡村旅游引导乡村经济振兴的路径研究、乡村旅游引导乡村生态宜居的路径研究、乡村旅游引导乡村治理体系重构的路径研究、乡村旅游引导乡村振兴的政策体系研究，并提出了相应的研究框架。从中可以提供生态旅游促进乡村振兴的诸多研究理念、思路和方法。但仍缺乏相应的规划研究。

覃建雄（2021）认为，乡村振兴作为国家战略，要实现这一宏伟目标和重大任务，科学合理的规划必不可少。在全国乡村振兴战略规划框架下，乡村振兴规划不仅要求实践与理论认知相结合，还要考虑到乡村旅游作为乡村振兴重要驱动因素的具体实际，把乡村振兴规划与土地空间规划体系相结合，才能将乡村振兴战略付诸实施并有效落地，最终科学实现乡村振兴高质量发展，可见进行旅游乡村振兴规划研究具有重要意义。另外，随着乡村振兴战略的提出，尤其是随着2021年中央一号文件提出全面推进乡村振兴以及乡村振兴战略实施的不断深入，旅游业在乡村振兴发展中独特作用的不断凸显，有关基于旅游的乡村振兴规划研究，有望成为新的研究热点。旅游乡村振兴规划在乡村振兴战略实施过程中具有不可替代的、独特的重要作用和意义。

覃建雄（2021）在其论文"旅游乡村振兴规划框架体系构建研究"中提出，尽管前期相关的空间规划、旅游规划、扶贫规划等研究文献不少，然而有关旅游的乡村振兴规划方面的研究，目前仅有几篇间接相关的文献，如颜东（2020）的乡村振兴规划体系及关键技术初探，张海瑜等（2020）的乡村振兴规划中视觉识别系统研究与应用研究，魏超（2020）以广西龙州县为例进行基于旅游扶贫的乡村振兴规划研究。这些研究从不同侧面对乡村振兴规划进行了初步分析和讨论，并以后研究提供了一定的借鉴。但至今尚无基于旅游的乡村振兴规划相关的研究文献。

覃建雄（2021）在全国乡村振兴战略规划基础上，结合前人的研究经验和自己的规划体会，运用跨学科理论和对比分析的研究方法，通过旅游乡村振兴规划的产生背景、理论依据、内涵及特征分析，进行旅游乡村振兴规划与旅游扶贫规划对比研究，结合川西少数民族地区案例，构建旅游乡村振兴规划框架体系。提出了五个层次规划、五个专题规划及若干项目规划的"5+5+N"旅游乡村振兴规划内容框架，以及规划编制体系、规划评估体系和规划管理体系的"1+1+1"旅游乡村振兴规划框架体系。在此基础上，以川西民族地区为例进行旅游乡村振兴规划分析，构建川西民族地区旅游乡村振兴规划框架体系。但仍亟待相应的旅游转型升级及乡村振兴规划研究。

总体而言，有关旅游脱贫转型及乡村振兴研究文献寥寥无几，尤其是基于高海拔、高山峡谷、自然地理条件特殊，集民族地区、主体功能区、农业欠发达地区和旅游欠发达地区于一体的我国中西部广大乡村地区，亟待进行旅游脱贫转型和乡村振兴研究，尤其是有关旅游脱贫转型和乡村振兴规划研究，还是一个空白。目前，国内外亟待进行旅游脱贫转型和乡村振兴及其规划研究，一方面进一步充实和发展旅游脱贫转型及乡村振兴理论内涵。另一方面，亟待这方面的科学理论指导脱贫转型和乡村振兴规划研究。

第二篇
规划理论基础与方法体系

第一节　生态旅游脱贫转型理论

一、生态旅游系统理论

（一）生态旅游为一有机复杂的动力学系统

生态旅游为一随着外界条件和时间而变化的动态平衡的动力学系统，构成生态旅游系统的生态旅游主体、生态旅游客体、生态旅游媒体、生态旅游环境四个端元本身，是随着环境和时间而变化的动态端元变量，而且每一端元变量属于由许多变量要素所组成的动态函数，这些变量和函数是具有多层级、多功能、多结构的立体动态系统。由生态旅游主体、生态旅游客体、生态旅游媒体、生态旅游环境四个端元所构成的生态旅游系统本身，就是一个多层次、多要素、多目标、多函数的开放的复杂系统。邓超颖和张建萍（2012）基于耗散结构论、协同原理及突变理论的自组织理论，应用于生态旅游可持续发展动力系统研究，从复杂性、协同竞争性、突变性三个角度，来研究动力系统的结构、各要素的竞争与协同过程，以及突变的各种情况，为生态旅游可持续发展动力系统的优化，提供了理论和实践方面的指导。

作为典型的可持续发展动力系统，生态旅游系统的最大特征是强调系统的能量守恒与动态动力学特点，即构成生态旅游大系统的各亚系统之间，相互作用、相互影响所形成的完全不同的全新动力学系统——生态旅游动力学系统，该系统是一个完整的旅游平衡动力学结构系统。生态旅游系统中不同亚系统及其影响因子之间的相互作用，因作用力及其方向和大小差异，会产生不同类型、方式和程度的动力学效果，可用端元函数来表达彼此之间的相互关系（图2-1）。

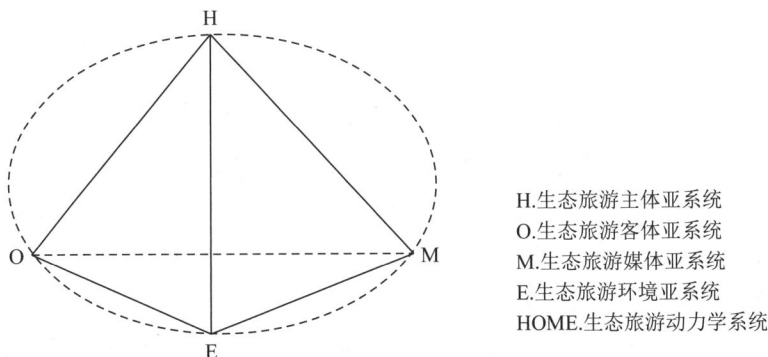

H.生态旅游主体亚系统
O.生态旅游客体亚系统
M.生态旅游媒体亚系统
E.生态旅游环境亚系统
HOME.生态旅游动力学系统

图 2-1　生态旅游动力学系统 HOME 模型

（据覃建雄，2018）

首先是上述四端元变量中任意两个端元彼此之间连成一条直线，如旅游主体与旅游客体之间、旅游主体与旅游媒体之间、旅游主体与旅游环境之间（其他以此类推），表示线状的一次函数关系，表达彼此之间的直接互动关系。这种关系中任一端元的变化会直接导致另一端元随之变动。

其次是任意三个端元彼此联系构成一个完整的三角平面，如旅游主体（H）、旅游客体（O）、旅游环境（E）之间构成的三角平面 HOE，同理还有三角平面 HOM、HEM、OEM 等，表达的是三个端元互为函数，其中之一端元作为函数时与另两个端元之间的关系，构成完整的二次函数关系。这种关系中任一端元的变化会导致另两个端元的变化，或者两端元的变化会直接导致另一端元随的变动。

最后是四个三角平面 HOE、HOM、HEM、OEM 相互联系，彼此共同构成一个完整的四面体 HOME，这个四面体就很好地表达了一个完整的生态旅游动力学系统，含义包括：①一个完整的生态旅游动力学系统包括旅游主体（H）、旅游客体（O）、旅游媒体（M）、旅游环境（E）四个端元函数及其相关影响因子；②四个端元之间通过点、线、面等形式的相互作用、相互影响，构成一个不可分割、有机的完整系统，即生态旅游动力学系统；③这个生态旅游动力学系统是一个多元、动态、综合的有机动力学系统，任何一个端元函数或者相关因子的变化，均导致整个生态旅游动力学系统不同侧面、不同层次和程度的变化，从而影响整个系统的稳定性。

（二）生态旅游属于自觉负责任的人文系统

生态旅游系统与传统旅游系统的最大差别，不仅表现在两者之间对应的各亚系统的含义、特征、级别、层次、标准、要求的不同上，更重要的是生态旅游系统强调的是自觉责任性，具体要求行业管理者和企事业机构对生态旅游发展的主动性和能动性反应，要求生态旅游业可持续发展的持续性、协调性和责任性，要求旅游者、社区乃至地球公民对自然生态环境和人文社会环境的积极贡献。总体而言，生态旅游系统实际上属于要求所有相关主体的自觉责任性的人文系统。

真正的生态旅游系统理念要求：一是构成生态旅游的主体、客体、媒体和环境四个亚系统都要达到真正的"生态"条件，并缺一不可；二是在真正的生态旅游系统理念指导下，"达标"的四个亚系统之间实现生态性的相互作用、相互影响，实现真正的生态旅游产业和生态旅游经济的可持续循环，进而实现自然—经济—社会大系统乃至天—地—人巨系统的可持续发展（覃建雄，2018）。

当今，国内外正在迈向生态旅游发展的道路上，但距离真正的生态旅游系统理念要求还有较长的路要走，国内尤其如此。总体而言，目前国内生态旅游发展如火如荼，但实践上仅仅相当于真正生态旅游发展的初级阶段，主要表现在如下几个方面。

一是生态旅游的认识论问题，主要包括：①作为生态旅游主体的旅游者，因对生态旅游理念缺乏真正了解从而导致对生态旅游的误解；②作为生态旅游媒体尤其是主管机构、旅游企业、行业协会等，由于知识水平和认知度有限，导致对生态旅游理解的不到位；③作为生态旅游客体的社区居民普遍对生态旅游缺乏了解，从而忘却了自身的正当权益和应有的诉求；④政府部门、旅游企事业、行业机构、社区居民等利益各方对生态旅游产业缺乏了解，从而导致彼此之间协调的主动性缺失。

二是生态旅游的世界观问题，主要表现为：缺乏从系统论观点去看待生态旅游，以为生态旅游主体、客体、媒体和环境四个亚系统中，只要其中三个、两个甚至是一个亚系统是"生态旅游"，整个系统就都是生态旅游系统，如将生态旅游简单理解为在自然生态区（如森林公园或自然保护区）进行消费的生态旅游相关活动项目，或将生态旅游系统简单地理解为自然生态旅游景区或者目的地的旅游系统，抑或将生态旅游简单地理解为旅游者单方保护环境的义务。

三是生态旅游方法论问题。在现实的所谓的生态旅游系统中，往往只有旅游客体达到了"生态旅游"要求，而其他亚系统没有达到"生态旅游"标准。常见的首先是旅游企业（开发商、旅行社、旅游住宿）生态服务不到位；其次是旅游主体（游客群体）在旅游过程中的不自觉负责任行为；更有甚者，生态旅游目的地政府由于注重扩大经济发展规模或者急于看到旅游脱贫作用效果，做出一系列有损生态旅游发展的政策，如忽略生态旅游目的地固有的生态环境容量和承载力，"暴力"增加旅游人数以获取更多的门票经济。

（三）生态旅游为一动态的可持续发展系统

生态旅游遵从生态旅游动力学系统。生态旅游动力学系统是在生态旅游系统理论基础上发展起来的新兴理念，是可持续发展理念和系统科学理论在生态旅游中应用的产物。可持续发展的实施与实现离不开生态旅游，生态旅游离不开生态旅游动力学系统理论的指导。生态旅游动力学系统是指在特定区域内，以生态旅游业为优势产业，通过对区域内经济社会资源尤其是生态旅游资源、相关产业、生态环境、公共服务、体制机制、政策法规、文明素质等，进行全方位、系统化的优化提升，实现区域资源有机整合、产业融合发展、社会共建共享，以生态旅游业带动和促进经济社会协调发展的一种全新的区域协调发展理念和模式，即所谓的全域生态旅游系统。

生态旅游系统的理论核心是自然—社会—经济复合系统的协调发展，就是人与自然的和谐和高度统一。生态旅游发展理念要求改变"高投入、高消耗、高污染"的生产和消费模式，提高资源利用效率，从思想到行动要有相应改变并保持高度统一。生态旅游发展不仅重视增长数量，更追求改善质量、提高效益、节约能源、保护环境，改变传统的生产和消费模式，实施清洁生产和文明消费。生态旅游强调环境与发展的辩证关系，即环境和发展两者密不可分，相辅相成。生态旅游发展强调以保护自然为基础，与资源和环境的承载能力相适应。因此，发展的同时必须保护环境，包括控制环境污染、改善环境质量、保护生命支持系统、保护生物多样性、保持文化多样性、保持地球生态的完整性，保证以可持续的方式使用可再生资源，使人类的发展保持在地球承载能力之内。

生态旅游系统正是可持续发展动力学系统的具体实施和体现。提倡、构建生态旅游系统是实现全球可持续发展的重要路径和方式，也是全人类素养提高和文明程度提升的重要途径，是全人类的共同理想和奋斗目标。但要真正实现生态旅游系统，还需要一个漫长的过程，首先是要全人类解放思想——坚持环境保护、热爱地球的理念，其次是全人类素质的共同提高——绿色消费、绿色生活、绿色生产，最后是全人类发展方式的革新——可持续发展方式。

生态旅游系统强调以改善和提高生活质量为目的，与地球家园社会进步相适应。生态旅游系统的内涵应包括改善人类生活质量，提高人类健康水平，并创造一个保障人们享有平等、自由、教育权利的社会环境。生态旅游系统作为一种典型的可持续旅游动力学系统，强调生态持续性、经济持续性和社会持续性，它们之间互相关联和相互促进。生态持续性是基础，经济持续性是条件，社会持续性是目的。人类共同追求的应该是自然—经济—社会复合系统的持续、稳定和健康发展。

二、生态旅游与脱贫转型

（一）PPT 理论

20 世纪 80—90 年代，随着旅游对接待地特别是不发达国家和地区经济、社会、文化、环境的负面影响日益突出，旅游伦理和可持续发展问题备受旅游研究者和从业者的关注，生态旅游、可持续旅游、社区旅游等成为旅游研究的主流。1999 年 4 月，英国国际发展局（DFID）在可持续发展委员会报告中，首次提出了 PPT 的概念（Pro-Poor Tourism，即有利于脱贫人口发展的旅游战略）。PPT 理论以脱贫人口为研究对象，结合旅游产业经济理论和贫困理论，研究贫困社区、脱贫人口的特点及其在参与旅游业发展、获取发展机会方面存在的问题。PPT 理论认为，旅游业在发展经济和消除贫困方面的潜力巨大，如果对其发展方向和策略进行有效调整，就有可能在脱贫和创造发展机会上发挥更大的作用，其研究的核心内容是，如何增加脱贫人口的发展机会和提高旅游对脱贫人口生活的积极影响。

（二）脱贫开发战略理论

真正的旅游脱贫是指在旅游资源富集、具有发展潜力的欠发达的边远山区、革命老区或民族地区，充分依托当地原生态自然或者人文景观资源，结合当地原生态自然环境、乡村人文景观及经济社会条件，借助各种外部推动力量来扶持当地旅游业发展。在此基础上，通过旅游业的辐射带头、关联带动和综合影响作用，实现贫困地区脱贫县、脱贫村寨及社区的脱贫致富的目标。脱贫开发战略是指在旅游脱贫开发过程中的指导思想、发展理念、开发原则、远期谋划、计划制订、产业定位、空间结构、功能布局、脱贫思路、重点项目、开发序次与发展路径，以及实施的手段、方法、市场地位等方面进行的具体脱贫开发战略。主要包括政府主导战略、RHB 战略、PPT 战略、生态环境建设战略、基础设施建设战略、旅游脱贫与小城镇建设结合战略、区域旅游合作战略、旅游市场开发战略等（王赵峰，2011）。

（三）产业脱贫目标理论

旅游脱贫的核心目标是反贫困和消除脱贫人口的贫困状态，使贫困群体在旅游发展中受益和增加发展机会，最终目标是实现边远山区、革命老区、少数民族地区等欠发达地区经济、社会、文化、生态的协调可持续发展。要实现这一目标，旅游脱贫必须在生态文明与可持续发展理念框架下实施，形成脱贫人口受益的长期有效机制。一是提高贫困群体参与旅游业发展的能力；二是实施多种脱贫模式相结合的策略；三是加强贫困地区资源与环境保护。旅游脱贫目标除了贫困地区旅游脱贫相关定量指标外，还包含相关的定性目标，如旅游脱贫示范区、旅游脱贫示范村、民宿旅游达标户、旅游精品村寨、特色旅游商品专业村、乡村旅游精品业态经营点、乡村旅游带头人等。

（四）旅游脱贫模式理论

总体而言，脱贫方式主要包括科技脱贫、教育脱贫、旅游脱贫、小额贷款脱贫、生态补偿脱贫、生态移民脱贫、制度脱贫等（丁忠兰，2012）。其中，旅游脱贫与上述其他脱贫模式呈现各种千丝万缕的内在联系，具体包括社区参与模式、可持续发展模式、生态旅游脱贫、立体化旅游脱贫、农家乐开发脱贫、现代农业旅游产业化脱贫、特色文化旅游开发、景区依托开发、旅游脱贫联动开发、旅游业供应链脱贫开发模式（王赵峰，2011）。覃建雄（2013）通过秦巴山区旅游精准脱贫规划研究，提出了旅游景区带动型、乡村旅游带动型、旅游商品带动型三种旅游脱贫模式，以及八种专项旅游脱贫路径，即乡村旅游脱贫、旅游景区脱贫、自然生态旅游、红色旅游脱贫、三国旅游脱贫、城镇旅游脱贫、文化旅游脱贫、旅游商品脱贫。在精准脱贫的大背景下，产业脱贫模式必将扮演越来越重要的角色，如何改善产业脱贫的模式就变得越来越重要（林泽亮，2018）。

（五）旅游脱贫机制理论

旅游脱贫作为一个复杂的系统工程，受各种内外部环境和变量的综合影响，旅游脱贫成败的关键主要取决于这些综合因素的相互作用与相互影响。其中，最主要的影响动力要素包括各级政府、旅游供给、旅游需求、社区居民、非政府组织、国际脱贫机构、旅游发展与脱贫环境等。总体而言，生态旅游脱贫机制理论核心主要包括：①旅游脱贫动力机制；②旅游文化脱贫（熊英霞，2019）机制；③相关者利益保障机制；④旅游脱贫合作机制；⑤旅游脱贫协调机制；⑥旅游受益机制等。生态旅游脱贫机制决定着旅游业发展的成果能否最终到达贫困社区和脱贫人口，决定着旅游业发展是否朝着脱贫的方向，是影响贫困社区和脱贫人口在生态旅游脱贫中能否有效参与和受益的核心因素，是旅游脱贫取得成功的关键。旅游脱贫机制是一个贯穿旅游脱贫全过程的组织方式、行动方式和制度规范的大系统，主要包括动力机制、参与机制、利益分配机制、绩效评估机制、保障机制及合作机制等，对旅游脱贫的发生、发展和目标具有重要的作用（黄渊基，2018）。

（六）旅游脱贫效益理论

旅游脱贫效益是决定和衡量旅游脱贫进展与质量的重要指标参数和监督机制。总体而言，旅游脱贫效益包括经济效益、社会效益和生态效益三个方面，只有在旅游脱贫中实现经济、社会、生态三大效益的统一，才能真正实现旅游的脱贫目标。其中，经济效益是脱贫的前提、基础和刚性诉求，具体指标包括：产业结构调整，促进地方经济发展水平；提高社区居民就业机会，实现脱贫致富；增加社区居民日常收入，提高生活水平和质量。社会效益是脱贫的重要内容，指标主要包括：促进文化交流，转变思想观念，提高居民素质；充分挖掘地域文化，宣扬地方文化；地方文化的自觉性与自豪感；树立经济社会环境保护意识。生态效益是脱贫的关键和核心，是指人们在脱贫开发过程中依据生态平衡规律，使自然界的生态系统对人类的生产、生活条件和环境条件产生的有益影响和有利效果，它关系到人类生存发展的根本利益和长远利益。生态效益的基础是生态平衡和生态系统的良性、高效循环。

（七）旅游脱贫受益理论

脱贫的目标就是要让贫困群体真正地得到实惠，如何构建脱贫投入与受益实效之间的动态关系，意义重大。贫困户、脱贫人口分享旅游发展红利的主要方式有以下八种：①贫困户直接参与旅游经营获得收入；②贫困户到旅游企业务工获得劳务收入；③贫困户出售自家农副土特产品和手工艺品增加收入；④贫困户出租房屋、土地等自有资产获得租金收入；⑤贫困户通过将房屋、土地、人力等自有资源折算入股获得股金分红；⑥贫困户通过政府、企业低价或无偿提供的停车场、商铺等经营性资产增加收入；⑦贫困户从旅游经营主体获得补助性收入；⑧贫困户通过旅游发展获得资产增值收入。目前，我国旅游脱贫工作取得了明显成效，但脱贫人口参与程度不够，受益效果仍存在问题，脱贫人口参与旅游脱贫活动，主要存在人力资本、金融资本、社会资本、机构和平台等参与障碍。李小娟（2018）提出并构建了以脱贫人口为核心的受益机制，主要包括精准识别机制、政府主导协调机制、脱贫人口内涵建设机制、利益分配机制、保障机制等。

（八）旅游投融资理论

旅游脱贫的前提是要依托当地景观资源发展旅游业，发展旅游是一个初期投入高、收效相对缓慢的过程，而旅游发展资金和投入往往成为贫困山区经常遇到的最关键、最难以解决的根本问题。旅游投资是指在一定时期内，根据旅游业或旅游区发展的需要将一定数量的资金投入其发展项目之中，以获取比其投入资金数量更大的产出。目前，我国旅游企业可以运用的投融资方式，主要包括成立旅游股份有限公司、建立旅游产业投资基金、旅游资产证券化（ABS）、建设—经营—转让（Build Operate Transfer，BOT）融资、公私合营（Private Public Partnership，PPP）模式融资等。投融资为旅游脱贫开发的最后实施落实提供保障，也是决定旅游脱贫成功与否最关键的因素之一。总体而言，旅游投融资机制主要有如下几种：①争取国家和省市扶持力度；②加强与金融机构合作；③加大项目对外招商引资力度；④充分挖掘利用资本市场融资；⑤创新模式盘活民居资产；⑥当地群众投资；⑦加大地方政府投资力度；⑧以上投融资机制的优化创新；⑨其他投融资机制。

（九）社区参与理论

社区参与是指贫困地区社区居民参与社区旅游发展、管理和社区建设，参与各种公共活动和事务管理，以及分享社区建设和发展成果的行为与过程。社区参与模式是指通过调动社区居民的参与、互助合作，再加上各级政府和外界机构组织的协助和支持，动员社区内外资源，解决社区问题，满足居民需求的一种工作模式。该模式强调的是居民的参与、合作沟通，注重居民在参与社区发展过程中的个人能力、公共意识和社区归属感的培养，而不仅仅是社区物质环境的建设。在发展乡村旅游的背景下，以不断提高乡村贫困户在旅游发展中的参与程度和受益水平为目的，建立以脱贫人口为核心的利益分配机制，使乡村旅游围绕乡村脱贫人口的利益需求展开。通过长期实践和总结，我国社区参与模式多种多样，常见的主要包括：个体农庄、农户＋农户、公司＋农户、村集体主导、公司制、公司＋村集体＋农户、政府＋公司＋农户。

（十）其他相关基础理论

生态旅游脱贫实际上是一个立体多元、错综复杂的系统工程，涉及各种各样、方方面面的问题，科学的生态旅游脱贫开发研究除上述主要的旅游脱贫理论的指导外，也离不开相关基础理论的协同配合。生态旅游脱贫的其他相关基础理论主要包括：主体功能区理论、国家公园理论、山地经济理论、农业区位理论、中心地区理论、市场区位理论、区位与空间经济理论、梯度转移理论、逆梯度发展理论、现代空间理论、脱贫转型升级理论、民族旅游理论、比较优势理论（静态比较优势理论和动态比较优势学说）、增长极理论、循环理论、旅游乘数理论、可持续发展理论、收入分配理论、利益相关理论、博弈理论等。

第二节　主体功能区理论与乡村振兴

一、主体功能区概念

2010 年年底，国务院印发了《全国主体功能区规划》（以下简称《规划》），这是中国第一个国土空间开发规划，是战略性、基础性、约束性的规划。实施主体功能区规划，推进主体功能区建设，是中国国土空间开发思路和开发模式的重大转变，是国家区域调控理念和调控方式的重大创新，对推动科学发展、加快转变经济发展方式具有重要意义。

该《规划》明确提出，"根据资源环境承载能力、现有开发密度和发展潜力，统筹考虑未来我国人口分布、经济布局、国土利用和城镇化格局，将国土空间划分为优化开发、重点开发、限制开发和禁止开发四类主体功能区，按主体功能定位调整和完善区域政策及绩效评价，规范空间开发秩序，形成合理的空间开发结构"。在确定主体功能区位置和范围基础上，根据各个主体功能区的资源环境承载能力、现有开发密度和发展潜力，明确各个主体功能区的定位、发展方向、开发时序、管制原则等。尤其是针对每一种主体功能区性质特征，构建相应不同主体功能区的时空管控政策，主要包括财政政策、投资政策、产业政策、土地政策、人口管理政策、环境保护政策、绩效评价和政绩考核等（王联兵，2010）。由此推知，主体功能区是按区域分工和协调发展原则划定的具有某种主体功能的规划区域，依据主要区域空间内不同发展区带的相关要素，具体包括资源环境承载力、现有开发密度和发展潜力。其中"主体"一是指起综合先导作用的主要功能地区，或是产业结构，或是经济发展，或是城乡空间，或是保护环境；二是在同一个主体功能区内，不能排除其他地区及功能的存在。从此，我国以指导跨区域发展为己任的各种主体功能区理念层出不穷，旅游主体功能区概念也应运而生。

主体功能区对区域可持续发展的独特作用主要表现在以下几个方面：一是优化空间资源配置。明确区域主体功能区定位和发展方向，有利于优化空间资源配置，提高空间资源配置效率，形成各具特色的区域结构和分工格局。二是有利于跨区域空间管制。通过跨区域不同类型主体功能区划分，确定其发展方向和空间管理方式，有利于实行并强化资源空间管制，规范和优化资源空间开发秩序，逐步形成合理的资源空间开发结构。三是便于空间分类管理和区域调控（王联兵，2010）。从可持续发展和适宜性评价的角度，对不同主体功能区实行分类的区域政策和绩效考核，从而有效避免跨区域调控中出现"一刀切"现象。四是促进人与自然和谐发展。主体功能区划是针对国土资源开发适宜性评价而进行的区域功能空间划分，有利于促进人与自然的和谐发展，引导经济布局、人口分布与资源环境承载力向最优方向协调发展（王联兵，2010）。

二、旅游主体功能区与旅游主体功能区规划

旅游主体功能区为一特定的空间区域，在这一空间区域中，依托较为富集的旅游资源，旅游业作为区域战略性支柱产业，引领区域经济社会生态全面发展。具体而言，是以旅游业发展为区域主导产业，引领、布局资源结构、区域发展、产业布局、规划建设、基础设施、资源保护、生态建设乃至社会服务和保障体系等的可持续发展功能区域。也就是说，在旅游资源富集的特定区域中，区域可持续发展系以旅游业为主导产业，引领其他产业的发展。或者说在此一空间区域中，其他产业、空间、区域规划应以旅游业发展规划为总体框架。从而诞生出相关的概念，主要包括：旅游主体功能区划、旅游主体功能区规划和旅游主体功能区开发（王联兵，2010）。

从性质上看，旅游主体功能区是以仅次于相应级别的主体功能区的旅游战略产业为导向的主体功能区，或在对应的主体功能区框架下以旅游业为战略性主导产业的主体功能区。就秦巴山区而言，旅游主体功能区是仅次于秦巴山区主体功能区的旅游战略性主导产业主体功能区，或在秦巴山区主体功能区框架下以旅游业为战略性主导产业的主体功能区。与旅游主体功能区相对应的旅游主体功能区规划，系指仅次于相应级别省域或区域主体功能区的综合性主体功能区规划和专项主体功能区规划，或者在对应区域主体功能区规划框架下的综合主体功能区规划。但这种规划必须与全国、全省生态旅游发展规划相衔接（王联兵，2010）。

实质上，旅游主体功能区是在国家或省（自治区、直辖市）主体功能区框架下的综合主体功能区，其开发建设规划原则上不受其他规划的约束，不受土地、城乡等其他规划的限制。例如，位于青藏高原东南缘、以生态旅游产业为战略性支柱产业的大香格里拉国际生态旅游区，就是典型的旅游主体功能区，它可以包括藏东南、川西、滇西北等次一级旅游主体功能区，这些地区发展应以对应的区域发展规划和旅游主体功能区规划为上位规划和顶层规划。旅游主体功能区往往旅游资源丰富、生态环境优良，往往跨越行政区划边界，并具有一定的旅游产业发展基础，有时与生态主体功能

区重叠或交叉，在空间形态、城乡建设、文化遗产保护中发挥着特殊作用，并肩负着重要的旅游体制与机制创新改革使命。

广义而言，旅游主体功能区就是指在原生态旅游资源（自然及人文）富集和生态环境系统脆弱的区域，为了充分发挥这些区域的资源环境特色优势，以生态旅游业作为这些区域的战略性主导产业，带动区域经济社会可持续发展。旅游主体功能区通常具有如下主要特点，或者说具备了这些特征的空间发展区域均可构建旅游主体功能区。

第一，以生态旅游业作为区域主导产业，带动区域经济发展与社会进步（李庆雷，2013）[①]。这是对风景名胜区、旅游度假区传统发展模式的突破，是把旅游业培育成国民经济的战略性支柱产业和人民群众更加满意的现代服务业国家战略的呼应与体现。同时，这是旅游主体功能区区别于其他类型产业功能区的最主要方面，也是旅游主体功能区建设的最终目标。

第二，肩负区域改革与创新发展的重任，是区域发展机制改革、旅游管理体制创新的试验田（李庆雷，2013）。如上所述，旅游主体功能区概念的提出具有革命性的创新，它强调以生态旅游业为主导产业带动整个区域城乡建设、空间形态、产业布局、经济发展、社会进步、资源和环境保护等全面协调发展，这是时代赋予旅游主体功能区的责任，是旅游主体功能区发展的根本动力和目标实现的基本保障，这是旅游产业综合改革过程中的具体体现。要实现这个目标，首先要创新发展体制，为确保实现区域旅游业的战略性支柱产业地位保驾护航，其次要创新管理机制，确保区域旅游产业的跨越发展。

第三，面向国内外游客提供适应市场需要的独特的生态旅游产品体系（李庆雷，2013），这是旅游主体功能区建设的直接任务，在这一点上它与传统旅游功能区的职责相同，涉及市场主体培育、产业要素完善、产品业态创新、市场促销营销、品牌形象建设等内容，关乎旅游目的地培育和产品转型升级。由于旅游主体功能区以生态旅游产业为战略性主导产业，旅游主体功能区不仅是全球重要的生态旅游目的地，提供大量满足市场需求的多元化生态旅游产品体系，而且通常也是生态旅游产业发展示范区、旅游业带动区域可持续发展的创新区。

第四，旅游主体功能区发育与分布的区域，往往是生态环境脆弱的旅游资源富集型经济欠发达地区，往往也是边远山区、革命老区或民族地区、旅游资源富集区和生态环境脆弱区域，因而成为生态旅游产业脱贫攻坚主战场，在国家脱贫攻坚战场中具有区域战略性意义的主导产业便是生态旅游业。从某种程度上讲，旅游主体功能区就是生态旅游产业脱贫开发的试验区和创新区。

那么，怎样才能有潜力成为旅游主体功能区呢？目前实践中涉及的旅游主体功能

---

① 李庆雷. 旅游功能区的特征与类型. https://wenku.baidu.com/view/baa33bf426fff705cc170aa3.html.

区，通常还应满足以下几个方面的条件（李庆雷，2013）：①生态旅游资源较富集，旅游资源开发和旅游产业发展空间大；②受自然条件、生态环境及人文因素的影响，不利于发展工业等大规模开发建设；③旅游资源受部门和地域分割，在现行行政管理体制下，特色、优势和潜力难以得到有效发挥；④生态系统独特，环境较优良，多数地区被划为限制开发区和禁止开发区，产业选择受到生态环境保护政策的限制。此外，旅游主体功能区通常为自然资源富集、生态环境良好、人文景观集聚的经济发展相对滞后地区，包括革命老区、少数民族地区、边远贫困山区，所以这些地区往往成为国家连片特困地区脱贫开发攻坚区域。

三、主体功能区与旅游乡村振兴

（一）主体功能区与连片特困山区的一致性

旅游主体功能区顾名思义，就是强调以旅游要素为主导的特定空间区域，具体而言就是依托较为富集的旅游资源，以旅游（产业、经济）为主导功能，引领区域可持续发展的特定空间区域。从拓展的角度，连片特困山区一般涉及旅游主体功能区、旅游产业主体功能区、旅游经济主体功能区等。

旅游主体功能区与全国主体功能区的理念相一致，是全国主体功能区划的进一步实施和体现。狭义而言，相当于全国主体功能区划框架下限制开发区中的第二类功能区，即重点生态功能区，亦即生态系统脆弱或生态功能重要，资源环境承载能力较低，不具备大规模、高强度、工业化、城镇化开发条件，必须把增强生态产品生产能力作为首要任务，从而应该限制进行大规模高强度工业化城镇化开发的地区。

更广义的含义是，禁止开发区包括了全国主体功能区中限制开发区的第二类功能区（即重点生态功能区域）以及禁止开发区域。禁止开发区就是依法设立的各级各类自然及文化资源保护区域，以及其他禁止进行工业化城镇化开发、需要特殊保护的重点生态功能区。国家层面禁止开发区域，包括国家级自然保护区、世界文化自然遗产、国家级风景名胜区、国家森林公园和国家地质公园。省级层面的禁止开发区域，包括省级及以下各级各类自然及文化资源保护区域、重要水源地以及其他省级人民政府根据需要确定的禁止开发区域。

旅游主体功能区系与主体功能区有关联、相对应的区域发展理论范畴，特指以旅游业为战略性主导产业的特定区域发展空间系统，即大到国家、省（自治区、直辖市）、市（州）、县（区）、小到乡（镇）域的以旅游产业作为战略性主导产业的空间区域。旅游主体功能区系主体功能区的具体实施和体现，并强调的是将生态旅游业作为区域战略性支柱产业。而传统的旅游功能区是指在进行生态旅游开发规划过程中，针对生态旅游区（村寨、乡镇等）开发规划、建设、管理过程中的旅游功能空间与旅游功能布局，与跨区域战略性支柱产业或主导产业无关。

从区域空间分布而言，旅游主体功能区往往与限制开发区和禁止开发区相一致，也是旅游主体功能区的主要承载区和展示区。根据连片特困山区统计结果，包括边远山区、革命老区、民族地区在内的我国连片特困山区，主要分布于生态旅游主题功能区域中，即主要分布于限制开发区与禁止开发区。从某种程度上讲，旅游主体功能区与连片特困山区具有一定的空间分布一致性。因此，这就决定了生态旅游发展成为连片特困山区脱贫的最关键、最重要、最理想的实施途径。生态旅游主体功能区发展好坏直接关系到连片特困地区脱贫转型的成败。反之，连片特困山区脱贫转型是否成功密切关系到生态旅游主体功能区是否可持续发展。

（二）主体功能区为贫困山区脱贫转型与乡村振兴提供理论方法体系

如上所述，旅游主体功能区强调以生态旅游业作为区域战略性主导产业，带动区域经济发展与社会发展，强调以生态旅游业为主导功能的区域发展的战略规划和上位规划，把区域旅游发展与城乡形态、产业布局及空间管理等重大问题提升到政策决策层面（杨振之等，2013）。旅游主体功能区理论发展有利于：①旅游生产力在旅游主体功能区范围内的重新配置和整体竞争力的提高；②抑制不同行政区域之间的旅游业恶性竞争；③科学拓宽资源空间和市场空间；④推动落后地区经济发展和脱贫致富转型。所以，旅游主体功能区概念的提出和理论体系的构建，为区域旅游业发展提供了创新性理论指导，为区域战略发展提出了革命性理念，为区域旅游开发规划建设提出了全新的标准，对资源富集型经济欠发达地区跨越发展具有重大现实意义。具体表现为以下几个方面：

一是创新区域旅游发展理论体系。构建全新的区域生态旅游发展理论体系——旅游主体功能区发展研究框架，包括旅游主体功能区理论体系、旅游主体功能区理论意义和作用、主体功能区背景下旅游发展战略、旅游主体功能区划、旅游主体功能区划指标体系、旅游主体功能区划方案、旅游主体功能区开发管控对策等。

二是创新区域旅游发展理念和模式。主要包括：①革新发展理念，通过特定地区旅游主体功能区试行研究，系统评价旅游主体功能区框架下的区域发展思路及效果，有利于构建全国旅游主体功能试验区和示范区；②创新体制机制，有利于探讨如何实现旅游资源富集型经济欠发达地区区域发展道路——旅游主体功能区框架下的区域发展道路，有利于探讨相关的组织、体制、机制、政策保障等问题；③改革发展模式，拓展我国旅游综合配套改革方向和视角，有利于申报全国旅游综合配套改革试点——"全国旅游主体功能区综合配套改革试验区"。

三是创新区域旅游发展改革体制。构建全国旅游主体功能区综合配套改革试验区——以旅游主体功能区理论为指导，通过生态旅游主体功能试验区先行先试，构建旅游主体功能区框架下的新型区域增长极，实现以生态旅游产业为先导的新型旅游目的地、集中连片脱贫、统筹城乡与区域协调发展，提升新型区域增长极核心竞争力，最终实现跨越可持续发展。

四是创新区域旅游发展行业机制。通过旅游主体功能区试验区研究和建设，拓展区域，示范全省，为全国其他相似的旅游资源富集型经济欠发达地区的跨越发展提供经验和示范，引领全国旅游业发展新时代——掀起全国主体功能区背景和旅游主体功能区框架下的旅游发展规划新浪潮，从而为生态旅游脱贫转型及乡村振兴奠定科学指导框架。

（三）主体功能区是贫困山区脱贫转型与乡村振兴的具体体现

由于旅游主体功能区强调区域发展体系中的生态旅游战略性主导产业地位，其开发规划、实现机制和管理体制具有创新性和革命性意义，不仅需要革新区域发展规划的传统理念，创新区域发展的实现机制，而且要以管理体制创新作为实现旅游主体功能区的先决保障条件。

第一，旅游主体功能区理论强调区域旅游资源分布的自然规律，注重旅游资源分布的整体性和系统性，从而易于形成跨区域竞争优势。它突破了传统规划体系定位。长期以来，区域发展总是以城乡发展和空间形态布局为先导，城乡规划和土地利用规划处于上层和战略地位，旅游业规划只是作为上述规划框架下的一个次级专项规划，在进行旅游规划时总是要强调与其他上位规划的协调。与此不同的是，旅游主体功能区规划已经上升到区域乃至跨区域发展战略上来，且把区域旅游业发展与城乡空间形态及空间管理等重大问题提升到政策决策层面，并强调旅游主体功能区规划可以直接推动和影响政府的重大决策，进而统领整个区域的经济和社会全面协调发展（杨振之等，2013）。它明确了区域发展中的战略方向、总体框架、功能结构以及空间管理架构，能够从宏观上更好地确保资源环境优势向经济、社会以及生态协调发展最优方向的转变。

第二，突破了城乡规划和土地规划的约束。旅游主体功能区规划系以旅游产业为区域战略主导产业的区域战略规划和上层规划，强调在以旅游产业为战略性主导产业规划的指导下，布局旅游主体功能区范围内的土地利用方式、资源保护与开发的强度、城乡发展形态以及产业要素配置等（杨振之等，2013）。在这种理念指导下，城乡规划、土地利用规划、产业规划以及其他专项规划都应服从于旅游主体功能区规划，并以旅游主体功能区定位作为空间指引，明确区域内各类开发和建设的目标、尺度以及布局方案，亦即在旅游主体功能区范围内，区域发展要以旅游产业为战略性主导产业，引领、统筹其他产业布局、城乡建设、空间结构、经济发展、社会进步，乃至资源开发和环境保护，从而形成以旅游产业和旅游经济为主导和核心的区域空间综合功能发展区。

第三，突破了行政区划的界限。旅游主体功能区尊重旅游资源与生态环境分布的自然规律，注重自然资源与生态环境分布的整体性和系统性，强调以发挥旅游资源最优综合效能和以核心旅游资源为基础的区域空间资源的统一规划和综合利用，从而有利于构建区域核心竞争优势。旅游主体功能区主张采取相互激励和共同约束的规划手段，以区域产业合作与分工为纽带，在跨区域实现旅游业、农业、加工制造业、商贸服务业等产业协调，以及旅游产业内部的功能互补，实现跨行政区规划的核心价值。通过旅游主体功能区理论指导，可以实现如下问题的科学解决：①行政区间常见的交通阻隔。②行政区间的制度缺陷和能力不足。③行政区间的行政区域分割。④行政区间的地区利益障碍。⑤旅游组织管理和软件质量相对滞后问题。⑥社会经济基础相对薄弱问题。⑦旅游生产力发展不平衡问题。

（四）主体功能区对区域脱贫转型与乡村振兴具有重大现实意义

由于旅游主体功能区的理念特征，在资源富集型经济欠发展地区的区域发展中具有重大战略和指导意义，主要表现在如下几个方面：①一方面，旅游资源富集区拥有巨大的旅游资源"宝藏"的，成为全国资源最丰富、品级最高的旅游资源富集区域之一。另一方面，由于自然环境条件、历史人文背景、经济社会条件、交通及区位条件等的影响，旅游资源富集区成为经济欠发展地区和成为连片特困地区。②由于传统思维的影响，区域发展方向、发展战略往往发生偏差，发展道路和方式并没有依托自身的资源特色和优势，造成"有劲没处使"。由于体制机制的影响，生态旅游业先导产业的作用，并没有得到真正充分发挥，甚至没有发挥到旅游业应有的作用，即"使不上劲"。③客观需求创新发展方式。在充分依托旅游资源富集特点和优势，在考虑区域空间布局、环境容量及生态承载能力、国土利用要求与战略选择、现有开发能力以及区位重要性和发展潜力等基础上，从区域旅游开发适宜性和旅游资源保护角度，科学制定区域旅游功能区划的方案，使旅游资源得到科学合理开发利用，带动区域全面跨越发展。④旅游主体功能区规划强调以生态旅游业为主导功能的区域发展的战略规划和上位规划，把连片特困山区旅游发展与城乡形态、产业布局及空间管理等重大问题提升到政策决策层面，可以直接推动和影响政府的重大决策，进而统领整个资源富集型经济欠发达地区的经济和社会发展，从宏观上更好地确保资源优势向经济、社会以及生态优势的转变。⑤旅游主体功能区理念注重地区发展承载力和开发潜力的辩证统一，在《全国主体功能区规划》框架下，建立适宜地区旅游区域发展科学评价体系，按照旅游业在该区域未来发展中承担的主要功能和核心作用，构筑围绕旅游业发展这一核心功能的区域可持续发展框架，同时配合旅游业发展进行区域功能布局和生产要素的配置，明确并指导区域发展的空间布局、城镇、城乡空间形态和空间管理的方案。

（五）主体功能区是资源富集型贫困山区创新发展的切入点

作为资源富集型经济欠发达地区，连片特困山区具有成为旅游主体功能区的先天条件，主要表现在：一是经济欠发达地区通常构成我国旅游资源最富集、最集中的区域之一，资源开发和产业发展空间巨大；二是旅游资源受部门和地域分割，在现行行政管理体制下，优势和潜力难以得到有效发挥；三是生态系统独特，环境优美，属于限制开发区和禁止开发区，产业选择受到生态环境保护政策的限制；四是随着我国内陆交通网络发展，经济欠发达地区将形成公路、铁路、航空、航运四位一体的动态交通体系。

经济欠发达地区跨越发展的重点包括新村建设、基础设施、产业发展、能力提升、生态保护和社会保障，这与全国旅游主体功能区构建是相辅相成的。一方面，旅游产业是经济欠发达地区创新发展的先导产业，打造旅游主体功能区是旅游资源富集型经济欠发达地区创新发展的关键和保障。另一方面，旅游资源富集型经济欠发达地区是全国旅游主体功能示范区构建的理想地区，其创新发展过程就是旅游产业大发展的过程。

由于旅游业的综合性、关联性、开放性和带动性，使其成为区域协调发展的优势和先导产业，并成为当今世界发展最快、前景最广的一项新兴产业。如何站在区域经济一体化战略高度，构建以旅游产业为主导产业统领的全国旅游主体功能示范区，对科学指导资源富集型经济欠发达地区创新跨越式发展，更快地推动区域统筹、健康可持续发展具有重要的意义。

第三节　国家公园理论与乡村振兴

一、国家公园沿革

国家公园的概念源自美国，名词译自英文 National Park，据说最早由美国艺术家乔治·卡特林（Geoge Catlin）[①] 先提出。1872 年美国国会批准设立了美国，也是世界最早的国家公园，即黄石国家公园。自黄石国家公园设立以来，全世界已有 100 多个国家设立了多达 1200 处风情各异、规模不等的国家公园。

国家公园是指国家为了保护一个或多个典型生态系统的完整性，为生态旅游、科学研究和环境教育提供场所，而划定的需要特殊保护、管理和利用的自然区域。它既

---

① 乔治·卡特林（George Catlin）（1796—1872），美国西部艺术画家。1832年，他在旅行的路上，对美国西部大开发对印第安文明、野生动植物和荒野的影响深表忧虑。他写道："它们可以被保护起来，只要政府通过一些保护政策设立一个国家公园，其中有人也有野兽，所有的一切都处于原生状态，体现着自然之美。"

不同于严格的自然保护区，也不同于一般的旅游景区。设立国家公园，其主要的意义和作用大致可概括为：一是景观资源的保存与保护；二是资源环境的考察与研究；三是旅游观光业的可持续发展。国家公园的主要功能包括：提供保护性的自然环境；保存物种及遗传基因；提供国民游憩及繁荣地方经济；促进学术研究及环境教育。

1974 年国际自然及自然资源保护联盟（International Union for Conservation of Nature and Natural Resources，IUCN）开会认定的国家公园标准为：①面积不小于 1000 公顷的范围内，具有优美景观的特殊生态或特殊地形，有国家代表性，且未经人类开采、聚居或开发建设之地区。②为长期保护自然原野、景观、原生动植物、特殊生态体系而设置保护区之地区。③由国家最高权力机构采取步骤，限制开发工业区、商业区及聚居之地区，并禁止伐林、采矿、设电厂、农耕、放牧、狩猎等行为，同时有效执行对于生态、自然景观维护之地区。④维护目前的自然状态，仅准许游客在特别情况下进入一定范围，以作为现代及未来世代科学、教育、游憩、启智资产之地区。经过 100 多年的研究和发展，国家公园已经成为一项具有世界性和全人类性的自然文化保护运动，并形成了一系列逐步推进的保护思想和保护模式。一是保护对象从视觉景观保护走向生物多样性保护；二是保护方法从消极保护走向积极保护；三是保护力量从一方参与走向多方参与；四是保护空间从点状保护走向系统保护。

国家公园以生态环境、自然资源保护和适度旅游开发为基本策略，通过较小范围的适度开发实现大范围的有效保护，既排除与保护目标相抵触的开发利用方式，达到了保护生态系统完整性的目的，又为公众提供了旅游、科研、教育、娱乐的机会和场所，是一种能够合理处理生态环境保护与资源开发利用关系的行之有效的保护和管理模式。尤其是在生态环境保护和自然资源利用矛盾尖锐的亚洲和非洲地区，通过这种保护与发展有机结合的模式，不仅有力地促进了生态环境和生物多样性的保护，同时也极大地带动了地方旅游业和经济社会的发展，做到了资源的可持续利用。

国家公园与国家公园体系在美国是相互联系的两个概念。国家公园是指面积较大的自然地区，这个区域中自然资源非常丰富。国家公园体系是指由美国内政部国家公园管理局管理的陆地或水域，包括国家公园、纪念地、历史地段、风景路、休闲地等。国家公园制度是一种资源保护与开发利用实现双赢的先进管理模式，是让生态环境与旅游消费达到共存的国际惯例和普遍适用的规律。采用先进的国家公园制度管理重要的自然与历史性旅游资源，不仅是世界各国的普遍规律，而且已在我国初露锋芒。国家公园不仅仅是个名称，其背后蕴含的是一种对自然与文化区域进行可持续发展与保护的最优化的管理体制。

美国国家公园体系管理的有效性来自国家对公园体系保护与利用的大量立法和行政规定，其详细程度达到了操作层次。国会不仅针对国家公园体系作整体的立法，还针对各个国家公园分别立法，从经济开发浪潮中抢救出了一大批珍贵的自然遗产和文化遗产，推动了自然和文化保护运动的兴起。产生于美国的关于国家公园的思想和体系，作为一种理念和制度已经为全世界所普遍接受。到 2001 年，国家公园从美国发展到了世界上 225 个国家和地区，全世界的国家公园总数已达到 1200 多个，总面积近 10 亿公顷。国家公园和保护区体系、世界遗产、生物圈保护区等概念也是从单一的国家公园概念中衍生而来的。

根据中国台湾地区的相关规定，将"国家公园"区域按其资源特性与土地利用形态划分不同管理分区，以不同措施达成保护与利用功能：①生态保护区，系指为供研究生态而应严格保护的天然生物社会及其生育环境的地区。②特别景观区，系指敏感脆弱的特殊自然景观，应该严格限制开发的地区。③史迹保存区，具有重要史前遗迹、史后文化遗址及有价值的历史古迹的地区。④游憩区，可以发展野外娱乐活动，并适合兴建游憩设施，开发游憩资源的地区。⑤一般管制区，资源景观质量介居保护与利用地区之间的缓冲区，准许原有土地利用形态的地区。

二、我国国家公园体系

在我国，国家公园是为了完善中国的保护地体系，规范全国国家公园建设，引入国外国家公园的理念和管理模式，从而有利于对现有保护地体系进行系统整合，提高保护的有效性，切实实现保护与发展双赢。目前，全国已建立东北虎豹、祁连山、大熊猫、三江源、海南热带雨林、武夷山、神农架、普达措、钱江源和南山 10 处国家公园体制试点。我国国家公园与全国主体功能区之间的关系是，国家公园属于全国主体功能区规划中的禁止开发区域，纳入全国生态保护红线区域管控范围，实行最严格的保护。根据中共中央、国务院下发的《关于建立以国家公园为主体的自然保护地体系的指导意见》，我国国家公园理论主要包括三个方面的内容，分别是自然保护地体系、管理体制和发展机制。

（一）自然保护地体系

科学划定自然保护地[①]类型。按照自然生态系统原真性、整体性、系统性及其内在规律，依据管理目标与效能并借鉴国际经验，将自然保护地按生态价值和保护强度高低依次分为三类。

（1）国家公园，指以保护具有国家代表性的自然生态系统为主要目的，实现自然资源科学保护和合理利用的特定陆域或海域，是我国自然生态系统中最重要、自然景观最独特、自然遗产最精华、生物多样性最富集的部分，保护范围大，生态过程完整，具有全球价值、国家象征，国民认同度高。

---

① 自然保护地是由各级政府依法划定或确认，对重要的自然生态系统、自然遗迹、自然景观及其所承载的自然资源、生态功能和文化价值实施长期保护的陆域或海域。

（2）自然保护区，指保护典型的自然生态系统、珍稀濒危野生动植物种的天然集中分布区、有特殊意义的自然遗迹的区域。具有较大面积，确保主要保护对象安全，维持和恢复珍稀濒危野生动植物种群数量及赖以生存的栖息环境。

（3）自然公园，是指保护重要的自然生态系统、自然遗迹和自然景观，具有生态、观赏、文化和科学价值，可持续利用的区域。确保森林、海洋、湿地、水域、冰川、草原、生物等珍贵自然资源，以及所承载的景观、地质地貌和文化多样性得到有效保护，包括森林公园、地质公园、海洋公园、湿地公园等各类自然公园。

确立国家公园主体地位。做好顶层设计，科学合理确定国家公园建设数量和规模，在总结国家公园体制试点经验基础上，制定设立标准和程序，划建国家公园。确立国家公园在维护国家生态安全关键区域中的首要地位，确保国家公园在保护最珍贵、最重要生物多样性集中分布区中的主导地位，确定国家公园保护价值和生态功能在全国自然保护地体系中的主体地位。

编制自然保护地规划。落实国家发展规划提出的国土空间开发保护要求，依据国土空间规划，编制自然保护地规划，明确自然保护地发展目标、规模和划定区域，将生态功能重要、生态系统脆弱、自然生态保护空缺的区域规划为重要的自然生态空间，纳入自然保护地体系。

整合交叉重叠的自然保护地。以保持生态系统完整性为原则，整合各类自然保护地，解决自然保护地区域交叉、空间重叠的问题，将符合条件的优先整合设立国家公园，其他各类自然保护地按照同级别保护强度优先、不同级别低级别服从高级别的原则进行整合，做到一个保护地、一套机构、一块牌子。

（二）管理体制

国家公园属于保护区的范畴，是保护区体系中的一个非常重要的类型，之所以一直未在我国保护区体系中使用，是因为公园一词早年在城市建设中被使用了。国家公园不属于供游人游览休闲的一般意义上的公园，也不是主要用于旅游开发的风景区。因此，划入国家公园的保护区需要在严格保护的前提下有限制地开展科研和公众教育等活动，而不能大规模地开展旅游和其他形式的开发利用。自黄石国家公园建立以来，美国和其他国家陆续建立了许多国家公园，与此同时，也陆续建立了多种多样、名称各异的保护区。国家公园一词在IUCN保护区分类体系形成之前早已存在，特别适用于其第二类较大面积的保护区。然而，全世界很多现有的国家公园与第二类定义的国家公园具有截然不同的目标。实际上，一些国家对国家公园的分类，依据的是IUCN其他不同的管理类型。因此，国家公园在不同的国家有不同的含义，虽然称为国家公园，但是其自然特征、保护对象和管理体制差异极大，分别属于不同的保护区类型，有的甚至不是保护区。

因此，我国在引进国家公园的概念时，不能简单地照搬照抄、一概而论，也不能仅按字面意思进行理解，而误读概念。要充分了解"建立国家公园体制"的精神实质，通过建立国家公园体制进一步加强自然保护。从国家公园的内涵上说，由国家政府部门主管的类似于国家公园的概念被分属于国家森林公园、国家地质公园、国家矿山公园、国家湿地公园、国家城市湿地公园、国家级自然保护区、国家级风景名胜区、国家考古遗址公园及酝酿中的国家海洋公园等多个方面，属于不同的管理系统。但这些提法并不完全等同于国家公园的概念。我国国家公园管理体制主要包括如下五方面。

一是统一管理自然保护地。提出自然保护地设立、晋（降）级、调整和退出规则，制定自然保护地政策、制度和标准规范，实行全过程统一管理。建立统一调查监测体系，建设智慧自然保护地，制定以生态资产和生态服务价值为核心的考核评估指标体系和办法。

二是分级行使自然保护地管理职责。按照生态系统重要程度，实行分级设立、分级管理。中央直接管理和中央地方共同管理的自然保护地由国家批准设立；地方管理的自然保护地由省级政府批准设立，管理主体由省级政府确定。

三是合理调整自然保护地范围。制定自然保护地范围和区划调整办法，制定自然保护地边界勘定方案、确认程序和标识系统，开展自然保护地勘界定标并建立矢量数据库，与生态保护红线衔接，在重要地段、重要部位设立界桩和标志牌。

四是推进自然资源资产确权登记。完善自然资源统一确权登记办法，明确各类自然资源资产的种类、面积和权属性质，逐步落实自然保护地内全民所有自然资源资产代行主体与权利内容，非全民所有自然资源资产实行协议管理。

五是实行自然保护地差别化管控。根据各类自然保护地功能定位，既严格保护，又便于基层操作，合理分区，实行差别化管控。国家公园和自然保护区实行分区管控，原则上核心保护区内禁止人为活动，一般控制区内限制人为活动。

（三）发展机制

建立国家公园体制的实质，是通过建立国家公园体制进一步加强自然保护。从空间上讲，国家公园是指国家为了保护一个或多个典型生态系统的完整性，为生态旅游、科学研究和环境教育提供重要场所，而划定的需要特殊保护、管理和利用的自然区域。它既不同于严格意义上的自然保护区，也不同于一般的旅游景区，更不同于城市游憩公园。目前，我国国家公园的建设发展机制主要包括三个方面。

一是加强自然保护地建设。以自然恢复为主，分区分类开展受损自然生态系统修复。建设生态廊道、开展重要栖息地恢复和废弃地修复。分类有序解决历史遗留问题，对自然保护地进行科学评估，将保护价值低的建制城镇、村屯或人口密集区域、社区民生设施等调整出自然保护地范围。

二是创新自然资源使用制度。按照标准科学评估自然资源资产价值和资源利用的生态风险，明确自然保护地内自然资源利用方式，规范利用行为，全面实行自然资源有偿使用制度。

三是探索全民共享机制。在保护的前提下，在自然保护地控制区内划定适当区域开展生态教育、自然体验、生态旅游等活动，构建高品质、多样化的生态产品体系。

三、国家公园与旅游乡村振兴

作为国家森林公园、国家地质公园、国家矿山公园、国家湿地公园、国家城市湿地公园、国家级自然保护区、国家级风景名胜区或国家考古遗址公园集中分布区域，国家公园在空间上往往与连片特困山区分布一致，而且是我国生态最优良、环境最美好、品质最高的自然区域，通常与我国民族地区、边远山区、革命老区及广大农村地区在空间上重合。所以，国家公园的建立、保护、开发、管理与可持续发展，事实上与我国连片特困山区脱贫及乡村振兴发展相辅相成。国家公园的建立和保护为连片特困山区脱贫及乡村振兴奠定背景基础，连片特困山区脱贫及乡村振兴则为国家公园的保护与管理提供保障。国家公园理论主张以生态文明观为统领，以可持续发展理念为指导，与生态旅游发展理念具有与生俱来的"不谋而合"，构成生态旅游脱贫理论的重要组成部分或重要补充，从而为我国新时代连片特困山区生态旅游脱贫以及乡村振兴发展，提供了科学发展持续发展的生态文明框架。

建立国家公园的目的是保护自然生态系统的原真性、完整性，始终突出自然生态系统的严格保护、整体保护、系统保护，把最应该保护的地方保护起来。国家公园的首要功能是重要自然生态系统的原真性、完整性保护，同时兼具科研、教育、游憩等综合功能。通过国家公园的保护与管理，为连片特困地区生态旅游脱贫转型以及乡村振兴发展提供了源源不断的资源与动力。反之，贫困山区生态旅游脱贫转型以及乡村振兴发展，有利于促进国家公园更好的保护与管理。

根据国家公园功能定位，明确国家公园区域内居民的生产生活边界，相关配套设施建设要符合国家公园总体规划和管理要求，并征得国家公园管理机构同意。周边社区建设要与国家公园整体保护目标相协调，鼓励通过签订合作保护协议等方式，共同保护国家公园周边自然资源。引导当地政府在国家公园周边合理规划建设入口社区和特色小镇。从某种程度上讲，国家公园的保护、开发与管理，与连片特困山区生态旅游脱贫转型以及乡村振兴发展相一致。

健全生态保护补偿制度。建立健全森林、草原、湿地、荒漠、海洋、水流、耕地等领域生态保护补偿机制，加大重点生态功能区转移支付力度，健全国家公园生态保护补偿政策。鼓励受益地区与国家公园所在地区，通过资金补偿等方式建立横向补偿关系。加强生态保护补偿效益评估，完善生态保护成效与资金分配挂钩的激励约束机制，加强对生态保护补偿资金使用的监督管理。鼓励设立生态管护公益岗位，吸收当地居民参与国家公园保护管理和自然环境教育等。从某种程度上讲，国家公园的保护、开发与管理，就是连片特困山区生态旅游脱贫转型以及乡村振兴发展的过程。

在国家公园设立、建设、运行、管理、监督等各环节，以及生态保护、自然教育、科学研究等各领域，引导当地居民、专家学者、企业、社会组织等积极参与。鼓励当地居民或其创办的企业参与国家公园内特许经营项目。建立健全志愿服务机制和社会监督机制。依托高等学校和企事业单位等，建立一批国家公园人才教育培训基地。通过国家公园设立、建设、运行、管理，很好地促进连片特困山区生态旅游脱贫、脱贫转型以及乡村振兴与可持续发展。

同样作为国家战略的国家公园的创建、保护与管理，与连片特困山区生态旅游脱贫转型以及乡村振兴，是实现中国梦伟大工程的两个不同侧面。国家公园与连片特困地区生态旅游脱贫转型，以及乡村振兴是国家可持续发展与生态文明观的具体要求和实施，符合所在地区广大老百姓的愿望和诉求，同时也是美丽中国与美丽乡村的共同要求。

第四节　国土空间规划理论与乡村振兴

一、空间规划概念及沿革

（一）国外空间规划经验

空间规划在 1983 年欧洲区域规划部长级会议通过的《欧洲区域 / 空间规划章程》中首次使用。文中指出，区域 / 空间规划是经济、社会、文化和生态政策的地理表达，也是一门跨学科的综合性科学学科、管理技术和政策，旨在依据总体战略形成区域均衡发展和物质组织。1997 年发布的《欧盟空间规划制度概要》中进一步指出，空间规划主要是由公共部门使用的影响未来活动空间分布的方法，目的是形成一个更合理的土地利用及其关系的地域组织，平衡发展和保护环境两个需求，实现社会和经济发展目标。通过协调不同部门规划的空间影响，实现区域经济的均衡发展以弥补市场缺陷。同时，规范土地和财产使用的转换。"空间规划"一词目前仍在欧洲规划工作使用较多。

从不同空间规划类型之间的关系出发，空间规划体系分为垂直型（如德国、芬兰和丹麦）、网络型（如日本）和自由型（如美国）三种。例如，德国联邦空间规划分为联邦、州和地方三级。德国空间规划体系具有自上而下、分工明确、层级关系联系紧密但职能清晰的特点。各级规划的编制都遵循对流原则和辅助原则，构成具有垂直连贯性的体系。同时，各个层面的空间规划既能从整体区域的角度进行考虑，又可与部门规划以及公共机构相互衔接和反馈，形成有主有次、完整灵活的空间规划体系。日本的空间规划分为国家、区域与都道府县和市町村四级，空间规划体系中具有国土规划、土地利用规划和城市规划"三规"并存的特点，规划类型较多，总体表现为网络型。美国没有全国统一的空间规划体系，各州的情况也有较大差别，一些州规划体系完备，相互衔接；而一些州则只是在部分层级或地区编制规划，具有多样性和自由型的特点①。

德国的空间规划体系。德国的空间规划体系包括联邦、州和地方三个层面。其中，州层面的空间规划包括州域规划和区域规划。联邦（国家）空间规划主要有《空间规划政策指分纲要》，该纲要是指导性的，它从居民点结构、环境和空间利用、交通、空间规划和发展等方面对空间规划政策进行阐述。此外，联邦政府还定期编制政府空间发展报告。联邦空间规划的主体由联邦政府城市发展房屋交通部与各州（通过州空间规划）部长联席会议共同编制。联邦州空间规划主要包括州发展规划和区域规划。联邦对联邦州层面的规划只有协调作用，联邦州规划必须遵循联邦空间规划制定的政策和要求。州发展规划覆盖某个州的全部地域空间，其核心内容是在调查分析和预测人口、经济发展、基础设施建设和土地利用状况的基础上，确定州空间协调发展的原则与目标、居民点空间结构规划、开敞空间结构规划、基础设施规划建设。区域规划是州规划和地方规划之间的桥梁。区域规划的目标是城镇之间的空间协调发展，是空间秩序规划目标的进一步明确化和具体化。地方空间规划即预备性土地利用规划和建设规划。预备性土地利用规划是根据城市发展的战略目标和各种土地需求，通过调研预测，确定土地利用类型、规模以及市政公共设施的规划。

英国的空间规划体系。2004 年以前，英国城市规划体系是由地方政府制定的发展规划组成的完整体系。2004 年 5 月，英国政府发布了新的《规划与强制购买法》。此后，英国重新构建了区域空间战略（Region spatial strategy，RSS）以及地方发展框架文件的发展规划体系。区域空间规划机构（Regional planning body，RPB）由区域议院、政府区域办公室和其他利益相关者三个部分构成，担负着各自独立而又相互关联的职责。目前英国的空间规划体系包括区域空间战略和地方发展框架两级规划，国家层面没有规划而是关于规划政策的导引。区域空间战略政策主题涵盖了可持续发展的四大领域17 个方面的内容。每个政策主题制定都需要参考一系列的国家政策或法规。RSS 在整体上需要考虑各个政策部门的战略、规划和计划，建立彼此理解与支持的途径，确保政策在整体与部分之间、区域与地方之间、战略与行动之间的连续性。可持续评估纳

---

① 空间规划体系 . https://baike.baidu.com/item/.

入规划编制程序。规划政策可持续评估是 RSS 改善决策质量、确保政策符合可持续发展目标的重要机制。并且将公众与利益相关主题纳入规划编制与环境评估中，建立咨询广泛利益相关者意见的机制，从真正意义上实现了有效的公众参与，保障政策制定与实施的空间公平与正义。

荷兰的空间规划体系。荷兰将空间分为基础层（Primary stratum）、网络层（Network stratum）、使用层（Occupation stratum）三个层次。基础层主要是对自然环境，特别是对水问题的考虑。作为"低地之国"的荷兰，"治水"一直以来是重要议题。很多涉及水系治理的大型工程项目城市和区域无法独立完成，必须从国家层面自上而下进行整体管理与协调，这也是基础层空间规划首要解决的议题。网络层包括全部的公路、铁路、水路、管道和下水道、港口、机场、中转站和数字网络。规划突出网络层发展带来的环境问题主要是空气污染和噪声污染，强调发挥蓄能作用，加强对可再生能源，特别是风能、太阳能的利用。使用层包括城市与乡村，是指人们的生活、工作和休闲场所。在这一层中，城市与乡村之间、发达地区和欠发达地区之间差别非常显著。空间规划用红线标出城市与乡村地区，用绿线标出景观区、自然保护区和历史文化遗产区，红绿线之间则为过渡地带。规划强调要在保证社会公平的前提下，保持城市和乡村之间、城市与城市之间、乡村与乡村之间的空间差异性，提高空间质量。

日本的国土规划体系。日本的空间规划更多学习德国经验，各层各类规划并重。日本从 1962 年开始先后完成了五个"全综"（全国综合开发规划）及两个"国土形成规划"，并相对应地编制了广域地方规划、首都圈规划等，用以对国土发展格局、重大基础设施项目、国土资源、产业发展、生态保护、国土安全等各类重大问题做出布局，国内一般统称为全综规划（姜雅等，2017）。其中，"一全综"和"二全综"期间正值经济快速发展时期，规划目标以国土均衡为主，采取重点项目开发方式；"三全综"期间，日本快速发展带来的环境问题以及资源有限性问题凸显，建立了"定居构想"目标。进入 20 世纪 80 年代，日本经济走向成熟阶段，国民的追求从物质为主走向精神为主；"四全综"提出了"多极分散"国土结构目标和"休闲娱乐区"的开发构想。进入 90 年代，日本经济陷入了战后最严重的萧条期；"五全综"提出"参与和协作模式"来实现"多轴型"的国土目标。2008 年后，两次"国土形成规划"主要针对日本少子高龄化、国家竞争力降低、地域发展不平衡等问题提出集约型都市发展、地域活性化、韧性国土等发展策略。

（二）我国空间规划沿革

十八届三中全会通过的《中共中央关于全面深化改革若干重大问题的决定》指出，要通过"建立空间规划体系，划定生产、生活、生态空间开发管制界限，落实用途管制"①。其后，习近平总书记在2013年12月的中央城镇化工作会议上指出要"建立空间规划体系，推进规划体制改革，加快规划立法工作"。

2015年9月中共中央、国务院印发的《生态文明体制改革总体方案》进一步要求"构建以空间治理和空间结构优化为主要内容，全国统一、相互衔接、分级管理的空间规划体系，着力解决空间性规划重叠冲突、部门职责交叉重复、地方规划朝令夕改等问题"，同时指出编制空间规划，要"整合目前各部门分头编制的各类空间性规划，编制统一的空间规划，实现规划全覆盖"。"空间规划分为国家、省、市县（设区的市空间规划范围为市辖区）三级……"②十八届五中全会《中共中央关于制定国民经济和社会发展第十三个五年规划的建议》指出"加快建设主体功能区。发挥主体功能区作为国土空间开发保护基础制度的作用……"并指出，"……推动各地区宜居主体功能定位发展。以主体功能区规划为基础统筹各类空间性规划，推进'多规合一'"。

习近平总书记于2015年10月11日下午主持召开中央全面深化改革领导小组第二十八次会议上审议了《省级空间规划试点方案》。会议强调，开展省级空间规划试点，要以主体功能区规划为基础，科学划定城镇、农业、生态空间及生态保护红线、永久基本农田、城镇开发边界，注重开发强度管控和主要控制线落地，统筹各类空间性规划，编制统一的省级空间规划，为实现"多规合一"、建立健全国土空间开发保护制度积累经验、提供示范③。该方面明确指出要加强资源保护与规划建设管理的全域全过程管控；加强省级规划对于市县空间规划的调控与统筹，避免市县规划"大拼盘"，防止规划走弯路。《生态文明体制改革总体方案》中提道："构建以空间规划为基础、以用途管制为主要手段的国土空间开发保护制度，着力解决因无序开发、过度开发、分散开发导致的优质耕地和生态空间占用过多、生态破坏、环境污染等问题。在中央全面深化改革领导小组的指导下将江西、贵州、浙江列入试点工作，为全国层面的空间规划试点探索经验。

我国空间规划的作用及意义主要包括如下三个方面：

一是构建基础平台。推进规划数据坐标系统、用地分类标准、空间规划底图、空间性规划制图标准等统一，实现多部门规划信息和业务管理互通共享。基于2000国家大地坐标系，完成各类专题数据空间化处理、格式转换和坐标统一。基于测绘地理信息标准，有效整合住房与城乡建设、国土资源、水利、林业、交通运输、农业等领域相关技术标准规范，制定满足省级空间性规划"多规合一"需要的用地分类标准体系。有效整合城市规划、土地利用规划、生态环境保护规划、林业规划、交通规划、水利规划等各类规划空间信息，科学构建省级"多规合一"空间规划基础信息平台及相关

---

① 中共中央关于全面深化改革若干重大问题的决定.新华网.2013-11-15［引用日期2015-11-18］.
② 中共中央 国务院印发《生态文明体制改革总体方案》.新华网.2015-09-21［引用日期2015-11-18］.
③ 坚决贯彻全面深化改革决策部署 以自我革命精神推进改革.国务院.2016-10-11［引用日期2016-10-25］.

业务系统。

二是编制空间规划。系统梳理各类空间性规划内容结构，研究以主体功能区规划为基础统筹编制省级空间规划的技术路径，探索"多规合一"的实现形式。按照国家和省级主体功能区规划要求，在开展资源环境承载力评价基础上，结合省域空间规划前期研究成果，精准确定城镇、农业、生态三类空间范围以及城镇开发边界、永久基本农田、生态保护红线，科学绘制省域空间规划底图，研究提出差异化空间综合功能管控措施，在三类空间框架下有效整合各类空间规划、综合集成各类空间要素，统筹布局城镇发展、土地利用、基础建设、产业发展、生态环境保护等，编制形成融发展与布局、开发与保护为一体的规划蓝图。

三是建立管理机制。依托空间规划底图和省域空间规划，构建科学合理的规划体系。按照"先主后次、从上而下"的原则，严格管控规划编制和修编。建立发展和改革、国土资源、住房和城乡建设、生态环境、水利、交通运输等部门参与的工作协调机制，进一步完善投资项目布局和并联审批制度，研究提出调整相关法律法规的建议。

综上，空间规划体系就是理清各层级政府的空间管理事权，打破部门藩篱和整合各部门空间责权，从社会经济协调、国土资源合理开发利用、生态环境保护有效监管、新型城镇化有序推进、跨区域重大设施统筹、规划管理制度建设等方面着手建立的空间规划。

二、我国国土空间规划体系

为将主体功能区规划、土地利用规划、城乡规划等空间规划融合为统一的国土空间规划，实现"多规合一"，《中共中央　国务院关于建立国土空间规划体系并监督实施的若干意见》印发，为实现脱贫攻坚、乡村振兴、城乡融合发展提供基础依据。我国国土空间规划体系主要内容如下文所述。

（一）总体要求

各级各类空间规划在支撑城镇化快速发展、促进国土空间合理利用和有效保护方面发挥了积极作用，但也存在规划类型过多、内容重叠冲突，审批流程复杂、周期过长，地方规划朝令夕改等问题。建立全国统一、责权清晰、科学高效的国土空间规划体系，整体谋划新时代国土空间开发保护格局，综合考虑人口分布、经济布局、国土利用、生态环境保护等因素，科学布局生产空间、生活空间、生态空间，是加快形成绿色生产方式和生活方式、推进生态文明建设、建设美丽中国的关键举措，是坚持以人民为中心、实现高质量发展和高品质生活、建设美好家园的重要手段，是保障国家战略有效实施、促进国家治理体系和治理能力现代化、实现"两个一百年"奋斗目标和中华民族伟大复兴中国梦的必然要求。

紧紧围绕统筹推进"五位一体"总体布局和协调推进"四个全面"战略布局，坚持新发展理念，坚持以人民为中心，坚持一切从实际出发，按照高质量发展要求，做好国土空间规划顶层设计，发挥国土空间规划在国家规划体系中的基础性作用，为国家发展规划落地实施提供空间保障。健全国土空间开发保护制度，体现战略性、提高科学性、强化权威性、加强协调性、注重操作性，实现国土空间开发保护更高质量、更有效率、更加公平、更可持续。

到 2020 年，基本建立国土空间规划体系，逐步建立"多规合一"的规划编制审批体系、实施监督体系、法规政策体系和技术标准体系；基本完成市县以上各级国土空间总体规划编制，初步形成全国国土空间开发保护"一张图"。到 2025 年，健全国土空间规划法规政策和技术标准体系；全面实施国土空间监测预警和绩效考核机制；形成以国土空间规划为基础，以统一用途管制为手段的国土空间开发保护制度。到 2035 年，全面提升国土空间治理体系和治理能力现代化水平，基本形成生产空间集约高效、生活空间宜居适度、生态空间山清水秀，安全和谐、富有竞争力和可持续发展的国土空间格局。

（二）总体框架

分级分类建立国土空间规划。国土空间规划是对一定区域国土空间开发保护在空间和时间上做出的安排，包括总体规划、详细规划和相关专项规划。国家、省、市县编制国土空间总体规划，各地结合实际编制乡镇国土空间规划。相关专项规划是指在特定区域（流域）、特定领域，为体现特定功能，对空间开发保护利用作出的专门安排，是涉及空间利用的专项规划。国土空间总体规划是详细规划的依据、相关专项规划的基础；相关专项规划要相互协同，并与详细规划做好衔接。

明确各级国土空间总体规划编制重点。全国国土空间规划是对全国国土空间作出的全局安排，是全国国土空间保护、开发、利用、修复的政策和总纲，侧重战略性，由自然资源部会同相关部门组织编制，由党中央、国务院审定后印发。省级国土空间规划是对全国国土空间规划的落实，指导市县国土空间规划编制，侧重协调性，由省级政府组织编制，经同级人大常委会审议后报国务院审批。市县和乡镇国土空间规划是本级政府对上级国土空间规划要求的细化落实，是对本行政区域开发保护作出的具体安排，侧重实施性。需报国务院审批的城市国土空间总体规划，由市政府组织编制，经同级人大常委会审议后，由省级政府报国务院审批；其他市县及乡镇国土空间规划由省级政府根据当地实际，明确规划编制审批内容和程序要求。各地可因地制宜，将市县与乡镇国土空间规划合并编制，也可以几个乡镇为单元编制乡镇级国土空间规划。

强化对专项规划的指导约束作用。海岸带、自然保护地等专项规划及跨行政区域或流域的国土空间规划，由所在区域或上一级自然资源主管部门牵头组织编制，报同级政府审批；涉及空间利用的某一领域专项规划，如交通、能源、水利、农业、信息、市政等基础设施，公共服务设施，军事设施，以及生态环境保护、文物保护、林业草原等专项规划，由相关主管部门组织编制。相关专项规划可在国家、省和市县层级编制，不同层级、不同地区的专项规划可结合实际选择编制的类型和精度。

在市县及以下编制详细规划。详细规划是对具体地块用途和开发建设强度等作出的实施性安排，是开展国土空间开发保护活动、实施国土空间用途管制、核发城乡建设项目规划许可、进行各项建设等的法定依据。在城镇开发边界内的详细规划，由市县自然资源主管部门组织编制，报同级政府审批；在城镇开发边界外的乡村地区，以一个或几个行政村为单元，由乡镇政府组织编制"多规合一"的实用性村庄规划，作为详细规划，报上一级政府审批。

（三）编制要求

体现战略性。全面落实党中央、国务院重大决策部署，体现国家意志和国家发展规划的战略性，自上而下编制各级国土空间规划，对空间发展作出战略性系统性安排。落实国家安全战略、区域协调发展战略和主体功能区战略，明确空间发展目标，优化城镇化格局、农业生产格局、生态保护格局，确定空间发展策略，转变国土空间开发保护方式，提升国土空间开发保护质量和效率。

提高科学性。坚持生态优先、绿色发展，尊重自然规律、经济规律、社会规律和城乡发展规律，因地制宜开展规划编制工作；坚持节约优先、保护优先、自然恢复为主的方针，在资源环境承载能力和国土空间开发适宜性评价的基础上，科学有序统筹布局生态、农业、城镇等功能空间，划定生态保护红线、永久基本农田、城镇开发边界等空间管控边界以及各类海域保护线，强化底线约束，为可持续发展预留空间。坚持山水林田湖草生命共同体理念，加强生态环境分区管治，量水而行，保护生态屏障，构建生态廊道和生态网络，推进生态系统保护和修复，依法开展环境影响评价。坚持陆海统筹、区域协调、城乡融合，优化国土空间结构和布局，统筹地上地下空间综合利用，着力完善交通、水利等基础设施和公共服务设施，延续历史文脉，加强风貌管控，突出地域特色。坚持上下结合、社会协同，完善公众参与制度，发挥不同领域专家的作用。运用城市设计、乡村营造、大数据等手段，改进规划方法，提高规划编制水平。

加强协调性。强化国家发展规划的统领作用，强化国土空间规划的基础作用。国土空间总体规划要统筹和综合平衡各相关专项领域的空间需求。详细规划要依据批准的国土空间总体规划进行编制和修改。相关专项规划要遵循国土空间总体规划，不得违背总体规划强制性内容，其主要内容要纳入详细规划。

注重操作性。按照谁组织编制谁负责实施的原则，明确各级各类国土空间规划编制和管理的要点。明确规划约束性指标和刚性管控要求，同时提出指导性要求。制定实施规划的政策措施，提出下级国土空间总体规划和相关专项规划、详细规划的分解落实要求，健全规划实施传导机制，确保规划能用、管用、好用。

（四）实施与监管

强化规划权威。规划一经批复，任何部门和个人不得随意修改、违规变更，防止出现换一届党委和政府改一次规划。下级国土空间规划要服从上级国土空间规划，相关专项规划、详细规划要服从总体规划；坚持先规划、后实施，不得违反国土空间规划进行各类开发建设活动；坚持"多规合一"，不在国土空间规划体系之外另设其他空间规划。相关专项规划的有关技术标准应与国土空间规划衔接。因国家重大战略调整、重大项目建设或行政区划调整等确需修改规划的，须先经规划审批机关同意后，方可按法定程序进行修改。对国土空间规划编制和实施过程中的违规违纪违法行为，要严肃追究责任。

改进规划审批。按照谁审批、谁监管的原则，分级建立国土空间规划审查备案制度。精简规划审批内容，管什么就批什么，大幅缩减审批时间。减少需报国务院审批的城市数量，直辖市、计划单列市、省会城市及国务院指定城市的国土空间总体规划由国务院审批。相关专项规划在编制和审查过程中应加强与有关国土空间规划的衔接及"一张图"的核对，批复后纳入同级国土空间基础信息平台，叠加到国土空间规划"一张图"上。

健全用途管制制度。以国土空间规划为依据，对所有国土空间分区分类实施用途管制。在城镇开发边界内的建设，实行"详细规划＋规划许可"的管制方式；在城镇开发边界外的建设，按照主导用途分区，实行"详细规划＋规划许可"和"约束指标＋分区准入"的管制方式。对以国家公园为主体的自然保护地、重要海域和海岛、重要水源地、文物等实行特殊保护制度。因地制宜制定用途管制制度，为地方管理和创新活动留有空间。

监督规划实施。依托国土空间基础信息平台，建立健全国土空间规划动态监测评估预警和实施监管机制。上级自然资源主管部门要会同有关部门组织对下级国土空间规划中各类管控边界、约束性指标等管控要求的落实情况进行监督检查，将国土空间规划执行情况纳入自然资源执法督察内容。健全资源环境承载能力监测预警长效机制，建立国土空间规划定期评估制度，结合国民经济社会发展实际和规划定期评估结果，对国土空间规划进行动态调整完善。

推进"放管服"改革。以"多规合一"为基础，统筹规划、建设、管理三大环节，推动"多审合一""多证合一"。优化现行建设项目用地（海）预审、规划选址以及建设用地规划许可、建设工程规划许可等审批流程，提高审批效能和监管服务水平。

（五）法规政策与技术保障

完善法规政策体系。研究制定国土空间开发保护法，加快国土空间规划相关法律法规建设。梳理与国土空间规划相关的现行法律法规和部门规章，对"多规合一"改革涉及突破现行法律法规规定的内容和条款，按程序报批，取得授权后施行，并做好过渡时期的法律法规衔接。完善适应主体功能区要求的配套政策，保障国土空间规划有效实施。

完善技术标准体系。按照"多规合一"要求，由自然资源部会同相关部门负责构建统一的国土空间规划技术标准体系，修订完善国土资源现状调查和国土空间规划用地分类标准，制定各级各类国土空间规划编制办法和技术规程。

完善国土空间基础信息平台。以自然资源调查监测数据为基础，采用国家统一的测绘基准和测绘系统，整合各类空间关联数据，建立全国统一的国土空间基础信息平台。以国土空间基础信息平台为底板，结合各级各类国土空间规划编制，同步完成县级以上国土空间基础信息平台建设，实现主体功能区战略和各类空间管控要素精准落地，逐步形成全国国土空间规划"一张图"，推进政府部门之间的数据共享以及政府与社会之间的信息交互。

规范规划技术体制保障。"多规合一"是指在一级政府一级事权下，强化国民经济和社会发展规划、城乡规划、土地利用规划、环境保护、文物保护、林地与耕地保护、综合交通、水资源、文化与生态旅游资源、社会事业规划等各类规划的衔接，确保"多规"确定的保护性空间、开发边界、城市规模等重要空间参数一致，并在统一的空间信息平台上建立控制线体系，以实现优化空间布局、有效配置土地资源、提高政府空间管控水平和治理能力的目标。"多审合一"就是合并规划选址和用地预审，将建设项目选址意见书、建设项目用地预审意见合并，自然资源主管部门统一核发建设项目用地预审与选址意见书，不再单独核发建设项目选址意见书、建设项目用地预审意见。"多证合一"是指合并建设用地规划许可和用地批准，将建设用地规划许可证、建设用地批准书合并，自然资源主管部门统一核发新的建设用地规划许可证，不再单独核发建设用地批准书。

三、国土空间规划引领我国旅游规划进入新时代

国土空间规划作为国家空间发展和空间治理的战略性、基础性、制度性政策工具，旨在通过调控和引导空间资源优化配置、集约利用，构建具有稳定、协调的国土空间秩序，实现国土空间开发保护更高质量、更有效率、更加公平、更可持续的发展。旅游规划作为空间规划体系下的一类专项规划（国土空间规划旅游专项规划），是对特定地区旅游资源开发的整体部署，与国土空间规划有着紧密的联系，为了更好地衔接并融入新时代的国土空间规划体系，应重视对旅游规划编制的研究。

（一）国土空间规划的特点

1.国土空间规划以生态文明观为导向

国土空间规划更加注重生态文明建设，摒弃了传统空间规划中过分追求物质空间建设过程而对生态、资源、环境的忽视，既表达了保护"山水林田湖草沙冰"生命共同体的基本职责，又体现了"自然生态、经济生态、社会（人文）生态"一体的国家空间治理理念。

2.国土空间规划强调指标的约束性

国土空间规划指标体系分为约束性指标和预期性指标，约束性指标严格确定了国家、省、市国土空间规划的刚性要求，包括生态保护红线、建设用地总面积、耕地保有量、永久基本农田保护面积等11项约束性指标，并分解下达至各乡镇，作为各乡镇指标体系的基本要求。国土空间规划指标体系的建立形成了一定的空间管控的理念，涵盖了空间开发、保护、治理等方面，对国土资源的保护具有重要意义。

国土空间规划更加强调边界约束性。国土空间规划重视对基础性工作的研究与评价，以第三次全国国土调查初始数据库为基础数据，在梳理现有各类规划的基础上，统一地类，形成国土空间规划现状一张图。进而依据区域资源环境承载能力和国土空间开发适宜性在内的双评价工作，划定的"城镇、农业、生态"三类空间和"生态保护红线、永久基本农田、城镇开发边界"三条控制线作为重要地位的管控边界，对所有国土空间分区分类实施用途管制，统领各类空间利用，防止规划失误、重复、不清晰，并且严格保护生态与耕地资源，防止占用、破坏（图2-2）。

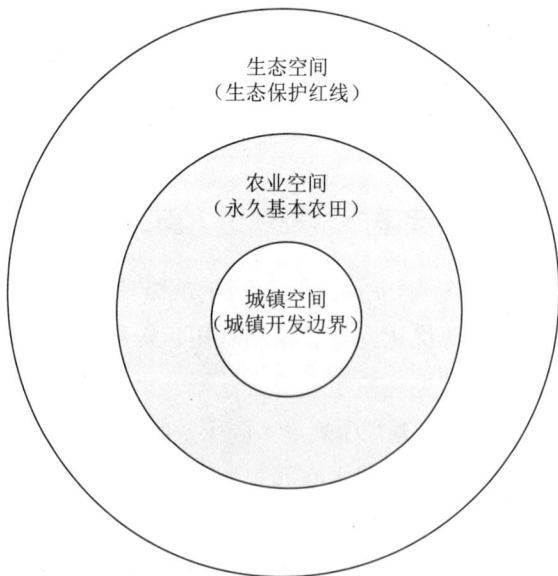

生态空间
（生态保护红线）

农业空间
（永久基本农田）

城镇空间
（城镇开发边界）

图2-2 国土空间规划三区三线空间关系

3. 国土空间规划强调增量扩张与资源环境的约束性

旅游规划现阶段存在一些普遍现象：为了实现经济增长而最大化开发旅游资源，旅游景区、旅游特色小镇、旅游营地等景区的快速扩张、无序发展、重复投资建设，造成诸多旅游项目游客稀少、利用不足，以及土地资源的浪费。在国土空间规划新时代要求下，旅游规划需要在提高资源利用效率的基础上探索高质量发展的方式。国土空间规划新时代，聚焦空间开发强度管控和主要控制线落地，通过划定"三区三线"，统筹协调各类空间性规划，特别是要求各专项规划明确空间边界和用地需求，旅游规划因此需要进一步严格确定项目边界与指标，严格遵守国土空间规划要求。

大地风景文旅集团观点[1]认为，旅游规划编制的过程中，在总体布局上，基本沿用以功能为主导的全域分区布局模式，缺乏科学和精细的空间分析技术，缺乏对空间诊断、空间价值识别和空间利用等方面的深化研究，存在与规划地其他产业及城镇等范围产生空间重叠现象。在项目布局上，旅游发展规划主要沿用点状的布局模式，并没有严格地对项目边界进行清晰界定。因此，旅游规划中均存在产业边界、建设规模、用地需求等关键性空间要素控制指标模糊、不够清晰的问题。国土空间规划很好地解决了这些关键问题。

4. 国土空间规划强调基础性研究和技术创新

新时期的旅游规划应该转化概念思维为空间思维，从空间出发，进行科学规划。首先，遵循摸家底、定目标、定格局、落用途的技术路线，运用科学的技术手段，编制新的适应新时代的旅游规划，以确保规划的科学性与落地性。其次，强调对区域进行摸家底性的基础研究，包括以"三调"成果数据为基础，形成统一的工作底数；利用大数据信息手段分析获取的各类数据，推测规划区域的经济社会发展变化，预测分析发展的优势和劣势；相关重大战略、上位规划及系列专题研究进行梳理，明确区域规划目标和任务等。

新时代的国土空间规划可以涉及"3S"空间体系，尤其是强调运用 GIS 等技术手段，避免传统以规划设计师主观、经验判断等问题，提高了规划的科学性。旅游规划通过运用大数据、云计算等新技术，并积极收纳其他相关规划使用的技术手段，分析区域旅游市场、进行旅游资源调查、评价、旅游空间分析、旅游项目规划等核心内容，有助于将传统的旅游规划分析从概念性描述向技术性分析转变，从主观性规划向价值化评估转变。

5. 国土空间规划强调规划体系中各规划的衔接性

旅游专项规划要以全域旅游国家战略为契机，主动融入国土空间规划一张图，在遵循已有的旅游规划国家标准的基础上，加强与区域、交通、水利、农业部门的专项

---

① 国土空间背景下旅游规划编制研究 . https://baijiahao.baidu.com/.

规划的协同。提高旅游规划的科学性和操作性。以生态保护优先为原则，以绿色规划开发为基本方式，制定实施旅游规划的政策措施，改进旅游规划方法，提高旅游规划水平。首先是旅游规划与国土空间规划的衔接，是从发展目标、定位、策划及空间等各个方面的衔接。其次是旅游规划过程中应重视对自然景观资源和地方文化传统的有效利用、保护，从增量开发规划转向以存量空间提升规划为主，严格遵守国土空间规划中的三重底线，不能触碰生态环境、永久基本农田红线，明确划定规划范围边界线。

（二）国土空间规划旅游规划主要内容

旅游专项规划应该在国土空间规划框架下实施，应在前期扎实的基础性研究、适应性分析以及方法技术创新基础上进行。

1. 旅游定位

根据上位规划要求和当地经济社会发展具体实际，结合区位交通、经济社会情况，突出旅游资源特色，确定旅游产业发展战略、思路、定位与目标。

景区发展具有自身独到的特点，需要综合全域发展的定位、目标、策略、区域协同和空间格局等多方面的诉求，依据旅游资源特点和旅游产品组合特征，明确规划期景区旅游发展的战略方向、战略定位、战略重点和战略步骤，以宏观指导建设内容向目标推进。

2. 旅游空间布局

空间布局要明确国土空间规划分区准入的要求，锁定建设用地总量不变、耕地总量不减少、质量有提升、强化各类保护红线控制、合理确定村庄居民点建设用地；合理确定可建设规模、发展集聚区及优先发展的地段；景区边界地区旅游开发空间模式的选择等。

在空间布局上应围绕如何平衡居民和游客的双重需求，让游憩空间组织能够同时满足多方主体的共同诉求，在项目落地和功能完善上通过空间组织予以实现。

3. 旅游产品规划

结合旅游产业发展的诉求，从区域资源禀赋、市场环境和需求出发，通过优化区域内部旅游系统结构要素配置和空间组织，统筹安排旅游资源开发项目和设施，促进区域产业融合发展，激发区域产业发展的活力，创新旅游业态。优化旅游产品结构，规划精品线路。构建适应时代发展、符合功能区实际的旅游产品体系。

结合主体功能区的管制要求，策划相关产业，建设项目围绕"旅游+"，助力区域建立"一产为基础，二产为延伸，三产为引领，智慧网络+"的高效产业链，完善设施作为支撑体系，共同促进区域产业融合发展，形成跨产业融合的产业综合体系。

4.旅游基础与公共服务设施配规划

因地制宜、合理配置，建设或提升旅游交通、咨询服务、标识系统、旅游厕所等旅游基础及公共服务设施。旅游中心镇原则上配置旅游服务中心、旅游公路、A级厕所、基层文化公共服务中心、节庆活动场所、旅游商品集市、乡镇文化体验场所、停车场、标识系统。旅游中心村可配置旅游公路、A级厕所、村级文化公共服务中心、村级文化体验场所、停车场、标识系统。旅游建制镇可配置旅游公路、旅游集散点、基层文化公共服务中心、停车场、标识系统。旅游建制村可配置旅游志愿者咨询服务点、停车场、标识系统。其他旅游村镇按照相关标准完善建设旅游服务设施。

其他功能区依据当地主导产业发展实际和公共服务设施配套情况，有机融入旅游服务功能，实现公共服务配套设施的旅游化提升。

5.旅游用地规划

构建结构明晰、目标明确、重点突出的旅游产业总体格局，划定功能分区，明确分区定位、范围、面积，深化分区内容各类旅游用地的位置、范围、规模、规划重点旅游项目。

6.旅游环境提升规划

结合生态保护红线，分类提出旅游环境保护措施和管控要求，清理闲置抵消建设项目用地，提出"旅游化"利用建议。明确旅游发展模式和利益分配机制，创新社区旅游参与模式。完善旅游安全应急机制、旅游投诉、市场监管、文明旅游等具体措施。

7.旅游规划实施保障

厘清规划重点旅游项目、旅游基础设施建设时序、投资估算，进行旅游发展效益评价，明确规划实施在体制机制、支持政策、资金保障、人才培养等方面的保障措施。

四、国土空间规划与旅游乡村振兴

（一）国土空间规划体系是科学实现乡村振兴的重要前提

国土空间规划是国家空间发展的指南、可持续发展的空间蓝图，是各类开发保护建设活动的基本依据。具体就是要建立全国统一、责权清晰、科学高效的国土空间规划体系，整体谋划新时代国土空间开发保护格局，综合考虑人口分布、经济布局、国土利用、生态环境保护等因素，科学布局生产空间、生活空间、生态空间，是加快形成绿色生产方式和生活方式、推进生态文明建设、建设美丽中国的关键举措。国土空间规划体系的提出与实施，不仅为贫困山区的科学脱贫攻坚和乡村振兴，提出了总体要求和确定了战略方向，而且有利于促进贫困山区的科学脱贫攻坚、乡村振兴和可持续发展。

国土空间规划与脱贫振兴规划具有与生俱来的密切关系，主要表现在如下几个方面：①国土空间规划与脱贫振兴互为补充，具有相同的要求。通过"形成一套规划成果、研究一套技术规程、设计一个信息平台、提出一套改革建议"的国土空间规划体系要求，乡村振兴规划的总体要求是，按照到 2020 年实现全面建成小康社会和分两个阶段实现第二个百年奋斗目标的战略部署，2018 年至 2022 年这 5 年间，既要在农村实现全面小康，又要为基本实现农业农村现代化开好局、起好步、打好基础。国土空间规划体系是乡村振兴可持续发展的重要保障。②国土空间规划与脱贫振兴互为补充，具有相似的基本原则。国土空间规划体系提出"顶层设计、坚守底线、统筹推进、利于推广"等基本原则。与此相应，乡村振兴规划基本原则是：坚持农业农村优先发展，坚持农民主体地位，坚持乡村全面振兴，坚持城乡融合发展，坚持人与自然和谐共生，坚持改革创新激发活力，坚持因地制宜、循序渐进。国土空间规划体系是乡村振兴可持续发展的重要前提。③国土空间规划与脱贫振兴相互呼应，具有互补的任务。国土空间规划体系的重要任务是"明晰规划思路、统一规划基础、开展基础评价、绘制规划底图、编制空间规划、搭建信息平台"，乡村振兴规划的重点任务是实现乡村产业兴旺、生态宜居、乡风文明、治理有效、生活富裕。国土空间规划体系是乡村振兴可持续发展的重要保证。

国土空间规划与脱贫振兴具有相同的目标——建设美丽中国和美好家园。国土空间规划的基本目标是，到 2020 年，基本建立国土空间规划体系，逐步建立"多规合一"的规划编制审批体系、实施监督体系、法规政策体系和技术标准体系；基本完成市县以上各级国土空间总体规划编制，初步形成全国国土空间开发保护"一张图"。到 2025 年，健全国土空间规划法规政策和技术标准体系；全面实施国土空间监测预警和绩效考核机制；形成以国土空间规划为基础，以统一用途管制为手段的国土空间开发保护制度。从发展空间、政策环境和技术要求上，为脱贫攻坚和乡村振兴提供了基础保障。与此相对应，脱贫攻坚和乡村振兴的目标是，到 2020 年，基本实现全国全面建成小康社会以及乡村振兴的制度框架和政策体系基本形成，各地区各部门乡村振兴的思路举措得以确立，全面建成小康社会的目标如期实现。到 2022 年，乡村振兴的制度框架和政策体系初步健全。现代农业体系、农村三次产业融合发展格局、城乡统一的社会保障制度体系、城乡融合发展体制机制、现代乡村治理体系初步构建。从战略目标、总体框架和实施路径上，对脱贫攻坚和乡村振兴提出了实现的任务和要求。

（二）构建国土空间规划中的乡村振兴规划框架

处理好国土空间规划与乡村振兴规划的关系，构建生态文明新时代国土空间规划背景下的乡村振兴规划新格局（图 2-3）。"三区三线"划定是国土空间规划的核心内容，构成乡村振兴规划生态边界框架。"三区三线"划定是国土空间规划的核心内容之一，目的在于以确保主体功能区战略精准落地为基础，划定"三线"（城市开发边界、永久基本农田红线和生态保护红线），形成合理的"三区"（城镇空间、农业空间、生态空间）布局，构建国土空间精准管控的基本框架。"三区三线"的划定在空间上对乡村振兴规划起到了指导与限制的作用，尤其是永久基本农田红线和农业空间的划定，在后续的乡村功能单元规划和村庄规划中应当严格遵循[①]。

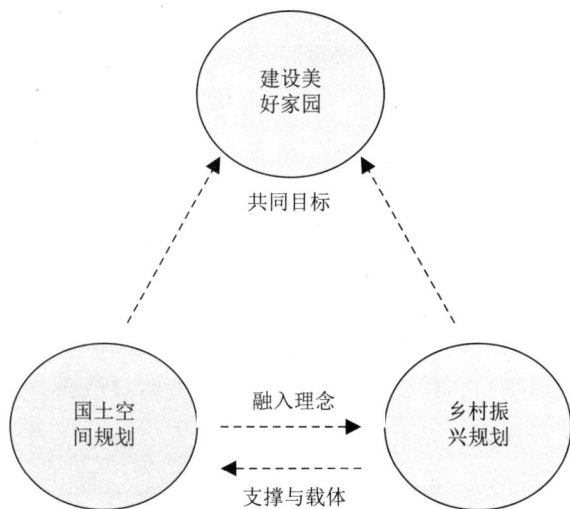

图 2-3 国土空间规划与乡村振兴规划辩证关系

  构建国土空间规划中的乡村空间配置与空间整治生态框架，包括两个方面。首先，国土空间规划过程中的空间配置是一个重要的核心内容，涉及乡村振兴规划，有如下三个方向：一是修复山清水秀的生态空间，构建完整性网络化的生态安全格局、建立保护有力的自然保护地体系、增加优质生态产品供给、系统性主动实施全域生态修复；二是打造全面振兴的乡村空间，构建科学适度有序的农村居民点布局体系、营造干净整洁便捷的农村人居环境、落实最严格耕地保护制度、一二三产业融合发展推进农业现代化、保障农民用益物权；三是彰显风貌特色、传承历史文脉，以最严格的方式保护历史文化街区，积极保护历史城镇与历史村落，扩展历史文化保护对象，加强历史资源活化利用。其次，空间政治生态框架，在空间整治方面应明确国土空间生态修复目标、任务和重点区域，安排国土综合整治和生态保护修复重点工程的规模、布局和时序，明确各类自然保护地范围边界，提出生态保护修复要求，提高生态空间完整性和网络化。

  新时代国土空间规划背景下的乡村振兴规划体系。实施乡村振兴战略，是解决新时代我国社会主要矛盾、实现"两个一百年"奋斗目标和中华民族伟大复兴中国梦的必然要求，具有重大现实意义和深远历史意义。乡村振兴的本质是乡村现代化，是乡村社会经济的全面重构，因此乡村振兴规划是统筹城乡经济建设和区域发展的一体化规划，需要打破部门屏障，是"多规合一"的主战场之一。乡村振兴规划按照"产业

---

① 国土空间规划背景下的乡村振兴规划该怎么做？地道国际·农旅. https://www.sohu.com/a/315483747_120086998.

兴旺、生态宜居、乡风文明、治理有效、生活富裕"的总体要求，旨在从产业、生态、文化、治理、人才等多角度统筹考虑"三农问题"，提出综合解决方案和支撑政策，进而指导乡村现代化建设。

首先，在国土空间规划体系下实施乡村振兴产业规划，乡村应因地制宜发展多样性特色农业，倡导"一村一品、一县一业"，构建以农产品生产加工为主导，融合旅游休闲的一二三产业融合发展模式。其次，在国土空间规划体系下进行乡村基础设施建设规划，兼顾人口进一步城镇化现状，制定整体发展、整治及管控方案，完善基础设施与公共服务设计，改善村民住宅条件，营造和谐的人文环境。区域统筹，共建共享，分区分类，有效指引，点轴发展，构建多级生活圈体系。循序渐进，量力而行，引导当地以技术引进为主，资金扶助为辅，落地预算同当地经济水平相适应、格调与当地风土人情相协调的改造项目，确保农村人居环境得到明显改善。最后，在国土空间规划体系下进行村庄建设规划，结合国土空间规划研究方法，逐村分析人口变化、区位条件、发展趋势，明确分类，实现村域层面"多规合一"，防止"千村一面"。尊重地方特色，要根据地方实际情况进行村庄分类规划，并严格按照村庄分类制定相应的规划特色，指导村庄规划工作。

第五节　山地经济理论与乡村振兴

我国乃至全世界，贫困地区几乎全部分布于广大山地农村区域。山地发展存在的问题，历史和现实、主观和客观，促成了山区落后的原因。山区，称为库区、边区、老区、灾区，或者山高石头多地区、山民散居区、闭塞落后区、社会负担区，抑或民族地区、高发生率贫困区、高返贫率集中区、"三不管"地区、国防工业区（冯侩光和翁天均，2013），也称为资源富集区、基因库保存区、生态环境脆弱区、社会复杂区、经济落后区、发展高成本区，山区往往成了贫困地区的代名词，是全国未来乡村振兴发展的主战场，尤其是西部连片特困地区绝大多数与青藏高原密切相关，处于高原、极高山、中高山、高山峡谷区域。这些地区均属典型的山地区域，应采取山地经济开发与山地脱贫、山地生态经济发展方式方法、途径和机制。

一、山地生态经济理论

（一）山地经济缘起

山地在自然地理学、环境科学视野下，自然、生态、环境条件较恶劣地区；在发展经济学、社会学视野下，山区是生产生活条件差的地区；在区域经济学、经济地理学、经济社会学视野下，山区是经济、社会发展较为落后的地区；在公共管理学视野下，山区是经济社会问题较为复杂的地区；在国家发展战略视野下，山区是必需的自然资源储量大的"特殊"区域；在国家安全战略框架下，山区成为国家可持续发展生态屏障区和非常时期的国防安全区（覃朝晖，2013）。在历史人文学家视野下，古老的山地生活方式正成为越来越多现代人的诉求，丰富多彩的山地文明正成为现代人梦寐以求的向往，山地生活是现代社会的高端生活方式。而在旅游学家、旅游经济学视野下，山区是自然和人文资源丰富多彩的地区，除了具备立体化的地理空间、多样化的景观资源、多元化的文化生态和综合性的环境条件，还提供了与其他地理空间明显不同的资源环境要素，秀丽的自然风光；丰富的生物多样性，多样的山水资源；健康新鲜的空气，避暑清凉小气候，独特的天象资源和原山社区聚落。

我国西部地区山地经济发展面临前所未有的发展机遇，并彰显明显的特色和优势（秦成逊和王杰，2012）：①生态环境具有独特性。例如，青藏高原、青海高原、甘南藏区、川西青藏高原地区、云南省山区气候类型呈垂直分布，呈现"立体气候"，常见"一山分四季，十里不同天"的景象。②西部山地区域具有生物多样性。西部山区生态系统多样，物种丰富，基因资源独特。我国生物多样性保护许多极重要或重要区域就位于广袤的西部地区，这些地区包括西双版纳、川西高山峡谷地区、藏东南地区、横断山脉中部、滇西北地区、武陵山地区、巴山区、十万大山地区等。在云南省滇西北横断山脉的崇山峻岭中，并肩奔腾着金沙江、澜沧江和怒江三条大河。这片神秘而美丽之地蕴含着地球上独一无二的地质奇迹和瑰丽的自然风光，养育着炫目的生物多样性基因库（秦成逊和王杰，2012）。③西部山地区域具有文化多元性。西部地区山区世居少数民族众多，每一个民族都有其各自的民族文化和民俗风情，构筑了山区多元性的民族文化。④西部地区山地区域具有资源丰富性。西部地区山区蕴藏着丰富的矿产、水能等资源，自然资源种类繁多，储量丰富。这些特点和优势是西部地区山区实现绿色发展的重要基础，也是西部地区发展特色经济的主要支撑。尤其是作为连片特困地区重要组成部分的民族地区是国家脱贫攻坚工程和乡村振兴战略实施的主要阵地，山地旅游经济的发展对民族地区经济、社会、生态环境都带来极大作用。民族地区以多样的民族文化、独特的山地自然风貌、多彩的民族盛会发展特色旅游项目，不仅使游客回归自然、缓冲工作生活压力，还能带动民族地区经济社会进步发展。

冯佺光和赖景生（2006）通过我国西南地区山地经济业态及其开发模式研究，认为我国西南地区是由相似的自然、经济和社会文化等组成的相互联系、相互转化的，并具有一定相似结构与功能的动态统一体的特定地域范围。根据山地自然环境及其资源禀赋条件，将资源优势转化为经济优势，把社会既有的非对象化成果，包括社会物质生产力系统和作为生产关系要素之一的制度化系统要素的投入，通过社会自身不断的新一轮更加深刻的对象化系统性条件，采取科学和适当的开发发展模式，实现人类社会与自然界和谐地进行物质、能量和信息变换。这既遵循了区域经济可持续发展原则，又能借助不断获取的非对象化成果条件，最终实现主体的进一步优化，进而形成一个自然与社会有机统一演进的发展动力机制，实现区域人地系统的优化调控与可持续发展。在此基础上，通过我国西南地区山地经济业态发展条件以及 SWOT 分析，提出西南地区山地经济发展必须遵循可持续发展原则，因地制宜，以市场为主，以政府引导和投入为辅，实施投资者自组织、自发展，大力发展旅游观光农业业态、高效多样化养殖与特种物种养殖业态、绿色农产品种养业态、耕地高效经济业态、园地高效利用业态、林地—草地高效利用业态、农林牧副渔产品加工和综合利用业态，走向外向型经济。

冯伫光和赖景生（2006）从山地系统的视角，将山地经济定义为，根据山地自然资源的禀赋条件，为使山地充分发挥其资源比较优势及其绝对优势，在遵循有利于人—地系统协调、优化、山地区域可持续发展的原则下，以科技和创新构造生产力和核心竞争力，通过区域产业制度创新、营建新型产业组织、产业结构，实现区域产业集群，有效提升区域经济质量及竞争力（图2-4）。唐淑云（2002）从产业经济学的角度认为，山地经济是以山地为载体的包含山地资源生产与加工、销售的独立的综合经济体系，它不同于大农业经济、工业经济，但又包含了二者，因此它是独立的经济部门。山地经济范畴包括：林业、药业、畜牧业（家禽、禽类、野生动物）、采掘业、水电、山地农业、山地渔业等生产部门。此外，还包括农、林、牧产品及药用职务加工业其他非农产业。

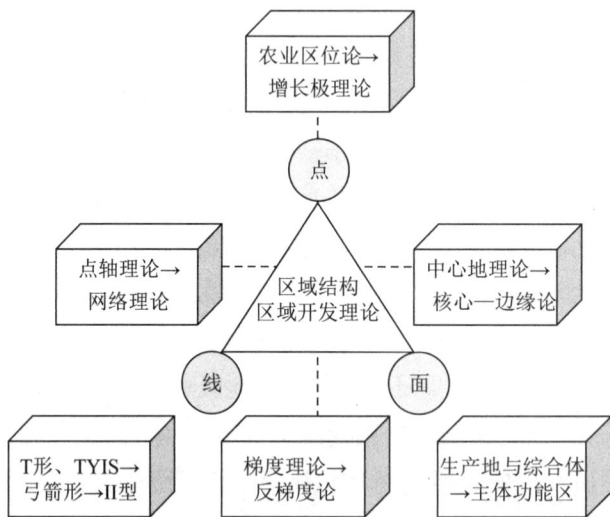

图2-4　山地生态经济协同发展空间结构

（据王青，2010；冯伫光和赖景生，2013）

（二）山地经济、沟域经济与乡村振兴

我国是世界第一大山地国，山地在国家经济可持续发展过程中发挥着重要作用，影响国家战略实施。山地是山岭、山间谷地和山间盆地的总称。它是复杂和相互依存的生态环境中的一个重要生态系统，对维护生态平衡起着十分重要的作用。从经济意义理解，山地习惯上包括地理学意义上的山地（海拔 500~1000 米的高地）、丘陵分布区（海拔 500 米以下的高地），连同比较崎岖的高原（海拔 1000 米以上的高地）。山地经济是在山地区域内经济发展的内部因素与外部条件相互作用而产生的生产综合体，是与相应的经济要素及其文化因素密切结合的区域发展实体。山地经济反映山地区域内经济发展的客观规律，与区域经济和经济地理联系十分紧密（秦成逊和王杰，2012）。

秦成逊和王杰（2012）对中国西部山地经济特征和类型进行了全面阐述。他们认为，由于自然因素和文化因素不同，各区域山地经济有所不同，但是都体现出如下特点：①山地经济的发展以本区域的资源为存在基础，其存在带有区域的特色性和形式多样性；②山地是一个复杂的生态系统，山地经济的可持续发展取决于其模式的环境友好性和生态安全性；③山地多样存在，传统山地经济是在区域内循环，体现出区域性、分散性和封闭性；④现代的基于生态文明要求的山地经济发展是在区域内和区域间的双重循环，具有开放性和发展的规模性，更注重发展模式的可持续性、生态平衡性、产业复合性和系统性。在此基础上按不同的标准将山地经济划分为不同的类别：按照山地海拔分，可以分为高山山地经济、中山山地经济和低山山地经济；按照产业类型分，可以分为山地农林牧经济、山地工业经济、山地旅游经济；按照生产方式分，可以分为原始山地经济、传统山地经济和现代山地经济；按照生态环境的友好性分，可以分为生态破坏型山地经济和生态友好型山地经济；按照生产要素和产品的循环范围分，可以分为封闭性山地经济和开放性山地经济。秦成逊和王杰（2012）指出，西部地区山地经济以自身资源优势和特色而存在，也存在其自身困境。生态文明背景下，西部地区山地经济迎来了绿色发展新机遇。西部地区要继续以自身资源优势为基础，注重山地经济发展模式的可持续性、生态平衡性、环境友好性、产业复合性和经济循环开放性。生态农林牧业、生态旅游业和生态加工工业的系统性与可持续发展及其制度建设是西部山区实现绿色发展的路径选择。

冯俊光和翁天均（2013）对山地经济发展进行了全新的审视，认为现行山地资源综合开发的山区经济发展滞后的根源，在于制度化的主体性缺失的制度环境。现行山地资源开发的山区经济发展滞后的症结，在于城市发展对山区经济剩余和经济资源剥夺的制度安排。行政主导型二元结构向市场主导型二元结构演进愈烈，城乡差异则越大。公共选择的制度环境与制度安排，存在难以矫正的绝大弊端。山区经济发展的参与与主体单一化、农民不在界内。有山区经济社会发展参与主体的各社会层面、各类

利益主体单一性，决定了当今山区农村"空心村"和村落衰败的发展格局。科学界定区域管理和治理中行政干预手段的"协调"与产业组织利益合作技术的"协同"。山区经济发展，至今尚无这一特殊区域关涉全国重大战略发展需求的顶端设计。全国山区农村分布于异质的人地结构类型，准予个性化。山区现代化始终是制约中国整体现代化与可持续发展的瓶颈。需要论证山区发展现代化的山地高效生态农业的必然性、条件、思路、目标、模式、途径、支撑、保障、规划、对策、措施。

岑大明（2019）认真分析了黔西南州山地经济发展优势，认为通过立足于守好发展和生态两条底线，创造性地提出了构建山地特色农业、新型工业、现代服务业产业体系，提出了强化创新驱动、开放带动、人才支撑等动力培育体系。姚贵阳（2020）从贵州自然条件的实际出发，利用山地立体气候明显、生物资源多样、生态环境良好的优势，加快建立健全城乡融合发展的体制机制和政策体系，推进农村产业革命，走出了一条生态文明引领、具有贵州特色的山地经济发展道路。张义丰等（2009）首次提出沟域经济的概念，为山区经济研究明确了研究对象和研究思路，奠定了沟域经济理论与实践基础。沟域经济是在区域经济的基础上，结合山区发展的特点提出的新概念，山沟是山区的重要构成地理单元，以区域的视角来探讨，称为沟域。作为山区发展的新模式，沟域经济是指以山区沟域为地理空间，统一规划整合沟域内部的自然景观、产业资源等要素，集成旅游观光、生态涵养、文化创意等内容，建成形式多样、产业融合、规模适度、特色鲜明的沟域产业经济带，以达到促进山区经济发展和农民致富的一种经济形态（何忠伟等，2010；陈俊红，2011）。沟域经济源于新区域主义理念，具有综合性、开放性、区域性、区段性和生态性特征，以及相对的系统要素整合、经济沟通、统筹协调、引导错位发展、促使生态再开发等功能（张义丰等，2009）。

覃朝晖（2013）对沟域经济理论与实践进行了全面总结。认为山区主要的问题是贫困问题、生态环境问题、经济发展问题、社会民族问题，究其原因是基础设施薄弱、交通相对滞后，山区比较闭塞、发展基础比较薄弱，环境保护意识不强等。在此基础上，认为山地经济具有如下特征：①居民依山地分散而居住，也有小规模的集镇。山区海拔越高，气候越寒冷，高山最上部多为高寒地区。从峡谷的顶部向下的中部地带，有一定数量的耕地，以梯田形式存在，农业比重大，形成一个一定规模的农业经济交错带。农耕人口不易迁移，居民绝大多数已定居并形成了相当的村寨规模。②山地的存在造成了山区自给自足的传统经济，山地环境相对封闭，每条山沟是相对独立的经济系统，居民以地耕种，资源禀赋决定生产布局，土地承载力决定生产规模，而居民的生产成果主要依靠山沟内纵向的劳动力交流和物物交换得以实现。在生产环节上，生产者尊崇自然法则，安排生产，进行农业布局，做到生产与自然的均衡。③高山深沟（峡谷）阻断了人、物和信息的横向交流，沟谷中居民缺乏走出山沟到外面世界参与经济活动的能力。在封闭的自然经济状态下，沟谷中居民没有与相对封闭环境抗争的能力，人们只能依靠沟中资源所给予的产出，安排消费和再生产。④山地区域中耕地草地分布区海拔高，气候条件差，地形复杂，交通不便，地广人稀，信息不灵，各家各户分散经营，重数量、轻质量，超载严重，农业生产力低下，投资建设边际效益迅速递减，导致山地耕地建设与维护严重滞后、小农经济低效率。

　　沟域经济的概念源于区域经济理论，沟域经济是区域经济的一个方向和最新发展。19世纪以来，关于区域经济学的研究比较丰富，其中包括农业区位理论、中心地理论、市场区位理论、增长极理论、区域与空间经济理论、梯度转移理论、现代空间理论等，以上理论构建了沟域经济的理论基础。在以上理论的基础上，覃朝晖（2013）提出了沟域经济发展的模式，民俗度假旅游业、休闲观光农业、水电产业、民族手工艺加工业、特色现代农业、特色农产品加工业、民族文化产业、民族医药产业、矿产资源开发产业、新能源产业、化工产业。史亚军（2014）认为，"沟域经济"是以山区沟域为单元，以其范围内的自然景观、文化历史遗迹和产业资源为基础，以特色农业旅游观光、民俗文化、科普教育、养生休闲、健身娱乐等为内容，通过对沟域内部的环境、景观、村庄、产业统一规划，建成内容多样、形式不同、产业融合、特色鲜明、具有一定规模的沟域产业带，以点带面、多点成线、产业互动，形成聚集规模，最终构建区域经济发展、带动农民增收的经济发展模式，进而提出了沟域经济发展的相关模式：文化创意先导模式、特色产业主导模式、龙头景区带动模式、自然风光旅游模式和民俗文化展示模式。

　　沟域经济是在特定的地质地理地貌背景下，基于一定山区流域和生态环境形成的区域经济体系。其中，"山区"是山地经济的地理背景，"流域"是山地经济的地理范围，生态环境是沟域经济存在与发展的基础条件。沟域经济作为一个新兴的区域经济体系，具有山区性、流域性、生态性、系统性、经济性、综合性六大特征（覃朝晖，2013）。沟域经济就是依托山区沟域的自然、社会资源，按照一定生产关系组织生产、分配、交换、消费，以保护生态和促进农民增收为目的的社会活动，是集生态治理、新农村建设、种植养殖业、民族文化创业、观光农业发展于一体的山区经济发展新模式（覃朝晖，2013）。沟域经济是指以山区沟域为地理空间，以范围内的自然景观、人文景观、历史文化传统和产业资源为基础，通过对沟域内部的环境资源、景观、产业等元素的统一整合，集成旅游观光、生态涵养、历史文化、高新技术、文化创意、科普教育等内容，建成形式多样、产业融合、规模适度、特色鲜明的沟域产业经济带，以达到促进山区经济发展和农民致富的一种经济形态（王有年，2010）。

二、山地生态经济与旅游乡村振兴

（一）基本概念及特征

生态经济是指在生态系统承载能力范围内，运用生态经济学原理和系统工程方法改变生产和消费方式，挖掘一切可以利用的资源潜力，发展一些经济发达、生态高效的产业，建设体制合理、社会和谐的文化以及生态健康、景观适宜的环境。生态经济是实现经济腾飞与环境保护、物质文明与精神文明、自然生态与人类生态的高度统一和可持续发展的经济。生态经济是"社会—经济—自然"复合生态系统，既包括物质代谢关系、能量转换关系及信息反馈关系，又包括结构、功能和过程的关系，具有生产、生活、供给、接纳、控制和缓冲功能。生态经济的本质，就是把经济发展建立在生态环境可承受的基础之上，实现经济发展和生态保护的"双赢"，建立经济、社会、自然良性循环的复合型生态系统。企业要走生态之路，就要以科学发展观为指导，坚持"注重经济效益、社会效益和生态效益"原则的同时，坚持以建立绿色企业经营为根本目的、实现企业与自然的和谐统一原则，坚持依靠科技进步、推进产品结构调整、提高资源利用效率原则，坚持发挥市场机制作用的原则，将促进人与自然的和谐作为关系企业长远发展的根本大计。遵循生态规律和经济规律，合理利用自然资源与优化环境，在物质可持续利用的基础上发展经济，使生态经济原则体现在不同层次的生态经济形式上。正是基于此，现代企业经营目标是在生态经济约束下的企业经营方式，这样才能满足各方利益要求，促进现代企业制度建立，有利于企业实现可持续发展目标。企业只有寻找到有效实现"生态管理"和"生态管理经济"的路径，才能形成具有本企业特色的绿色经营管理模式，将企业真正建成生态型企业。

生态经济基本理论主要包括：社会经济发展同自然资源和生态环境的关系，人类的生存、发展条件与生态需求，生态价值理论，生态经济效益，生态经济协同发展等。在贫困山区脱贫和乡村振兴规划中，尤其要注重生态经济区划、规划与优化模型、生态经济管理、生态经济史的理论指导。生态经济区划要注重用生态与经济协同发展的观点指导社会经济建设，首先进行生态经济区划和规划，以便根据不同地区的自然经济特点发挥其生态经济总体功能，获取生态经济的最佳效益。城市是复杂的人工生态经济系统，人口集中，生产系统与消费系统强大，但还原系统薄弱，从而生态环境容易恶化。农村直接从事生物性生产，发展生态农业有利于农业稳定、保持生态平衡、改善农村生态环境。根据不同地区城市和农村的不同特点，研究其最佳生态经济模式和模型是一个重要的课题。生态经济管理强调计划管理应包括对生态系统的管理，经济计划应是生态经济社会发展计划。要制定国家的生态经济标准和评价生态经济效益的指标体系；从事重大经济建设项目，要做出生态环境经济评价；要改革不利于生态与经济协同发展的管理体制与政策，加强生态经济立法与执法，建立生态经济的教育、科研和行政管理体系。生态经济学要为此提供理论依据。生态经济史强调生态经济问题有历史普遍性，同时随着社会生产力的发展，又有历史的阶段性。进行生态经济史研究，可以探明其发展的规律性，指导现实生态经济建设。

生态经济学具有如下主要特点：①长期战略性。生态经济研究的目标是使生态经济系统整体效益优化，从宏观上为社会经济发展指出方向。生态经济学不仅仅是考虑短期的经济效益，而且强调长远的生态效益以及资源配置和自然环境的代际公平性，其研究的生态保护、资源节约、污染治理等都是具有长远战略意义的问题，最终关注的是人类社会可持续发展的目标（陆宇海和邹艳芬，2015）。②成因相关性。生态经济研究涉及整个生态系统，加之生态系统的整体性与复杂性，要用正确的生态观，把握生态系统内部自我调节方式，利用事物之间存在的联系性、互动共生性和生态结果，达成系统的生态平衡。③地域差异性。区域资源禀赋和生态环境的异质性，促成了经济发展和生态经济的特异性。这就要求必须依据具体情况研究经济发展和生态保护之间的关系，做到因地制宜，生态经济问题具有明显的地域特殊性。④层次性。涉及全社会生态经济、各层次区域生态经济及各专业类型生态经济问题研究，如农田生态经济、森林生态经济、草原生态经济、水域生态经济和城市生态经济等。⑤综合性。生态经济学是以自然科学与社会科学相结合来研究经济问题，从生态经济系统的整体上研究社会经济与自然生态之间的关系。

汪晓梅（2011）认为，生态经济学研究内容除了经济发展与环境保护之间的关系外，还有环境污染、生态退化、资源浪费的产生原因与控制方法，环境治理的经济评价，以及经济活动的环境效应等，具体包括生态经济系统理论、生态经济平衡理论、生态经济效益理论和生态经济产业理论，它们之间相互联系、相互制约，对生态经济理论体系的建立以及指导实践起到重要的作用。生态经济系统是一切经济活动的载体，是生态经济学研究的对象。作为生态系统与经济系统结合所形成的生态经济系统，其具有由生态系统和经济系统的组成要素复合而成的生态经济系统要素和复合形成的生态经济系统的结构与功能。

应用生态经济效益基本理论范畴指导和规范经济行为，以获得最大的生态经济效益。生态经济效益是生态效益和经济效益共同组成的综合效益。生态经济产业是一种按照循环经济规律组织起来的基于生态系统承载能力，具有完整的生命周期、高效的代谢过程及和谐的生态功能的网络型、进化型、复合型产业（王如松，2002）。生态经济产业运作的基本单元是产业生态系统，将生产、流通、消费、回收、环境保护及能力建设纵向结合，将不同行业的生产工艺横向耦合，将生产基地与周边环境包括物质生产、社区发展、区域环境保护纳入生态经济产业园统一管理，谋求资源的高效利用、社会的充分就业和有害废弃物向物质外的零开放。

生态经济平衡是生态平衡和经济平衡的有机结合。生态经济系统应依靠科技进步，集约利用自然资源来实现积极的生态经济平衡，它具有普遍性、相对性、动态性和可控性。生态平衡、经济平衡和生态经济平衡都是客观规律性的表现。应发挥主观能动性，使之保持原有的生态经济平衡，或建立新的生态经济平衡。

（二）生态经济与乡村振兴规划

生态经济研究从经济学、生态学、资源学等多个角度，重新审视人类经济社会与自然生态环境的关系，探索管理人类生活和地球环境，保护经济和生态协调发展的理论与途径。生态经济学通过揭示生态旅游经济发展和运动规律，为寻找经济社会发展与自然生态发展相互适应、保持平衡，提供科学的理论、方法、路径和措施。更重要的是，生态经济理论研究结果，为在旅游脱贫、脱贫转型和乡村振兴过程中解决环境资源问题、制定正确的发展战略和经济政策，提供了科学依据。

作为生态学与经济学融合而成的交叉学科，生态经济学是研究生态经济社会系统运动规律的科学，是从自然和社会的双重视角来观察客观世界，通过全面、深入研究自然生态和人类社会经济活动的相互作用，探索生态经济社会复合系统的协调和可持续发展的规律性。生态经济的本质就是把经济发展建立在生态环境可承受的基础之上，实现经济发展和生态保护的"双赢"，建立经济、社会、自然良性循环的复合型生态系统。生态经济研究的核心内容：一是基于经济系统和生态系统的矛盾运动；二是突出人类经济社会活动与生态环境的协调和可持续发展；三是力求揭示经济、生态、社会和自然组成的大系统的内在联系和发展规律，探索内部各子系统之间和谐发展的途径。

生态经济强调运用自然资源的经济评价、资源利用的生态经济效益计算、生态经济预测、生态经济计量的应用、生态经济计量的常用方法等数学方法，对生态经济系统内物质与能量的各种运动进行的计算。生态经济的发展主要体现在以下三个互动的层面：一是小层面即单个企业层面的生态经济，简称单一型生态经济；二是中观层面即企业之间的生态经济链，简称结合型生态经济；三是宏观层面即社会层面的生态经济层，简称复合型生态经济。

三个层面的生态型经济，体现出从单一到结合，从结合到复合，层层推进，每一次的推进，都将促使经济运行质量得到改善和提高。企业作为发展生态经济的基本个体和基础，是实施生态经济的主体，也是体现生态经济效益最直接的个体，结合型生态经济和复合型生态经济都是建立在发展生态企业这一层面之上的。只有企业积极参与其中，实行生态管理，实现"最佳生产，最佳经营，最少废弃"，才会更好地推动整个社会经济的可持续发展。

因此，现代型企业管理要从纯粹的追求经济利润管理向经济利润管理与生态型管理结合转变，在管理的对象、目标、任务、职能等方面体现出生态与经济的统一性，不仅遵循市场经济规律的要求，还要遵循自然生态规律的要求，实施生态化管理，自觉协调经济与生态环境的发展关系，实现社会效益、经济效益和生态效益的"三赢"。而且，通过实施有效的生态管理，不仅促使单个企业的生态化转变，而且由点及面、推广普及，引起整个经济环境及整个社会风尚的转变。通过这些转变推动生态经济的深入发展和资源节约型、环境友好型社会的早日实现。

第六节　可持续发展理论与乡村振兴

联合国《2030 年可持续发展议程》[①] 在千年发展目标基础上提出，实现 17 项可持续发展目标是人类的共同愿景，而首要目标就是，到 2030 年在世界范围内终结一切形式的极端贫困，既包括收入不能满足基本需求的"贫"，也包括不能获得基本教育、医疗卫生服务、住房、劳动市场就业等带来的"困"。可见，脱贫、消除贫困是可持续发展的最重要内容之一。可持续发展不仅把消除贫困当作自己的重要目标和任务，还强调资源、环境、生态、经济、社会、人文等的可持续发展，主张脱贫与消除贫困必须以可持续发展理论为指导并在可持续发展框架下进行。

一、可持续发展核心内容

可持续发展问题是人类正在面临的重大战略问题，它直接关系到人类文明的延续和发展，并直接参与国家最高决策的基本要素。可持续发展强调人与自然的高度统一、人与人的高度和谐、自然—社会—经济复合系统协调发展、可持续发展的本源性、时空耦合和演化规律。可持续发展战略思想是鼓励经济增长、提倡资源永续利用和保持良好的生态环境、谋求社会的全面进步。

可持续发展是"既满足当代人的需要，又不对后代人满足其需要的能力构成危害的发展"（Gro Harlem Brundtland[②]，1987）。可持续发展解决的核心问题是人口问题、资源问题、环境问题与发展问题，简称 PRED 问题。可持续发展的核心思想是：人类应协调人口、资源、环境和发展之间的相互关系，在不损害他人和后代利益的前提下追求发展。可持续发展的目的是保证世界上所有的国家、地区、个人拥有平等的发展机会，保证子孙后代同样拥有发展的条件和机会。可持续发展要求人与自然和谐相处，认识到对自然、社会和子孙后代应负的责任，并有与之相应的道德水准。

可持续发展的内涵包括三方面（图 2-5）：①公平性，包括本代人公平、代际公

---

①　联合国《2030 年可持续发展议程》正式生效. 腾讯网，2016–01–01.

②　格罗·哈莱姆·布伦特兰（Gro Harlem Brundtland），于 1987 年 4 月在联合国"环境保护大会"上，作了题为"我们共同的未来"的报告。

平、公平分配有限资源；②持续性，即人类经济和社会发展不能超越资源与环境的承载能力；③共同性，可持续发展作为全球发展总目标及体现的公平性、持续性、责任感原则是共同的。

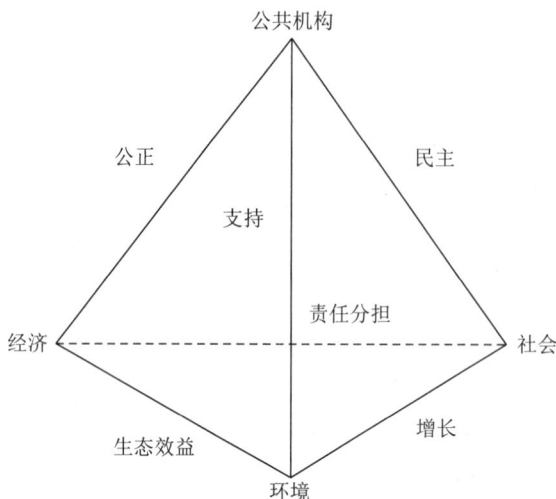

图 2-5　可持续发展棱柱图

（据 Jaime A. Seba，2012）

可持续发展的刚性约束包括地球的有限空间（生态系统的有限性）、资源稀缺的日益加剧、环境自净能力限制、人类科技水平与调控自然能力。可持续发展能力（支持体系）包括：人口承载能力—生存支持系统（基础）、区域生产能力—发展支持系统（动力）、环境缓冲能力—环境支持系统（约束）、社会稳定能力—社会支持系统（组织）、科技创新能力—智力支持系统（支撑）。

二、可持续发展本质特征

可持续发展系指在保持和增强未来发展机会的同时满足当代居民需求，并通过现有资源可持续经营管理，在确保文化完整性、基本生态过程、生物多样性和生命支持系统的同时，实现经济、社会效益和审美需求的发展模式（WTTC[①]，1997）。可持续发展具有三个最为明显的特征指标（秦大河等，2002），即发展度（数量维）、持续度（时间维）、协调度（质量维），从本质上表征了对可持续发展战略目标的完美追求（图 2-6）。由上述三维空间所构建的可持续发展战略，其最大贡献是从理论构架和操作方式上对可持续发展的"指标体系"进行了符合理性的深层次的解析。其实质就是人与

---

① 世界旅游业理事会（WTTC），于1997年在葡萄牙城市维拉穆拉（Vilamoura）举行首次全球旅游业峰会，主要议题就是就业，会议以《维拉穆拉宣言》的形式号召各国政府的政策制定者在制定雇佣政策时需特别考虑到旅游业。

自然、发展与环境之间的辩证关系，其研究核心就是强调发展的协调度、发展度和持续度，并以经济、社会、资源、环境相关参数作为衡量指标。

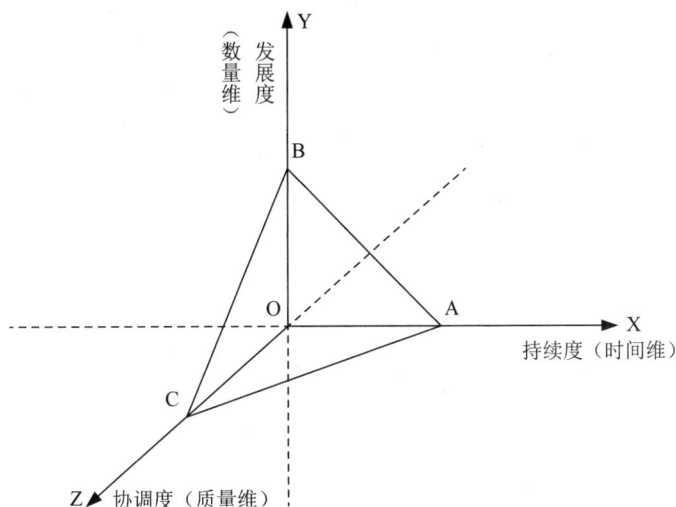

图 2-6　可持续发展体系维度系统

（图中 X 轴为时间维，Y 轴为数量维，Z 轴为质量维。四面体 OABC 为可持续发展体系）

（一）发展度

所谓发展度，系指保持增长、提高经济增长的质量和满足就业、粮食、能源、饮用水和健康的基本生存需求，表达如何衡量一个国家或区域的"发展度"（数量维），即能够判别一个国家或地区是否在真正地发展，是否在健康地发展，是否在保证生活质量和生存空间不断改善的前提下发展。那种认为可持续发展只是为了追求生态环境保护而不强调经济增长、社会进步和财富积累，这显然不是可持续发展理论的本质特征。

（二）持续度

持续度由维持、扩大和保护地球的资源基础与集中关注科技进步对于发展瓶颈的突破两方面去体现。一方面通过物质基础的储备，另一方面通过知识基础的储备，为健康延续可持续发展提供潜在的能力，以此实现可持续发展战略的持续性。可持续发展应能衡量一个国家或地区的"持续度"（时间维），即判断一个国家或地区在发展上的长期合理性。持续度更加注重从"时间维"去把握发展度和协调度。换言之，可持续发展战略目标中所关注的发展度和协调度，不应只是在短时间内的发展速度和发展质量，还应建立在充分长"时间维"的调控之中。

（三）协调度

可持续发展应能衡量一个国家或地区的"协调度"（质量维），即要求在统一尺度比较下定量地诊断能否维持环境与发展之间的平衡？能否维持效率与公平之间的平衡？能否维持市场发育与政府调控之间的平衡？能否维持当代与后代之间利益分配上的平衡？这一特征与区域的"发展度"相比有所侧重，如果说发展度更加强调"量"的概念，则协调度更加强调内在的效率和"质"的概念，即强调合理优化资源的配置、调控经济增长方式，采取合理的积聚财富、建立财富的公平分配制度以及财富在满足全人类需求中的行为规范。

三、可持续发展与旅游乡村振兴

可持续发展理论与旅游脱贫转型及乡村振兴理念不谋而合。可持续发展要求人与自然和谐相处，认识到对自然、社会和子孙后代应负的责任，并有与之相应的道德水准。处理好人与自然、发展与环境之间的辩证关系，强调发展的协调度、发展度和持续度，并以经济、社会、资源、环境相关参数作为衡量指标。而旅游脱贫转型和乡村振兴正式要求在可持续发展理念指导下的广大贫困山区和欠发达地区在经济、社会、生态、文化、资源、环境、人文等的健康持续发展，从而实现"产业兴旺、生态宜居、乡风文明、治理有效、生活富裕"的奋斗目标。

旅游脱贫转型及乡村振兴需要可持续发展理论指导。可持续发展的公平性内涵，要求脱贫转型和乡村振兴的本代人公平、代际公平、公平分配有限资源，而可持续发展的持续性，要求脱贫转型和乡村振兴的经济和社会发展不能超越资源与环境的承载能力；可持续发展的共同性则要求脱贫转型和乡村振兴的公平性、持续性、责任感原则是共同的。而要达到脱贫转型和乡村振兴的公平性、持续性和共同性，则需要可持续发展理念的指导和可持续旅游的具体实施和实现。

可持续发展理论是广大贫困山区实现高质量脱贫转型及乡村高质量振兴发展的重要保证。可持续发展强调全球资源、环境、生态、经济、社会、人文等的可持续发展，主张脱贫与消除贫困必须以可持续发展理论为指导并在可持续发展框架下进行。可见，旅游脱贫转型和乡村振兴构成可持续发展的重要目标和任务。作为全球可持续发展最大挑战之一的广大贫苦山区和欠发达地区，要实现旅游高质量脱贫转型和乡村高质量振兴，必须在可持续发展战略框架下实现人与自然的高度统一、人与人的高度和谐、自然—社会—经济复合系统协调发展、可持续发展的本源性、时空耦合和演化规律（图2-7）。

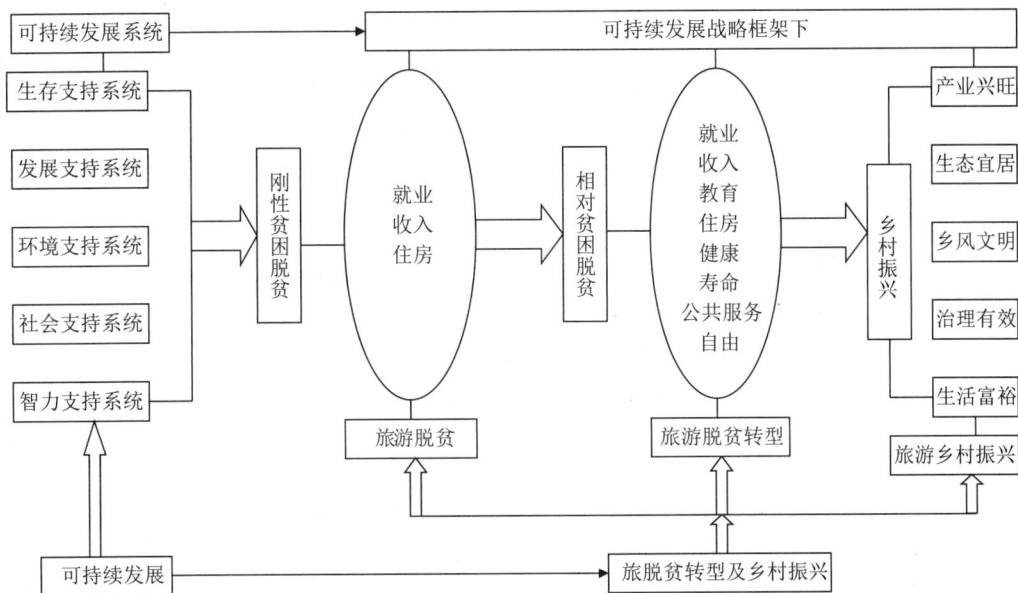

图 2-7　可持续发展与旅游脱贫转型及乡村振兴的内在联系

第七节　高质量发展及"两山"理论

　　高质量发展是基于我国国情，适应经济发展新常态的主动选择。2017 年，中国共产党第十九次全国代表大会首次提出"高质量发展"，党的十九大报告提出"建立健全绿色低碳循环发展的经济体系"，为新时代高质量发展指明了方向。2020 年，中国共产党十九届五中全会提出推动高质量发展是"十四五"时期经济社会发展的主题。2021 年，习近平总书记反复强调高质量发展的特殊意义，指出"高质量发展不只是一个经济要求，而是对经济社会发展方方面面的总要求；不是只对经济发达地区的要求，而是所有地区发展都必须贯彻的要求；不是一时一事的要求，而是必须长期坚持的要求"。

一、高质量发展内涵及总体要求

　　高质量发展的本质特征主要包括三个方面。第一，高质量发展的核心是经济发展的高质量，但应体现在经济社会发展的各个方面。当前我国社会主要矛盾已转化为人民日益增长的美好生活需要和不平衡不充分的发展之间的矛盾。美好生活需要是人民在物质文化生活方面提出了更高要求，也对民主、法治、公平、正义、安全、环境等方面提出了新的要求。与之相对应的是发展重点的转变，从单一的物质生产转变到包括经济、政治、文化、社会、生态文明在内的"五位一体"发展。以人民为中心，把发展质量和效益摆到更加突出的位置，让高质量发展要求体现在包括经济、社会、文化、生态在内的各个领域，切实解决好人民群众关心的居住、就业、教育、医疗、社保、环境、安全问题，让人民群众有实实在在、全面立体的获得感，坚定不移地增进民生福祉。

第二，高质量发展的根本是全体人民的共同富裕，"一个都不能少"，全国一盘棋。只有全部地区都实现高质量发展，才能实现真正的共同富裕。各地区的经济社会发展水平由于发展的时序和发展的基础存在显著的差异，不能简单要求达到同样的水平，要认真分析客观差异的深层次原因，正视差异的基础上，健全区域战略统筹、市场一体化发展、区域合作互助、区际利益补偿，促进发达地区和欠发达地区、东中西部和东北地区通过这些机制更好地共同发展。同时，因地制宜、扬长避短，结合各地区的实际情况走出适合本地区实际的高质量发展之路，多极并进、区域协调发展，最终汇聚成中国高质量发展的蓬勃力量。

第三，高质量发展要求立足全球格局和中国现实持续地推进。世界正处于百年未有之大变局，以国内大循环为主体、国内国际双循环相互促进的新发展格局正在加快形成，面对国际环境、新冠肺炎疫情等不确定性，必须随时做好应对准备。我国仍然是世界上最大的发展中国家，仍处于并将长期处于社会主义初级阶段，发展不平衡不充分问题仍然突出，农业基础还不稳固，城乡区域发展和收入分配差距较大，创新能力还不适应高质量发展要求，民生保障存在短板，生态环保任重道远，社会治理还有弱项，这些问题的破解不可能一蹴而就。高质量发展作为经济社会发展的新的更高要求，要求保持战略定力，坚持不懈地进行到底。

"十三五"时期，在习近平新时代中国特色社会主义思想科学指引下，我国经济加快从速度规模型向质量效益型转变，在城镇化和区域协调发展、高质量发展体制机制建设等方面取得显著进展，为我国发展培育了新动力、拓展了新空间，有力推动我国发展朝着更高质量、更有效率、更加公平、更可持续、更为安全的方向前进。

推动高质量发展，既是保持经济持续健康发展的必然要求，也是适应我国社会主要矛盾变化和全面建成小康社会、全面建设社会主义现代化国家的必然要求，更是遵循经济规律发展的必然要求。高质量发展的内涵定位主要包括：第一，高质量发展是适应经济发展新常态的主动选择。第二，高质量发展是贯彻新发展理念的根本体现。第三，高质量发展是适应我国社会主要矛盾变化的必然要求。第四，高质量发展是建设现代化经济体系的必由之路。

经济发展是一个螺旋式上升的过程，上升不是线性的，量积累到一定阶段，必须转向质的提升，这是经济发展的规律使然，要实现高质量发展必须处理好的矛盾关系：第一，正确把握整体推进和重点突破的关系。第二，正确把握总体谋划和久久为功的关系。第三，正确把握破除旧动能和培育新动能的关系。第四，正确把握生态环境保护和经济发展的关系。第五，正确把握维护公平与讲求效率的关系。

发展是人类社会永恒的主题，其意义在于人类文明以及人与自然状况的改善、进步和提高，如何发展决定了社会进步和文明延续的维度和尺度。发展和增长不同，量的增加即为增长，量和质的共同提高才是发展；发展也不同于一般的变迁或变化，它是一种朝着更好、更文明和更高的方向的变迁。发展的核心内容是社会的整体发展，要求人类在不断提高生产能力的同时，使更广泛的人享受到更多的生产成果，为人们的生活创造可持续的、更美好的环境。

高质量发展理论对旅游脱贫转型及旅游乡村振兴规划的指导意义在于：引导全国山区乡村的总体发展，要求生态旅游开发始终坚持绿色为引领，区域的发展建立在公平性、持续性、共同性之上，强调人与自然的高度统一、人与人的高度和谐、实现自然、社会、经济组成的复合系统的协调发展。经济结构调整取得显著成效，生态环境明显改善，资源利用率显著提高，系统实现良好的内生循环，可持续发展能力增强，最终实现整个社会的均衡发展之路。

二、高质量发展理论与旅游乡村振兴

国家发展战略要求特困山区高质量脱贫转型和乡村高质量振兴发展。我国中西部广大特困山区大多处于禁止开发区和限制开发区，一方面处于"山区与东部沿海地区""山区与平原地区""中西部山区与东部地区"三个"二元结构"的"弱势发展地区"，具有与内地不同的自然条件和发展环境，海拔高、高山峡谷、气候条件相对特殊等，另一方面面临着土地资源匮乏、科技资源短缺、发展成本昂贵、发展基础差、资本匮乏、发展理念之后、缺乏人才、管理之后等重大挑战。与此同时，还面临着少数民族聚集区、革命老区以及生态环境脆弱、生态屏障、江河源头水源区等越来越严厉的刚性要求所限制。在生态文明观统领、"两山"理论、国家公园、主体功能区、国土空间发展理念的要求下，如何实现我国广大山区旅游高质量脱贫转型和乡村高质量振兴发展，进而实现我国经济高质量发展的同时，促进全体人民的共同富裕、推进我国可持续发展，意义重大，势在必行。

高质量脱贫转型和乡村高质量振兴发展是广大特困山区的客观诉求。我国中西部广大山区主要以山地、丘陵地区以及比较崎岖的高原为主，构成我国山区面积占全国总面积约 2/3 以上。

基于旅游方式的高质量脱贫转型和乡村高质量振兴发展研究，国内外学界客观上亟待这方面的研究以丰富和发展旅游扶贫和乡村振兴理论。我国中西部广大山区尤其是西部山地乡村地区，处于高寒气候条件下的高原、高山峡谷、极高山—高山地区，这些地区呈现出明显的山区特点：（1）居民依山地分散而居住，也有小规模的集镇；

（2）山地的存在形成了自给自足的传统经济；（3）高山深沟（峡谷）阻断了人、物和信息的横向交流；（4）小农经济的低效率。这些地区在世界范围内具有明显的唯一性和垄断性，亟待一种符合本地实际要求、有利于突出当地特色优势的全新的山区发展模式，其核心就是以山区沟域为单元，以其范围内的自然景观、文化景观、历史遗址和产业资源为基础，以特色农业、旅游观光、民俗文化、科普教育、休闲养生、健身娱乐等为内容，通过对沟域内部的环境、景观、村庄、产业统一规划，建成内容多样、形式不同、产业融合、特色鲜明的具有一定规模的沟域产业带，并通过以点带面、多点成线、产业互动，形成聚集规模，最终促进区域经济发展、带动农民快速增收致富和乡村振兴。

三、"两山"理论

习近平总书记提出的"绿水青山就是金山银山"的重要发展理念和重要论述，不仅指明了新时期我国发展的方向，而且为脱贫转型及乡村振兴及其规划提出了理论和总体要求。习近平总书记的"两山"理论不仅是认识论也是方法论，不仅是生态观也是发展观。一方面，"两山"理论阐述了环境保护和经济发展之间的关系。保护生态环境就是保护生产力，改善生态环境就是发展生产力。另一方面，"两山"理论点明新时期要实现经济可持续发展就必须走绿色发展道路。以秦巴山区为代表的我国中西部广大乡村地区肩负着维护区域、国家乃至国际生态安全的重大职责，更需要将环境保护放在首位，并将环境保护和地方发展联系起来，应结合地区资源禀赋、环境承载力、产业布局、生态需求等方面统筹考虑，分析和发展山地生态经济。

习近平总书记在调研时多次强调在发展中要保护好生态环境，实现人与自然和谐共生。"两山"理论阐述了发展和生态之间的辩证关系，是我国实现高质量发展的必由之路。随着生态文明建设的推进，"两山"理论的内涵也在不断丰富（图2-8）。广大乡村地区在我国生态保护中占据重要的地位。

国务院《关于印发全国主体功能区规划的通知》中明确我国构建以青藏高原生态屏障、黄土高原—川滇生态屏障、东北森林带、北方防沙带和南方丘陵山地带为主体的生态安全战略格局。"两屏三带"大多位于我国民族地区。我国广大乡村地区绝大多数位于国家重点生态功能区，涵盖水源涵养、水土保持、防风固沙和生物多样性等多种类型。

"环境就是民生"的生态意识论。优质的生态环境是人民群众健康生活的基石，能够直接、显著地提升人民的获得感、幸福感和安全感。进入新的历史时期，我国生态文明建设就是要集中力量，解决生态领域人民对美好生态环境和优质生态产品供给不足之间的矛盾，实现人民的生态福祉（史世姣，2022）。

"两山"理论喻首篇（创立的起点）：
《环境保护要靠自觉自为》
"两山"理论破题文（处理的原则）

《绿水青山就是金山银山》
"两山"理论写进中共中央国务院《关于加快推进生态
文明建设的意见》以及《生态文明体制机制改革总体方案》
联合国环境计划署发布（理念国际化）

"两山"理论写入党的十九大报告并作为新时期基本方略
之一，同时写入《中国共产党章程（修订案）》
"两山"创新基地建设作为实践《关于坚决打好
污染防治攻坚战的意见》的落地抓手

"两山"理论作为制定"十四五"
规划和2035年远景目标的主要任务
推进"两山"价值转化

2003年　　　2015年　2016年　　2017年　　2018年　　　2020年　　　2021年

绿水青山意喻生态环境
金山银山意喻经济发展

绿水青山具有生态和经济价值可以
用金山银山衡量
绿水青山的生态和经济价值不能用
金山银山取代
绿水青山的生态和经济价值具有一
定动态增值性

天人合一的哲学思想
人与自然的辩证统一
人地关系的和谐发展

绿水青山换金山银山
宁要绿水青山不要金山银山
既要绿水青山也要金山银山
绿水青山就是金山银山

环境资源和经济资源的关系
环境资本和经济资本的关系
环境生产力和社会生产力的关系

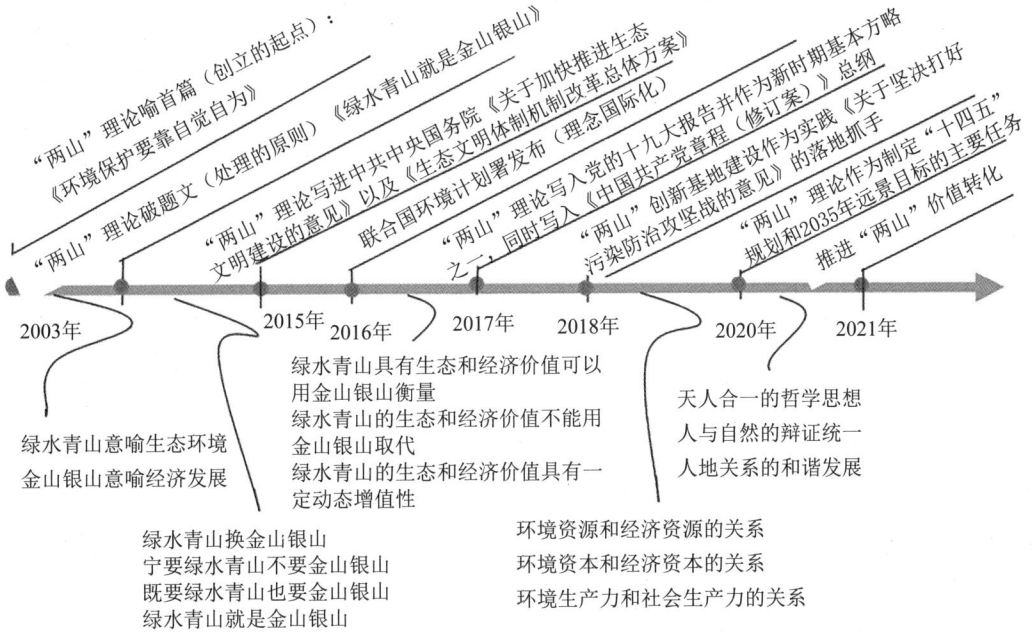

图 2-8　"两山"理论的逻辑关系及演进

（据史世姣[①]，2022）

———————
① 史世姣.环境规制下我国民族地区经济高质量发展研究［D］.成都：西南民族大学，2022.

第三篇
规划框架体系及要求

第一节　规划背景及学理依据

一、规划产生的背景

Inskeep E（1994）将旅游规划体系分为国际旅游规划、国内（区域）旅游规划、旅游地土地利用规划、旅游设施的场址规划、建筑、景观及工程设计；Gunn C.A（1994）划分为区域规划、目的地规划、场址规划；《旅游规划通则》（1999）划分为区域旅游发展规划和旅游区规划，旅游区规划进一步细分为总体规划、控制性详细规划和修建性详细规划。国家旅游局（2014）将现代旅游规划体系划分为旅游发展规划、旅游区规划[①]。覃建雄（2018）将生态旅游规划体系定义为从规划编制到规划成果实施，再到实施效果评估系列过程中的实施管理体系。颜东（2020）认为一个完整的乡村振兴规划体系包括总则解析、区域振兴、五大专项落实、保障机制指定等几个方面。覃建雄（2021）在全国乡村振兴战略规划基础上，结合前人的研究经验和自己的点滴体会，运用跨学科理论和对比分析的研究方法，通过旅游乡村振兴规划的产生背景、内涵及特征、理论依据以及与旅游扶贫规划比较分析等方面的讨论，在此基础上，以川西民族地区为例进行旅游乡村振兴规划分析，构建了川西民族地区旅游乡村振兴规划框架体系。这些前期研究为旅游旅游脱贫转型及乡村振兴规划的诞生，奠定了重要的框架体系和技术规范。

旅游乡村振兴规划实践源于早期的乡村发展、美丽乡村建设规划、乡村旅游发展规划以及旅游扶贫规划及旅游精准扶贫规划，或者说这些规划实践为现今的旅游脱贫转型及乡村振兴规划的产生提供了重要经验。《全国乡村振兴战略规划》的发布和实施为旅游脱贫转型及乡村振兴规划奠定了重要基础，并提供了重要的内容框架。由于乡村、乡村旅游、脱贫转型及乡村振兴之间与生俱来的内在成因联系，《全国乡村振兴战略规划》内容中的九大板块及32个部分，均与乡村旅游发展具有密不可分的联系（表3-1），从而为旅游乡村振兴规划奠定了重要框架。可见，旅游脱贫转型及乡村振兴规划是乡村振兴战略规划的重要组成部分或重要的专项规划，并在脱贫转型及乡村振兴发展及规划实践中发挥独特的作用和意义。

---

① 国家旅游局 .2014 年全国旅游规划发展工作会议材料汇编 .2014.

表 3-1 《全国乡村振兴战略规划》主要内容及其与旅游的内在关系

乡村振兴规划主要内容		与旅游的内在关系
九大板块	32 个部分	
总体要求	指导思想和基本原则；发展目标；远景谋划	与乡村旅游发展的指导思想、基本原则、发展战略相对应
构建乡村振兴新格局	统筹城乡发展空间；优化乡村发展布局；分类推进乡村发展；坚决打好精准脱贫攻坚战	与乡村旅游发展空间结构、功能布局、产业格局、相对应，亟待通过旅游发展加以优化
加快农业现代化步伐	夯实农业生产能力基础；加快农业转型升级；建立现代农业经营体系；强化农业科技支撑；完善农业支持保护制度	与乡村旅游产业发展及转型升级密切相关，并亟待通过旅游引领乡村农业现代化
发展壮大乡村产业	推动农村产业深度融合；完善紧密型利益联结机制；激发农村创新创业活力	与旅游产业特征相吻合，与农文旅融合与创新项一致，亟待旅游带动乡村农业不断壮大
建设生态宜居的美丽乡村	推进农业绿色发展；持续改善农村人居环境；加强乡村生态保护与修复	与资源节约型、环境友好型、乡村带动型的旅游产业特点相吻合，亟待旅游引领生态宜居的美丽乡村
繁荣发展乡村文化	加强农村思想道德建设；弘扬中华优秀传统文化；丰富乡村文化生活	与旅游强调的乡村文化基因、文化记忆及文物古迹保护以及文化遗产活化相一致，亟待通过旅游引领乡村文化繁荣与复兴
健全现代乡村治理体系	加强农村基层党组织对乡村振兴的全面领导；促进自治法治德治有机结合；夯实基层政权	与旅游强调的体制机制创新与全域综合治理的理念相一致，亟待通过旅游引领乡村综合治理体系
保障和改善农村民生	加强农村基础设施建设；提升农村劳动力就业质量；增加农村公共服务供给	与旅游作为民生产业、幸福产业、绿色产业、开放产业和幸福产业相一致，亟待通过旅游提供就业、提高收入、改善民生
完善城乡融合发展政策体系	加快农业转移人口市民化；强化乡村振兴人才支撑；加强乡村振兴用地保障；健全多元投入保障机制；加大金融支农力度	与旅游提倡的城乡公平、城乡协调、城乡融合发展理念相一致，亟待通过旅游引领城乡融合发展

注：表中数据源于《全国乡村振兴战略规划》。

　　作为旅游脱贫转型及乡村振兴规划的载体和对象，乡村是具有乡村自然、社会、经济特征的地域综合体，是原生态自然景观与原生态文化资源的富集区域。可见，乡村区域与原生态自然及人文旅游富集区相一致。显然，乡村旅游发展在乡村振兴实践中扮演着极其重要的角色。随着脱贫转型及乡村振兴战略的实施和不断推进，以及乡村旅游在乡村振兴实践中独特作用的不断凸显，乡村旅游发展正在成为脱贫转型及乡村振兴的重要方式和途径，正在成为脱贫转型及乡村振兴发展的优势产业、龙头产业和主导产业。以乡村旅游为导向的脱贫转型及乡村振兴规划（以下简称"旅游脱贫转型及乡村振兴规划"），在脱贫转型及乡村振兴实践及其规划中具有重要的理论和现实意义。旅游脱贫转型及乡村振兴规划正在成为确保乡村振兴高质量发展的重要环节，并有望成为新的研究热点。

二、规划宏观战略理论框架

中共中央、国务院《关于全面推进乡村振兴加快农业农村现代化的意见》，为旅游脱贫转型及乡村振兴规划提供战略方针和总体要求。习近平总书记关于"中国特色反贫困理论"为旅游脱贫转型及乡村振兴规划提供了统领和制胜法宝。国务院关于全国乡村振兴战略规划为旅游脱贫转型及乡村振兴规划提供了宏观战略理论政策框架。脱贫转型及乡村振兴战略就是以振兴产业、振兴人才、振兴文化、振兴生态和振兴组织为主要内容，以产业兴旺、环境宜居、村风质朴、治理有方和生活富足为核心内涵，目标就是要让农业强大、农村美丽、农民富足，让广大中西部地区实现乡村振兴可持续发展。脱贫转型及乡村振兴战略实施的每一个环节，都有其相对应的旅游功能与用武之地。

脱贫转型及乡村产业振兴的关键在于发展基础上培育新产业、新业态和完善产业体系，这对应于旅游业作为广大乡村区域的战略性支柱产业，成为引领广大农村经济、社会、生态协调发展的优势产业；脱贫转型及乡村文化振兴的关键是促进乡村文化繁荣和满足乡村美好生活的需要，这对应于旅游业的社区、环保、教育、科普等联动功能，文旅融合发展与乡村经济、社会、文化、生态和谐发展存在互动机制；脱贫转型及乡村生态振兴的关键在于乡村污染治理和乡村整洁基础上发展绿色经济促进乡风文明，这对应于旅游业作为绿色产业、生态产业、资源节约型及环境友好型产业；脱贫转型及乡村治理的关键是加强和创新农村社会治理，这对应于全域旅游的全域治理理念，尤其作为旅游目的地乡村地区综合治理；脱贫转型及乡村生活富裕的关键是按照全面小康社会目标实施乡村振兴高质量发展，这对应于旅游业作为民生产业和幸福产业的产业特质。以上战略、方针、政策为旅游乡村振兴规划奠定了宏观战略理论框架。

三、规划的学理基础

旅游脱贫转型及乡村振兴规划理念源于生态旅游系统理论，作为旅游主体、客体、媒体、环境四端元相互作用的可持续发展动力系统，生态旅游具有实现旅游、社区发展、有利环保、拓展教育、促进科普等的综合驱动功能。基于生态旅游的脱贫转型及乡村振兴规划的理论依据主要包括：（1）乡村地区的"山地背景"客观上要求山地生态经济理论和民族经济社会理论，以指导我国乡村地区往往作为偏远山区、民族地区及革命老区的乡村振兴实践；（2）乡村地区的生态文化"脆弱性"要求高质量发展战略及"两山"理论，以指导我国广大山区往往作为生态脆弱区、生态主体功能区和生态安全保障区的脱贫转型及乡村振兴实践；（3）乡村地区的"小、散、弱、差"要求产业融合理论，以指导我国广大山区往往作为农业（生态资源价值）、文化（民族或地域文化价值）、旅游（旅游价值）三者统一综合体的脱贫转型及乡村振兴实践；（4）乡村地区的观念滞后性客观上要求生态伦理教育理论，以指导我国广大乡村往往作为经济滞后、社会复杂、观念落后、科教匮乏地区的脱贫转型及乡村振兴实践；（5）乡村背景的复杂性客观上要求生态旅游动力系统理论，以指导我国广大乡村往往作为自然生态脆弱性、经济和理念滞后性和社会背景复杂性复合体的脱贫转型及乡村振兴发展。上述理论的理念共融、特色互补、优势叠加，构成了脱贫转型及旅游乡村振兴规划的重要学理基础。

第二节　规划的内涵及特征

一、旅游脱贫转型规划的内涵

旅游脱贫转型规划最明显的特点之一，就是要遵从 PPT 战略（Douglas，2003），按照 PPT 战略目标要求进行旅游脱贫转型规划。PPT 就是有利于脱贫人口发展的旅游，所以旅游脱贫转型规划就是某种意义上的 PPT 规划，也即有利于脱贫人口发展的旅游规划。PPT 战略关注旅游脱贫转型规划要致力于脱贫人口发展机会的开发上，强调旅游脱贫转型规划的基本原则是以有利于脱贫人口发展为前提，以提供给脱贫人口在旅游过程中获得更多的发展机会和净收益为核心内容；通过旅游业发展及其关联带动效应规划，为增强脱贫地区自身发展的能力提供科学指导，让脱贫地区最终进入良性循环的可持续发展轨道，从而使脱贫人口受益和发展。基于 PPT 战略的旅游脱贫转型规划，注重以旅游产业经济理论和贫困理论相结合为指导，直接将脱贫山区、脱贫人口作为规划对象，把脱贫山区、脱贫社区、脱贫困群体的特点，及其参与旅游过程、获取发展机会作为规划的核心内容。其中，如何增加脱贫人口的发展机会和提高旅游对脱贫人口生活的积极影响，是 PPT 旅游脱贫转型规划的核心内容。

从技术层面上，PPT 旅游脱贫转型规划包括区域上（面上）的旅游脱贫转型规划，以及具体村、农户（点上）的旅游精准脱贫转型规划。其中，点上的旅游精准脱贫转型规划是在区域旅游脱贫转型规划框架下的具体实施和落实，侧重于具体项目专项规划及其细化与方案，相当于旅游规划中的详细规划和建设方案，要求精准、实用、现用、可操作性强。简单地说，就是通过点上的旅游脱贫转型规划，能够指导村、户（点）的旅游精准脱贫转型开发建设。我国在点上的精准脱贫转型的经验是，按照相关要求标准，就地取材，"查漏补缺""填平补齐""适当创新"。区域宏观的面上的旅游脱贫转型规划，则重点在脱贫转型产业空间布局规划，在于"造血产业"功能规划以及宏观方面的旅游脱贫转型支撑保障体系规划。然而，无论是面上的旅游脱贫转型规划，还是点上的具体村、户（点）的旅游精准脱贫转型规划，都要以发展旅游的适宜性为前提，就是具体问题具体分析，就是要看这个地区是否具有旅游发展所需的硬件和软件环境，要看这个脱贫村和贫困户（点）是否具有发展旅游所需的相关资源和基础条件。因为连片特困脱贫地区通常属于环境生态脆弱区和生态保障区，不适宜进行人造景观的主题公园式的旅游发展模式。尤其是作为点上的脱贫村和脱贫户（点），旅游脱贫转型必须要以一定丰度和品质的旅游资源为前提。道路可以修，房子可以建，环境可以美化，氛围可以营造，但是旅游资源不能人造，因为脱贫乡村地区通常为原生态的边远山区，不适合大开大建大开发，否则会突破生态环境红线，造成无法挽回的损失。

就旅游脱贫转型规划内容而言，因规划类型和地区不同，规划内容和要求有差别，切忌一刀切。但总的来说，主要包括如下方面：①脱贫转型对象精准调查，包括脱贫对象选址、地质背景、地理特征、地形地貌、生态环境、历史背景、人文资源、经济社会、发展环境等，以及贫困成因、贫困特征、脱贫人口类型及分布、产业选择等，尤其是脱贫村、脱贫户（点）的准确情况，务必精准掌握。②旅游脱贫转型产业布局规划，包括旅游脱贫转型战略与目标规划，涉及脱贫转型战略、脱贫转型目标、产业空间布局、产业功能区、脱贫转型优化策略、脱贫转型重大项目和重点项目等方面的规划，这些主要针对区域旅游脱贫转型规划。针对脱贫村（户、点）而言，一村一产业、一户一品牌很重要，只有实现了脱贫村的产业化和脱贫户的"造血"功能的旅游脱贫转型规划才是科学和可持续的。③旅游脱贫交通转型规划，包括区域交通运输规划，围绕脱贫村（户）的内外部交通网络进行规划，核心是通村、通户的交通条件、通达质量和便捷程度的提升规划。④旅游脱贫基础设施转型规划，包括脱贫村（户）的给排水设施、电力设施、通信网络设施、环卫设施等，这些在区域旅游脱贫转型和脱贫村（户）转型规划中都很重要。⑤公共服务设施规划，包括游客服务站、旅游公共厕所、旅游标识系统、旅游商品销售场所、文化休闲设施、旅游应急救援设施、社区服务设施、自驾车服务体系、乡村智慧旅游规划等。⑥旅游脱贫转型运营管理规划，包括旅游运营机制、旅游脱贫转型营销、旅游脱贫转型安全管理等，这是旅游脱贫转型发展是否可持续的重要保障。旅游脱贫转型规划不是一次性的扶持，还要考虑到规划建设完成后，谁来负责可持续管理，进而确保脱贫转型可持续发展。⑦旅游脱贫转型保障体系规划：一是受益保障体系规划，包括旅游脱贫转型受益机制和旅游脱贫转型受益保障对策措施的实施，确保脱贫村、脱贫户、脱贫人口真正受益，进而实现长久脱贫转型；二是资金保障规划，主要有加大政府投资力度、加大招商引资与融资、创新模式盘活民居资产等，既包括各级政府机构资金保障的到位与效应，又包括脱贫居民资金的合理、高效利用和生产安全；三是旅游政策保障体系，主要包括旅游脱贫转型政策、旅游用地保障政策，这是最根本和最关键的，关键是要确保政府政策的相对稳定性；四是人才保障体系，包括旅游脱贫转型人才、基层实干队伍、脱贫"领头羊"、精准脱贫转型人才、人才培养机制，目的是构建旅游脱贫转型高质量发展所必需的人才体系；五是生态环境保护规划，主要有资源环境保护、生态环境保护、人文资源保护、乡村环境美化，其中生态环境条件是贫困地区旅游脱贫转型的载体和本底；六是监督考评体系，包括精准脱贫转型监测机制、精准脱贫转型考核制度、精准脱贫转型监督机制，这些构成旅游脱贫转型可持续管理的重要内容，只有各种监督考评考核体制机制乃至相关指标体系科学完善，才能确保旅游脱贫转型规划的科学实施和脱贫转型效应的实现。

旅游脱贫转型规划的第一大本质特征就是，以脱贫人口发展机会增加和能力提升为目的，以旅游发展、旅游产业为主线，进行生态旅游脱贫转型规划，尊重生态旅游在脱贫转型过程中固有的独特作用和意义。生态旅游的核心理念是可持续发展，本质特征是自觉的责任心，同时具有四大功能，即旅游功能、环境保护功能、社区功能和教育功能。也就是说，旅游脱贫转型是生态旅游的重要功能、内容和组成部分，是生态旅游发展自身应该担负的责任和义务。更重要的是，生态旅游以生态文明观为统领，统筹区域经济社会发展和科学脱贫转型，促进区域经济社会协调可持续发展。这就决定了生态旅游脱贫转型成为最理想、最重要、最科学、最切实际、最值得推崇的脱贫转型途径和模式。主要表现在如下几个方面：一是生态旅游地往往就是连片脱贫山区所在地，与脱贫乡村社区或民族地区、边远山区、革命老区相一致，这些地区通常是生态旅游资源富集区，也是开展经典生态旅游活动的理想场所；二是旅游脱贫转型并促进社区发展是生态旅游本身的重要内容和组成部分，也是生态旅游发展本身的重要责任和义务之一，生态旅游的脱贫转型使命与脱贫山区渴望发展的诉求不谋而合；三是生态旅游的环境保护功能与脱贫山区的环境脆弱性前后呼应，生态旅游发展就是通过就地取材，强调充分发挥脱贫山区资源环境特色优势，走独具特色的生态旅游经济可持续发展之路；四是脱贫山区的社会文化的复杂性、教育科技和发展理念的滞后性，与生态旅游强调的教育功能不谋而合，在注重脱贫山区经济发展的同时，又注重资源环境保护与生态伦理教育，从而有利于脱贫山区实现可持续脱贫转型发展。

二、旅游乡村振兴规划的特征

乡村是具有自然、社会、经济特征的地域综合体，兼具生产、生活、生态、文化等多重功能，与城镇互促互进、共生共存，共同构成人类繁衍生息的主要空间。实施脱贫转型及乡村振兴战略是建设现代化经济体系的重要基础、建设美丽中国的关键举措、传承中华优秀传统文化的有效途径、健全现代社会治理格局的固本之策、实现全体人民共同富裕的必然选择。脱贫转型及乡村振兴战略的主要任务是：建设产业兴旺、生态宜居、乡风文明、治理有效、生活富裕的社会主义新农村。可见，脱贫转型及乡村振兴规划意义重大。加之，作为连片特困山区的主要脱贫区域，脱贫山区乡村通常是原生态乡村自然资源与原生态乡村文化景观资源富集的区域，基于生态旅游的脱贫转型及乡村振兴规划具有重大现实和理论意义。

《全国乡村振兴战略规划》[①]围绕乡村振兴战略、目标和任务，提出乡村振兴的九大板块、32部分框架（表3-1）。其中，九大板块分别是：总体要求、构建乡村振兴新格局、加快农业现代化步伐、发展壮大乡村产业、建设生态宜居的美丽乡村、繁荣发展乡村文化、健全现代乡村治理体系、保障和改善农村民生、完善城乡融合发展政策体系，其中每个板块均涉及诸多相应的规划内容部分。脱贫转型及乡村振兴战略规划的九大板块和32部分框架为基于生态旅游的脱贫转型及乡村振兴规划奠定了重要基础。尤其是对原生态自然与人文景观资源富集区的连片脱贫地区而言，战略规划中涉及的所有板块和部分框架均与旅游发展规划密切相关。同样表明了生态旅游在脱贫转型及乡村振兴发展及规划中的重要作用和意义。

由于生态旅游理论的先进性和科学性，加之生态旅游的关联性、带动性、辐射性、综合性、环境保护性等特点，尤其是生态旅游与脱贫转型及乡村之间与生俱来的内在成因相关性，生态旅游在脱贫转型及乡村振兴战略实施所涉及的九大板块乃至32部分框架中，将发挥比其他产业或学科更为强大的特色和优势。基于生态旅游的脱贫转型及乡村振兴是我国连片脱贫山区脱贫转型及乡村振兴战略实施的最佳的重要途径，因此基于生态旅游理念的脱贫转型及乡村振兴规划，对我国脱贫转型及乡村振兴发展规划具有重要理论和现实重义。本书将基于乡村生态旅游理念的脱贫转型及乡村振兴规划称为旅游脱贫转型及乡村振兴规划，特指以生态文明观为统领，从乡村旅游可持续发展的视角进行脱贫转型及乡村振兴发展指导的宏观战略性与综合性规划。脱贫转型及乡村振兴规划主要解决以下五个方面的重大问题：一是战略问题，二是时空问题，三是专项问题，四是落地问题，五是保障问题。与之相对应的旅游脱贫转型及乡村振兴规划的层次分为五个级别类型：一是旅游脱贫转型及乡村振兴战略规划，二是旅游

---

① 中共中央、国务院《乡村振兴战略规划（2018—2022年）》. http://www.moa.gov.cn/ztzl/xczx/xczxzlgh/.

脱贫转型及乡村振兴总体规划，三是旅游脱贫转型及乡村振兴专项规划，四是旅游脱贫转型及乡村振兴项目规划，五是旅游脱贫转型及乡村振兴规划保障规划。

旅游脱贫转型及乡村振兴战略规划。这是涉及基于生态旅游理念的脱贫转型及乡村振兴规划的宏观、战略、长远与高度问题的规划，规划内容包括指导思想、基本原则、发展目标、远景谋划，乃至空间用途管制、战略部署、城乡布局结构、城乡协调统一规划等。旅游脱贫转型及乡村振兴战略规划涉及某一地区甚至整个区域的脱贫转型及乡村振兴的大方向性问题，主要解决脱贫转型及乡村振兴发展的战略方向及宏观指导问题。

旅游脱贫转型及乡村振兴总体规划。这是涉及基于生态旅游理念的脱贫转型及乡村振兴规划的时间、空间、布局与功能区划等问题规划，包括目标要求、时空格局、重要任务、优化乡村发展布局（生产空间、生活空间、生态空间）、分类推进乡村发展（集聚提升类村庄、城郊融合类村庄、特色保护类村庄、搬迁撤并类村庄）、旅游带动脱贫转型及乡村振兴（景区带动型、乡村旅游型、旅游商品型、综合驱动型）等各个方面。旅游脱贫转型及乡村振兴总体规划主要涉及某一地区脱贫转型及乡村振兴规划的时空框架问题和产业空间发展布局问题。

旅游脱贫转型及乡村振兴专项规划。这是涉及基于生态旅游理念的脱贫转型及乡村振兴规划的某个侧面、重点、专项、领域等问题的规划，包括以生态旅游理念为指导的脱贫转型及乡村振兴规划的五个专题方面：一是区域乡村旅游发展规划，相当于以生态旅游促进的区域脱贫转型及乡村振兴旅游发展规划；二是贫困乡村三产融合发展规划，相当于以生态旅游促进的脱贫乡村三产融合发展规划；三是美丽乡村及智慧乡村建设规划，相当于以生态旅游促进的美丽智慧乡村规划；四是人居环境与乡村治理规划，即以生态旅游促进的脱贫转型及乡村综合环境治理规划；五是乡村脱贫转型及振兴人才专项规划，即以乡村生态旅游促进的脱贫转型及乡村振兴人才专项规划。

旅游脱贫转型及乡村振兴项目规划。这是以生态旅游引领的脱贫转型及乡村振兴各级项目开发建设规划，涉及基于生态旅游理念的脱贫转型及乡村振兴发展的支撑、项目、落地、抓手等关键问题，也是脱贫转型及乡村振兴战略计划实施的重要突破口。相关规划具体包括：田园综合体规划、特色小镇规划、国家农业科技园区规划、国家农村产业融合发展示范区规划、农村创业创新基地规划、国家农业公园规划等。不同地区乡村，其规划项目的侧重点不同。

旅游脱贫转型及乡村振兴保障规划。这是涉及基于生态旅游的乡村振兴规划的制度、政策、机制、支持、保障等问题的规划，包括制度框架设计、政府主导规划、支持保障规划、体制机制规划、资金来源规划、人才保障规划等。旅游脱贫转型及乡村振兴保障规划是乡村振兴发展规划实施和实现的前提和重要保障，没有相应的强大的组织机构、制度体系、政策框架、法规配套、资金到位、财政支持、体制机制和人才保障，脱贫转型及乡村振兴发展这个重大战略部署和世纪工程就会成为空中楼阁和海市蜃楼。

第三节　规划的作用及定位

由于乡村旅游与乡村区域之间与生俱来的内在成因相关性，使得乡村旅游与脱贫转型及乡村振兴之间具有明显的相容性、一致性和互补性，进而造成乡村旅游发展规划在脱贫转型及乡村振兴战略规划中的天然驱动性和重要性。加之，由于旅游产业的关联性、带动性、辐射性、综合性、环保性等特点，这些特点在脱贫转型及乡村振兴战略规划中所涉及的九大板块和32个部分内容中体现得淋漓尽致（表3-1），凸显出了乡村旅游比其他产业更为明显的突出作用和特色优势，通过乡村旅游发展促进脱贫转型及乡村振兴成为乡村振兴战略实施的最佳途径，因此基于旅游理念的脱贫转型及乡村振兴规划在我国乡村振兴发展规划框架体系中，具有独特的理论和现实意义。这里所指的旅游脱贫转型及乡村振兴规划，就是基于我国广大乡村旅游资源富集的客观实际和旅游业在我国乡村振兴战略实施中的独特作用，以旅游业为战略性支柱产业引领脱贫转型及乡村振兴发展的乡村振兴规划。具体而言，就是以生态文明观为统领，以可持续旅游理念为指导，针对富含旅游资源的乡村区域，充分发挥旅游业的产业特色和优势，以旅游业作为乡村区域发展的战略性支柱产业，引领脱贫转型以及乡村产业发展、文化复兴、生态环保、环境美化、综合治理，以及美好幸福生活的综合性规划（图3-1）。

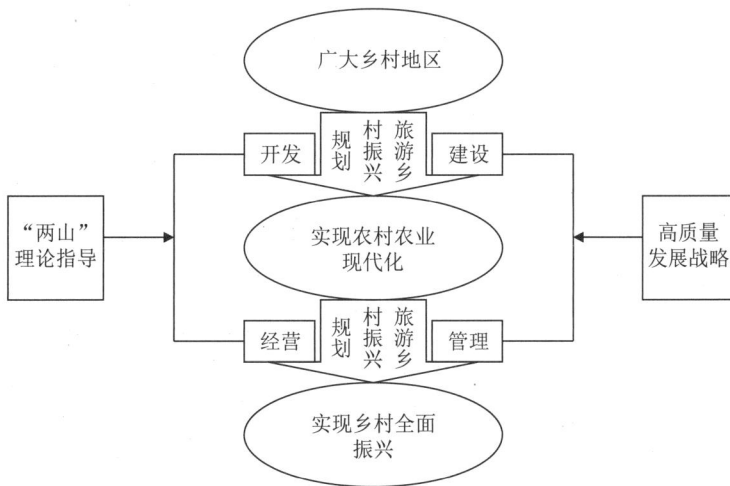

图 3-1　旅游脱贫转型及乡村振兴规划的地位和作用

旅游脱贫转型及乡村振兴规划以"两山"理论和生态文明观为统领,具有如下典型特点:第一,以旅游业作为乡村区域主导产业,带动广大乡村脱贫转型及乡村振兴发展。这是因为广大乡村分布的区域往往是旅游资源比较富集的地区。第二,强调以旅游业为主导产业带动整个乡村建设、空间形态、产业布局、经济发展、社会进步、资源和环境保护等全面协调发展。第三,面向国内外游客提供适应市场需要的特色乡村旅游产品体系,这是脱贫转型及旅游乡村振兴规划独具的明显特色和比较优势。第四,旅游脱贫转型及乡村振兴规划把乡村旅游发展与脱贫转型及乡村振兴提升到政策决策层面,直接推动和影响政府的重大决策,进而统领整个乡村脱贫转型及区域高质量发展。第五,旅游脱贫转型及乡村振兴规划强调以土地空间规划体系为框架,以旅游业为战略性主导产业规划指导下,布局乡村区域土地利用方式、资源保护与开发的强度、城乡发展形态以及产业要素配置等。第六,旅游脱贫转型及乡村振兴规划尊重旅乡村资源与生态环境分布的自然规律,强调以发挥旅游资源最优综合效能的乡村区域空间资源的统一规划和综合利用,从而有利于构建区域核心竞争优势。

由于旅游脱贫转型及乡村振兴规划作为脱贫转型及乡村振兴战略规划的重要组成部分和顶层专项规划,针对不同性质的乡村区域,具有自身独特的运行规律和内涵,主要表现在三个方面:(1)针对旅游资源富集的乡村地区,我国绝大多数乡村尤其是少数民族地区,均属于原生态自然资源与原生态文化景观富集的类似区域,旅游资源往往成为其特色资源和优势价值所在,旅游业通常作为脱贫转型及乡村振兴发展的战略性支柱产业,因而这些地区旅游脱贫转型及乡村振兴规划具有与脱贫转型及乡村振兴规划相似的顶层设计及战略意义。从某种程度上讲,这些地区旅游脱贫转型及乡村振兴规划可以代替乡村振兴规划。(2)针对缺乏自然生态旅游资源和人文旅游资源匮乏的乡村区域,旅游业可能不能构成区域脱贫转型及乡村振兴发展的优势产业,这些地区的脱贫转型及乡村振兴规划没必要进行专门的旅游脱贫转型及乡村振兴规划。尽管如此,但这些地区在脱贫转型及乡村振兴战略实施过程中涉及的生态振兴、文化振兴乃至综合治理等,仍可借鉴可持续旅游发展规划理念加以指导。(3)针对具备旅游资源但旅游资源并不富集的乡村地区,通常而言这些地区的旅游业并不构成战略性支柱产业、主导产业或优势产业,仅能作为该地区的重要产业或特色产业,那么这些地区在编制脱贫转型及乡村振兴规划的同时,应该编制相应的旅游脱贫转型及乡村振兴专项规划。尽管如此,这里的旅游脱贫转型及乡村振兴规划只能作为乡村振兴规划框架下的专项规划,并不像第(1)种情况那样,旅游脱贫转型及乡村振兴规划具有与脱贫转型及乡村振兴规划相似的顶层设计意义。

第四节　规划的比较及沿革

一、旅游脱贫转型及乡村振兴规划与其他规划的比较

综上所述，生态旅游、旅游规划、旅游脱贫、脱贫转型、乡村振兴、旅游脱贫转型规划、旅游乡村振兴规划，这些概念表面上看好像毫无关系的词语排列，但实际上是呈现递进关系的具有某种内在联系的七个关联概念。其内在联系主要表现在：以生态文明观为统领，以生态旅游可持续发展理念为指导，进行旅游脱贫转型规划和旅游乡村振兴规划，以乡村生态旅游业为战略性支柱产业，通过旅游脱贫转型规划和旅游乡村振兴规划指导广大山区乡村脱贫转型与振兴发展，进而带动旅游脱贫、脱贫转型和乡村振兴的综合作用过程。在此过程中，生态旅游发展是前提和主线，旅游脱贫转型规划和旅游乡村振兴规划是纲领和原则，旅游脱贫转型是阶段目标。脱贫转型是绝对贫困实现脱贫和相对贫困脱贫的转换过程，乡村振兴是最终目标和总体要求。在此时空框架下，旅游脱贫规划和旅游乡村振兴规划就是同一个事件过程中不同阶段的产物，本质都是为了实现旅游带动乡村经济社会生态全面协调可持续发展而制定的谋划、计划、规划、策划和设计。从表面上看，旅游脱贫转型规划是初级阶段的产物，旅游乡村振兴规划是中高级阶段的产物。但实质上，旅游脱贫转型规划与旅游乡村振兴规划是乡村区域空间可持续发展规划这一顶层设计的不同侧面，即都是基于生态旅游可持续发展理念指导的旅游脱贫转型规划和旅游乡村振兴规划（图3-2）。

旅游脱贫转型规划和旅游乡村振兴规划，除了具有上述基于PPT战略要求的特点以外，还有一个最明显的特点，就是规划本身以生态旅游业可持续发展作为要求和目标，即以生态旅游发展、生态旅游产业为主线，进行旅游脱贫转型规划和旅游乡村振兴规划，尊重生态旅游在脱贫转型规划和乡村振兴规划中固有的特殊意义和作用。也就是说生态旅游产业可持续发展是旅游脱贫转型和旅游乡村振兴的前提和基础。这里强调的是，如果脱贫山区缺乏旅游资源、没有生态旅游业发展，就谈不上生态旅游脱贫转型和旅游乡村振兴，因为脱贫山区旅游发展主要是以原生态旅游发展为导向，而不倡导"大开大建的"主题公园式的发展模式。至于生态旅游规划、旅游脱贫转型规划和旅游乡村振兴规划之间，是一个以旅游为主线的同一个系统中相互独立又相互联系的不同子系统。旅游脱贫转型规划和旅游乡村振兴规划，自始至终以生态旅游业可持续发展规划为核心支撑，以指导旅游发展、旅游脱贫转型和乡村振兴的科学规划为主线。在这里需要再强调的是，旅游脱贫转型规划由于脱贫性质和类型的不同，包括绝对贫困时期的绝对贫困旅游脱贫转型规划，以及相对贫困时期的相对贫困旅游脱贫

规划，两者之间是与脱贫转型时期相对应的旅游脱贫转型规划，绝对贫困旅游脱贫规划、旅游脱贫转型规划与相对贫困旅游脱贫规划之间，三者具有承上启下、前因后果的成因与时空联系。

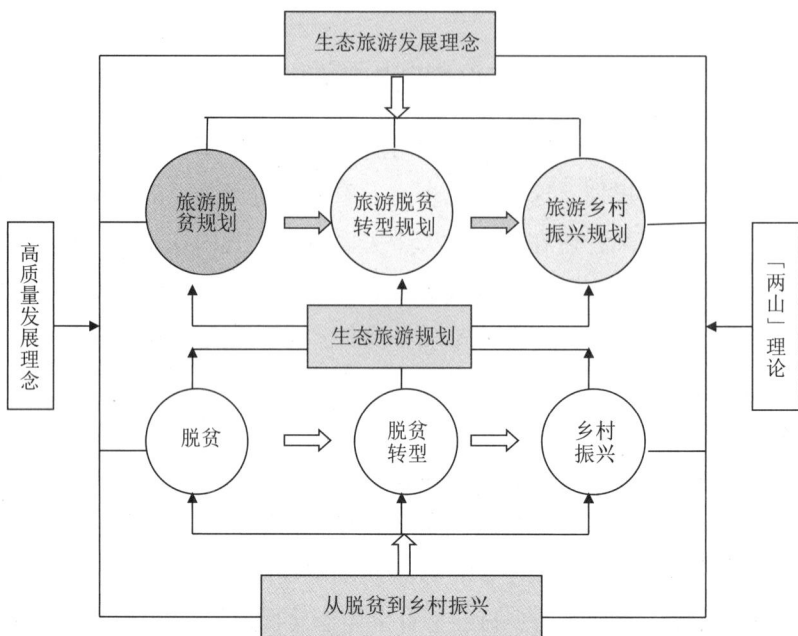

图 3-2　旅游脱贫转型规划与乡村振兴规划之间的关系

　　旅游脱贫转型规划与旅游规划之间，只有"脱贫"二字之差，但彼此之间是有明显不同的（表 3-2）。旅游脱贫转型规划是基于 PPT 战略要求、有利于脱贫人口发展的特殊旅游专项规划，旅游脱贫转型规划把脱贫山区、脱贫社区、脱贫群体的需求以及其参与旅游过程、获取发展机会作为规划的主要内容，以提高脱贫人口在旅游过程中获得更多的发展机会和增加其净收益为核心，其目标是致力于脱贫人口发展机会开发，强调通过旅游业发展及其关联带动效应规划，为增强脱贫山区自身发展的能力提供科学指导，让脱贫山区最终进入良性循环的可持续发展的轨道，从而使脱贫人口群体最终受益和健康发展。旅游脱贫转型规划不是一种旅游产品规划，也不是作为一种区域旅游规划，更不是全面扩展的整个旅游产业发展规划，而是通过发展生态旅游作为脱贫转型的一种方式和途径的规划形式，规划自始至终围绕着一个核心目标展开，这个核心目标就是脱贫山区自身的发展能力和机会，规划的关键要求是"查漏补缺""填平补齐额""适当创新"，核心是"造血"功能，因而从某种程度上讲，旅游脱贫转型规划是一种受约束的不自由的规划。而旅游规划是根据某一个地区旅游资源品质、丰度及特性，以市场为导向，以政府为主导，以产品为核心，以经济发展为主要目标，为指导旅游资源开发建设而编制的规划报告，是某一个地区在未来一段时期内规划指导旅游资源开发建设发展的纲领性文件。旅游规划可以是一种特殊的旅游产品规划，也可以作为旅游业发展规划，甚至可以作为全面扩展的整个旅游区域空间规划和时空全域规划。旅游规划不受目的地其他附加责任和义务的"绑架"。从某种程度上讲，旅游规划是一种完全自由的规划，具体包括区域旅游规划、旅游区总体规划（含详细规划）和旅游专项规划三个方面（表3-2）。

表3-2　旅游规划、旅游脱贫转型规划与旅游乡村振兴规划的比较

指标＼类型	旅游规划	旅游脱贫转型规划	旅游乡村振兴规划
内涵	某一个地区未来一段时期内指导旅游资源开发建设发展的纲领性文件	有利于脱贫人口发展的特殊旅游专项规划，为旅游脱贫服务	促进乡村振兴的特殊旅游专项规划，为旅游促进乡村振兴服务提供指导
外延	所有需要旅游规划的地区	针对贫困山区，尤其是14个连片特困地区	广大乡村地区
前后联系	旅游规划原则上不涉及旅游脱贫规划和旅游乡村振兴规划	旅游脱贫规划通常在理由旅游乡村振兴规划之前	旅游乡村振兴规划通常在旅游脱贫规划之后
特点	不受PPT战略影响	受PPT战略的直接约束和影响	受PPT战略的间接约束和影响
规划对象	区域旅游、旅游区、旅游项目	贫困山区、脱贫县、脱贫村、贫困户、脱贫人口	乡村区域，核心是"三农"
基本原则	生态旅游规划以经济、社会、生态效益统一为基本原则	以有利于增加脱贫人口发展机会和提高其发展能力为基本原则	以促进乡村区域协调可持续发展为基本原则
规划核心	通过旅游业发展带动区域经济社会全面发展	以提高脱贫人口在旅游过程中获得更多的发展机会和净收益为核心	建设产业兴旺、生态宜居、乡风文明、治理有效、生活富裕的社会主义新农村
规划目标	充分发挥旅游业先导产业和龙头产业作用，明确旅游业在国民经济社会发展中的重要地位和作用，促进旅游业快速、持续、健康、和谐发展	致力于脱贫人口发展机会开发，强调通过旅游业发展及其关联带动效应的规划，为增强贫困地区自身发展的能力提供科学指导，让贫困地区最终进入良性循环的可持续发展的轨道，从而使脱贫人口受益和发展	充分发挥旅游业的综合性、关联性、主导型、拉动性、辐射性等独特作用及意义，促进乡村快速、持续、健康、和谐发展、全面振兴与长治久安
主要内容	旅游目标、发展战略、战略定位、市场目标、产品体系、保障体系、体制机制	把贫困山区、贫困社区、贫困群体的需求，以及参与旅游过程、获取发展机会作为规划的主要内容	旅游乡村振兴战略规划、旅游乡村振兴总体规划、旅游乡村振兴专项规划、旅游乡村振兴项目规划、旅游乡村振兴保障规划
重要特征	生态旅游规划要求经济、社会和生态效益统一	"查漏补缺""填平补齐""适当创新"，核心是培育"造血"功能	为乡村振兴与可持续发展提供指导

类型 指标	旅游规划	旅游脱贫转型规划	旅游乡村振兴规划
技术要求	《旅游规划通则》等相关条例、法律法规、政策文件、行业标准、规范、上位规划	以PPT战略为主的相关条例、法律法规、政策文件、行业标准、上位规划	以乡村区域可持续发展指标相关要求为主的相关条例、法律法规、政策文件、上位规划
基础前提	没有明显的基础要求和前提	具备旅游发展资源条件	具备旅游发展资源条件
相关性	旅游规划是旅游脱贫规划和旅游乡村振兴规划的基础	旅游脱贫规划是旅游乡村振兴规划的初级阶段	旅游乡村振兴规划是旅游脱贫规划的升级和拓展
共同性	发挥生态旅游的特色和优势，基于旅游的区域专项规划	发挥生态旅游的特色和优势，基于旅游的脱贫专项规划	发挥生态旅游的特色和优势，基于旅游的乡村振兴规划

所谓旅游乡村振兴规划，就是以生态文明观和可持续发展理念为指导，从生态旅游理念的视角进行编制的乡村振兴发展规划，其目的是便于科学指导乡村振兴与可持续发展。以生态旅游理念的视角进行编制的乡村振兴发展规划，就是以生态旅游理念为指导，充分发挥生态旅游产业理念的先进性和产业的关联优势，坚持农业农村优先发展，促进乡村农业农村现代化，实施推进乡村振兴战略的总体目标，最终实现"产业兴旺、生态宜居、乡风文明、治理有效、生活富裕"目标的顶层战略规划。旅游乡村振兴规划是脱贫山区当前和今后一段时期乡村振兴发展的纲领性文件和相关规划编制的重要依据。脱贫山区乡村旅游开发、建设、发展、管理及相关产业发展，均应符合旅游乡村振兴规划的要求。更明确地说，未来乡村区域旅游规划应以旅游乡村振兴规划等为上位规划加以实施。

"产业兴旺"是乡村振兴的经济基础，是产业体系、生产体系、经营体系有机结合的产业发展与兴旺，需要基于生态旅游的乡村产业振兴规划加以指导。"生态宜居"是乡村振兴的环境基础，是针对城市居民开放、城乡互通的乡村百姓生态宜居，亟待基于生态旅游的美丽乡村建设规划加以指导。"乡风文明"是乡村振兴的文化基础，是传统文明和现代文明相互融合与发展的乡风文明，需要基于生态旅游的乡村文旅融合发展规划加以指导。"治理有效"是乡村振兴的社会基础，是实现法治、德治、自治的"三治合一"的国家治理体系现代化体现，且需要基于生态旅游的乡村综合治理规划加以指导。"生活富裕"是持续增加乡村居民收入、缩小城乡居民在收入和公共保障方面的差距，实现乡村人口全面小康基础上的"生活富裕"，需要基于生态旅游的乡村生活—生产—生态"三生"综合规划加以指导。

要实现旅游脱贫转型和旅游乡村振兴规划的科学实施，确保脱贫山区旅游业发展和山区人口的持续就业和致富，必须以生态旅游产业发展为战略支柱产业。生态旅游业由于其产业的综合性、关联性、带动性和发射性，在贫困山区脱贫人口返贫、就业和致富中发挥最佳效用。在基于生态旅游的脱贫转型规划和乡村振兴规划框架下，发展生态旅游产业，中西部山区生物多样性和文化多样性及其相关的丰富的原生态自然山地和人文景观旅游资源，与平原地区形成了明显的比较优势，可不通过成为沿海地区经济飞地的形式，获得区域经济社会的发展（张辉[①]，2017）。在基于生态旅游的脱贫转型规划和乡村振兴规划框架下发展生态旅游产业，乡村独特的生态资源和环境形成了沿海大都市和内陆平原城市所不具备的比较优势，在保持固有乡村风貌基础上，农业通过旅游提升农业生产的附加值，壮大农业生产的能力，推动农业现代化发展。在基于生态旅游的脱贫转型规划和乡村振兴规划框架下发展生态旅游产业，使中西部山区扬长避短，发挥山区自然生态和人文景观资源的特色和优势，使中西部山区旅游资源向旅游产业再向生态旅游经济转化，实现工业化以外我国另一种可持续发展方式——生态旅游经济发展模式。在基于生态旅游的脱贫转型规划和乡村振兴规划框架下发展生态旅游产业，不仅弥补了工业化"不能上山"的短处，而且发扬了中西部山区生态旅游资源富集的长处，并能很好地实现发展与保护的协调统一。

二、旅游脱贫转型及乡村振兴规划沿革

正如前所述，旅游脱贫研究开始得很早。我国旅游脱贫开发与脱贫攻坚实践是在 2000 年左右开始的，零星的旅游脱贫开发规划也开始出现。但区域旅游脱贫开发规划开始出现于 2006 年左右，如笔者于 2006 年开始承担的"秦巴山区旅游产业脱贫规划"项目，应该是很早的区域旅游扶贫规划。而跨省域、大规模的连片特困地区的旅游脱贫规划则是 2011 年以后的事。尤其是在 2011 年《中国农村脱贫开发纲要（2011—2020）》文件发布以来，党中央、国务院以及各级党委、政府，先后制定颁布了一系列促进脱贫攻坚计划的政策文件和法律法规（表 3-3~ 表 3-5）。特别是自《全国"十三五"脱贫攻坚规划》出台以来，我国 14 个集中连片特困地区以及相关各省（自治区、直辖市），陆续进行了相应的不同级别行政区范围和不同专项的脱贫攻坚规划和旅游产业脱贫规划。如作者主持、参与进行的《川陕渝金三角旅游产业脱贫规划（2005—2015）》《秦巴山片区旅游产业发展规划（2015—2020）》《秦巴山区旅游精准脱贫规划与行动计划（2017—2020）》《四川青藏高原地区旅游精准脱贫规划与行动计划（2015—2020）》等，以及各种各类各级的跨区域旅游脱贫规划。其中，旅游产业脱贫规划成为我国集中连片特困地区脱贫规划最广泛、最热点的脱贫专项规划，并为夺取我国脱贫攻坚战最后胜利做出了重要贡献。

诸如作为早期乡村振兴相关的美丽乡村建设的零星实践在 2003 年左右已经开始，并伴随着自发式、自由式的美丽乡村发展规划应运而生，这些规划可视为乡村振兴规

---

① 北京交通大学教授张辉：旅游产业已成为国民经济一大产业 . http://travel.cntv.cn/20101204/104830.shtml.

划的早期雏形。尤其是随着脱贫攻坚计划向不断向深入推进，党中央、国务院提出我国农村脱贫转型与可持续发展战略，并于 2018 年发布了中央一号文件，即《中共中央国务院关于实施乡村振兴战略的意见》。从此以后，党中央、国务院以及各级党委、政府，陆续制定颁布了一系列促进乡村振兴的政策文件和法律法规，尤其是 2018 年 9 月，《全国乡村振兴战略规划（2018—2022 年）》的发布，我国各省（自治区、直辖市）各级政府陆续做了相应的乡村振兴战略规划和乡村振兴专项规划。上述旅游脱贫、乡村振兴国家战略、相关政策文件和法律法规的发布，以及一系列旅游脱贫规划及乡村振兴规划成果，为旅游脱贫转型及乡村振兴规划研究奠定了重要基础。

表 3-3　我国旅游脱贫转型及乡村振兴规划相关背景文件及要求

年份	相关文件或会议	旅游脱贫及乡村振兴规划相关政策要求
2011	《中国农村扶贫开发纲要（2011—2020 年）》	充分发挥贫困地区生态环境和自然资源优势，推广先进实用技术，培植壮大特色支柱产业，大力推进旅游脱贫
2014	《国务院关于促进旅游业改革发展的若干意见》	大力发展乡村旅游。加强乡村旅游精准脱贫，扎实推进乡村旅游富民工程，带动贫困地区脱贫致富
2014	七部委《关于实施乡村旅游富民工程推进旅游扶贫工作的通知》	到 2020 年，扶持约 6000 个脱贫村开展乡村旅游
2015	国家旅游局、国务院扶贫办"全国乡村旅游提升与旅游扶贫推进会议"	通过发展乡村旅游、精品化脱贫，打造农家乐升级版
2015	《国务院办公厅关于进一步促进旅游投资和消费的若干意见》	加大对乡村旅游脱贫重点村的规划指导、专业培训、宣传推广力度。到 2020 年，全国每年通过乡村旅游带动 200 万农村脱贫人口脱贫致富；扶持 6000 个旅游脱贫重点村开展乡村旅游，实现每个重点村乡村旅游年经营收入达到 100 万元
2015	《农业部等 11 部门关于积极开发农业多种功能大力促进休闲农业发展的通知》	支持农民发展农家乐，闲置宅基地整理结余的建设用地可用于休闲农业。鼓励利用"四荒地"（荒山、荒沟、荒丘、荒滩）发展休闲农业，对中西部少数民族地区和集中连片特困地区发展休闲农业，其建设用地指标给予倾斜
2015	《国土资源部、住房和城乡建设部、国家旅游局关于支持旅游业发展用地政策的意见》	积极保障旅游业发展用地供应，加大旅游脱贫用地保障；明确旅游新业态用地政策；加强旅游业用地服务监管
2016	《关于印发乡村旅游脱贫工程行动方案的通知》	乡村环境综合整治专项行动、旅游规划脱贫公益专项行动、乡村旅游后备厢和旅游电商推进专项行动、万企万村帮扶专项行动、百万乡村旅游创客专项行动、金融支持旅游脱贫专项行动、脱贫模式创新推广专项行动、旅游脱贫人才素质提升专项行动
2016	《国家旅游局办公室关于实施旅游万企万村帮扶专项行动的通知》	实施旅游万企万村帮扶专项行动，组织动员全国 1 万家规模较大的旅游景区、旅行社、旅游饭店、旅游车船公司、旅游规划设计单位、乡村旅游企业等旅游企业及旅游院校，对 2.26 万家乡村旅游脱贫重点村进行帮扶脱贫

年份	相关文件或会议	旅游脱贫及乡村振兴规划相关政策要求
2016	《关于加大脱贫攻坚力度支持革命老区开发建设的指导意见》	依托老区良好的自然环境，积极发展休闲农业、生态农业，打造一批具有较大影响力的养生养老基地和休闲度假目的地
2016	《"十三五"脱贫攻坚规划》	旅游基础设施提升工程、乡村旅游产品建设工程、休闲农业和乡村旅游提升工程、森林旅游脱贫工程、乡村旅游后备厢工程、乡村旅游脱贫培训宣传工程
2016	2016 年中央一号文件	强化规划引导，扶持休闲农业与乡村旅游业发展，积极扶持农民发展休闲旅游业合作社。引导和支持社会资本开发农民参与度高、受益面广的休闲旅游项目
2016	《关于金融助推脱贫攻坚的实施意见》	积极支持能吸收脱贫人口就业、带动脱贫人口增收的乡村旅游等特色产业发展。有效对接特色农业基地、现代农业示范区、农业产业园区的金融需求，积极开展金融产品和服务方式创新
2016	《"十三五"脱贫攻坚规划》	在产业发展脱贫的规划中，提出了"因地制宜发展乡村旅游""大力发展休闲农业""积极发展特色文化旅游"
2016	七部委发文落实《关于金融助推脱贫攻坚的实施意见》	提出了金融助推脱贫攻坚的细化落实措施，包括各金融机构要立足贫困地区资源禀赋、产业特色，积极支持能吸收脱贫人口就业、带动脱贫人口增收的绿色生态种养业、经济林产业、林下经济、森林草原旅游、休闲农业、传统手工业、乡村旅游、农村电商等特色产业发展。健全和完善区域信贷政策，在信贷资源配置、金融产品和服务方式创新、信贷管理权限设置等方面，对连片特困地区、革命老区、民族地区、边疆地区给予倾斜
2016	2017 年中央一号文件	优化产品产业结构，着力推进农业提质增效；推行绿色生产方式，增强农业可持续发展能力；壮大新产业新业态，拓展农业产业链价值链；强化科技创新驱动，引领现代农业加快发展；补齐农业农村短板，夯实农村共享发展基础；加大农村改革力度，激活农业农村内生发展动力
2016	国家旅游局 120 亿元旅游基建基金申报启动	重点支持休闲度假旅游、乡村旅游、文化旅游、研学旅行、旅游小城镇和新产品、新业态项目
2017	《财政部、农业部关于深入推进农业领域和社会资本合作的实施意见》	将农业田园综合体作为聚焦重点，支持有条件的乡村建设以农民合作社为主要载体、让农民充分参与和受益的田园综合体，推进农业领域 PPP 工作
2017	《农业部办公厅关于推动落实休闲农业和乡村旅游发展政策的通知》	促进引导休闲农业和乡村旅游持续健康发展，加快培育农业农村经济发展新动能，壮大新产业新业态新模式，推进农村一二三产业融合发展
2017	《促进旅游产业发展，支持旅游脱贫工程合作协议》	深化金融支持旅游业发展政策措施，共同推进旅游金融服务创新，共同支持乡村旅游脱贫工程，促进旅游产业发展
2017	《农业部办公厅　中国农业发展银行关于政策性金融支持农村一二三产业融合发展的通知》	支持农业多种功能开发，增加农村产业融合发展拓展力

续表

年份	相关文件或会议	旅游脱贫及乡村振兴规划相关政策要求
2018	《国家旅游局关于进一步做好当前旅游脱贫工作的通知》	组织规划编制单位因地制宜、科学编制一批旅游精准脱贫规划，策划推出一批旅游脱贫重点项目
2018	《生态脱贫工作方案》	在贫困地区打造具有较高知名度的50处精品森林旅游地、20条精品森林旅游线路、30个森林特色小镇、10处全国森林体验和森林养生试点基地等
2018	2018年中央一号文件	农业农村农民问题是关系国计民生的根本性问题，必须始终把解决好"三农"问题作为全党工作的重中之重，实施乡村振兴战略。到2020年，乡村振兴取得重要进展，制度框架和政策体系基本形成；到2035年，乡村振兴取得决定性进展，农业农村现代化基本实现；到2020年，现行标准下农村脱贫人口实现脱贫，脱贫县全部摘帽，解决区域性整体贫困。积极开发观光农业、游憩休闲、健康养生、生态教育等服务；到2050年，乡村全面振兴，农业强、农村美、农民富全面实现
2018	《中共中央 国务院关于打赢脱贫攻坚战三年行动的指导意见》	加大产业脱贫力度，因地制宜加快发展对贫困户增收带动作用明显的种植养殖业、休闲农业和乡村旅游等产业，积极培育和推广有市场、有品牌、有效益的特色产品
2018	《促进乡村旅游发展提质升级行动方案（2018年—2020年）》	实施"三区三州"等深度贫困地区旅游基础设施改造升级行动计划，在"十三五"文化旅游提升工程中增补一批旅游基建投资项目，专项用于支持"三区三州"等深度贫困地区旅游基础设施和公共服务设施建设
2018	《乡村振兴战略规划（2018—2022年）》	按照产业兴旺、生态宜居、乡风文明、治理有效、生活富裕的总要求，对实施乡村振兴战略作出阶段性谋划，分别明确至2020年全面建成小康社会和2022年召开党的二十大时的目标任务，细化实化工作重点和政策措施，部署重大工程、重大计划、重大行动，确保乡村振兴战略落实落地
2018	《关于促进乡村旅游可持续发展的指导意见》	突出重点，做好深度贫困地区旅游脱贫工作。支持在贫困地区实施一批以乡村民宿改造提升为重点的旅游脱贫项目，引导贫困群众对闲置农房升级改造，指导各地在明晰产权的基础上，建立有效的带贫减贫机制，增加贫困群众收益
2018	2019年中央一号文件	大力发展休闲度假、旅游观光、养生养老、创意农业、农耕体验、乡村手工艺等，发展具有历史记忆、地域特点、民族风情的特色小镇，建设一村一品、一村一景、一村一韵的魅力村庄和宜游宜养的森林景区
2019	《关于实施乡村旅游富民工程推进旅游脱贫工作的通知》	加强基础设施建设，改善重点村旅游接待条件。大力发展乡村旅游，提高规范管理水平。发挥精品景区辐射作用，带动重点村脱贫致富。加强重点村旅游宣传推广，提高旅游市场竞争力。加强人才培训，为重点村旅游发展提供智力支持
2020	全国乡村振兴战略规划实施报告（2018—2019年）	农业农村部、国家发改委会同规划实施协调推进机制27个成员共同单位，提出乡村振兴新格局加快构建，城乡布局结构不断完善，村庄分类发展有序推进

表3-4　旅游脱贫转型及乡村振兴六大工作重点

工程名称	重点工作内容
旅游基础设施提升工程	支持中西部地区重点景区、乡村旅游、红色旅游、集中连片特困地区生态旅游交通基础设施建设，加快风景名胜区和重点城镇旅游集聚区旅游基础设施和公共服务设施建设。对乡村旅游经营户实施改厨、改厕、改院落、整治周边环境工程，支持国家脱贫开发工作重点县、集中连片特困地区县中具备条件的6130个村的基础设施建设。支持脱贫村周边10千米范围内具备条件的重点景区基础设施建设
乡村旅游产品建设工程	鼓励各类资本和大学生、返乡农民工等参与脱贫村旅游开发。鼓励开发建设休闲农庄、乡村酒店、特色民宿以及自驾露营、户外运动和养老养生等乡村旅游产品，培育1000家乡村旅游创客基地，建成一批金牌农家乐、A级旅游景区、中国风情小镇、特色景观旅游名镇名村、中国度假乡村、中国精品民宿
休闲农业和乡村旅游提升工程	在贫困地区扶持建设一批休闲农业聚集村、休闲农庄、休闲农业园、休闲旅游合作社。认定推介一批休闲农业和乡村旅游示范县，推介一批中国美丽休闲乡村，加大品牌培育力度，鼓励创建推介有地方特色的休闲农业村、星级户、精品线路等，逐步形成品牌体系
森林旅游脱贫工程	推出一批森林旅游脱贫示范市、示范县、示范景区，确定一批重点森林旅游地和特色旅游线路，鼓励发展"森林人家"，打造多元化旅游产品
乡村旅游后备厢工程	鼓励和支持农民将当地农副土特产品、手工艺品通过自驾车旅游渠道就地就近销售，推出一批乡村旅游优质农产品推荐名录。到2020年，全国建设1000家"乡村旅游后备厢工程示范基地"，支持在邻近的景区、高速公路服务区设立特色农产品销售店
乡村旅游脱贫培训宣传工程	培养一批乡村旅游脱贫培训师。鼓励各地设立一批乡村旅游教学基地和实训基地，对乡村旅游重点村负责人、乡村旅游带头人、从业人员等分类开展旅游经营管理和服务技能培训。2020年前，每年组织1000名乡村旅游脱贫重点村村官开展乡村旅游培训。开展"乡村旅游+互联网"万村千店脱贫专项行动，加大对贫困地区旅游线路、旅游产品、特色农产品等宣传推介力度。组织开展乡村旅游脱贫公益宣传。鼓励各地打造一批具有浓郁地方特色的乡村旅游节庆活动

资料来源于:《"十三五"脱贫攻坚规划》。

表3-5　乡村及乡村振兴八大专项行动

工程行动	专项行动主要内容
乡村环境综合整治专项行动	大力改善乡村旅游基础和公共服务设施，规划启动"六小工程"，确保每个乡村旅游脱贫重点村建好停车场、旅游厕所、垃圾集中收集站、医疗急救站、农副土特产品商店和旅游标识标牌。到2020年全国2.26万个乡村旅游脱贫重点村实现"六小工程"和"厕所革命"全覆盖，50万户建档立卡贫困户实施"三改一整"工程
旅游规划脱贫公益专项行动	组织和支持300家旅游规划设计单位开展旅游规划脱贫公益行动，围绕旅游产品建设和促进旅游产业发展，为乡村旅游脱贫重点村编制旅游发展规划。每年促成不少于500个乡村旅游脱贫重点村与规划设计单位结对，5年完成3000个乡村旅游脱贫重点村的规划编制
乡村旅游后备厢和旅游电商推进专项行动	依托乡村旅游发展带动农副土特产品销售，支持乡村旅游脱贫重点村在邻近的重点景区景点、高速公路服务区、主要交通干道旅客集散点等设立农副土特产品销售专区。开展旅游电商万村千店行动，优先支持有条件的重点村利用已有资源建设旅游脱贫电商平台，组织实施贫困地区"一村一店""旅游淘宝村""旅游脱贫+特色馆"立体脱贫，依托村民中心、超市等营业场所建设电商服务站点，支持各大电商平台开展旅游电商脱贫行动，为贫困地区开设脱贫频道，开展在线宣传推广、特产销售、旅游线路营销。到2020年，全国建设1000家"乡村旅游后备厢工程示范基地"，销售产值8000亿元，带动不低于50万户贫困户脱贫；建设1000个乡村旅游脱贫电商示范村，每年实现旅游商品销售100亿元

续表

工程行动	专项行动主要内容
万企万村帮扶专项行动	组织动员全国1万家旅游企业、宾馆饭店、景区景点、旅游规划设计单位、旅游院校等单位，对乡村旅游脱贫重点村进行帮扶脱贫。采取安置就业、项目开发、输送客源、定点采购、指导培训等多种方式帮助乡村旅游脱贫重点村发展旅游，通过5年时间解决100万左右脱贫人口的脱贫
百万乡村旅游创客专项行动	组织和引导百万返乡农民工、大学毕业生、专业艺术人才、青年创业团队等各类"创客"投身乡村旅游发展，通过一系列的创意研发、产品开发、宣传推广，推动乡村旅游实现转型提升、创新发展。到2020年，全国培育1000个乡村旅游创客示范基地，形成一批高水准文化艺术旅游创业示范乡村
金融支持旅游脱贫专项行动	加快乡村旅游脱贫项目库建设，统筹资源支持国开行、农发行等银行创新金融服务，设计符合旅游脱贫项目特点、与旅游脱贫项目周期相匹配的支持产品。探索建立乡村旅游投融资主体、担保平台、风险准备金制度及信用评级体系，优先在乡村旅游脱贫重点村进行授信，为贫困户提供小额贷款，相关部门给予贷款贴息。积极探索景区带村、能人带户、企业（合作社）+农户等脱贫信贷政策，引导金融机构根据带动脱贫村、贫困户实现增收的情况，为景区、能人、企业（合作社）提供成本低、期限长的信贷支持。每年金融支持旅游脱贫项目不少于1000个，资金不少于3000亿元
脱贫模式创新推广专项行动	探索景区带村、能人带户、企业（合作社）+农户等多种类型的旅游脱贫新模式，按照景区脱贫加分政策，鼓励每个4A级、5A级景区带动周边乡村旅游脱贫重点村不少于3个，每个能人带动不少于5户建档立卡贫困户，一个合作社带动不少于20户建档立卡贫困户，通过招工、订单采购农产品、建设绿色食品基地、成立互助社等方式帮扶脱贫。加快脱贫创新模式推广，到2020年，全国建设旅游脱贫示范景区1000个、企业（合作社）+农户旅游脱贫示范基地1万家，培育旅游脱贫带头人5万个，带动80万户贫困户脱贫
旅游脱贫人才素质提升专项行动	设立乡村旅游脱贫东部、西部培训基地，组建"全国乡村旅游脱贫专家库"，动员规划、管理、营销专业人才到脱贫开发重点县、易地脱贫搬迁小镇、乡村旅游脱贫重点村开展公益指导培训。到2020年前，各省要以市、县为基础，建立地方培训基地，实现对2.26万个乡村旅游脱贫重点村致富带头人培训全覆盖，培养旅游脱贫带头人10万人

资料源于：《乡村旅游脱贫工程行动方案》

2020年年底，随着我国脱贫攻坚取得全面胜利、顺利实现社会全面小康目标，我国以绝对贫困脱贫为核心、以经济为中心的单维度扶贫攻坚时代彻底结束，全新的以相对贫困为核心、以经济、社会、生态、文化等为中心的多维度扶贫攻坚时代正在来临——绝对贫困脱贫攻坚与乡村振兴相衔接的时代正在到来，这个时代就是脱贫转型及乡村振兴时代。而由于生态旅游在我国广大山区乡村地区脱贫转型及乡村振兴中的独特意义和作用，基于生态旅游发展方式的脱贫转型及乡村振兴时代正在来临，也就是旅游转型及乡村振兴规划应运而生。与传统的旅游脱贫规划相比较，旅游脱贫转型及乡村振兴规划，无论在指标要求、类型及特征、维度等，还是在体制机制、战略目标、实现路径、政策保障等方面，都存在明显的不同。

第五节　规划内容框架

综合我国中西部广大山地乡村的区域条件、城乡结构、产业结构、资源特色、发展基础、综合区位等综合特点以及国家战略要求，全国乡村振兴战略实施实现的核心关键是编制旅游脱贫转型及乡村振兴规划。考虑到我国中西部乡村区域发展环境明显的特殊性，其旅游脱贫转型及乡村振兴规划主要涉及如下五个方面的关键科学问题，即一是战略规划问题，二是时空规划问题，三是专项规划问题，四是项目规划问题，五是保障规划问题。

与之相对应，我国中西部山区旅游脱贫转型及乡村振兴规划包括五个层次的级别类型：一是旅游脱贫转型及乡村振兴战略规划；二是旅游脱贫转型及乡村振兴总体规划；三是旅游脱贫转型及乡村振兴专项规划；四是旅游脱贫转型及乡村振兴项目规划；五是旅游脱贫转型及乡村规划保障规划（图3-3）。其中，旅游脱贫转型及乡村振兴战略规划主要涉及整个川西少数民族地区脱贫转型及乡村振兴的宏观、战略、长远与高度问题，其规划内容主要包括指导思想、发展理念、基本原则、发展目标、时控管制、远景谋划、未来展望，乃至空间用途管制、战略部署、战略定位、城乡布局结构、城乡协调、综合协调、效益统一、资源环境承载力、战略优化规划等。

旅游脱贫转型及乡村振兴总体规划，这是涉及旅游脱贫转型及乡村振兴规划的时间、空间、布局与功能区划等，具体包括目标要求、时空格局、重要任务、优化乡村发展布局（生产空间、生活空间、生态空间）、分类推进乡村发展（集聚提升类村庄、城郊融合类村庄、特色保护类村庄、搬迁撤并类村庄）、旅游带动乡村振兴（景区带动型、乡村旅游型、旅游商品型、综合驱动型）等各个方面。旅游脱贫转型及乡村振兴总体规划的核心就是脱贫转型及乡村振兴规划的时空框架问题和产业空间发展布局问题。

旅游脱贫转型及乡村振兴专项规划，这是涉及旅游脱贫转型及乡村振兴规划的某个侧面、重点、专项、领域等问题，主要包括六个专题：一是旅游区域脱贫转型及乡村振兴发展规划，即旅游战略支柱产业引领的脱贫转型及乡村振兴发展规划；二是旅游脱贫转型及乡村产业振兴规划，即旅游引领的乡村三产高质量融合发展规划；三是旅游脱贫转型及乡村文化振兴规划，即旅游驱动的乡村原生态文化资源从而实现乡村文化继承、创新和可持续发展规划；四是旅游脱贫转型及乡村生态振兴规划，即旅游驱动的美丽乡村及智慧乡村建设规划；五是旅游脱贫转型及乡村组织振兴规划，即旅游驱动的乡村综合环境治理规划；六是旅游脱贫转型及乡村人才振兴规划，即以旅游人力开发为抓手增强乡村发展能力的人才专项规划。

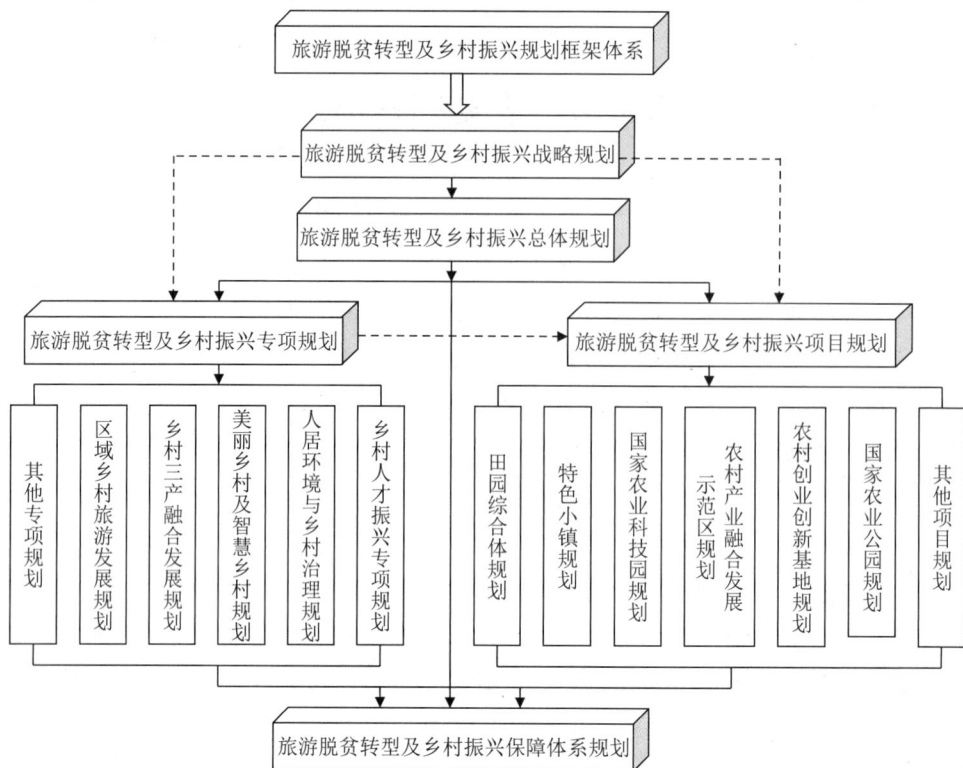

图 3-3　旅游脱贫转型及乡村振兴规划内容框架

旅游脱贫转型及乡村振兴项目规划，就是旅游脱贫转型及乡村振兴规划框架下的各级各类项目开发建设规划。相关规划具体包括：田园综合体规划、特色小镇规划、国家农业科技园规划、农村产业融合发展示范区规划、农村创业创新基地规划、国家农业公园规划等。不同地区乡村，其规划项目的侧重点不同。这是基于"点"上的建设规划问题，涉及脱贫转型及乡村振兴发展相关的工程、项目、落地、抓手等关键问题，也是脱贫转型及乡村振兴战略计划实施的重要支撑和突破口。

旅游脱贫转型及乡村振兴保障体系规划，这涉及旅游脱贫转型及乡村振兴规划的制度、政策、机制、支持、保障等问题，包括制度框架设计、政府主导规划、支持保障规划、体制机制规划、资金来源规划、人才保障规划等。旅游脱贫转型及乡村振兴保障体系规划是脱贫转型及乡村振兴规划实施和实现的前提和指导，没有强大的组织机构、制度体系、政策框架、法规配套、资金到位、财政支持、体制机制和人才保障，脱贫转型及乡村振兴发展这个重大战略部署和世纪工程就成为空中楼阁和海市蜃楼。

第六节　规划总体要求

旅游脱贫转型及乡村振兴规划强调以生态文明观为统领、以可持续生态旅游发展的理念引领脱贫转型及乡村振兴战略的具体执行和实施，它强调以旅游业为乡村区域主导产业规划指导区域土地利用方式、资源保护与开发强度、城乡发展形态以及产业要素配置，促进区域空间系统整体功能向最优方向发展。它突破了行政区划的界限、突破了城乡规划和土地规划的约束、突破了传统旅游规划和旅游扶贫规划仅作为城乡规划框架下的一个专项规划，上升到脱贫转型及乡村振兴战略和跨区域战略发展高度的上位规划，把乡村区域旅游业发展与城乡空间形态及空间管理等重大问题提升到政策决策层面，直接推动和影响政府的重大决策。

因而，旅游脱贫转型及乡村振兴规划为我国脱贫转型及乡村振兴战略的具体实施提供了革命性的理论方法体系和创新性的体制机制，为我国广大资源富集型经济欠发达的山地乡村地区高质量发展铺就了全新的发展道路。旅游脱贫转型及乡村振兴规划为脱贫转型及乡村振兴规划打开了突破口，成为脱贫转型及乡村振兴规划实施的重要路径和抓手。

旅游脱贫转型及乡村振兴规划具有如下主要特点和优势（表3-6）：

表3-6　旅游脱贫转型及乡村振兴规划的技术框架体系

技术要求	内容特征	其他
理念	生态文明观、可持续发展	"两山"理论、高质量发展
性质	乡村振兴规划的优势规划、突破口，乡村振兴规划实施的重要路径和抓手	某些地方可等同于乡村振兴规划
内涵	发挥中国广大乡村资源特色和生态环境优势，促进乡村振兴的特殊旅游专项规划，为旅游促进乡村振兴服务提供指导	多数地区可以等同于乡村振兴规划
外延	广大乡村地区	局部城郊区域可以借鉴
前后联系	旅游乡村振兴规划通常在旅游规划、美丽乡村建设规划、脱贫攻坚规划、旅游脱贫规划之后	部分山区需要进行旅游脱贫转型规划
特点	具有连续性、产业性、衔接性、协调性、保障性、脱贫转型、综合性、创新性，并受PPT战略的间接约束和影响	与旅游脱贫转型规划可以合并或者分开实施
规划对象	乡村区域，尤其是广大中西部山地区域、少数民族聚集区，核心是基于"三农"的区域发展规划	未来新型乡村区域发展规划

续表

技术要求	内容特征	其他
基本原则	以生态文明观、"两山"理论、高质量发展为指导，以促进乡村区域协调可持续发展为基本原则	少数民族聚集区和谐稳定与可持续发展
规划板块	旅游产业兴旺、旅游生态宜居、旅游乡风文明、旅游民族治理、旅游生活富裕	旅游带动共同富裕
规划目标	充分发挥旅游业的综合性、关联性、主导型、拉动性、辐射性等独特作用及意义，促进乡村快速、持续、健康、和谐发展、全面振兴与长治久安	共同富裕、长治久安
主要内容	旅游乡村振兴战略规划、旅游乡村振兴总体规划、旅游乡村振兴专项规划、旅游乡村振兴项目规划、旅游乡村振兴保障规划	前期评估、未来提升规划
重要特征	为乡村振兴与区域可持续发展提供指导	国家发展规划重要支撑
技术要求	以乡村区域可持续发展指标相关要求为主的相关条例、法律法规、政策文件、上位规划	少数民族地区相关政策法规
基础前提	最主要的是要具备旅游发展资源基础，其次具备一定的旅游环境条件	区域协调、差异化资源利用
相关性	旅游乡村振兴规划是旅游脱贫规划、旅游脱贫转型规划的升级和拓展，乡村振兴规划的先行规划和优势规划	其他相关规划
共同性	与其他旅游规划相比，都以生态文明观为统领，以发挥生态旅游的特色和优势为基础，以基于旅游带动区域发展为目标	同时强调旅游规划的独特性和优越性
特殊性	乡村区域规划；综合性；系统性；立体、动态性	同时关注其乡村性

一是系统性。旅游脱贫转型及乡村振兴规划是一个复杂的有机系统工程。总体涉及如下几个方面：①规划时间具有连续性，涉及前期的城乡规划、旅游规划、美丽乡村规划、旅游产业发展规划、脱贫攻坚规划、旅游脱贫规划、脱贫转型规划等；②规划空间的整体性，涉及多元化民族地区乡村区域、多样化山地乡村区域、多元化地理乡村区域、多层次乡村空间区域、差异化发展的乡村区域等；③规划领域的广泛性，涉及产业规划、文化规划、环境治理、乡村治理、文化保护与传承等；④规划技术的多样性，包括顶层的战略规划、总体规划，以及具体实施的专项规划、项目规划和支撑保障体系规划等。

二是产业性。强调以旅游脱贫转型及乡村产业振兴为核心（以旅游产业为主导产业发展）的旅游脱贫转型及乡村振兴规划，旅游脱贫转型及乡村振兴规划的关键立足于我国广大乡村丰富的旅游资源和优美生态景观以及乡村文化资源基础之上，通过旅游业发展拉动乡村振兴高质量发展，具体主要通过旅游带动乡村产业发展，旅游带动乡村就业和全民共同富裕，旅游带动全民文化保护和科学管理，旅游带动乡村文化绿色发展，旅游带动乡风文明治理，旅游带动和谐美丽乡村，旅游带动乡村长治久安和可持续发展。旅游脱贫转型及乡村振兴规划核心是要强调脱贫转型及乡村旅游产业振兴规划。

三是协调性。强调旅游脱贫转型及乡村振兴规划并非传统的旅游规划和原有的规划，而是在此基础上综合考虑到我国发展的区域不平衡性和发展环境差异化的综合系统规划，非常关注乡村区域的自然地理条件、历史人文背景、经济社会发展环境等的特殊性，特别注重考虑乡村地区区域发展与自然条件适宜性和承载力之间的关系，极端注重旅游脱贫转型及乡村振兴规划的空间体系规划和区域协作规划，强调土地利用方式、资源保护与开发强度、空间结构优化、城乡发展形态以及产业要素的科学配置，以促进区域空间系统整体功能向最优方向发展为规划目标。

四是衔接性。主要表现在两个方面：①强调脱贫规划与乡村振兴规划之间的衔接性，旅游脱贫转型及乡村振兴规划并非与脱贫规划相脱节的独立规划，即与我国巩固拓展脱贫攻坚成果同乡村振兴有效衔接相一致，就是要在巩固拓展脱贫攻坚成果的基础上，做好旅游脱贫转型及乡村振兴规划这篇大文章，接续推进脱贫地区发展和群众生活改善，也就是要进行旅游脱贫转型规划。②强调规划，旅游脱贫转型及乡村振兴规划并非独立出现的、另立炉灶式的全新规划，而是在与我国乡村脱贫攻坚规划、"十三五""十四五"等发展规划、成果基础上的脱贫转型及乡村振兴规划，要与其他各种规划相衔接。

五是综合性。旅游脱贫转型及乡村振兴规划就是在上述各种规划之基础上，针对我国广大中西部乡村区域、以乡村高质量发展和全民共同富裕为目标的综合性规划。该规划应形成自己相对独立的转型规划体系和规划内容框架，旅游脱贫转型及乡村振兴规划体系涉及规划编制体系、规划实施评估体系和规划管理体系，规划内容框架包括上至战略规划、总体规划，下至专项规划、项目规划等相互联系的多个部分的专项规划，以及若干具体产品规划、实施方案等。

六是保障性。强调旅游脱贫转型及乡村振兴规划的硬件支撑和软件建设规划，前者涉及旅游脱贫转型及乡村振兴的交通条件、基础设施、公共服务、生态环境等各方面，后者涉及脱贫转型及乡村振兴发展的各种体制机制建设问题，包括保障政策、资金、人才、环保、收益保障机制等。

七是创新性。体制机制创新与规划实施方案，特指旅游脱贫转型及乡村振兴规划的科学实施、科学评估、科学考评与可持续管理问题，主要涉及几个方面：旅游脱贫转型及乡村振兴发展创新规划、旅游脱贫转型及乡村振兴体质创新规划、旅游脱贫转型及乡村振兴政策创新规划以及规划实施的体质机制创新。

第七节　规划管理体系

综合上述研究成果，结合全国乡村振兴战略规划，旅游脱贫转型及乡村振兴规划体系就是从旅游脱贫转型及乡村振兴规划编制到规划成果实施，再到规划项目落地，以及规划实施情况及其实施效果评估系列过程的实施管理体系。根据规划不同阶段、内容、目标及任务，旅游脱贫转型及乡村振兴规划体系包括旅游脱贫转型及乡村振兴规划编制体系、旅游脱贫转型及乡村振兴规划评估体系、旅游脱贫转型及乡村振兴规划管理体系三个子系统（图3-4）。旅游脱贫转型及乡村振兴规划体系应按产业兴旺、生态宜居、乡风文明、治理有效、生活富裕的总要求，以生态文明观为统领，依照国土空间规划体系和多规合一原则，即强化与国民经济和社会发展规划、城乡规划、土地利用规划、环境保护、文物保护、林地与耕地保护、综合交通、水资源、文化与生态旅游资源、社会事业规划等各类规划的衔接，确保与多规确定的保护性空间、开发边界、城市规模等重要空间参数一致，并在统一的空间信息平台上建立控制线体系，以实现优化空间布局、有效配置土地资源、提高政府空间管控水平和治理能力的目标。

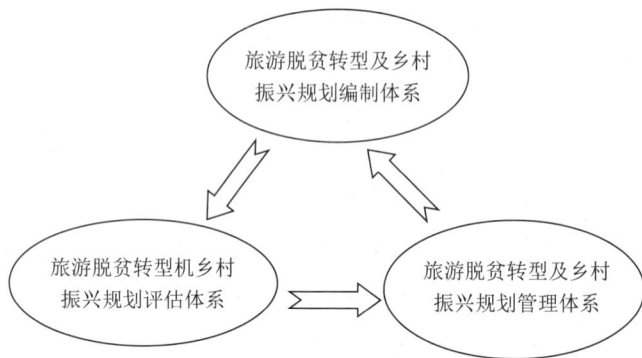

图3-4　旅游脱贫转型及乡村振兴规划管理体系

其中，旅游脱贫转型及乡村振兴规划编制体系特指旅游脱贫转型及乡村振兴规划报告编制背景—过程—成果的技术规范体系，包括旅游脱贫转型及乡村振兴规划编制的类型、层次、主要内容、成果要求等。在规划技术要求方面，应尊重传统文化和乡土特色、充分整合乡村旅游资源、就地取材采用乡土材料、保护与节约乡村资源、以生态和环保为导向、增强人与自然的和谐。

旅游脱贫转型及乡村振兴规划评估体系，特指旅游脱贫转型及乡村振兴规划从规划编制、规划管理、规划实施及其效果评价的整个过程，包括评价对象及范围、评价机制及程序、评估内容及标准三大内容，具体涉及对规划报告成果的评估和对规划应用实施及效果的评估。前者针对编制机构，后者针对地方政府。规划报告成果的评估主要评价规划成果的科学性、合理性和可操作性；规划成果实施及效果的评估主要包括规划实施情况及其效果的评估。

旅游脱贫转型及乡村振兴规划管理体系，系指旅游脱贫转型及乡村振兴规划从规划编制到规划实施再到规划实施效果评估及优化的组织管理体系。具体包括旅游脱贫转型及乡村振兴规划编制管理和旅游脱贫转型及乡村振兴规划实施管理两方面。前者包括旅游脱贫转型及乡村振兴规划报告编制实施实现的过程组织管理体系。后者包括从旅游脱贫转型及乡村振兴规划编制评审通过后，在当地旅游脱贫转型及乡村振兴发展具体指导的一系列过程，包括旅游脱贫转型及乡村振兴规划公示、发布、具体实施以及实施效果等。

第四篇
旅游脱贫转型规划研究：
秦巴山区

第一章　规划总则与背景条件

　　鉴于旅游脱贫转型及乡村振兴规划总则涉及方方面面，尤其是必须以特定的地区作为具体规划对象，方能便于进行科学有效、有针对性的阐述，这里以秦巴山区为案例，对旅游脱贫转型及乡村振兴规划相关的宏观背景、重要意义、规划任务、实施期限、规划依据等进行阐述。

　　旅游脱贫转型及旅游乡村振兴规划的前提是，脱贫山区和广大乡村地区具备一定的旅游资源条件，及具有旅游发展的基础条件。我国集中连片特困脱贫地区，不同背景和地区其旅游资源丰度及品质明显不同。这里以秦巴山区为案例，对旅游脱贫转型及乡村振兴规划相关的旅游发展环境、旅游资源条件、旅游发展比较优势、旅游发展前景、旅游脱贫转型现状与潜力等，对旅游脱贫转型及乡村振兴规划的基础条件进行阐述。

第一节　规划背景及意义

一、规划的背景

（一）国家乡村振兴战略的客观要求

　　2011年《中国农村扶贫开发纲要（2011—2020年）》明确指出，六盘山区、秦巴山区、武陵山区、乌蒙山区、滇桂黔石漠化区、滇西边境山区、大兴安岭南麓山区、燕山—太行山区、吕梁山区、大别山区、罗霄山区等区域的集中连片特困地区，以及已明确实施特殊政策的西藏、四省藏区、新疆南疆三地州是脱贫攻坚的主战场。2020年年底，我国已经实现全面建成小康社会的目标。此后旅游脱贫转型及乡村振兴规划难点主要在集中连片特困脱贫地区以及广大城乡地区相对贫困群体，这些地区大多是革命老区、民族地区、边疆地区，基础设施和社会事业发展滞后，生态环境脆弱，自然灾害频发，脱贫人口占比和贫困发生率高，人均可支配收入低，脱贫任务重，越往后脱贫成本越高、难度越大（表4-1）。

表 4-1 我国 14 个集中连片脱贫转型基本情况

片区名称	总面积（×10⁴km²）	森林覆盖率（%）	总人口（万人）	脱贫人口（万人）	农村贫困发生率（%）	国家级脱贫县（个）
六盘山区	16.6	18.8	1817.7	165	9.1	44
秦巴山区	22.5	53.0	2707.3	287	10.6	69
武陵山区	17.2	53.0	2937.5	188	6.4	38
乌蒙山区	10.7	38.1	2055.8	203	9.9	28
滇桂黔石漠化区	22.8	47.7	2637.8	221	8.4	61
滇西边境山区	20.9	54.6	1256.5	131	10.5	34
大兴安岭南麓山区	14.5	15.7	528.6	46	8.7	11
燕山—太行山区	9.3	24.7	892.9	72	8.1	22
吕梁山区	3.6	18.5	343.6	44	12.9	20
大别山区	6.7	31.9	3266.7	221	6.8	23
罗霄山区	5.3	72.0	937.1	68	7.3	12
西藏区	122.8	9.7	257.4	32	12.4	0
四省藏区	109.5	13.4	425.6	58	13.7	17
新疆南疆三地州区	45.9	2.0	526.6	66	12.7	19
占全国 总和	428.3	—	2.16亿	1.28亿	—	398
占全国 百分比（%）	44.6	—	15.66	9.34	—	29.6

数据来源：14 个连片特困地区各县市国民经济发展和社会发展统计公报（2018）。脱贫人口总数为 2011 年数据。

其中，秦巴山区跨河南、湖北、重庆、四川、陕西、甘肃，是 14 个集中连片脱贫转型地区中跨省份最多的地区，具体主要涉及秦岭国家公园、大熊猫国家公园、神农架国家公园、伏牛山国家地质公园等，2020 年 5 月份已经规划的"秦巴山脉国家公园"包括四川、陕西、甘肃、河南、湖北、重庆等省市，主要是保护珍稀动植物、自然生态而建立[①]。武陵山区跨重庆、湖北、湖南、贵州 4 省市，少数民族人口多，脱贫人口分布广。滇桂黔石漠化区地跨广西、贵州、云南 3 省市，在 14 个集中连片脱贫转型地区中包含的区县最多。乌蒙山连片脱贫转型地区包括贵州省六盘水市、毕节市，云南省曲靖市、昭通市。滇西边境山区曾经是我国最贫困地区之一，是我国重要生态功能区、人口较少民族主要聚集区和边境地区。六盘山区跨陕西、甘肃、青海、宁夏 4 省

[①]《秦巴山脉国家公园规划》，2020。

区，属于我国集中连片脱贫转型地区。大兴安岭南麓山区覆盖了黑龙江、内蒙古、吉林3省区5个市（盟）19个县（旗）。燕山—太行山区地处燕山和太行山腹地，属内蒙古高原和黄土高原向华北平原过渡地带。吕梁山区涉及山西省忻州市、临汾市、吕梁市以及陕西榆林市共20个县。大别山区包括安徽省安庆市及六安市、河南省信阳市、湖北省孝感市和黄冈市。罗霄山区包括江西省萍乡市等5市和湖南省株洲市和郴州市。新疆南疆三地州，地处西北边缘沙漠地区，脱贫转型任务重。尤其是西藏自治区、四省藏区位于青藏高原腹地，自然环境恶劣，地域辽阔，面积最大，生态脆弱，社会民族复杂，脱贫转型难度大。

作为我国集中连片脱贫转型山区之一，秦巴山区是涉及省份最多、曾经的国家级脱贫县最多、脱贫人口最多、内部发展差距最大的集中连片脱贫转型地区，跨越6省（直辖市）17市、80县（市、区），总面积22.5万平方千米（表4-2），脱贫人口287万人。由于自然条件与历史原因，秦巴山区曾经的国家级脱贫县和脱贫人口，位于全国14个连片脱贫转型地区榜首。同时也是革命老区、边远山区、汶川特大地震灾区、"南水北调"水源区。脱贫转型主要表现在：基础设施相对滞后，经济发展相对缓慢，公共服务相对薄弱，就业和社会保障服务体系不完善，文化体育设施缺乏，农户自我发展能力弱，连片脱贫返贫率比较突出。作为长江上游生态屏障，作为国家主体功能区、国家公园、脱贫转型地区集中区域，秦巴山片区成为国家生态文明战略的主战场。作为国家主体功能区、国家公园、国土空间规划、国家特困地区脱贫转型的主战场，秦巴山区在全新形势下正肩负着长江上游生态屏障、国际生态旅游目的地、革命老区和贫困山区脱贫转型以及跨区域创新发展的历史重任，客观需求创新发展道路和模式。党中央要求，要始终不移走生态文明之路，建立国家公园体制、实施主体功能区制度、构建空间规划体系、坚持"两山"理论和高质量发展理念。秦巴山区作为我国集中连片脱贫转型地区的典型代表，进行旅游脱贫转型及乡村振兴规划，意义重大。

表4-2　秦巴山区连片脱贫转型山区范围

省（直辖市）	市	县（市、区）
河南省	洛阳市	嵩县、汝阳县、洛宁县、栾川县
	平顶山市	鲁山县
	三门峡市	卢氏县
	南阳市	南召县、内乡县、镇平县、淅川县、西峡县
湖北省	十堰市	丹江口市、郧阳区、郧西县、房县、竹山县、竹溪县、张湾区、茅箭区
	襄阳市	保康县
重庆市		城口县、云阳县、奉节县、巫山县、巫溪县

续表

省（直辖市）	市	县（市、区）
四川省	绵阳市	北川县、平武县
	广元市	朝天区、元坝区、剑阁县、旺苍县、青川县、苍溪县、利州县
四川省	南充市	仪陇县
	达州市	宣汉县、万源市
	巴中市	巴州区、通江县、平昌县、南江县
陕西省	西安市	周至县
	宝鸡市	太白县
	汉中市	南郑区、城固县、洋县、西乡县、勉县、宁强县、略阳县、镇巴县、留坝县、佛坪县、汉台区
	安康市	汉滨区、汉阴县、石泉县、宁陕县、紫阳县、岚皋县、平利县、镇坪县、旬阳县、白河县
	商洛市	商州区、洛南县、丹凤县、商南县、山阳县、镇安县、柞水县
甘肃市	陇南市	武都区、文县、康县、宕昌县、礼县、西和县、成县、徽县、两当县

（二）国家战略实施的重要内容

作为我国 14 个集中连片脱贫转型地区之一，秦巴山区曾经是我国涉及省份最多、脱贫县和脱贫人口最多、区域差距最明显的连片特困地区。党中央、国务院高度重视该区的旅游发展和脱贫转型工作。党中央、国务院及各级政府对旅游脱贫转型及乡村振兴做出了一系列重要指示，先后到河北阜平，湖南湘西，陕西延安，贵州遵义，云南昭通、大理、昆明等多个集中连片脱贫转型地区进行了实地调研，认为在实现全面建成小康社会以后，脱贫转型和乡村振兴最艰巨最繁重的任务还是在农村，特别是刚刚脱贫不久的广大山区农村，作出要坚定走脱贫转型和乡村振兴高质量发展的要求，提出了要在巩固拓展脱贫攻坚成果的基础上实现乡村振兴。西部山区受自然资源禀赋条件等影响，自身基础设施不完善、产业发展基础不牢、吸引人才的体制机制不健全，实现乡村振兴还存在一定困难。为此，强调脱贫转型工作是一件关系国计民生的大事，要谋划好"十四五"时期脱贫转型工作，确保实现农村脱贫人口如期转型，进而顺利实现脱贫攻坚成果与乡村振兴有效衔接的目标。应寻找好切入点和突破点，下大力气推动脱贫攻坚与乡村振兴有效衔接，加快广大中西部山区的经济社会发展，为广大山区群众提供更多的获得感、幸福感、安全感。

当前，我国脱贫攻坚战取得了全面胜利，我国现行标准下农村脱贫人口全部实现脱贫、脱贫县全部摘帽、区域性整体贫困得到解决，贫困地区发展步伐显著加快，基础设施、产业基础、公共服务以及生态环境等得到显著改善。但是脱贫攻坚战的胜利并不意味着工作的终结。正如习近平总书记强调："脱贫摘帽不是终点，而是新生活、新奋斗的起点。要针对主要矛盾的变化，理清工作思路，推动减贫战略和工作体系平稳转型，统筹纳入乡村振兴战略，建立长短结合、标本兼治的体制机制。"

乡村振兴不是另起炉灶，是在脱贫攻坚基础上持续推动，要在巩固拓展脱贫攻坚成果的基础上，做好乡村振兴这篇大文章，接续推进脱贫地区发展和群众生活改善。实现巩固拓展脱贫攻坚成果同乡村振兴有效衔接，关键要科学谋划好二者有效衔接的顶层设计。受自然资源禀赋条件和历史因素影响，我国西部民族地区脱贫人口较为集中，脱贫攻坚难度较大，按照时间节点安排，为如期实现全面脱贫奔小康，之前有关部门在制定相关规划时，将脱贫攻坚和乡村振兴作为一体来设计、统筹考虑不够，一定程度上存在"各管各"的现象，甚至没有为在脱贫攻坚的基础上继续实施乡村振兴预留足够空间，难以展现和持续巩固脱贫攻坚成果。脱贫攻坚与乡村振兴发展规划衔接需要进一步完善，融合度方面还有待于进一步提高。

要实现广大中西部山区脱贫攻坚与乡村振兴有效衔接，重点是要：（1）产业扶贫与乡村产业振兴相衔接。解决农村问题，开展乡村振兴要紧紧围绕现代农业的发展，融合第一、二、三产业，构建现代乡村产业体系，实现产业兴旺。（2）教育扶贫与乡村人才振兴相衔接。中西部山区由于长期经济发展滞后，教育观念相对落后，加之教育基础设施欠缺，一些适龄读书的农村子女早早辍学外出打工，直接导致普遍受教育水平不高，本土人才欠缺。（3）精神扶贫与乡村文化振兴相衔接。无论是脱贫转型还是乡村振兴，都离不开发挥贫困群众和农民的主体作用。必须要尊重广大农民意愿，调动他们的积极性、主动性、创造性。尤其是西部民族地区少数民族众多，民族文化特色鲜明，文化资源丰富，文化软实力有待开发，但是农民参与乡村文化振兴的主动性不够。（4）生态扶贫与乡村生态振兴相衔接。广大中西部山区大多地处偏远，尽管土地广袤，但多以高原、山地、盆地等为主，可耕种的耕地面积较小，生态环境问题较为突出。实现脱贫转型和乡村振兴，要以生态文明建设为目标，以生态优先、绿色发展引领乡村振兴。

（三）国家战略中旅游业的独特作用

由于旅游业的联动性、辐射性、带动性和综合性，旅游业正在成为新时期国家发展的增长点，与传统增长点及其他新增长点相比，旅游业新增长点的特殊地位和作用主要包括[①]：①旅游业是资源消耗低、环境友好型、生态共享型的新增长点；②旅游业是消费潜力大、消费层次多、持续能力强的新增长点；③旅游业是兼具消费、投资、

---

① 国家旅游局，2015年全国旅游工作会议工作报告。

出口"三驾马车"功能的新增长点；④旅游业是就业容量大、层次多样、类型丰富、方式灵活、前景广阔的新增长点；⑤旅游业是带动全方位开发、推进国际化发展的增长点；⑥旅游业是增强国民幸福感，提高国民健康水平、促进社会和谐的新增长点；⑦旅游业是优化区域布局、统筹城乡发展、促进新型城镇化的新增长点；⑧旅游业是促进区域脱贫致富、实现共同小康的新增长点；⑨旅游业是新的经济社会组织方式，是有助于提高全社会资源配置效率的新增长点。

正因为旅游业在脱贫攻坚实践中表现出的上述特殊作用，表明了旅游业在脱贫转型和乡村振兴中的独特意义。党中央、国务院及各级政府，充分肯定了旅游业在脱贫攻坚中的特殊作用和意义。为充分发挥旅游业在脱贫攻坚成果与乡村振兴的有效衔接，制定了一系列决议、政策、法规和要求，为旅游引领脱贫转型及乡村振兴提供了前提和保障。

2017年10月，习近平总书记在党的十九大报告中指出，要动员全党全国全社会力量，坚持精准脱贫，坚持中央统筹省负总责市县抓落实的工作机制，强化党政一把手负总责的责任制，坚持大脱贫格局，注重脱贫同扶志、扶智相结合，深入实施东西部脱贫协作，重点攻克深度贫困地区脱贫任务。在党中央国务院的统一领导和部署下，我国已于2020年年底实现现行标准下农村脱贫人口实现脱贫，脱贫县全部摘帽，区域性整体贫困已经得到全面，做到了脱真贫、真脱贫、真振兴。

为深入贯彻落实习近平总书记关于脱贫工作的一系列重要指示，以及《中共中央国务院关于打赢脱贫攻坚战的决定》《中共中央公厅国务院办公厅关于创新机制扎实推进农村扶贫开发工作的意见》《国务院关于促进旅游业改革发展的若干意见》等要求，国家发展和改革委员会、国家旅游局等七部委联合印发了《关于实施乡村旅游富民工程推进旅游扶贫工作的通知》，中共四川省委提出了《关于集中力量打赢脱贫开发攻坚战确保同步全面建成小康社会的决定》，明确要求到2015年扶持约2000个脱贫村开展乡村旅游，到2020年支持6000多个脱贫村开展乡村旅游，并已于2020年全面实现预期目标。

原国家旅游局和国务院扶贫办共同开展脱贫村旅游脱贫试点工作，曾于2015年选择500个左右建档立卡脱贫村开展旅游脱贫试点，实施整村推进和多方支持，帮助具有条件发展旅游业的脱贫村完善基础设施项目、开发乡村旅游富民项目、培训旅游脱贫带头人，通过发展旅游实现脱贫致富，为全面开展旅游脱贫工作提供可借鉴的经验，从而不仅为我国于2020年年底全面实现全面小康社会的目标做出了重要贡献，而且为之后的脱贫转型和乡村振兴战略实施奠定了重要基础。

二、规划的意义

（一）重大战略意义

如前所述，习近平总书记关于精准扶贫、脱贫攻坚成果巩固与共同富裕、"两山"理论、乡村振兴与高质量发展相关重要论述，为我国脱贫转型及乡村振兴战略的实施和实现，提供了总体框架、发展方向和重要法宝。中共中央、国务院将旅游业作为我国国民经济的战略性支柱产业。不断满足人民群众对美好生活日益增长需求和破解不平衡不充分的发展问题，并为广大中西部山区脱贫转型即乡村振兴添砖加瓦，成为新时代旅游业发展的主要目标和任务。随着脱贫转型及乡村振兴国家战略提出和实施，作为长江上游重要的水源涵养区和生态屏障，新形势下秦巴山区如何实现科学发展迎来前所未有的机遇。事实上，秦巴山区旅游脱贫转型及乡村振兴规划构成国家乡村振兴战略实施的重要内容之一。首先，秦巴山区在世界生物多样性方面具有独特性，为我国生物多样性最丰富的地域之一。其次，秦巴山区属于长江、黄河两大江河水系的水源涵养区，尤其是作为南水北调中线工程水源涵养地，肩负着向京、津、豫、冀供水的重要使命，成为华北发展的生命线。

秦巴山区作为横跨中国东西南北的中部山地区域，作为成渝经济区、关（中）天（水）经济区、大武汉经济区、大郑州经济区、长株潭经济区之间的"山地生态绿岛"，承担着我国全域开放（尤其是向西开放）的内陆型对外开放和承接东西—南北全域发展的战略储备的战略重任。党中央、国务院要求，要始终不移地走生态文明之路，建立国家公园体制、实施主体功能区制度和国土空间规划体系。作为长江上游生态屏障，作为国家主体功能区、国家公园、特困山区脱贫转型集中区域，秦巴山区已经成为国家生态文明战略实施的主战场。秦巴山区作为国家主体功能区、国家公园、国家特困山区脱贫开发主战场，在全新形势下正肩负着长江上游生态屏障、国际生态旅游目的地、革命老区、贫困山区脱贫转型以及乡村振兴高质量发展的历史重任，客观需求创新发展道路和模式。

贫困山区脱贫转型和乡村振兴是我国创新发展战略的具体实现。作为我国 14 个集中连片脱贫转型地区之一，秦巴山区新时期正肩负着长江上游生态屏障、国际山地生态旅游目的地、革命老区脱贫转型及区域经济协调发展的重任，客观要求重新审视中华人民共和国成立 70 年以来原有发展方式，面对全新形势亟待创新发展战略与模式。通过旅游业发展带动区域实现体制机制创新，真正确保旅游业作为秦巴山区战略性支柱产业的地位和作用，进而实现旅游主导产业的跨越发展，并通过旅游业发展带动区域经济社会全面可持续发展。这种经济滞后性、社会复杂性、生态脆弱性的生态主体功能区域，如何既要实现老百姓安居乐业、稳定协调发展，又要确保经济、社会、文化与生态多维度协调可持续发展，本身就是一个区域发展模式的创新。

（二）重大现实意义

鉴于秦巴山区资源环境、经济社会和历史人文特点，以及区域发展现状和前景，秦巴山区作为成都、西安、重庆、兰州、太原、武汉、郑州等城市之间的"山地生态绿岛"，秦巴山区大力实施旅游脱贫转型和乡村振兴战略，具有得天独厚的优势条件。秦巴山区独特的旅游业发展优势，对于特困山区脱贫转型战略性支柱产业选择与创新发展，特困山区扩大就业、提高收入、脱贫转型，推动中西部发展和特困山区乡村振兴，以及促进区域经济平稳增长和生态环境改善意义重大。

脱贫转型山区在全国具有重要的生态战略地位。作为曾经的连片特困地区之一，秦巴山区不仅是我国自然地理南北差异的重要分界，也是黄河文化与长江文化的交汇处，系我国东西向山地生态走廊、南北地理分界线、气候分水岭，系长江上游重要的生态屏障，具有重大的区域生态战略意义。尤其是秦巴山区生态旅游资源富集，秦巴山区所涉六省（区）交界，地域相邻、人缘相亲、经济相融、文化相通。在历史文化资源和社会经济资源等方面具有极强的关联性，在自然生态资源和地域文化资源等方面又拥有较强的互补性，区域旅游发展与协作潜力巨大。进行旅游脱贫转型及乡村振兴规划研究，有利于统筹规划、科学布局区域旅游产业要素；有利于实施西部大开发战略，发展内陆开放型经济；有利于推动区域一体化发展，推进统筹城乡改革；有利于构建长江上游生态屏障；有利于在中西部地区实现乡村振兴高质量发展目标。

通过秦巴山区旅游发展、旅游脱贫转型及乡村振兴的科学规划研究，有利于构建我国中西部新型旅游经济增长极——秦巴山区生态旅游经济增长极。其在我国新时代强调树立科学旅游观、拓展旅游发展空间、挖掘旅游品牌等方面，具有重大战略意义。主要体现在：①秦巴山区是我国旅游改革和创新旅游发展的重要战场；②秦巴山区是我国特困山区脱贫转型创新区域发展、构建区域新兴增长极的重要实践场所；③秦巴山区是我国推动区域旅游一体化发展、旅游对外开放合作的理想实验区；④秦巴山区是我国加快转变旅游发展方式和转型升级主战场；⑤秦巴山区是我国创新文化旅游目的地体系的理想区域；⑥秦巴山区是我国跨区域旅游产业脱贫转型创新发展试验区；⑦秦巴山区是我国旅游发展重要战略储备区和后备区；⑧秦巴山区是我国发展山地生态休闲度假旅游示范区；⑨秦巴山区是我国发展山地乡村旅游度假试验区和示范区；⑩秦巴山区是我国创建国家公园体制的重要实践区和试验区。

（三）重大理论意义

旅游业是贫困山区脱贫转型及乡村振兴可持续发展战略性支柱产业。作为长江上游生态屏障，秦巴山区系以限制开发、禁止开发为主要功能区的旅游资源富集型脱贫转型山区。客观上要求全新的战略性支柱产业，既能带动经济发展、解决社会复杂问题，又能保护生态环境与可持续发展。一方面，由于自然环境条件、历史人文背景、经济社会环境、区域交通及区位条件等影响，秦巴山区位列全国 14 个连片贫困地区之一；另一方面，秦巴山区作为全国丰度最大、品级最高的旅游资源富集区域之一，旅游资源的特色、潜在优势及独特作用，尚未得到充分发挥。旅游业由于其联动性、辐射性、带动性和综合性，以及在新时期国家发展中的特殊地位和作用。旅游业作为区域战略性支柱产业，既能带动当地经济发展、解决当地复杂的社会问题，又能保护生态资源与环境，并实现可持续发展，从而决定了其在秦巴山区可持续发展战略中的支柱产业地位。

旅游业是贫困山区脱贫转型及乡村振兴国家战略的重要切入点和突破口。一方面，由于自然条件、发展环境和历史背景等因素的影响，决定了除了旅游业以外第一产业、第二产业等产业，由于产业特点及其与秦巴山区具体实际难以贴合，很难在秦巴山区脱贫转型国家战略中发挥先锋带头作用。另一方面，由于旅游业的综合性、关联性、开放性和带动性，成为当今世界发展最快、前景最广阔、脱贫转型意义最明显的新兴战略性产业，成为我国区域协调发展的优势和先导产业。客观上要求旅游产业更适于实现脱贫转型战略的先导产业。秦巴山区旅游资源独特，环境优美、生态良好，气候宜人，集山、林、洞、湖、瀑、险滩、急流于一体，森林覆盖率达 72% 以上，冬无严寒，夏无酷暑，是一处天然氧吧、天然基因库，是发展山地生态旅游的理想区域。

旅游业在贫困山区脱贫转型及乡村振兴国家战略中面临全新的发展机遇。世界已经进入了"旅游时代"，中国已进入旅游经济时期。中国正在成为 21 世纪全球旅游目的地。旅游实现了休闲化、大众化和社会化，正在成为人们的一种生活方式和基本权利。全域旅游成为国家战略，旅游业成为满足人民群众对美好生活日益增长需求的现代服务业和战略性支柱产业。旅游业已成为提高国民素质、改变国民生活方式、提升国民体能和智力的幸福产业。旅游业正成为建设美丽生态、富裕文明的绿色产业，成为百姓增收致富、提高生活质量、全面建成小康社会的民生产业。秦巴山区作为位于成都、西安、兰州、重庆、武汉、郑州六个城市之间的"山地生态绿岛"，随着外部交通环境条件的提升和完善将迎来前所未有的发展契机，并将在全国全新的旅游发展框架中，大有作为。

第二节　规划总则

　　尽管旅游脱贫转型及乡村振兴规划的主要任务及期限相对固定，但不同贫困山区脱贫转型由于背景不同，其规划任务及期限存有差异。为便于进行科学有效、有针对性地阐述，这里以涉及省份最多、脱贫县和脱贫人口最多、内部差距最大的全国 14 个集中连片脱贫转型地区的典型代表——秦巴山区为案例，对旅游脱贫转型及乡村振兴规划的任务、范围、期限等进行阐述。

一、规划任务

　　规划的总体要求和任务是通过秦巴山区贫困山区脱贫转型和乡村振兴的科学规划，为我国连片特困地区高质量发展提供有效指导、科学依据及有效借鉴。

　　就秦巴山区而言，规划的主要任务包括承上启下、互为系统的三个层次的内容。一是秦巴山区旅游发展战略与重大项目建设规划研究，通过该规划为旅游脱贫转型及乡村振兴规划提供框架基础；二是秦巴山区生态旅游脱贫转型及乡村振兴空间规划，为秦巴山区旅游脱贫转型实施及乡村振兴发展提供指导，并为乡村振兴规划提供基础；三是在前面两个规划成果基础上，进行基于生态旅游的秦巴山区脱贫转型及乡村振兴规划纲要的编制研究。

　　尤其是在前期规划成果基础上，通过系统的综合调查和统计分析，确定秦巴山区旅游精准脱贫转型对象；对秦巴山区旅游资源、脱贫村分布特点进行空间分析，明确旅游脱贫转型及乡村振兴发展总体布局和战略框架；对具备旅游发展条件的脱贫村进行分类研究，确定适宜的旅游精准脱贫转型模式和实施路径；研究推动旅游脱贫转型和乡村振兴发展的主要工作和保障措施。

二、规划范围

　　不同贫困山区，其规划范围及要求存有不同。就秦巴山区脱贫转型及乡村振兴规划而言，主要根据《秦巴山区区域发展与脱贫攻坚规划（2011—2020 年）》的界定，秦巴山区地处川、陕、甘、渝、鄂、豫六省（直辖市）交界的山地区域，涉及六省（直辖市）17 市、80 县（市、区）。总面积 22.5 万平方千米。

　　本次规划即在此基础上进行，所涉及旅游发展和脱贫部分的"秦巴山区"范围，主要以《四川省农村脱贫开发纲要（2011—2020 年）》中确定的秦巴山区范围为重点，即绵阳、广元、南充、广安、达州、巴中、遂宁 7 个地级市的 46 个县，其中含国家连片特困地区县 17 个，涉及 779 个建档立卡脱贫村。直接涉及建档立卡贫困户 52002 户，涉及脱贫人口 159001 人，惠及贫困地区近 60 万人口。

依据《四川省"十三五"旅游脱贫专项规划》，秦巴山区旅游脱贫转型对象以从四大片区共 1443 个脱贫村中，选择绵阳、广元、南充、广安、达州、巴中 6 个地级市的 35 个县（市、区）中，明确适合发展旅游的 398 个镇 677 个建档立卡脱贫村为主。

为确保规划研究科学性、针对性和重点突出，此次规划研究主要以秦巴山区四川区域为主，而又以巴中、广元、达州作为旅游发展和旅游脱贫转型研究的核心。

三、规划期限

早期的旅游脱贫转型规划期限为 2021—2030 年（可能不同地区，因情况不同期限不同）。其中，共分四个阶段，2021—2025 年为旅游脱贫转型攻坚成果与乡村振兴衔接阶段。2026—2030 年为乡村振兴创新发展与共同富裕实践阶段。2030 年为最终验收时间。

旅游乡村振兴规划（纲要）部分主要依据《乡村振兴战略规划 2018—2022 年》的要求及内容为框架，结合秦巴山区等具体实际，进行秦巴山区旅游乡村振兴规划纲要编制研究，规划期限 2021—2050 年。

具体主要围绕如下不同阶段进行编制规划：

2018—2020 年为乡村振兴战略规划实施阶段，主要围绕解决乡村振兴制度框架及政策体系问题进行编制（已经完成）。2020 年年底我国全面小康目标的实现为该阶段的实施奠定了重要前提。

2021—2029 年为脱贫转型与乡村振兴及共同富裕衔接规划及实施阶段，主要围绕解决从绝对贫困脱贫到相对贫困脱贫的转型发展，以及与乡村振兴及共同富裕的衔接问题进行编制。

2030—2035 年为相对贫困脱贫攻坚及乡村振兴及共同富裕规划与实施阶段，主要围绕解决农业农村现代化问题进行编制。

2036—2050 年为远期谋划规划及实现阶段，主要围绕解决乡村全面振兴发展问题进行编制。

上述规划期限中，2021—2030 年大致为旅游脱贫转型与乡村振兴衔接的关键时期。但不同地区情况各异。

四、规划依据

旅游脱贫转型及乡村振兴规划主要依据我国国家战略方针、国家制度框架、政策框架、法律法规及条例、行业标准及规范、各级相关规划，但不同贫困山区由于背景不同，总体要求和任务各异，其规划依据存有差异。为便于进行科学有效、有针对性的表述。这里以涉及省份最多、脱贫县和脱贫人口最多、内部差距最大的全国 14 个集中连片脱贫转型地区的典型代表——秦巴山区为案例，介绍旅游脱贫转型及乡村振兴规划的相关依据，包括法律法规及条例、政策文件、行业标准及规范、相关规划等。

（一）战略方针

习近平关于民族地区精准扶贫的重要论述；

习近平关于五大发展理念的重要论述；

习近平关于民族地区"两山"理论的重要论述；

习近平关于高质量发展的重要论述；

习近平关于民族地区巩固脱贫攻坚成果与共同富裕的重要论述。

（二）法律法规及条例

《中华人民共和国旅游法》（2018）；

《中华人民共和国城乡规划法》（2015）；

《中华人民共和国森林法》（2019）；

《中华人民共和国水土保持法》（2010）；

《中华人民共和国土地管理法》（2019）；

《中华人民共和国水污染防治法》（2017）；

《中华人民共和国环境保护法》（2014）；

《中华人民共和国农业法》（2013）；

《中华人民共和国自然保护区条例》（2017）；

《中华人民共和国草原法》（2021）；

《中华人民共和国水资源法》（1988）；

《中华人民共和国文物保护法》（2017）。

其他最新的相关法律法规及条例。

（三）政策文件

中共中央国务院关于坚持农业农村优先发展做好"三农"工作的若干意见，2019。

中共中央国务院乡村振兴战略规划（2018—2022年），2018。

中共中央国务院中国农村扶贫开发纲要（2011—2020年），2010。

中共中央国务院关于打赢脱贫攻坚战三年行动的指导意见，2018。

中共中央国务院关于打赢脱贫攻坚战的决定（中发〔2015〕34号）。

中共中央国务院关于创新机制扎实推进农村扶贫开发工作的意见的通知（中办发〔2013〕25号）。

中共中央国务院关于建立以国家公园为主体的自然保护地体系的指导意见，2019。

中共中央国务院关于建立国土空间规划体系并监督实施的若干意见，2019。

中共中央国务院建立国家公园体制总体方案，2017。

国务院关于深入实施西部大开发战略的若干意见（中发〔2010〕11号文件）。

国务院扶贫办、国家旅游局关于印发《关于开展贫困村旅游扶贫试点工作方案》的通知（国开办司发〔2015〕3号）。

国务院扶贫办、国家旅游局关于启动2015年贫困村旅游扶贫试点工作的通知（国开办司发〔2015〕61号）。

国家发改委关于实施乡村旅游富民工程推进旅游扶贫工作的通知（发改社会〔2014〕2344号）。

××省委关于集中力量打赢脱贫开发攻坚战确保同步全面建成小康社会的决定，2015。

关于启动2015年贫困村旅游扶贫试点工作的通知（川脱贫移民发〔2015〕196号）。

××省农村扶贫开发纲要（2011—2020年），2010。

××省农村扶贫开发条例，2015。

其他最新的相关政策文件。

（四）行业标准及规范

《旅游发展规划管理暂行办法》（2000）。

《旅游规划通则》（GB/T 18971—2003）。

《旅游区（点）质量等级的划分与评定》（GB/T 17775—2003）。

《旅游资源分类、调查与评价》（GB/T 18972—2003）。

《风景名胜区规划规范》（GB/T 50298—1999）。

《风景名胜区建设管理规定》（建城〔1993〕848号）。

《村镇规划标准》（GB 50188—93）。

《村庄和集镇规划建设管理条例》（1993）。

《××省旅游脱贫示范区、示范村和乡村民宿达标评定管理办法》（2016）。

《××省旅游脱贫示范区达标标准》（2016）。

《××省旅游脱贫示范村达标标准》（2016）。

其他最新的行业标准及规范。

（五）相关规划

《全国国土空间规划》。

《国家公园规划》。

《全国乡村振兴战略规划（2018—2022）》。

《全国主体功能区规划》（2011）。

《全国生态旅游发展规划（2016—2025年）》。

《××省国民国土空间规划》。

《××省国民经济和社会发展"十三五"规划纲要》（2016）。

《××省"十三五"旅游业发展规划（2016—2020）》。

《××省"十三五"旅游脱贫规划（2016—2020）》。

《××省旅游脱贫五年行动计划（2016—2020）》。

《××省乡村旅游提升计划（2014—2017）》。

《××贫困山区旅游发展规划（2015—2020）》。

《××省土地利用总体规划》（2006—2020）。

《××省脱贫县、村相关旅游发展规划和旅游脱贫计划》（2016年）。

××贫困山区相关市、县（区、市）、乡（镇）土地利用总体规划。

其他最新的相关规划。

第三节　旅游发展环境

一、自然环境条件

秦巴山区位于青藏高原向四川盆地过渡地带、秦巴构造褶皱带南缘，地处龙门山东南、米仓山和大巴山南麓。受秦巴地质地貌影响，地势西北高东南低，地形复杂，西北部为中山区，中部为河谷平坝区和南部低山深丘区。

该区域属亚热带湿润季风气候区，典型的山地气候特征，四季分明、雨热同季、光照充足、降水丰沛。由于地形复杂，气候区域差异大，南部低山区冬冷夏热，北部中山区冬寒夏凉，秋季降温迅速。受东南季风影响，区域内秋季多阴雨，湿度适中。秦巴山地雅称"华夏中央空调"。

受秦巴山地背景影响，川东北地区地表水系较为发达，水利资源丰富。区内河流众多，包括嘉陵江、渠江等，属于长江上游重要支流水系。

作为我国东西向山地生态走廊、南北地理分界线、气候分水岭，秦巴山地系典型的山地生物多样性宝库，属长江上游重要的生态屏障。该区域气候带谱完整，自然生态环境优越。

二、历史人文背景

秦巴山区历史悠久，文化积淀丰厚，是巴蜀文化和賨人文化的发源地。早在新石器时代，境内就有先民生息，并建立起浓郁的巴蜀民风民俗文化体系，如文昌会、蟠桃会、佛祖会等庙会。

土地革命战争时期，秦巴山区属川陕革命根据地的核心区域，为中国革命和新中国成立作出了巨大牺牲和重大贡献。境内山川绚丽，人杰地灵，孕育了以邓小平为杰出代表的一大批优秀中华儿女，养育过工农红军、川陕地下党、红军游击队和华蓥山游击队等革命力量。该区是闻名于世的"伟人故里""将帅故里""女皇故里""巴人故里"，有"川陕革命根据地博物馆""川陕苏区将帅碑林"等一大批爱国主义教育基地。同时，还是伏羲的诞生地、三国文化的发源地。

三、经济社会条件

秦巴山区广元、巴中、达州三市近年来发展迅速，但在四川省 21 个地市州当中，仍属"欠发达"地区，经济发展相对滞后。2020 年，广元、巴中、达州 GDP 分别为660.01 亿元、544.66 亿元和 1447.08 亿元，秦巴山区（三市）GDP 为 2651.75 亿元，占全省 GDP（32680.5 亿元）的 8.11%。人均 GDP 22483 元，占全省人均 GDP（39835元）的 56.44%。对于人口占全省人口约 1/3 的秦巴山区而言，其经济总量仍然偏低（表4-3~ 表 4-5）。

表 4-3　秦巴山区 6 省（直辖市）旅游经济发展状况

省市	旅游总收入（亿元）	旅游外汇收入（亿美元）	入境游客（万人次）	GDP（亿元）	旅游总收入占GDP 比重（%）
河南	3875.50	6.60	207.33	32155.86	12.05
湖北	3205.61	12.19	267.96	24668.49	12.99
重庆	635.80	12.68	115.17	12656.69	5.02
四川	3877.40	7.65	209.56	26260.80	14.76
陕西	2135.00	16.76	352.06	16045.21	13.31
甘肃	618.90	0.21	9.77	6268.00	9.87
合计	14348.21	56.09	1161.85	118055.05	12.15
全国	29528.00	516.64	12907.78	568845.20	5.19
占全国比例（%）	48.59	10.86	9.00	20.75	—

资料来源：根据各省市国民经济与社会发展统计 2013 年公报整理。

表 4-4　秦巴山区经济社会发展现状

类别		广元	达州	巴中	秦巴山区	四川省
地区生产总值（亿元）	总值	660.01	1447.08	544.66	2651.75	32680.5
	同比增长（%）	18.90	19.90	17.80	19.70	19.40
	第一产业	76.52	194.99	81.60	665.42	2483.00
	同比增长（%）	4.60	4.40	4.20	10.80	10.80
	第二产业	125.67	409.59	95.00	1290.24	8565.20
	同比增长（%）	29.30	24.80	30.30	36.00	27.60
	第三产业	119.68	214.62	104.30	831.33	5850.40
	同比增长（%）	11.40	7.00	9.40	13.10	12.50
财政收入（亿元）		16.73	30.60	7.80	108.93	1561.01
人均 GDP（元）		25095	25991	16363	22483	39835
农民人均纯收入（元）		4036	5084	3847	4631	5140
"十三五"期间年均增长（%）		12.30	14.20	12.80	13.88	11.20

注：表中数据为 2020 年。

四、交通及区位条件

作为四川内陆的重要交通枢纽，秦巴山区国道 G318、G212、G210 线和 GZ40 线纵横，成（都）绵（阳）、成（都）南（充）、广（元）绵（阳）、南（充）广（元）、达（州）渝（重庆）、南（充）渝（重庆）、巴（中）南（充）、广（元）甘（肃）等高速公路交错。襄（襄阳）渝（重庆）、宝（鸡）成（都）、成（都）达（州）及兰（州）渝（重庆）等铁路，是连接川东北片区内外的交通大动脉。

随着嘉陵江渠化工程的竣工，秦巴山区已形成公路、铁路、航空、航运四位一体的动态交通体系。秦巴山区系长江上游经济带的重要组成部分，属于成都、西安、兰州、重庆、武汉、郑州 6 个城市之间的"山地生态绿岛"，川陕渝结合部经济发展的金三角、贸易中心和物资集散地，以及成都、重庆、西安 2 小时经济圈。秦巴山区系四川省旅游东环线所在区域以及四川省五大旅游板块之一（表 4-5）。

表4-5　秦巴山区人口、面积、GDP和旅游总收入及其在全国的比例

省（直辖市）	市	县（市、区）	面积 km²	面积 比例（%）	人口 万人	人口 比例（%）	旅游总收入 亿元	旅游 比例（%）	GDP 亿元	GDP 比例（%）	人均GDP 元	人均GDP 比例（%）
河南省	洛阳市	嵩县、汝阳县、洛宁县、栾川县	9118	12.71	188.67	17.84	75.10	19.02	545.08	21.69	28891	107.24
	平顶山市	鲁山县	2432		93.51	8.78	25.18		117.45		12560	
	三门峡市	卢氏县	3665		36.29	3.46	49.10		68.53		18884	
	南阳市	南召县、内乡县、镇平县、淅川县、西峡县	13245		354.75	32.45	63.57		772.83		21785	
湖北省	十堰市	丹江口市、郧阳区、房县、竹山县、竹溪县、郧西县、张湾区、茅箭区	23679	12.02	346.41	9.90	166.39	15.57	1037.82	16.15	29959	163.05
	襄阳市	保康县	3225		27.23		8.00		81.55		29949	
重庆市		城口县、云阳县、奉节县、巫山县、巫溪县	18018	8.05	386.32	10.24	69.96	6.25	488.40	7.05	12642	68.80
四川省	绵阳市	北川羌族自治县、平武县	8842	20.73	42.49	27.81	26.93	22.38	65.77	20.69	15479	74.43
	广元市	朝天区、元坝区、剑阁县、青川县、苍溪县、利州县	16318		315.42		119.13		518.92		16452	
	南充市	仪陇县	1767		112.60		17.70		133.71		11875	
	达州市	宣汉县、万源市	8336		191.06		20.64		339.46		17767	
	巴中市	巴州区、通江县、平昌县、南江县	11132		387.43		66.20		376.60		9721	
陕西省	西安市	周至县	2974	34.01	67.20	26.68	2.22	34.25	87.66	30.52	13045	114.42
	宝鸡市	太白县	2780		10.63		6.05		15.83		14892	
	汉中市	南郑区、城固县、洋县、西乡县、宁强县、略阳县、镇巴县、留坝县、佛坪县、勉县、汉台县	27285		386.54		141.17		891.30		23058	
	安康市	汉滨区、汉阴县、石泉县、宁陕县、紫阳县、岚皋县、平利县、镇坪县、旬阳县、白河县、镇安县	23511		302.54		95.36		605.58		20017	
	商洛市	商州区、洛南县、丹凤县、商南县、山阳县、柞水县	19570		239.45		138.84		515.26		21518	
甘肃省	陇南市	武都区、文县、宕昌县、康县、西和县、礼县、成县、徽县、两当县	27941	12.48	284.12	7.53	28.29	2.53	270.28	3.90	9513	51.77
秦巴山片区相关指标总数（平均）			223838		3372.64		1119.83		6932.03		18222.61	
全国相关指标总数（平均）			9600000		136072.00		29528.00		568845.20		41908	
秦巴山片区相关指标总数（平均）占全国比例（%）			2.33		2.48		3.79		1.22		43.84	

资料来源：根据各省市国民经济与社会发展统计公报（2019年和2020年）整理。

第四节　景区资源及分布规律

一、旅游资源品质及丰度

截至 2020 年年底，秦巴山区（四川区域）共有国家 5A 级旅游景区 4 处、国家 4A 级旅游景区 32 处，国家级遗产 3 处，国家级生态旅游示范区 2 处，国家级风景名胜区 3 处、国家级自然保护区 4 处、国家森林公园 8 处、国家地质公园 3 处、国家湿地公园 1 处、国家级水利风景区 4 处、国家全域旅游示范区 4 处、中国优秀旅游城市 1 座、国家级历史文化名城（镇、村）4 座、全国重点文物保护单位 37 处、国家级非物质文化遗产 8 项、全国休闲农业与乡村旅游示范县/点 3 处、全国工农业旅游示范点 2 处、国家红色旅游经典景区 9 处、全国特色景观旅游名镇 1 处（表 4-6）。

表 4-6　秦巴山区重要旅游景区景点分布

资源类型	市	名称	数量
国家 A 级旅游景区			
5A 级	襄阳、十堰、宜昌、恩施（1）	神农架景区	4
	十堰（1）	武当山古建筑群	
	广元（1）	蜀道剑门关景区	
	阆中（1）	阆中古城	
4A 级	巴中（8）	巴中米仓山景区、佛头山景区，光雾山景区、美玉湖—七彩长滩景区，通江诺水河景区、王坪景区，平昌驷马水乡、巴灵台景区	32
	达州（8）	巴山大峡谷景区、五峰山景区、真佛山景区、渠县贾人谷、八台山景区、洋烈水乡景区、峨城山景区、宝石湖景区	
	广元（16）	广元皇泽寺、翠云廊景区、昭化古城、青川东河口地震遗址公园、剑门关景区、明月峡景区、曾家山景区、唐家河景区、天曌山景区、千佛崖景区、红军渡·西武当山景区、鼓城山—七里峡景区、青溪古城、龙门阁景区、水磨沟景区、平乐景区	
3A 级及以下	巴中（4）	红四方面军总指挥部旧址纪念馆景区、巴州三江水乡度假区、平昌县佛头山景区、巴州天马山景区	17
	达州（6）	五峰山景区、百里峡景区、八台山—龙潭河景区、开江金山寺、宣汉县观音山景区、宣汉峨城竹海景区、红军公园、红色渠县纪念园	

续表

资源类型		市	名称	数量
国家 A 级旅游景区	3A 级及以下	广元（7）	中国苍溪·梨文化博览园、广元川北民俗文化园、剑阁鹤鸣山道教文化景区、大朝驿站景区、苍溪柳池新农村文化园、鹿亭温泉景区、苍溪狮岭景区、水磨沟景区	17
国家级遗产地名录	国家级自然遗产	巴中（1）	光雾山—诺水河	3
		达州（1）	花萼山—八台山	
	国家级自然与文化双遗产	广元（1）	剑门蜀道	
国家级生态旅游示范区		广元（1）	青川唐家河	2
		巴中（1）	南江光雾山	
风景名胜区	国家级风景名胜区	巴中（1）	光雾山—诺水河	3
		广元（2）	剑门蜀道、白龙湖	
	省级风景名胜区	达州（3）	八台山、真佛山、百里峡、宝人谷—汉阙	5
		广元（2）	旺苍县鼓城山—七里峡、青川县阴平古道	
自然保护区	国家级自然保护区	巴中（1）	诺水河	4
		达州（1）	花萼山	
		广元（2）	唐家河、米仓山	
	省级自然保护区	巴中（5）	南江县光雾山省级自然保护区、通江诺水河省级自然保护区、通江诺水河大鲵省级自然保护区、南江大小兰沟省级自然保护区、平昌驷马自然保护区	11
		达州（1）	宣汉百里峡省级自然保护区	
		广元（5）	翠云廊古柏自然保护区、朝天区水磨沟自然保护区、青川东阳沟自然保护区、青川毛寨自然保护区、驷马河流域湿地自然保护区	
森林公园	国家级森林公园	巴中（4）	米仓山、镇龙山、空山、天马山	8
		达州（2）	五峰山、铁山、宣汉	
		广元（2）	剑门关、天曌山、苍溪	
	省级森林公园	巴中（3）	四川省南阳森林公园、四川省佛头山森林公园、四川省光雾山森林公园	10
		达州（4）	千口岭省级森林公园、四川省犀牛山森林公园、大坡岭省级森林公园、达州雷音铺省级森林公园	
		广元（3）	雪峰森林公园、旺苍鼓城山省级森林公园、旺苍松米山省级森林公园	

续表

资源类型		市	名称	数量
地质公园	国家级地质公园	巴中（1）	光雾山—诺水河	3
		达州（1）	大巴山	
		广元（1）	青川地震遗迹地质公园	
	省级地质公园	广元（2）	剑阁剑门关、朝天地质公园	3
国家级湿地公园		巴中（1）	平昌驷马河	1
国家级水利风景区		巴中（2）	江口水乡、巴中化湖	4
		达州（2）	百岛湖、宝石桥水库	
国家全域旅游示范区		广元（2）	剑阁县、青川县	4
		巴中（1）	巴中市	
		达州（1）	宣汉县	
省级旅游度假区		广元（3）	剑门关、唐家河—情系古城、曾家山	6
		巴中（2）	光雾山、诺水洞天	
		达州（1）	海明湖—五峰山	
中国优秀旅游城市		广元（1）	广元市	1
中国历史文化名城/镇/村	国家级历史文化名镇	巴中（2）	恩阳镇、白衣古镇	3
		广元（1）	昭化镇	
	国家级历史文化名村	南充（1）	阆中天宫乡天宫院村	1
	省级历史文化名城	巴中（2）	巴中、通江	6
		广元（2）	广元市、剑阁县	
	省级历史文化名镇	达州（2）	大竹县清河镇、石桥镇	3
		广元（1）	旺苍县木门镇	
全国重点文物保护单位		巴中（24）	红四方面军总指挥部旧址、总政治部旧址纪念馆、王坪烈士陵园、南龛摩崖造像、西龛摩崖造像、北龛摩崖造像、水宁寺摩崖造像、通江千佛岩石窟、通江红军石刻标语群；华严庵红军石刻语、北山寺红军石刻标语、龟碑红军石刻标语、粉壁街红军石刻标语、农丰村红军石刻标语、石厂碥红军石刻标语、鸡蛋包梁红军石刻标语、卢家山红军石刻标语、磅头岩红军石刻标语、元石板红军石刻标语、青岗林红军石刻标语、手傍岩红军石刻标语、邹家营红军石刻标语、陈家坝红军石刻标语、大石板红军石刻标语	37

续表

资源类型		市	名称	数量
全国重点文物保护单位		达州（7）	渠县汉阙、城坝遗址、开江陶牌坊、罗家坝遗址、真佛山庙群、列宁街石牌坊及红军标语、渠县文庙	37
		广元（6）	剑门蜀道遗址、觉苑寺、皇泽寺摩崖造像、广元千佛崖摩崖造像、青川阴平古道战国墓葬群、鹤鸣山道教石窟寺及石刻	
国家级非物质文化遗产		巴中（2）	"巴山背二歌"、平昌县翻山铰子	8
		达州（3）	渠县三汇彩亭会、宣汉土家族薅草锣鼓、渠县竹编	
		广元（3）	川北薅草锣鼓、石雕（白花石刻）、民间绣活（麻柳刺绣）	
全国休闲农业与乡村旅游示范闲/点	示范县	广元（1）	苍溪县	3
		巴中（1）	平昌县	
	示范点	广元（1）	利川曙光休闲观光农业园	
全国工农业旅游示范点		广元（2）	广元朝天曾家山、苍溪梨博园	2
全国红色旅游经典景区		巴中（4）	刘伯坚烈士纪念馆、巴山游击队纪念馆、川陕苏区红军烈士陵园、红四方面军总指挥部旧址纪念馆	9
		达州（1）	万源保卫战战史陈列馆	
		广元（4）	剑阁县红军血战剑门关遗址、青川县东河口地震遗址公园、苍溪红军强渡嘉陵江遗址、旺苍红军街	
全国特色景观旅游名镇		广元（1）	剑门关镇	1

二、旅游资源分布规律

秦巴山区旅游资源分布除了受到区域地质背景、地理条件、地形地貌和自然环境的联合控制，还受到基于秦巴山区独特的历史人文、经济社会、城乡结构等的综合影响。秦巴山区旅游资源分布既有较为明显的空间规律性，主要表现如下：

（1）受到新构造运动和第四季冰川活动明显影响，自然景区主要沿着光雾山—米仓山、龙门山断裂东坡、嘉陵江、秦巴山南麓前山带分布，构成秦巴山区自然景区资源分布的地理框架特点；

（2）从地形地貌分布规律上看，西部主要为高山峡谷型的自然景观组合，北部主要为中高山型自然景区组合，东部主要为平行峡谷低山型自然景观组合，中南部主要为平坝低丘区自然景观资源类型组合；

（3）人文旅游资源主要包括西部的藏羌民族特色村寨聚落及旅游城镇，以及广元、巴中、南充、达州、广安市区及乡村县城历史文化、地域民俗文化，红色文化、三国文化分散分布于秦巴山区，构成重要的主题文化景观资源；

（4）乡村旅游景观主要分布于嘉陵江两岸、秦巴山南麓前山带、龙门山前山带、高山峡谷地带，以及环绕各大区域城市及县城周边的环状分布，农村聚落景观与农业生产生活景观相映成趣；

（5）高品质的国家遗产景观资源、5A级景区集中分布于中北部的中高山地区和西部的高山峡谷地带，是山地生态康养、度假、养生养老、品质生活的理想之地；

（6）这里是中国南、北方的地理分界线，属于南方的北方、北方的南方，具有独特的"界限型"自然环境、生态条件、气候特征、人文景观等资源组合；

（7）这里具有我国横亘东西的秦岭造山带地质景观资源，属于秦岭造山带打的经管的中南部山地区域，喀斯特景观地貌独具特色。

第五节　旅游比较优势

一、四季全时旅游的理想场所

秦巴山区的核心竞争力主要包括三个方面：一是介于南方与北方之间的气候条件，即"南方的北方，北方的南方"的气候环境，可以开展四季相宜的旅游项目体系；二是具有立体化的自然山水、多样化的地理空间、多层次的景观资源体系；三是具有青山绿水、清新空气、凉爽气候、原始环境、原山社区、原真人文、地域风情等资源特色，因而是开展四季全时综合度假旅游的理想场所。世界旅游城市联合会专家魏小安（2016）[①] 在2016年9月在河北召开的"世界山岳休闲度假论坛"上，做了主题为"山地旅游发展的五大困难和九大解读"的演讲，提出了山地旅游开发的"五大困难"和"九大解读"。由于山地多样化空间、立体化自然山水及多层次的景观资源、低纬度的气候环境，相较于海滨、岛屿、湖泊、平原等，山地是开展四季全时综合度假旅游的理想场所。

（一）秦巴山区为四季旅游提供了最佳的自然生态环境条件

秦巴山区最大的特点就是具有"南方的北方，北方的南方"的双重气候环境特点，不仅拥有立体化的山水空间、多样化的景观资源、多元化的文化生态和综合性的环境条件，同时还为旅游产品开发提供了与其他地理空间明显不同的资源环境要素（魏小安，2016）：①秀丽的自然风光；②丰富的生物多样性；③丰富的水（泉水、冰雪等）资源；④健康新鲜的空气；⑤避暑清凉小气候；⑥独特天象资源；⑦原山社区聚落；

---

① 魏小安.山地旅游发展的五大困难和九大解读.首届河北省旅游产业发展大会"世界山岳休闲度假论坛"上的演讲，2016，9.

⑧丰富的生活风情与文化习俗。所有这些要素优势，是海滨、岛屿、湖泊、平原等其他地理单元所缺乏的。

（二）秦巴山区古老的山地生活方式正成为越来越多现代人的诉求

环喜马拉雅山区、欧洲阿尔卑斯山、北美落基山、南美安第斯山、非洲乞力马扎罗山，都是著名的山地，也自然形成了山地聚居生活，创造了丰富多彩的山地文明。这些地区构成了当今世界著名的山地旅游目的地。由于生存繁衍的自然选择，人们一开始总是趋近于向平原地区和滨水地带聚集，诸如秦巴山区作为中国中西部山地的缩影，这里的世代居民长期以来与大自然和谐共生，造成了秦巴山区原生态的自然与人文环境，以及山地居民坚忍不拔的独特性格。随着现代经济社会的发展，山地越来越引起人们的关注，形成了对平原和水滨地区居民的巨大吸引力，尤其是现在环境质量不断下降、追求私密个性生活的今天。

（三）秦巴山区丰富多彩的山地文明正成为现代人梦寐以求的向往

由于山地多样化的海拔条件与气候条件，造成了山地多样化的地理单元、生态环境与动植物生存发展环境。主要表现在六个方面（魏小安，2016）：一是形态多样化，"一日游四季，十里不同天""十里不同风，百里不同俗"等，是山地独有的；二是历史延续性，山地是人类的发源地，人们从山地中来，最终要回山地中去，形成了人们对山地的依赖；三是对自然山地的敬畏，因为山地生活艰苦，对自然的敬畏，比平原、滨岸强得多；四是对民族、信仰的本能，许多民族、信仰与山地密不可分，尤其是民族地区与宗教文化；五是对外来人的亲近，山里因为少与外界打交道，人民通常热情好客；六是山地是人类安全避难所，尤其是饥荒年代抑或是战乱年代，人们总是奔向广阔的山地寻求庇护。

（四）秦巴山区原生态的生活状态正在成为现代社会追求的生活方式

曾经作为人类发源地和安全庇护港湾的山地，一直被认为是原生态地区的象征和代表，由于长期以来的信息闭塞、交通不便、远离都市、与外界缺乏交流，山地一直被认为是山区、偏远山区、落后地区、欠发展地区等的代名词。从生活方式的角度来看，在早期农业文明时期，分类主要聚集于平原（如中原地区），平原的生活方式基本上是谋生（魏小安，2016）。到了工业化时期，工业文明的要求，聚集在沿海，沿海的生活方式谋求的是发展。魏小安（2016）认为，到了后工业化时期，进入生态文明阶段，人们通常要聚集到山地，因为现代生活越来越远离了人类生活的本真和原本。返璞归真，重新走进山地，正在成为现代人新的追求和向往。

（五）秦巴山区总是能给人们创造另一种幸福生活的环境条件

长期以来，人们总觉得山地生活艰苦，实际上城市生活里也有着越来越多的城市问题。尤其是大城市空气污染严重，城市拥挤等，这样的生活方式越来越不适宜现代人们多元化的需求。这个时候大家会向往非都市环境，第一个向往的可能是海滨，可现在的海滨区域面积有限。如上所述，真正的希望是在山地，人们从哪里来，到哪里去，就是要到山地去，创造一种幸福的生活方式。很显然，山地可以提供其他地理环境无法提供的生活、宜居环境。

（六）秦巴山区是华夏文明繁衍生息的重要保障

中国是世界山地的缩影与山地国家的代表。由于印度陆板块与欧亚大陆的碰撞，亚欧板块中的燕山地壳运动强烈，从而成为华夏民族繁衍生息的重要地理大环境。中国的山地包括高原和丘陵，约有666万平方千米，占陆地总面积的69.4%，由此形成了世界上最丰富的山地景观，也构成了中华民族文化的成长环境。所以在中国古代文化中，早有"仁者乐山，智者乐水"之说，充分反映了中国人的生活与山地的关系。秦巴山区由于其地理分布和独特的地形地貌，成为中国的"脊梁"，是华夏文明繁衍生息的重要保障之地，成为现代人们最信任、最向往的地方。

二、旅游景观具有世界垄断性

（一）国家地理区位中心，中国南北方界线，全国独有、世界唯一

秦巴山区不仅是我国地质、地貌、地理交会区域，连接我国南方和北方的桥梁和纽带，我国南北地理分界线、气候分水岭，著名第四纪冰期多种生物的"避难所"。同时，也是我国南北文化的分水岭、黄河文化与长江文化的交会处，是全国所有山系中同时拥有国家地质公园、国家级自然保护区、国家级风景名胜区、国家森林公园，而且分布最为密集、数量最多的山系，是融褶皱山系景观、喀斯特风光和珍稀动植物于一体为特色的自然生态博物馆，是全球褶皱山系的缩影和典型代表。同时，也是战时国家安全保障，是伟大中华的脊梁。同时，秦岭构造带享誉世界。

（二）"华夏中央空调"，长江上游生态屏障，中西部国际大都市之间的生态绿岛

作为我国重要的水源涵养地、汉江流域和嘉陵江流域源头和长江上游重要的生态屏障，是中国中西部尤其是成都、重庆、西安、兰州、武汉等大城市之间的"生态绿岛"。由于所处的地质背景和自然条件，秦巴山区森林面积达16.5平方千米，森林覆盖率约75%，自然生态环境良好。区内河川发达、溪流众多，气候宜人，空气清新，

水质清新。空气质量为国家一级标准，素有"天然大空调""生态大氧吧""绿色宝库""天然博物馆""物种基因库"之称。夏季温度比成都低3~5℃，比重庆、武汉低5~10℃。无论是"缺绿色"的西安、兰州等北方都市，还是"火炉"之称的重庆、武汉，乃至冬季常有雾霾天气的成都等周边大都市，秦巴山区是其最佳的夏季避暑胜地和自然生态旅游目的地。

（三）剑门蜀道三国，世界奇观，世界潜在的自然与文化双重遗产地

秦巴山区系世界级别的三国文化旅游景区，尤其以诸葛亮文化和古柏蜀道为特色的旅游资源分布广、特色鲜明、品位高、数量多。"三百里剑门蜀道，三千年古今文明"的剑门蜀道，以及独特的山形地貌组合体系，具有成为世界自然—人文双重遗产的潜力。

举世闻名的250千米米仓古道，早于世界著名的罗马古道，誉为中国乃至世界交通史上的活化石，是我国古代重要的南北大通道。米仓古道始于夏周，繁荣于秦汉唐宋，直至元明清时期沿用不衰，是川东北地区连接中原经济文化中心地区的重要文化线路、交通线路和经济线路，在这条南北大通道上发生了太多的历史故事。

（四）中国秦巴山红色文化，传奇独特、全国唯一，具有世界吸引力

由于独特的区位和地形地貌背景以及人文历史，秦巴山区具有独特的红色文化景观特征。主要表现为：一是以涉及巴中、达州、广元地区的"川陕苏区首府"主题特色的红色文化景观资源，全国仅有；二是"红色大巴山，革命摇篮曲"文化资源，在巴中、达州、广元，红色文化景观遍地，徐向前、李先念等共和国元勋在光雾山战斗两年之久，巴山游击队血战米仓山等历史故事；三是"川陕苏区首府"与"小平故里""朱德故居"同属于"秦巴山区红色旅游区"，系全国十二大重点红色旅游区之一，也是支撑四川省三大红色旅游主题的重要载体。

（五）中国巴人文化发源地，全国风水文化发源地，具有世界垄断性

秦巴山区风水古城、风水古镇、风水村寨荟萃，历史源远流长、文化底蕴深厚，依山傍水，风景秀美，与独有的山水形貌共同构成大小不一、形态各异的天然太极山水图，展现出太极天成、天人合一的和谐人居环境。系全国乃至世界风水文化发源地，具有垄断性。古代巴国先民曾在秦巴山区创造了灿烂的文化，在中华民族的文明史上写下了光辉的篇章。巴渝舞蹈、巴乡清酒、巴人风情、巴人神话传说、巴国符号文字、巴人诗作、青铜文化、图腾文化、渔猎农耕文化等。罗家坝遗址的发掘，首次发现了有明确地层关系的"周—商—夏—新石器晚期"文化层叠压，首次对川东北春秋战国巴人墓葬的葬制、葬俗和器物组合有了清晰了解。

（六）嘉陵江风光，巴蜀文明发源地，国内外著名

"巴山蜀水，锦绣嘉陵。"嘉陵江风光生态与人文特色明显。嘉陵江构成秦巴山区水生态系统的基础，孕育了大巴山独特的嘉陵江文化体系。嘉陵江是长江水系中流域面积最大的支流，全国第一条渠化的内陆河道。作为巴蜀文明的重要流域，嘉陵江文化是长江文明的重要分支。干流流经陕西省、甘肃省、四川省、重庆市。全长1345千米，是长江支流中流域面积最大的支流。除了发育独特的"巴山蜀水，锦绣嘉陵"风光、水生态文化、水电工程、航道航运、灌溉工程等意外，更重要的是在嘉陵江漫长的形成、演化过程中，形成的独一无二的嘉陵江历史文化景观资源，包括沿江两岸的古城镇、古村寨、古码头、古水韵等生活、生产等相关的历史文化景观。

（七）武则天故里，全国唯一，世界历史最悠久的女皇故里

嘉陵江上游的广元是中国历史上唯一的女皇帝、封建时代杰出的女政治家——武则天的诞生地。这里是中国历史上唯一的女皇帝——武则天的故里，有著名的景点皇泽寺，这是古蜀道旅游线上的千年女皇祀庙，已经成为人们瞻仰女皇石刻真容的"圣地"。民间节庆活动有广元女儿节、女皇文化和唐宋文化，独具特色，全国独一无二。这里是一代女皇武则天的祀庙——皇泽寺。在广元，有则天坝、女儿节、女皇蒸凉面……虽历千年，但不论是地名、习俗还是饮食，山水间处处留有武则天的印记。

三、山地度假旅游比较优势

从旅游自然生态环境看，秦巴山区具有立体、多维、动态的地形地貌空间，便于开展多元化、多样化、多类型的旅游产品体系。秦巴山地立体化的自然山水、多样化的地理空间、多层次的景观资源、季节性的气候变化，结合秦巴山区的青山绿水、清新空气、凉爽气候、原始环境、原山社区、原真人文、地域风情等资源特色，针对运动、健康、养生、养老的现代旅游需求趋势，正好适于构建多层次、多元化、全天候、四季全时的山地度假旅游产品体系，将秦巴山区打造成为以避暑、滑雪、康养、运动为特色的山地生态休闲度假四季全时综合旅游目的地，建设国外知名、国内一流的中国全域山地休闲度假旅游示范基地，建设泛亚山地生态康养度假旅游目的地。

秦巴山区作为中国南北方地理综合界线和长江上游生态屏障，决定了秦巴山区具备不同于其他地区独特的四季度假旅游资源系统。同时，该区也是成都、重庆、西安、兰州、武汉、郑州六大城市辐射的山地生态绿岛。从区域上看，人文旅游景区构成陕西省、甘肃省等北方省市的资源特色和优势，四川省以自然生态旅游景区为特色，重庆市和湖北省以长江三峡风光为特色。秦巴山区上述五省交界，兼具四川、重庆、陕西、甘肃、湖北、河南六省（直辖市）自然条件和生态环境特色，又具备五省历史文

化共融性景观优势，尤其是作为成都、重庆、西安、兰州、武汉五大都市辐射的山地生态绿岛，在避暑度假、冬季旅游、康养度假、山地运动等方面，具有市场巨大、区位良好、距离适中、空间巨大等方面的比较优势。

就四川区域旅游而言，川北片区（北环线）世界级旅游景区 3 处、国家级旅游景区 16 处，以世界级高原自然生态观光和藏羌风情为特色；川西片区（西环线）世界级旅游景区 4 处、国家级旅游景区 20 处，以高山峡谷和藏民族文化为特色；川南片区（南环线）世界级旅游景区 2 处、国家级旅游景区 55 处，以低山丘陵区自然、文化双重景区为特色；川西南片区为中高山自然风光、冬季阳光和彝族文化为特色。秦巴山区与四川其他区域相较，比川北和川西片区具有更大众化、更宜游、更宜居、更康养、适运动的多样化、多元化地理环境和广阔空间。比川南片区和成都平原周边具有更适宜冬季旅游、夏季避暑、康养度假的自然生态环境和气候条件。

从度假产品市场上看，秦巴山区大致位于欧亚大陆的山地生态区域，距离东边的沿海地区、距离南边的东南亚市场、距离东北亚的日本韩国市场、距离北边的中亚市场，距离西北的欧洲市场、距离西边的西亚市场等，这些地区游客到秦巴山区进行山地旅游、生态度假、乡村旅游等四季全市旅游的距离相对较短。因而成为潜在的泛亚山地生态康养度假旅游目的地。尤其是冬季旅游，秦巴山区不仅具有冰雪资源可以开展冬季滑雪度假产品，还有大量的温泉资源开展冬季温泉度假产品，这是中国广大沿海地区、东南亚地区乃至岛屿国家游客最向往的地方，因为不用再去中国的东北、不用再去遥远的欧洲阿尔卑斯山脉，花更少的时间和精力、花更少的经费和花销，同样也能体验到山地滑雪、度假康养旅游。

四、阿尔卑斯山旅游发展的启示

通过与阿尔卑斯山脉比较（表 4-7），秦巴山区旅游具有如下比较特征：①阿尔卑斯山脉作为"欧洲的脊梁"，系中欧温带大陆气候与南欧亚热带气候带界线；秦巴山区作为"华夏的脊梁"和亚洲的重要山脉，位于中国北方与南方地理、气候、人文分水岭。说明两者同样具有相似的区域性地理和气候分界线意义。②秦巴山区纬度在 31.5°~33°，海拔一般在 1000~2800 米；阿尔卑斯山脉纬度在 45°~47°，海拔一般在 2500~4800 米。可见，阿尔卑斯山脉的纬度和海拔明显比秦巴山区的高，说明秦巴山区适宜于更广泛、更激烈的山地运动项目，阿尔卑斯山脉主要适于开展高山滑雪度假项目。③阿尔卑斯山脉以山地、冰雪、森林、温泉、湖泊、草甸、动植物、气候、山地村镇组合景观为特色，现今发展成为世界登山、滑雪、旅游胜地。④秦巴山区以山地、乡村、森林、河流、湖泊、温泉、历史文化、民俗文化、气候、生态环境组合为特色，具有与阿尔卑斯山脉相近的山地度假旅游资源和环境条件，具有打造与阿尔卑斯山世界登山、滑雪、旅游胜地相比拟的秦巴山地康养度假旅游带——泛亚山地康养度假旅游胜地的潜力。⑤从文化旅游资源方面，阿尔卑斯山脉以新石器、塞尔特部落、罗马帝国、日耳曼文化资源为主，秦巴山区的蜀道文化、三国文化、红色文化、地域文化、民俗文化等景观资源丰富，文化底蕴深厚。⑥阿尔卑斯山脚下，著名的旅游小镇主要包括冰川之城——采尔马特小镇、天使之乡——英格堡小镇、童话王国——施皮兹小镇、少女峰所在地——因特拉肯小镇、瀑布镇——劳特布鲁嫩小镇、著名滑雪区——格林德瓦小镇、玫瑰小镇——威吉斯小镇、湖畔仙境的木雕小镇——布里恩茨小镇、清水芙蓉小镇——圣莫丽兹小镇等。⑦秦巴山区相关的著名旅游城镇主要包括昭化古城、柏林沟古镇、通江县城、平昌白衣古镇、剑阁县城、南充蓬安、万源太平镇、宣汉东乡镇、仪陇马鞍镇、旺苍木门镇、北川羌寨、南坝镇、青溪古镇等。

表 4-7　秦巴山地与阿尔卑斯山比较

自然环境	阿尔卑斯山	秦巴山地
地理区位	位于欧洲的中南部、地中海北部，意大利、法国、德国、奥地利、斯洛文尼亚、捷克、斯洛伐克和匈牙利之间	位于亚洲中部，中国中西部，成都、重庆、西安、兰州、武汉、郑州六大城市之间
地位作用	欧洲的脊梁，"大自然的宫殿"	华夏中央公园，华夏的脊梁
范围	意大利北部、法国东南部、瑞士、列支敦士登、奥地利、德国南部及斯洛文尼亚	川、陕、甘、渝、鄂、豫六省交界（秦巴山地位于川东北广元、巴中、达州市区）
面积	22 万平方千米	22.5 万平方千米（其中，四川秦巴山 4.5 万平方千米）
纬度	45°~47°	31.5°~33°
海拔	2500~4800 米	1000~2800 米
形态	东西向展布 1200×150 平方千米	东西向展布 1200×160 平方千米
最高峰	勃朗峰 4810 米	太白山（3771 米）
森林带	800~1800 米（高山草甸、混交林带）	中国中西部六大国际大都市生态绿岛
气候特征	中欧温带大陆气候与南欧亚热带气候带界线，山地气候。在海拔 2000 米处年平均气温为 0℃	北方与南方气候界线。"天然大空调""生态大氧吧""绿色宝库""天然博物馆""物种基因库"
主要山峰	艾格峰、勃朗峰、马特洪峰、杜富尔峰	太白山、摩天岭、龙门山（东缘）、米仓山、光雾山、大巴山、武当山、荆山等
主要河流	莱茵河、莱希河、伊萨尔河	汉江、嘉陵江、渭河、灞河、丹江等
主要湖泊	科莫湖、马焦雷湖、图恩湖、布里恩茨湖	升钟湖、太极湖、丹江口水库、石泉水库、白龙湖
现代冰川	发育 1200 多条现代冰川	发育有现代冰川遗迹，冬季发育山地冰雪
历史文化	新石器、塞尔特部落、罗马帝国、日耳曼文化	蜀道文化、三国文化、红色文化、地域文化、民俗文化

续表

自然环境	阿尔卑斯山	秦巴山地
主要特色古镇	采尔马特小镇、英格堡小镇、施皮兹小镇、因特拉肯小镇、劳特布鲁嫩小镇、格林德瓦小镇、威吉斯小镇、布里恩茨小镇、圣莫丽兹小镇等	昭化古城、柏林沟古镇、通江县城、平昌白衣古镇、剑阁县城、南充蓬安、万源太平镇、宣汉东乡镇、仪陇马鞍镇、旺苍木门镇、北川羌寨、南坝镇、青溪古镇等
主要典型景观	山地、冰雪、森林、温泉、湖泊、草甸、动植物、气候、山地村镇等	山地、乡村、森林、河流、湖泊、温泉、历史文化、民俗文化、气候、生态环境、山地城镇等
旅游发展方向	世界登山、滑雪、旅游胜地	泛亚山地生态康养度假胜地

综上所述，阿尔卑斯山山地冰雪、自然山水和独特的气候条件，成为其发展旅游的核心景观资源，区位条件构成其旅游发展的重要外部支撑条件，但也同时面临着海拔比较高的不利条件。尽管如此，还是迅速发展成长为世界著名的登山、滑雪、旅游胜地。与阿尔卑斯山相比较，虽然秦巴山区没有阿尔卑斯山著名的雪景资源，以及与地中海相邻的国际旅游胜地，但秦巴山区也有自己独特的旅游资源特色和优势，包括"北方的南方，南方的北方"的气候及生态环境特点，底蕴深厚的历史文化和地域文化底蕴，适宜人体的海拔条件、四季皆宜的旅游生态环境和宜游宜居条件，构成其发展旅游最大的资源优势，只要战略得当、方向正确，产品符合市场，政策保障有力，秦巴山区培育成为泛亚山地生态康养度假胜地会很快到来。

第六节　旅游脱贫转型基础

一、立体交通网络和集散体系

通过近年来的旅游发展，秦巴山区城市建设、城乡发展、基础设施、经济社会取得了重大进展，在四川省乃至中西部地区凸显愈加重要的地位和作用，为旅游大发展奠定了扎实基础——由航空、铁路、公路、水路构成的立体交通网络和集散体系逐渐形成（表4-8）。

截至2020年年底，秦巴山区基本真正实现"水陆空立体交通体系"，正在成为四川省旅游发展的新热点和新亮点，正在成为西安、成都、重庆、兰州、武汉五大城市之间的重要生态旅游目的地和生态休闲度假胜地，引起沿海地区市场乃至国内外市场群体的极大关注。基本突破了"道路瓶颈"问题，首先是包括成达、巴（中）陕（西）、达（州）陕（西）、达（州）渝（重庆）、南（充）渝（重庆）、巴（中）达

（州）万（州）等高速公路开通，根本性地解决外围交通问题。其次，兰（州）渝（重庆）铁路、遂（宁）渝（重庆）铁路二线、乐（山）巴（中）铁路、成（都）西（安）铁路客运专线、成（都）渝（重庆）城际铁路、巴（中）达（州）铁路、达（州）万（达）铁路以及成（都）遂（宁）达（州）城际铁路通车，秦巴山区大众旅游成为可能。最后，广元机场和达州机场提升以及巴中机场建设，为沿海地区和国内外远程市场群体旅游提供了便捷的交通条件。

秦巴山区内部交通条件逐渐改善，尤其是广（元）南（充）、广（元）巴（中）、巴（中）南（充）、巴（中）达（州）、南（充）达（州）等高速公路，以及各市内县县之间、县乡（镇）、城镇景区之间的通道，为秦巴山区构建舒适、安全、人性化的旅游环境，奠定了重要基础和前提。

通过 3~5 年的科学发展和有序建设，秦巴山区将建成生态良好、环境优美、特色突出、宜人宜居宜游的国际生态旅游目的地。随着旅游业发展和市场变化（全域化、人性化和个性化），秦巴山区将成为国内外游客青睐的国际生态旅游目的地。

表 4-8　秦巴山区客流源方向及入口通道体系

客源流	出入方向	交通方式		客源地及入口	集散地
西向客源流	成都方向	汽车	成南高速	成都→遂宁→南充	南充
			成巴高速	成都→南充	
			成绵广高速	成都→广元	广元
			G318	成都→南充→大竹	南充
			S304	成都→广安→邻水	广安
		飞机	成都—达州	成都→达州	达州
北向客源流	西安方向	汽车	西线—G108	西安→广元	广元
			巴陕高速	陕西→巴中	巴中
			东线—G210	西安→万源→达州	达州
			达陕高速	西安→达州	
			S310	安康→万源	万源
			S101（211）	汉中—南江—巴中	南江
		飞机	北京—南充、广元	北京→广元	广元
				北京→南充	南充
			巴中恩阳机场	巴中→成都 成都→巴中→上海航线 深圳→巴中→银川	巴中

续表

客源流	出入方向	交通方式		客源地及入口	集散地
南向客源留	重庆方向	汽车	G210	重庆→邻水→达州	达州
			G212	重庆→南充	南充
			S204	重庆→广安	广安
		水路	东线	重庆→南充	南充
			西线	重庆→广安→达州	达州
		飞机	广州—南充	广州→南充	南充
			深圳—南充	深圳→南充	
			广州—广元	广州→广元	广元
北西向客源流	九寨沟	汽车	G212	兰州→广元	广元
			广兰高速	兰州→姚渡→广元	
			九环线—广元	平武→青川→广元	
		飞机	九寨沟—广元	九寨沟→广元	
东向客源流	武汉方向	汽车	G318	重庆（忠县）→广安	广安
			S304	武汉→万州→大竹	达州
			S302	重庆→万源	
			S202	重庆→达州→巴中→广元	
		火车	武汉—万州—达州	武汉→达州	
		水路	武汉—宜昌—万州—重庆—南充	武汉→南充	南充

二、客源市场体系日趋成熟

随着航空、铁路、公路、水路等构成的立体交通网络体系的形成，以及人们需求的多样化和多元化，秦巴山区国际、远程、区域、地区构成的立体多元、四季全时的客源市场体系日趋成熟，包括以东南亚为主的世界旅游市场、以珠江三角洲为主的东部沿海市场、环秦巴山地的成都—西安—重庆—兰州—武汉—郑州区域市场、秦巴山区各城市构成的地区市场、国内外其他市场。

首先，作为秦巴山区最大潜力客源市场，以兰州为核心的"西北地区缺乏生态"的西北都市群和以西安为核心的"北方以文化资源为主"的北方都市群，构成广大北方市场游客群体，秦巴山区原生态的自然山水旅游，对其有充分的吸引力。要实现北方市场到秦巴山区旅游急需解决的核心问题，一是旅游通道和可达性问题，二是旅游精品（尤其是自然生态产品）打造问题。

其次，以"热都"武汉为核心的中部地区市场和以"火炉城"重庆为核心的南方南方市场，构成秦巴山区旅游第二重要基础市场，秦巴山区自然山水生态条件和凉爽气候，对其有充分的吸引力。而要吸引该市场客源群体，则急需解决的核心问题，一是急需打造山地生态度假产品（尤其是夏季避暑产品），二是要解决旅游"过路时间长"等问题。

再次，以成都为核心的西部旅游西南市场（"世界休闲之都"），因其周围 2 小时车程范围内分布有九寨沟、黄龙、乐山—峨眉山、青城山—都江堰、四川大熊猫栖息地等世界遗产，要吸引该市场客源到秦巴山区旅游，主要动因是远离"都市"到"山清水秀""空气清凉"的原生态"异乡"，去休闲度假养生养老，一是自驾游，二是夏日避暑地，三是冬季冰雪旅游目的地，四是原生态乡村旅游目的地。需要解决的问题，一是旅游环境和舒适度，二是畅通的景区通道。

最后，针对中远程市场，如沿海市场（远离山地）和国外市场，秦巴山区的冬季滑雪场度假和原生态多元文化对该市场明显的吸引力。要吸引该市场人群花销巨大路费到秦巴山区旅游，亟待解决的问题是：一是便捷的交通出入，尤其是航空通道；二是差异化的国际旅游精品；三是"宾至如归"的旅游氛围。

三、旅游脱贫转型及乡村振兴的机遇与展望

党中央、国务院高度重视广大乡村地区脱贫转型及乡村振兴事业，习近平总书记关于精准扶贫、脱贫攻坚成果巩固与共同富裕、"两山"理论、乡村振兴与高质量发展相关重要论述，为我国脱贫转型及乡村振兴战略的实施和实现，提供了前所未有的历史难逢机遇。秦巴山区所在的四川省旅游面临着前所未有的发展机遇：①党的十九大精神带来的各种机遇，旅游业发展将重点围绕满足人民群众对美好生活日益增长的需要，旅游新时代正在到来。②国家加大连片特困地区脱贫转型成果与乡村振兴相衔接，给秦巴山区旅游大发展提供了重要机遇和坚实保障。③四川省第十一次党代会提出，实施"绿色四川"旅游行动计划，建设世界重要旅游目的地，给秦巴山区旅游大发展带来了前所未有的机遇。④世界品级的旅游资源、良好的舒适度和宜游宜居条件，构成秦巴山区旅游发展的特色和优势——"春踏青、夏避暑、秋观叶、冬滑雪"的四季全时综合休闲度假旅游目的地。⑤运动、健康、养生、养老、度假等不断趋热的世界旅游主题，为秦巴山地度假旅游提供了广阔旅游市场和全新的发展空间。⑥各级政府高度重视，助推秦巴山区旅游业大发展。⑦已经进入"旅游新时代"，旅游基本实现了休闲化、大众化和社会化，成为人们的一种普遍生活方式和基本权利。

进入"十三五"时期以来，四川省旅游发展势头良好，旅游市场持续增长、全域旅游发展格局凸显、旅游多点多极支撑格局初步形成、旅游综合带动效益显著提升、旅游项目建设硕果累累、旅游营销亮点纷呈、智慧旅游引领全国，旅游脱贫效果明显。

2019 年，四川省实现旅游总收入 10112.75 亿元，同比增长 13.3%。其中，接待入境游客 369.82 万人次，同比增长 10%，实现旅游外汇收入 15.12 亿美元，同比增长

4.5%。实现乡村旅游收入 2283 亿元，同比增长 13.3%，省级旅游发展资金重点支持 86 个县实施旅游产业脱贫。旅游业增加值占第三产业比重达 18.4%，旅游业增加值占全省 GDP（36980.2 亿元）比重达到 11.63%，旅游业已成为推动四川省经济社会转型发展的支柱产业和引导产业。

在"十四五"四川旅游发展新阶段，四川省把握国家"一带一路"倡议、长江经济带战略的巨大机遇，依托四川省立体旅游交通格局和旅游发展成果，四川旅游业将在十九大方针引领下，建成旅游经济强省和世界重要旅游目的地。

四、市场需求分析与预期

（一）旅游市场需求分析

1. 国内旅游市场需求趋势

旅游者更注重旅游与健康、环境保护、回归的结合。国民旅游的目的已从"简单观光"转向"回归自然游""运动体验游""生态度假游""健康养生游"。从单一的"春季游"和"秋季游"升级为凸显"夏季游""冬季游"为重点的春夏秋冬四全时旅游。

随着生活水平提高和闲暇时光增多，自驾游、休闲旅游、生态度假成为国民生活的重要组成部分。随着大众休闲度假时代的到来，户外运动、户外拓展、户外体育休闲等成为时尚。尤其是随着国民素质的提高，有利于提高国民素质、改变国民生活方式、提升国民体能和智力的旅游成为追捧的热点。旅游者对旅游服务个性化、人性化需求日益加强。旅游者更偏好于体验性、参与性、互动性强的旅游活动。旅游者更追求原生态、深厚底蕴和文化内涵的旅游活动。

2. 国外旅游市场需求趋势

回归自然和原生态文化是现代旅游发展的主要趋势。入境游客对我国感兴趣的旅游资源仍集中在山水风光和华夏民俗文化方面，对民族民俗风情情有独钟。

从国际旅游市场需求上，"冬季滑雪度假""夏季避暑度假"对东南亚地区市场具有吸引力，"三国文化""红色文化""风水文化""民俗风情""特色餐饮"等产品具有打入国际市场的潜力。

（二）旅游客源市场预期

秦巴山区作为春赏花、夏避暑、秋观叶、冬滑雪的四季全时综合旅游目的地，面对周边多元化客源市场的驱动，正处在旅游大发展的关键时期。秦巴山区 2019 年游客总人数和旅游总收入分别为 6292.2 万人次和 478 亿元，游客人数和旅游总收入呈跳跃递增趋势。

结合秦巴山区旅游资源特色、品位、吸引力，尤其是考虑到近期区域交通综合条件明显变化、旅游发展环境和政策形势好转，以及各级政府重视和客源市场需求剧增，初步预测：近期（2020年前），旅游人数约10000万人次，旅游收入约600亿元；中远期（2025年前），旅游数达约20000万人次，旅游收入约1000亿元。

第七节　旅游脱贫转型现状

一、旅游现状及特征

（一）旅游业现状

秦巴山区作为我国14个集中连片脱贫转型地区之一，位于中西部广大山地乡村区域，属于涉及省份最多、面积最大的脱贫山区和革命老区，由于自然地理条件相对恶劣，基础配套服务设施滞后，资源生态环境脆弱性，以及历史背景、科技水平、发展理念等原因，旅游发展明显滞后，与其高品质、富集的旅游资源富集区不相一致。

与全省旅游发展状况相比，秦巴山区旅游总体处于资源调查和旅游发展初级阶段（表4-9），具体主要表现为：①秦巴山区旅游起步较晚，但发展速度较快，旅游发展势头良好。但与四川省尤其是周围省（市）相比，仍处于发展初级阶段。②旅游业对国民经济的贡献不断增大，旅游产业地位逐步提高，旅游脱贫效应凸显。但产业素质仍低于全省水平，明显低于周围省（市）。③旅游基础配套服务设施明显提升，旅游产业规模不断扩大，但旅游开发水平和质量亟待提高，与全省相比仍处于较低水平。④旅游产品开发力度逐渐增强，区域协作进一步加强，但仍以呈现自驾游、散客为主、以团队游为辅的格局为主，康养、度假、研修、科普、山地旅游、养生养老旅游发展空间巨大。⑤从旅游消费来看，旅游人数有限，旅游收入低，旅游消费低端，以观光型游客为主，健康养生及休闲度假游空间巨大。

表4-9　秦巴山区四川片区旅游发展现状

旅游指标	年份	广元市	巴中市	达州市	秦巴山区	四川省	占全省比例（%）
旅游总人数（万人次）	2009	642.5	360.9	745.1	1748.5	21984.2	7.9
	2010	700.5	476.2	858.1	2034.8	27204.9	7.5
	2012	1918.5	714.6	1096.7	3729.8	44227.3	8.4
	2015	3275	1696.6	1320.6	6292.2	58773.8	10.7
	2016	3792.07	2167.3	1913.02	7872.52	63000	12.49
	2017	4400	2630	2353.01	9383.01	66900	14.03

续表

旅游指标	年份	广元市	巴中市	达州市	秦巴山区	四川省	占全省比例（%）
旅游总收入（亿元）	2009	25.5	16.7	35.1	77.3	1472.4	5.2
	2010	32.1	22.8	41.5	96.4	1886.1	5.1
	2012	82.8	43.7	61.7	188.2	3280.3	5.7
	2015	207	166	105	478	6210.5	7.7
	2016	264.22	166.2	140.53	570.95	7705.5	7.41
	2017	330	210	170	710	8923.06	7.97

数据来源：经四川统计年鉴及各市国民经济与社会发展统计报告（2009—2019年）整理。

（二）旅游市场特征

总体而言，秦巴山区旅游发展仍处于初级阶段，旅游产品具有相对小、散、弱、差、低等特点。旅游产品结构相对单一，旅游消费市场相对低端，缺乏高端、高效益、强带动性的精品旅游产品，亟待产业化、规模化、聚集化、区域化、高端化、效益化。

1. 以本地近程市场为主

本地近程市场构成秦巴山区旅游市场主体。纵观近几年游客市场调查结果，长假期间旅游者由40%的外地游客和60%的本地游客构成。

本地游客主要是南充、达州、广元、汉中和广安。外地游客市场以周边近邻省区为主，主要为成都、重庆以及陕西、甘肃等客源市场，其次由北京、上海、广州、宁夏、湖南、江苏等远程游客市场构成。

2. 旅游淡旺季明显

2010—2020年旅游数据统计（图4-1），秦巴山区旅游每年出现两个高峰期，分别是5月、10月份，分别为"五一"黄金周和"十一"黄金周，明显受到两个长假期的影响。其次，10月中下旬巴中市举办的中国·四川光雾山红叶节，使旅游旺季更为凸显，但该节日持续的时间有限，旅游带动效果亟待提高。1—2月为春节黄金周；7—8月为"暑期小高潮"。每年3—4月、6—9月（暑期休假除外）、11月—次年1月三个阶段，构成明显的旅游低谷期。

3. 以自驾游、散客为主，以团队为辅

通过近几年各个景区游客构成数量的统计分析，秦巴山区游客以家庭团、亲友团为主，自驾游、散客成为主要旅游方式，占总接待人数的65%以上。旅游团队比例相对较小，且以公费活动为主。产品主要是红色文化旅游、周末休闲游等。

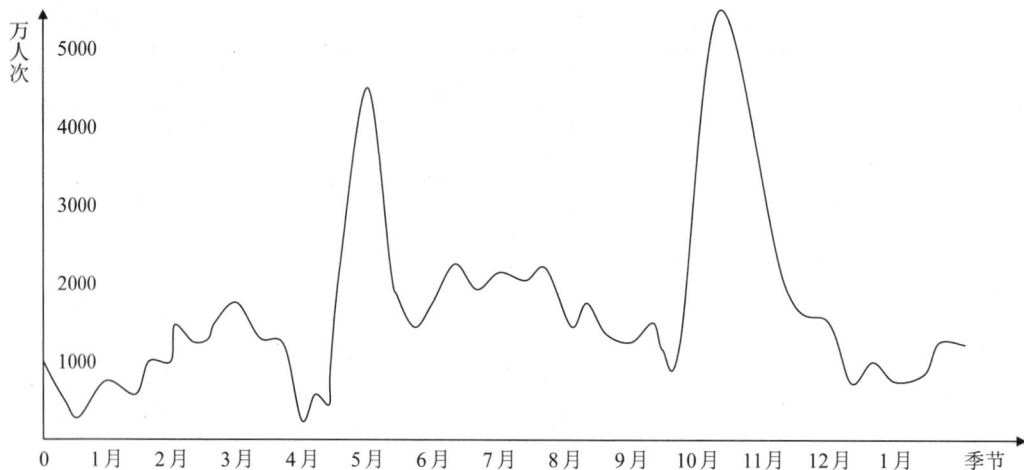

图4-1　秦巴山区游客量季节变化分析

4. 以观光型游客为主，乡村度假游开始起步

秦巴山区旅游市场主要由观光、休闲、度假、商务游客等构成。其中，观光游客约占65%以上，休闲游约占25%，乡村度假游与商务游各占5%左右。观光游客大多为公费团队游，以红色旅游产品为主。生态旅游、康养度假游潜力巨大。

（三）主要挑战

秦巴山区旅游发展机遇与挑战并存。总体而言，存在的问题主要有：①秦巴山区旅游仍处于"温冷"局面；②缺乏旅游总体品牌形象；③缺乏四季全时旅游产品；④缺乏旅游度假精品；⑤尚未形成全域旅游目的地；⑥山地旅游旅游开发成本较高；⑦旅游发展与生态脆弱性；⑧区域旅游产品同质竞争。

二、旅游脱贫转型主要问题

（一）脱贫面广量大，贫困发生率高

主要表现为：一是脱贫面广。秦巴山区（2020年之前）包括六个地级市35个脱贫县677个脱贫村，分别占全省的33.81%和51.98%。二是脱贫人口多。秦巴山区建档立卡脱贫人口159000人，占全省建档立卡脱贫人口总数的56.2%。三是贫困发生率最高。秦巴山区贫困发生率为33.5%，在四大片区排名第一，高出全省平均水平近10.5个百分点。

（二）致贫原因复杂，农民收入较低

主要包括如下几个方面：一是曾经的多维致贫。86.4%以上脱贫人口曾经处于致贫

原因多样化，分别是因灾致贫、因缺水致贫、因缺技术致贫、因缺劳力致贫、因缺资金致贫、因交通落后致贫、因能力不足致贫（图 4-2）。二是农民收入低。秦巴山区农民人平纯收入只有全省平均水平的 58.9%，其中农民人均纯收入低于 2000 元的深度脱贫户达 3.1 万户，占脱贫户总户数的 36.4%。2019 年农民人均纯收入 6499 元，仅相当于当年全国平均水平的 59.8%。

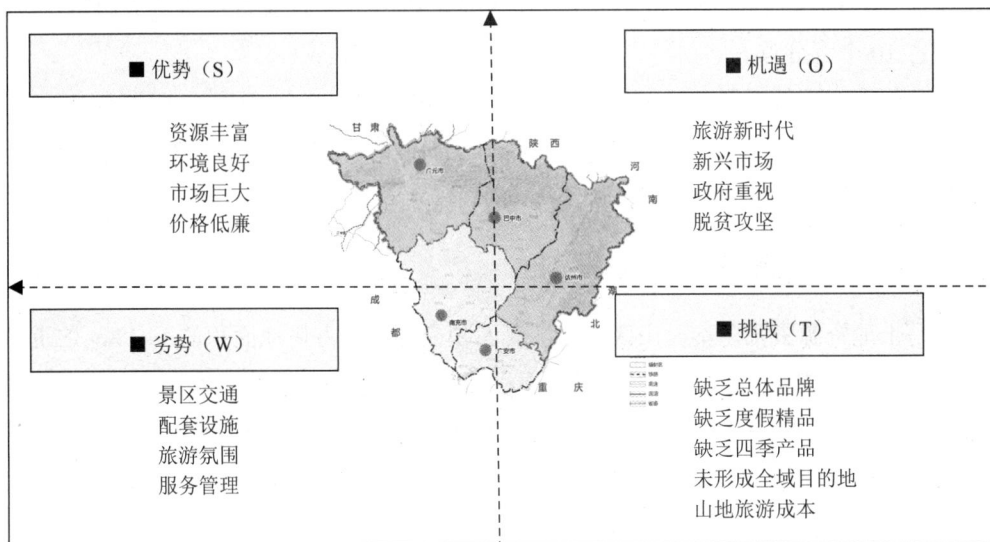

图 4-2　秦巴山区旅游发展 SWOT 分析

（三）城乡差距较大，二元结构突出

秦巴山区作为中西部山地区域的代表和缩影，发展的自然条件较差、发展环境滞后、发展成分相对较大，发展区域不平衡现象明显。旅游、农业等资源开发不足，城乡收入差距较大，二元结构十分突出。2019 年，秦巴山区城镇居民人均可支配收入为 17694 元，农民人平纯收入 6499 元，收入比为 3.1：1，高于全国 3：1 和全省 2.6：1 的水平。据统计，占全四川省人口约 1/3 的秦巴山区，其人均收入仅相当于全省人均收入的 1/2。

（四）基础设施落后，群众生活不便

主要表现在秦巴山区脱贫村村内基础设施建设相对滞后，危房改造、饮水解困、公路建设、脱贫搬迁四个方面的需求突出：一是危房改造。片区 779 个脱贫村，住危房的 0.65 万户，占片区脱贫村中脱贫户的 12.5%。二是饮水解困，脱贫村饮水困难的占比 40.7%。三是交通条件还相对滞后，因交通条件落后致贫占比 19.1%，高出全省 5 个百分点。四是电力保障仍有盲点，在实现全面小康以前，曾经有 10 个自然村未通生

活用电，110 个自然村未通生产用电。

（五）政策覆盖面窄，公共服务不够

群众受教育程度相对低。在秦巴山区建档立卡脱贫人口中，文盲半文盲占比 10%，比四川省平均水平高出近 2 个百分点；脱贫人口有技能的劳动力不到 1%；脱贫村有 0.71 万脱贫户因学致贫；缺少发展技术致贫的 4.61 万人，占脱贫村脱贫人口的 29%，高出全省 10 个百分点。

医疗保障水平低。脱贫村中参加新型农村合作医疗的 13.61 万人，占脱贫村总人口的 85.6%；因病致贫 14.3 万户，占片区脱贫户的 20.4%。临时救助任务重。脱贫村中因灾致贫的 1.06 万户，占片区脱贫户的 5.65%。

（六）资源环境脆弱，发展矛盾突出

一是土地资源紧张。秦巴山区有效灌溉面积最低，仅占耕地面积的 14.1%。二是生态环境脆弱。区内水土流失面积占国土面积的 46%；区内有地质灾害隐患 593 处，占国土面积的 15.1%；持续干旱、低温冻害、暴雨、冰雹等极端气候加剧。三是保护与发展的矛盾突出。秦巴山区是我国重要的生态功能区和水资源保护区，生态环境保护与经济发展矛盾突出。

（七）经济发展落后，造血功能不足

一是经济总量落后。秦巴山区面积占全省总面积的 26.2%，但 2014 年脱贫县生产总值、地方公共财政预算收入，均仅分别占全省的 2.28% 和 1.17%。二是人均水平低。表现在 GDP、地方公共财政收入低。三是村级集体经济薄弱。区内 677 个脱贫村年集体经济收入只有 456 万元，平均不到 1 万元（表 4-10）。

表 4-10　秦巴山区脱贫状况

市	县（市、区）	类别							人口（万人）		人均纯收入（元）
		山区县（1）	丘陵县（2）	老区县（3）	重点县（4）		灾区县（5）		总人口（万人）	农业人口（万人）	
					国家级	省级	一般灾区县	极重灾区县			
巴中市	巴州		√	√		√		√	138.17		3987
	通江	√		√	√			√	80.09		3614
	南江	√		√	√		√		68.69	334.56	3906
	平昌		√	√	√			√	107.04		3810
全市		2	2	4	3	1	1	3	393.98		3847

续表

市	县（市、区）	山区县（1）	丘陵县（2）	老区县（3）	重点县（4）国家级	重点县（4）省级	灾区县（5）一般灾区县	灾区县（5）极重灾区县	总人口（万人）	农业人口（万人）	人均纯收入（元）
达州市	宣汉	✓		✓	✓				129.50		3252
	万源	✓		✓	✓				43.60		3342
	渠县	✓				✓			147.60		5349
	达县		✓			✓			126.00		5762
	大竹		✓			✓			84.2		5956
	开江		✓			✓			41.4		5312
	通川		✓			✓			50.00	531.8	6713
全市		3	4	2	2	5			622.3		5084
广元市	利州	✓	✓		✓			✓	47.70		4733
	元坝	✓	✓		✓			✓	24.00		4012
	朝天	✓	✓	✓				✓	19.60	169	3775
	旺苍	✓	✓	✓				✓	42.70		4019
	苍溪	✓	✓	✓				✓	78.00		4008
全市		5	5	3	2			5	212.00		4109
南充市	嘉陵	✓	✓				✓		69.48		4259
	高坪	✓	✓				✓		59.46		4641
	阆中	✓	✓					✓	86.90		5252
	营山	✓	✓	✓	✓		✓		93.77	513.33	4582
	蓬安	✓	✓	✓			✓		69.92		5511
	仪陇	✓		✓			✓		111.13		4385
	南部	✓		✓			✓		130.68		4955
全市		7	5	4	1		6	1	621.34		4814
广安市	广安/前锋	✓	✓	✓	✓		✓		123.31		4973
	华蓥	✓	✓				✓		36.00		6151
	岳池	✓	✓				✓		119.89	392.38	5471
	武胜	✓	✓				✓		82.50		5605
	邻水	✓	✓				✓		102.00		5321
全市		5	5	1			5		463.70		5504.2

注：2011年确定的农村脱贫县标准为2300元，2014年开始脱贫县微调为2800元。

三、旅游脱贫转型潜力

（一）旅游脱贫基础较好

四川省委、省政府历来高度重视四川省旅游脱贫开发事业。率先在全国首次进行了秦巴山区旅游脱贫开发、规划和建设，取得了重大进展，成为全国旅游脱贫的借鉴模式和经验。

随着旅游综合带动效应日益显现，旅游脱贫也成为省委、省政府脱贫工作中行之有效的方法和途径。在第二届全国乡村旅游与旅游脱贫工作推进大会上，国家旅游局发布了 280 个全国旅游脱贫示范项目，四川共有 13 个项目榜上有名，占全国的 8.21%。应该值得提醒的是，这 13 个全国旅游脱贫示范项目全都集中在秦巴山区。

（二）旅游脱贫的资源潜力巨大

截至 2020 年年底，秦巴山区所在区域，多是生态旅游资源和民族民俗资源富集的地区。从旅游资源分布情况来看，资源都分布在贫困地区，其中不乏辐射面大、带动性强的国家级甚至世界级旅游资源。秦巴山区（四川区域）拥有国家 5A 级旅游景区 4 处、国家 4A 级旅游景区 32 处，国家级遗产名录 3 处，国家级生态旅游示范区 2 处，国家级风景名胜区 3 处、国家级自然保护区 4 处、国家森林公园 8 处、国家地质公园 3 处、国家湿地公园 1 处、国家级水利风景区 4 处、国家全域旅游示范区 4 处、中国优秀旅游城市 1 座、国家级历史文化名城（镇、村）4 座、全国重点文物保护单位 37 处、国家级非物质文化遗产 8 处、全国休闲农业与乡村旅游示范县／点 3 处、全国工农业旅游示范点 2 处、国家红色旅游经典景区 9 处、全国特色景观旅游名镇 1 处，构成我国山地生态文化旅游资源最富集、品质最高的区域之一。辐射范围包涵大部分适宜发展旅游的脱贫村。

（三）脱贫地区旅游市场前景广阔

近年来，四川旅游经济总量和质量明显提高，初步实现从旅游经济大省向旅游经济强省跨越，旅游总收入从 2011 年跨越 2000 亿元到 2019 年突破 1.16 万亿元，四川旅游的产业规模、品牌效应和市场潜能为秦巴山地区深度脱贫开发奠定了坚实基础。"十三五"期间，航空交通改善将进一步拓展秦巴山地区的中远程旅游客源市场，高铁、高速公路使贫困地区连接成都、重庆、西安等大都市市场更加便捷，公路网络和自驾游服务体系的完善将推动秦巴山地区乡村休闲旅游大发展。巴山大峡谷、光雾山—诺水河、白马王朗等龙头景区规模化开发将成为旅游市场新热点，并推动秦巴山地区全域乡村旅游和休闲农业的市场新发展。

（四）脱贫地区与旅游资源富集区叠加

秦巴山区是原生态自然资源与原生态人文在景观资源富集区，同时是全国 14 个连片特困地区之一，尤其作为我国南方、北方地理分界线，而呈现的"北方的南方，南方的北方"的独特的资源环境、气候特色，为秦巴山区旅游脱贫与振兴奠定了特殊的基础条件。

（五）旅游脱贫转型交通条件不断提高

交通制约是旅游脱贫转型的首要瓶颈。近十年来，国家对秦巴山区的高度重视和关注，以交通为核心的基础设施建设发生了翻天覆地的变化。"十三五"期间，四川省建设完善立体交通格局，脱贫地区旅游交通环境显著优化，逐渐形成了"水陆空"多维立体交通网络体系。除现有国道及高速路网外，巴广渝高速即将建成通车，广平高速、绵九高速、广安绕城高速业已开工建设。此外，西成高铁也即将建成通车。为秦巴山区旅游脱贫发展奠定了重要基础。

第二章 旅游产业发展规划

我国集中连片脱贫转型山区涉及30多个省（自治区、直辖市），面积广大，人口众多，情况复杂。大多关系到国家的边境安全、生态安全，乃至社会稳定和可持续发展。不同脱贫地区，自然条件迥异，资源条件有别，经济社会不同，历史文化差异，很难通过某个章节即可表述清楚。鉴于旅游脱贫转型及乡村振兴必须以旅游产业充分发展为前提，旅游脱贫转型及乡村振兴规划必须以特定的地区作为具体的规划对象，方能便于进行科学有效、有针对性的阐述。这里以涉及省份最多、脱贫县和脱贫人口最多、内部差距最大的全国14个连片脱贫转型地区的典型代表——秦巴山区为案例，对旅游脱贫转型及乡村振兴规划相关的贫困山区旅游产业发展规划进行阐述，内容主要包括旅游发展战略、旅游发展目标、旅游发展定位、旅游空间布局与功能、旅游景区规划、旅游城镇规划、旅游产品体系规划等。

第一节 旅游产业发展战略

一、指导思想

以生态文明观为统领，围绕实施"美丽中国"旅游行动计划、建设世界重要旅游目的地目标和任务，将旅游业建成满足人民群众对美好生活日益增长需求的现代服务业和秦巴山区战略性支柱产业，把旅游产业发展与秦巴山区脱贫、生态经济增长极、新型城乡格局、长江上游生态保护相结合，与建设国家旅游脱贫示范区、促进区域一体化发展有机结合。

以全域旅游理念为指导，以增强秦巴山区内生发展动力为根本，树立"旅游+"发展理念，统筹推进秦巴山地旅游创新发展与旅游供给侧结构性改革相统一，建成个性魅力独特、品牌形象突出、产品业态丰富、服务功能完善、集散舒适便捷、环境安全友好、具有国内外吸引力和竞争力的中国秦巴山地休闲度假综合旅游目的地，为四川世界旅游目的地建设提供重要支撑。

二、基本原则

省地联动，分级负责。省级层面主要做好顶层设计，牵头抓总、目标确定、分区规划、省标认证、项目下达、资金引导、社会动员、检查督导、指导人才培养等工作。市（州）、县（市、区）政府是旅游脱贫转型的工作主体、责任主体、实施主体、管理主体，主要做好旅游脱贫转型力量组织调配、项目资金筹集和运行管理、项目包装推介、旅游人才培养、帮扶措施督促落实、建档立卡信息统计等工作。乡镇、村（社区）主要做好组织和带领群众推进乡村旅游脱贫项目实施、登记造册、信息反馈等工作。

统筹规划，协调发展。坚持创新发展、协调发展，按照统筹兼顾、布局合理、节约利用的原则，整合各部门脱贫转型力量，统筹规划和安排全省旅游脱贫转型的总体布局、实施进度，集约使用资源、资金、土地，妥善处理发展中的各方关系，确保各贫困地区在旅游脱贫转型中的均衡发展，实现旅游脱贫转型、经济社会发展、环境保护的效益统一。

因地制宜，精准施策。立足脱贫村的资源基础和现状条件，突出问题导向，发挥比较优势，创新旅游脱贫转型实施路径，因地制宜选择景区带动型、乡村旅游型、旅游商品型等模式，开展旅游脱贫转型。因村、因户、因人制宜，合理分工，解决好贫困群众参与旅游发展、分享旅游红利的机制路径，推动旅游脱贫转型，让脱贫人口有更多的获得感。

政府主导，各方参与。发挥政府主导作用，强化政府责任，引领市场、社会协同发力，广泛动员和凝聚各方力量参与旅游脱贫转型，形成政府、市场、社会互为支撑，专项脱贫转型、行业脱贫转型、社会脱贫转型"三位一体"的旅游大脱贫转型格局，坚持政府与市场推动相结合、普惠制度与特惠制度相结合、统筹兼顾与分类指导相结合。

绿色开发，持续发展。要把生态保护和文化传承放在旅游脱贫转型的突出位置，不能以破坏生态环境和文化遗存为代价，搞大拆大建的野蛮开发，应保持脱贫转型地区农村原有的格局肌理和整体风貌，保障旅游业可持续发展，带动当地社会经济持续增长，使得当地居民能够长期受益，从根本上实现脱贫转型的局面。

在上述指导思想和基本原则指导下，具体采取"条块结合、以块为主、分类指导、精准到村、量身定做"的旅游脱贫转型思路。

三、总体战略

实施交通先行战略。内部交通包括景区至景区、景区至乡镇、景区至村寨之间的旅游通道及集散服务体系提升。

实施生态优先战略。依托秦巴山地生态体系，打造山地度假休闲度假旅游目的地，带动生态旅游业的发展和农民增收致富。

实施体制创新战略。构建秦巴山旅游主体功能区国家级综合配套改革试验区，引领秦巴山区跨越、创新发展。

实施区域联盟战略。构建秦巴山区新型旅游战略联盟，构建平等、合作、互利、多赢的联盟关系，构建区域旅游协作发展创新区。

实施新型城乡战略。构建现代城乡和谐相融、历史文化和现代文明交相辉映的新型城乡形态，促进相对均衡发展和生活品质均等化。

实施文旅融合战略。深挖秦巴山地文化底蕴，以文化为灵魂，以旅游为平台，推进文化与旅游融合发展，打造秦巴山区文旅度假目的地。

实施多极多点战略。充分发挥旅游业在多点多极支撑发展战略中的独特和引领作用，打造不同级别、不同比较优势的旅游增长极。

实施旅游脱贫转型战略。通过秦巴山区旅游脱贫转型示范区建设，带动秦巴山革命老区、脱贫山区经济社会协调可持续发展。

四、发展思路

实施"四季+全时+全域"发展思路，以全域旅游发展理念为指导，以"度假旅游+"为主线，充分发挥秦巴山地立体化的自然山水、多样化的地理空间、多层次的景观资源、季节性的气候变化，充分依托青山绿水、清新空气、凉爽气候、原始环境、原山社区、原真人文、地域风情等资源特色，紧密结合运动、健康、养生、养老的现代旅游需求趋势，建设多层次、多元化、全天候、四季全时的山地度假旅游产品体系，将秦巴山区打造成为以避暑、滑雪、康养、运动为特色的山地生态休闲度假四季全时综合旅游目的地。建设国外知名、国内一流的中国全域山地休闲度假旅游示范基地。打造"华夏中央空调·秦巴度假胜地"旅游品牌。

针对秦巴山区旅游温冷局面，实施冬季冰雪、夏季避暑"双轮驱动"，设计策划夜间旅游项目，规划开发"一年四季+白天+夜晚"热门项目体系，打造秦巴山地四季全时度假综合旅游目的地产品体系。

针对尚未形成全域旅游目的地，以自然生态度假景区为核心，以重要度假城镇为依托，以区域城市为集散，以乡村度假为重点，紧密结合现代旅游市场需求特点，建设多层次、多元化、全天候、四季全时的山地度假旅游产品体系，打造春踏青、夏避暑、秋观叶、冬滑雪的山地综合游览体系。

针对缺乏旅游总体品牌，建设国外知名国内一流、以冬季冰雪、夏季避暑、山地康养为特色的四季全域山地生态休闲度假综合旅游目的地，建设中国全域山地休闲度假旅游示范基地。构建"华夏中央空调·秦巴度假胜地"旅游品牌系列。

针对缺乏四季全时旅游产品，重点开发夏季旅游产品、冬季旅游产品和夜间旅游项目，打造四季全时度假综合旅游产品体系。具体做足春秋两季产品，做强夏季产品，做好冬季产品，做好夜间产品。

针对缺乏旅游度假精品，以"度假旅游+"为主线，打造以运动、健康、养生、养老为主题的度假旅游精品体系。具体做足观赏产品体系，做强运动产品体系，做好康养产品体系，做深度假产品体系。

第二节　旅游产业发展目标

一、总体目标

建设国际知名、国内一流的中国秦巴山地全域生态休闲度假综合旅游目的地，打造泛亚山地康养度假旅游胜地。建设秦巴山区旅游经济增长极。

打造秦巴山地国家全域山地度假旅游示范区，打造中国山地旅游一体化协同发展示范区，打造国家山地度假全域旅游示范区，建成全国旅游产业脱贫转型示范区，实现从"初步小康"迈向"全面小康"。

到 2020 年，建设以面向国内市场为主、东南亚为重要市场的以夏避暑、冬滑雪为特色的山地生态休闲度假旅游目的地。到 2025 年，将秦巴山区建成以避暑、滑雪、康养、运动为特色的山地生态休闲度假四季全时综合旅游目的地。

二、分类目标

旅游业成为秦巴山区（四川部分）战略性支柱产业和满足人民群众对美好生活日益增长需求的现代服务业。到 2020 年，实现游客 10000 万人次，占全省游客总人数的 15%；实现旅游总收入 1000 亿元，占全省旅游总收入的 8% 以上。到 2025 年，实现旅游总收入 2000 亿元，占全省旅游总收入的 10%。旅游业作为片区先导产业和战略性支柱产业地位更加巩固（表 5-1、表 5-2）。

度假旅游在秦巴山区旅游总收入中的份额明显增加，秦巴山地度假旅游目的地体系基本形成。到 2020 年，实现度假游客 300 万人次，占游客总人数的 20%；度假旅游收入占旅游总收入的 8% 以上。到 2025 年，度假游客占旅游总人次的 25% 以上，度假旅游收入占旅游总收入的 10% 以上。秦巴山地度假旅游目的地体系基本形成。

根据相关规划，建成一批特色鲜明的山地度假旅游目的地，打造秦巴山区生态旅游经济增长极。包括 4 个国家 5A 级旅游景区、15 个国家 4A 级旅游景区、5 个南方滑雪场度假区、6 个国家级旅游度假区、5 个国家生态旅游示范区、9 个全国特色景观旅游名镇 / 名村、6 个智慧旅游试点景区（城市）、15 个省级旅游强县和乡村旅游强县。

表 5-1 秦巴山地度假目的地旅游经济目标

指标 \ 目标				2015 年	2020 年	2025 年
旅游经济指标	旅游人数及旅游收入	总计	总人数（万人次）	6292.2	10000	20000
			度假旅游人数（万人次）	75.5	300	6250
				0.12%	15%	25%
		占全省比例（%）		10.7%	20%	25%
				58773.8	78700	100000
		总计	总收入（亿元）	478	1000	2000
			度假旅游收入（亿元）	23.9	80	200
				0.05%	8%	10%
		占全省比例（%）		3.1%	8.0%	10%
				6210.5	12420	20000
	产业拉动	对相关产业的拉动系数		4.3	4.3	4.3
		相关产业间接产值（亿元）		769.2	1185.08	2201.6
		旅游收入对 GDP 贡献（%）		9.588	15	30
	就业带动	旅游直接从业人数（万人）		4.32	14.24	40
		拉动社会就业人数（万人）		10.6	30.32	104
		乡村旅游就业人数（万人）		12.24	84.32	200

表 5-2 秦巴山地度假目的地旅游景区目标

指标体系	旅游景区及空间分布
世界遗产	蜀道
国家全域旅游示范区	朝天区、昭化区、苍溪县、旺苍县；南江县、通江县、巴州区、平昌县；大竹县、渠县、万源市、达州市
国家 5A 级旅游景区	米仓山、唐家河—青溪古城、诺水河、花萼山
国家 4A 级旅游景区	广元白龙湖、亭子湖、汤山、鹿亭、九龙山、剑阁鹤鸣山、大朝驿站、苍溪新店子、苍溪狮岭景区；巴恩恩阳古镇、毛浴古镇、白衣古镇、南天门、千佛山、皇家山、镇龙山、南龛石窟、三江水乡、天马山景区；达州马渡关石林、盘石都市农业体验区、碧瑶庄园、万源红军公园、铁山、凤凰山、莲花湖、莲印山、宝石湖、金山寺·莲花世界
国家级旅游度假区	光雾山、曾家山、五峰山—海明湖、空山、巴山大峡谷、八台山
南方滑雪场度假旅游区	曾家山、光雾山、空山、巴山大峡谷、八台山
国家生态旅游示范区	天曌山、鼓城山—七里峡、赏人谷、镇龙山、花萼山

续表

指标体系	旅游景区及空间分布
全国特色景观旅游名镇/名村	全国特色景观旅游名镇：青溪镇、昭化镇、恩阳镇、东观镇、清河镇、沿口镇；全国特色景观旅游名村：宣汉县龙泉乡黄连村、巴州区水宁寺镇始宁村、广元朝天区马坝乡七一村
智慧旅游试点景区/试点城市	智慧旅游试点景区：昭化古城、光雾山、巴山大峡谷 智慧旅游试点城市：广元、巴中、达州
省级旅游强县和乡村旅游强县	省级旅游强县——朝天区、旺苍县、青川县、宣汉县、大竹县、万源市、通江县；省级乡村旅游强县——朝天区、旺苍县、青川县、宣汉县、大竹县、万源市、开江县、通江县
重点建设的旅游景区	广元——剑门关—翠云廊、唐家河—清溪、曾家山—明月峡、白龙湖、米仓山、昭化古城；达州——八台山—龙潭河、赛人谷—汉阙、巴山大峡谷、海明湖—五峰山、铁山；巴中——光雾山、诺水河、空山、恩阳古镇、驷马水乡
省级旅游脱贫示范区	广元旺苍县、青川县、剑阁县；达州大竹县、万源市、渠县；巴中南江县、巴州区、恩阳区

　　旅游业在秦巴山区经济社会发展中的综合先导产业作用得到充分发挥，打造全国旅游产业脱贫转型示范区。充分发挥旅游业在秦巴山区产业转型、城乡升级、创新发展、旅游脱贫中的综合先导作用。通过旅游业优先发展及其带动相关产业发展，实现秦巴山区脱贫转型致富和共同富裕，旅游业直接就业人数达500万个，年人均出游次数2次以上，实现从"全面小康"迈向"共同富裕"。

第三节　旅游产业发展定位

一、战略定位

　　建设国际知名、国内一流的中国秦巴山地生态休闲度假综合旅游目的地，打造泛亚山地康养度假旅游胜地。

　　打造秦巴山地国家全域山地度假旅游示范区，打造国家旅游产业脱贫全面小康示范区，打造中国山地旅游一体化协同发展示范区。建设秦巴山区旅游经济增长极。

二、主题定位

（一）主题定位

　　依托秦巴山地立体化的地理空间、多样化的自然山水风光、原生态山地环境条件及多元化的游览体系，发挥山地空间与运动、健康、养生、长寿文化之间固有的天然联系，结合现代旅游需求趋势、市场特征和产业特点，将秦巴山区打造成为以滑雪、避暑、康养、运动为特色的秦巴山地四季全时休闲度假综合旅游目的地，建设泛亚康养度假旅游目的地。

（二）形象定位

华夏中央空调·秦巴康养胜地

三、旅游品牌

秦巴山区打造四大旅游品牌分别是中国南方滑雪度假第一山、中国红叶观光度假第一山、中国南方康养度假第一山、中国南方避暑度假第一山（表 5-3）。

表 5-3　秦巴山区四大旅游品牌

品牌序列	品牌名称	建设目标
品牌一	中国南方滑雪度假第一山	打造中国南方山地冬季旅游示范基地
品牌二	中国红叶观光度假第一山	打造全国山地观光度假示范基地
品牌三	中国南方康养度假第一山	打造国家山地健康养生养老示范基地
品牌四	中国南方避暑度假第一山	打造全国山地生态避暑度假示范基地

四、产业定位

旅游业成为提高国民素质、改变国民生活方式、提升国民体能和智力的幸福产业，成为建设美丽秦巴的生态产业，成为促进农民增收致富、提高人民生活质量、全面建成小康社会的民生产业，成为对外交流的开放产业。

五、市场定位（表 5-4）

（一）国际市场

东南亚市场：以冬季滑雪场度假产品为主。
东北亚市场：以蜀道文化、三国文化国际精品为主。
欧美市场：以蜀道文化、地域文化、民俗风情为主。

（二）国内市场

以珠三角为主的沿海地区市场。以夏季避暑度假、冬季滑雪场度假产品为主的市场。

国内其他地区市场。以低空旅游度假产品、中国第一漂度假产品、中国红叶第一山观光度假产品为主的市场。

（三）区域市场

成都、西安、重庆、兰州、太原、武汉。主要旅游产品包括：夏季避暑度假产品、冬季旅游度假产品、山地康养度假产品、生态体验度假产品、山地运动度假产品、漂流探险度假产品、营地度假产品。

（四）地区市场

主要包括汉中市、安康市、天水市、陇南市、达州市、广元市、巴中市、南充市、万州市等地区市场。

旅游产品以山地城镇度假、会议度假、周末休闲、温泉度假、湖泊度假、森林度假、乡村度假、养生度假、颐养度假、康养旅游、自驾游与房车度假等。

表 5-4　秦巴山区旅游市场定位

市场体系	区域范围	主要旅游产品
国内市场	以珠三角为主的沿海地区市场	以夏季避暑度假、冬季滑雪场度假产品为主
	国内其他地区市场	以低空旅游度假、山地漂度假、红叶观光度假产品为主
区域市场	成都、西安、重庆、兰州、太原、武汉	夏季避暑度假、冬季旅游度假、山地康养度假、生态体验度假、山地运动度假、漂流探险度假、营地度假产品
地区市场	汉中、安康、陇南、达州、广元、巴中、南充	山地城镇度假、会议度假、周末休闲、温泉度假、湖泊度假、森林度假、乡村度假、养生度假、颐养度假、康养旅游、营地度假
国际市场	东南亚市场	以冬季滑雪场度假产品为主
	东北亚市场	以蜀道文化、三国文化国际精品为主
	欧美市场	以蜀道文化、地域文化、民俗风情为主

第四节　旅游空间布局与功能

一、旅游空间布局

以"度假旅游+"为主线，结合秦巴山地旅游资源分布规律，围绕"秦巴山地度假旅游目的地"建设，规划形成"7区—3带—3城—N镇"的"733N"旅游空间结构，详见表 5-5 和图 5-1 所示。

表5-5　秦巴山区旅游空间布局

旅游空间布局		重点项目名称
7区	七个重要旅游度假区	曾家山—明月峡景区、光雾山—米仓山景区、巴山大峡谷景区、空山—诺水河景区、唐家河—清溪古城景区、五峰山—海明湖景区、八台山—花萼山景区
3带	三大旅游度假带	秦巴山南麓避暑度假带、嘉陵江（上游）康养度假带、大蜀道文化度假示范带
3城	三大区域旅游目的地城市	广元康养旅游城、巴中森林度假城、达州山地休闲城
N镇	若干山地旅游度假城镇	东河镇、太平镇、南江镇、乔庄镇、诺江镇、东乡镇、陵江镇、江口镇、渠江镇、下寺镇、竹阳街道、新宁镇

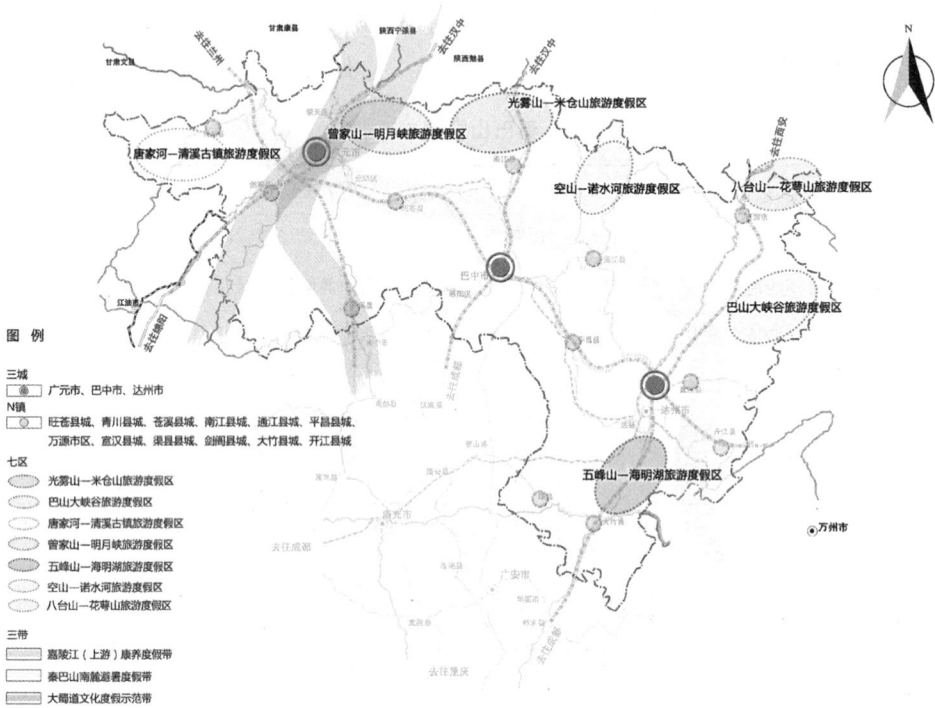

图5-1　秦巴山区旅游空间布局

二、旅游功能定位

（一）七个重要旅游度假区

七个重要旅游度假区包括：曾家山—明月峡旅游区、光雾山—米仓山旅游区、诺水河—空山旅游区、巴山大峡谷旅游区、唐家河—清溪古城旅游区、五峰山—海明湖旅游区及八台山—花萼山旅游区（表5-6）。

表5-6　秦巴山区七大重要旅游度假区

序号	景区名称	目标定位
1	曾家山—明月峡旅游区	滑雪旅游引领的山地综合度假胜地
2	光雾山—米仓山旅游区	红叶观光引领的山地避暑度假胜地
3	诺水河—空山旅游区	低空旅游引领的山地运动度假胜地
4	巴山大峡谷旅游区	峡谷风光引领的峡谷漂流避暑度假胜地
5	唐家河—清溪古城旅游区	生态体验引领的山地避暑度假胜地
6	五峰山—海明湖旅游区	温泉旅游引领的山地康养度假胜地
7	八台山—花萼山旅游区	生态营地特色的高山休闲避暑及滑雪度假胜地

（二）三条旅游度假带

三条旅游度假带具体包括秦巴山南麓避暑度假带、嘉陵江（上游）康养度假带和大蜀道文化度假示范带（表5-7）。

表5-7　秦巴山区三大旅游度假带

序号	景区名称	目标定位
1	秦巴山南麓避暑度假带	以山地乡村体验、乡村民宿、颐养度假为特色的秦巴山南麓生态避暑度假旅游产业带
2	嘉陵江（上游）康养度假带	嘉陵江水域、两岸风光及沿岸城镇旅游为特色的嘉陵江水域观光及特色城镇康养度假产业带
3	大蜀道文化度假示范带	对接"一带一路"、贯通东西、要素聚集、产业互补、文旅融合的蜀道世界遗产旅游胜地

（三）三个区域旅游中心城市

三大区域旅游中心城市具体包括：秦巴康养旅游城、秦巴森林度假城和秦巴山地休闲城（表5-8）。

表5-8　秦巴山区三大旅游度假带

序号	景区名称	目标定位
1	广元市区	秦巴康养旅游城
2	巴中市区	秦巴森林度假城
3	达州市区	秦巴山地休闲城

（四）若干山地旅游度假城镇

秦巴山地旅游度假城镇主要包括：东河镇、太平镇、南江镇、乔庄镇、诺江镇、东乡镇、陵江镇、江口镇、渠江镇、下寺镇、竹阳街道、新宁镇（表5-9）。

表5-9　秦巴山区重要旅游城镇

序号	景区名称	目标定位
1	东河镇	山地避暑度假城镇
2	太平镇	山水康养度假镇
3	南江镇	山地观光度假镇
4	乔庄镇	红色文化特色镇
5	诺江镇	山地主题特色镇
6	东乡镇	峡谷漂流度假镇
7	陵江镇	山地乡村产业特色镇
8	江口镇	农业总部旅游特色镇
9	下寺镇	文化康养度假镇
10	渠江镇	山地文化生态度假镇
11	竹阳街道	山地民俗文化特色镇
12	新宁镇	温泉文化旅游特色镇

第五节　旅游景区业态规划

一、滑雪康养基地

（一）旅游资源特色

曾家山—明月峡旅游区包括曾家山景区、明月峡景区、水磨沟景区三大板块。平均海拔1300米，总面积518平方千米。森林覆盖率74%，平均气温23℃。冬季冰雪资源景观丰富，夏季避暑条件宜人。是春踏青、夏避暑、秋观叶、冬赏雪的旅游休闲胜地。

曾家山喀斯特山地景观资源丰富，享有"溶洞王国""石林洞乡"之美称，是中低纬度高寒山地蔬菜产业发展示范区。

明月峡被誉为中国道路交通发展的活化石。是国家级风景名胜区、全国重点文物保护单位剑门蜀道的重要组成部分。

水磨沟作为四川省自然保护区，有近万亩的高地草原"秦巴大草甸"，集森林、峡谷、草原、瀑布等各种类型景点于一身。

曾家山—明月峡旅游区融云海、林海、石海、草海、雪海、峡谷、河流七大景观于一体，独具特色。不仅适于春季踏青，更适于秋季赏叶。

（二）旅游开发现状

曾家山景区先后被评为全国农业旅游示范点、国家4A级旅游景区、四川省首批十大消夏度假旅游区、省级地质公园、广元市休闲度假区、四川省沫若艺术院曾家山创作基地。旅游区交通便捷，可进入性好。

曾家山国际滑雪场也已开放并逐渐深入人心。滑雪场占地面积2000余亩，一期已建成各种雪道九条，初级道两条，中级道一条，单板道一条，雪圈道两条，悠波球道两条，雪地摩托卡丁车道一条，拥有川陕最大的戏雪区，占地面积20000平方米，玩雪戏雪项目十余种，滑雪场可满足日均6000~8000名游客的接待量。

（三）发展思路与定位

充分利用曾家山独特的冰雪资源以及高山坪地、夏季凉爽、生态良好、气候宜人等环境条件，结合曾家山与明月峡空间毗邻、高低错落、资源差异明显的特点，完善基础配套服务设施，建设以滑雪、避暑、漂流、康养度假为特色的四季全时综合度假旅游胜地，建设中国南方档次最高、设施最完善的高山滑雪场旅游胜地。

依托曾家山—明月峡旅游区，整合光雾山、空山、巴山大峡谷、八台山等冰雪景观资源，建设华夏中央公园滑雪旅游胜地，打造中国南方山地冬季旅游示范基地，培育中国南方冬季旅游第一山——秦巴山冬季旅游品牌。打造滑雪旅游引领的山地综合度假基地——以滑雪、避暑、漂流、康养度假为特色的四季全时度假综合旅游胜地，打造"滑雪避暑·康养度假"旅游品牌。

（四）功能布局与开发策划

1. 曾家山冬季滑雪场度假区

选址于曾家山冬季滑雪场国际旅游区。依托曾家山滑雪场核心吸引物，以高山生态环境为基础、喀斯特景观为骨架、森林景观为主体、冰雪景观为特色，完善基础配套服务设施，融合美食、住宿等，建设冬季冰雪运动、观北国风光等功能为一体的冬季旅游度假胜地。使旅游者在参与冰雪体育旅游时，借助冰雪环境进行各种愉悦身心、锻炼身体、观赏体育赛事、参与康复等活动。

提升曾家山滑雪场旅游功能及周围环境质量，打造大型、高端雪上游乐场。配置雪地摩托、蛇形雪橇、雪上飞碟、雪上飞伞、雪上滑车等雪地游乐项目，开展高山滑雪、趣味滑雪、花样速滑表演、滑雪圈组合表演、狗拉雪橇、家庭雪上飞碟比赛等活动。

丰富冰雪旅游产品，提高精品吸引力度，提供夜间滑雪场。开发特色冬季旅游产品——观赏性旅游产品主要包括欣赏雪景，观赏雪雕、雪塑等静态观光产品；参与性旅游产品主要包括滑雪运动、冰上运动以及各项娱乐性运动等，能够在休闲、健身、刺激性运动中满足人们的需求。

充分调动各方旅游促销积极性，扩大秦巴山冬季旅游宣传促销，大力开拓冬季旅游市场，努力形成冬季旅游热潮，举办"冬游曾家山，嗨动秦巴山"主题活动。

2. 曾家山避暑康养休闲度假区

选址于朝天曾家山滑雪场以外区域。依托曾家山地质奇观、生态旅游等资源，整合曾家山乡村美景、避暑气候、天然氧吧、民俗生活、绿色有机食品等优势资源，加强旅游与农业、体育、文化、康养等产业的深度融合，重点开发避暑度假、康体运动、养生养老、乡村度假等，丰富田园综合体、避暑名山、深呼吸小镇、医养服务、养生养老、社区家庭服务等配套，做好四川省生态康养旅游文化节、曾家山避暑旅游节等大型节庆活动。

提升现有道路等级，打通曾家山与米仓山的旅游通道，促进广元东部片区旅游发展，将曾家山建成集避暑度假、康体运动、养生养老、高山度假、乡村休闲等功能于一体的山地生态避暑康养旅游胜地。建设曾家山国家康养旅游示范基地。

3. 秦巴大草原运动度假区

选址于水磨沟景区。依托水磨沟马尾瀑、月亮峡、贵妃草原、石笋峰、青龙洞等集森林、峡谷、草原、瀑布为一体的各类景点，结合临近城镇、低纬高海拔、酷夏凉爽的高山草原区域，建设"秦巴大草甸"大地观光与生态营地度假旅游胜地。开发以春踏青、夏避暑、秋滑草、冬滑雪四季综合旅游产品体系。

整合曾家山景区和明月峡景区，开展以曾家山喀斯特山地酷夏避暑、滑雪旅游和康养度假为主，以明月峡漂流避暑和水上运动为主，以秦巴大草原高山滑草避暑和滑雪度假为主构成的功能互补、季节互换、产品共享的四季全时综合旅游目的地产品体系。

4. 明月峡漂流避暑旅游区

选址于明月峡景区。依托明月峡水域风光和两岸地文景观，深度挖掘中国道路交通活化石文化底蕴，提升人文景观质量，将明月峡景区建成融山水观光、文化科考、避暑度假、水上运动为一体的综合旅游胜地。

依托明月峡景区，结合曾家山石笋坪、川洞庵、汉王洞、吊滩河、麻柳峡、天星洞、雪溪洞等，整合周边山地运动、水上运动，构建"漂流探险在明月峡，康养度假在曾家山"的综合旅游产品体系。

二、山地度假胜地

（一）旅游资源特色

光雾山—米仓山（川境内）旅游区属于米仓山南麓，位于四川境旺苍县和南江县域内。距南江县城 60 千米、巴中市 140 千米、广元市 220 千米、汉中市 80 千米。平均海拔 1400 米。光雾山旅游区主要包括牟阳故城景区、十八月潭景区、小巫峡景区、神门景区等景区，涉及光雾山镇、关坝镇、桃源镇和桥亭镇。

米仓山国家级自然保护区核心区为光头山—青木洞—东鼓城山—城墙岩（48.9 平方千米）和岳溪河——红藤垭口（43.2 平方千米）区域，试验区包括七里峡—鼓城山、仙女洞—大峡和金场坝—黄金峡区域，两者之间的山脊、分水岭和河流为缓冲区。

米仓山素有"秦巴山的缩影""植物王国动物世界""天然大空调、生态大氧吧""喀斯特山地博物馆""人文景观博览园"之称。这里曾经是中原通向"天府之国"四川盆地的必经之路，是观光、避暑、康养度假的绝佳去处。

（二）旅游产品现状

已建成光雾山国家级风景名胜区、光雾山国家地质公园、光雾山国家生态旅游示范区，米仓山国家级自然保护区、米仓山国家森林公园、光雾山和米仓山国家 4A 级旅游景区、米仓山国家生态旅游示范区。

成功举办了"2015 首届光雾山杜鹃花节"和第十一届"中国四川光雾山红叶节"。

（三）旅游开发思路与定位

依托秦巴山南麓红叶分布最广泛、最密集、最具感染力和特色的光雾山—米仓山景区，借助中国红叶第一山观光品牌，整合周边喀斯特景观、青山绿水、良好生态、凉爽气候条件以及人文景观资源，建设以秋观叶、夏避暑、冬滑雪为特色，融红叶观光、山地运动、健康养生、森林探险、生态避暑、滑雪度假为一体的中国秦巴山地观光度假综合旅游目的地。建设光雾山中国南方滑雪度假区和国家级旅游度假区，努力打造米仓山国家 5A 级旅游景区。打造红叶观光引领的山地避暑度假胜地——红叶观光、冬季滑雪与森林避暑康养度假综合旅游目的地，打造中国红叶第一山·生态避暑度假地。

（四）功能布局与开发策划

1. 光雾山生态避暑度假区

选址于十八月潭景区。依托十八月潭景区核心景区，整合小巫峡景区、神门景区等景区以及光雾山镇、关坝镇、桃源镇和桥亭镇，结合原始森林、喀斯特景观、珍稀动植物景观，以及夏季凉爽气候和冬季冰雪资源，打造以红叶观光、森林避暑和滑雪度假为特色的国家级旅游度假区（表5-10）。

表5-10　光雾山旅游区开发定位

结构	名称	开发定位
一城	光雾山镇	旅游集散中心
三镇	关坝镇	国际旅游风情集镇
	桃园镇	山水避暑疗养集镇
	桥亭镇	水上观光度假旅游集镇
四区	十八月潭景区	山地生态康养度假
	小巫峡景区	山水漂流观光
	神门景区	喀斯特山水观光体验
	铁炉坝村	国际会议度假

2. 米仓山高端康养旅游区

选址于鼓城山—七里峡景区。以米仓山为旅游品牌，依托旺苍鼓城山—七里峡景区，整合仙女洞—大峡、苍王峡、仙女洞—大峡、金场坝—黄金峡、盐井河等旅游景区，大力开发地质科普、森林观光、峡谷探险、温泉疗养、康养度假等，建设米仓山高端避暑康养度假旅游区，形成以自然观光、地质科考、夏季避暑、康养度假为主要功能的国家5A级旅游景区（表5-11）。

表5-11　米仓山旅游区开发定位

结构	功能分区	开发定位
核心区	光头山—青木洞—东鼓城山—城墙岩	禁止开发建设项目
	岳溪河—红藤垭口	
缓冲区	山脊、分水岭、河流	专项森林科考
试验区	七里峡—鼓城山	七里峡—鼓城山生态康养度假旅游区
	仙女洞—大峡	仙女洞—大峡生态旅游区
	金场坝—黄金峡	金场坝—黄金峡森林酒店度假区
	鼓城乡	鼓城生态康康养小镇

结构	功能分区	开发定位
外围区域	苍王峡	苍王峡生态避暑度假区
	盐井河	盐井河生态避暑度假区
	檬子乡	檬子旅游集散小镇
旅游支撑体系	游道、休息亭、生态厕所、导游标志、警示标志、安全救护设施等	
	改造关口—鼓城乡—七里峡—烂坝子公路（20 千米）	

3. 光雾山滑雪场度假胜地

选址于大坝景区。滑雪场度假区主要有大坝原始森林、"动物世界""植物王国"，山清水秀、气候宜人，尤其是冬季的冰雪景观资源。

保护前提下，在现有设施条件基础上，开展与曾家山滑雪场度假区差异化的冬季滑雪旅游活动项目，主要包括雪景观赏、滑雪、打雪仗、雪地旋转飞碟、冰雪闯关、极地科普馆、篝火晚会、南江美食、冰雪度假等，定期举办光雾山冰雪节。打造光雾山中国南方滑雪场度假胜地。

与曾家山滑雪场度假胜地相配套，建立一系列完整的冰雪旅游产品体系，建立有效的冬季旅游产业链，提高四川冬季旅游竞争力，为四川冬季旅游发展提供重要支撑。

三、低空旅游胜地

（一）旅游区概况

空山—诺水河旅游区由"诺水洞天""空山天盆""临江丽峡""唱歌石林"四大独立旅游景区组成。

"诺水洞天"景区，国家 4A 级景区、国家级风景名胜区、国家级自然保护区、国家森林公园、国家地质公园、省级旅游度假区。位于通江县北部 80 千米，面积 170 平方千米。

"空山天盆"景区，景区面积 100 平方千米，有 80 多个著名景区景点，主要分布在通江县空山乡及其附近区域。海拔 1450~2000 米。冬季雪景独具特色。

"临江丽峡"景区，是连接"诺水洞天"景区与"空山天盆"景区的纽带和走廊，峡长约 15 千米。

"唱歌石林"景区，位于通江县唱歌乡，是川东北独特的自然石林景观，景区面积 14 平方千米，海拔 1200 米，林覆盖率 68.1%，距通江县城 30 千米。

（二）旅游资源特色

空山—诺水河旅游区由"诺水洞天""空山天盆""临江丽峡""唱歌石林"等具明显差异特色、相对独立又相互联系的四大独立旅游景区组成。这里良好的生态、宜人的气候、广阔的空间、适宜的地形地貌，是开展以低空旅游、漂流探险、山地运动、冬季滑雪最理想之地。

诺水洞是目前国内旅游开发最大的一个溶洞，中峰洞漂流被誉为"亚洲第一漂"，是体验清凉和漂流刺激的理想之地。空山坝海拔较高，地势开阔，空间宽敞，有奇特的岩溶地貌和大片森林，宛如一个"天然盆景"，是开展低空旅游的理想之地。丽峡景区代表大自然的鬼斧神工，是连接"诺水洞天"景区与"空山天盆"景区的天然纽带和走廊。陡壁、峡谷、清水、瀑布融为一体，是开展漂流探险、低空观光的最佳之地。石林景区，石林、寺庙、山峰、山寨融为一体。

（三）旅游开发思路与定位

依托空山与诺水河作为空间差异、优势互补的既独立又统一的喀斯特地理单元的优势，结合诺水河—空山旅游区独特的山形地貌条件、生态环境和气候条件，开发"天上＋地下＋地面"的立体综合旅游产品体系。

依托"空山天盆"和"诺水洞天"国家4A级旅游景区，结合良好生态、宜人气候、广阔空间及独特的山形地貌，建设以低空旅游为特色，融滑雪、避暑、康养度假为一体的山地运动度假综合旅游目的地，建设空山天盆中国南方滑雪场度假区和国家级旅游度假区，打造诺水洞天国家4A级旅游区。建设四川省低空观光旅游基地，打造全国低空旅游示范基地和全国山地运动休闲度假旅游示范基地。

建设冬季滑雪场度假项目，建设四川省低空观光旅游基地，打造全国低空旅游示范基地和全国山地运动休闲度假旅游示范基地。

打造低空旅游引领的山地运动度假胜地——以低空旅游、避暑度假为特色，融漂流探险、滑雪度假、康养度假为一体的山地运动度假综合旅游目的地，打造低空旅游胜地·运动度假天堂。

（四）旅游开发策划

实施"度假旅游＋"战略，以"空山天盆"低空旅游与"诺水洞天"漂流探险为依托，整合周边资源、优势互补、差异发展，建设"空山天盆"国家级旅游度假区、"诺水洞天"国家5A级旅游景区，建设"临江丽峡"峡谷漂流探险旅游景区和"唱歌石林"山地生态颐养度假旅游胜地。

1．"空山天盆"国家级旅游度假区

（1）国际山地低空旅游度假基地

选址于空山坝中南部区域。实施"旅游＋航空"战略，建设以低空旅游和低空体育休闲度假为吸引力，以冬季滑雪场度假及夏季森林避暑度假为特色的四季全时山地运动度假旅游胜地。打造成独具特色的主题低空旅游度假目的地，建设全省观光为主导的低空旅游基地，建设国家级航空飞行运动营地示范区。引导周边乡村发展成为以低空旅游度假基地的主题生活区、旅游区、服务区和产业区，带动区域经济社会发展。

重点建设通航机场、山地低空运动、山地度假小镇、度假公寓等项目。开展热气球、伞翼类、飞行出租车、空中摩托等观赏性强、惊险刺激性项目，打造航空体育消费热点。开展集展示、赛事、体验、观赏为一体的中国四川热气球嘉年华活动，为川陕渝、全国乃至全世界游客提供不一样的休闲旅游体验。

打造特色低空旅游产品体系。建设低空观光产品、建设娱乐飞行体验、地面观静态观光、低空旅游交通产品，建设低空旅游组合产品，打造低空旅游产业链。

（2）高山森林滑雪场度假项目

选址于空山坝北部边缘区域。实施"滑雪旅游＋"战略，与低空旅游度假基地配套建设，共同打造空山国际山地运动度假综合旅游目的地。建设以滑雪度假、避暑度假、康养度假为特色，融冰雪运动、观赏雪景、体验大自然等活动于一体的春康养、夏避暑、秋赏叶、冬滑雪的综合休闲度假旅游胜地。

规划建设初级滑雪区、高山滑雪道、飞碟滑道、雪仗场、冰雕雪塑区等多个游玩区域，建设国际标准滑雪道。配套建设餐饮、美食、森林酒店等度假设施。打造中国南方滑雪场度假胜地。

以空山滑雪场度假项目为依托，建立多元化的冰雪旅游产品体系和多样化的冬季旅游产业链，提高四川冬季旅游竞争力，为四川冬季旅游发展提供重要支撑。

2．"诺水洞天"国家 5A 级旅游景区

选址于诺水洞天景区。所有旅游活动和建设项目，严格按照《自然保护区条例》规定具体实施，设置于试验区及其以外区域。

借助诺水河旅游品牌，以诺水河景区为依托，整合周边资源，打造以岩溶观光、漂流体验、溶洞探险为特色的山地运动休闲、酷夏避暑及康养度假旅游胜地，提升"亚洲第一漂"旅游品牌。打造国家 5A 级旅游景区。

提升金溪寺至望水崖片区旅游支撑体系。开发金溪寺片区过山车游乐项目；建设后坝特色度假区；打造平溪老街；建设吕家坝五星级避暑度假酒店；试验区以外建设康养酒店群。

修通金溪寺至望水崖公路，提升游览步道、旅游厕所、停车场、游客接待中心、旅游标识标牌，完善景区输变电、供水、排水及污水处理、垃圾处理站建设。

3."临江丽峡"峡谷漂流探险景区

选址于临江丽峡景区。规划建设以峡谷探幽、漂流探险和酷夏避暑为特色的秦巴山地探险度假旅游胜地和户外拓展及运动度假旅游营地，成为秦巴山地低空旅游基地重要支撑。

具体提升临江—空山道路，建设峡谷栈道、拦河坝、铁索桥、步游道、唐家营停车场、餐厅、商品店等，修建白山、龙洞河瀑布、猴山和张三接待站；修建避暑酒店和游客接待中心，建设野生动物展示园，配置环境保护厕所，购置游船游览设施，建设国家4A级旅游景区。

4."唱歌石林"山地生态养生养老景区

选址于唱歌石林景区。建设以山地野游、森林康养、酷夏避暑为特色的秦巴山地生态避暑康养度假旅游胜地。建设省级旅游度假区。

提升项目主要包括：唱歌石林景区旅游环线路建设；景区道路、步游道、光景台建设；石林景点配套设施提升；牛石寺、门镇寺建设宗教文化旅游度假区；红花山、大钟山、猛虎山修建康养度假酒店；麻坝寨、龙池寨、鸡公寨、烟云寨建设乡村民宿和民居接待，提升旅游新村聚居点、集散广场、接待中心；建设湿地公园；建设影视基地等。

四、漂流度假胜地

（一）景区概况及旅游现状

巴山大峡谷旅游区位于宣汉县龙泉乡、渡口乡、三墩乡、漆树乡和樊哙镇，总面积约324.18平方千米。距达州市区100千米，距达陕高速20千米，是国家4A级旅游景区、国家地质公园、省级自然保护区，国家级非物质文化遗产土家薅草锣鼓所在地，全省旅游脱贫重点项目。

巴山大峡谷属于典型的峡谷型喀斯特岩溶自然风景区，全长约100千米，以雄、险、奇、秀、幽著称。陡峭雄峰、飞瀑、溶洞、险滩遍布，峡谷最宽处达百米，最窄处仅能通过居民生活所用的小船。巴山大峡谷是天然"物种基因库"。主要景观有百兽聚会、仙女岩、观音洞、南天门、老黄山、二龙飞瀑、犀牛望月、一线天、盘龙洞、鸡王洞、雄鸡鸣天等，是四川省唯一的土家族聚居地。

巴山大峡谷开设了盘龙洞、观音洞、鸡王洞观光、水上漂流和土家风情展示等旅游活动项目，尤其是桃溪谷漂流吸引了大量来自重庆、陕西的游客。自2001年始，每两年举办一次漂流节。道路畅通，水电供应充足，通信发达。巴山大峡谷毛坝自驾营地正在建设。

土溪口水库于2016年开工，已于2020年年底竣工。形成高峡平湖景观——溪口湖，对巴山大峡谷旅游发展具有明显的促进作用。

（二）旅游资源特色

巴山大峡谷是中国南方锥状岩溶地貌分布的北界，为地学大观园，有峡谷、溶洞绝壁、孤峰、峰丛、诸多天坑群以及发育其间的瀑布群等众多岩溶微地貌景观。尤其以大峡谷、黑龙峡、十里峡为代表的诸多峡谷，以及峰丛、溶蚀洼地和溶洞景观秀丽奇特、气势恢宏、美学价值高。景区历史悠久，古迹众多。有秦末汉初樊哙屯兵驻扎留下的将军坪、跑马梁、拴马石、大通险道及石栈道等遗址，有张献忠、白莲教留下的青龙寨、大寨子等遗址。

大峡谷全峡石壁夹岸，剑峰千仞，层峦叠翠，山势奇特，河水清澈，溶洞成群，动物多而珍贵，植物丰而罕见。有人赞美这些洞府是"人间仙景，地下奇观"。奇特的喀斯特景观、青山绿水、生态景观、度假气候和土家族民俗文化特色，构成巴山大峡谷的资源特色和优势。

旅游区沟谷交错，奇峰如林。不仅有百米古栈道、百兽聚会、仙女岩、观音洞、盘龙洞、鸡王洞、老黄山、二龙飞瀑、犀牛望月、一线天、南天门、雄鸡鸣天等自然景观，百里峡的漂流惊心动魄，深入其境，便有"两岸猿声啼不住，轻舟已过万重山"的诗情画意。更有百里峡土家风情原始淳朴，适宜旅游开发。

巴山大峡谷自然生态条件良好，终年云雾缭绕，昼夜温差大，雨量充沛，土壤疏松肥沃，富含有机质，3000米云雾、阳光、雨露滋润而生的野生天麻、党参、黄连、厚朴、云木香、藏红花、龙梅（空龙泡）、野生山药、高山岩豆、黑肾豆、竹芽、药花蜂蜜、核桃及腊肉特产，源自得天独厚的地理环境，空气清新、饮用级水源、云雾环绕而生的最优质山珍美味令人垂涎不已；而大峡谷漂流是一项集惊险、刺激、趣味于一体的户外活动。抛开一切烦恼，回归大自然，尽情享受属于游客的快乐和刺激。

（三）开发思路与定位

借助巴山大峡谷影响力，结合峡谷风光、生态环境、清凉水体、宜人气候，整合土家族民俗文化景观资源，发展以喀斯特观光、夏季漂流、冬季滑雪、峡谷探险、康养度假为特色的秦巴山地大峡谷漂流避暑度假综合旅游目的地。把巴山大峡谷建成中国南方滑雪场度假区、国家级旅游度假区和国家旅游脱贫示范区。建设巴山大峡谷中国南方滑雪场度假区和国家级旅游度假区。

打造峡谷风光引领的山地漂流避暑度假胜地——融深度观光体验、夏季避暑、冬季滑雪及民族文化体验为一体的峡谷漂流避暑度假综合旅游目的地，打造中华漂流·巴人休闲谷。

（四）旅游产品开发建设

快速通道建设。建设巴山大峡谷快速通道和旅游道路体系。打通达陕高速—达（州）宣（汉）快速通道—巴山大峡谷通道（3千米）。规划铺设大峡谷索道（10千米）。

渡口风情小镇。按规划方案，长路河修建停车场和游客接待中心，白果坝老街建设巴国古城及其他旅游功能设施，新街改造作为交通路口，建设好"巴山大峡谷旅游区"窗口。

峡谷低空观光项目。协调空山通航机场（拟建），依托100千米巴山大峡谷典型的峡谷型喀斯特岩溶自然风景区，开发巴山大峡谷低空观光旅游项目。

罗盘顶滑雪度假项目。依托冬天雪景资源和罗盘顶独特的山形地貌和自然风光，结合山地凉爽气候，打造夏季避暑养生、冬季滑雪度为特色的综合度假旅游目的地。

桃溪谷漂流度假区。近期建设桃溪谷（32千米）生态漂流探险区。2020年大坝竣工后，结合下游溪口湖风光，打造桃溪谷山地颐养度假区。

溪口湖生态观光区。借助土溪口水库大坝竣工后形成的高峡平湖景观——溪口湖，整合周边景观资源，建设高山峡谷生态观光旅游区。

巴人谷民俗休闲谷。依托巴人谷原生态人文山水景观，营造"青山绿水、土家风情"优美意境，打造巴山大峡谷民族文化体验度假旅游胜地。

山地生态度假村。依托巴人秘寨——鸡唱坪、中国最美"苦村"——黄连村，结合原生态自然环境，打造原汁原味的原生态巴人民宿度假胜地。

毛坝汽车度假营地。依托毛坝山形地貌特点，建设山地生态度假汽车营地，打造巴山大峡谷自驾车—房车度假营地。

其他建设项目。包括旅游厕所、停车场、旅游通道、游步道、休息设施、景观小品、应急救援和环境保护设施等。

五、养生养老基地

（一）旅游区概况

唐家河地处秦巴山区西南端，位于广元市青川县北80千米处。与甘肃文县、绵阳平武县接壤，是以大熊猫及其栖息地为主要保护对象的森林和野生动物类型的国家级自然保护区。海拔1000~3000米。景区面积60万亩。系中外闻名的第二个大熊猫野外定位观察站——白熊坪生态观察站所在地，同时也是候鸟从温带向热带迁徙的重要中转站。

青溪古城北离唐家河生态旅游区12千米，是古阴平道上的重要关隘，历来为商贾云集、兵家必争之地。南距青川县城乔庄镇59千米。青竹江和南渭河二水环绕，是一座秀美的山水田园之城。

（二）旅游资源特色

唐家河为国家级自然保护区、国家森林公园、国家 4A 级旅游景区，被誉为"天然基因库""生命家园"和岷山山系的"绿色明珠"。拥有三国阴平古道、红军战斗遗址和众多原生人文景观。主要景点包括青溪古城、青川地震遗址博物馆、两河口堰塞湖、唐家河生物博物馆、唐家河风景保护区等。

资源特色及优势：①唐家河——大熊猫的故乡；②青溪古城——原生态的宁静家园；③阴平漂流——唐家河峡谷漂流。

唐家河——青溪古城旅游区，自然古朴、生态良好、环境优美、空气清新、气候宜人、历史文化厚重、民俗风情浓郁，加之其独特的山形地貌和极高的植被覆盖率，成为秦巴山区舒适度最佳的区域之一，正在成为独具特色的山地生态旅游与避暑度假旅游胜地。

（三）旅游开发思路与定位

借助熊猫家园生态旅游品牌，以唐家河—青溪古城为依托，整合周边山地、气候、生态、人文资源，发展以生态体验、富氧体验、山地野游、夏季漂流、避暑产品为特色的中国秦巴山地生态体验休闲度假旅游目的地。

整合唐家河、青溪古城、阴平古道资源，建设以熊猫文化、三国文化等原生态文化为底蕴，生态漂流、生态探险、生态体验、生态休闲、生态养生、科考摄影、生态健康、历史追踪、体育健身为一体的山地生态休闲度假综合旅游目的地。构建环境优美、生态良好、富氧、个性突出的山地生态体验式休闲度假综合旅游目的地。把唐家河建设成为国内一流、国际知名的国家 5A 级旅游景区。

打造生态体验引领的山地养生度假胜地：高山生态体验、夏季避暑、养生养老及生态度假国际旅游目的地，打造"熊猫家园·生态度假"旅游品牌。

（四）旅游开发建设规划

旅游活动及建设项目选址于自然保护区试验区及以外区域。

结合唐家河—青溪古城作为熊猫家园的独特性，考虑到山形地貌的复杂性、生态脆弱性和气候特点，构建具有唐家河—青溪古城景区特色、以旅游特色小镇＋各种主题营地度假的生态体验式山地休闲度假综合旅游胜地。

山地古城度假。依托青溪古城，深度挖掘古城文化底蕴，建设特色古城休闲、颐养、康养度假胜地，打造自驾游及房车营地特色镇。

山地乡村度假。依托阴平村及其周边山水田园资源，建设原生态养老度假、避暑度假、生态度假地，打造秦巴山地长寿村。

生态营地度假。包括房车度假营地、汽车度假营地、帐篷营地、营地度假村等。

国际生态营地。包括原始森林、生态体验、四季彩林观光、寻幽、森林徒步、摄影、考察、露营、览胜、探险等。

生态探险营地。依托唐家河开展山地漂流探险，依托唐家河森林公园，开展营地服务站、探险线路、生态探险系统等。

国际自驾营地。包括大众木屋区、汽车营位区、公共活动区、娱乐设施区、餐饮服务与丛林餐厅、拓展活动区等。

国际生态体验与徒步穿越。打造"探秘阴平古道"和"重走长征路"国际徒步穿越线路。开展1日游为主、2日游为辅的大众原生态体验旅游线路。

山地运动营地。依托青竹江和南渭河，开展生态漂流及探险、徒步穿越、体育登山、户外拓展等项目。

生态科考大本营。包括生态科考营地、冰动植物科考、科考服务站、大草原高山公园、唐家河古冰川考察、旅游生态景观通道。

六、温泉疗养基地

（一）景区资源特色

五峰山—海明湖旅游区坐落于大竹县朝阳乡和月华乡境内。距离大竹县城约8千米。国道318线、210线及达渝高速公路在境内交会，形成"半小时达州、1小时重庆、3小时成都"的交通网络格局。旅游区面积876公顷，海拔600~1080米，属亚热带湿润气候，年均气温12.5℃，四季分明，冬暖夏凉。

旅游区由五峰山国家森林公园及百岛湖风景名胜区构成。其中，五峰山景区系国家森林公园、国家4A级旅游景区、省级旅游度假区、四川省生态旅游示范区。海明湖温泉水世界包括风格各异的各类泡池、水上芭蕾舞台、跳水台、滑道等。

五峰山—海明湖旅游区作为温泉度假区。其中，和悦庄乡村温泉酒店为养生度假酒店。酒店整体造型独具特色。温泉酒店依山傍水，景色宜人，仿佛置身于天然的森林氧吧，层峦耸翠，山水如画。

（二）旅游开发现状

目前，五峰山—海明湖温泉度假旅游品牌逐渐深入人心。世界级温泉旅游小镇——"中国海明湖温泉小镇"和海明湖温泉水世界，现已建成温泉泳池、SPA水疗项目、KTV、棋牌室、汤院式客房等各类特色项目。于2010年成功入选联合国"小城镇建设实验园区案例工程"。温泉泳池可同时接待5000余人，会议中心可容纳1000余人，餐厅可同时为 1500 人提供各类中、西式就餐，汤院式客房 98 套。

（三）开发思路与定位

温泉、森林、乡村、山地的有机融合构成五峰山—海明湖旅游区的主要特色和优势。在原有基础上，充分整合温泉资源、森林景观、乡村环境、山地气候条件等，按国家级旅游度假区标准要求，提升、丰富海明湖温泉世界产品体系，将五峰山—海明湖景区建成以冬季温泉度假、夏季山中避暑为特色的四季全时综合休闲度假旅游胜地，打造"健康、避暑、疗养、养生"的心灵度假胜地，打造国家级旅游度假区，打造国家温泉康养度假旅游示范区。

打造温泉旅游引领的山地康养度假胜地：以冬季温泉度假、夏季山中避暑为特色的秦巴山地温泉康养休闲度假综合旅游胜地，打造"山中避暑·温泉度假"旅游品牌。

（四）旅游开发策划

依托五峰山—海明湖旅游区，扩大五峰山森林度假区范围，带动周边地区旅游发展，拉动区域经济社会发展和旅游脱贫致富。

深挖清河古镇文化底蕴，结合川东民俗，整合拱桥坝溶洞，打造川东旅游休闲度假小镇。结合独特的交通区位优势，整合抗战文化、民俗文化及餐饮文化，打造川东民俗文化特色小镇。

整合云雾山岩溶山地、洼地、漏斗、落水洞等喀斯特景观，结合风光宜人、空气清新、水质清澈、雄伟山势和"西山积雪"景观。挖掘三国古驿道、云雾寺和茶园温泉资源，打造夏避暑、冬赏雪、四季观光的综合休闲度假胜地，打造国家 4A 级旅游景区。

以五峰山—海明湖旅游区为龙头，整合四方山风景区、云顶生态景区、大竹净土寺、东湖公园、峰顶山、桐门洞等，建设秦巴山区最南端综合度假旅游目的地。

与蜀南竹海、大足石刻联盟，融入区域旅游主题精品线路。

七、生态避暑营地

（一）旅游景区概况

八台山—花萼山旅游区位于万源市东部，地处我国南北气候分界线上，是秦巴山地重要生态功能区和世界生物多样性热点区域。地处大巴山南麓的川陕鄂渝四省（市）交界处，距万源市区 11 千米，距包茂高速石塘出口 9 千米。总面积 300 多平方千米。长江中上游两大支流（汉江、嘉陵江）的发源地和分水岭，平均海拔 1200~1500 米。

目前八台山—花萼山旅游区总体处于待开发状态。八台山地质景观奇特，因地貌呈层状梯级递升八层而得名。由于区位关系，八台山景区交通便捷、基础设施配套、综合服务功能完善，是达州市自然风景最吸引人的景区之一。

（二）旅游资源特色

八台山—花萼山系国家自然遗产，自然景观有山景、峰景、谷景、洞景、气景、生景等。素以"云海、日出、佛光、绝壁、断崖、独峰、石芽、雪景"等地质与气象奇观而闻名。"云海、日出、雪景、雾岚"堪称"四绝"，且常有"佛光"毕现，故"川西有峨眉，川东有八台"之美称。被誉为"迎接四川第一缕阳光的地方"。八台山系国家地质公园、国家 4A 级旅游景区、省级风景名胜区。

花萼山国家级自然保护区由于地理位置的特殊，孕育出特殊的自然生态系统，显示出极其丰富的生物多样性和独特的自然景观。低海拔原始亚高山矮林生态系统在同纬度地区实属罕见，是北亚热带常绿阔叶林生态系统的典型代表区域，保护对象以珍稀动植物及其北亚热带常绿阔叶林生态系统为主。

（三）发展思路与定位

充分发挥八台山—花萼山旅游区地处我国南北气候分界线、长江中上游两大支流（汉江、嘉陵江）的发源地和分水岭，以及处于秦巴山地核心等的区位环境特点，结合适宜的海拔、夏季凉爽气候、冬季雪景和良好的生态环境，建设山地野游、富氧体验、夏季避暑、冬季滑雪为特色的山地生态营地度假旅游目的地，打造花萼山国家 5A 级旅游景区。将八台山—花萼山旅游区建设成为：生态营地特色的高山避暑及滑雪度假胜地；高山生态营地体验、避暑休闲及滑雪度假旅游目的地，打造"营地度假·滑雪天堂"旅游品牌。

（四）旅游开发建设

花萼山景区相关活动及建设项目应限于试验区及其以外区域。

整合周边山地、气候、生态资源，建设以自驾游、山地野游、富氧体验、夏避暑、冬滑雪为特色的秦巴山地野游、夏季避暑及生态营地度假旅游目的地。

迎接四川第一缕阳光：依托八台山作为四川省最东边高山景区，观"云海、日出、佛光、绝壁、断崖、独峰、石芽"等地质与气象奇观。

八台山滑雪场：依托八台山有利地形和气候条件，开展融雪景观赏、雪上娱乐、滑雪休闲为一体的滑雪度假营地。打造中国南方滑雪场度假旅游区。

山地探险营地：依托花萼山复杂地形，开展生态探险、徒步穿越、体育登山、户外拓展等。

第六节　旅游城镇业态规划

一、区域旅游城市

（一）广元康养名城

1. 资源特色

广元古称利州，至今已有2300多年的建城历史；素有"女皇故里""蜀北重镇""川北门户""巴蜀金三角"之称。地处四川盆地北部、嘉陵江上游、川陕甘三省接合部，为四川的北大门；是三国历史文化的重要走廊，女皇帝武则天的诞生地，川陕革命根据地的重要组成部分。

广元是中国首批农科教结合示范区、国家园林城市、国家卫生城市、中国优秀旅游城市、国家新型工业化基地、中国温泉之乡、中国西部最具竞争力城市之一、中国军事装备生产基地、中国铁路网十个支点枢纽之一。

广元也是四川省旅游资源最富集的地区之一，是国家三线建设军工基地。国家发展和改革委员会批准广元市为第二批国家低碳城市试点市，广元由此成为四川省唯一一个纳入此项试点城市。

2. 开发思路与定位

发挥广元市城区区位交通优势，加快广元火车站一级旅游集散中心建设，强化城区旅游综合服务功能，建设成为"聚合观光、动态度假"的旅游创新基地和辐射周边的区域旅游集散中心，打造大蜀道国际旅游目的地和中国蜀道世界自然与文化遗产核心区。打造"女皇故里·康养之城"旅游品牌。

加快推进大唐利州女皇城、利州文化产业园、天曌山生态旅游示范区、昭化温泉新城、黑石坡森拉康养聚集区、三江新区蜀道植物园、三江新区宝轮核心区等项目建设，促进以森林康养、温泉康养为代表的生态康养旅游产品开发，凸显广元生态康养旅游城市的女皇文化和生态康养特质，建设中国生态康养旅游名市核心区。

（二）巴中度假名城

1. 资源特色

秦巴山区中心城市之一，位于四川盆地东北部，地处大巴山系米仓山南麓，地处中国秦岭——淮河南北分界线南，东邻达州，南接南充，西抵广元，北接陕西汉中。巴中市共下辖巴中区和恩阳区。

巴中市位于中国第二大苏区——川陕革命根据地的中心和首府，素有"红军之乡""川东北氧吧"之称。巴中旅游资源丰富，处于南北对接带和成都、重庆、西安的旅游"金三角"枢纽位置。

在2016中国区域协调发展与投融资创新论坛暨中国区域投资营商环境榜颁奖典礼上，巴中市斩获"中国十佳最具投资营商价值城市"和"最具绿色（旅游）投资价值城市"两项桂冠。

2. 开发思路与定位

依托国家森林城市和中国最佳表现城市，建设中国山地生态旅游度假城，将巴中市区（含巴州区和恩阳区）建成秦巴山地度假目的地区域旅游支撑中心。打造"森林巴中·度假之城"旅游品牌。

规划建成：①红色文化旅游重要支撑中心；②秦巴山水休闲度假旅游重要支撑中心；③秦巴山自然生态旅游重要支撑；④秦巴山水生态休闲度假旅游城市；⑤依托巴中机场，承担西安（汉中）、太原为核心的北方市场游客重要的集散中心。

整合资源、全域发展，把巴中市区（整合巴州区和恩阳区）建成川东北区域旅游中心城市、秦巴山水休闲度假旅游重要支撑中心、川陕地区重要的旅游集散中心、大巴山水生态休闲度假旅游城市、秦巴山区重要的旅游经济增长极、中国优秀旅游目的地城市。

借助巴中机场建设契机，重点打造恩阳古镇：中国巴人文化第一古镇；整合天马山国家森林公园、莲花山、将帅碑林、南龛景区、乡村旅游示范区、化湖风景区，打造山地康养度假城镇。

（三）达州休闲名城

1. 资源特色

位于四川省东部，是四川省工业重镇和交通枢纽，著名的革命老区，素有"中国气都、巴人故里"之称，是国家"川气东送"工程的起点站。达州历史悠久，自东汉建县至今已有1900多年的历史，历为该地区州、郡、府、县所在地。

达州地处川、渝、鄂、陕四省市接合部和长江上游成渝经济带，是成渝经济圈、川东北城市群重要节点城市，是四川对外开放的"东大门"和四川重点建设的百万人口区域中心城市。达州是中国179个公路运输主枢纽之一和四川省12个区域性次级枢纽城市之一，达州火车站是西南第四大火车站，达州境内水陆空立体交通体系完备，是四川省通江达海的东通道，是中国西部地区重要的物流枢纽城市。

2017年7月，达州被命名为全国双拥模范城；2018年12月，被列为第三批国家新型城镇化综合试点地区；2019年12月，被推选为2019中国特色魅力城市。

2. 开发思路与定位

依托山形地貌特征和环境生态资源，打造达州城区——中国山水旅游休闲城，建设秦巴山地度假目的地区域旅游支撑中心：（1）巴人故里旅游目的地城市；（2）红色文化旅游重要支撑；（3）秦巴山原生态度假旅游重要支撑；（4）秦巴山水生态休闲度假旅游城市；（5）依托达州机场，主要作为重庆和武汉为核心的中西部市场的游客集散中心。打造"巴人故里·休闲之城"旅游品牌。

巩固完善达州旅游目的地建设重心，利用高铁、高速建成后缩短达州与外部客源地的时空距离的机遇，整合通川区、达川区、宣汉、开江综合资源，构建达州旅游区域支撑中心，培育达州旅游经济增长极，建设川陕渝结合部旅游集散地，打造集观光、休闲、度假、商务、会展为一体，独具巴人文化风貌、城景交融、国际知名的生态休闲度假旅游目的地城市。

二、重点旅游城镇

（一）旅游开发定位

根据《四川主体功能区规划》，秦巴山区城镇主要是位于限制开发区或生态主体功能区中呈点状或分散状分布的山地城镇，是开发山地旅游度假城镇的理想区域。这些城镇定位为不同主题山地旅游度假目的地城镇，同时成为区域重点旅游度假区的重要支撑（表5-12）。

表5-12　秦巴山区重点度假城镇旅游开发定位

所在市县	城镇	开发定位
广元市旺苍县	东河镇	山地避暑度假镇
南充市西充县	太平镇	山水康养度假镇
巴中市南江县	南江镇	山地观光度假镇
广元市青川县	乔庄镇	红色文化特色镇
巴中市通江县	诺江镇	山地主题特色镇
达州市宣汉县	东乡镇	峡谷漂流度假镇
广元市苍溪县	陵江镇	山地乡村产业特色镇
巴中市平昌县	江口镇	农业总部旅游特色镇
达州市渠县	渠江镇	山地文化生态度假镇
广元市下寺镇	下寺镇	文化康养度假镇
达州市大竹县	竹阳街道	山地民俗文化特色镇
达州市开江县	新宁镇	温泉文化旅游特色镇

（二）旅游开发思路

1. 东河镇

依托"川北红军城"东河镇，结合米仓山国家森林公园，打造山地生态避暑度假旅游城镇，建设川陕山地生态度假重要旅游支撑城镇和光雾山—米仓山度假区重要支撑中心。借助山地生态避暑度假城镇，打造鼓城村、金竹村、跃进村、关口村、乡柏杨、店坪村等旅游特色村系列。

2. 太平镇

依托太平镇，结合原生态森林植被，舒适宜人的气候环境，围绕"生态、休闲、养生"主题，打造秦巴山水康养度假旅游城镇，建设川陕渝山地生态度假重要旅游支撑城镇，打造全国旅游主体功能示范城镇。整合八台山、烟霞山、花萼山、龙潭河资源，打造花萼山—八台山国家级旅欧度假区。

3. 南江镇

依托南江镇，借助秦巴山南麓有利区位、良好的生态环境、宜人气候环境条件，打造山地观光度假旅游城镇，建设川陕山地生态度假重要旅游支撑城镇和光雾山度假区重要支撑中心。结合"中国南江黄羊之乡""中国核桃之乡""中国金银花之乡""中国富硒茶之乡""中国红叶之乡"，建设中国颐养度假旅游城镇。

4. 乔庄镇

依托乔庄镇，整合唐家河景区、东河口地震遗址公园等，打造山地生态体验度假城镇。打造红色文化特色旅游城镇，建设川陕甘旅游金三角重要旅游集散中心、唐家河—青溪古城旅游区重要的旅游集散地。结合白龙湖、阴平古道、东阳沟、毛寨自然保护区等，建设山地生态富氧的健康养生养老基地。

5. 诺江镇

依托诺江镇，整合空山低空旅游基地、诺水河漂流度假区，结合王坪红色文化旅游区以及周边独特山形地貌和凉爽气候条件，打造山地旅游特色城镇，建设低空旅游特色城镇和中国低空旅游基地重要支撑城市。整合周边小镇资源，打造系列山地主题旅游特色小镇。

6. 东乡镇

依托东乡镇，整合峨城山、花果山、香炉山、圣水桃源、马渡关、观音山、红军公园、笔架山、巴人文化遗址、江口湖等景区，打造山地漂流康养度假城镇，建设川陕渝山地度假重要旅游支撑城镇、巴山大峡谷度假区重要支撑中心。提升洋烈水乡旅游区，依托国家级美丽乡村标准化试点县，打造"衣锦还乡"乡村创业小镇。

7. 陵江镇

依托陵江镇，结合中国雪梨之乡、中国红心猕猴桃之乡、国家现代农业示范县、全国农村小康环境保护行动试点县、全国休闲农业与乡村旅游示范县，打造山地乡村产业旅游特色镇，建设苍溪县旅游支撑中心和中国雪梨文化特色小镇。结合五龙镇庭院经济和现代农业园区，打造国家旅游脱贫示范区和全域乡村旅游示范区。

8. 江口镇

依托江口水乡国家 4A 级旅游景区，整合三十二道梁景区，结合原生态乡村环境、生态条件、宜人气候和乡村文化，打造农业总部旅游特色镇，建设中国山地颐养假旅游城镇和山地乡村产业度假城镇。依托丰富独特的乡村旅游资源，建设以特色种植业基地、农副产品研发基地、养殖业加工生产基地为特色的中国秦巴山地乡村产业度假城镇。

9. 渠江镇

依托渠江镇，借助渠江沿江国际生态旅游带和賨人谷旅游区建设，整合沈府君阙、红色渠县纪念园、渠县龙潭、三汇古镇、渠江生态度假村等，打造山地文化生态度假镇，建设川东山水休闲度假旅游城镇。整合賨人穴居部落遗址和賨人文化陈列馆，结合奇山、秀水、森林、幽洞、飞瀑、湖泊、涌泉，建设国家级旅游度假区。

10. 下寺镇

结合剑门关旅游区，完成景区游客中心下迁新建；完成景区专用"快进慢游"观光车体系建设；开发剑门关后山；提升剑门关—翠云廊交通连接体系和南端杨家湾旅游集散服务中心。打造剑门关旅游区重要接待基地和文化康养度假特色旅游城镇。

11. 竹阳街道

以竹阳街道为中心，结合周边旅游资源和交通路网，建设环城游憩中心，建设华蓥山下休闲旅游第一镇和川渝山地民俗文化特色镇。包括以东湖国际酒店为依托的复合休闲组团东湖公园，以白塔为文化依托的白塔公园城市观光游憩区，集宗教朝圣、观光休闲于一体的高观寨净土寺旅游活动场所。

12. 新宁镇

以开江飞云温泉为依托，突出康体、疗养、度假功能，规划建设温泉会馆、大型露天温泉游泳池、身体健康检测中心、风情步行街、体育休闲公园、温泉度假酒店、温泉休闲娱乐中心、田园休闲区、民俗村等，带动其他组团建设，打造温泉文化旅游特色小镇，建设川渝山地乡村生态休闲度假旅游城镇。

三、重要旅游带

（一）秦巴南麓生态避暑度假带

依托秦巴山南麓自然生态与人文景观资源，建设秦巴山地生态避暑度假旅游目的地，打造中国秦巴山地避暑度假旅游产业示范带。

建设秦巴山区最美的山地乡村旅游景观大道。以巴中为支撑中心，以南江、通江、旺苍、万源、汉源为重要节点，规划建设秦巴山区南麓沿山公路，将已有公路段连通，贯通整个山区各景区景点，打造秦巴山区最美的山地乡村旅游景观大道。

打造秦巴山南麓生态避暑度假旅游示范带。借助秦巴山南麓沿山旅游景观大道，结合秦巴山南麓夏季凉爽气候和良好生态，依托沿线城镇、乡村、景区、景点，建设秦巴山南麓原生态乡村避暑休闲度假产业带，拉动区域乡村生态旅游业发展，构建中国山地乡村旅游产业脱贫示范带。

建设中国山地农业公园旅游示范区。以银耳基地、温泉资源、南江黄羊等为依托，结合特色种植业基地、农副产品研发基地、养殖业加工生产基地，打造以陈河—北极特色农业与温泉疗养区为特色，融乡村旅游产品与旅游商品研发、生产、加工为一体的中国秦巴山农业观光体验及生态度假旅游示范区。

（二）嘉陵江康养度假旅游带

依托朝天、利州、昭化、苍溪四区县嘉陵江沿线及白龙湖区域，大力实施嘉陵江广元港航运旅游配套建设工程，打造四川融入"一带一路"最北向的重要进出川大通道。围绕红色文化、民俗文化、历史文化等嘉陵江沿线特色景观，打造研学教育、民俗体验、人文观光等文化旅游产品，建设沿岸重要旅游文化城镇和精品景区，开发水上蜀道文化旅游线路。

加快白龙湖水上游憩旅游开发，推动游艇度假、亲水漫游新业态产品；着力发展嘉陵江康养度假专项旅游项目，全力塑造"嘉陵江"多元文化旅游品牌，把嘉陵江打造成宜游宜居的文化旅游示范产业带和生态康养旅游度假带。

凸显亭子湖滨水生态特色，做优水环境，做强水疗养，打造原生态野奢体验产品，发展滨湖康养度假旅游。

（三）大蜀道文化度假示范带

依托朝天、利州、昭化、剑阁四区县古蜀道沿线景观。积极对接"一带一路"倡议，以古蜀道为纽带，加强文化旅游跨区域合作。完善沿线旅游公共服务设施，加强文化遗产保护与传承，打造贯通东西、要素聚集、产业互补的文化度假示范带、蜀道世界自然和文化双重遗产旅游目的地。

以108国道、西成客运专线等交通大通道为主线，大力开发文化旅游资源，以沿线旅游城镇、精品景区、特色村寨为支撑，创建"108中国蜀道自驾之旅"文化体验品牌，打造遗产观光、蜀道自驾、文化体验、研学旅游、乡村休闲度假产品体系。

第七节　旅游产品体系规划

一、旅游产品策略

（一）打造四季全时产品体系

依托秦巴山区"南方的北方，北方的南方"区位特点，实施冬季冰雪、夏季避暑"双轮驱动"发展战略，重点开发夏季旅游产品和冬季旅游产品，提升春季旅游产品和秋季旅游产品，设计策划夜间旅游项目，规划开发"一年四季＋白天＋夜晚"都能引爆市场的项目，打造秦巴山地四季全时度假综合旅游目的地产品体系（表 5-13）。

表 5-13　秦巴山区四季全时旅游产品体系

产品体系	品牌目标	主要旅游产品
冬季旅游产品体系	中国南方冬季旅游第一山：打造中国南方山地冬季旅游示范基地	滑雪场度假冬季旅游产品 冰雪冬季观赏性旅游产品 冰雪体育参与性旅游产品 温泉度假引领的冬季旅游产品 冬季温室农业产业园旅游产品 冬季民宿旅游活动 冬季旅游节事节庆
夏季旅游产品体系	中国南方避暑度假第一山：打造全国山地生态避暑度假旅游示范基地	山地河流夏季度假产品 山地湖滨避暑度假产品 山地森林避暑度假产品 山地乡村避暑度假产品 山地城镇避暑度假产品 山区漂流探险度假产品 山地综合避暑度假产品 高端型避暑度假精品
秋季旅游产品体系	中国红叶观光第一山：打造全国山地观光度假旅游示范基地	中国红叶第一山旅游产品 低空旅游度假旅游产品 颐养度假旅游产品体系 乡村秦巴丰收体验度假产品 商务会展度假产品 山地康养度假产品 户外拓展营地产品 山地森林康养度假产品 山地运动康养度假产品 营地度假旅游产品 古镇体验休闲度假产品 三国秦巴历史文化产品 红色秦巴文化观光产品

续表

产品体系	品牌目标	主要旅游产品
春季旅游产品体系	中国南方康养度假第一山：打造国家级山地型健康养生养老旅游示范基地	春季养生度假产品 山地生态观光度假产品 野游山地体验度假产品 春赏山花观光度假产品 遗产走廊科普探险度假产品 山地乡村康养（康养小镇）产品 山地城镇康养产品 宗教养生度假产品 民俗秦巴文化体验产品 遗产秦巴文化体验度假产品 秦巴山农业观光园
夜间旅游产品体系	"不夜秦巴"四季全时山地旅游产品体系	夜间景观产品 特色夜市产品 夜间创意集市 夜间土特产品展销集市 夜间美食体验 民俗活动产品 夜间演艺活动项目

（二）做足观赏产品体系

依托"中国红叶第一山"品牌及其影响力，做大做强秦巴山区观光旅游产品，开展春赏山花、秋观红叶、夏游青山、冬览雪景，以及地质奇观、遗产走廊、山水秦巴、名城（镇）、红色文化、三国文化、民俗文化观光等。依托空山低空旅游基地，结合秦岭构造带、秦巴山喀斯特、千里蜀道、巴山大峡谷、嘉陵江风光等大尺度景观，研发低空观光旅游产品体系（表5-14）。

表5-14　秦巴山区观光旅游产品体系

产品类型	项目产品
春赏山花	米仓山、光雾山、唐家河、巴山大峡谷、曾家山、"植物活化石"
夏游青山	米仓山、光雾山、唐家河、曾家山、空山、镇龙山、花萼山、八台山、动植物观光、野游秦巴
秋观红叶	米仓山、光雾山、唐家河、巴山大峡谷、红叶彩林景观区
冬览雪景	曾家山、光雾山、八台山、米仓山、空山、巴山大峡谷
地质奇观	米仓山、光雾山、唐家河、曾家山、空山、镇龙山、花萼山、八台山、高山峡谷、古生物化石
遗产秦巴	米仓古道、阴平古道、三国文化、蜀汉文化
	新石器及陶片、古人类活动遗址、悬棺、大型群体穴居、皇柏林等，爨坛戏、巴山背二哥

产品类型	项目产品
山水秦巴	光雾山、诺水河、米仓山、大巴山
古镇秦巴	恩阳古镇、白衣古镇、昭化古城、清河镇、石桥镇、光雾山镇、关坝镇、桃源镇、桥亭镇、剑阁县
红色秦巴	红军血战剑门关遗址、红军强渡嘉陵江遗址、红军街、刘伯坚纪念馆、巴山游击队纪念馆、川陕苏区红军烈士陵园、红四方面军总指挥部旧址纪念馆、万源保卫战战史陈列馆
三国秦巴	古柏蜀道、剑州古城、翠云廊、剑门关、昭化古城、明月峡栈道
民俗秦巴	民间传说、故事、原生态民歌，传统手工技艺、传统习俗、大型武舞、杂耍等

（三）做强运动产品体系

依托秦巴山区立体化的地理空间、多样化的自然山水风光、多元化的游览系统及独特的原生态山水环境条件，发挥山地空间与运动、体育之间固有的天然联系，结合现代旅游需求趋势、市场特征和产业特点，围绕提升国民身体素质，开展独具秦巴山区特色的四季全时山地运动和体育赛事，主要包括依托低空飞行、峡谷漂流、冬季滑雪、山地活动、山地越野、山地穿越、攀爬登山、山地自行车、山地摩托、徒步暴走、野外拓展、娱乐飞行、低空旅游交通、户外体育、运动射击、体育赛事等（表5-15）。

表5-15　秦巴山区运动旅游产品体系

产品类型	项目产品
低空飞行	空山、秦巴构造带奇观、剑门关、巴山大峡谷、米仓山大峡谷——低空观赏：搭乘"飞行摩托"低空翱翔秦巴美景——低空飞行器、直升机、热气球；飞行出租车、低空摩托、飞行汽车；娱乐飞行体验；低空旅游交通；低空旅游交通
滑雪运动	曾家山、光雾山、八台山、空山、巴山大峡谷
夏季漂流	唐家河、明月峡、诺水河、龙潭峡、百里峡、七里峡
体育赛事	空山、光雾山、巴山大峡谷、曾家山、诺水河 国际航空节暨世界滑翔锦标赛、国际自行车山地越野赛、中国低空飞行旅游峰会、低空飞行俱乐部、中国青少年模拟飞行锦标赛
山地户外运动	空山、光雾山、巴山大峡谷、曾家山、百里峡、诺水河 国际航空节暨世界滑翔锦标赛、国际自行车山地越野赛、国际山地户外旅游节
户外拓展体育	米仓山大坝景区、四川省国家级青少年体育俱乐部夏令营、国际山地户外旅游节 射击类、攀岩、高空抓杠、高空绳网、高空断桥、高空泸定桥、天梯、报石墙、背摔、队列演练、背摔、断桥、穿越河溪、孤岛求生等

（四）做好康养产品体系

依托秦巴山区多元化的自然环境以及清新的空气、清澈的水体、富氧的空气和丰富的康养资源，开展四季全时健康、养生、养老产品体系，主要包括山地生态康养、山地乡村康养、山地城镇康养、山地运动康养、山地颐养、宗教养生、美食养生、森林康养、温泉疗养等（表5-16）。

表5-16　秦巴山区康养旅游产品体系

产品类型	产品项目	活动项目
山地生态康养	五峰山—海明湖、曾家山、朝天（鸳鸯池森林养生度假、吊滩河养心谷）、米仓山大峡谷、大巴山大峡谷、光雾山—诺水河，鼓城山—七里峡景区康养基地、朝天吊滩河养心谷	度假康养、五星级健康主题酒店、健康养生居住区；中药养生
山地乡村康养（康养小镇）	平昌驷马水乡——瑜伽学院、国际静心村、巴山大峡谷——国际养生度假区；养生养老复合型——平昌白衣古镇（国际顶级养生度假区、高端会议之都）、光雾山镇——首席复合型度假养生社区，苍溪梨博园、嘉陵滨湖运动度假小镇、龙潭乡村旅游度假区、大小南山生态康养	宗教文化养生型、长寿文化养生型、生态养生型、温泉养生型、医养结合型、养老小镇型
山地城镇康养	昭化古城（医疗养生名城）、旺苍县木门镇、剑阁县城、南江县城（退休疗养名城）、通江县城、万源太平镇、宣汉县南坝镇等	抗衰老养生体验（医疗中心）、瑜伽学院、国际静心村、精修社区（国际公寓）
山地运动康养	光雾山、空山、诺水河、巴山大峡谷	登山、攀岩、栈道、骑马、溜索、缆车、蹦极、跳伞、滑翔伞、漂流、溯溪、溪降、滑雪、滑草、滑沙、狩猎、高尔夫、山地自行车、野战游戏、丛林探险、定向越野、生态山庄、山地温泉、避暑山庄、篝火晚会、草地保龄球
山地颐养	柏林沟古镇、平昌白衣古镇、青溪古镇、万源太平镇	养生、养老、养生养老项目三种产品类型：退休疗养之城、综合性养老社区、养生公寓、中华养生谷
宗教养生	巴中光福寺、鼎山寺、"五郎庙"；广元西禅寺、临江寺、大岩寺、佛光寺；达州朝阳寺、西圣寺、铁山寺、真佛山	
美食养生	朝天麻柳乡、曾家山；南江沙坝乡；通江回林乡	食疗养生：丰富的原生态山地农产品
森林养生	唐家河、剑门关、天曌山，巴州天马山、平昌镇龙山、南江米仓山、通江空山、朝天鸳鸯池森林养生度假等国家森林公园	森林浴、生态养生、气候养生、森林康养
温泉康养	剑门关国际温泉、汤山女皇温泉、天赐温泉、旺苍鹿亭温泉、昭化巨石温泉、达州百岛湖温泉、海明湖温泉、开江飞云温泉；南江和通江，茹布查卡温泉	温泉养生、温泉疗养、温泉健康、温泉SPA
湖泊康养	九龙湖、莲花湖，嘉陵江、白龙湖、太极湖、丹江口水库、安康瀛湖、石泉水库、南沙河水库、南郑红寺湖，汉水源、襄河湿地、汉江湿地、石门水库、湑水河等	

（五）做深度假产品体系

依托秦巴山区多样化的度假单元、良好的生态环境、宜人气候及山地度假条件，建设山地四季全时度假旅游产品体系，主要包括避暑度假、滑雪度假、山地运动度假、湖泊休闲度假、温泉疗养度假、森林生态度假、营地度假、乡村度假、商务会议度假等度假产品体系（表 5-17）。

表 5-17　秦巴山区度假旅游产品体系

产品类型	建设项目及活动项目
避暑度假	唐家河—青溪古城、米仓山、光雾山、诺水河、空山、巴山大峡谷
滑雪度假	曾家山、光雾山、八台山、空山、巴山大峡谷
山地运动度假	光雾山、空山、诺水河、巴山大峡谷
湖泊休闲度假	九龙湖、莲花湖、嘉陵江、白龙湖等
温泉疗养度假	剑门关国际温泉、汤山女皇温泉、天赐温泉、旺苍鹿亭温泉、昭化巨石温泉，达州百岛湖温泉、海明湖温泉、开江飞云温泉；南江和通江，茹布查卡温泉
森林生态度假	唐家河、剑门关、天曌山，巴州天马山、平昌镇龙山、南江米仓山、通江空山等国家森林公园
营地度假	广元（米仓山）、达州（八台山）、巴中（光雾山）
乡村度假	利州龙潭山地农业主题公园、中国苍溪·梨文化博览园，汉源九襄花海果乡、通川磐石都市农业体验区、宣汉洋烈水乡、开江宝塔坝莲花世界，南江玉湖—长滩、平昌驷马水乡
商务会议度假	九龙湖、莲花湖，嘉陵江、白龙湖等天曌山、米仓山大峡谷、八台山—龙潭河

二、旅游产品框架

（一）品牌主题

华夏中央空调·秦巴康养胜地

（二）旅游品牌系列

秦巴山区在"华夏中央空调·秦巴度假胜地"旅游总品牌框架下，规划为四大旅游产品体系（图 5-2）：

中国南方冬季旅游第一山：打造中国南方山地冬季旅游示范基地。

中国南方康养度假第一山：打造国家级山地型健康养生养老旅游示范基地。

中国南方避暑度假第一山：打造全国山地生态避暑度假旅游示范基地。

中国红叶观光第一山：打造全国山地观光度假旅游示范基地。

华夏中央空调·秦巴康养胜地

中国南方
冬旅第一山

中国南方
康养第一山

中国南方
避暑第一山

中国红叶观
光第一山

冬季产品体系

春季产品体系

夏季产品体系

秋季产品体系

| 七度假区 | 三度假城 | N度假镇 | 三度假带 |

秦巴山区

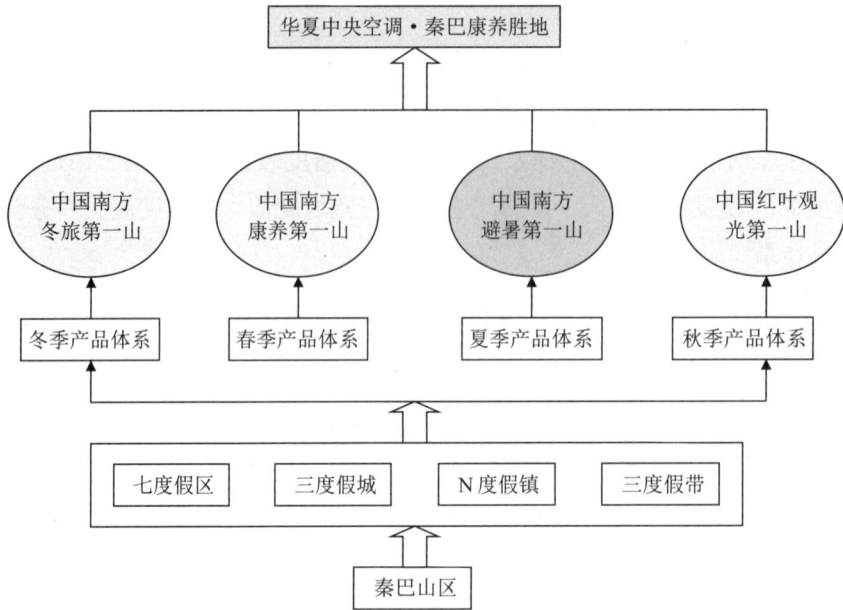

图 5-2　秦巴山区生态旅游产品体系

（三）山地旅游项目系统

秦巴山区在上述四大旅游产品体系框架下，策划出十大山地旅游项目系统（图 5-3）。

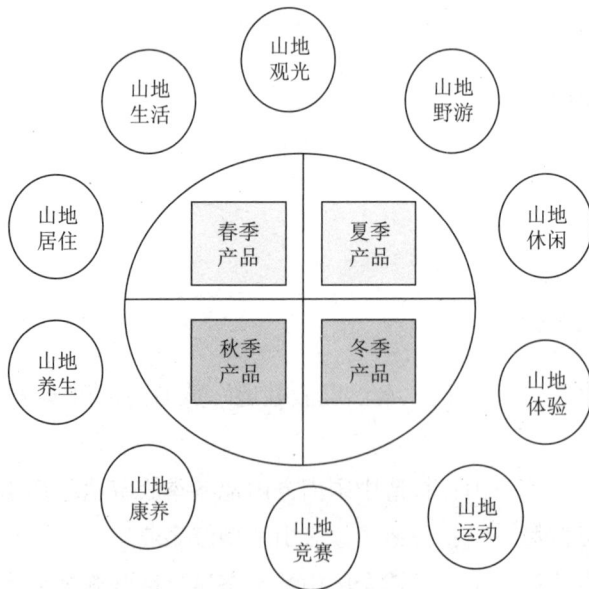

山地
观光

山地
生活

山地
野游

山地
居住

山地
休闲

| 春季
产品 | 夏季
产品 |
| 秋季
产品 | 冬季
产品 |

山地
养生

山地
体验

山地
康养

山地
运动

山地
竞赛

图 5-3　秦巴山区生态旅游产品框架

三、旅游项目组合

（一）冬季旅游产品体系——中国南方山地滑雪场度假产品体系

到瑞士、新西兰或中国哈尔滨、长春滑雪，不是所有人都能实现的梦想。秦巴山地滑雪场度假旅游胜地，非常适合愿意短途旅游的中国南方游客、珠三角及东南亚游客。将秦巴山地打造成中国南方山地冬季旅游示范基地。建立有效的冬季旅游产业链，提高四川冬季旅游的竞争力，为冬季旅游发展提供支持。

1. 滑雪场度假冬季旅游产品体系

依托曾家山滑雪场度假区，结合每年 12 月中旬到次年 1 月隆冬季节丰富多彩的冰雪景观，整合光雾山、空山、巴山大峡谷、八台山景区，配合美食、住宿、温泉等资源，打造秦巴山地特色的多元化冬季旅游产品体系，构建中国南方冬季旅游胜地。

2. 冬季冰雪观赏性旅游产品体系

依托秦巴山地独特的冰雪景观资源，打造以山地生态环境为基础、喀斯特景观为骨架、森林景观为主体、气候为特色的秦巴山地冰雪观光旅游产品体系，满足游客在南方"观北国风光"的需求。观赏性冰雪旅游产品主要包括雪景欣赏、雪雕观赏、雪塑等。

3. 冰雪体育参与性旅游产品体系

主要包括在休闲、健身、刺激性运动中满足游客需求的滑雪运动、冰上运动以及各项娱乐性运动等。借助冰雪环境进行各种锻炼身体、观赏体育赛事、参与康复等，打造集冰雪运动、观赏雪景、参与大自然等活动于一体的冬季参与性旅游产品体系。

4. 温暖度假引领的冬季旅游产品体系

依托五峰山—海明湖度假区，提升、丰富冬季旅游活动项目，打造秦巴山地冬季温泉度假旅游产品体系。整合剑门关国际温泉、汤山女皇温泉、天赐温泉、旺苍鹿亭温泉、昭化巨石温泉，打造秦巴山地温暖度假为特色的冬季旅游产品体系（表 5-18）。

表 5-18　冬季旅游产品类型及活动项目

产品类型	主要产品项目
冰雪观光产品	冰雪景观观赏，冰灯会、冰瀑展、雪雕展、冰雕展等
冰雪体育产品	滑雪场、滑冰场，滑雪、雪橇、雪地跑马、雪地摩托比赛等
冰雪娱乐产品	雪地爬犁、马拉雪橇、狗拉雪橇、鹿拉雪、雪圈、雪地卡丁车、雪地足球等
冰雪旅游文化产品	以川北民宿特色为主线，结合冰雪运动，将特色饮食、民宿活动等融入冰雪旅游产品中，举办曾家山国际冰雪文化旅游节等

产品类型	主要产品项目
冰雪文艺产品	冰雪主题文艺演出（冰上舞蹈、冰上芭蕾、冰上交际舞等）、花样滑冰、冰雪摄影、冰雪狂欢巡游等文艺活动
冰雪装备产品	滑雪镜、滑雪杖、滑雪服、雪橇等各种各样装备器材
其他冰雪旅游产品	曾家山雪域游、温泉度假游、森林探险、山地旅游等
冰雪旅游节庆	冰雪旅游节、冰雕艺术节、雪雕艺术博览会、冰灯节、冰瀑节、冰雪节等

5. 冬季温室农业产业园旅游产品体系

以温室设施为载体，以恒温环境为卖点，以全时休闲度假为理念，打造融合生态观光、休闲娱乐、旅游度假、科普教育、农业种植等为一体的冬季综合性智能温室旅游产品体系。主要包括平昌县江口镇农业总部特色镇、苍溪县陵江镇乡村产业特色镇等。

（二）夏季旅游产品体系——中国秦巴山地避暑度假产品体系

秦巴山地位于中国南方北方分气候界线，拥有多类山地、森林、草原、水体、湿地等避暑消夏旅游资源。整合秀丽的自然风光、丰富的生物多样性、清澈透明的水资源、健康新鲜的空气、避暑清凉小气候、原山社区聚落、丰富的生活风情等，打造中国秦巴山地避暑度假旅游胜地。

1. 山地河流夏季度假旅游产品体系

依托唐家河、嘉陵江（上游）、诺水河、恩阳河、通江河、渠江等，建设秦巴山地河流避暑疗养旅游产品体系。河流两岸景致秀美与雅致并存，可充分利用水陆便利的交通条件，通过自驾、游船、骑行等多种游览方式感受秦巴山地河滨夏季的独特魅力。

2. 山地湖滨避暑度假旅游产品体系

依托九龙湖、莲花湖、白龙湖等，整合周边众多滩涂、湿地，开发一批夏季亲水避暑度假旅游产品，为避暑消夏的游客提供亲近自然的休闲娱乐空间。推进夏季避暑旅游与湿地水文化旅游的有机结合，推出多样化、突出特色的湿地避暑旅游产品。

3. 山地森林避暑度假旅游产品体系

依托唐家河、米仓山、光雾山、空山、八台山、花萼山、镇龙山等丰富的森林资源优势，开展森林避暑旅游度假产品系列，以及在暑期开发针对学生和教师的森林科普旅游，包括科学考察、探险猎奇、森林生态、专业实习和夏令营等产品形式。

4. 山地乡村生态避暑度假旅游产品

依托秦巴山南麓前山地带独特的乡村景观、浓郁的风土人情以及原山社区，建设山地乡村避暑旅游产品体系。建设一批特色风情乡村游、生态农家乐与避暑度假的组合产品，在满足大都市游客群的需求的同时，增加当地就业机会和经济收入。

5. 山地城镇避暑度假旅游产品体系

依托秦巴山地特色城镇、旅游小镇建设若干城镇避暑旅游区，推进城镇文化风情与夏季避暑旅游有机融合发展，拓展秦巴山地城镇夏季避暑旅游产品的宽度与深度，包括昭化古城、旺苍木门镇、剑阁县城、南江县城、通江县城、万源太平镇、宣汉南坝镇等。

6. 高端型避暑度假旅游精品体系

充分利用周边山水组合资源，结合宜人的生态环境条件，适当建设高端型山地避暑度假旅游酒店、避暑山庄或避暑康养度假村。在生态环境保护前提下，结合商务休闲、会议度假产品，打造秦巴山地高端型避暑度假旅游产品制高点，拓展相关旅游产业链。

7. 山区漂流探险度假旅游产品体系

结合秦巴山地夏季凉爽气候和独特的山区河流景观，依托唐家河、明月峡、诺水河、龙潭峡、百里峡、七里峡等秦巴山区丰富的山地河流资源以及丰富多彩的两岸风光，打造秦巴山地河流漂流探险度假旅游产品体系。

8. 综合性山地避暑度假旅游产品体系

整合山地、森林、河流、湖泊、草原、峡谷、温泉、溶洞等资源，打造秦巴山地夏季避暑度假综合旅游产品体系，包括唐家河—青溪古城、七里峡—鼓城山、光雾山、诺水河、空山、巴山大峡谷等。

（三）秋季旅游产品体系——中国红叶第一山观光度假产品体系

（1）打造"颐养秦巴"度假旅游产品体系。将度假与养老进行融合，依托曾家山、光雾山、空山、巴山大峡谷等，建立秦巴山地养生养老度假旅游产品体系。

（2）打造"中国红叶第一山"旅游产品体系。依托光雾山旅游区，整合米仓山、唐家河、诺水河、空山、巴山大峡谷等，建设多元化的秋季观光度假旅游产品体系。

（3）打造"乡村秦巴"丰收体验度假产品体系。依托利州龙潭山地农业主题公园、中国苍溪·梨文化博览园、汉源九襄花海果乡、通川盘石都市农业体验区、宣汉洋烈水乡、开江宝塔坝莲花世界、平昌驷马水乡旅游景区。

（4）打造低空旅游度假旅游产品体系。利用秋季理想的气候条件，开展低空旅游特色产品。搭乘直升机、"飞行摩托"、飞行出租车、热气球，低空遨游体验秦岭造山带奇观、秦巴山水风光、米仓山、光雾山、巴山大峡谷风光等旅游项目。

（5）打造商务会展度假产品体系。依托九龙湖、莲花湖、嘉陵江、白龙湖、天曌山、米仓山大峡谷、八台山—龙潭河等山水景观资源，建设秦巴山地商务会展度假旅游产品体系。

（6）打造山地康养度假产品体系。曾家山、鸳鸯池、吊滩河、米仓山大峡谷、巴山大峡谷、光雾山、诺水河、鼓城山—七里峡景区，打造秦巴山地康养度假基地产品。

（7）打造户外拓展营地产品体系。依托光雾山大坝景区全国青少年户外体育活动营地，开展户外体育活动为特色，融住宿、餐饮、户外运动等为一体的户外拓展度假营地。

（8）打造山地森林康养度假旅游产品体系。依托唐家河、剑门关、天曌山、天马山、镇龙山、米仓山、空山等国家森林公园等景区进行打造。

（9）打造山地运动度假产品体系。主要包括空山、光雾山、诺水河、巴山大峡谷、五峰山等。开展国际航空节暨世界滑翔锦标赛、国际自行车山地越野赛、国际山地户外旅游节等。

（10）打造生态营地度假旅游产品体系。依托唐家河、米仓山、光雾山、八台山、花萼山、巴山大峡谷等景区进行打造。

（四）春季旅游产品体系——中国秦巴山地康养度假产品体系

（1）打造春季养生度假旅游产品体系。秦巴山地清新空气、山珍野味、土特产品有利于养生度假。

（2）打造山地观光度假旅游产品体系。依托山水观光、城镇观光、乡村观光、文化观光、产业观光等资源。

（3）打造"野游秦巴"山地体验旅游产品体系。依托米仓山、光雾山、唐家河、曾家山、空山、镇龙山、花萼山、八台山等资源打造。

（4）打造"春赏山花"观光度假旅游产品体系。包括米仓山、光雾山、唐家河、巴山大峡谷、曾家山。

（5）打造古镇体验休闲度假旅游产品体系。整合恩阳古镇、白衣古镇、昭化古城、清河镇、石桥镇、光雾山镇、关坝镇、桃源镇、桥亭镇等资源。

（6）打造"三国秦巴"历史文化产品体系。整合古柏蜀道、剑州古城、翠云廊、剑门关、昭化古城、明月峡栈道等历史文化资源。

（7）打造"红色秦巴"文化观光产品体系。红军血战剑门关遗址、红军强渡嘉陵江遗址、刘伯坚纪念馆、巴山游击队纪念馆、川陕苏区红军烈士陵园、红四方面军总指挥部旧址纪念馆、万源保卫战战史陈列馆。

（8）打造十大春季民宿旅游活动：赏雪景，品民俗，过赶年，闹元宵，泡温泉，越天险，酿米酒，听山歌，乐自驾，亲自然。

（9）打造春季旅游节庆：冰雪旅游节、冰雕艺术节、雪雕艺术博览会、冰灯节、冰瀑节、冰约节等。

（10）打造遗产走廊科普探险旅游产品体系。包括米仓古道、阴平古道科考探险旅游。

（11）打造山地乡村康养（康养小镇）产品体系。包括平昌驷马水乡、白衣古镇、光雾山镇，苍溪梨博园、嘉陵度假小镇、龙潭乡村度假区等。

（12）打造山地城镇休闲产品体系。包括昭化古城（医疗养生名城）、旺苍县木门镇、剑阁县城、南江县城（退休疗养名城）、万源太平镇、宣汉县南坝镇等。

（13）打造宗教养生旅游产品体系。包括巴中光福寺、鼎山寺、"五郎庙"，广元西禅寺、临江寺、大岩寺、佛光寺，达州朝阳寺、西圣寺、铁山寺、真佛山等。

（14）打造"民俗秦巴"文化体验产品体系。民间传说、原生态民歌，传统手工技艺、传统习俗、大型武舞、杂耍、"麻柳刺绣"、"李家狮舞"、"平溪傩戏"等。

（15）打造"遗产秦巴"文化体验产品体系。包括新石器遗址、古人类活动遗址、大型群体穴居、皇柏林等、傩坛戏、巴山背二哥等。

（16）打杂乡村体验休闲旅游产品体系。依托秦巴山农业观光园，开展农业新品种展示、果蔬采摘、农耕体验等旅游活动。

（五）夜间旅游项目产品体系——"不夜秦巴"山地度假产品体系

这里的夜间旅游项目产品，特指为吸引游客（主要针对外地的旅游者），在夜晚开展旅游活动、开发设计的夜间游乐休闲产品。夜间旅游项目有利于延长游客停留时间，延展旅游产业链发展，催生夜景经济，有利于深化旅游资源开发建设，有利于打造秦巴山地真正的四季全时度假旅游综合旅游目的地。夜间旅游市场正在成为远离都市的山地旅游度假目的地重要的市场。

根据相对集中、互动发展、互补开发、本土特色、项目组合原则，通过夜间造景、民俗活动、商街夜市、演艺活动等载体形式，打造秦巴山地夜间多元化旅游吸引力，主要包括四种类型的秦巴山地度假旅游目的地夜间旅游产品体系。

1. 夜间景观产品体系

利用秦巴山地夜间气候凉爽、夜间休息时间较长的特点，开发夜间市场。依山就势，借助水环境做大灯光工程、做足夜文章，充分利用激光、射灯等灯光照明设施，营造不夜天氛围，配套秦巴山地夜景观打造，形成夜间核心吸引物。如围绕酒店建筑体表面，对酒店进行轮廓勾勒。客房光源井然有序的排列，犹如一条条亮丽光梭，酒店大堂利用变幻多姿的彩光，以冷白光、蓝光为主，打造一条流光溢彩的"流动水流"，形成视觉上的冲击。

具体包括景区建筑物夜景照明（包括标志性建筑、景观建筑、雕塑、小品等）、构筑物夜景照明（包括桥、隧道、河流等）、园林夜景照明、道路景观照明、广场夜景照明、商业街景观照明、水景照明（包括瀑布、江河湖海、喷泉、水库等）等，打造"不夜城""不夜景""不夜谷""不夜村"等夜间系列景观产品。

2.特色夜市产品体系

采用各式彩灯及不同灯光的处理手法，塑造出商业街的空间感和层次感；柔和的光影体现出商业街的时尚气质，营造了一种熙熙攘攘、琳琅满目的购物气氛；步行街沿街射灯凸显出宽广、休闲的感觉，使游客畅游其中，流连忘返。打造不夜街旅游产品。

（1）夜间创意集市

川东地域文化、民俗风情、民间技艺、风土人情和传统工艺丰富多彩。主要依托脸谱表演、吹糖人、剪纸、皮影、软陶等具有地域文化内涵和创意表现力的传统技艺和手工艺品，打造针对国内外游客，具有独特文化内涵、功能用途及纪念意义的旅游商品。

（2）夜间土特产品展销集市

秦巴山区开发各种土特产品和民间手工艺旅游商品条件得天独厚。开展夜间土特产品展销集市，构建百货云集的卖展场所。经营的商品既有传统土特产，又有新颖百货，汇集本地的各种土特产品成为交易的重要部分。商品涵盖传统服饰、古玩玉器、民间工艺品、山货、礼品包装食品类土特产等多种。

（3）夜间美食体验

在旅游六要素中，"吃"是首要刚需，也是景区二次消费的重要组成部分。川东美食文化丰富多彩，游客夜间体验旅游形式多样。

3.民俗活动产品体系

依托地域特色民俗活动、传统节庆、民间宗教等文化资源，通过开发一系列民俗观光、集市活动、休闲娱乐、文化体验、特色餐饮等冬季旅游产品，打造夜间特色旅游项目产品。川东冬季庙会一般在12月初至来年的2月中旬，以周末和节假日为主。

4.夜间演艺活动项目

餐厅配套高端餐饮，并选取最具地方代表性的歌舞，进行创新演艺，将歌舞与餐饮有效结合，通过射灯、激光灯等的变化，营造出华丽炫目的效果，带给游客视觉上的震撼力。通过夜间演艺活动，展示秦巴山区地方民俗文化、传播地方民俗文化。主要包括皮影戏、踩高跷、高空绝技、花轿、舞龙舞狮、戏曲等节目。

四、旅游线路框架

（一）精品度假旅游线路

1.山地避暑度假旅游线路

依托唐家河—青溪古城、米仓山大峡谷、光雾山、诺水河、巴山大峡谷等避暑、度假旅游区，结合秦巴山区夏季良好的生态环境和清凉的秦巴山水气候条件，建设造秦巴山区山地生态避暑度假旅游线路组合，打造秦巴山区夏季特色旅游精品品牌。

2. 红叶观光度假旅游线路

依托光雾山、米仓山、鼓城山、七里峡、唐家河、曾家山、巴山大峡谷等旅游区，结合秦巴山区秋季独特的生态环境条件和清爽的气候特征，以红叶观光为旅游产品吸引物，建设秦巴山区秋季康养度假旅游线路组合，打造秦巴山区秋季特色旅游精品品牌。

3. 冬季滑雪场度假旅游线路

依托曾家山、光雾山、空山、巴山大峡谷、八台山等冬季冰雪景观资源，结合秦巴山区作为欧亚中部独特的冬季气候条件，以及良好的区位资源，建设秦巴山区冬季滑雪场度假为核心的冬季旅游线路组合，打造秦巴山区冬季特色的旅游精品品牌。

4. 山地运动度假旅游线路

依托光雾山、空山、诺水河、唐家河、巴山大峡谷等独特的山地生态旅游区，结合秦巴山区独特的中高山山地地形地貌环境条件，配套建设山地运动项目，建设秦巴山区春夏秋季的山地运动度假线路组合，打造秦巴山区春季为主的旅游精品品牌。

（二）区域主题旅游线路

1. 蜀道文化国际精品线

成都—三星堆—白马关—窦圌山—七曲山大庙—古柏蜀道—剑昭古道—明月峡—七盘关—阳平关。

2. 三国文化国际精品线

绵阳—梓潼—剑州古城—翠云廊—剑门关—广元（—汉中）—巴中—阆中—南充。

3. 红色文化国际精品线

广元（—旺苍）—巴中—通江—万源—宣汉—达州—大竹—广安。

4. 山水生态主题线路

广元—旺苍—巴中—通江—达州—宣汉—万源—空山—南江—汉中—广元。

5. 风水古镇主题线路

南充—武胜—大竹—达川—平昌—巴中—旺苍—广元—阆中—南充。

6. 嘉陵江国际精品游线

陇南—汉中—宁强—广元—苍溪—阆中—南部—蓬安—南充—广安—武胜—潼南—合川—北碚—重庆。

7. 自驾主题游线

广元—元坝—旺苍—木门寺—巴中城区—通江（或平昌）—达州—罗家坝—万源市—诺水河—南江县城—光雾山—苍王峡—曾家山—朝天区—广元。

第三章　旅游产业脱贫转型规划

脱贫转型与乡村振兴的关键在于产业，产业发展是脱贫转型和乡村振兴的基础和根本。只有建立以战略性支柱产业为依托的脱贫转型才是可持续的。脱贫转型是否成功的关键是战略性支柱产业脱贫规划，脱贫转型战略性产业的选择及规划至关重要。不同乡村山区，自然条件迥异，资源条件有别，脱贫基础存在明显差异，很难对广大中西部乡村地区旅游产业脱贫转型进行系统表述。这里以涉及省份最多、脱贫县和脱贫人口最多、内部差距最大的全国14个连片特困地区的典型代表——秦巴山区为案例，对广大乡村地区的旅游产业脱贫转型规划进行阐述，内容主要包括脱贫转型战略产业选择、旅游产业脱贫转型战略、旅游产业脱贫转型目标、旅游脱贫转型产业布局及优化、旅游产业脱贫转型重点项目等。

第一节　脱贫转型产业选择

一、脱贫转型分析

前期研究结果表明，秦巴山区 2020 年前绝对贫困的原因是错综复杂的，既有自然方面的原因，也有历史遗留方面的问题，以及其他方面的原因。其中，自然环境因素是造成秦巴山区贫困的根本原因，交通不便是秦巴山区致贫的主要瓶颈，基础设施条件薄弱和社会事业发展滞后是致贫的主要因素，脱贫人口的参与能力不足是致贫的内在因素，缺乏资金、技术滞后是造成秦巴山区贫困的关键原因，特殊大额支出是造成秦巴山区致贫的直接原因（图6-1）。正因为如此，秦巴山区在

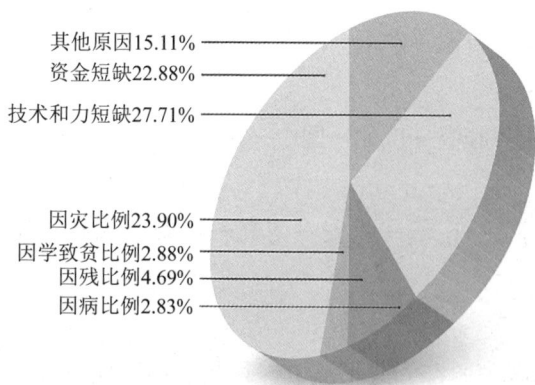

其他原因15.11%
资金短缺22.88%
技术和力短缺27.71%

因灾比例23.90%
因学致贫比例2.88%
因残比例4.69%
因病比例2.83%

图 6-1　中国贫困户主要成因类型及结构比例

（据国务院扶贫办建档立卡相关资料，王介勇等，2016）

2020 年年底实现全面小康基础上，亟待旅游脱贫转型发展规划。

二、脱贫转型战略产业选择

秦巴山区由于其自然背景、地理环境、历史人文、经济社会、基础设施和交通条件等的影响，一直受到多重"二元结构"的影响，并处于多重"二元结构"的"劣势"端元的叠加，一是"沿海—内陆"二元结构的"内陆"端元，二是"平原—山区"二元结构的"山区"端元，三是"城市—农村"二元结构的"农村"端元，这是秦巴山区贫困的最根本的原因。其中，自然背景、地理环境、历史人文、基础设施和交通条件等是造成秦巴山区连片特困的客观原因；区域发展不平衡、城乡二元结构是造成贫困的背景原因；思想不解放、观念落后、缺少文化、缺少人才、缺少技能等，是造成秦巴山区贫困的直接原因。多样化的自然地理条件及区域空间差异性，决定了工业化发展模式无法完美地解决秦巴山区可持续发展问题。秦巴山区独特的自然环境条件、历史人文背景和经济社会特征，客观上要求走符合秦巴山区具体实际、充分发挥自身资源特色优势的绿色经济发展道路和模式。

秦巴山区要实现乡村振兴及共同富裕目标，当务之急是要选择符合秦巴山区具体实际的发展道路，转变发展方式，调整产业结构，将资源优势转化为旅游优势、产品优势、产业优势和经济优势，促进当地经济社会全面持续发展。具体就是要紧紧依托秦巴山区独特的山地条件、自然环境和气候条件，紧紧依托当地独特的历史人文资源、自然生态资源及原生态农业资源和生态环境，大力发展符合当地资源和环境实际的产业，因地制宜大力发展乡村旅游、生态旅游、红色旅游、三国旅游、文化旅游[①]、科普旅游、体育旅游、康养旅游、度假旅游，通过旅游产业发展带动其他相关产业融合发展，促进当地经济社会协调全面持续发展，从而为秦巴山区脱贫转型、乡村振兴与可持续发展提供根本保障。

秦巴山区作为我国中西部边远山区和革命老区的典型代表，有其独特的自然环境条件、历史人背景和经济社会特征，客观上要求走生态旅游经济的发展道路和模式。发展生态旅游业，使秦巴山区扬长避短，发挥原生态自然生态和人文景观资源的特色和优势，使山区旅游资源向旅游产业再向生态旅游经济转化，实现工业化以外我国另一种可持续发展方式——生态旅游经济发展模式。通过发展生态旅游，秦巴山区生物多样性和文化多样性，及其相关的丰富的原生态自然山地和人文景观旅游资源，相对于平原地区形成了明显的比较优势，有利于促进区域经济社会的发展。

尤其是通过发展生态旅游，山地乡村独特的生态资源和环境形成了沿海和平原城市所不具备的比较优势，在保持固有山地乡村风貌基础上，通过旅游发展提升农业生

---

① 这里特指除了三国文化和红色文化以外的其他文化旅游活动和建设项目。

产的附加值，有利于壮大农业生产的能力、推动农业现代化发展。通过生态旅游发展，不仅弥补了工业化"不能上山"的短处，而且发扬了山地乡村生态旅游资源富集的长处，并能很好地实现发展与保护的协调统一。从而，在解决秦巴山区乡村脱贫转型和乡村振兴过程中发挥特殊的作用和意义。

第二节　旅游产业脱贫转型战略

一、指导思想

坚持以习近平新时代中国特色社会主义思想为统领，以创新、协调、绿色、开放、共享发展理念和"两山"理论为指导，以乡村振兴战略为主线，紧扣四川省委、省政府的战略部署和任务要求，以资源、资金、土地的集约化利用为原则，以增强秦巴山区内生发展动力为根本，以提高居民参与旅游发展、分享旅游红利为出发点，坚持以打造景区带动型、发展乡村旅游型、开发旅游商品型为实施路径，将乡村振兴作为推动旅游脱贫转型的重要方向，立足秦巴山区旅游资源优势，树立"旅游+"发展理念，推动旅游业与一二三产业深度融合发展，打造形式多样、特色鲜明的旅游产品，为居民创业、就业、增收提供平台，积极探索实践旅游脱贫转型的新机制、新模式、新政策，走出一条具有区域特色、内生发展动力、可持续发展的旅游脱贫转型之路，把旅游产业培育成为富民产业，取得秦巴山区旅游业发展和脱贫转型的新突破。

二、基本原则

省地联动，分级负责。省级层面主要做好顶层设计，牵头抓总、目标确定、分区规划、省标认证、项目下达、资金引导、社会动员、检查督导、指导人才培养等工作。市（州）、县（市、区）党委政府是旅游脱贫转型的工作主体、责任主体、实施主体、管理主体，主要做好旅游脱贫转型力量组织调配、项目资金筹集和运行管理、项目包装推介、旅游人才培养、帮转型措施督促落实、建档立卡信息统计等工作。乡镇、村（社区）主要做好组织和带领群众推进乡村旅游脱贫转型项目实施、登记造册、信息反馈等工作。

统筹规划，协调发展。坚持创新发展、协调发展，按照统筹兼顾、布局合理、节约利用的原则，整合各部门脱贫力量，统筹规划和安排全省旅游脱贫转型的总体布局、实施进度，集约使用资源、资金、土地，妥善处理发展中的各方关系，确保各乡村地区在旅游脱贫转型中的均衡发展，实现旅游脱贫转型、经济社会发展、环境保护的效益统一。

因地制宜，精准施策。立足区域的资源基础和现状条件，突出问题导向，发挥比较优势，创新旅游脱贫转型实施路径，因地制宜选择景区带动型、乡村旅游型、旅游商品型等模式，开展旅游脱贫转型。因村、因户、因人制宜，合理分工，解决好社区群众参与旅游发展、分享旅游红利的机制路径，推动旅游脱贫转型精准到户，做到真脱贫转型，让更多的老百姓有更多的获得感。

政府主导，各方参与。发挥政府主导作用，强化政府责任，引领市场、社会协同发力，广泛动员和凝聚各方力量参与旅游脱贫转型，形成政府、市场、社会互为支撑，专项脱贫转型、行业脱贫转型、社会脱贫转型"三位一体"的旅游大脱贫转型格局，坚持政府与市场推动相结合、普惠制度与特惠制度相结合、统筹兼顾与分类指导相结合。

绿色开发，持续发展。要把生态保护和文化传承放在旅游脱贫转型的突出位置，不能以破坏生态环境和文化遗存为代价，搞大拆大建的野蛮开发，应保持贫困转型地区农村原有的格局肌理和整体风貌，保障旅游业可持续发展，带动当地社会经济持续增长，使得当地居民能够长期受益，实现从根本上摆脱发展滞后的局面。

在上述指导思想和基本原则指导下，具体采取"条块结合、以块为主、分类指导、精准到村、量身定做"的旅游脱贫转型思路。

三、旅游脱贫战略

（一）景区带动战略

做大做强现有景区、培育潜在旅游景区，充分发挥秦巴山区旅游景区已有的品牌和影响力，带动川东北旅游产业跨越发展，并通过景区旅游大发展，带动并辐射周边社区居民增收致富，拉动周边乡镇跨越发展和乡村产业的战略调整。

通过建设各类旅游景区，如红色旅游景区、三国旅游景区、自然生态景区、乡村度假景区等，带动景区周边乡村旅游的发展，可以增加农民的就业机会，促进农民脱贫转型致富。

（二）生态优先战略

秦巴山区地处秦岭山脉东缘，汉江流域和嘉陵江流域之间，龙门山东南，米仓山和大巴山南麓，属长江上游重要的生态屏障。作为我国东西向山地生态走廊、南北地理分界线和气候分水岭，该区气候带谱完整，自然生态环境优越，秦巴山区雅称"华夏中央空调"。

原生态自然环境资源和原生态人文景观构成秦巴山区旅游资源的特色和优势，尤其是原生态乡村度假优势资源和"华夏中央空调"的品牌形象深入人心，是今后川陕渝地区重要的生态旅游目的地。充分发挥秦巴山区这一优势特色资源，打造原生态乡村度假旅游景区，带动乡村旅游业的发展和农民增收致富。

（三）区域联盟战略

要借助全国乡村振兴战略契机，建立秦巴山区（四川部分）创新旅游战略联盟，尤其是在米仓山、大巴山、华蓥山、嘉陵江、渠江等跨区域旅游发展及脱贫转型联盟，打破区域和行业限制，由政府搭台，构建平等、合作、互利、多赢的联盟关系。

实行跨区域旅游脱贫转型协作，通过联手开发、设计、包装旅游线路，加速区域精品景区和黄金线路的连线并网，实现资源共享、市场共享和优势叠加，构建跨区域无障碍旅游脱贫转型区，打造川东北旅游产业脱贫转型创新发展区。

（四）城乡共融战略

通过发展旅游产业，培育潜力城镇和乡村，构建特色旅游村镇网络体系。推进旅游产业脱贫转型与城乡协调发展、旅游产业脱贫转型与革命老区富民惠民、旅游产业脱贫转型与区域经济社会协调发展，实现秦巴山区城乡共同富裕与自然环境和谐发展。

深入推进城乡一体化，实现城乡互动、资源共享，构建现代城乡和谐相融、历史文化和现代文明交相辉映的新型城乡形态，为城乡提供均等的生活设施和就业机会，促进相对均衡发展和生活品质均等化。

（五）全面开放战略

实施多方位、多层次、多领域、多节点开放战略，构建川东北地区作为四川对外开放的前沿阵地。

联动高铁、航空、城际铁路和高速，力促川陕渝合作，扩大秦巴山区（四川部分）旅游对外开放空间；连接成都、重庆、西安、武汉和兰州，扭转单一向西和向南的开放格局，加强面向北方和向东方的全面开放，开创秦巴山区（四川部分）旅游经济对外开放新局面。

加强区域内市市、市县、县县间深度合作，尤其在旅游景区、旅游产品、旅游市场、旅游通道、旅游市场监管等的全面合作，构建川东北旅游经济增长极。

第三节　旅游产业脱贫转型目标

一、旅游脱贫转型总目标

（一）目标依据

主要依据《四川省"十三五"旅游脱贫专项规划》和《四川省旅游脱贫工作总体

方案》。同时综合考虑如下方面：

（1）参照《四川省"十三五"旅游脱贫专项规划》和《四川省旅游脱贫工作总体方案》。（2）省级旅游脱贫示范区目标数量及其分布的影响因素："十三五"时期，全省旅游脱贫示范区数量（30个）；秦巴山区旅游脱贫县、乡镇、村全省旅游脱贫的权比；秦巴山区旅游景区丰度及其脱贫拉动程度；全域旅游与旅游景区的影响力相结合。（3）省级旅游脱贫示范村目标数量及其分布的影响因素："十三五"时期，全省旅游脱贫示范村数量（1000个）；全省旅游脱贫村中旅游示范村占比（69.3%）；秦巴山区旅游建档脱贫村与全省旅游脱贫村总数的权比；秦巴山区旅游村数量及其脱贫拉动程度；全域旅游与旅游脱贫村的影响力相结合。（4）省级乡村民宿达标户目标数量及其分布的影响因素："十三五"时期，全省旅游脱贫民宿达标数量（10000个）；全省旅游脱贫村中民宿达标户占比（11.75%）；秦巴山区旅游民宿数量及其脱贫拉动程度；全域旅游与旅游民宿的影响力相结合。

（二）旅游脱贫转型目标

依托秦巴山区山地生态国际旅游目的地建设，充分发挥旅游业在区域旅游脱贫转型中的特殊意义和作用，围绕全面建成小康社会目标，打造秦巴山区全国旅游脱贫转型示范区和国家旅游脱贫转型创新区（表6-1）。

表6-1　秦巴山区旅游脱贫转型目标

市级	县（区、市）	省级旅游脱贫转型示范区（个）	省级旅游脱贫转型示范村（个）	省级乡村民宿达标户（户）
绵阳市	北川县	1	17	360
	平武县		16	332
	小计	1	33（总71）	692
广元市	利州区		8	200
	昭化区	1	8	174
	朝天区		4	88
	旺苍县	1	4	108
	青川县	1	13	200
	剑阁县		3	88
	苍溪县		15	290
	小计	3	55（总125）	1146
南充市	高坪区		12	285
	嘉陵区		2	45
	南部县	1	4	87

市级	县（区、市）	省级旅游脱贫转型示范区（个）	省级旅游脱贫转型示范村（个）	省级乡村民宿达标户（户）
南充市	营山县		4	115
	蓬安县		2	59
	仪陇县	1	3	59
	阆中市	1	2	45
	小计	3	29（总60）	695
广安市	广安区		8	60
	前锋区		2	25
	岳池县		4	25
	武胜县	1	5	80
	邻水县		6	100
	华蓥市	1	4	10
	小计	2	29（总61）	300
达州市	通川区		21	360
	达川区		4	75
	宣汉县	1	13	243
	开江县		4	75
	大竹县	1	8	175
	渠县		10	196
	万源市	1	14	260
	小计	3	74（总156）	1384
巴中市	巴州区		15	296
	恩阳区		27	575
	通江县	1	20	436
	南江县	1	18	440
	平昌县		10	230
	小计	2	90（总204）	1977
总计		15	310	6500

注：根据《四川省旅游脱贫工作总体方案》，"十三五"时期四川省旅游发展委通过创建30个省级旅游脱贫示范区、1000个示范村和10000个民宿旅游达标户。小括弧内数据为脱贫村总数或乡村民宿总数。

二、旅游脱贫转型分目标

依据《四川省"十三五"旅游脱贫专项规划》，旅游脱贫模式可归纳为打造旅游景区带动、发展乡村旅游带动和开发旅游商品带动三种模式。脱贫村旅游脱贫转型一般都会涉及一种以上模式复合驱动，但根据脱贫村主要资源特点和主题开发方向，将按照其中一种模式为主导推进旅游脱贫转型开发。

（一）旅游景区带动脱贫转型

依托存量景区的提升和增量景区的打造，促进周边地区脱贫村交通设施优化和生活环境改善，开展民居食宿接待、特色文化展示、景区务工、配套供应农产品、旅游商品销售和参与景区经营分红等方式实现脱贫转型。脱贫村、脱贫户既可以是景区的一部分，共同参与景区品牌创建，也可以位于景区周边，作为景区发展的支撑。打造的景区涵盖国家 A 级旅游景区、旅游度假区、生态旅游示范区、风景名胜区、森林公园、自然保护区、湿地公园、地质公园等诸多类型。

（二）乡村旅游带动脱贫转型

依托城镇、交通干道，按照"风貌特色化、功能现代化、服务标准化"要求，打造乡村旅游特色业态，经营民宿、农家乐、乡村旅馆、骑行驿站、采摘园、乡村俱乐部、休闲农业综合体、农家超市、农耕博物馆、文化传习所、传统手工艺品作坊以及汽车营地、加油维修等，使脱贫户成为第三产业的经营业主或者通过资产入股、土地流转、房屋出租等方式，增加收入，实现脱贫转型增收。

（三）旅游商品带动脱贫转型

通过对土特产品的旅游化改造、文化产品的创意化设计、实用产品的文化化加工，重新赋予内涵和地域特色，开发一批特色旅游商品，通过供应链将其输送到景区、农家乐、高速公路服务区等游客相对聚集的区域，或者以"电商"的方式进行销售，让当地居民享受到旅游脱贫转型的红利，带动贫困户增收致富。

第四节　旅游产业布局及优化

一、旅游产业总体布局

遵循秦巴山区自然地理条件、旅游资源分布规律，结合城乡空间结构，秦巴山区旅游产业空间结构可概括为"1·2·5·5"结构，即 1 环、2 带、5 心、5 发展区（图 6-2）——

1 环（一大旅游产业脱贫环线）：秦巴山水乡村旅游脱贫环线。

2带（两大旅游脱贫产业带）：秦巴南麓沿山生态旅游脱贫带；嘉陵江旅游脱贫产业带。

5心（五大区域旅游脱贫促进中心）：广元、巴中、达州、南充及广安市区。

5发展区（旅游经济发展区[①]）：广元旅游经济发展区、巴中旅游经济发展区、达州旅游经济发展区、南充旅游经济发展区、广安旅游经济发展区。

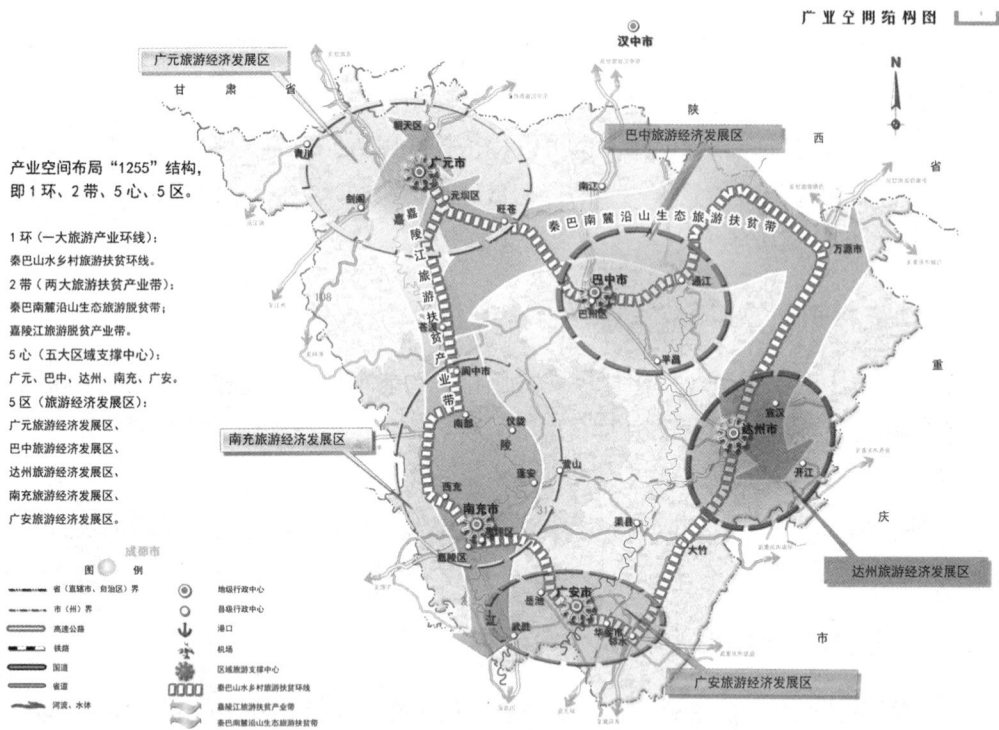

图6-2 秦巴山区生态旅游产业空间结构

（一）秦巴山水乡村旅游脱贫环线

发挥川陕渝金三角区位优势，依托秦巴山区原生态资源特色，围绕旅游产品及旅游要素脱贫，全面开放，区域合作，构建跨区域乡村旅游脱贫环线，即广元—巴中（—万源）—达州—广安—南充—广元。

针对旅游市场需求变化，确定沿线旅游产品及线路开发的重点、目标及方向，确定秦巴山水乡村旅游脱贫环线概念及品牌形象。通过秦巴山水乡村旅游环线发展，带动沿线相关旅游城镇、乡村、景区和通道的发展，进而拉动秦巴山区旅游产业脱贫和区域协调全面持续发展。

---

① 秦巴山区五市在《成渝经济区旅游发展规划》中统称为"川东渝北旅游经济区"，在相关规划中统称为"川东北旅游经济区"。

（二）嘉陵江旅游脱贫产业带

包括广元、南充、广安的嘉陵江流域地带（即朝天—广元—利州—苍溪—阆中—南部—仪陇—蓬安—西充—顺庆—高坪—武胜），是连接川陕渝旅游金三角、成渝经济区的重要地带，也是长江三峡旅游线的延伸点，已作为全省"十三五"期间旅游产业发展重点。

依托嘉陵江水路航道改善工程的实施和成渝经济区建设启动，以嘉陵江流域的山川、古城、名人、伟人、三国、蜀道等优势旅游资源为核心品牌吸引物，构建嘉陵江流域水文化体验及休闲度假旅游产品，打造沿嘉陵江流域一条极具活力的旅游产业带，从而拉动沿嘉陵江流域城镇、乡村发展，并辐射带动周边地区协调全面发展。

（三）秦巴南麓沿山旅游脱贫产业带

即米仓山和大巴山前山带，自东向西由广元苍溪—元坝—旺苍→巴州区北部—南江—平昌—通江→万源—宣汉—达川—开江区带，系秦巴山区连片特困地带。

规划建设一条秦巴山区南麓沿山公路，将已有公路段连通，贯通整个山区，以秦巴山地南麓优美的环境、良好的生态、宜人的气候条件，以及原生态的山地乡村田园风光为依托，打造秦巴南麓沿山原生态乡村休闲度假带，通过区域乡村生态旅游业发展，带动秦巴南麓沿山片区致富增收和就业。

（四）区域旅游脱贫促进中心

特指秦巴山区地市级区域旅游中心城市，包括广元、巴中、达州、南充、广安市城区。大力培育区域重要节点，形成多中心发展格局，带动其他区域的均衡协调发展，实现腹地区域的振兴和崛起，打造秦巴山区旅游脱贫开发动力核。

区域性旅游中心城市应吸引人口集聚，壮大城市规模，分担重庆、成都乃至西安的部分功能，大力发展专业化生产及中心功能。在成都、重庆、西安金三角地区形成多中心发展的格局，共同带动区域的旅游产发展，促进川陕渝城镇群竞争力的提升。

二、旅游经济发展区规划

（一）广元旅游经济区

1.发展构思与定位

加快推进中国蜀道申报世界文化线路遗产，创建剑昭国家5A级旅游景区，打造剑门关蜀道三国文化精品旅游线路，全面提升广元旅游品质，实现旅游经济强市目标，把旅游业培育成为广元市国民经济的战略性支柱产业，把广元建成剑门蜀道三国旅游国际旅游目的地，打造线路旅游目的地和三国旅游产业脱贫国家创新发展示范区。

以线路统筹为抓手，以富民惠民为立足点，发掘三国文化、蜀道文化、女皇文化等历史文化遗产，着力打造旅游精品景区和精品线路。通过延伸和整合省内外其他蜀道三国文化旅游资源，全面提升广元旅游品质，把旅游业培育成为全市国民经济的战略性支柱产业，建成川陕甘三省结合部旅游中心门户和旅游支撑中心，创建一批全国生态旅游示范县、示范乡镇和示范景区，最终实现以旅游产业拉动脱贫的战略目标。

2. 空间布局与发展重点

构建广元市"1136"的旅游产业空间结构，即一个旅游目的地城市、一条国际精品旅游主线、三大旅游产业区、6条旅游产品线路。

（1）打造广元城区旅游集散中心

将广元市区打造成三国文化旅游区域集散地、秦巴山水休闲度假旅游重要支撑、女皇故里旅游胜地。塑造川北旅游集散中心形象，打造中国优秀旅游目的地城市。

重点建设和提升：皇泽寺、广元女性文化园、凤凰山公园、旅游公共设施、中国蜀道温泉之都度假区、三国影视城、主题文化景区、旅游文化产业园、广元—九寨沿线等。

（2）打造三国文化国际精品主线

打造世界级三国旅游线路旅游目的地，加快申报世界线路文化遗产。通过三国旅游产业发展带的发展，带动沿线乡镇、村寨的富民增收和经济发展。

重点建设和提升三国旅游主线沿线城镇、乡村、景区和道路及其旅游配套服务设施：觉苑寺（以南）—古柏蜀道（拦马墙）—剑州古城（普安镇）—古柏蜀道（翠云廊、石洞沟）—剑门关—昭化古城—广元明月峡栈道（以北）。

（3）着力构建三大旅游产业区

①北部自然生态旅游产业区

主要包括朝天区旺苍—元坝（以北）—广元城区（北部），涉及甘南的文县和康县，以及陕南的宁强县和勉县，打造针对北方市场的秦巴山水休闲度假旅游目的地。

重点建设：曾家山景区、秦巴大草甸、明月峡景区二期工程、曾家山乡村旅游带、鼓城山—七里峡景区、红军城—木门寺景区、苍王峡景区等。

②南部文化生态旅游产业区

主要包括元坝区（以南）、苍溪县、剑门关为主的区域。打造以三国文化、红军文化和乡村旅游为重点的文化生态旅游产业区。

重点建设和提升：苍溪梨乡风情旅游带、苍溪县城、苍溪红军渡、云台山旅游区、青山观旅游区、新店子度假区等。

③西部震区专项旅游产业区

相当于青川县区域，以东河口地震遗址公园和唐家河等旅游吸引物为核心，打造地震遗址感恩之旅、唐家河康养度假之旅品牌。

重点建设：唐家河地质遗迹景区、唐家河风景区、白龙湖景区、东河镇、青溪镇，以及旅游配套服务设施体系等。

④着力打造六条产品线路。分别是：剑门蜀道三国文化旅游线；女皇文化旅游线；广元至九寨沟旅游线；抗震救灾红色旅游线；嘉陵江水上旅游线；广元休闲度假养生旅游线。

（二）巴中旅游经济区

1. 发展思路与定位

抓住机遇，强化旅游通道、旅游区基础服务设施和旅游环境建设，提升巴中旅游品牌形象。充分发挥旅游业的先导产业作用，使旅游业成为巴中统筹城乡发展、产业转型升级的有效途径，成为促进区域合作、农民就业增收致富、区域经济社会全面协调发展的优势产业。

构建"三大旅游综合体、五大旅游产业区、三大旅游精品"的旅游脱贫产业空间结构。提升完善自然生态观光旅游，优先发展原生态山地度假游和原生态乡村度假旅游，重点发展红色体验旅游。打造中国川陕苏区红色文化旅游目的地、中国秦巴山区原生态观光休闲度假旅游目的，构建川东北自然生态旅游脱贫示范区和山地乡村旅游示范区。

重点建设光雾山、关坝、诺水河、白衣、恩阳等20个旅游集镇，集中打造光雾山—米仓山、诺水河—空山旅游区，重点打造自然生态旅游、红色文化旅游、乡村度假旅游三大旅游精品，提升完善巴中—南江—光雾山—诺水河—通江、巴中—平昌—通江两条精品环线，推进旅游景区、集镇、通道一体化建设，建设巴中中国优秀旅游目的地建设。

2. 空间结构与发展重点

构建巴中市"1353"的旅游产业空间结构，即一个旅游目的地城市、三大旅游发展综合体、五大旅游产业区、三大旅游精品线路。

（1）巴中旅游目的地城市建设

整合资源、全域发展，把巴中市区建成川东北区域旅游中心城市、秦巴山水休闲度假旅游重要支撑中心、川陕重要的旅游集散中心，川东北重要的旅游经济增长极，中国优秀旅游目的地城市。

重点打造恩阳古镇——中国巴人文化第一古镇，重点建设天马山国家森林公园、莲花山、将帅碑林、南龛景区、乡村旅游示范区、化湖风景区。

（2）全力打造三大旅游综合体

建设光雾山—诺水河山水旅游综合体、川陕苏区红色旅游综合体、生态体验特色旅游综合体，以重大项目为支撑，以基础设施建设为抓手，带动旅游综合体统筹协调发展。

尽快打通光雾山—诺水河快捷通道，集中打造诺水河 4A 级旅游景区和米仓山 4A 级旅游景区。

（3）重点开发五大旅游产业区

①光雾山—米仓山休闲度假旅游区。包括光雾山国家级风景名胜区和米仓山国家森林公园。以丰富的原生态自然景观资源为依托，将该旅游区打造成国内具有较强吸引力的观光度假养生旅游区。

②红军城—诺水河—空山—红军纪念园观光科考红色旅游区。包括诺水河国家级风景名胜区、空山国家森林公园、红四方面军总指挥部旧址纪念馆、川陕革命根据地红军烈士陵园、红军石刻标语群等。以规模宏大的溶洞资源、特殊的地质景观、丰厚的红军文化为依托，将该旅游区打造成西部最佳溶洞群观光地质科考、生态旅游和红色旅游区。

③江口水乡—白衣特色乡村休闲旅游区。包括平昌县江口镇至白衣镇之间沿河两岸区域，以国家水利风景区为依托，将该旅游区打造成川东北特色乡村休闲度假旅游区。

④南龛文化园旅游区。包括南龛石窟、川陕革命根据地博物馆、川陕苏区将帅碑林、恩阳古镇。依托巴城旅游集散中心，以厚重的历史文化和红军文化为依托，将该旅游区打造成红军文化体验区。将恩阳古镇打造成中国巴文华第一古镇。

⑤陈河—北极特色农业与温泉疗养区。包括通江县陈河乡银耳基地、南江县北极乡，以银耳基地、温泉资源、南江黄羊等为依托，将旅游区打造成川东独具特色的体验旅游区和温泉度假旅游区。

（4）集中打造三大精品游线

集中打造光雾山—米仓山、诺水河—空山旅游区，重点打造自然生态旅游、红色文化旅游、乡村度假旅游三大旅游精品，提升完善巴中—南江—光雾山—诺水河—通江（北环线）、巴中—平昌—通江（南环线）两条精品环线，推进旅游景区、集镇、乡村、通道一体化建设，建设巴中中国优秀旅游目的地。

（三）达州旅游经济区

1. 发展思路与定位

主动承接"三核共振"辐射①，主动融入重庆"1 小时经济圈"，提升达州作为川陕渝结合部位综合交通枢纽区位价值，依托大巴山风光、巴人文化、红色文化，整合

---

① 三核：成都、重庆、西安。

区域工业、物流、商贸旅游资源，打造国际知名、国内一流的中国巴人故里及大巴山原生态文化休闲度假旅游目的地，打造川陕渝周末游和商务会议后花园，以及集观光、探险、休闲、度假为一体的综合休闲度假基地。

优化旅游空间布局，以建设旅游通道、旅游城镇、旅游景区为核心，构建达州"一心、两带、三环、六区"的旅游发展空间结构，提升完善五大产品线路体系，创建川陕渝旅游区域合作示范区。

以推进城乡一体化为主线，充分发挥旅游业关联效应，以旅助农，促进农业旅游和乡村旅游大发展；深度挖掘巴人文化和红色文化，建设文化旅游精品品牌，全面提升旅游产业整体形象，实现达州旅游产业跨越发展。

2. 总体布局与发展重点

构建达州市"1236"的旅游产业空间结构，即1个旅游支撑中心、2个旅游发展带、3条旅游环线、6大旅游区。

（1）打造达州城区旅游支撑中心

整合通川区、达川、宣汉、开江综合资源，构建达州旅游区域支撑中心，培育达州旅游经济增长极，建设川陕渝结合部旅游集散地，打造集观光、休闲、度假、商务、会展为一体，独具巴人文化风貌、城景交融、国际知名的优秀旅游目的地城市。

重点建设：州河沿岸、宣汉罗家坝、飞云温泉—宝石湖、清河古镇、张爱萍故居、犀牛山景区、龙爪塔、莲花湖、神剑园景区、鹿鼎寨生态公园、莲花湖风景区、九龙湖风景区、石桥古镇、铁山森林公园、巴河风光带、州河旅游带、仙女山—桂花村、雷音铺森林公园、百节—双庙片区。

（2）建设两大旅游产业带

巩固完善以渠县为中心的南部巴渠文化及度假旅游产业带，向南发展，依托温泉、巴文化、乡村民俗文化资源，构建以生态度假为特色的成渝"后花园"；大力发展以万源、宣汉为重心的北部巴山生态与红色文化旅游产业带，联手大秦巴地区，依托秦巴山区自然生态环境，主要针对西安为主的北方市场，打造大巴山原生态旅游目的地。

（3）构建北、东、南三大旅游环线

打造以生态环境养生度假、观赏巴山风光、探寻巴人故里、感悟红军精神为特色的北环线，以城市休闲度假为特色的东环线，以展现厚重历史文化、古镇风韵和自然生态景观为特色的南环线。

重点建设：金山寺景区、飞云温泉、峨城山、明月湖、汉阙景区、贾家寨、巴人博物馆、白岩滩水库、笔架山景区、黑龙峡、普光巴人风情小镇、杉树沟温泉康疗度假景区、巴山红军公园、杨家河景区、观音山景区。

（4）打造六大优先旅游区

努力建设八台山—花萼山生态度假旅游区、百里峡观光旅游区、罗家坝巴人文化与普光工业旅游区、赏人谷风景区、真佛山宗教文化和天然气工业旅游区、五峰山森林—百岛湖温泉度假旅游区，建成达州旅游精品景区，打造达州旅游新亮点。

（四）南充旅游经济区

1. 发展思路与定位

围绕"打造山水田园城市"和"建设川东北区域中心城市"战略目标，创建嘉陵江旅游产业带和都市旅游目的地，努力实现南充市向旅游经济强市新跨越。

完善和提升重点旅游区产品体系和产业要素，整合嘉陵江水上旅游线路和风水文化旅游线路，实现南充旅游目的地城市建设的重大突破，打造全国一流、世界知名的嘉陵江水上旅游观光带，打造嘉陵江风光、阆中古城、将帅故里、三国文化、风水文化五大特色旅游品牌，将南充城区建成全国知名的旅游目的地城市。

把旅游业建成南充市国民经济的战略性支柱产业和人民群众更加满意的现代服务业，成为促进城乡统筹发展及全面建成小康社会的富民产业。把发展乡村旅游作为促进农民致富增收的有效途径，作为推进社会主义新农村建设的重要举措。

2. 空间布局与发展重点

构建南充市"11115"旅游产业空间结构，即一个旅游支撑中心、一个旅游产业带、一个旅游产业环带、十大旅游区、五大产品线路。

（1）建设南充都市旅游目的地城市

在全国优秀旅游城市基础上，大力发展城市旅游综合体，整合嘉陵、高坪、顺庆三区旅游资源，提升三区旅游景区景点、特色街区、水上运动等旅游项目，增强南充城市的旅游辐射和带动功能，提升和优化南充城市旅游发展环境和质量，增强南充城市的产业凝聚力，打造环境优美、生态良好、特色突出、功能完备的优秀旅游目的地城市，塑造"千年绸都"品牌形象。

（2）打造嘉陵江水上休闲产业带

依托嘉陵江渠化工程和南充港口群建设，统筹沿江城镇、乡村、通道及产业要素，打造全国一流、世界知名的嘉陵江水上休闲旅游产业带，建设嘉陵江水上休闲产业脱贫带。

（3）建设南充市旅游产业环带

改善南充市各区县之间交通环境，激活沿线旅游城镇、乡村和旅游要素，延伸旅游产业链，打造南充—西充—南部—阆中—仪陇—营山—蓬安—南充旅游产业环带，构建环南充城区的旅游产业脱贫环带。

（4）打造十大旅游休闲度假区

具体包括：阆中古城休闲度假旅游区、朱德故里景区—琳琅山休闲度假旅游区、西山休闲度假旅游区、凌云山休闲度假旅游区、嘉陵第一桑梓休闲度假旅游区、升钟湖休闲度假旅游区、千年绸都第一坊休闲度假旅游区、西充乡村休闲度假旅游区、太蓬山休闲度假旅游区、金城山森林休闲度假旅游区十大旅游度假区。

（5）完善五大旅游产品线路

具体包括：①嘉陵江风光旅游产品线路；②阆中古城旅游产品线路；③将帅故里旅游产品线路；④三国文化旅游产品线路；⑤风水文化旅游产品线路。

（五）广安旅游经济区

1. 发展思路与定位

以小平诞辰纪念为契机，以推进城乡一体化为主线，充分发挥旅游业关联效应，以旅助农，促进农业旅游和乡村旅游大发展；深度挖掘红色文化和地方民俗文化，建设文化旅游精品。全面提升旅游产业整体形象，打造"全国红色旅游基地"和"国际知名、国内一流的休闲度假旅游目的地"，实现广安旅游产业发展第二次跨越。

主动承接"双核共振"辐射，主动融入重庆"1小时经济圈"，优化旅游空间布局，以建设旅游通道、旅游城镇、旅游景区为核心，提升完善五大产品线路。打造"重庆后花园""川渝休闲度假旅游胜地"，构建川渝旅游区域合作示范区。

2. 空间结构与发展重点

构建广安市"一心两廊四区"的空间格局，即一个旅游支撑中心、两大观光休闲产业带、四大重点旅游区五大旅游产品线路。

（1）提升小平故里旅游中心

广安市区小平故里旅游中心，包括小平故里旅游区、牌坊新村、协兴老街、佛手山、西溪河峡谷、神龙山、广安区渠江沿岸等景区（景点），打造国际著名的优秀旅游目的地城市。

（2）打造两大观光休闲产业带

①华（蓥）广（安）武（胜）宝箴塞观光休闲产业带。在风景廊道建设基础上，深度开发廊道两侧景区景点尤其是乡村休闲业，提升广安旅游的整体形象和美誉度。重点推出龙女湖和宝箴塞旅游区，构建小平故里、华蓥山和宝箴塞的广安旅游新三极。

②重庆—邻水县观光休闲产业带。打造邻水大洪湖—重庆市区风景道，吸引更多的重庆休闲度假游客，激活华蓥与邻水的风景道连线，联动邻水与广安，融入重庆环城游憩带，建设好广安—重庆观光休闲产业带。

（3）重点提升四大旅游区

①小平故里国际精品旅游区。整合牌坊新村、金狮新村、绿色长廊、协兴古镇、佛手山、农业科技园、翰林院子等周边资源，开发红色主题旅游产品，努力把小平故里旅游区建成集教育瞻仰、观光览胜、文化体验、休闲度假于一体的全国著名红色旅游经典景区。

②华蓥山国际山地运动旅游区。借助华蓥山石林二期工程，建设山地游步道系统和大型户外拓展运动基地；依托华蓥山天池，开发月亮岛高档娱乐度假区，打造农家乐主题高端滨水空间和川东影视基地；建设华蓥山国际乡村运动走廊，打造华蓥山国际山地运动旅游区。

③渠江国际乡村旅游度假带。依托渠江风光和两岸原生态资源和环境条件，打造渠江沿江休闲度假旅游带。以观塘现代农业园区内的煤坪、河星、八里、望坝、双碑、白鹤、仙鹤、团坝、朝寨、望八等村为统筹城乡改革发展试验区主景区，建设无公害绿色蔬菜区、生态农家乐区、特色渔家乐区，利用虎城乡古镇的临渠江优势，进行滨水古镇休闲旅游开发。

④嘉陵江生态度假旅游区。以武胜嘉陵江流域为依托，打造商务会议与休闲度假国际旅游目的地。重点建设：嘉陵江美食嘉年华、龙女湖国家级旅游度假区、太极湖养生度假区、白坪—飞龙乡村旅游区、印山公园等城市生态公园。

三、旅游脱贫转型优化策略

秦巴山区旅游产业空间结构框架重点布局优化策略为：强化"五心"，发展"五区"，建设"节点"，打造"一带"，共建"一环"。

（一）强化区域脱贫促进中心

在秦巴山区发展过程中，广元、巴中、达州、南充、广安等区域支撑城市，聚焦了多个旅游节点城镇，发展势头强劲，系秦巴山区旅游发展的增长极核。

首先，以旅游业为优势产业促进地区综合服务功能优化，促进区域发展极核的形成，提升区域整体竞争力。增强自主创新能力，增强地区产业极化、集群化，提升产业结构层次和竞争力，重点发展现代服务业、高新技术产业、知识经济产业和生态型都市产业群。

其次，应进一步强化五大增长极核的辐射和带动能力，优化内部空间结构，扩大影响范围，带动广大周边地区的发展。目前，五大增长极核城市已进入快速发展向集聚扩散的阶段，其周边的旅游节点城镇应壮大规模，与五大增长极核一起，提升秦巴山区在四川乃至西部的区域地位，发挥区域支撑城市的作用，通过城镇群轴、带功能的延伸，扩大秦巴山区的影响范围。

（二）推进发展旅游经济区

秦巴山区五大旅游经济发展区，是成都、重庆、西安乃至兰州重要的经济腹地区域。该区经济中等发达，但与周边大都市尤其是重庆的联系极其紧密，明显受重庆旅游经济增长极的聚合和辐射。随着南充高坪机场、达州河市机场的提升，达成铁路、成南高速、南渝高速、广渝高速、达渝高速相继通车，有效地改善了秦巴山区五大旅游经济发展区中小城市与成都、重庆、西安的经济社会联系，大大促进了五大极核城市的经济联系和发展。该经济区各区域中心城市都相距在 1 小时路程内，已经形成了城镇群雏形。

以服务都市、承接转移、形成基地、借力发展为主要任务，全方位加强毗邻地区的通道连接，积极对接产业，发挥配套作用，建设川陕渝合作示范区，形成承接重庆都市圈辐射的配套产业集群，打造川陕渝经济合作的桥头堡。科学定位毗邻县域经济主体的功能，加快区域中心城市建设，集约发展旅游小城镇。提升五大区域支撑城市之间以及毗邻区块之间的干线交通通道连接，形成便捷高效的铁路、高速公路通道。

主动承接成都、重庆、西安等大都市的产业转移，打造川陕渝合作示范平台。面向西安为主的北方市场，打造以自然生态旅游和原生态度假旅游为主的旅游产业群；面向重庆构建以宜居、宜业的重庆都市后花园和重庆一小时经济圈的北部区域；面向成都建设以原生态乡村旅游产业基地，建设跨区域现代农业生产基地。要依托嘉陵江旅游产业带为支撑，带动整个经济区旅游产业升级跨越。

（三）建设区域旅游节点

节点特指秦巴山区各个县级旅游城镇。上述区域支撑城市之间的中间区域为秦巴山区的发展塌陷区。为更好地推动秦巴山区的发展，在强化区域支撑城市的同时，应大力培育旅游节点，形成多中心发展格局，带动其他区域的均衡协调发展，实现腹地区域的振兴和崛起。

为促进区域协调发展，提出培育节点的旅游发展策略，具体包括元坝区、朝天区、旺苍县、苍溪县、阆中市、营山县、蓬安县、仪陇县、南部县，华蓥市、岳池县、武胜县、邻水县，万源市、宣汉县、大竹县、开江县、渠县、通江县、南江县、平昌县等旅游城镇。通过上述旅游城镇节点的发展，带动各相关乡镇及村社的发展。

（四）打造旅游产业带

以南充为支撑中心，以嘉陵江黄金水道和沿江高速公路为枢纽，有序推进沿江开发和港口建设，聚集旅游业为优势产业的相关产业群，加快沿江旅游城镇发展，加强水环境保护和生态建设，建成嘉陵江重要的产业和城镇聚集带。

构建符合沿江旅游城镇带整体发展要求、高效运行的旅游基础服务设施网络，整体协调发展沿江旅游城镇发展带。重视沿江地区生态环境调节功能的发挥，协调沿江地区旅游产业拓展与乡村旅游区域保护、生态环境保护的关系，整合现有旅游资源，协调交通基础设施建设，加强嘉陵江岸线的开发利用和港口布局协调。

（五）共建旅游大环线

根据秦巴山区在自然和人文等方面的共性、关联性、差异性和互补性，强化区域协调发展，共同构建秦巴山水旅游大环线，搭建跨区域产业合作大平台，促进秦巴山区区域经济社会全面发展。如共同开发旅游景区，共同构建旅游产品，共同打造区域精品游线，共同开展区域营销活动，共同打造旅游交通为主的基础设施。

按照"区域联动、资源整合、优势互补、共同发展"原则，加大跨区域合作力度和层次，实现资源共享、客源共享、市场共享和优势叠加，构建并推行无障碍旅游区建设，开创旅游发展的多赢局面，推动秦巴山区旅游业跨越发展，共同打造川陕渝金三角旅游经济增长极。

第五节　旅游产业脱贫转型重点项目

一、旅游产业脱贫转型项目框架

以"旅游+"为主线，充分发挥秦巴山地立体化的自然山水、多样化的地理空间、多层次的景观资源、季节性的气候变化，充分依托青山绿水、清新空气、凉爽气候、地域风情等资源特色，紧密结合运动、健康、养生、养老的现代旅游需求趋势，建设多层次、多元化、全天候、四季全时的山地度假旅游产品体系，将秦巴山区打造成为以避暑、滑雪、康养、运动为特色的山地生态休闲度假四季全时综合旅游目的地。建设国外知名、国内一流的中国全域山地休闲度假旅游示范基地。实施冬季冰雪、夏季避暑"双轮驱动"，设计策划夜间旅游项目，规划开发"一年四季 + 白天 + 夜晚"引爆项目体系，打造秦巴山地四季全时度假综合旅游目的地产品体系。总体规划，分步实施，在保护前提下，重点建设好四个重大旅游脱贫转型项目体系和16个旅游脱贫转型重点项目（表6-2）。

表6-2　旅游产业脱贫逐项重点项目

重大脱贫转型项目	重点脱贫转型项目
山地生态产业项目	光雾山生态休闲度假区
	米仓山生态康养度假区
	大巴山生态休闲度假旅游区
	嘉陵江休闲旅游产业带
	秦巴大草原国家旅游度假区

续表

重大脱贫转型项目	重点脱贫转型项目
文旅融合产业项目	小平故里国际精品旅游区
	三国文化国际精品游线
	剑昭古道国际精品旅游区
	川陕苏区首府红色文化旅游区
	凌云山风水文化旅游区
农旅融合产业项目	中国巴人故里生态休闲度假区
	渠江国际乡村旅游度假带
	升钟湖国际康养度假区
康养度假产业项目	华蓥山国际山地运动旅游区
	五峰山—百岛湖森林温泉度假区
	阆中古城国家级旅游度假区

二、山地生态产业项目脱贫转型

（一）嘉陵江休闲旅游产业带

依托嘉陵江渠化工程和南充港口群建设，统筹沿江城镇、旅游通道及产业发展要素，提升阆中古城、嘉陵第一桑梓、嘉陵江第一曲流等景区，构建功能齐全、交通便捷的水上旅游服务体系。将水上旅游带建设与城乡统筹发展、改善当地民生、培育沿江生态、传承地域文化、产业转型升级等结合起来，实施嘉陵江水上旅游线路开发，打造国际知名的嘉陵江水上休闲旅游产业带，争创江河型景区旅游产业脱贫转型示范区。

重点建设：阆中古城、龙门古镇、西山景区、凌云山景区、青青青林景区、张澜故里景区、九龙湖生态旅游度假区、中国有机食品循环第一村、青龙湖生态旅游区、百福山森林公园、第一曲流景区、嘉陵第一桑梓、升钟湖景区、千年绸都第一坊、西充乡村旅游区、太蓬山景区、金城山景区、桂博园、五面山。

（二）光雾山生态休闲度假区

包括光雾山和诺水河国家级风景名胜区、米仓山国家森林公园等。以丰富的原生态山地景观资源为依托，针对以西安、兰州为主的北方旅游市场，以重庆、成都为主的西部地区市场，构建中国秦巴山地原生态度假旅游目的地，打造国家4A级旅游景区，建成自然生态观光和山地生态度假旅游脱贫转型示范区。

重点建设：光雾山国家级风景名胜区、米仓山国家森林公园、诺水河国家级风景名胜区、空山国家森林公园，以及光雾山—诺水河快捷通道体系建设。

（三）米仓山生态康养度假区

整合米仓山南麓特色旅游乡镇和特色旅游村，包括平昌县江口镇至白衣镇之间沿河两岸区域，以国家水利风景区为依托，结合秦巴山地原生态环境、宜人气候条件和地域民俗文化资源，打造米仓山原生态乡村休闲度假旅游目的地，建设国家 4A 级旅游景区，打造秦巴山区乡村旅游脱贫转型示范区。

重点建设：通江县诺水河镇、南江县南江镇及关坝乡，以及平昌县白衣镇"四川省乡村旅游示范乡（镇）"、江口水乡乡村休闲度假区；乡村旅游"321"工程[①]；通江空山特色农业旅游区"全国农业旅游示范片点"。

（四）大巴山生态休闲度假旅游区

以八台山—龙潭河省级风景名胜区、花萼山省级自然保护区和万源保卫战战史陈列馆景区及玄祖殿—鱼泉山景区为支撑，整合万源市其他资源，结合独特的大巴山地质地貌条件和南北气候分界独特气候环境，主要针对兰州、西安为主的北方市场，打造"大巴山第一漂"为特色的大巴山自然山地原生态休闲度假区，创建国家 4A 级旅游景区，建设自然生态旅游脱贫转型示范区。

重点建设：八台山—龙潭河景区、万源保卫战战史陈列馆、花萼山保护区、烟霞山—黑宝山旅游、玄祖殿—鱼泉山景区、大竹河景区。

（五）秦巴大草原国家旅游度假区

曾家山、秦巴大草甸、古城山、七里峡、唐家河、天曌山等森林公园和风景名胜区，构建以原生态山地运动休闲和原生态度假为特色的米仓山国家 4A 级旅游景区。主要针对西安和兰州为主的北方市场。构建自然生态旅游脱贫转型示范区。

重点建设：曾家山景区、秦巴大草甸、明月峡景区二期工程、曾家山乡村旅游带、鼓城山—七里峡景区、天曌山森林公园、红军城—木门寺景区、苍王峡景区等。

三、文旅融合产业项目脱贫转型

（一）小平故里国际精品旅游区

整合牌坊新村、金狮新村、绿色长廊、协兴古镇、佛手山、农业科技园、翰林院

---

① 包括 3 个乡村旅游示范片区、20 家三星级以上农家乐、10 家四星级乡村酒店。

子等周边资源，开发小平主题旅游产品，努力把小平故里旅游区建成集教育瞻仰、观光览胜、文化体验、休闲度假于一体的全国著名红色旅游经典景区和全世界最集中的小平主题旅游区。

重点打造小平故里核心区、协兴古镇、广安红色文化影视城。配套建设：西溪河峡谷、神龙山、葫芦岛、德森度假村、海洋之星、特色商品一条街、协兴古镇、萃屏公园、浓洄古街区、滴水溪、白云湖、青龙湖、广安国际度假俱乐部、东部生态园、东门广场。

（二）三国文化国际精品游线

充分整合、提升三国旅游沿线景区景点，打造世界级三国旅游线路旅游目的地，努力成功申报世界线路文化遗产。通过三国旅游产业发展带的建设，带动沿线乡镇、村寨的富民增收和经济发展。

重点建设和提升：广元城区、皇泽寺、觉苑寺、古柏蜀道（翠云廊、石洞沟、拦马墙、柳沟）、剑州古城（普安镇）、剑门关、昭化古城、明月峡栈道、剑门关镇、七里坡、高庙铺、架槛沟村、松林桥、寡妇桥、孟江村、大朝乡、云台山、牛头山、凉亭子、昭化古城、川北民俗文化园、广元旅游港、三国影视城。

（三）剑昭古道国际精品旅游区

充分整合、提升剑门关景区、昭化古城和剑昭古道，依托、串联38千米古驿道上的三国旅游景区、景点，整合区内全国重点文物保护单位、国家级风景名胜区和国家森林公园，构建三国旅游国际精品旅游区。

重点建设和提升：昭化古城、剑门关古镇、关楼军事文化区、剑门三国豆腐村、剑门蜀道博物馆、大朝驿站景区、孟江古村落、温泉度假村、三国主题酒店、三国主题文化园、大型自驾车营地、昭化体育公园、水上三国城、商务度假区、游览配套设施等项目。

（四）川陕苏区首府红色文化旅游区

包括红四方面军总指挥部旧址纪念馆、川陕革命根据地红军烈士陵园、红军石刻标语群、空山国家森林公园、诺水河景区等，以丰厚的红军文化为依托，充分整合特殊的地质景观和规模宏大的溶洞资源，将该旅游区打造成以红色文化旅游为主线、以溶洞群观光地质科考和原生态自然观光为辅的中国川陕苏区红色旅游目的地，建设国家级旅游度假区，打造秦巴山区红色旅游脱贫转型示范区。

重点建设：空山国家森林公园、千佛崖石窟、川陕革命根据地红军烈士陵园景区、毛浴红色古镇、红四方面军空山战役遗址区、"赤化全川"红军石刻、红四方面军总指挥部旧址纪念馆、刘伯坚烈士纪念园等。

（五）凌云山风水文化旅游区

以凌云山景区"四相五行"风水文化和道佛儒三教合一宗教文化为突破口，加大对凌云山景区文化内涵的挖掘以及养生度假功能的完善和提升。结合白山沟综合开发项目规划，打造与凌云山主景区配套的养身休闲度假旅游产品，创建成为国家级旅游度假区。

重点建设：图山儒教文化游览区、中尼生态友谊园（尼泊尔文化观光体验区）、中柬生态友谊园（柬埔寨文化观光体验区）、世界生态文明博览区（世界生态安全博览馆、世界生态宣言碑林、各国主题馆）、乡村生态体验区（民居风貌改造、山地农家乐）；老子骑青牛铜像、玄武湖、小西湖、图山湖度假村；白山湖禅茶游憩体验区（清心堂、禅茶园、游憩小品）、国际农业休闲博览中心、现代农业花卉产业园区、五星级酒店、农业科技培训中心、水上运动公园、花镇、果镇、林镇、草镇。

四、农旅融合产业项目脱贫转型

（一）中国巴人故里生态休闲度假区

以巴人故里文化为特色吸引物，结合优美原生态环境和宜人气候条件，加大以交通为主的旅游基础设施建设，以江口湖、罗家坝、百里峡、宣汉县城、杨家河为核心，整合峨城山、观音山、香炉山、马渡石林旅游景区，建设针对重庆、西安、武汉、成都等大都市的巴人故里原生态度假旅游目的地，打造国家4A级旅游景区。

重点建设：百里峡景区、巴山红军公园、江口湖景区、宣汉巴人文化名城、白岩滩水库、笔架山景区、峨城竹海公园、天然气科普公园、黑龙峡旅游景区、普光巴人风情小镇、杉树沟温泉度假区、巴山红军公园、杨家河景区、罗家坝巴人街及巴人文化遗址、观音山景区。

（二）渠江国际乡村旅游度假带

依托渠江风光和两岸原生态资源和环境条件，打造渠江休闲度假旅游带。

以观塘现代农业园区内的煤坪、河星、八里、望坝、双碑、白鹤、仙鹤、团坝、朝寨、望八等村社为统筹城乡改革发展试验区核心，建设无公害绿色蔬菜区、生态农家乐区、特色渔家乐区。

实施渠江两岸绿化工程，以护安镇渠江、虎啸、护坝、石泉、岩口、团柏等村为中心，开发水上乐园及游乐场、现代竞技、商务等旅游项目，建成现代娱乐休闲区。

沿江两岸适当区域，分别建设五星级乡村酒店群和渠江国际假日酒店综合体。

（三）升钟湖国际康养度假区

在国家 4A 级旅游景区基础上，总体规划分步实施，加大投资和开发力度，打造以重大垂钓赛事为特色、休闲度假为支撑的多元化湖泊休闲度假产品，进一步完善旅游配套设施，改善旅游交通环境条件，继续做大做强以水上运动和垂钓为主题的国际赛事，扩大影响、提升形象。打造中国水上训练基地、水上欢乐谷、水上森林公园和世界"钓鱼城"，打造全国知名的湖泊休闲度假旅游基地，力争成功创建国家级旅游度假区。争创湖泊型度假区旅游产业脱贫示范区。

重点建设：升钟湖景区、红岩子湖—禹迹山景区、八尔滩景区、长坪红军战斗遗址、火峰山公园红军战斗遗址、苏维埃德丰县战斗遗址、养心堂长寿乐园、火峰公园、袁家寨景区、乡村旅游示范乡（镇、村）。

五、康养度假产业项目脱贫转型

（一）阆中古城国家级旅游度假区

深入挖掘古城风水文化，重建古城墙遗址、文庙、武庙，构建精品院落和古城景区隔离带，打造特色文化街区，大力发展古城休闲业态，提升文化体验和度假功能，充实、提升旅游活动项目，完善古城六大产业要素，延伸旅游产业链条，引导当地民居开展特色民居，配套餐饮、娱乐、休闲、购物等相关设施，提升旅游服务环境，塑造"中国风水古城"旅游形象，构建古城镇休闲度假为特色的国家级旅游度假区，打造阆中古城国家级旅游度假区，整合资源成功申报世界文化遗产。争创古镇型旅游产业脱贫转型示范区。

重点建设和提升：阆中古城提升、中国醋海、构溪河湿地公园、阆中"熊猫乐园"、滨江美食文化娱乐区、金银岛度假休闲区、南津关风情古寨、阆中乡村旅游示范园、中国春节文化主题公园、阆中古城红军旧址群、嘉陵江水上娱乐项目、老观古镇暨老君山、滕王阁城市公园等。

（二）华蓥山国际山地运动旅游区

打造华蓥山国际山地运动与乡村休闲度假区。借助华蓥山石林二期工程，建设山地游步道系统和大型户外拓展运动基地；依托华蓥山天池，开发月亮岛高档娱乐度假区，打造农家乐主题高端滨水空间和川东影视基地；建设华蓥山乡村运动走廊。打造国家级旅游度假区。

依托华蓥山宝鼎，打造成为川东佛教养生胜地。整合华蓥山玛琉岩、黄花梨度假村、华蓥山工业、乡村旅游等资源，配套建设华蓥山国际乡村旅游休闲区。

（三）五峰山—百岛湖森林温泉度假区

高起点、高要求、高规格规划，高水平建设，创新管理体制机制，整合五峰山景区和百岛湖景区，联合打造大巴山地森林—温泉度假综合旅游度假区综合体，形成"夏季山中避暑，冬季水中泡泉"的特色生态休闲旅游模式，构建针对川陕渝市场、独具大巴山地特色的原生态综合性国家级旅游度假区。

重点建设：五峰山景区、百岛湖温泉度假区、清河古镇、云雾山旅游景区和渠县赉人谷风景区。

第四章　旅游脱贫转型空间体系规划

我国中西部广大山地乡村地区涉及多个省（自治区、直辖市），面积广大。不同地区乡村空间，地质地理条件迥异，山形地貌条件有别，经济社会环境不同，历史文化背景存在差异，很难通过某一章节对全国所有乡村地区旅游空间体系进行系统规划。为了更好地阐述旅游脱贫转型空间布局、结构特征及发展规律，尽可能从多元化、多层次的立体山地空间区域去加以把握，这里以自然条件最复杂、地形地貌最多样、涉及省份最多、脱贫县和乡村人口最多、内部差距最明显的全国原有14个集中连片特困地区的典型代表——秦巴山区为案例，对区域旅游脱贫转型空间体系规划进行探讨，具体内容包括旅游脱贫转型空间结构、北部中高山脱贫转型区、东部峡谷低山脱贫转型区、中部低山丘陵脱贫转型区、西部高山峡谷脱贫转型区。

第一节　旅游脱贫转型空间结构布局

一、旅游空间结构布局规划

旅游空间结构属于区域旅游空间的概念。区域旅游空间结构涉及内容复杂、旅游供给的五大空间影响要素：吸引物、交通、住宿、支持设施和基础设施。不同学科体系对空间结构存在不同的研究视角。在旅游地理学中，旅游系统空间结构是旅游系统的空间表达，是指人类旅游活动中目的地、客源地和交通线路系统之间的地区差异和由此产生的空间相互作用，是旅游系统功能组织方式在空间上的投影或具体表现。

随着人类生活水平的不断提高和生活环境的不断改善，游憩—休闲文化的形成与发展为人类自身的休闲旅游环境创造了条件，旅游活动则是人类游憩—休闲文化的主要表现形式之一。现代区域理论对于空间系统的研究，从大量的区域研究中提炼出五个基本空间要素：空间位置、距离、方向、扩展（空间广度）和继承性（动态尺度）。通过旅游空间结构的研究，可以科学、客观地把握贫困山区贫困—旅游—脱贫之间的时空规律性，从而为所在地区旅游脱贫转型奠定了重要基础。

尊重秦巴山片区旅游资源分布规律（图7-1），整合秦巴山片区资源、环境、生态、经济、社会、人文等要素，形成对接东西、连接南北、助推秦巴山区脱贫转型国家战略的中国秦巴山片区"3846554"旅游空间结构（图7-2）[1]，即3板块、8城、4带、6圈、5地、5廊、4道（图7-3~图7-7）。

（一）三板块：一核两翼

具体包括：①中部发展板块：川陕旅游板块。亦即秦巴山片区的核心区域，包括大巴山、大秦岭及其间的汉江流域，具体涉及川东北地区广元、巴中、达州市，以及陕南地区的汉中、安康、商洛市、宝鸡太白县、西安周至县等。②东翼发展板块：渝鄂豫旅游板块。亦即秦巴山片区向东延伸的区域，具体包括渝东北、鄂西地区及豫西南山区等。③西翼发展区：陇南—青川—绵阳旅游板块。亦即嘉陵江以西区域，系秦巴山片区向西延伸的部分，具体包括陇南市、广元青川县和绵阳市平武县和北川县等。

（二）八城：八大区域旅游支撑城市

具体包括：①三大区域旅游中心城市：汉中、巴中、十堰。②五大区域重点旅游城市：广元、安康、商洛、陇南、达州。

（三）四带：四大区域旅游产业带

具体包括：①汉江生态旅游带；②大巴山南麓山地乡村旅游带；③嘉陵江旅游带；④长江上游旅游带。

（四）六圈：六大生态旅游圈

具体包括：①大秦岭山地生态休闲度假旅游圈；②大巴山文化生态休闲度假旅游圈；③长江（上游）山水文化旅游圈；④陇南高原山地生态旅游圈；⑤鄂西原生态度假旅游圈；⑥豫西文化生态休闲旅游圈。

（五）五地：5大跨区域特色旅游目的地

分别是大秦岭国际生态旅游目的地体系、米仓山国际生态旅游目的地体系、武当国际生态人文旅游目的地体系、伏牛山国际生态旅游目的地体系和大巴山国际生态旅游目的地体系。

---

① 覃建雄，秦巴山片区（川陕渝鄂豫甘交界）旅游发展规划，2016；秦巴山区（四川）旅游精准脱贫规划及行动计划，2017

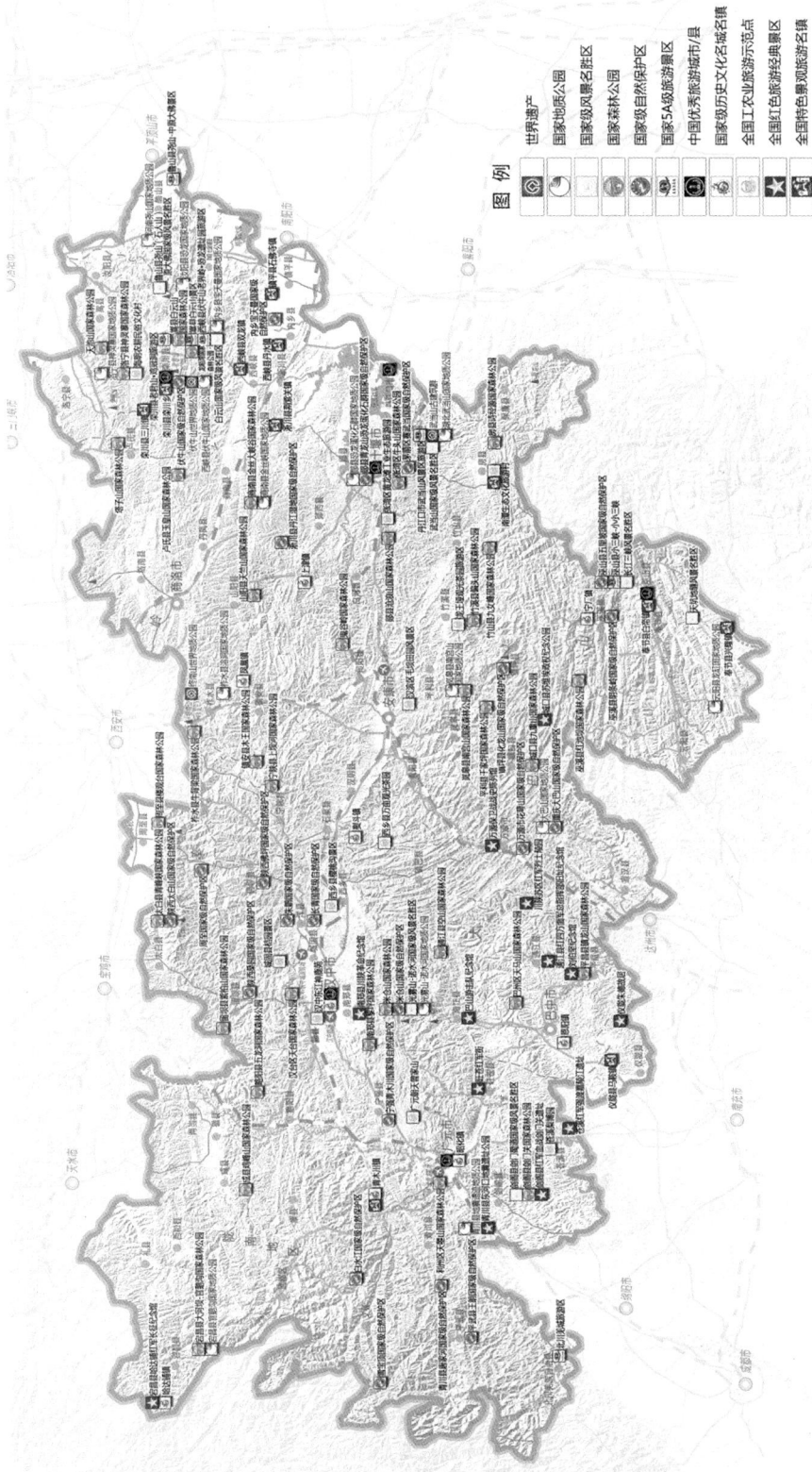

图 7-1　秦巴山区旅游空间结构

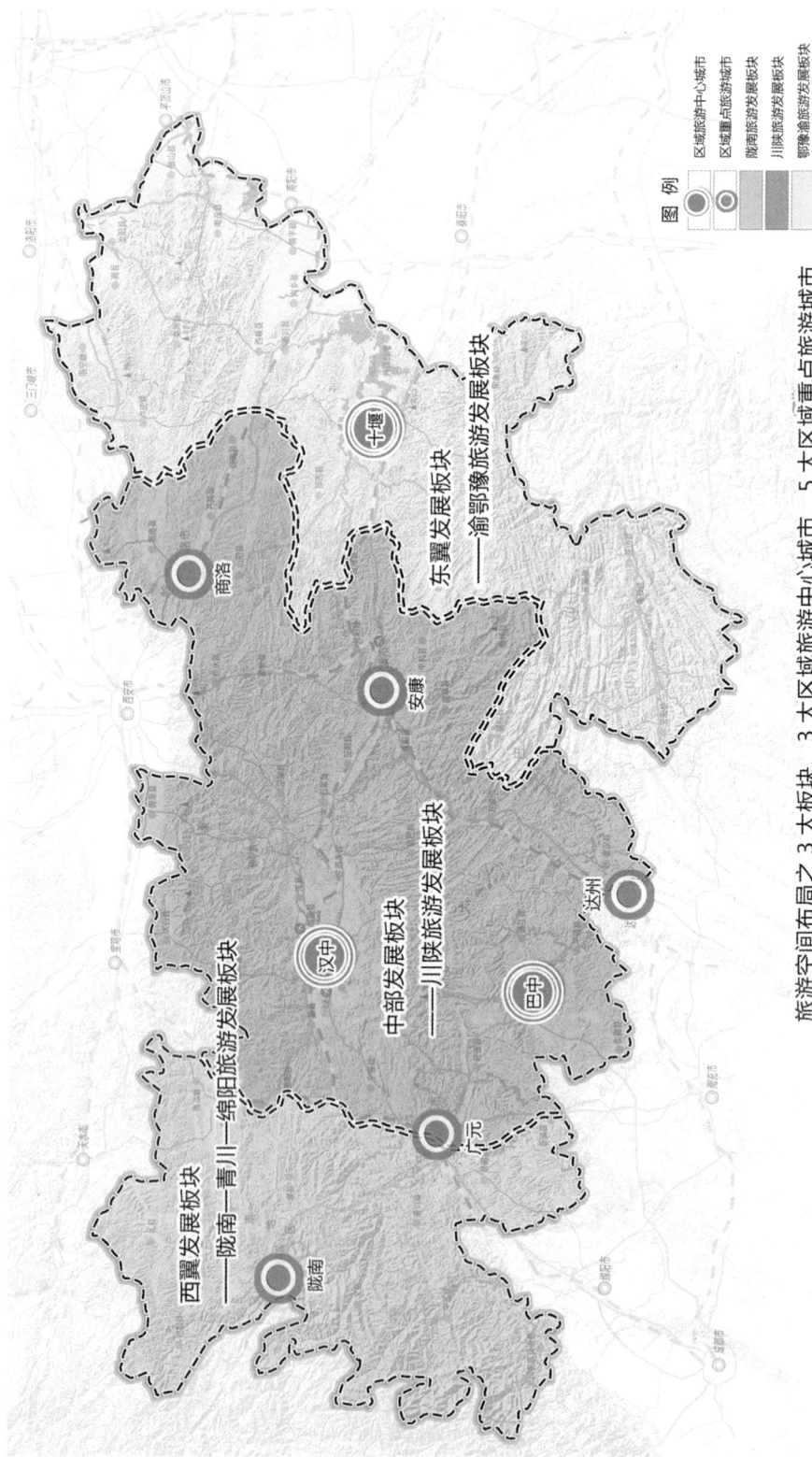

旅游空间布局之 3 大板块、3 大区域旅游中心城市、5 大区域重点旅游城市

图 7-2 秦巴山区旅游空间结构

西翼发展板块
——陇南—青川—绵阳旅游发展板块

中部发展板块
——川陕旅游发展板块

东翼发展板块
——渝鄂豫旅游发展板块

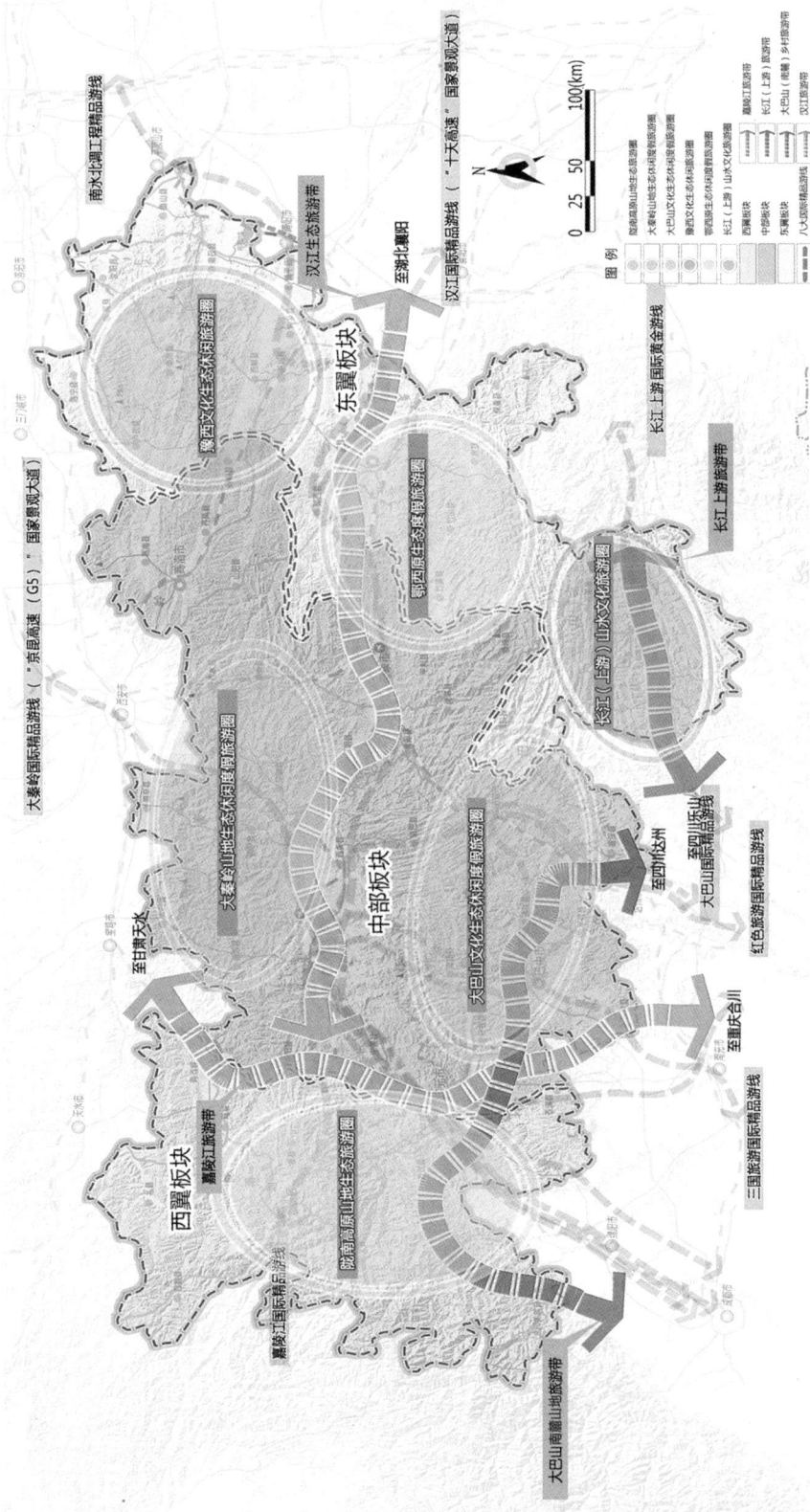

图7-3　秦巴山区旅游产业空间结构

规划形成对接东西，连接南北，助推秦巴山片区扶贫攻坚国家战略的中国秦巴山片区"3+4+6+8"旅游空间结构，即3大板块、4条旅游带、6大旅游圈、8条国际精品游线。

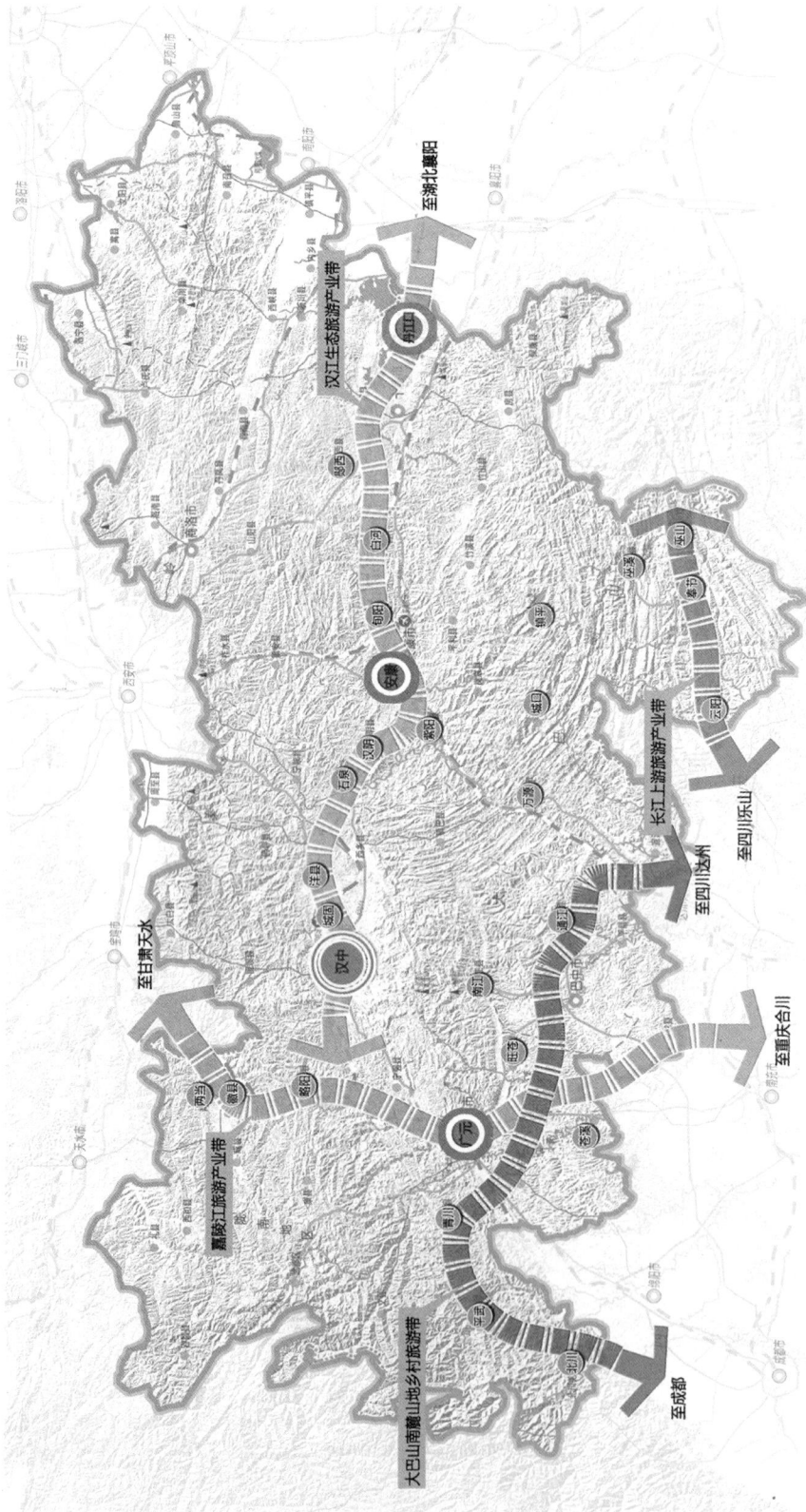

图 7-4 秦巴山区 4 大跨区域旅游产业带

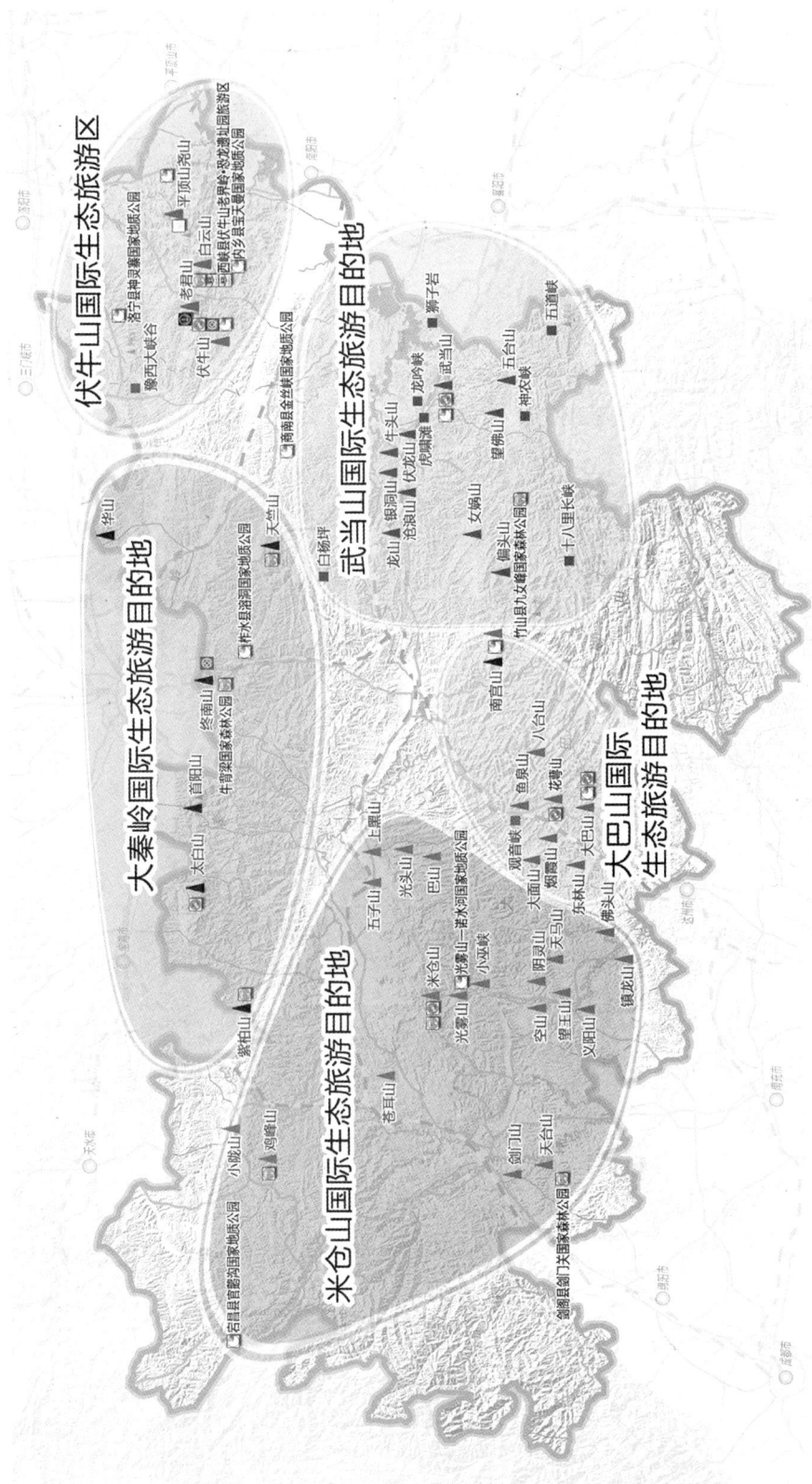

图 7-5　秦巴山区 5 大特色区域旅游目的地体系

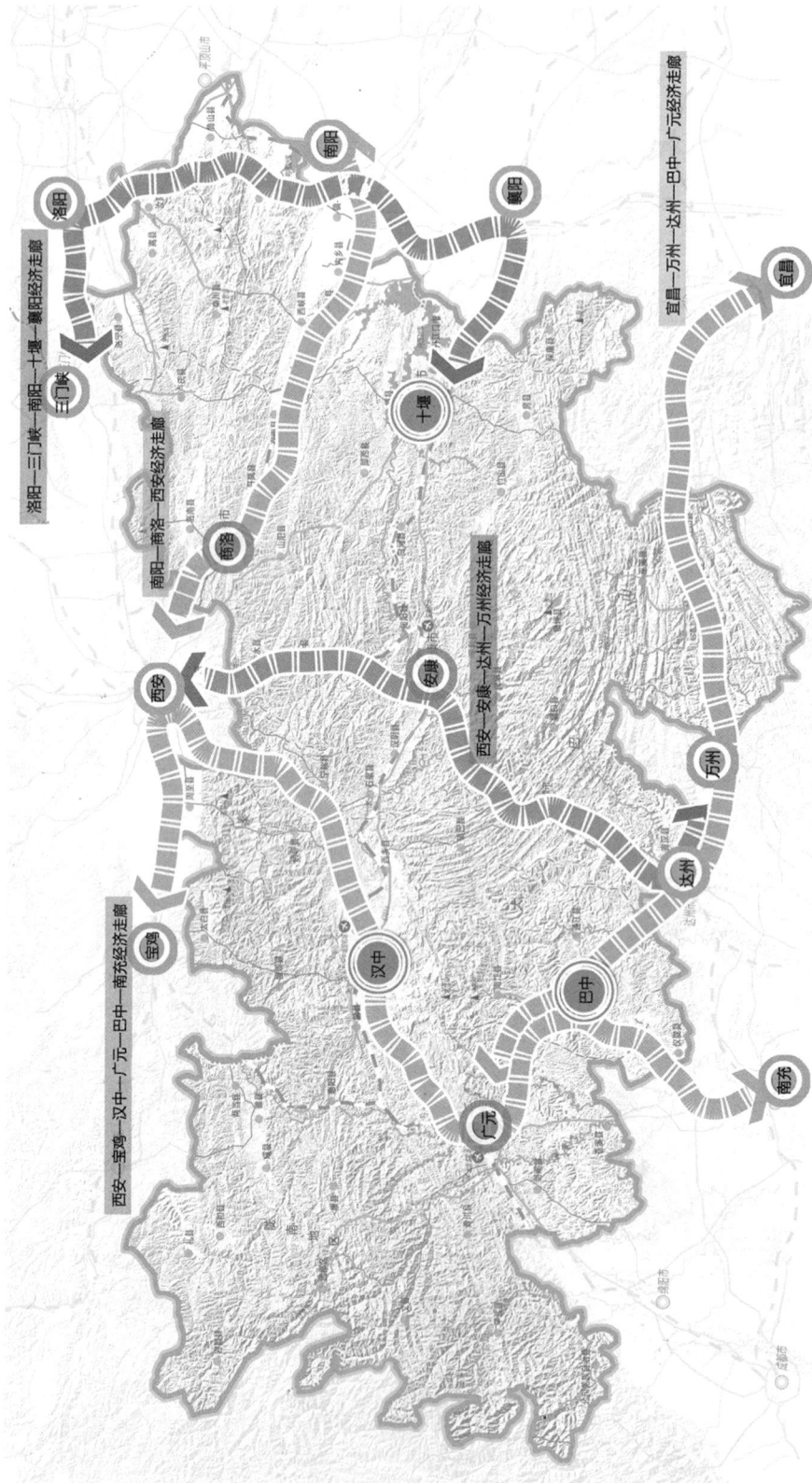

图 7-6 秦巴山区 5 大跨区域旅游经济走廊

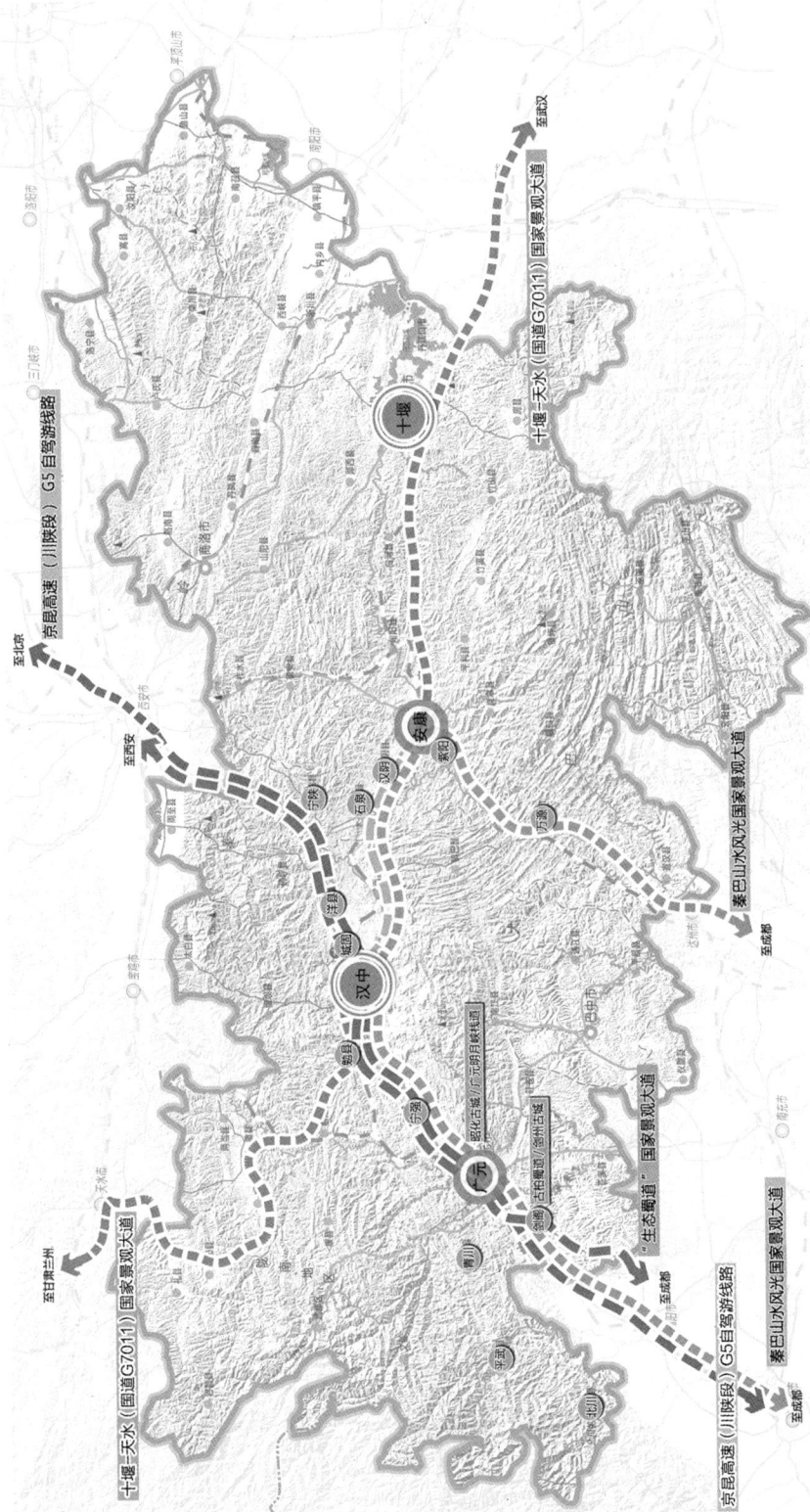

图 7-7 秦巴山区 4 条国家景观大道

具体包括 8 大特色目的地：①打造五大山地生态国际旅游目的地；②培育四大乡村特色旅游目的地；③整合提升三大红色旅游目的地；④重点建设五类避暑度假旅游目的地；⑤建设五大森林生态旅游目的地；⑥重点培育四大湖泊（湿地）旅游目的地；⑦提升四大温泉特色旅游目的地；⑧规划建设八大自驾旅游目的地。

（六）五廊：5 大跨区域旅游经济走廊

具体包括：①西安—宝鸡—汉中—广元—巴中—南充经济走廊；②西安—安康—达州—万州经济走廊；③南阳—商洛—西安经济走廊；④洛阳—三门峡—南阳—十堰—襄阳经济走廊；⑤宜昌—万州—达州—巴中—广元经济走廊。

（七）四道：4 大国家景观大道

具体包括：①十堰—天水（国道 G7011）国家景观大道；②京昆高速（川陕段）G5 自驾游线路；③秦巴山水风光国家景观大道；④"生态蜀道"国家景观大道。

二、旅游脱贫转型空间形态规划

旅游脱贫转型空间形态取决于所在区域的地质地理背景和地形地貌，不同地质背景的乡村地区形成各自不同的独特的山形地貌结构。不同的山形地貌背景和地理结构呈现不同的资源环境要素空间分布规律，形成不同的城乡结构特征和旅游资源空间结构，通过旅游脱贫空间形态的综合分析，可以依托差异化的资源空间分布条件，提出针对性的旅游脱贫转型路径和模式。

秦巴山区四川部分具有从盆地—平原—丘陵—丘陵低山—中低山—中高山—高山—极高山的连续变化的立体地形地貌形态特征，这里以四川全域及秦巴山区为例，讨论区域旅游脱贫转型的空间形态特征。

（一）四川旅游脱贫转型空间形态

统筹考虑交通网络、资源禀赋、旅游基础等多方面的因素，结合全省旅游产业布局规划，构建"一心四区、四环两带、多核"的全省旅游脱贫转型战略布局[①]。

一心：旅游脱贫转型辐射中心。将成都市作为全省旅游脱贫转型的辐射带动中心和集散中心，打造一系列旅游精品线路和自驾车旅游廊道，强化四大旅游脱贫转型重点片区与成都旅游的联系。

四大旅游脱贫区：青藏高原地区、秦巴山区、大小凉山彝区、乌蒙山区。

四大旅游环线：大九寨精品旅游环线、大香格里拉精品旅游环线、大巴山生态旅

---

① 据上海东为景观设计有限公司，四川省"十三五"旅游脱贫专项规划，2016。

游环线、川南田园风光旅游带。

两条精品旅游带：攀西阳光旅游精品带、G318/ G317 中国川藏最美景观带。

多核：黄荆老林旅游景区、北川羌城旅游区、九寨沟风景名胜区、白马王朗国家级风景区、剑门关景区、阆中古城旅游区、兴文石海洞乡旅游区、蜀南竹海风景名胜区、小平故里旅游区、巴山大峡谷景区、八台山景区、光雾山—诺水河景区、桃坪羌寨—甘堡藏寨旅游景区、黄龙风景名胜区、九寨沟风景名胜区、四姑娘山风景区、海螺沟冰川森林公园、稻城亚丁风景区、邛海国家旅游度假区、螺髻山旅游景区、泸沽湖旅游景区、大风顶自然保护区、马湖风景名胜区。

（二）四川秦巴山区旅游脱贫转型空间形态

秦巴山区覆盖广元、南充、广安、达州、巴中、遂宁、绵阳 7 个地级市，涉及 779 个建档立卡脱贫村（2020 年年末前）。核心范围包括广元市、广安市、达州市、巴中市 4 个地级市，南充市的仪陇县、阆中市、南部县、嘉陵区、营山县、蓬安县、高坪区 7 个县（市、区），以及绵阳市的北川县、平武县 2 个县，主要带动区域内适合旅游脱贫的 677 个脱贫村。拓展范围：覆盖遂宁全市，南充市的顺庆区、西充县，以及绵阳市的安州区、三台县、梓潼县、盐亭县、江油市，主要带动区域内适合旅游脱贫的 102 个脱贫村。

秦巴山区脱贫转型和旅游发展主要具有以下五个特点：一是脱贫村密集分布，脱贫人口多，曾经的贫困程度较深；二是旅游资源富集、类型多样，旅游脱贫转型潜力巨大；三是区域旅游开发统筹整合不够，旅游龙头品牌不突出；四是乡村环境和农业基础条件好，乡村旅游脱贫转型潜力大；五是毗邻成都、重庆、西安三大客源地，旅游脱贫转型市场条件好。在秦巴山区旅游空间结构框架基础上，结合区域地质、地理、地貌、地形、生态等自然分布规律，将秦巴山区划分为四大旅游脱贫转型空间区域与协作区域，分别是：北部中高山脱贫转型区、东部峡谷低山脱贫转型区、西部高山峡谷脱贫转型区、中部低山丘陵脱贫转型区。

北部中高山脱贫转型区地处四川盆地北坡的北部中高山区，该区属于秦巴山区核心区域，地处嘉陵江以东，中部低山丘陵区以北，渠江以东的秦巴山区腹地。该区总体东部峡谷低山脱贫转型区位于秦巴山区东南部，东与中部低山丘陵平坝区接壤，北部为中高山区的东部，东边为川渝界，系四川盆地东坡附近区位。境内嘉陵江、渠江曲折回环汇入长江，华蓥山、铜锣山、明月山平行分布，三山之间大洪河、御临河由北而南贯穿谷底。地貌包括低山深丘地貌、中丘中谷地貌、平行岭谷低中山地貌三种类型，因而呈现独特的生态农业空间形态。

中部低山丘陵脱贫转型区位于秦巴山区的南部边缘，主体位于四川盆地东北部浅丘、平坝、低山区。该区北与北部中高山区过渡，东为东部平行峡谷低山区，西南为遂宁市与南充市界。该区地处嘉陵江中游及其以东区域，地势从北向南逐渐变低。地貌类型以丘陵为主，中丘中谷、低丘平坝类型各占1/2。该区北部为低山区，南部为丘陵区，地貌由高丘逐渐变为低丘或低丘平坝。

西部高山峡谷脱贫转型区地处青藏高原向四川盆地过渡的东缘地带，位于四川盆地西坡，龙门山造山带东北部的高山峡谷地区。具有典型的山地地貌景观，山地主要由近南北走向的岷山山脉、近东西走向的摩天岭山脉和近北东至南西走向的龙门山脉组成。地势西北高、东南低，西北部为极高山、高山，向东南渐次过度为中山、低中山和低山。

第二节　北部中高山脱贫转型区

一、中高山区脱贫转型背景

该区属于秦巴山区核心区域，范围涉及广元市的旺苍县、苍溪县、利州区、昭化区、朝天区，巴中市的南江县、通江县、巴州区、恩阳区、平昌县，以及达州市的万源市。地处嘉陵江以东，中部低山丘陵区以北，渠江以东的秦巴山区腹地。曾经属于秦巴山区贫困覆盖率最高、贫困程度最深、脱贫成本和难度最大的脱贫地区。

该区总体地处四川盆地北坡的北部中高山区。山区石灰岩、白云岩、砂岩分布广泛。喀斯特地形地貌发育，有许多大型的溶蚀洼地、溶洞、漏斗、岩溶泉等。由于构造褶皱紧密，断层发育，加之谷坡陡峻，崩塌、滑坡、滑塌等重力沉积现象较为突出。河流切割强烈，多峡谷，山谷高差达 800~1200 米，山体整体容貌凌乱，地面崎岖，交通不便。受地质地貌背景的影响，基础配套设施滞后。

正因为该区处于秦巴山区核心腹地，原生态自然景观、人文景观资源丰富，各级自然保护区、森林公园、风景名胜区、地质公园等聚集。处于中国南方中亚热带气候和北方北亚热带气候的分界线，年平均气温为 14~17℃，是发展山地生态旅游产业的理想场所。

二、中高山区旅游脱贫转型规划

（一）南江县

重点发展光雾山国家级风景名胜区，重点建设大巴山南麓乡村旅游产业带。依托南江县位于秦巴山南麓有利区位、良好的生态环境、宜人气候环境条件，结合新农村建设，打造秦巴山区连片特困核心旅游产业脱贫转型带。

　　重点发展中国山地生态度假旅游示范区，包括大巴山褶皱山系地质背景、空山国家森林公园、诺水河景区、南天门国家级度假区等，充分整合特殊的地质景观、溶洞资源、冰川遗迹资源和末次冰期生物景观，结合秦巴山区自然山水和气候资源，打造以体育休闲、山地健身、运动度假等为特色产品体系，打造中国山地生态度假旅游示范区（表7-1）。

表7-1　南江县旅游脱贫转型重点村发展定位及主要旅游项目

序号	乡（镇）	脱贫村	发展类型	发展主题/定位	发展目标	主导旅游项目	配套旅游项目
1	光雾山镇	DR 村	景区带动型	景区依托	示范区示范村	山地度假旅游、风貌观光	花椒加工包装
2	光雾山镇	DR 村	景区带动型	景区依托	示范村	山地度假旅游、餐饮住宿接待	花椒加工包装
3	正直镇	WN 村	景区带动型	景区依托	示范村	民俗文化旅游开发	文化旅游项目开发
4	正直镇	DL 村	景区带动型	景区依托	示范村	山地度假旅游、风貌观光	旅游商品开发包装
5	关坝镇	CK 村	景区带动型	景区依托		林下养殖基地、银杏主题餐厅	旅游商品开发包装
6	关坝镇	TRH 村	景区带动型	景区依托	示范村	山地度假旅游、森林探险、森林餐厅	旅游商品开发包装
7	寨坡乡	RN 村	景区带动型	景区依托	示范村	山地度假旅游	旅游商品开发包装
8	寨坡乡	CR 村	景区带动型	景区依托		山地度假旅游、农家乐	旅游商品开发包装
9	长赤镇	XD 村	景区带动型	景区依托	示范村	休闲农庄、特色农业伴手礼生产	旅游商品开发包装
10	赶场镇	SF 村	景区带动型	景区依托	示范村	山地度假旅游、洞穴探险、峡谷观光	旅游商品开发包装
11	赶场镇	OJ 村	景区带动型	景区依托	示范村	休闲农业观光	旅游商品开发包装
12	沙坝乡	GN 村	景区带动型	景区依托		红色文化体验、爱国主义教育基地	旅游商品开发包装
13	东榆镇	BR 村	景区带动型	景区依托	示范村	休闲农业观光体验	旅游商品开发包装
14	东榆镇	WH 村	景区带动型	景区依托		民俗文化体验、农家乐	旅游商品开发包装
15	东榆镇	MK 村	乡村旅游型	乡村旅游		乡村风光建设、休闲农业观光	旅游商品开发包装
16	红光镇	EG 村	景区带动型	景区依托	示范村	民俗文化体验、宗祠庙宇观光	旅游商品开发包装
17	桥亭乡	EN 村	景区带动型	景区依托		生态农业观光、休闲农庄	旅游商品开发包装
18	仁和乡	ZBG 村	乡村旅游型	乡村旅游		生态度假、竹海观光	农家乐建设
19	仁和乡	UGM 村	旅游商品型	农副土特产品		旅游商品开发和加工	旅游商品电子商务
20	仁和乡	CD 村	乡村旅游型	乡村旅游		林下养殖业，生态度假	农家乐建设

序号	乡（镇）	脱贫村	发展类型	发展主题/定位	发展目标	主导旅游项目	配套旅游项目
21	仁和乡	ZB 村	旅游商品型	农副土特产品	示范村	中药材种植基地、旅游商品开发和加工	旅游商品电子商务
22	双流乡	DV 村	旅游商品型	农副土特产品		旅游商品开发和加工	旅游商品电子商务
23	双流乡	ZD 村	旅游商品型	农副土特产品		湖滨度假民宿、亲水休闲项目打造	旅游商品电子商务
24	双流乡	VS 村	旅游商品型	农副土特产品	示范村	中药材种植基地、旅游商品开发和加工	旅游商品电子商务
25	双流乡	BDX 村	旅游商品型	农副土特产品		旅游商品开发和加工	旅游商品电子商务
26	赤溪乡	GF 村	乡村旅游型	乡村旅游		黄羊养殖基地打造	农产品加工包装
27	赤溪乡	JH 村	乡村旅游型	乡村旅游	示范村	农业生态种植开发和加工	农产品加工包装
28	赤溪乡	SB 村	乡村旅游型	乡村旅游		休闲农庄、度假山庄	农产品加工包装
29	南江镇	AC 村	景区带动型	景区依托		红色遗址观光、农家乐	旅游商品开发包装
30	南江镇	NY 村	景区带动型	景区依托		休闲农庄、主题民宿	旅游商品开发包装
31	和平乡	WFV 村	乡村旅游型	乡村旅游	示范村	生态农业示范园、农业伴手礼加工生产	旅游商品开发包装
32	上两乡	MHJ 村	景区带动型	景区共建	示范村	特色山地旅游建设、红色文化体验	农家乐建设
33	汇滩乡	VX 村	景区带动型	景区依托		山地度假旅游、风貌观光	旅游商品开发包装
34	高塔乡	NC 村	乡村旅游型	乡村旅游		生态旅游开发、民俗风情体验	农产品开发包装
35	元潭镇	VE 村	乡村旅游型	乡村旅游	示范村	休闲农业观光体验、农耕体验	农产品开发包装
36	下两镇	SC 村	乡村旅游型	乡村旅游		乡村风光建设、林下养殖业	农产品开发包装
37	下两镇	SY 村	乡村旅游型	乡村旅游	示范村	古镇文化旅游打造、民俗文化旅游	旅游商品开发包装
38	黑潭乡	BD 村	乡村旅游型	乡村旅游		山地风貌观光、生态度假	艺术旅游商品开发包装
39	杨坝镇	XD 村	景区带动型	景区依托	示范村	山地旅游、户外拓展项目	旅游商品开发包装
40	八庙乡	PH 村	旅游商品型	景区共建		林下养殖基地、生态度假	旅游商品开发包装
41	八庙乡	FH 村	旅游商品型	景区共建	示范村	红色历史文化建设	旅游商品开发包装
42	八庙乡	XJP 村	乡村旅游型	乡村旅游		佛教寺庙观光、休闲农庄	旅游商品开发包装
43	贵民乡	DE 村	景区带动型	景区共建	示范村	特色风景区建设	旅游商品开发包装
44	赤溪乡	XH 村	乡村旅游型	乡村旅游		生态农业开发、休闲农庄	农业产品开发包装

注：为了保密，仅以村名拼音头一个字母为代表。下文同

（二）巴州区

重点发展中国山地生态旅游度假城。整合资源、全域发展，把巴州区建成川东北区域旅游中心城市、秦巴山水休闲度假旅游重要支撑中心、川陕地区重要的旅游集散中心，秦巴山水生态休闲度假旅游城市。配套建设阴灵山风景名胜区、南龛摩崖造像、川陕苏区将帅碑林、川陕根据地博物馆、巴中莲花山、水宁寺摩崖造像等景区景点（表7-2）。

表7-2 巴州区旅游脱贫转型重点村发展定位及主要旅游项目

序号	乡（镇）	脱贫村	发展类型	发展主题/定位	发展目标	主导旅游项目	配套旅游项目
1	盘兴物流园	YHY村	乡村旅游型	乡村旅游	示范村	休闲农业观光体验	旅游电商
2	金碑乡	HY村	乡村旅游型	乡村旅游		生态农业观光体验、蚕桑科普园	农产品加工包装
3	三江镇	MYS村	乡村旅游型	乡村旅游	示范村	旅游商品销售、农业观光	体验、亲子旅游
4	大茅坪镇	BY村	乡村旅游型	乡村旅游		休闲度假，星级农家乐	农产品加工开发
5	大茅坪镇	MJ村	乡村旅游型	乡村旅游	示范村	民俗体验、节庆旅游	宗教节庆开发
6	曾口镇	FM村	乡村旅游型	乡村旅游		休闲农业观光体验	农耕观光体验旅游
7	曾口镇	YTG村	乡村旅游型	乡村旅游	示范村	休闲农业观光体验	农耕体验园
8	鼎山镇	BM村	乡村旅游型	乡村旅游		民俗体验	民俗文化体验旅游
9	平梁镇	HJK村	乡村旅游型	乡村旅游	示范村	生态度假	山地探险旅游
10	平梁镇	DGD村	景区带动型	景区依托		休闲观光	农家乐打造
11	平梁镇	DF村	景区带动型	景区依托	示范村	莲花山风景区，莲花寺	农家乐打造
12	清江镇	WLT村	乡村旅游型	乡村旅游		农业生产基地	农耕体验园区
13	清江镇	CGS村	乡村旅游型	乡村旅游		红色遗迹观光	文化教育基地
14	枣林镇	LK村	景区带动型	景区共建	示范村	生态观光、休闲度假	农产品加工、旅游商品开发
15	枣林镇	EGV村	景区带动型	景区依托	示范村	历史文化观光、乡村研学基地	农家乐打造
16	枣林镇	VSF村	景区带动型	景区依托		历史文化观光、乡村研学基地	农家乐打造
17	梓橦庙乡	SCD村	景区带动型	景区共建	示范村	传统民宿、休闲度假	旅游商品根雕、竹艺手工品的开发
18	凌云乡	NFF村	乡村旅游型	乡村旅游	示范村	休闲农业观光	农耕体验园

续表

序号	乡（镇）	脱贫村	发展类型	发展主题/定位	发展目标	主导旅游项目	配套旅游项目
19	凌云乡	GFD 村	景区带动型	景区依托		农业观光体验	中药材（百草园）基地、枇杷园、常规家禽加工包装
20	凌云乡	SET 村	景区带动型	景区共建	示范村	石门寺佛教文化观光	乡村农家乐打造
21	寺岭镇	YG 村	景区带动型	景区共建		影视旅游基地建设	乡村农家乐打造
22	水宁寺镇	EF 村	乡村旅游型	乡村旅游	示范村	无公害农业观光基地	农产品的加工
23	水宁寺镇	NH 村	乡村旅游型	乡村旅游	示范村	宗教旅游观光	乡村农家乐打造
24	化成镇	WFF 村	景区带动型	景区依托		文化与农业产业园／生态旅游示范区	桃李生态产业园
25	化成镇	EG 村	景区带动型	景区依托		星级农家乐，休闲农业观光	农家乐建设
26	化成镇	FFD 村	景区带动型	景区依托	示范村	乡村民俗、休闲娱乐项目打造	农家乐建设
27	平梁乡	FF 村	乡村旅游型	乡村旅游		生态观光，中药材基地	户外运动营地
28	关渡乡	FG 村	乡村旅游型	乡村旅游		生态农业观光	农耕观光体验旅游
29	大和乡	RED 村	乡村旅游型	乡村旅游	示范村	生态度假、农业观光	农特产品加工包装
30	大和乡	NF 村	乡村旅游型	乡村旅游		生态度假	农业观光体验
31	白庙乡	KJ 村	乡村旅游型	乡村旅游		休闲农业观光度假	水果采摘体验园

（三）通江县

重点发展中国秦巴山红色文化旅游区，打造以王坪红色文化旅游区为依托、以中国川陕苏区红色文化旅游为特色的秦巴山特色国家红色文化旅游区，打造秦巴山区红色旅游产业脱贫转型示范区。

重点发展光雾山—诺水河国家级旅游度假区。依托光雾山—诺水河国家级自然遗产，打造中国秦巴山原生态自然山水休闲度假国际旅游胜地，建成秦巴山旅游产业脱贫转型国家级示范区的重要支撑（表7-3）。

表7-3　通江县旅游脱贫转型重点村发展定位及主要旅游项目

序号	乡（镇）	脱贫村	发展类型	发展主题/定位	发展目标	主导旅游项目	配套旅游项目
1	双泉乡	QX 村	乡村旅游型	乡村旅游	示范村	农业观光体验	农家乐打造
2	文峰乡	CY 村	乡村旅游型	乡村旅游		农业观光体验	农家乐打造

续表

序号	乡（镇）	脱贫村	发展类型	发展主题/定位	发展目标	主导旅游项目	配套旅游项目
3	铁佛镇	FH 村	乡村旅游型	乡村旅游	示范村	生态度假、农业观光	农家乐打造
4	铁佛镇	JUI 村	乡村旅游型	乡村旅游		药材基地，生态观光	农产品加工、包装
5	铁佛镇	PM 村	乡村旅游型	乡村旅游		农业观光体验	农耕体验园
6	广纳镇	SHG 村	乡村旅游型	乡村旅游	示范村	养生山庄、休闲垂钓乐园、农家乐	农产品加工包装
7	回林乡	MJ 村	乡村旅游型	乡村旅游		生态观光园区	农特产品加工包装
8	毛浴乡	GX 村	乡村旅游型	乡村旅游		茶园观光、生态度假	农产品加工包装
9	毛浴乡	YH 村	乡村旅游型	乡村旅游	示范村	鲜果采摘、农业观光	农产品加工包装
10	三溪乡	JK 村	乡村旅游型	乡村旅游	示范村	农家乐、种植养殖基地	农产品加工包装
11	麻石镇	LJH 村	乡村旅游型	乡村旅游		生态度假、滨河民居	农产品加工包装
12	云昙乡	MLJ 村	乡村旅游型	乡村旅游	示范村	示范村建设，鲜果采摘	农耕体验园
13	民胜镇	FS 村	乡村旅游型	乡村旅游		农家乐、农业观光体验	观光旅游、农家乐打造
14	诺江镇	RGH 村	乡村旅游型	乡村旅游	示范村	花卉基地、休闲农业观光体验	观光旅游、农家乐打造
15	诺江镇	YIK 村	乡村旅游型	乡村旅游	示范村	果园基地、农业观光	水果采摘体验园
16	草池乡	WYU 村	乡村旅游型	乡村旅游	示范村	水果种植基地、鲜果采摘	农家乐打造
17	泥溪乡	HJK 村	乡村旅游型	乡村旅游		旅游节庆、旅游商品销售	观光旅游、农家乐
18	杨柏乡	SFY 村	乡村旅游型	乡村旅游	示范村	休闲农业观光体验，无公害农业产业园	农耕体验园
19	陈河乡	LJI 村	乡村旅游型	乡村旅游	示范区示范村	红色文化体验、特色旅游商品销售	文化教育基地
20	火炬镇	GJH 村	乡村旅游型	乡村旅游	示范村	生态农业观光、优质粮油基地打造	核桃加工包装
21	沙坪乡	EFG 村	乡村旅游型	乡村旅游		农事体验旅游	农家乐打造
22	胜利乡	DP 村	乡村旅游型	乡村旅游	示范村	生态旅游、水上娱乐项目建设	农家乐打造
23	董溪乡	GFH 村	乡村旅游型	乡村旅游	示范村	生态农业观光、旅游商品加工	农家乐打造
24	董溪乡	CGH 村	乡村旅游型	乡村旅游		乡村风貌打造，农家乐	农家乐打造
25	板凳乡	SRG 村	乡村旅游型	乡村旅游		生态产业园	农家乐打造

续表

序号	乡（镇）	脱贫村	发展类型	发展主题/定位	发展目标	主导旅游项目	配套旅游项目
26	广纳镇	PL 村	乡村旅游型	乡村旅游	示范村	生态农业观光体验、鲜果采摘、农家乐	农家乐打造
27	两河口乡	NHG 村	乡村旅游型	乡村旅游		红色遗迹观光	农家乐打造
28	长坪乡	ERF 村	乡村旅游型	乡村旅游		休闲农业观光体验	农产品加工包装
29	文胜乡	FHN 村	乡村旅游型	乡村旅游	示范村	乡村景观打造，宗教文化体验	景点配套服务设施完善
30	唱歌乡	VHK 村	景区带动型	景区共建	示范村	核桃、中草药基地	旅游节庆、生态旅游
31	至诚镇	HLO 林	乡村旅游型	乡村旅游		生态农业观光、鲜果采摘	农产品加工包装
32	瓦室镇	EFG 村	乡村旅游型	乡村旅游		鹿鸣文化体验、民俗体验、生态观光度假	生核桃加工包装
33	诺水河镇	LJH 村	乡村旅游型	乡村旅游		自驾游营地	农家乐打造
34	诺水河镇	SF 口	景区带动型	景区共建		农家乐、生态度假山庄	中药材加工包装
35	广纳镇	EFG 村	乡村旅游型	乡村旅游	示范村	乡村风貌打造，农家乐，生态农业观光	农产品加工包装
36	九层乡	NJL 村	乡村旅游型	乡村旅游		休闲体验农园	农产品加工包装
37	两河口乡	DGF 村	乡村旅游型	乡村旅游	示范村	乡村风貌打造、特色伴手礼加工基地、红色文化体验	农产品加工包装
38	空山乡	WF 村	乡村旅游型	乡村旅游	示范村	农产品加工、生态休闲度假农庄、核桃种植基地	农产品加工包装
39	板桥口乡	SYZ 村	景区带动型	景区依托		自驾车营地	农产品加工包装
40	板桥口乡	JCF 村	乡村旅游型	乡村旅游	示范村	乡村风貌打造、休闲农业观光体验	农产品加工包装
41	永安镇	LEF 村	乡村旅游型	乡村旅游	示范村	两汉三国历史古迹挖掘和打造、生态度假	蓝莓、花荞加工包装
42	兴隆乡	ZJ 村	乡村旅游型	乡村旅游		花卉苗木核心示范基地	茶叶加工包装
43	沙溪镇	DLS 村	乡村旅游型	乡村旅游	示范村	红色文化体验、爱国主义教育基地建设	农家乐打造
44	春在乡	CJG 村	乡村旅游型	乡村旅游		水上休闲项目开发	农产品加工包装

（四）恩阳区

重点发展中国巴人古镇旅游区。依托恩阳古镇作为中国历史文化名镇、四川省十大古镇之一，结合巴中恩阳机场建设契机，结合其独特的原生态人文、环境、气候等资源，挖掘川北民俗文化、民间文化、红色文化、地方特色小吃资源，打造中国巴人古镇旅游区。

重点建设天马山国家森林公园、莲花山、将帅碑林、南龛景区、乡村旅游示范区、章怀山风景区、化湖风景区、义阳山、文治寨等（表7-4）。

表7-4　恩阳区旅游脱贫转型重点村发展定位及主要旅游项目

序号	乡（镇）	脱贫村	发展类型	发展主题/定位	发展目标	主导旅游项目	配套旅游项目
1	花丛镇	ZLC 村	乡村旅游型	乡村旅游	示范村	休闲度假、旅游商品销售	农产品加工
2	花丛镇	DFH 村	乡村旅游型	乡村旅游		农村风光打造	农耕体验园
3	玉山镇	QD 村	乡村旅游型	乡村旅游	示范村	休闲农业观光、农家垂钓乐园	水域亲水项目
4	玉山镇	DS 村	景区带动型	景区共建		古镇风貌打造	旅游商品开发
5	玉山镇	WF 村	旅游商品型	农副土特产品		农业食品加工	旅游商品开发
6	玉山镇	TD 村	旅游商品型	农副土特产品	示范村	农业观光、农业食品加工	旅游商品开发
7	玉山镇	BD 村	乡村旅游型	乡村旅游		花卉观光、休闲度假	特色民宿文化开发
8	玉山镇	WC 村	旅游商品型	农副土特产品	示范村	休闲农业观光、农业食品加工	旅游商品开发
9	登科街道	PF 村	乡村旅游型	乡村旅游	示范村	休闲农业观光、优质粮油基地打造	农产品加工包装
10	登科街道	HD 村	乡村旅游型	乡村旅游		生态度假	农产品加工包装
11	登科街道	QB 村	乡村旅游型	乡村旅游		休闲农业观光	农产品加工包装
12	登科街道	GD 村	景区带动型	景区依托	示范村	古镇风貌打造	旅游商品开发
13	登科街道	GD 村	乡村旅游型	乡村旅游	示范村	民俗体验、休闲观光	农产品加工包装
14	上八庙镇	WD 村	乡村旅游型	乡村旅游		红色文化体验、休闲度假	农产品加工包装
15	上八庙镇	XWE 村	乡村旅游型	乡村旅游	示范村	中药材种植示范基地	农产品加工包装
16	上八庙镇	AC 村	旅游商品型	农副土特产品		水果采摘、果类旅游商品加工	旅游商品开发
17	上八庙镇	UH 村	旅游商品型	农副土特产品		竹类旅游商品加工	旅游商品开发

续表

序号	乡（镇）	脱贫村	发展类型	发展主题/定位	发展目标	主导旅游项目	配套旅游项目
18	上八庙镇	DEF 村	乡村旅游型	乡村旅游	示范村	湖景民俗、湖滨度假山庄、亲水休闲平台	农产品加工包装
9	观音井镇	BE 村	乡村旅游型	乡村旅游	示范村	休闲农业观光、旅游商品销售	农产品加工包装
20	舞凤乡	RD 村	乡村旅游型	乡村旅游		休闲农业观光	农产品加工包装
21	万安乡	TBCV 村	乡村旅游型	乡村旅游		生态度假、农业观光	农产品加工包装
22	万安乡	TEC 村	乡村旅游型	乡村旅游		休闲度假基地、民俗	农产品加工包装
23	双胜镇	DS 村	景区带动型	景区依托		白鹤山休闲公园	旅游商品开发
24	兴隆场乡	RD 村	旅游商品型	农副土特产品	示范村	农业发展园区，农副产品销售	旅游商品开发
25	渔溪镇	CE 村	旅游商品型	农副土特产品		中药材种植基地	中药材基地
26	渔溪镇	HF 村	乡村旅游型	乡村旅游		生态度假、亲水休闲乐园	特色民宿开发
27	渔溪镇	JS 村	乡村旅游型	乡村旅游		观光休闲农园	特色民宿开发
28	茶坝镇	YFC 村	景区带动型	景区依托	示范村	"藕鱼工程区""水果产业园""芦笋药材基地"	农耕体验园
29	茶坝镇	CED 村	乡村旅游型	乡村旅游		梨果采摘、观光度假	农耕体验园区
30	茶坝镇	DE 村	景区带动型	景区共建		道教文化体验、生态观光	山地探险旅游
31	青木镇	NF 村	乡村旅游型	乡村旅游	示范村	优质粮油基地、农业观光	农产品加工包装
32	青木镇	WD 村	乡村旅游型	乡村旅游		农业观光体验园	农耕体验园
33	青木镇	CT 村	景区带动型	景区共建	示范村	主题民俗、乡村农业创意园	民宿开发
34	青木镇	DG 村	乡村旅游型	乡村旅游		农业观光体验园、农家乐	农耕体验园区
35	青木镇	HFD 村	乡村旅游型	乡村旅游		花海人家、农业观光	农产品加工包装
36	青木镇	PH 村	乡村旅游型	乡村旅游		生态休闲度假农庄	农产品加工包装
37	明阳镇	WJH 村	乡村旅游型	乡村旅游	示范村	山地度假、探险旅游	农产品加工包装
38	关公镇	LUO 村	乡村旅游型	乡村旅游	示范村	养生山庄、森林氧吧	农产品加工包装
39	关公镇	FBH 村	乡村旅游型	乡村旅游	示范村	鲜果采摘、果人家农家乐	农产品加工包装
40	关公镇	FEC 村	乡村旅游型	乡村旅游		休闲垂钓基地、水产加工基地	农产品加工包装
41	关公镇	JL 村	乡村旅游型	乡村旅游	示范村	生态餐厅、蔬菜种植加工基地	农产品加工包装
42	关公镇	LL 村	乡村旅游型	乡村旅游		休闲农场、畜牧业与农业发展园区	旅游商品开发
43	群乐镇	CE 村	景区带动型	景区依托	示范村	古镇风貌打造	旅游商品开发

序号	乡（镇）	脱贫村	发展类型	发展主题/定位	发展目标	主导旅游项目	配套旅游项目
44	玉井乡	GR 村	乡村旅游型	乡村旅游		农业观光体验	旅游商品开发
45	玉井乡	JF 村	乡村旅游型	乡村旅游		山地风貌观光、生态度假	农产品加工包装
46	玉井乡	EC 村	乡村旅游型	乡村旅游		生态度假、山地拓展训练基地	旅游商品开发
47	玉井乡	BY 村	乡村旅游型	乡村旅游	示范村	生态度假、山地拓展训练基地	旅游商品开发
48	兴隆乡	UI 村	乡村旅游型	乡村旅游		休闲垂钓基地、亲水乐园	农家乐开发
49	群乐乡	NHG 村	乡村旅游型	乡村旅游	示范村	古寨建设，森林木屋、森林氧吧	特色名宿旅游
50	三汇镇	BFE 村	乡村旅游型	乡村旅游		生态疗养基地、休闲度假山庄	农产品加工包装
51	双胜乡	RE 村	乡村旅游型	乡村旅游		生态疗养基地、休闲农业观光基地	农产品加工包装
52	九镇	HI 村	乡村旅游型	乡村旅游		休闲农业观光体验	农产品加工包装
53	石城乡	DE 村	乡村旅游型	乡村旅游		宗教文化观光	农产品加工包装
54	石城乡	WX 村	乡村旅游型	乡村旅游	示范村	养生度假山庄、休闲垂钓乐园	农产品加工包装
55	柳林镇	LSS 村	乡村旅游型	乡村旅游		古寨风光建设，登高活动体验	民俗旅游开发
56	柳林镇	FQ 村	乡村旅游型	乡村旅游	示范村	"花园柳林"花卉观光、休闲度假	农产品加工包装
57	尹家镇	KFD 村	旅游商品型	农副土特产品		农产品加工，旅游商品销售	民俗文焕体验
58	尹家镇	WX 村	乡村旅游型	乡村旅游	示范村	休闲农场、畜牧业与农业发展园区	农产品加工包装
59	义兴乡	LD 村	旅游商品型	农副土特产品		中药材种植基地	红色文化旅游
60	义兴乡	WK 村	乡村旅游型	乡村旅游	示范村	森林小屋、森林人家、森林度假山庄	户外亲子乐园
61	义兴乡	JS 村	乡村旅游型	乡村旅游	示范村	生态度假、旅游商品（漆树制品）制造	户外亲子乐园
62	义兴乡	WC 村	乡村旅游型	乡村旅游		休闲农业观光、生态度假	户外亲子乐园
63	舞凤乡	VY 村	乡村旅游型	乡村旅游		打造红色旅游主题公园	农家乐打造
64	三河场镇	EH 村	景区带动型	景区共建	示范村	景区打造，中药材种植基地	中药材基地打造
65	三河场镇	WY 村	乡村旅游型	乡村旅游	示范村	畜牧业与中草药产值园区，休闲农业观光	农耕体验园区

（五）万源市

依托万源市原生态森林植被，舒适宜人的气候环境，四季皆宜的绝佳去处、令人流连忘返的康养胜地，围绕"生态、休闲、养生"主题，打造"巴山之心、万水之源、养生之地"旅游品牌，建设秦巴生态康养旅游胜地。

重点发展八台山景区、龙潭河景区、花萼山景区，配套建设温泉度假地龙潭河、省级森林公园黑宝山、历史悠久的烟霞仙山、休闲避暑胜地鱼泉山、长洞湖，有冠古寺、观音幽峡、巴王溶洞、佛爷山、白杨湖等，做大做强"大巴山第一漂"和"汉江第一漂"两大著名漂流旅游品牌。

依托最特色的红色历史文化和乡村休闲文化，整合万源茶叶、野生猕猴桃、核桃、蕨菜，其中萼贝、皮橘、天麻、木耳、香菇等土特产，打造红色巴山乡村旅游产品体系（表7-5）。

表7-5　万源市旅游脱贫转型重点村发展定位及主要旅游项目

序号	乡（镇）	脱贫村	发展类型	发展主题/定位	发展目标	主导旅游项目	配套旅游项目
1	花萼乡	GBZ村	景区带动型	景区依托	示范村	花萼山景区	木竹产品加工
2	花萼乡	SJF村	景区带动型	景区依托		山地生态旅游	农家乐、休闲山庄
3	白羊乡	DGF村	景区带动型	景区依托		地质公园	农家乐、休闲山庄
4	旧院镇	ZRH村	景区带动型	景区依托	示范村	地质公园	农家乐、休闲山庄
5	曾家乡	RFD村	乡村旅游型	乡村旅游	示范村	文化体验、生态度假	青脆李加工包装
6	太平镇	GFG村	乡村旅游型	乡村旅游	示范区示范村	红色文化观光、历史文化观光体验	车厘子水果基地和旧院黑鸡加工包装
7	茶垭乡	RTV村	乡村旅游型	乡村旅游		生态休闲度假	旧院黑鸡养殖，青脆李加工包装
8	茶垭乡	LGD村	乡村旅游型	乡村旅游	示范村	休闲农业观光、生态度假	反季节、无公害优质蔬菜基地
9	铁矿乡	NFC村	乡村旅游型	乡村旅游	示范村	农业产业化基地、农家乐	清脆李、猕猴桃、中药材加工包装
10	旧院镇	EGC村	景区带动型	景区依托		龙潭河风景名胜区	旧院黑鸡加工包装
11	罗文镇	GHN村	乡村旅游型	乡村旅游	示范村	红色文化观光体验	文化教育基地
12	大竹镇	CED村	景区带动型	景区共建		亲水旅游、休闲观光	农家乐、民宿
13	玉带乡	SED村	乡村旅游型	乡村旅游	示范村	民俗体验、休闲观光	农家乐打造
14	玉带乡	NVF村	乡村旅游型	乡村旅游		民俗体验、休闲观光	农家乐打造
15	白果镇	YGF村	景区带动型	景区共建	示范村	山地露营扩展中心	农家乐、民宿打造

序号	乡（镇）	脱贫村	发展类型	发展主题 /定位	发展目标	主导旅游项目	配套旅游项目
16	中坪乡	VRD 村	景区带动型	景区依托		张必禄古墓、钦赐宫保府遗址	农家乐、民宿打造
17	堰塘乡	DJB 村	乡村旅游型	乡村旅游	示范村	八台山国家地质公园	土豆种植、板角山羊加工包装
18	堰塘乡	KRV 村	景区带动型	景区依托	示范村	生态山地观光	土豆种植、板角山羊养殖加工包装
19	蜂桶乡	YBF 村	景区带动型	景区依托		生态观光、亲水休闲	蜜蜂养殖、药材种植加工包装
20	曹家乡	VR 村	景区带动型	景区依托	示范村	烟霞山景区	农耕体验园区
21	赵塘乡	RW 村	景区带动型	景区共建		生态观光、休闲度假	黑木耳种植加工包装
22	赵塘乡	NF 村	景区带动型	景区共建	示范村	休闲农业观光体验	农耕体验园
23	永宁乡	KOI 村	景区带动型	景区依托		生态观光	猕猴桃、松子种植加工包装
24	石窝乡	WFC 村	乡村旅游型	乡村旅游	示范村	宗教文化体验	香椿种植加工包装
25	秦河乡	IHF 村	乡村旅游型	乡村旅游		休闲观光、生态度假	茶叶、木耳种植加工包装
26	紫溪乡	JLK 村	景区带动型	景区依托		自然生态森林公园	山地观光探险旅游
27	新店乡	AW 村	景区带动型	景区依托	示范村	生态观光	自然生态森林公园

（六）苍溪县

坚持生态保护、文化与旅游、农业与旅游深度融合，充分依托全国休闲农业与乡村旅游示范县，"中国有影响力的生态红色旅游示范县"，四川省首批乡村旅游示范县，红四方面军长征出发地，全国爱国主义教育示范基地等称号及其影响力，打造全国乡村旅游脱贫转型示范区。

重点提升和发展：梨博园（苍溪百里香雪海）、红军渡、西武当山景区、柳池旅游区、新店子景区、狮岭村、三溪口、白鹭湖、九龙山、陵江镇、元坝镇、云峰镇、歧坪镇、白鹤乡，将军村、青山观村、红旗桥村、柳池村等（表7-6）。

表7-6　苍溪县旅游脱贫转型重点村发展定位及主要旅游项目

序号	乡（镇）	脱贫村	发展类型	发展主题/定位	发展目标	主导旅游项目	配套旅游项目
1	东青镇	ZS 村	乡村旅游型	民宿旅游	示范村	民宿、度假山庄	农特产品加工
2	东青镇	CR 村	景区带动型	景区共建	示范村	历史文化长廊	农家乐开发

续表

序号	乡（镇）	脱贫村	发展类型	发展主题/定位	发展目标	主导旅游项目	配套旅游项目
3	五龙镇	YV 村	景区带动型	景区共建	示范村	农家乐、休闲农庄	红心猕猴桃种植基地
4	云峰镇	EF 村	景区带动型	景区共建	示范村	森林木屋打造	山地探险旅游营地
5	唤马镇	TB 村	乡村旅游型	生态旅游		水上漂流，打造特色水域游乐园	农家乐开发
6	唤马镇	EC 村	乡村旅游型	民宿旅游	示范村	滨河民宿打造	农家乐开发
7	唤马镇	JF 村	乡村旅游型	户外旅游	示范村	户外运动营地	农家乐开发
8	高坡镇	WC 村	乡村旅游型	牧场旅游		林场、牧场观光园	农特产品加工包装
9	高坡镇	BF 村	景区带动型	景区共建	示范村	宗教、节庆旅游	节庆旅游商品开发
10	白桥镇	WC 村	景区带动型	景区共建		山地观光体验旅游	森林、科普旅游
11	黄猫垭镇	HS 村	景区带动型	景区共建	示范村	休闲农业园区	农家乐、休闲山庄、林下养殖业基地
12	浙水乡	DB 村	乡村旅游型	乡村旅游		滨水娱乐的打造	开发旅游商品、农家乐
13	云峰镇	YH 村	景区带动型	景区依托	示范村	生态休闲农业观光旅游景区	农耕体验园区
14	云峰镇	LJ 村	景区带动型	景区依托	示范村	生态休闲农业观光旅游景区	农耕体验园区
15	云峰镇	BS 村	乡村旅游型	生态农业		生态林业种植栽培师范基地	农特产品加工包装
16	鸳溪镇	YR 村	景区带动型	景区共建	示范村	崇霞宝塔景区升级打造	景点服务中心打造
17	河地镇	DG 村	景区带动型	景区共建		打造旅游节庆园区	农家乐开发
18	运山镇	TY 村	乡村旅游型	休闲农业		农业生态产业园区	雪梨加工包装
19	亭子镇	DS 村	景区带动型	景区共建	示范村	嘉陵江沿江休闲长廊	亲水体验项目
20	中土镇	BD 村	景区带动型	景区共建		红色文化广场	红色教育基地
21	中土镇	EC 村	乡村旅游型	生态观光	示范村	生态养殖基地	农特产品加工
22	龙王镇	BE 村	景区带动型	景区共建		山地探险旅游	农土特产加工包装
23	龙山镇	UF 村	乡村旅游型	休闲度假		休闲度假山庄	农家乐开发
24	岳东镇	WCV 村	乡村旅游型	休闲度假		生态休闲农庄	红心猕猴桃加工包装
25	岳东镇	NR 村	乡村旅游型	农业观光	示范村	农业观光旅游、休闲旅游	红心猕猴桃加工包装
26	雍河乡	NF 村	乡村旅游型	乡村旅游		水域亲水平台项目	红心猕猴桃加工包装
27	三川镇	UB 村	景区带动型	景区共建		农精品民宿	红心猕猴桃加工包装
28	石灶乡	RCV 村	乡村旅游型	乡村旅游	示范村	农耕文化观光园	红心猕猴桃加工包装
29	元坝镇	BY 村	乡村旅游型	乡村旅游		山地乡村酒店	山地探险旅游营地
30	元坝镇	XX 村	乡村旅游型	生态旅游	示范村	户外运动露营基地	多功能服务中心打造

（七）平昌县

重点发展秦巴山国家乡村旅游度假试验区。依托原生态乡村环境、生态条件、宜人气候和乡村文化，以成功创建全国休闲农业与乡村旅游示范县为契机，以江口水乡国家水利风景区为依托，以江口街道和白衣镇之间沿河两岸区域为核心，建设国家4A级旅游景区，建设秦巴山区乡村旅游脱贫转型示范区（表7-7）。

重点中国山地生态农业旅游示范区。依托平昌县独特的乡村旅游资源，建设以特色种植业基地、农副产品研发基地、养殖业加工生产基地为依托，融乡村旅游产品与旅游商品研发、生产、加工为一体的中国秦巴山农业观光体验及生态度假旅游区，建设中国山地生态农业旅游示范区。

表7-7　平昌县旅游脱贫转型重点村发展定位及主要旅游项目

序号	乡（镇）	脱贫村	发展类型	发展主题/定位	发展目标	主导旅游项目	配套旅游项目
1	青凤镇	YJ村	景区带动型	景区依托	示范村	生态观光旅游、农家乐、主题农庄	农产品加工包装
2	青凤镇	CE村	景区带动型	景区依托	示范村	生态观光旅游、农家乐、主题农庄	农产品加工包装
3	江口街道	HF村	乡村旅游型	乡村旅游		农业产业园、休闲农庄	水果采摘体验园
4	白衣镇	HS村	乡村旅游型	乡村旅游	示范村	药材、花椒等农产品基地、农家乐	农家乐打造
5	白衣镇	PI村	乡村旅游型	乡村旅游		花椒、莲藕等农产品基地	农家乐打造
6	元石乡	MJ村	景区带动型	景区共建	示范村	山地旅游、风貌观光、生态旅游	农家乐打造
7	兰草镇	CE村	乡村旅游型	乡村旅游		乡村风貌打造、兰草观赏园	农家乐打造
8	兰草镇	AFR村	乡村旅游型	乡村旅游	示范村	水上休闲项目开发	核桃加工包装
9	元山镇	YV村	景区带动型	景区共建	示范村	特色精品村寨开发、休闲农业观光	农产品加工包装
10	灵山镇	NH村	景区带动型	景区依托		莲藕标准示范基地	农产品加工包装
11	灵山镇	EC村	景区带动型	景区依托	示范村	住宿餐饮接待地、康体养生中心	农产品加工包装
12	黑水乡	KI村	乡村旅游型	乡村旅游		乡村风貌打造、农业伴手礼生产基地	农家乐打造
13	双鹿乡	BG村	景区带动型	景区共建	示范村	森林人家、精品民宿、休闲垂钓胜地	农家乐打造
14	鹿鸣镇	WC村	乡村旅游型	乡村旅游		乡村风貌打造、生态农业观光	农家乐打造

续表

序号	乡（镇）	脱贫村	发展类型	发展主题/定位	发展目标	主导旅游项目	配套旅游项目
15	镇龙镇	KI村	景区带动型	景区共建		景区提升、生态度假山庄	农特产品加工包装
16	云台镇	CA村	景区带动型	景区共建	示范村	特色精品村寨开发、水上旅游项目建设	茶叶加工包装
17	岩口乡	EC村	乡村旅游型	乡村旅游	示范村	方山寨、文笔塔等自然景观打造、生态农场	亲子旅游、水产基地
18	笔山镇	VR村	景区带动型	景区共建		摄影基地打造、梯田观景餐厅	有机茶基地
19	西兴镇	OH村	景区带动型	景区依托	示范村	山地度假旅游、休闲农业观光	农产品基地、旅游商品开发
20	涵水镇	WS村	乡村旅游型	乡村旅游		佛教胜迹观光、生态度假	花椒加工包装

（八）利州区

重点发展中国女皇故里旅游区，提升三国文化旅游区域集散地，塑造川北旅游集散中心形象，打造中国优秀旅游目的地城市。重点建设和提升：广元女性文化园、凤凰山公园、旅游公共设施、中国蜀道温泉之都度假区、三国影视城、主题文化景区、旅游文化产业园、广元—九寨沿线等（表7-8）。

配套建设天曌山景区、千佛崖旅游景区等4A级旅游景区、雪峰省级森林公园，北薅草锣鼓、石雕（白花石刻）、民间绣活（麻柳刺绣）等国家级非物质文化遗产。

表7-8　利州区旅游脱贫转型重点村发展定位及主要旅游项目

序号	乡（镇）	脱贫村	发展类型	发展主题/定位	发展目标	主导旅游项目	配套旅游项目
1	白朝乡	XH村	景区带动型	景区共建	示范村	生态养生旅游基地、溶洞群景观打造	食用菌产业园，黄羊养殖区
2	白朝乡	KG村	乡村旅游型	山地养生基地		溶洞景观打造、生态养生基地、硫黄泉水开发	贡米种植基地
3	宝轮镇	CX村	景区带动型	景区共建	示范村	精品农家乐、莲藕基地、板栗基地	主题亲子游、主题民宿
4	宝轮镇	YH村	景区带动型	景区共建	示范村	精品旅游村寨	主题亲子游、主题民宿
5	赤化镇	EV村	景区带动型	景区共建		农产品种植基地	农耕体验园
6	荣山镇	BH村	景区带动型	景区共建		生态农产品种植基地	土特产加工，销售
7	赤化镇	EC村	景区带动型	景区共建	示范村	农业产业示范园	休闲农业观光体验园

续表

序号	乡（镇）	脱贫村	发展类型	发展主题/定位	发展目标	主导旅游项目	配套旅游项目
8	龙潭乡	YV 村	景区带动型	景区共建		森林旅游、生态旅游、主题农庄	农产品种植加工
9	龙潭乡	WC 村	景区带动型	景区共建		山地户外运动基地	农产品种植加工
10	龙潭乡	YH 村	景区带动型	景区共建	示范村	森林旅游、生态旅游、主题农庄	农产品种植加工
11	三堆镇	WC 村	乡村旅游型	乡村旅游		非物质文化传习馆	农产品种植加工
12	金洞乡	YJ 村	景区带动型	景区共建		休闲度假项目	农产品种植加工
13	荣山镇	KM 村	景区带动型	景区依托	示范村	湖憩休闲度假养生山庄	核桃产业复合产业园
14	荣山镇	ECD 村	景区带动型	景区依托		湖憩休闲公园	有机蔬菜加工包装基地
15	荣山镇	RC 村	乡村旅游型	农业旅游	示范村	生态农产品种植基地	有机蔬菜加工包装基地
16	大石镇	CA 村	景区带动型	景区依托		森林旅游	旅游特产商品加工
17	大石镇	RF 村	景区带动型	景区依托	示范村	古村落文化长廊	油橄榄、板栗加工包装
18	大石镇	NT 村	景区带动型	景区共建		户外休闲运动基地	油橄榄、板栗加工包装
19	工农镇	SC 村	景区带动型	景区共建		休闲养生基地打造	农产品加工
20	宝轮镇	WC 村	乡村旅游	民宿旅游		乡村民俗接待	土特产品加工

（九）昭化区

重点建设昭化古城、平乐两家 4A 级旅游景区，加快柏林湖国家湿地公园、嘉陵江亭子口库区建设力度，加大乡村旅游开发力度。启动昭化古城创、大朝驿、柏林湖提升工程。打造"昭化院子""慢生活"品牌，打"温泉禅意养生"品牌。

全力推进昭化旅游脱贫示范带建设。以昭化片区、平乐紫云片区、柏林太公片区、嘉陵江昭化湖片区为重点，完善旅游公路、步游道、标识系统等旅游基础设施。依托现代农业园区、新村建设，围绕"园区变景区、农房变客房、农产品变旅游产品、青山绿水变游山玩水"，推出一批休闲农庄、农家乐园、森林人家、花果人家等乡村旅游特色业态（表 7-9）。

表 7-9　昭化区旅游脱贫转型重点村发展定位及主要旅游项目

序号	乡（镇）	脱贫村	发展类型	发展主题/定位	发展目标	主导旅游项目	配套旅游项目
1	红岩镇	LH 村	景区带动型	景区共建	示范村	农业生态观光	农产品加工
2	明觉乡	RB 村	乡村旅游型	乡村旅游		农耕创意园区	农耕观光体验旅游

序号	乡（镇）	脱贫村	发展类型	发展主题/定位	发展目标	主导旅游项目	配套旅游项目
3	青牛乡	BN村	乡村旅游型	乡村旅游		农家乐、休闲农庄	旅游节庆、生态旅游
4	沙坝乡	XR村	景区带动型	景区共建	示范村	生态创意文化园	农产品加工包装
5	大朝乡	NY村	景区带动型	景区共建	示范村	工矿旅游体验园	农产品加工包装
6	元坝镇	WY村	景区带动型	景区共建		生态旅游	农产品加工包装
7	梅树乡	ZT村	乡村旅游型	农业观光	示范村	农业观光旅游	农耕观光体验旅游
8	张家乡	CZ村	景区带动型	景区共建	示范区示范村	休闲度假区建设	赏花节庆旅游开发
9	红岩镇	RC村	景区带动型	景区共建		生态农业观光	农产品加工、包装
10	虎跳镇	FC村	景区带动型	景区依托	示范村	农耕生态园	农产品加工、包装
11	虎跳镇	BY村	景区带动型	景区依托		绿色养生主题乐园	农产品加工、包装
12	柏林沟镇	WC村	景区带动型	景区共建	示范村	休闲文化广场	旅游商品开发、农家乐打造
13	朝阳乡	HV村	乡村旅游型	生态农业		农耕观光生态园	打造农家乐
14	柳桥乡	WC村	景区带动型	景区共建	示范村	宗教节庆旅游	宗教旅游商品开发

（十）旺苍县

重点建设鼓城山—七里峡4A级旅游景区、米仓山国家级自然保护区、大峡谷省级森林公园。

借助米仓山国家级自然保护区，利用自然保护区内良好生态环境和夏季凉爽气候，重点发展米仓山国家级旅游度假区。拉动广元东部山区产业调整和经济社会发展。

通过米仓山南坡、嘉陵江支流东河源头地区生态旅游区发展，带动旺苍县东北部鼓城、金竹、跃进、关口四个村，以及檬子乡柏杨、店坪两个村的脱贫转型（表7-10）。

表7-10　旺苍县旅游脱贫转型重点村发展定位及主要旅游项目

序号	乡（镇）	脱贫村	发展类型	发展主题/定位	发展目标	主导旅游项目	配套旅游项目
1	万家乡	JX村	景区带动型	景区共建	示范村	地质考察旅游、山地度假项目打造	农家乐打造
2	万家乡	YQ村	景区带动型	景区共建		生态旅游	自然村寨打造
3	万家乡	MZ村	景区带动型	米仓山大峡谷景区		地质考察旅游、山地度假项目打造	旅游商品开发

续表

序号	乡（镇）	脱贫村	发展类型	发展主题/定位	发展目标	主导旅游项目	配套旅游项目
4	鼓城乡	JU 村	景区带动型	景区共建	示范区	旅游商品开发、农家乐、民宿打造	特色养殖基地
5	鼓城乡	MK 村	景区带动型	景区共建	示范村	旅游商品开发	特色养殖基地
6	木门镇	YS 村	生态保存完好，农业资源丰富	乡村旅游		乡村风貌打造	羌家乐
7	尚武镇	EF 村	米仓山国家级自然保护区，森林资源丰富	生态度假	示范村	生态旅游	特色农产品电商营销
8	东河镇	HT 村	生态保存完好，农业资源丰富	乡村旅游	示范村	生态景观打造	景区配套复合型开发
9	东河镇	RS 村	农业资源丰富	乡村旅游		生态农业观光	旅游商品加工

（十一）朝天区

结合嘉陵江上游和汉江源头独特山形地貌、森林植被和大草甸风光以及夏季凉爽气候，依托曾家山核心生态资源，重点发展秦巴大草原国家旅游度假区（表 7-11）。

重点建设龙门阁景区、曾家山景区、明月峡景区等 4A 级旅游景区，水磨沟自然保护区，"岩溶王国"省级地质公园，提升曾家山全国工农业旅游示范点。

表 7-11 朝天区旅游脱贫转型重点村发展定位及主要旅游项目

序号	乡（镇）	脱贫村	发展类型	发展主题/定位	发展目标	主导旅游项目	配套旅游项目
1	李家镇	MZ 村	景区带动型	景区共建	示范村	农家乐、有机蔬菜产业园	农耕体验园
2	李家镇	LU 村	景区带动型	景区共建		有机蔬菜采摘园	"反季蔬菜"农产品开发
3	麻柳乡	BD 村	景区带动型	景区共建	示范村	民俗文化长廊	羌家乐
4	麻柳乡	WD 村	乡村旅游型	乡村旅游		特色工艺园区	羌家乐
5	羊木镇	TC 村	旅游商品型	商品加工基地	示范村	农产品包装加工	特色农产品电商营销
6	曾家镇	CE 村	景区带动型	景区共建		主题农家乐	景区配套复合型开发
7	马家坝乡	BE 村	景区带动型	景区共建	示范村	探险旅游、户外营地打造	农耕体验园区
8	朝天镇	WC 村	乡村旅游型	休闲农业		休闲农业基地	农特产品加工包装
9	朝天镇	MH 村	乡村旅游型	休闲农业		农业产业示范园	农特产品加工包装
10	平溪乡	NF 村	乡村旅游型	农产品加工	示范村	蔬菜种植加工基地	农特产品加工包装

第三节 东部峡谷低山脱贫转型区

一、峡谷低山区脱贫转型基础

该区位于秦巴山区东南部，东与中部低山丘陵平坝区接壤，北部为北部中高山区的东部，东边为川渝界。系四川盆地东坡附近区位，逐渐向东地势逐渐爬升。范围涉及达州市的开江县、大竹县、宣汉县、达川区、通川区，广安市的渠县、邻水县、武胜县、华蓥市。

东部峡谷低山区，境内嘉陵江、渠江曲折回环汇入长江，华蓥山、铜锣山、明月山平行分布，华蓥山、铜锣山、明月山以相隔8~15千米的距离呈北东向平行分布，三山之间为两个狭长而宽缓的槽谷，故称为"东部平行峡谷低山区"。大洪河、御临河由北而南贯穿谷底。河流两岸有水平阶地分布，稻田成片。地貌包括低山深丘地貌、中丘中谷地貌、平行岭谷低中山地貌三种类型，因而呈现独特的生态农业空间形态。

该区海拔高度185~1750米不等，最高峰华蓥山主峰高登山，海拔1704.1米。地处中亚热带湿润季风气候区，气候温和、物产丰富、四季宜农。暖湿气流交替影响，降雨丰沛，热量充足，形成光、热、水同季的气候，适宜大春作物生长发育。

二、峡谷低山区旅游脱贫转型规划

（一）宣汉县

发挥巴山大峡谷景区资源优势，实施巴山大峡谷旅游脱贫综合开发项目，着手打造罗盘顶养生养心区、桃溪谷休闲体验区、溪口湖生态观光游览区和巴人谷民俗风情体验区，建成国家旅游脱贫试验区。重点开发巴山大峡谷、下八镇乡村、香炉山、马渡关石林景区。

依托"牛、果、药、菌、茶"等主导产业，整合乡村自然风光、生态农业、古朴民风及其民族节日等，融合山地生态农业发展，大力发展乡村旅游业，重点发展休闲农业旅游、民俗文化旅游、森林生态旅游等乡村旅游新业态，做精庙安脆李、南坝牛肉等乡村特色旅游商品，提升洋烈水乡、峨城竹海、庙安花果山、马渡蜡梅园、下八米岩花海等乡村旅游示范点，辐射带动周边村民脱贫转型升级（表7-12）。

表 7-12　宣汉县旅游脱贫转型重点村发展定位及主要旅游项目

序号	乡（镇）	脱贫村	发展类型	发展主题/定位	发展目标	主导旅游项目	配套旅游项目
1	龙泉土家族乡	LP 村	景区带动型	景区依托	示范村	神鹰岩、神女峰、悬棺洞	观光休闲游、农家乐
2	龙泉土家族乡	HL 村	景区带动型	景区依托	示范村	盘龙洞、鸡王洞、鸡冠石等景点打造	特色中药材、蔬菜瓜果基地
3	龙泉土家族乡	TB 村	景区带动型	景区依托		土家新寨	民族风情旅游
4	石铁乡	SN 村	乡村旅游型	乡村旅游	示范村	千年白果树景观打造	主题亲子游、主题民宿
5	东乡街道	DS 村	乡村旅游型	乡村旅游		东林片区乡村旅游	水果种植园
6	茶河镇	FR 村	乡村旅游型	乡村旅游		优质花卉示范基地	观光休闲农业、农家乐
7	茶河镇	YV 村	乡村旅游型	乡村旅游	示范村	生态农业观光	观光休闲农业、农家乐
8	渡口土家族乡	PI 村	景区带动型	景区依托	示范村	生态观光旅游	休闲农业观光
9	渡口土家族乡	SV 村	景区带动型	景区依托		民族风情体验，生态观光	休闲农业观光
10	马渡关镇	LP 村	乡村旅游型	乡村旅游		马渡石林茶海农业观光园	精品茶园基地、茶叶种植加工和乡村旅游为一体的蔡家山茶场
11	东林乡	EV 村	乡村旅游型	乡村旅游	示范村	洋烈水乡	生态观光农业体验区
12	东林乡	MU 村	乡村旅游型	乡村旅游	示范村	洋烈水乡	生态观光农业体验区
13	毛坝镇	WB 村	乡村旅游型	乡村旅游		旅游综合区打造	农耕体验园区
14	毛坝镇	LW 村	乡村旅游型	乡村旅游	示范村	生态度假、休闲农业观光体验	农副产品，观花、摘果园区
15	红岭乡	VX 村	乡村旅游型	乡村旅游		红岭乡村旅游区	拓展体验观光农业
16	三墩土家族乡	RD 村	景区带动型	景区依托	示范村	巴山大峡谷（桃溪片区）景区	特色中药材加工
17	三墩土家族乡	QF 村	景区带动型	景区依托		住宿餐饮接待	特色水果加工包装
18	三墩土家族乡	NU 村	景区带动型	景区依托	示范村	巴山大峡谷（桃溪片区）景区	特色中药材基地
19	漆树土家族乡	HL 村	景区带动型	景区依托		巴山大峡谷旅游	生态茶园加工包装
20	漆树土家族乡	CY 村	景区带动型	景区依托		巴山大峡谷旅游	山地探险营地
21	塔河镇	KO 村	乡村旅游型	乡村旅游		休闲农业观光体验	休闲农业体验观光

序号	乡（镇）	脱贫村	发展类型	发展主题/定位	发展目标	主导旅游项目	配套旅游项目
22	樊哙镇	FE 村	乡村旅游型	乡村旅游	示范村	百里峡风景名胜区	樊哙出征巴郡屯兵之地，历史文化资源丰富
23	渡口土家族乡	HY 村	景区带动型	景区共建	示范区示范村	百里峡风景名胜区	生态观光农业体验区
24	三河乡	CQ 村	乡村旅游型	乡村旅游		省级名胜风景区江口湖	湖区水域体验项目
25	白马镇	CD 村	乡村旅游型	乡村旅游		观音山、红军公园	中药材加工包装
26	庙安镇	CL 村	乡村旅游型	乡村旅游		亲水休闲，生态度假	农家乐、休闲山庄
27	柏树镇	TPZ 村	乡村旅游型	乡村旅游	示范村	观音山森林公园	自然观光旅游，历史文化体验旅游
28	华景镇	BT 村	乡村旅游型	生态农业		生态观光旅游景区	中药材加工包装
29	大成镇	QL 村	乡村旅游型	乡村旅游		苏维埃和阆英县旧址	水果加工包装

（二）通川区

重点发展磐石都市农业体验区、罗江乡村休闲度假区建设，依托"两山三园两湖"（凤凰山、犀牛山，神剑园、秦巴植物博览园、月湖生态农业观光园，莲花湖、双鱼湖）为重点，加快推进月湖生态农业观光园、秦巴植物博览园、犀牛山、双鱼湖（双河口水库）、磐石海洋馆（动物园）、龙兴寺农业生态文化乡村旅游、泰诚十里水街、复兴中医药产业园旅游等重点项目建设。

以双龙"石峡子水库"、金石"五彩梯田"、青宁"空中草原"、龙滩"中山寺""大锣山"、檬双"鸡公石水库"、北山"诗歌文化"等乡村旅游资源为重点，加快推进乡村旅游综合开发（表7-13）。

表7-13　通川区旅游脱贫转型重点村发展定位及主要旅游项目

序号	乡（镇）	脱贫村	发展类型	发展主题/定位	发展目标	主导旅游项目	配套旅游项目
1	金石镇	SF 村	乡村旅游型	乡村休闲	示范村	曾家大院古建筑	乡村休闲观光旅游
2	金石镇	SJ 村	乡村旅游型	乡村休闲		休闲农业体验园	乡村特色体验旅游
3	金石镇	EC 村	乡村旅游型	乡村休闲	示范村	柳潭寺观光、佛教文化体验	柚子种植加工包装
4	金石镇	AC 村	乡村旅游型	乡村休闲		休闲农业观光体验	板栗加工包装
5	金石镇	KA 村	乡村旅游型	乡村休闲	示范村	中药材种植基地	传统美食，药膳体验

续表

序号	乡（镇）	脱贫村	发展类型	发展主题/定位	发展目标	主导旅游项目	配套旅游项目
6	金石镇	EF 村	乡村旅游型	乡村旅游	示范村	柚类旅游商品的加工和销售	休闲农业观光
7	磐石镇	IJD 村	乡村旅游型	乡村旅游	示范村	文化与农业产业园区	稻花麦浪风光，稻花鱼养殖
8	磐石镇	TJG 村	乡村旅游型	乡村旅游	示范村	西瓜、草莓、柑橘种植基地，农业观光	无公害草莓、西瓜采摘园
9	磐石镇	MT 村	乡村旅游型	乡村旅游		有机蔬菜种植自采园	生态农家乐开发
10	磐石镇	WC 村	乡村旅游型	乡村旅游	示范村	亲水休闲，住宿餐饮接待	水上垂钓
11	碑庙镇	ZF 村	景区带动型	景区共建		银杏林观光	观光休闲农业、农家乐
12	碑庙镇	WJ 村	景区带动型	景区共建	示范村	李中权故居	柑橘加工包装
13	碑庙镇	YX 村	景区带动型	景区共建		水果采摘休闲体验	绿苹果、桃子、香蕉、无花果加工包装
14	碑庙镇	WC 村	景区带动型	景区共建	示范村	红色文化观赏、体验	乡村农家乐
15	碑庙镇	UY 村	景区带动型	景区共建		休闲农业观光体验	休闲农家乐
16	江陵镇	WB 村	景区带动型	景区依托	示范村	玉龙峡瀑布、三江寺	水域体验项目
17	江陵镇	DVW 村	景区带动型	景区共建		养老产业园	水果采摘园
18	新村乡	TCA 村	乡村旅游型	乡村旅游	示范村	畜牧业养殖、梨果种植基地	特色林果加工包装
19	安云乡	TR 村	景区带动型	景区共建	示范村	生态休闲度假农庄、采摘体验园、桑蚕科博园、休闲垂钓园	果蔬加工包装
20	安云乡	PY 村	景区带动型	景区共建	示范村	大尖山风景区	特色蔬菜加工包装
21	安云乡	WR 村	景区带动型	景区共建		优质花卉示范基地	休闲农家乐
22	安云乡	MN 村	景区带动型	景区共建		彝、穿青、水、苗民族文化主题体验	观光体验旅游
23	安云乡	ZM 村	景区带动型	景区共建	示范村	生态度假、休闲农业观光体验	观光体验旅游
24	北山镇	RC 村	乡村旅游型	乡村旅游		农业主体民俗、亲子乐园、优质水果示范基地	樱桃产业基地
25	北山镇	DN 村	乡村旅游型	乡村旅游	示范村	生态度假、休闲农业观光体验	柑橘产业基地
26	北山镇	WC 村	乡村旅游型	乡村旅游	示范村	户外拓展基地、休闲垂钓基地	山羊土鸡养殖基地

序号	乡（镇）	脱贫村	发展类型	发展主题/定位	发展目标	主导旅游项目	配套旅游项目
27	北山镇	TR 村	乡村旅游型	乡村旅游		休闲农业观光体验	休闲农家乐
28	北山镇	MO 村	乡村旅游型	乡村旅游	示范村	休闲农业观光、采摘体验	乡村特色体验旅游
29	檬双乡	EV 村	景区带动型	景区共建		檬子树相关旅游商品加工及销售	檬子木家具、雕刻纪念品
30	檬双乡	YT 村	景区带动型	景区共建	示范村	肉兔、山羊、土鸡养殖基地	肉兔土鸡养殖基地
31	檬双乡	SF 村	景区带动型	景区共建		农业观光体验、餐饮住宿接待	猕猴桃采摘、猕猴桃衍生产品
32	江陵镇	NY 村	景区带动型	景区依托		生态度假	观光休闲农业、农家乐
33	江陵镇	OH 村	景区带动型	景区依托	示范村	红色遗迹观光、民俗文化体验	狮子、车灯、唢呐、乐队、腰鼓队民间文化活动
34	江陵镇	FD 村	景区带动型	景区依托		生态度假、休闲农业观光体验	休闲观光度假旅游
35	梓桐镇	WC 村	乡村旅游型	乡村旅游	示范村	杨梅采摘、生态旅游	摘果采茶体验为主的观光体验旅游
36	梓桐镇	ND 村	乡村旅游型	乡村旅游		猕猴桃采摘体验	猕猴桃采摘、猕猴桃衍生产品
37	梓桐镇	RF 村	乡村旅游型	乡村旅游		生态度假、竹林观光	休闲农家乐
38	龙滩乡	WC 村	景区带动型	景区共建	示范村	龙滩河	观光休闲农业、农家乐
39	龙滩乡	NTD 村	景区带动型	景区共建		文化体验、生态观光	摘果采茶体验为主的观光体验旅游
40	龙滩乡	ADA 村	景区带动型	景区共建		农业观光体验	粮油产业种植基地
41	青宁镇	VR 村	乡村旅游型	乡村旅游	示范村	无花果、酸橙、火龙果种植基地	特色水果采摘
42	青宁镇	WC 村	乡村旅游型	乡村旅游		生态度假、竹海观光	休闲农业观光体验
43	青宁镇	NR 村	乡村旅游型	乡村旅游	示范村	蚕桑产业园区、茶叶产业园区	休闲农业观光

（三）渠县

重点发展渠江沿江国际乡村生态旅游带。依托渠江风光和沿江原生态资源，实施渠江两岸绿化工程，加强生态环境保护，重点打造宾人谷、沈府君阙、红色渠县纪念园、渠县龙潭、三汇古镇、赵公神道碑、贾氏节孝坊、冯焕阙、渠江生态度假村等旅游项目，建成渠江生态旅游度假带。

重点打造賨人文化、汉代文化、三国文化、红色文化、新农村民俗文化特色文化旅游精品线路，带动旅游脱贫转型发展（表7-14）。

表7-14　渠县旅游脱贫转型重点村发展定位及主要旅游项目

序号	乡（镇）	脱贫村	发展类型	发展主题/定位	发展目标	主导旅游项目	配套旅游项目
1	新市镇	WT村	乡村旅游型	乡村旅游	示范村	风貌观光、生态度假	特色特产旅游商品包装销售
2	新市镇	SH村	景区带动型	景区共建	示范村	渠县賨人谷旅游景区	特色特产旅游商品包装销售
3	渠南街道	NF村	乡村旅游型	乡村旅游	示范村	渠县賨人谷旅游景区	特色特产旅游商品包装销售
4	和乐乡	AM村	乡村旅游型	乡村旅游		休闲农业观光	特色特产旅游商品包装销售
5	土溪镇	HF村	乡村旅游型	乡村旅游	示范村	红色文化体验、生态观光	特色特产旅游商品包装销售
6	报恩乡	EV村	乡村旅游型	乡村旅游		休闲农业观光	特色特产旅游商品包装销售
7	汇东乡	MA村	乡村旅游型			休闲农业观光	特色特产旅游商品包装销售
8	汇东乡	EB村	乡村旅游型			休闲农业观光体验	特色特产旅游商品包装销售
9	万寿镇	HD村	景区带动型	景区依托	示范村	渠县賨人谷旅游景区	特色特产旅游商品包装销售
10	万寿镇	VR村	乡村旅游型	乡村旅游		休闲农业观光体验	特色特产旅游商品包装销售
11	龙潭乡	EA村	景区带动型	景区依托	示范村	渠县賨人谷旅游景区	特色特产旅游商品包装销售
12	青神乡	NE村	乡村旅游型	乡村旅游		生态度假	李树加工包装
13	青神乡	WC村	乡村旅游型	乡村旅游		休闲农业观光体验	李树加工包装
14	定远镇	YA村	乡村旅游型	乡村旅游	示范村	生态文化旅游区	水产、葡萄、莲藕加工包装
15	龙凤镇	CV村	乡村旅游型	乡村旅游		生态度假	柑橘采摘园
16	文崇镇	EC村	乡村旅游型	乡村旅游	示范村	文化农林产业园区	柑橘采摘园
17	三板镇	MI村	乡村旅游型	乡村旅游		文化农林产业园区	柑橘采摘园
18	三板镇	SE村	乡村旅游型	乡村旅游	示范村	民俗体验、生态观光	柑橘采摘园

续表

序号	乡（镇）	脱贫村	发展类型	发展主题 / 定位	发展目标	主导旅游项目	配套旅游项目
19	屏西乡	CE 村	乡村旅游型	乡村旅游		亲水休闲、生态度假	柑橘采摘园
20	三汇镇	CA 村	乡村旅游型	乡村旅游	示范村	文化体验、生态观光	柑橘采摘园
21	三汇镇	TC 村	乡村旅游型	乡村旅游		蒲氏宗祠	柑橘采摘园
22	岩峰镇	US 村	乡村旅游型	乡村旅游	示范村	生态农业观光体验、鲜果采摘	蚕桑、柑橘加工包装
23	中滩镇	MY 村	乡村旅游型	乡村旅游		休闲农业观光体验	蚕桑、柑橘加工包装

（四）大竹县

重点发展大巴山湖泊森林温泉国家旅游度假区。依托五峰山景区、海明湖温泉度假区、清河古镇、云雾山旅游景区和渠县賨人谷风景区，整合五峰山景区和海明湖景区，打造大巴山地森林—温泉度假综合旅游度假区综合体，形成"夏季山中避暑，冬季水中泡泉"的特色生态休闲旅游模式，构建以山地温泉休闲度假为特色的原生态综合性国家级旅游度假区。

重点支撑五峰山景区、海明湖温泉度假区、清河古镇、云雾山旅游景区、净土寺、峰顶山风景区、桐门洞、四方山风景区、云顶生态风景区、四合古镇、柏林范氏公馆（表7-15）。

表 7-15 大竹县旅游脱贫转型重点村发展定位及主要旅游项目

序号	乡（镇）	脱贫村	发展类型	发展主题 / 定位	发展目标	主导旅游项目	配套旅游项目
1	蒲包乡	QJ 村	景区带动型	景区共建	示范村	小南海，青云洞风景区	反季节绿色高价值蔬菜加工包装
2	川主乡	TV 村	乡村旅游型	乡村旅游	示范村	顺河高山庄、杨河温泉区	珍贵中药材加工包装
3	永胜镇	CE 村	乡村旅游型	乡村旅游	示范村	休闲农业观光体验	山地观光体验旅游
4	朝阳乡	YS 村	景区带动型	景区共建	示范区示范村	五峰山国家森林公园	湖区观光体验旅游
5	白坝乡	NE 村	乡村旅游型	乡村旅游		休闲度假基地	生猪、家禽加工包装
6	清河镇	HDS 村	乡村旅游型	乡村旅游		水龙洞	李子生态产业园
7	四合镇	DT 村	乡村旅游型	乡村旅游	示范村	休闲农业观光	粮油产业种植基地
8	李家乡	YT 村	乡村旅游型	乡村旅游		有机生态农业种植园	观光休闲农业、农家乐
9	杨家镇	CE 村	乡村旅游型	乡村旅游	示范村	生态度假、休闲观光体验	背篼、箩筐、垫席等竹制品展售

续表

序号	乡（镇）	脱贫村	发展类型	发展主题／定位	发展目标	主导旅游项目	配套旅游项目
10	乌木镇	WM 村	景区带动型	景区共建		乌木水库风景区	乡村休闲农业观光
11	观音镇	SNA 村	景区带动型	景区共建		铜钵河观光	亲水体验项目
12	中华镇	RC 村	景区带动型	景区共建	示范村	养生养老、生态度假	休闲农业观光、生态农家乐
13	天城镇	HA 村	乡村旅游型	乡村旅游		生态度假、休闲度假	特色旅游商品包装销售
14	川主乡	CE 村	乡村旅游型	乡村旅游	示范村	黄川国际旅游度假区	生态休闲观光体验旅游
15	中华镇	WM 村	乡村旅游型	乡村旅游		休闲农业观光体验	观光休闲农业、农家乐
16	中华镇	CA 村	乡村旅游型	乡村旅游	示范村	虎仙洞、九盘山龙洞、云顶生态园	康体疗养养生旅游
17	莲印乡	US 村	乡村旅游型	乡村旅游	示范村	观光、避暑、休闲度假旅游胜地	观光、避暑、休闲度假旅游胜地
18	石桥铺镇	ZR 村	乡村旅游型	乡村旅游		鲜果采摘，旅游商品加工销售	农家休闲旅游、特色水果采摘

（五）武胜县

重点发展嘉陵江国际生态旅游度假区。整合嘉陵江沿江两岸"千里嘉陵古镇——沿口镇""天下太极养生湖——太极湖""千里嘉陵内湖——龙女湖""中国深井——7002井""全国罕有蜀中一绝——宝箴塞"等旅游资源，打造沿江两岸生态村镇精品旅游景区。

加大宝箴塞旅游区、白坪—飞龙旅游区、龙女湖国际旅游度假区、沿口古镇文化旅游区、太极湖养生休闲旅游度假区的开发力度，大力培育嘉陵江流域生态休闲度假旅游品牌，打造嘉陵江国际水生态休闲度假旅游目的地（表 7-16）。

表 7-16　武胜县旅游脱贫转型重点村发展定位及主要旅游项目

序号	乡（镇）	脱贫村	发展类型	发展主题／定位	发展目标	主导旅游项目	配套旅游项目
1	鸣钟镇	DS 村	景区带动型	景区共建	示范村	农家乐、休闲农庄	水果采摘体验
2	白坪乡	YK 村	景区带动型	景区依托	示范区示范村	白坪飞龙乡村旅游度假区	水果采摘体验
3	白坪乡	FM 村	乡村旅游型	乡村旅游	示范村	农业生态种植园区	耕种体验
4	飞龙镇	WJV 村	景区带动型	景区依托		白坪—飞龙乡村旅游度假区	观光旅游、农家乐

续表

序号	乡（镇）	脱贫村	发展类型	发展主题/定位	发展目标	主导旅游项目	配套旅游项目
5	飞龙镇	BRE村	景区带动型	景区依托	示范村	白坪—飞龙乡村旅游度假区	观光农业旅游、民宿
6	宝箴塞镇	TA村	景区带动型	景区依托	示范村	特色主题民宿	民俗文化项目旅游
7	宝箴塞镇	RC村	景区带动型	景区依托		生态休闲度假农业园	旅游商品销售
8	宝箴塞镇	VA村	景区带动型	景区依托	示范村	农耕文化博览园	生态农业体验
9	鸣钟镇	TR村	景区带动型	景区依托		河域文化长廊	特色生态农业
10	鸣钟镇	CE村	景区带动型	景区依托	示范村	白坪—飞龙乡村旅游度假区	水果采摘体验
11	胜利镇	DLJ村	景区带动型	景区依托		青莲寺	农家乐、休闲山庄、林下养殖业基地

（六）邻水县

重点发展邻水县大洪河国际旅游度假区。依托"千岛洪湖"大洪河自然生态资源、建设生态旅游城、户外休闲运动中心、温泉养生馆湿地公园等，发展观光农业、水上娱乐、旅游地产，建成国家4A级旅游景区、国家级旅游度假区。

依托泥汉坪自然生态和农耕文化资源，打造龙王沟峡谷、瀑布、古寨、梯田、湖泊、泥山群洞等景观，发展生态农业、疗养产业、工艺品制造业，建成集农耕文化、艺术品鉴、休闲养生于一体的综合度假区。

配套建设：天意谷景区、罗家洞森林公园、九龙洞、老龙洞、龙须沟、凉山温泉、御临峡等（表7-17）。

表7-17 邻水县旅游脱贫转型重点村发展定位及主要旅游项目

序号	乡（镇）	脱贫村	发展类型	发展主题/定位	发展目标	主导旅游项目	配套旅游项目
1	御临镇	MB村	景区带动型	景区依托	示范村	白龙峡漂流旅游区	生态探险旅游
2	石滓镇	ZHK村	乡村旅游型	乡村旅游	示范村	旅游新村，主题民宿酒店	农家乐、休闲山庄
3	城南镇	BJ村	景区带动型	景区依托	示范村	铜锣山生态旅游度假区	旅游商品开发
4	城南镇	YK村	景区带动型	景区依托	示范村	杰帝霖休闲山庄	旅游商品开发
5	西天乡	CE村	景区带动型	景区依托		休闲观光体验基地	森林山地探险旅游
6	西天乡	WC村	乡村旅游型	乡村旅游	示范村	休闲农业体验园	生态农业观光
7	西天乡	ST村	景区带动型	景区依托		休闲观光体验基地	生态农业观光
8	柑子镇	KG村	乡村旅游型	乡村旅游		旅游度假区，农家乐休闲茶庄	自驾游营地

续表

序号	乡（镇）	脱贫村	发展类型	发展主题/定位	发展目标	主导旅游项目	配套旅游项目
9	丰禾镇	WC 村	乡村旅游型	乡村旅游	示范村	旅游度假区，农家乐园	农产品加工基地
10	观音桥镇	ECA 村	乡村旅游型	乡村旅游	示范村	旅游度假区，农家乐园	农产品加工基地
11	观音桥镇	YS 村	乡村旅游型	乡村旅游		旅游度假区，农家乐园	特色民宿开发
12	观音桥镇	WC 村	乡村旅游型	乡村旅游	示范村	旅游度假区，农家乐园	森林山地探险旅游
13	坛同镇	KLP 村	乡村旅游型	乡村旅游		旅游度假区，农家乐园	户外运动营地
14	华蓥乡	ECV 村	景区带动型	景区依托		风景优美生态保存良好	休闲山庄，农家乐
15	甘坝乡	LH 村	景区带动型	景区依托	示范村	华蓥山天意谷景区	休闲山庄、农家乐
16	冷家乡	TAB 村	乡村旅游型	乡村旅游		古村落保护区	科普教育村落

（七）开江县

依托新宁镇、讲治镇、甘棠镇等开江县 2016 年旅游公路建设工程，重点发展自然山水生态旅游产品体系。

实施旅游＋农业融合发展，加快青杠脐橙采摘园、箐口生态游乐园等基地建设，发展星级农家乐，培育集康养休闲、旅游观光、乡村生活体验等为一体的康养旅游业。重点发展：宝石湖、胡氏节孝坊、任市陶牌坊、峨城山、文笔塔、开江金山寺、双飞温泉、飞云温泉、宝塔泉、白岩洞、峨城山等（表 7-18）。

表 7-18　开江县旅游脱贫转型重点村发展定位及主要旅游项目

序号	乡（镇）	脱贫村	发展类型	发展主题/定位	发展目标	主导旅游项目	配套旅游项目
1	普安镇	TSV 村	乡村旅游型	乡村旅游	示范村	黄金花海	生态森林公园
2	普安镇	MTS 村	乡村旅游型	乡村旅游	示范村	红花山生态园	农耕体验园
3	永兴镇	CEA 村	乡村旅游型	乡村旅游	示范村	生态度假	农耕体验园
4	沙坝场乡	YBA 村	乡村旅游型	乡村旅游		生态农业观光、鲜果采摘	观光休闲农业、农家乐
5	新宁镇	RET 村	景区带动型	景区共建	示范村	生态农家乐	农耕观光体验旅游
6	宝石乡	JTC 村	景区带动型	景区共建		宝石桥水利风景区	滨湖休闲旅游
7	广福镇	COL 村	景区带动型	景区依托	示范村	自然生态旅游区黑天池、黑天寺	森林公园、自然保护区
8	永兴镇	HJY 村	乡村旅游型		示范村	休闲农业观光	农家乐开发

（八）达川区

重点发展国家 4A 级旅游景区真佛山、古镇石桥列宁街、国家森林公园铁山和雷音铺省级森林公园，以及九龙湖、仙女山温泉等，打造山地生态旅游、孝善文化之旅、红色文化之旅、民俗文化之旅等特色品牌。

重点发展乡村旅游业，以赵家镇、双庙镇、百节镇为依托，打造乡村旅游精品"四季游"，打造秦巴山区乡村旅游脱贫转型示范区（表 7-19）。

表 7-19　达州区旅游脱贫转型重点村发展定位及主要旅游项目

序号	乡（镇）	脱贫村	发展类型	发展主题/定位	发展目标	主导旅游项目	配套旅游项目
1	香隆乡	TV 村	景区带动型	景区共建		雷音铺森林公园	核桃种植基地
2	龙会乡	CHS 村	乡村旅游型	乡村旅游	示范村	鲜果采摘、农业观光	红橘种植基地
3	福善镇	LH 村	景区带动型	景区共建	示范村	莲花洞仙旅游度假村	旅游商品开发
4	河市镇	CD 村	景区带动型	景区依托	示范村	古三岗线遗址	主题农家乐
5	梓桐乡	HA 村	乡村旅游型	乡村旅游	示范村	乡村观光	主题农家乐
6	龙会乡	FHU 村	景区带动型	景区共建	示范村	秦巴民俗文化广场	民俗旅游商品
7	北山乡	EW 村	乡村旅游型	乡村旅游		生态农业观光	乡村特色体验旅游
8	三里坪街道	LY 村	景区带动型	景区共建	示范村	南美梨、李子、黄绿苹果、油桃种植基地，鲜果采摘	特色水果采摘

（九）华蓥市

重点发展华蓥山国际山地旅游度假区。整合华蓥山文化旅游资源，重点打造华蓥山石林、天池湖、天意谷、宝鼎、黑龙峡、晶然山、白龙峡等旅游产品，大力发展度假旅游，建成为集生态观光、休闲度假、文化体验、康体养生于一体的川渝旅游度假基地和世界旅游目的地，成功创建国家级旅游度假区。

配套建设安丙家族墓地、小山坝风景区、大坡岭省级森林公园、玛琉岩旅游区、仙鹤洞景区、褒先寺旅游区（表 7-20）。

表 7-20　华蓥市旅游脱贫转型重点村发展定位及主要旅游项目

序号	乡（镇）	脱贫村	发展类型	发展主题/定位	发展目标	主导旅游项目	配套旅游项目
1	永兴镇	YIK 村	乡村旅游型	乡村休闲		休闲餐吧	休闲农业观光
2	明月镇	EFS 村	乡村旅游型	景区共建	示范区示范村	水上休闲项目	休闲农家乐

续表

序号	乡（镇）	脱贫村	发展类型	发展主题/定位	发展目标	主导旅游项目	配套旅游项目
3	明月镇	NHY 村	乡村旅游型	乡村旅游	示范村	水上娱乐休闲项目	休闲农家乐
4	明月镇	SC 村	乡村旅游型	乡村旅游	示范村	水上休闲项目	休闲农家乐
5	明月镇	MY 村	旅游商品型	景区共建	示范村	水上休闲项目	休闲农家乐
6	红岩乡	CY 村	乡村旅游型	乡村旅游	示范村	茶园种植基地	茶园休闲吧

第四节　中部低山丘陵脱贫转型区

一、低山丘陵区脱贫转型特征

该区位于秦巴山区的南部边缘，主体位于四川盆地东北部浅丘、平坝、低山区。范围包括南充市的高坪区、嘉陵区、南部县、营山县、蓬安县、仪陇县、阆中市，以及广安市的广安区、岳池县、前锋区。该区北与北部中高山区过渡，东为东部平行峡谷低山区，西南为遂宁市与南充市界。

该区地处嘉陵江中游及其以东区域，地势从北向南逐渐变低，海拔在 256~888.8 米。地貌类型以丘陵为主，中丘中谷、低丘平坝类型各占 1/2。该区北部低山区包括阆中市北部、南部县西北部、仪陇县的大部分、营山县境内仪陇河以东地区、蓬安县的北部等，海拔在 500~800 米；南部丘陵区位于北部低山区以南，大致包括顺庆区、高坪区、嘉陵区、广安区、前锋区、岳池县，地貌由高丘逐渐变为低丘或低丘平坝。

中部低山丘陵区属中亚热带湿润季风气候，气温较适宜，雨季较长，暴雨较多，春雨比重较大。年均相对湿度以秋季为最大，冬季次之，春、夏两季几乎相等，是国家重要的商品粮和农副产品生产基地，川东北经济、物流、商贸和金融中心。素有"水果之乡""丝绸之都"的美誉。

二、低山丘陵区旅游脱贫转型规划

（一）高坪区

重点提升凌云山国家 4A 级旅游景区、重点发展南充国际温泉度假区、龙门古镇、嘉陵江第一曲流旅游度假区、金城山生态旅游度假区、都京丝绸文化产业园、中法农业科技园、白山湖白山沟综合开发等优质项目。大力发展城郊乡村旅游业，建设花卉苗木种植基地、花卉苗木交易市场等。

加快建设擦耳桃源、凤凰故垒（阙家火烽村）、果州之源（溪头火星村）、金凤山、澜岭江花、青青青林、鹤鸣山景区、青松林海、朝阳平湖、诸葛山和诸葛寺、大唐农业等项目（表7-21）。

表7-21 高坪区旅游脱贫转型重点村发展定位及主要旅游项目

序号	乡（镇）	脱贫村	发展类型	发展主题/定位	发展目标	主导旅游项目	配套旅游项目
1	斑竹乡	HFD村	景区带动型	景区依托	示范村	金城山森林公园	竹编工艺
2	江陵镇	TEK村	乡村旅游型	乡村休闲		休闲农业	柑橘、乡村农家乐
3	隆兴乡	DHI村	景区带动型	景区依托	示范村	金城山森林公园	水稻产业、李子产业、核桃产业等
4	喻家乡	WCS村	乡村旅游型	农家乐		生态农家乐园	油桃
5	青居镇	GW村	景区带动型	景区共建	示范村	嘉陵江第一曲流旅游度假区	柑橘、乡村农家乐
6	阙家镇	DH村	乡村旅游型	休闲农业		休闲农业旅游	油桃、李子、农家乐
7	御史乡	OPL村	乡村旅游型	休闲农业		生态农家乐园	生态养猪场、柑橘
8	鄢家乡	BYT村	景区带动型	景区依托	示范村	休闲观光农业	大樱桃 种植和鄢家花椒产业园
9	擦耳镇	WCA村	乡村旅游型	休闲农业	示范村	休闲农业旅游	桃子、藕
10	溪头乡	HD村	乡村旅游型	休闲农业		休闲农业旅游	柑橘产业园、乡村农家乐
11	溪头乡	MKI村	乡村旅游型	休闲农业		休闲农业旅游	柑橘产业园、乡村农家乐
12	佛门乡	EC村	景区带动型	景区依托	示范村	凌云山风景区	干果、柑橘
13	南江乡	ECA村	乡村旅游型	休闲农业		休闲农业旅游	水稻产业
14	老君街道	JLK村	景区带动型	景区依托	示范村	凌云山风景区	乡村酒店、农家乐、民宿
15	隆兴乡	ECA村	景区带动型	景区依托		金城山森林公园	莲子种植
16	喻家乡	SG村	乡村旅游型	生态农业	示范村	生态农家乐园	油桃种植
17	龙门街道	RC村	乡村旅游型	生态农业		生态农家乐园	乡村农家乐，蔬菜种植
18	江陵镇	AR村	乡村旅游型	生态农业	示范村	生态农家乐园	樱桃产业
19	胜观镇	DGH村	景区带动型	景区依托		金城山森林公园	发展竹编、种养殖产业
20	东观镇	RAD村	乡村旅游型	生态农业		生态农家乐	天然林场
21	隆兴乡	BHK村	景区带动型	景区依托		金城山森林公园	水稻产业、李子产业、核桃产业等

续表

序号	乡（镇）	脱贫村	发展类型	发展主题/定位	发展目标	主导旅游项目	配套旅游项目
22	永安镇	EC 村	景区带动型	景区依托	示范村	青青青林景区	甜橙
23	万家乡	EAD 村	景区带动型	景区依托		凌云山景区	乡村农家乐
24	会龙镇	LOP 村	乡村旅游型	生态农业		休闲农业旅游	休闲垂钓
25	阙家镇	SV 村	乡村旅游型	生态农业	示范村	休闲农业旅游	油桃、李子、农家乐
26	江陵镇	ERD 村	乡村旅游型	生态农业		生态农家乐园	柑橘、乡村农家乐
27	江陵镇	MLK 村	乡村旅游型	生态农业	示范村	琴台农家乐园	柑橘、乡村农家乐
28	凤凰乡	WCS 村	景区带动型	景区依托		紧邻龙门古镇	建设枇杷产业基地、核桃基地
29	万家乡	RA 沟	景区带动型	景区依托		凌云山景区	乡村农家乐
30	长乐镇	HYH 村	旅游商品型	农副土特产品		休闲农业旅游	休闲垂钓

（二）南部县

重点发展升钟湖国家级旅游度假区和八尔湖国家 4A 级旅游景区等，推动久全牛肉、升钟有机鱼、脆香甜柚等本地特色产品入网销售，启动"电商进千村"工程，推进电子商务进社区、进景区、进农村。

紧扣南充"嘉陵江山情、千年丝绸韵、三国文化源"旅游品牌打造，推出"嘉陵江黄金水域游"精品线路，着力构建具有竞争力的"水文化"生态旅游产品体系，打造水生活、水休闲、水经济的"亲水南部"生态旅游品牌，建设以"山水运动、森林康养"为主题的国际旅游目的地。

立足脱贫村资源禀赋、自然条件、人文优势、群众基础和市场需求，因地制宜发展水果、蔬菜、畜禽养殖、水产、蚕桑、速生林、中药材、乡村旅游和观光农业，实施产业脱贫转型（表 7-22）。

表 7-22　南部县旅游脱贫转型重点村发展定位及主要旅游项目

序号	乡（镇）	脱贫村	发展类型	发展主题/定位	发展目标	主导旅游项目	配套旅游项目
1	大堰乡	CYS 村	景区带动型	景区共建	示范村	八尔滩旅游区	种植脐橙和山羊养殖
2	大堰乡	FKM 村	景区带动型	景区共建	封坎庙村	八尔滩旅游区	种植脐橙和山羊养殖
3	大堰乡	SJG 村	景区带动型	景区共建		八尔滩旅游区	种植脐橙和山羊养殖
4	西河乡	GF 村	乡村旅游型	景区共建	示范区示范村	升钟湖景区	乡村旅游

续表

序号	乡（镇）	脱贫村	发展类型	发展主题/定位	发展目标	主导旅游项目	配套旅游项目
5	大堰乡	QSZ 村	景区带动型	景区共建		八尔滩旅游区	种植脐橙和山羊养殖
6	大堰乡	ZJB 村	景区带动型	景区共建	示范村	八尔滩旅游区	种植脐橙和山羊养殖
7	碑院镇	DF 村	乡村旅游型	乡村旅游	示范村	禹迹山旅游景区	历史文化旅游

（三）广安区

重点完善小平故里国际精品旅游区。整合 72 平方千米协兴生态文化旅游园区文化旅游资源，以邓小平故里 5A 级旅游景区为中心，打造广安红色文化影视旅游城、广安红色小康乐园、协兴历史文化街区、葫芦岛旅游度假区、神龙山、旅游汽车港等主题文化旅游产品，努力把园区建成集教育瞻仰、观光览胜、文化体验、休闲度假于一体的全国著名红色旅游经典景区和全世界最集中的邓小平主题旅游区。

重点提升神龙山巴人石头城、广安宝箴塞民俗文化村、天印山、广安肖溪古镇、广安凉滩、广安石林、广安白塔、思源广场、协兴老街（表 7-23）。

表 7-23　广安区旅游脱贫转型重点村发展定位及主要旅游项目

序号	乡（镇）	村名	发展类型	发展主题/定位	发展目标	主导旅游项目	配套旅游项目
1	消河乡	XH 村	乡村旅游型	乡村旅游	示范村	消河灵台山风景区	休闲花卉观光农业
2	恒升镇	DL 村	乡村旅游型	乡村休闲		古镇旅游	古镇休闲旅游
3	大龙镇	ZD 村	乡村旅游型	乡村旅游	示范村	万福生态农业旅游观光园	水果采摘休闲体验旅游
4	肖溪镇	ZS 村	乡村旅游型	乡村体验		肖溪古镇	古镇民俗特色商品
5	龙台镇	RV 村	乡村旅游型	乡村体验	示范村	杨森故居、杨汉秀故居	特色旅游商品
6	蒲莲乡	YD 村	乡村旅游型	乡村旅游		蒲莲梯田风景区	特色农产品
7	兴平镇	WV 村	乡村旅游型	农业休闲	示范村	休闲农业规划区	生态农业观光
8	郑山乡	UV 村	乡村旅游型	生态旅欧		青龙湖景区	生态农业观光
9	官盛镇	RD 村	乡村旅游型	乡村旅游		凤凰山公园	生态农业观光
10	崇望乡	SH 村	景区带动型	景区共建	示范村	现代农业示范园区	休闲农业观光
11	悦来镇	TY 村	乡村旅游型	农业观光	示范村	现代农业示范园区	休闲农业观光
12	石笋镇	YE 村	乡村旅游型	生态农业		杨梅基地	水果采摘休闲体验
13	龙安乡	MZ 村	景区带动型	景区共建	示范村	龙安柚种植基地、旅游节庆	水果采摘休闲体验

续表

序号	乡（镇）	村名	发展类型	发展主题/定位	发展目标	主导旅游项目	配套旅游项目
14	花桥镇	DH 村	乡村旅游型	乡村旅游		打造优质粮油基地	休闲农业观光
15	石垭镇	RW 村	景区带动型	景区共建		农家乐、休闲农庄	旅游商品开发
16	护安镇	HD 村	乡村旅游型	乡村旅游	示范村	农业生态种植基地	休闲农业观光

（四）营山县

立足营山县建设有影响力的山水田园城市和川渝合作示范县的发展定位，积极解放思想，主动对接成渝，充分发挥"一铁四高"和县内交通改善形成的优势，以"一河（流江河）两湖（清水湖、望龙湖）三山（太蓬山、芙蓉山、龙王寨）"为重点，以"主题旅游"为特色，大力推进景区、景点规划建设。全面提升旅游业的产业化程度，增强旅游产业的综合竞争力，使营山成为成渝旅游线路的重要节点和生态休闲旅游目的地。

大力发展乡村旅游，扎实推进旅游脱贫，逐步探索出一条"生态宜民、旅游富民"的发展之路。依托现代农业园区、乡村聚居点、水利风景、佛教寺庙等各类资源，深度挖掘农耕文化、民俗文化、水文化、佛教文化、红色文化等内涵，规划建设一批精品旅游民俗文化村落，培育建设一批乡村民宿达标户，以"政府引导、企业带动、农户参与"的模式发展旅游业，带动居民脱贫转型增收（表7—24）。

表7-24　营山县旅游脱贫转型重点村发展定位及主要旅游项目

序号	乡（镇）	脱贫村	发展类型	发展主题/定位	发展目标	主导旅游项目	配套旅游项目
1	东升镇	FL 村	景区带动型	景区依托	示范村	水库旅游	杂交水稻制种基地
2	清水乡	EC 村	乡村旅游型	乡村旅游		清水湖国家湿地公园	休闲农业观光
3	清水乡	WCA 村	乡村旅游型	乡村旅游		清水水库景区打造	观光休闲农业、农家乐
4	丰产乡	DF 村	景区带动型	景区共建	示范村	清水水库景区打造	观光休闲农业、农家乐
5	太蓬乡	HA 村	乡村旅游型	乡村旅游		太蓬山佛教旅游区	乡村休闲观光旅游
6	新店镇	WC 村	乡村旅游型	农业观光	示范村	生态观光旅游	休闲农业观光
7	茶盘乡	CA 村	景区带动型	景区共建	示范村	望龙湖森林公园	农家乐园
8	茶盘乡	MY 村	乡村旅游型	生态度假		望龙湖森林公园	乡村休闲观光旅游

（五）仪陇县

以红色旅游和生态旅游为主线，总体提升仪陇旅游产业的吸引力和接待力，把仪陇建成全国"将帅故里旅游线"的主节点和三国文化旅游线的辐射点，着力构建县域旅游内环线，打造川东北旅游大环线。

以朱德故里景区创国家 5A 级旅游景区为契机，综合开发红色精品旅游、嘉陵江观光旅游、柏杨湖休闲旅游、乡村特色旅游，着力构建"伟人瞻仰、旅游消费、度假休闲"为一体的全国知名旅游目的地。

要充分挖掘乡村旅游资源，增加旅游要素投入，打造特色产品，拓展服务项目，千方百计通过多种渠道扩大影响，吸引客源，通过发展旅游带动经济发展（表 7-25）。

表 7-25　仪陇县旅游脱贫转型重点村发展定位及主要旅游项目

序号	乡（镇）	脱贫村	发展类型	发展主题/定位	发展目标	主导旅游项目	配套旅游项目
1	马鞍镇	EA 村	景区带动型	特色农业依托型	示范村	现代生态循环农业园	朱德故里后花园
2	马鞍镇	ER 村	景区带动型	景区依托	示范区示范村	爱国主义教育基地打造	枇杷、柑橘种植基地
3	新政镇	JUY 村	乡村旅游型	景区依托	示范村	城郊型生态公园打造	休闲农业观光旅游
4	新政镇	WC 村	乡村旅游型	农业观光休闲		城郊型生态公园	休闲农业观光
5	光华乡	FAE 村	乡村旅游型	特色农业依托型		特色农业观光园	种养观光一体

（六）嘉陵区

重点发展"1 山 2 河 1 环 5 区 19 城镇"旅游体系。

"一山"：天乐谷旅游区核心景区。形成以动物园、大型游乐、健身康体、孝心文化为主题的 4A 级旅游景区。"两河"：西河风景区（连接西兴、石楼、双桂、太和、七宝寺等乡镇，分点布局旅游精品）及曲水河风景区（连接石龙桥综合体至华兴线路，分布文峰野炊、河西观景、曲水美丽乡村等旅游产品）。"一环"：是以多产业融合、景区整合为主的旅游大环线，主要路径为西兴、双桂、石楼、太和、七宝寺、龙蟠、大通、世阳、曲水、天乐谷景区、城区街道办事处。"五区"：天乐谷 4A 级旅游景区、商业休闲区、西河风景区、大通特色乡村旅游景区、曲水河风景区。"十九镇"：西兴、石楼、双桂、太和、七宝寺、龙泉、龙蟠、集凤、大通、大观、大兴、天星、世阳、曲水、河西、华兴、凤垭、南湖、都尉街道办事处（表 7-26）。

表 7-26　嘉陵区旅游脱贫转型重点村发展定位及主要旅游项目

序号	乡（镇）	脱贫村	发展类型	发展主题 / 定位	发展目标	主导旅游项目	配套旅游项目
1	新庙乡	RAC 村	乡村旅游型	打造果桑休闲观光园，集休闲农业观光、采摘于一体	示范村	嘉陵江国际水生态度假区	休闲观光体验旅游
2	一立镇	FSE 村	乡村旅游型	乡村休闲		嘉陵江国际水生态度假区	休闲观光体验旅游
3	大通镇	ECA 村	乡村旅游型	景区共建	示范村	古镇古城特色旅游	蔬果种植基地

（七）阆中市

依托阆中古城、天宫院景区、构溪河国家湿地公园以及 200 多处自然人文景观，树立"大旅游"理念，以"全域旅游"带动"全面脱贫转型"。

以点带面发挥旅游带动效应，充分考虑地域特色、民俗传统等因素，挖掘天宫、老观、木兰等的旅游资源，着力开发阆中古城—构溪湿地、阆中古城—淳风祠—天宫院等市内旅游小环线，加快城市旅游向乡村旅游辐射，着力打造城周边 30 分钟乡村旅游圈，确保旅游资源紧紧围绕脱贫奔康大局。以创建嘉陵江山国家级旅游度假区为依托，结合发展旅游餐饮、宾馆、饭店、农家乐以及地方工艺品、地方土特产等三产服务业，实现旅游脱贫转型（表 7-27）。

表 7-27　阆中市旅游脱贫转型重点村发展定位及主要旅游项目

序号	乡（镇）	脱贫村	发展类型	发展主题 / 定位	发展目标	主导旅游项目	配套旅游项目
1	垭口乡	HXK 村	景区带动型	景区共建	示范村	休闲度假旅游	休闲农业观光
2	凉水镇	QYS 村	乡村旅游型	生态度假		休闲度假旅游	休闲农业观光
3	西山乡	UJL 村	乡村旅游型	生态度假	示范区示范村	生态观光旅游	休闲农业观光
4	河楼乡	NBL 村	乡村旅游型	生态农业		生态观光旅游	休闲农业观光

（八）蓬安县

重点打造相如湖国家级旅游度假区，大深南海景区、漫滩湿地公园，重点提升百牛渡江、周子古镇、龙角山、漫滩等，重点建设财神楼、万寿宫、濂溪祠、画江楼、相如故城南门，百牛渡江望江楼、廊桥、观牛岭等景区景点建设，旅游环线公路、游步道等基础设施建设。

深度挖掘相如文化、嘉陵江民俗文化、农耕文化、古码头文化、吴道子文化、周子理学文化、红军文化以及宗教文化，全力发展乡村旅游，重点发展高庙花谷、利溪花好月圆、油坊沟村乐乐生态园等一大批乡村旅游项目，走出一条农旅融合、文旅互动的旅游发展路子，把蓬安建设成山清水秀、天蓝地绿的生态蓬安（表 7-28）。

表 7-28　蓬安县旅游脱贫转型重点村发展定位及主要旅游项目

序号	乡（镇）	脱贫村	发展类型	发展主题/定位	发展目标	主导旅游项目	配套旅游项目
1	相如街道	TDS 村	景区带动型	景区共建	示范村	嘉陵江国际生态旅游区	特色林果养殖
2	相如街道	HDT 村	景区带动型	景区共建	示范村	嘉陵江国际生态旅游区	特色林果养殖
3	锦屏镇	PUV 村	景区带动型	景区共建		嘉陵江国际生态旅游区	特色林果养殖

（九）岳池县

科学编制乡村旅游产业园区发展规划，着力打造石垭玉屏湖—乔家乡约园—花园农家乐乡村旅游环线，成为广安精品旅游线路的重要节点。优化旅游环境，加快发展星级饭店，将天羿酒店、豪庭假日酒店等建成三星级以上饭店，改造升级一批经济型酒店，倡导发展主题酒店、特色酒店，提升现有服务能力和水平。

大力发展乡村旅游，将乔家镇现代农业示范基地、玉屏湖新村等打造成旅游发展与富农增收的样板景区。积极筹办曲艺大赛和农家文化旅游节等活动，开展乔家草莓采摘、镇龙葡萄采摘等活动。

配套建设岳池白塔、金城山森林公园、岳池文庙、顾县古镇、凤山公园、岳池翠湖（表 7-29）。

表 7-29　岳池县旅游脱贫转型重点村发展定位及主要旅游项目

序号	乡（镇）	脱贫村	发展类型	发展主题/定位	发展目标	主导旅游项目	配套旅游项目
1	白庙镇	ZJD 村	乡村旅游型	乡村旅游	示范村	农业生态种植基地	休闲农业观光
2	粽粑乡	WFC 村	景区带动型	景区共建	示范村	大龙山花椒基地旅游示范区	农家休闲度假旅游
3	排楼乡	LKU 村	景区带动型	景区共建		采摘观光农业园	农家休闲度假旅游
4	顾县镇	BA 村	乡村旅游型	乡村旅游	示范村	生态农作物种植	农家休闲度假旅游
5	北城乡	WCA 村	景区带动型	景区共建		打造佛教旅游圣地	自然生态公园
6	花园镇	DGR 村	景区带动型	景区共建	示范村	休闲观光体验基地	农家休闲度假旅游
7	翠湖景区管理委员会	NSR 村	景区带动型	景区共建		景区升级打造	农家休闲度假旅游
8	朝阳乡	VRS 村	乡村旅游型	乡村旅游	示范村	玉屏湖旅游景区	农家乐、度假村

（十）前锋区

加快逸国花乡、坤园等旅游项目建设，逸国花乡生态旅游度假区全年完成度假酒店、老房子改造、碧峰田园、休闲农庄等项目建设。坤园启动水上游乐园、游客接待中心、度假酒店等项目建设。加快推进伍山农家乡村旅游项目二期工程。

加大项目招商力度。策划包装、推介招商项目，通过西博会、旅游推介会、门户网站、拜访客商等方式加快招商引资，助其尽快签约落地。

大力培育市场主体。对现有基础条件较好的宾馆、农家乐进行提档升级，大力引进开发星级酒店，力争引进旅行社落户前锋区（表 7-30）。

表 7-30　前锋区旅游脱贫转型重点村发展定位及主要旅游项目

序号	乡（镇）	脱贫村	发展类型	发展主题 / 定位	发展目标	主导旅游项目	配套旅游项目
1	龙滩镇	GA 村	景区带动型	景区共建	示范村	巴蜀奇源乐活生态园景区	休闲农业观光
2	代市镇	VD 村	景区带动型	景区共建	示范村	巴蜀奇源乐活生态园景区	休闲农业观光
3	光辉乡	YA 村	乡村旅游型		乡村旅游	农耕文化体验园	休闲农业观光园区
4	代市镇	WC 村	景区带动型	景区共建	示范村	巴蜀奇源乐活生态园景区	休闲农业观光

第五节　西部高山峡谷脱贫转型区

一、高山峡谷区脱贫转型条件

地处青藏高原向四川盆地过渡的东缘地带，位于四川盆地西坡，龙门山造山带东北部的高山峡谷地区，范围涉及广元市的青川县、剑阁县，绵阳市的平武县、北川县。青川、剑阁、平武县位于龙门山造山带的东北端山区，以嘉陵江为界，与广元城区、朝天区、昭化区隔河相望；北川属于龙门山中北部前山带。是著名风景区九寨、黄龙之门户。

具有典型的山地地貌景观，山地主要由近南北走向的岷山山脉、近东西走向的摩天岭山脉和近北东至南西走向的龙门山脉组成，海拔 1000 米以上的山地占幅员面积的 94.33%。地势西北高、东南低，西北部为极高山、高山，向东南渐次过渡为中山、低中山和低山。西北部最高处岷山主峰雪宝顶海拔 5588 米。

该区属北亚热带山地湿润季风气候，气候温和，降水丰沛，日照充足，四季分明，具有云多、雾少、阴天多的特点。低山河谷地带属北亚带山地湿润性季风气候，低中山地带属山地温暖带气候，中山地带属寒温带气候，高山地带属亚寒带气候，极高山地带属寒带气候。植被种类丰富。素有"天下大熊猫故乡"之美誉。

二、高山峡谷区旅游脱贫转型规划

（一）北川县

按全域旅游理念，全面提升北川羌城5A级旅游景区。重点建设西羌九黄山、猿王洞、药王谷旅游景区、维斯特农业休闲旅游区等4A级旅游景区，提升千佛山国家森林公园、小寨子沟国家级自然保护区以及片口自然保护区、永平堡古城等。依托北川丰富的文化资源、独特的自然资源和区域品牌等优势，着力打造文旅发展引领区（表7-31）。

重点建设桂溪河休闲带、青片河休闲带、苏宝河休闲带三个乡村旅游产业带。重点建设安昌镇金龟村西羌莫尼山庄园、桂溪镇亚圣水上娱乐及漂流、永安镇七贤柏景区、擂鼓镇吉娜羌寨冷水鱼养殖观光基地、通口镇观光体验等重大项目。

突出"一村一寨一特色"，推进农土特产品旅游化，打造茶叶、腊肉、土鸡、豆腐制品、香菇、木耳、魔芋等农土特产品。开发水磨漆、羌绣、草编、奇石等文化创意旅游商品。

表7-31　北川县旅游脱贫转型重点村发展定位及主要旅游项目

序号	乡（镇）	脱贫村	发展类型	发展主题/定位	发展目标	主导旅游项目	配套旅游项目
1	香泉乡	ZX村	乡村旅游型	民宿旅游		生态旅游、开发旅游商品	观光农业旅游、民宿
2	香泉乡	LX村	乡村旅游型	景区共建	示范村	旅游特色商品	民俗旅游
3	开坪乡	JFY村	乡村旅游型	生态度假		森林旅游	文物景点开发
4	开坪乡	NH村	景区带动型	生态旅游	示范村	山地旅游	乡村景点开发
5	陈家坝镇	KF村	乡村旅游型	乡村旅游		科普旅游、探险旅游	芍药种植基地
6	通口镇	BK村	景区带动型	景区共建	示范村	红心猕猴桃产业基地和林下养殖基地	观光休闲农业、农家乐
7	安昌镇	FJ村	景区带动型	景区共建		开茅水库建设、生态文化旅游项目	农家乐
8	安昌镇	UN村	景区带动型	休闲农业	示范区示范村	农业休闲旅游、农业产业园	农家乐、观光农业
9	曲山镇	FH村	景区带动型	景区共建	示范村	水上休闲旅游开发	沿湖景观带打造
10	曲山镇	HKF村	景区带动型	景区共建		北川羌城旅游区升级打造	农家乐、民宿

续表

序号	乡（镇）	脱贫村	发展类型	发展主题/定位	发展目标	主导旅游项目	配套旅游项目
11	小坝镇	LF 村	乡村旅游型	特色农业	示范村	特色农业开发	农家乐，休闲旅游
12	小坝镇	UN 村	乡村旅游型	特色农业		特色农业开发	农家乐，休闲旅游
13	小坝镇	YF 村	乡村旅游型	特色农业		特色农业开发	农家乐，休闲旅游
14	永安镇	LF 村	乡村旅游型	特色农业		特色农业开发	农家乐，休闲旅游
15	永安镇	NF 村	乡村旅游型	景区共建	示范村	羌族历史文化开发	民俗旅游
16	永安镇	IF 村	乡村旅游型	乡村度假	示范村	农家休闲度假山庄	民俗旅游、民俗节庆活动
17	擂鼓镇	HF 村	乡村旅游型	景区共建		农经土特产品开发	地震特色旅游区开发
18	擂鼓镇	UF 村	景区带动型	景区共建	示范村	北川羌城旅游区升级打造	以木屋为主题的民宿、农业休闲观光
19	擂鼓镇	NF 村	乡村旅游型	景区共建		北川羌城旅游区升级打造	以木屋为主题的民宿、农业休闲观光
20	擂鼓镇	OF 村	乡村旅游型	景区共建		北川羌城旅游区升级打造	以木屋为主题的民宿、农业休闲观光
21	擂鼓镇	RN 村	景区带动型	景区共建	示范村	北川羌城旅游区升级打造	采摘体验旅游
22	擂鼓镇	ON 村	乡村旅游型	景区共建	示范村	北川羌城旅游区升级打造	灾后重建体验区
23	片口乡	VU 村	乡村旅游型	景区共建		竹林沟省级自然保护区	生态旅游、旅游商品开发
24	片口乡	TN 村	景区带动型	景区共建		片口省级自然保护区	生态旅游
25	白坭乡	NF 村	乡村旅游型	生态度假		现当生态农业开发	生态旅游
26	桃龙藏族乡	FF 村	乡村旅游型	乡村旅游	示范村	现当生态农业开发	生态旅游
27	漩坪乡	LF 村	乡村旅游型	景区依托		山地旅游打造	旅游商品开发
28	桂溪镇	IN 村	景区带动型	景区依托	示范村	山地生态文化旅游	旅游商品开发水上乐园、生态漂流、民族歌舞表演、地方土特产商店、旅游餐厅等
29	墩上乡	LG 村	景区带动型	景区依托	示范村	千佛山、省级非物质文化遗产"十二花灯"等羌族文化遗存、万亩红豆杉农业产业基地	旅游商品开发、民俗产品开发
30	禹里镇	RB 村	景区带动型	景区共建		生态旅游	旅游商品开发

续表

序号	乡（镇）	脱贫村	发展类型	发展主题/定位	发展目标	主导旅游项目	配套旅游项目
31	青片乡	DN 村	乡村旅游型	景区共建	示范村	生态旅游	旅游商品开发
32	贯岭乡	TD 村	乡村旅游型	景区共建	示范村	山地旅游打造	旅游商品开发
33	桂溪镇	BY 村	景区带动型	景区共建		山地旅游打造	旅游商品开发
34	白什乡	UE 村	乡村旅游型	景区共建		农业产业园区（基地）	旅游商品、民俗产品开发
35	马槽乡	JD 村	景区带动型	生态旅游	示范村	森林旅游、探险旅游	旅游商品开发
36	坝底乡	UB 村	景区带动型	生态旅游		森林旅游、探险旅游	旅游商品开发

（二）平武县

重点发展"天下大熊猫第一县"、报恩寺 4A 级旅游景区、王朗国家级自然保护区、雪宝顶国家级自然保护区、老河沟省级自然保护区、龙池坪省级森林公园、龙门洞省级森林公园、泗耳自然保护区、北山公园、白马民族风情等景区（表 7-32）。

大力发展"一核一线四沟域"精品旅游，打造以科考探险、休闲度假、康体养生、文化体验为特色的旅游项目，提升平武旅游的整体竞争力，实现由九环线旅游过境地向旅游目的地转变。

全面加快生态立县步伐，以绿水青山托起群众幸福之路。依托九环东线，发展民俗旅游，结合茶叶、核桃、中药材、蜂蜜等，大力发展山地生态乡村旅游业。

表 7-32 平武县旅游脱贫转型重点村发展定位及主要旅游项目

序号	乡（镇）	脱贫村	发展类型	发展主题/定位	发展目标	主导旅游项目	配套旅游项目
1	平通羌族乡	新民村	景区带动型	生态休闲	示范村	农家乐，民宿	休闲避暑度假旅游
2	南坝镇	UDS 村	景区带动型	生态休闲		农家乐，民宿	休闲避暑度假旅游
3	南坝镇	JS 村	景区带动型	生态休闲	示范村	农家乐，民宿	休闲避暑度假旅游
4	南坝镇	RVR 村	景区带动型	生态休闲		农家乐，民宿	休闲避暑度假旅游
5	南坝镇	HD 村	景区带动型	生态休闲		农家乐，民宿	休闲避暑度假旅游
6	南坝镇	SR 村	景区带动型	生态休闲	示范村	农家乐，民宿	休闲避暑度假旅游
7	南坝镇	UE 村	景区带动型	乡村度假		文化与农（林、畜牧）业产业园区	农家乐、度假村
8	南坝镇	GAC 村	景区带动型	乡村度假	示范村	农家乐，民宿	农家乐、度假村
9	大桥镇	EA 村	乡村旅游型	景区依托		平武报恩寺	农家乐

序号	乡（镇）	脱贫村	发展类型	发展主题/定位	发展目标	主导旅游项目	配套旅游项目
10	响岩镇	YR 村	乡村旅游型	景区依托	示范村	平武报恩寺	农家乐
11	土城藏族乡	HY 村	旅游商品型	民宿旅游	示范村	农家乐，民宿	休闲避暑度假旅游
12	坝子乡	FG 村	旅游商品型	民宿旅游	示范村	农家乐，民宿	休闲避暑度假旅游
13	坝子乡	WC 村	旅游商品型	民宿旅游		农家乐，民宿	休闲避暑度假旅游
14	平通羌族乡	SR 村	乡村旅游型	景区共建	示范村	休闲度假景区的打造	农产品加工开发
15	平通羌族乡	WCA 村	旅游商品型	景区共建		休闲度假景区的打造	农产品加工开发
16	平通羌族乡	YD 村	旅游商品型	景区共建		杉树林生态旅游	土特产开发
17	平通羌族乡	HA 村	旅游商品型	景区共建	示范村	休闲度假景区的打造	农产品加工开发
18	大印镇	DC 村	乡村旅游型	乡村旅游		休闲度假景区的打造	农产品加工开发
19	大印镇	YR 村	乡村旅游型	乡村旅游		农业产业园	非物质文化遗产的加工与生产
20	大印镇	PO 村	乡村旅游型	乡村旅游		农业产业园	农家乐、采摘体验旅游
21	虎牙藏族乡	TR 村	景区带动型	乡村旅游	示范村	民俗旅游	农家乐、采摘体验旅游
22	虎牙藏族乡	TG 村	景区带动型	乡村旅游	示范村	农业产业园	农家乐、采摘体验旅游
23	高村乡	UD 村	景区带动型	乡村度假	示范村	平武县朝天宫乡村度假及养老颐养中心	农家乐、农业观光旅游
24	阔达藏族乡	EK 村	乡村旅游型	景区共建	示范村	山地旅游打造	休闲农业建设
25	黄羊关藏族乡	BT 村	景区带动型	乡村休闲		山地旅游建设	休闲农业建设
26	锁江羌族乡	BZ 村	乡村旅游型	景区共建	示范村	生态养生旅游	茶叶基地
27	木皮藏族乡	TW 村	景区带动型	山地乡村	示范村	生态旅游示范区	中蜂养殖基地
28	阔达藏族乡	JS 村	乡村旅游型	景区共建		生态旅游示范区	休闲农业建设
29	水晶镇	RV 村	旅游商品型	景区共建		山地旅游服务基地建设	地质探险旅游
30	龙安镇	XR 村	乡村旅游型	景区依托		平武报恩寺	农耕观光体验旅游
31	龙安镇	TVS 村	旅游商品型	景区共建	示范村	自驾车营地	中药材基地
32	龙安镇	YDS 村	旅游商品型	景区依托		平武报恩寺	水果种植产业基地
33	豆叩乡	VR 村	乡村旅游型	乡村旅游	示范村	竹编、草编工艺品	休闲山庄、农家乐
34	豆叩乡	DR 村	旅游商品型	乡村旅游		羌族采茶节	羌家乐
35	白马藏族乡	HYG 惹	景区带动型	景区共建	示范村	白马王朗旅游度假区	农家乐

（三）青川县

重点发展唐家河国家级生态旅游示范区。借助唐家河国家级自然保护区，依托良好的生态环境、宜人的气候条件、优美的自然环境，重点发展唐家河国家级生态旅游示范区。进而拉动带动西部经济社会协调发展，培育广元西北部旅游经济增长极，实现与四川省同步走向小康。

重点建设：唐家河景区、东河口地震遗址公园、青溪古城等 4A 级旅游景区、白龙湖国家级风景名胜区、阴平古道省级风景名胜区、东阳沟自然保护区、毛寨自然保护区等（表 7-33）。

表 7-33　青川县旅游脱贫转型重点村发展定位及主要旅游项目

序号	乡（镇）	脱贫村	发展类型	发展主题/定位	发展目标	主导旅游项目	配套旅游项目
1	黄坪乡	JF 村	景区带动型	景区依托	示范村	旅游商品开发、农家乐、民宿打造	特色农产品加工
2	黄坪乡	QC 村	景区带动型	景区依托		旅游商品开发、农家乐、民宿打造	特色农产品加工
3	大坝乡	DB 村	景区带动型	景区共建	示范村	生态文化基地、农家乐、乡村民宿	特色农产品加工
4	大坝乡	DB 村	景区带动型	景区依托	示范村	打造 4A 级绿色生态基地	特色旅游商品加工
5	大坝乡	RC 村	景区带动型	景区依托	示范村	打造 4A 级绿色生态基地	特色旅游商品加工
6	大坝乡	YS 村	景区带动型	景区依托	示范村	打造 4A 级绿色生态休闲山庄	特色旅游商品加工
7	桥楼乡	CR 村	景区带动型	景区依托		休闲体验农园	农耕体验园区
8	桥楼乡	HS 村	景区带动型	景区依托		森林资源丰富，自然保护生态区	生态环境保护良好，环境优美
9	板桥乡	EV 村	景区带动型	景区依托	示范村	中药材种植基地	农耕体验园区
10	板桥乡	JY 村	景区带动型	景区依托		打造自然保护生态区	农耕体验园区
11	前进乡	WS 村	景区带动型	景区依托		竹工艺坊	手工艺品包装加工
12	瓦砾乡	UV 村	乡村旅游型	养生旅游		茶园养生山庄	农耕体验园区
13	凉水镇	CR 村	景区带动型	景区依托		酒文化博物馆	特色酒品牌打造、销售
14	马鹿乡	US 村	景区带动型	景区依托	示范村	库区垂钓平台	亲水体验项目
15	金子山乡	YF 村	景区带动型	景区共建		乡村文化广场	文化体验园区

续表

序号	乡（镇）	脱贫村	发展类型	发展主题/定位	发展目标	主导旅游项目	配套旅游项目
16	沙州镇	FS 村	景区带动型	景区依托	示范村	乡村亲水乐园	油橄榄、长毛兔、水产加工
17	营盘乡	UGF 村	景区带动型	景区依托		乡村度假酒店，旅游商品销售服务中心	肉牛、土鸡（肉牛养殖小区）加工
18	乔庄镇	JK 村	景区带动型	景区依托	示范村	青川生态文化园	农耕体验园区
19	房石镇	FE 村	景区带动型	景区依托		生态养殖基地	农耕观光体验旅游
20	房石镇	CE 村	景区带动型	景区依托	示范区示范村	金子山风景区、国家级自然保护区	户外运动营地
21	乐安镇	XE 村	景区带动型	景区共建		文化古镇长廊	历史文化教育基地
22	茶坝乡	EA 村	景区带动型	景区依托		山地户外运动基地	森林自然保护区
23	竹园镇	VE 村	景区带动型	景区依托		文化产业园区	农耕体验园
24	白家乡	YR 村	景区带动型	景区共建		地质探险旅游	魔芋、贡米、生猪加工包装
25	木鱼镇	EC 村	景区带动型	景区共建		农耕文化博览园	农耕观光体验旅游
26	孔溪乡	KU 村	景区带动型	景区共建	示范村	生态休闲度假农庄	山地探险旅游营地
27	蒿溪回族乡	CE 村	景区带动型	景区共建		文化休闲广场	户外运动营地
28	关庄镇	SE 村	景区带动型	景区共建		森林主题酒店	山地探险旅游营地
29	七佛乡	CP 村	景区带动型	景区依托	示范村	茶文化种植园区	休闲体验茶吧
30	骑马乡	GA 村	景区带动型	景区依托		打造木耳种植基地	农产品加工包装
31	姚渡镇	ECA 村	景区带动型	景区依托		龙湖国家级风景区	亲水体验项目
32	曲河乡	HA 村	景区带动型	景区依托		三篡山古文化	科普教育基地
33	红光乡	EC 村	景区带动型	景区依托	示范村	遗址文化的弘扬	古村落观光体验
34	苏河乡	HA 村	景区带动型	景区共建		生态休闲度假农庄	水果采摘体验园

（四）剑阁县

充分整合、提升剑门关景区、昭化古城和剑昭古道等龙头景区项目，依托、串联38千米古驿道上的三国旅游景区、特色村镇和旅游景点，整合区内全国重点文物保护单位、国家级风景名胜区和国家森林公园，构建三国旅游国际精品旅游区，打造秦巴山区三国文化国际旅游品牌，建设秦巴山区旅游产业脱贫转型国家级示范区重要支撑。

重点建设和提升：昭化古城、剑门关古镇、关楼军事文化区、剑门三国豆腐村、剑门蜀道博物馆、大朝驿站景区、孟江古村落、温泉度假村、三国主题酒店、三国主题文化园、大型自驾车营地、昭化体育公园、水上三国城、商务度假区、游览配套设施等项目（表 7-34）。

表 7-34　剑阁县旅游脱贫转型重点村发展定位及主要旅游项目

序号	乡（镇）	脱贫村	发展类型	发展主题/定位	发展目标	主导旅游项目	配套旅游项目
1	金仙镇	SB 村	乡村旅游型	生态农业	示范村	生态农业博览园	农耕体验园区
2	汉阳镇	SG 村	景区带动型	景区依托		休闲农业产业示范园	农耕体验园区
3	剑门关镇	GA 村	景区带动型	景区依托	示范村	休闲体验农园	自然保护区旅游节庆、生态旅游
4	剑门关镇	TC 村	乡村旅游型	农家乐		有机林果种植基地	自然保护区旅游节庆、生态旅游
5	剑门关镇	EC 村	景区带动型	景区依托	示范村	农家乐、种植基地	旅游商品开发加工
6	姚家镇	UV 村	乡村旅游型	乡村旅游		乡村景观打造	农特产品加工包装
7	凉山乡	SY 村	景区带动型	景区共建		农家乐、蔬果种植基地	农特产品加工包装
8	江口镇	XH 村	乡村旅游型	农业观光		生态农业观光	旅游商品加工

第五章　旅游脱贫转型区域协作规划

旅游产业融合与区域协作对区域旅游脱贫转型具有重要意义。我国乡村地区涉及面积广大，不同乡村地区，地质地理条件迥异，山形地貌条件有别，经济社会不同，历史文化差异明显，有必要进行跨区域乡村产业融合与脱贫转型协作研究，通过资源整合、产品共享、经验共鉴，实现全球乡村脱贫攻坚成果与乡村振兴的真正衔接。这里以自然条件复杂、地形地貌多样、涉及省份多、脱贫县和脱贫人口多、内部差距大的全国原有 14 个连片脱贫转型地区的典型代表——秦巴山区为案例，对乡村地区旅游产业融合及旅游脱贫转型区域协作进行系统规划。具体坚持市场导向，开发利用特色资源，积极承接产业转移，延伸拓展产业链条，构建旅游业与秦巴山片区相关特色产业融合发展体系，提高秦巴山片区经济发展质量，推动秦巴山区又好又快发展和特困山区脱贫转型升级，对区域旅游产业融合及旅游脱贫转型区域协作规划进行探讨，具体涉及旅游产业融合发展规划、区域旅游脱贫转型协作框架、区域旅游脱贫转型协作机制、旅游产业融合及旅游脱贫转型协作体系。

第一节　旅游产业融合发展规划

一、旅游业与特色农业

（一）高效特色农业与旅游业融合发展

贯穿乡村旅游发展理念，大力推进农业产业结构调整，结合生态产业特点，稳定发展粮食生产，扩大经济作物和林果种植面积，积极开展人工种草建设，大力发展草食畜牧业等特色畜牧水产业，按照规模化、标准化、品牌化的要求，发展设施农业，建设地域特色旅游农业基地。

做大做优油橄榄、核桃、油茶、板栗、猕猴桃、脐橙、食用菌、蚕桑、茶叶、魔芋、杜仲、天麻、贝母、木瓜、蔬菜、苗木花卉等优势产业，开发富硒农产品，依托特色农业产品发展，大力研发建设秦巴山片区特色旅游产品。

推动绿色和有机产品认证和国家地理保护标志的申请和认证。培育特色山珍、道地中药材、山地杂粮、经济林果等特色产业，扩大规模，创建市场品牌。大力发展生态畜牧业，健康水产养殖业，重点发展地方优良品种和特种养殖业，逐步形成特色农业旅游产业规模，培育高端市场。

（二）旅游业与农产品加工业融合发展

结合旅游业发展，建设一批农产品加工园区，重点发展木本油料、茶叶、干鲜果品、中药材、畜禽五大农产品加工业。以龙头企业带动农林旅游产品基地建设，完善生产加工链条，提高产业核心竞争力。构建秦巴山区农产品加工业生产及营销基地。

（三）完善农业与旅游业市场体系融合发展

大力发展生产资料市场、农产品批发市场。推广农资连锁经营，规范农资市场秩序。建设一批农产品旅游集散中心、专业交易市场和跨区域加工配送中心，开展多种形式的产销对接，推进农产品网上推介、洽谈和交易，开辟特色农产品流通的绿色通道。

完善市场中介服务，支持农业社会化服务组织、农村营销大户和农民经纪人积极参与农业旅游建设。

二、旅游业与生态工业

（一）旅游业与生物产业

引进高新技术和现代制药企业，加工转化杜仲、天麻、连翘、丹参、绞股蓝、当归、黄姜、山茱萸、金银花、西洋参、秦艽等中药材，打造"秦巴药乡"生物工业旅游品牌。

利用现代生物提取技术，建设中药饮片和医药中间产品提取生产线与生物工业观光旅游。充分发挥生物资源优势，积极发展食品、保健品、化妆品、化工原料、化工原料、肥料、饲料等相关产业。

（二）旅游业与特色工业

推动传统特色工业转型升级，加大有色金属产业、冶炼加工产业与旅游业之间的融合发展，构建与旅游业相融的新型循环产业链条。

按照资源综合利用、清洁生产要求，建设国家尾矿资源综合利用产业基地、精细磷化工产业基地，建设矿山地质公园，发展特色工业旅游业。

发展天然气精细化工业，提高资源开发和就地转化水平，建设国家天然气综合开发利用示范区，发展生态环境保护节能新型建材旅游产业。

三、旅游业与文化产业

（一）重点旅游景区和旅游线路

以世界文化遗产、国家风景名胜区、国家级森林公园、重要历史文化古迹等为依托，以武当山、大小三峡、古蜀道等为重点，大力发展绿色生态、历史文化、红色旅游、乡村旅游。

统筹兼顾区域开发与旅游发展，加强片秦巴山片区省际旅游热线的连接和旅游区域合作，增强旅游产业的整体活力和综合实力。

（二）加快文化旅游产业发展

依托丰富的文化资源，大力挖掘先秦两汉三国等历史文化、红色文化、道教文化、河洛文化、宗亲文化、民俗文化的内涵，扶持"大戏、大片、大剧、大作"的策划与创作生产，加快发展文化创意、影视制作、演艺娱乐、新闻出版、会展产业与旅游业融合发展。

规范发展大秦岭、楼观台道、中国巴人故里、汉源文化园等文化园区。鼓励文化产业龙头企业以资本为纽带，跨区域、跨行业兼并重组，发展一批有特色、有实力的文化骨干企业，培育多元化的文化旅游市场主体。

四、旅游业与现代服务业

（一）旅游业与现代物流业

按照统筹规划、布局集中、用地集约、产业集聚、功能集成、经营集约的原则，加快区域性物流园区和物流中心园区建设。推进与物流园区相配套的运输场站、仓储、配送、信息平台等设施建设。

积极发展第三方物流，培育和壮大一批骨干物流企业，推动物流业、制造业、旅游业等产业联动发展。积极推动农村物流、专业物流与旅游业之间的融合。

（二）旅游业与商贸服务业

引进现代旅游商贸服务企业，提升改造传统旅游商贸服务业。重点建设综合性旅游批发市场、特色街区和专业市场，推进县城超市和配送中心、乡村连锁农家店流通网络建设，实施"万村千乡市场工程"。积极发展旅游电子商务。引导旅游住宿餐饮业规范化发展。

（三）旅游业与金融业

结合旅游业发展，提升城市金融综合服务能力，扶持地方性金融机构发展。增加乡村金融网点。开展乡村旅游与乡村金融创新试点。

培育多元化乡村金融机构，加快推进小额贷款公司和村镇银行建设，探索发展新型乡村资金互助组织。积极开展农业保险、小额贷款和贷款担保业务。

（四）休闲业与家庭服务业

大力发展家政服务、社区照料服务、养老服务等业态。大力发展乡村休闲业与乡村家庭服务业的融合发展。

鼓励各种资本投资发展城乡休闲业和家庭服务企业，推进旅游休闲业和家庭服务业的市场化、产业化、社会化，规范市场秩序。

五、旅游业与产业结构调整

（一）旅游业与推进绿色低碳发展

以可持续旅游发展理念为指导，坚持环境友好型、资源节约型原则，加强资源节约和管理，实施节能减排科技示范工程，推广低碳技术。加快建设循环经济重点聚集区。强化资源综合利用，推进资源再生利用产业化。

全面推进清洁生产，严格控制高耗能、高排放行业，坚决淘汰落后产能，采取环境综合治理、生态建设保护等措施，最大限度地降低能源消耗，促进经济转型和产业结构优化升级。在具备条件的地方开展旅游碳汇交易与脱贫开发试点。

（二）旅游业与承接产业转移

利用当地的产业基础、人力资源和技术优势，积极承接东部地区和省会城市产业转移，采取多种形式合作共建产业园区，探索承接产业转移新模式。

按照产业准入环境标准，合理确定承接发展重点，把承接产业转移与调整自身产业结构、建立现代产业体系结合起来，促进产业转型升级，提升市场竞争能力。

（三）旅游业与园区集约发展

统筹规划产业园区，合理确定产业定位和发展方向，因地制宜发展特色产业园区，大力推进园区整合发展，形成布局优化、产业集聚、用地集约、配套完整、特色明显的产业园区体系。积极引进优秀管理人才和先进管理经验，提升园区基础设施建设水平，引导产业向园区集中。

支持有条件的产业园区适当扩区调位，支持符合条件的省级开发区申请升级为国家级开发区。

（四）旅游业与产业协作发展机制

促进产业优化布局，重点建设相邻的十堰、汉中、巴中与广元、安康、商洛、陇南等地的特色产业集聚区，引导企业集聚发展，形成资源共用、园区共建、利益共享的产业协作发展格局。

支持异地兴办旅游工业园区，建立资源互补、基础共建、产业共有、利益共享、环境保护共担的机制。

第二节　旅游产品脱贫转型区域协作规划

一、共建区域旅游产品体系

（一）"秦巴山水"生态度假产品体系

充分依托重庆市、成都市、西安市、兰州市、武汉市对周边地区的辐射和影响力，以米仓山和大巴山为依托，借助川东北地区独特的山水风光和自然生态环境，整合百里峡、龙潭、八台山、真佛山、铁山、天生、杨家河、白岩滩水库；空山、光雾山、诺水河、镇龙山、米仓山、天马山；曾家山、唐家河、秦巴大草甸、古城山、七里峡；第一曲流、升钟水库、凌云山、金成山；华蓥山、千岛湖、龙女湖、太极湖、翠湖等景区，完善旅游交通基础配套设施体系，打造川陕渝甘鄂地区山地型国家级旅游度假区，打造重庆、西安、兰州、成都、武汉后花园。

（二）"伟人故里"红色旅游产品体系

充分发挥川东北地区丰富的红色文化资源优势，以"伟人故里、将帅故里"为主线，整合"川陕苏区"红色旅游资源，打造"伟人故里"红色旅游产品体系。

重点提升小平故居和纪念馆、华蓥山游击队遗址和朱德故居纪念馆；重点整合红四方面军总指挥部旧址、川陕苏区红军烈士陵园、通江红军石刻标语群、川陕苏区将帅碑林、刘伯坚烈士纪念碑，达州张爱萍故居、万源保卫战战史陈列馆；南充罗瑞卿故居、张澜纪念室、张澜故里景区及广元苍溪红军渡纪念馆。

（三）"智慧之旅"三国旅游产品体系

借助三国旅游已奠定的基础和"三国旅游"热潮，依托剑门关景区、昭化古城和剑门蜀道，整合现有国家 4A 级旅游景区，整合周边资源，完善并延伸旅游要素，打造世界级三国文化观光、体验旅游目的地。

重点提升剑门关景区、昭化古城和剑昭古道，联合打造国家级旅游度假区；提升完善翠云廊景区、广元明月峡栈道和女皇故里景区；重点建设剑州古城（普安镇）、古柏蜀道（拦马墙、柳沟）、阆中张飞庙和南充陈寿万卷楼。

（四）"秦巴山乡"乡村旅游产品体系

充分挖掘秦巴山区地域文化底蕴，依托川陕渝甘鄂交汇处山地乡村旅游资源富集带，整合周边相关资源，构建独具特色的"秦巴山乡田园"乡村休闲旅游产品体系。

重点提升：秦巴山地南麓乡村旅游带、渠江流域乡村旅游风光带、南江生态经济乡村旅游带、前江两岸山地乡村旅游带、川东北"苏区新貌"乡村旅游区、秦巴"古村古镇"乡村旅游区。

（五）"秦巴山地"自然生态旅游产品体系

依托长江上游生态屏障资源优势和川陕甘渝交界区位优势，整合秦巴山区国家和省级自然保护区、国家森林公园、风景名胜区及国家地质公园，打造针对西安和兰州为主的北方市场的"锦绣秦巴"自然生态旅游产品体系。

重点建设：米仓山、光雾山、诺水河、空山、镇龙山、天马山、剑门关、天台山、五峰山、凌云山、升钟水库、九龙湖、青龙湖、百福山、鼓城山—七里峡、金城山、太蓬山、盘龙山、铁山、雷音铺、大坡岭、观音山、百里峡、花萼山、杨家河。

（六）"锦绣秦巴"自驾专项产品体系

针对秦巴山区近期仍处于"温冷"旅游发展阶段，重点推出：川东北环线之旅、剑门蜀道之旅、风水文化之旅、红色文化之旅、中国景观大道观光等自驾车旅游。

规划建设好南充升钟湖、广安华蓥山、达州百里峡、巴中观雾山、广元米仓山等自驾车营地，自驾车旅游沿线汽车旅馆、汽车餐馆、汽车影院等旅游要素整合建设。

二、共享区域旅游精品线路

整合秦巴山区特色旅游景观资源，结合区域交通、基础及配套服务设施，针对不同市场需求，构建独具秦巴山区特色的区域精品旅游线路。

（一）三国文化精品游线

成都—绵竹—罗江—绵阳—梓潼—古柏蜀道—剑州古城—古柏蜀道—剑门关—广元（—汉中）—巴中—阆中—南充—成都。

（二）红色文化精品游线

成都—广元（—旺苍）—巴中—通江—万源—宣汉—达州—大竹—广安—南充—南部—阆中（—仪陇）—广安—华蓥—潼南—铜梁—江津—重庆。

（三）嘉陵江文化精品游线

广元—苍溪—阆中—南部—蓬安—南充—广安—武胜—潼南—合川—北碚—重庆。

（四）秦巴山水生态精品游线

广元—旺苍—巴中—通江—达州—宣汉—万源—空山—南江—汉中—广元。

（五）风水古城镇主题游线

南充—武胜—大竹—达州—平昌—巴中—旺苍—广元—阆中—南充。

（六）秦巴山地乡村精品游线

苍溪—元坝—旺苍—巴州区北部—南江—平昌—通江—万源—宣汉—达州—开江。

三、共同塑造区域旅游品牌

（一）培育"中国·秦巴"旅游品牌体系

根据"中国秦巴山区国际山地生态旅游目的地"总体定位，重新梳理目标市场定位，打造整体营销的公共平台，推进联合营销、共享市场，共塑区域旅游品牌。以大秦岭、大巴山、长江（上游）、汉江、嘉陵江、国家景观大道、南水北调等跨区域标志性旅游品牌为基础，联动跨区域特色旅游功能功区、国际精品旅游带、特色旅游目的地等为核心的系列旅游品牌，构建完整的"中国秦巴·华夏中央公园"旅游品牌体系。

（二）推进跨区域旅游营销工程

启动"中国秦巴·华夏中央公园"形象宣传推广活动；开展"美丽中国——秦巴旅游年"主题宣传活动；拍摄《美丽秦巴》旅游形象宣传片；推出秦巴旅游电视栏目；构建多语种网络营销终端平台；开展秦巴旅游节庆活动和特色旅游目的地营销推广活

动；编写秦巴旅游系列指南；积极推进旅游外交营销工程。

（三）构建跨区域旅游营销体制

组建秦巴山区旅游营销联盟；积极借助中国与其他国家合办"旅游年"活动，开展秦巴旅游宣传；结合领导人和主要客源国互访，开展旅游外交宣传；积极加强中国秦巴旅游营销联盟与中国驻外旅游办事处和文化办事处等相关部门联系，构建宣传网络，为区域旅游脱贫及区域旅游脱贫协作创造有利环境氛围。

第三节　旅游经济脱贫转型区域协作规划

一、资源共性与协作基础

秦巴山区同处青藏高原东南部，位于成都、重庆、武汉、西安、兰州、郑州六大城市之间的"山地生态绿岛"，地域相邻、人缘相亲、经济相融、文化相通，共同拥有秦巴山区地域文化这一共性。另外，由于地域环境和历史文化等因素，彼此又有较强的差异性和互补性，形成各自鲜明的旅游品牌形象。其中，广安以"小平故里行，华蓥山上游"旅游品牌享誉全世界；达州拥有"巴人故里、中国气都"世界级旅游资源；巴中同时享受米仓山和红军文化的哺育，拥有"川陕苏区首府，华夏中央公园"之美誉；广元的剑门蜀道具有申报世界线路文化遗产潜力，女皇故里文化资源在西部独具特色；南充在嘉陵江流域、三国文化和丝绸文化等的独特区位资源，"源远流长嘉陵江，千年绸都南充城"享誉中外。

区域旅游合作的利益主体涉及区域旅游活动的各个环节。区域旅游竞争是建立在旅游资源主体和空间上的不对等及不均衡的基础上，以旅游资源的区位禀赋和品质为竞争核心的旅游活动，游客更喜欢选择资源密集，禀赋（品质）高的旅游景点。国外对旅游合作内容研究涉及旅游内部管理、旅游品牌形象、旅游市场营销和旅游信息系统构建等多方面[①]。正是秦巴山区各地区资源的共性、同源性，以及差异性和互补性，奠定了秦巴山区旅游脱贫的物质基础，为区域旅游协作脱贫奠定了重要条件。

二、打造区域旅游经济协作区

（一）共建区域旅游经济合作区

实施全域开放、区域协作战略，构建跨区域旅游经济合作区：①秦巴山区与关天

---

① 刘晓霞.区域合作视角下秦巴山区旅游空间结构优化研究［D］.西安：西安外国语大学，2019.

经济区跨区域合作，共同打造大秦岭生态旅游经济合作圈；②秦巴山区与成渝经济区跨区域合作，共同打造大巴山生态旅游经济圈；③秦巴山区中—东部跨区域联动发展，共同打造陕豫鄂生态旅游经济合作圈；④秦巴山区中—西部跨区域联动发展，共同打造川陕甘生态旅游经济发展圈。

（二）共同打造区域旅游目的地

以跨区域旅游目的地（或旅游带）为纽带，共同开发八大跨区旅游目的地：①秦岭山地生态休闲度假旅游圈；②秦巴山文化生态休闲度假旅游圈；③鄂西原生态休闲度假旅游圈；④豫西文化生态休闲旅游圈；⑤长江（上游）山水文化旅游圈；⑥陇南高原山地生态旅游圈；⑦汉江旅游带；⑧大巴山（南麓）乡村旅游带；⑨长江（上游）旅游带；⑩嘉陵江旅游带。

（三）共建跨区域旅游协作区

从省际层面，构建跨区域旅游脱贫合作格局。以秦巴山区六省市联合建立旅游合作联盟为抓手，加强秦巴山区与东部、中部的旅游协作区以及旅游脱贫合作。积极贯彻落实国家关于东、西部脱贫协作工作部署，始终强化政治担当、凝聚帮扶部门合力，在协作项目、产业合作、劳务协作、结对帮扶等方面积极谋划、精准发力，全力以赴推进脱贫协作各项工作开展。

三、共同开发跨界旅游产业带

（一）嘉陵江观光休闲旅游产业带

整合嘉陵江朝天、利州、苍溪、阆中、南部、仪陇、蓬安、高坪、嘉陵、武胜、合川等区域城镇及景区资源，以嘉陵江为统一品牌，开发多元化旅游产品体系，建设以自然生态观光和人文览胜为基础，以休闲度假和民俗体验为主题，以科考探险和体育竞技为补充，融生态、个性和专题为一体的嘉陵江水生态文化与休闲度假旅游产业带，打造具有国际影响力、竞争力和可持续发展的世界级旅游目的地，促进嘉陵江旅游经济带共同繁荣发展。

（二）秦巴山地乡村休闲度假旅游带

自东向西由苍溪—元坝—旺苍—巴州区北部—南江—平昌—通江—万源—宣汉—达县—开江，构建秦巴山麓南缘（米仓山和大巴山前山）乡村休闲度假旅游带，以秦巴山地南麓优美的环境、良好的生态、宜人的气候条件，以及原生态的山地乡村田园风光（如白衣古镇、三江水域、五峰林海、北山古镇等）为依托，构建独具秦巴山区个性的特色旅游乡镇和旅游特色村网络体系。以乡村旅游产业为优先加快新农村建设，加快乡村旅游基础设施建设，提高乡村旅游公共服务水平，构建乡村旅游防灾应急机制；以旅游业为先导推进城乡一体化，加强统筹城乡旅游规划，统筹旅游城乡建设和管理。

（三）米仓山生态康养度假旅游区

主要涉及米仓山前山带区域，包括苍溪、元坝、旺苍、巴州区北部、南江，充分整合光雾山、诺水河、镇龙山、空山、米仓山，以及曾家山、秦巴大草甸、古城山、七里峡等森林公园和风景名胜区，共同构建以原生态山地运动休闲和原生态度假为特色的米仓山国家级旅游度假区。主要面向西安、汉中、兰州等为重点的北方市场。

应注重与汉中、勉县、南郑、略阳县乃至西安市之间的生态康养度假旅游的区域合作开发。

（四）大巴山生态休闲度假旅游区

主要涉及平昌、通江、万源、宣汉、达川区、开江县。

针对面向重庆、西安、成都、武汉等大都市的原生态休闲度假旅游市场，整合佛头山、白衣古镇、北山古镇、三江水域、五峰林海、镇龙山国家森林公园，诺水河国家重点风景名胜区、空山国家森林公园，八台山龙潭河风景名胜区、花萼山国家级自然保护区、"大巴山第一漂"和"汉江第一漂"、鱼泉山、长洞湖，杨家河、峨城山、百里峡、白岩滩水库，以及铁山森林公园、九龙湖、仙女山等资源，共同打造原生态漂流等体育休闲为特色的重庆、西安、成都、武汉后花园和国家级旅游度假区。

重点与渝北开州区、万州区、忠县以及陕南汉中市、镇巴县、紫阳县、西乡县、汉阴县，乃至鄂西的区域合作。

（五）华蓥山运动休闲度假旅游区

依托华蓥山（大峡谷）景区提升工程，充分整合达州大坡岭、铁山、州河、巴河、九龙湖、真佛山、雷音铺森林公园，大竹县五峰山国家森林公园、南充凌云山国家森林公园、云雾山风景区、峰顶山景区，邻水县千岛湖、罗家洞森林公园、万峰山、八耳杪椤林，以及华蓥山西坡渠江两岸优美自然生态风光，打造华蓥山国家级生态休闲度假旅游区。

加强与重庆市缙云山、九峰山和中梁山渝北休闲度假区的合作与开发。

第四节　旅游脱贫转型区域协作机制

一、构建区域旅游脱贫转型协作区

（一）秦岭腹地旅游产业脱贫转型区域

秦岭腹地地区涉及陕西省的 5 市、44 县（市、区）、744 乡镇，涵盖人口约 600 万（2020 年），包含商洛市、安康市、汉中市全域，以及宝鸡西南部、西安南部和渭南南部山区。依托大秦岭山地乡村旅游示范区尤其是通过构建大秦岭 100 个重点山地生态旅游示范村，建设大秦岭山地乡村生态度假国家级试验区，打造中国大秦岭国家级乡村旅游产业脱贫转型示范区。

（二）大巴山腹地旅游脱贫转型区域

包括四川盆地以北、汉江流域以南，自东陇南—汉中南部—广元—巴中—安康—达州—渝东北—鄂西北山区，具体涉及陇南—汉中南部—广元—巴中—安康—达州—渝东北—鄂西北山区，包括 38（市、区）、650 乡镇，涵盖人口约 450 万（2020 年）。通过大巴山片区旅游业发展，带动区域特困山区治贫、脱贫，通过该区域旅游脱贫转型示范作用，拉动整个大巴山片区经济社会可持续发展。

（三）大巴山南麓沿山旅游脱贫转型带

具体自东向西为广元青川—剑阁—苍溪—昭化—旺苍→巴州区北部—南江—平昌—通江—万源—宣汉—达川—开江—云阳—奉节—巫山—巫溪—镇平—竹溪—竹山—房县一带，系秦巴山片区特困乡村连片集聚地带。规划建设一条大巴山区南麓沿山公路，贯通整个大巴山南麓，打造大巴山南麓沿山原生态乡村休闲度假带，通过区域山地乡村生态旅游业发展，带动大巴山南麓沿山片区致富增收和就业。

（四）秦巴山地乡村旅游脱贫转型环线

沿线系秦巴山片区腹地脱贫人口相对密集、旅游资源丰富、交通条件逐渐改善的区域，也是秦巴山片区正在形成的山地生态旅游环线或自驾环线。依托秦巴山片区原生态资源特色，围绕旅游产品及旅游要素脱贫，全面开放、区域合作，构建跨区域乡村旅游脱贫环线。通过秦巴山地乡村旅游环线发展，带动沿线相关旅游城镇、乡村、景区和通道的发展，进而拉动秦巴山片区旅游产业脱贫转型和区域协调全面持续发展。

（五）汉江两岸旅游脱贫转型产业带

自西向东穿过秦巴山片区中部，包括汉中、安康、十堰、襄阳的汉江流域地带。依托汉江上游两岸迷人的山地原生态自然景观资源和四季皆宜的舒适气候条件，结合汉江上游地区深厚的汉江流域文化底蕴、沿江名城古镇、美丽新村，构建秦巴山片区山水生态旅游城市聚集带，建设汉江系列特色古镇和美丽乡村旅游目的地，打造横跨中西部一条极具活力的旅游脱贫转型产业带，并辐射带动周边地区协调全面发展。

（六）嘉陵江旅游脱贫转型产业带

涉及凤县—略阳—宁强—朝天—剑阁—昭化—利州—苍溪—阆中—南部—仪陇—蓬安—西充—顺庆—嘉陵—高坪—武胜一线。依托嘉陵江水路航道改善工程的实施和成渝经济区建设，以嘉陵江流域山川、古城、名人、伟人、三国、蜀道等优势旅游资源为核心吸引物，打造沿嘉陵江流域一条极具活力的旅游产业脱贫带，从而拉动沿嘉陵江流域城镇、乡村发展，并辐射带动周边地区协调全面发展。

（七）长江上游旅游脱贫转型经济带

包括渝东北区域，涉及长寿、涪陵、丰都、城口、云阳、奉节、巫山、巫溪一带。以长江黄金水道和沿江高速公路、铁路为枢纽，有序推进沿江开发和港口建设，聚集旅游业为优势产业的相关产业群。重视协调沿江地区旅游产业拓展与乡村旅游区域保护、生态环境保护的关系，整合现有旅游资源，协调交通基础设施建设，建成长江上游重要的产业和城镇聚集带。打造长江上游旅游脱贫转型经济带。

二、实施区域旅游脱贫转型协作工程

（一）乡村旅游脱贫转型示范工程

重点建设大秦岭、大巴山东西向沿山公路，贯通整个山区，构建秦巴山片区沿山乡村休闲度假旅游带，以秦巴山麓优美的环境、良好的生态、宜人的气候条件，以及原生态的山地乡村田园风光为依托，政府主导、社区参与，打造 10000 个独具特色的"美丽乡村"，构建秦巴山片区乡村旅游发展示范村。

（二）旅游景区脱贫转型示范工程

依托世界遗产或 4A 级以上景区和休闲度假旅游区，如米仓山、大巴山、终南山、南宫山、太白山、瀛湖、剑门关、升钟湖、光雾山、嘉陵江等大型旅游景区，辐射周边乡村休闲旅游的发展，促进新农村建设。通过景区的食住游购配套要素，带动农民脱贫转型致富，打造秦巴山片区旅游景区脱贫转型示范区。

（三）生态旅游脱贫转型示范工程

依托大秦岭、大巴山山地景观资源、原生态环境和气候条件，以终南山、南宫山、米仓山、大巴山（狭义）以及汉江、嘉陵江自然生态旅游区和原生态山水度假区为龙头，整合片区自然生态环境资源，打造秦巴山水原生态山地观光和休闲度假旅游目的地，引领秦巴山片区农民富民增收，打造自然生态旅游脱贫转型示范区。

（四）红色旅游脱贫转型示范工程

通过红色旅游景区建设，建设红色旅游产品体系，依托景区线路开拓周边乡村旅游，带动革命老区和贫困山区脱贫致富。具体依托大巴山红色旅游精品区、川陕苏区首府精品旅游区、朱德故里精品旅游区等，整合南郑、城口、剑阁、青川、昭化、利州、旺苍、苍溪、通江、南江、平昌、万源、宣汉、大竹、仪陇、广安、华蓥、两当等红色旅游资源，打造红色旅游脱贫转型示范区，引领革命老区和贫困山区脱贫转型致富。

（五）三国旅游脱贫转型示范工程

通过三国旅游景区（点）建设，辐射周边乡村公共设施和新村建设，围绕三国旅游沿线促进"三农"建设，促进当地旅游经济发展，打造三国旅游脱贫转型示范区。重点包括剑门蜀道、剑昭古道、武侯祠、武侯墓、剑门蜀道线路旅游目的地；借助三国旅游精品沿线旅游城镇、景区和通道建设，促进沿线新农村建设、乡村旅游建设和旅游脱贫转型发展。

（六）城镇旅游脱贫转型示范工程

通过前述大秦岭、大巴山、陇南、汉江、嘉陵江和长江（上游）五大系列特色城镇目的地旅游开发，促进城镇统筹工作开展和新农村建设，同时打造相应的五大系列特色城镇旅游脱贫转型工程。在旅游城镇开发建设基础上，大力开发环城镇的乡村旅游带，推进10000个环城镇特色旅游示范村转型提升。

（七）文化脱贫转型旅游示范工程

秦巴山片区拥有丰富的陕南民俗文化、川东民俗文化、巴蜀文化、荆楚文化、巴人文化、賨人故里文化、风水文化、春节文化、三国文化、名人文化等原生态文化资源优势，构建"以文促农"的文化产业与脱贫转型相结合的脱贫转型模式，开辟带动秦巴山片区农民脱贫转型致富的重要渠道。为农民提供重要收入来源，增加农民的就业岗位，为转化农村富余劳动力探索新途径。

（八）旅游商品脱贫转型工程

充分依托秦巴山片区原生态环境资源和农产品加工业资源优势，深入挖掘陕南、川东北、渝东北、鄂西、豫西、陇南等地区文化底蕴，大力发展与特色种植业、特色养殖业、特色农产品加工业相关的旅游商品研发基地、旅游商品加工生产基地和区域旅游商品销售基地，构建秦巴山片区特色旅游商品品牌系列，打造旅游商品脱贫转型示范村。培育秦巴山片区新的经济增长点。

三、实施区域旅游脱贫协作机制

川陕渝鄂豫甘六省（市）旅游脱贫部门签订旅游产业脱贫转型合作"框架协议"，为推动区域协作发展和脱贫转型奠定制度框架。

在建立良好的协作机制、实行统一规划统一营销、打造知名品牌和集团等方面仍有广阔的发展空间。因此，建议由四川、陕西牵头，联合重庆、湖北、河南、甘肃四省市，进一步推动秦巴山区旅游脱贫转型合作。

从国家层面，积极争取支持政策。争取打造秦巴山区国家生态公园，创建首个跨省的全域旅游示范区，建立秦巴山区旅游开放崛起协作区，开展相关改革措施的先行先试，促进脱贫转型攻坚战略实施。

建立合作机制，建立武陵山片区旅游脱贫转型合作联席会议制度，每年召开一次联席会议，商讨、协调和解决合作事宜。统一制定武陵山片区旅游脱贫转型规划，强化人才支撑，加强资源整合力度，建立"武陵山片区旅游脱贫转型集团公司"，推行"武陵山片区旅游一票通"和联票制，逐步形成规范、高效、优质的一体化运行体系。加强信息交流。构建武陵山片区旅游脱贫转型信息平台，建立"黄金周"期间旅游信息预测预报、重大旅游事件通报机制和跨省市旅游投诉处理合作机制。

第五节　旅游融合与脱贫转型协作框架

一、区域交通网络

秦巴山区"四横七纵"跨区域旅游交通提升。建设并提升"四横"：提升西安—商洛—南阳通道；襄阳—十堰—汉中—九寨沟通道；万州—巴中—广元通道；广元—巴中—达州—万州大巴山南麓沿山通道。

建设并提升"七纵"：洛阳—南召—南阳通道；三门峡—十堰—恩施通道；西安—

安康—重庆通道；西安—汉中—成渝通道；兰州—广元—成渝通道；兰州—九寨沟—成都通道；成都—西安客运专线。

二、旅游通道条件

（一）铁路交通

加快在建项目建设：兰渝铁路、成兰铁路、遂渝铁路二线、三南涪铁路、乐巴铁路、达州东通道建设、川渝鄂陕结合部交通枢纽。积极推进拟建及规划建设项目：成西铁路客运专线、成渝城际铁路、巴达铁路、达万铁路电化工程。加强与铁路网规划的衔接，加快省道、支线铁路及主通道联络线规划建设；依托通道建设，逐步完善片区内铁路网络建设。

尤其是按照建设西部综合交通枢纽发展规划，加快成都—兰州、成都—西安等跨省快速铁路建设，加快巴中—达州、达万电气化等重点铁路项目建设。加快成都—重庆、成都—遂宁—达州等城际铁路建设。

（二）公路建设

加快十大公路建设工程。商洛—卢氏—嵩县；保康—房县—竹山—竹溪—平利—安康；商洛—竹山—巫溪—奉节；内乡—保康—宜昌；巫溪—镇坪—紫阳—石泉；南郑—南江—巴中—仪陇；安康—岚皋—城口—开州；西乡—镇巴（陕川界）—万源—宣汉；宁陕—镇安—山阳—商南；徽县—两当—凤县；礼县—武都；康县—略阳。

尤其是加快在建项目建设：达陕高速公路、广南高速公路、巴陕高速。积极推进拟建及规划建设项目：成（都）南（部）高速公路、巴（中）南（部）高速公路、南（充）梁（平）高速公路、巴（中）达（州）高速公路、达万高速公路、成安渝高速公路、渝（重庆）广（安）巴（中）高速。尤其是加快巴中—达州—万州、南充—大竹—梁平等高速公路建设。

（三）航空建设

实施13大机场建设和提升。汉中城固机场、安康机场、南充机场改扩建；提升广元机场、陇南机场、南阳机场、达州机场；加快巴中机场、武当山机场、商洛机场、绵阳机场、阆中机场、卢氏伏牛山机场建设。尤其是积极推进支线机场建设：迁建达州机场，扩建南充机场，完善广元机场。

（四）航道疏浚和港口建设

加快4大航运建设工程。加快长江、汉江、嘉陵江等干支流内河航道建设。提升完善广元、安康、十堰、南充等港口。尤其是嘉陵江干流实现梯级渠化，航道等级达到Ⅳ级，加快渠江航道整治及梯级渠化工程，提高航道等级。应充分利用岸线资源，合理布局，加大港口技术改造力度，改进装卸工艺，更新港口设备，提高港口机械化程度。

（五）旅游要素整合配套建设

按照《四川省旅游道路建设标准》《四川省旅游标志标牌设置标准》，完善秦巴山区旅游线路标志标牌、旅游服务区、紧急救援及基本医疗设施、安全设施、汽车营地、旅游汽车租赁维修等配套设施建设，实现手机信号全覆盖，完善沿线旅游信息化服务系统，加快旅游景区文化设施和环境保护设施建设。

三、资源环境系统

（一）区域地质地貌、大气、土壤、水体保护

主要包括：①切实加强区域旅游资源环境保护的执法与内部管理；②旅游开发中根据旅游生态影响进行产品类型与结构设计；③保持区域旅游景区容量与旅游开发活动的协调统一；④生态绿化与景观绿化的有机结合。

（二）区域生物多样性保护

主要包括：①依法保护区域生物多样性；②实施分区管理；③加强部门协作，保护区域生物多样性；④大力开展对游客与管理人员的生物多样性保护的宣传教育。

（三）废弃物回收利用

主要包括：①建立和实施环境补偿制度；②大力加强项目环境管理；③加强景区旅游基础设施和服务设施的建设、监督与管理。

（四）环境灾害预警与救助体系建设

主要包括：①建立环境灾害预警系统；②建立旅游突发事件救助体系；③利用新技术加强环境与灾害监测；④开展公众环境和灾害教育。

四、旅游信息化框架

（一）基本目标

秦巴山区旅游信息化建设的目标是实现"三网一库两系统"。"三网"指秦巴山区

行政办公网、旅游企业信息网、旅游公众信息网；"一库"是指秦巴山区旅游综合数据库；"两系统"指为满足旅游企业经营管理需要所建立的旅游电子或网络预订系统和企业管理信息系统。

（二）具体内容

主要包括：①旅游行政办公网；②旅游企业信息网；③公众信息网；④客户电子预订系统（CRS）与企业管理信息系统（MIS）；⑤秦巴山区旅游系统综合数据库。

五、人力资源开发系统

（一）基本思路

秦巴山区旅游人力资源开发的基本思路是：探索适宜秦巴山区自身特色的人力资源开发系统，实行当地培训与区外引进相结合，院校培养与在岗培养相结合，培训上岗与人事、工资管理相结合，"继续教育"与"终身教育"相结合的四结合方针。

（二）开发框架

主要包括：①依托现有大学旅游学院，使之成为秦巴山区旅游中高级管理人才培养和旅游科学研究基地；②为旅游专业人才引进创造条件；③建立基本培训制度，实施岗前和在岗培训；④鼓励在岗人员参加脱产专业学习；⑤实行秦巴山区旅游从业人员持证上岗制度；⑥建立人才创新激励制度；⑦建立完善的旅游人力资源信息库，定期举办旅游人才供求交流会、洽谈会等。

第六章　旅游脱贫转型支撑体系规划

有了产业发展和产业空间布局规划，有了产业融合与区域协作机制，并不等于就实现了脱贫转型和乡村振兴，要实现这一目标，交通、基础设施等区域硬件支持体系是前提。可见，旅游脱贫转型的支撑体系对区域旅游脱贫转型成功与否意义重大。然而，我国集中连片脱贫转型地区涉及面积广大，给区域旅游脱贫支撑体系规划带来了明显挑战。不同贫困山区，地质地理条件迥异，山形地貌条件有别，经济社会不同，历史文化差异明显，旅游脱贫转型支持基础条件不同。这里以自然条件最复杂、地形地貌最多样、涉及省份最多、脱贫县和脱贫人口最多、内部差距最大的全国原有 14 个连片脱贫转型地区的典型代表——秦巴山区为案例，对区域旅游脱贫转型支撑体系规划进行阐述。具体涉及交通运输规划、基础设施规划、公共服务设施规划、脱贫信息化规划、景观环境支持规划、脱贫运营管理规划。

第一节　交通运输提升规划

一、西北通村交通提升规划

（一）"四干两支一枢纽"铁路网提升

"四干"系指宝（鸡）成（都）线、兰（州）渝（重庆）线、西（安）成（都）客专、广元—巴中—达州线四条国家线路，全长 465 千米。

"两支"包括：①兰（州）渝（重庆）铁路连接广元天然气化工园区的专用铁路，全长约 5 千米；②广元港专用铁路：昭化—红岩铁路，全长 35 千米。

"一枢纽"是指广元铁路枢纽，含一个客运枢纽站和一个货运枢纽站。铁路总里程 505 千米，其中，新建里程为 291 千米，扩能改建里程 108 千米。

（二）"五线三横"高速公路网提升

"五线"是指国家和四川省规划实施的绵阳至广元、广元至巴中、广元至甘南、广元至陕西、广元至南充五条高速公路，全长 382 千米。

"三横"是指积极争取规划和实施的三条地方横线高速公路，304 千米，包括：①木鱼—乔庄—马鬃关（平武界）高速公路；②宝轮—上西—元坝高速公路；③金子山—普安—苍溪—旺苍高速公路。

（三）完善"三环五横七射线"干线公路网

"三环"包括：①以雪峰、瓷窑铺、上西后山、陵江、袁家坝为控制点的干线公路城市过境一环路；②以荣山、元坝、红岩、宝轮、三堆、西北、沙河、临溪为控制点的城市二环路；③旺苍、双汇、国华、李家、曾家、朝天、花石、沙州、乔庄、凉水、竹园、普安、鹤龄、白桥、苍溪、元坝、岐坪、东溪、嘉川等为控制点的沿广元市周边的外环公路。

"五横"系指：①马鬃关（平武界）—转嘴子—乔庄—木鱼—三堆，二级公路；②临溪—麻柳—燕子—双汇—英萃—陈家岩（南江界），二级公路；③雁门（江油界）—竹园—下寺—宝轮—陵江—元坝—旺苍—牛项颈（南江界），一、二级公路；④小溪坝（江油界）—武连—开封—白龙—鹤龄—五龙—龙王—东溪—高坡—木门（巴中界），二级公路；⑤厚子铺（阆中界）—演圣—元山—印合嘴（梓潼界），二级公路。

"七射线"包括：①广元—朝天—棋盘关（陕西界），二级公路；②广元—沙州—罐子沟（甘肃界），二级公路；③广元—普安—演武（梓潼界），二级公路；④广元—羊木—大滩—阳平关（陕西界），二级公路；⑤广元—苍溪—穿洞子（阆中界），一、二级公路；⑥广元—卫子—龙山—马蹄寨（巴中界），二级公路；⑦广元—红岩—白龙—黑土桥（盐亭界），二级公路。

（四）形成"一港三航道"内河水运通道

"一港"特指广元港，含红岩和张家坝 2 个主作业区、11 个副作业区。

"三航道"特指指嘉陵江、白龙江和东河航道。

二、中部通村交通提升规划

提升南充至万州铁路、南充—广安—邻水城际铁路、南充—泸州铁路、绵阳—南充—广安—涪陵城际铁路、南充—大竹—梁平—万州城际铁路、绵阳—阆中—巴中城际铁路。

提升巴中—南充—广安、南充—绵阳、营山—达州高速公路建成通车，大力提升成南高速扩容项目、南充—泸州、阆中—仪陇—营山和南充过境高速公路（东北段）建设，积极规划论证绵阳—南充（南部、阆中、仪陇）—达州、南充—德阳高速公路。加快实施巴南广、绵阳至西充、营山至达州 3 个项目建设，建设南充经重庆至泸州、南充城市过境高速公路北段 2 个项目。

加快提升普通国省干道提档升级，加快顺庆—蓬安—营山、顺庆—仪陇、阆中—苍溪、南部定水—南部升钟—阆中思依快速通道建设，开工建设西充—顺庆—嘉陵，规划论证高坪长乐—嘉陵里坝等快速通道，实现县—县通一级公路。

加快 G244 蓬安至营山、G347 阆中三庙至剑阁界、都京港嘉陵江大桥提升项目，开工建设 G245 仪陇新政至马鞍、G212 阆中城至苍溪、S206 高坪阙家至蓬安、S207 南充顺庆至仪陇一级公路、S305 定水至升钟一级公路、S208 嘉陵李渡至龙蟠、S101 射洪界至西充岱林、成都南槐树互通至遂西高速西充互通、都京港进场道路 9 个项目。

提升嘉陵江航道通航等级，争取完成嘉陵江四级航道改造，规划论证三级航道升级改造。力争都京作业区、河西作业区和阆中、南部、蓬安旅游客运作业区全面建成。加快仪陇港区建设前期工作进度，建设南部红岩子湖大型综合港口码头。

三、东部通村交通提升规划

加速构建中国西部重要综合交通枢纽。加快推进高铁、公路、航空、航运重大工程，紧密衔接全国交通主干网，建设外联、内畅、互通的现代立体交通网络。

全力推进铁路达州枢纽总图规划实施，加快"四纵五横"大型枢纽铁路网建设，抓紧迁建编组站、货运站，新建高速铁路客运站，把达州火车站建成西南地区重要的铁路枢纽站。开工建设成都—南充—达州高速铁路和达州—重庆城际铁路，尽早建设，构建连接成渝、天水—关中、中原三大经济区 1~2 小时快捷高效的大运力铁路通道。

加快实施达州机场迁建工程及主城区至机场快速通道建设工程，开辟与"一带一路"和长江经济带节点城市新航线，拓展临空产业，发展航空物流。规划建设万源、宣汉、渠县通用机场。

加快推进渠江航道升级改造工程，开工建设达州港金垭、宕渠货运作业区，新建风洞子航电枢纽，拆除重建南阳滩、舵石鼓船闸，改扩建金盘子航电枢纽，实现三级通航能力和铁、公、水联运，打通辐射鄂西、川东、陕南的长江内河黄金水道，提升四川内河航运大通道。

四、中北通村交通提升规划

提升镇（巴）广（安）渝（重庆）高速公路前期工作，协助广元市完成苍（溪）巴（中）高速公路招商，完成 G245 线升级改造和诺水河至光雾山一级公路项目前期工作。完善巴（中）达（州）、成（都）巴（中）、巴（中）陕（西）南江段公路；巴（中）广（安）渝（重庆）高速、巴陕高速桃园段建设全面提速。

提升 S101 线巴中西连接线、西华山隧道（左洞）、回风大桥、陇桥立交、巴城西出口和北出口、巴城北环线和西环线等建设。建成巴（中）—广（安）—渝（重庆）高速公路，加快建设巴（中）—陕（西）高速桃园段，建设巴（中）—万（源）高速公路。

加快提升 G347 线巴城过境（南环线）和通江县城过境公路，力争开工建设北环线东段。大力推进交通精准脱贫。完成 297 个建制村 1096 千米水泥路建设，实现 100% 的村通硬化路。同时，提升运输服务水平。

加快公交基础设施建设提升。设置公交专用道，优化公交线网，规范出租汽车经营行为，提升城市公共客运服务质量；促进城乡客运一体化发展，引导农村客运公司化经营，因地制宜发展镇村公交，实现 100% 的乡镇、60% 的建制村通班车。

五、南部通村交通提升规划

（一）公路交通提升

高速公路提升：建设巴广渝、遂广高速公路、建设镇巴（陕西）至广安高速公路广安境内段、广安市过境高速公路东环线。

国省道干线公路提升：规划建设广安至武胜、广安至华蓥、邻水快速通道；以《四川省普通国道提档升级建设推进方案（2015—2020 年）》为基础，以一级公路为主体，加快推进组团城市通道建设；完成瓶颈路段国道升级改造，达到二级公路及以上标准；完成市域内 8 条省道升级改造，全面提升路面性能指数。

景区道路改造提升：新建、改造宝鼎、铜锣山、五华山、白龙峡、铜板沟、大小良城、肖溪古镇、青龙湖等景区道路。推进脱贫村与交通干道、旅游景区、城镇的连接通道建设。

高标准推进脱贫村与交通干道、旅游景区、城镇的连接通道建设，满足旅游大巴车辆通行、安全会车的需求。具体公路建设名录详见表 9-1 所示。

表 9-1　广安旅游脱贫重点村公路提升名录

分布	脱贫村	实施内容	提升年限
前锋区	光辉乡高岭村	通村道路硬化连接工程	2020
	龙滩镇黄连村	通村道路硬化连接工程	2025
华蓥市	明月镇竹河村 白鹤嘴村 三和团村、明月村	新建明月村—三和团村 6 千米连接公路，竹河村—明月村新建、拓宽改造 4 千米	2025
	茶园村	建设茶园一组到茶园二组公路硬化工程	2025
岳池县	白庙镇瞿家店村	产业环线道路硬化工程	2025
	顾县镇马家村	村主干道加宽，新建水泥路和便民路	2025
	排楼乡龙井沟村	村主干道加宽，新建水泥路和便民路	2030

续表

分布	脱贫村	实施内容	提升年限
武胜县	鸣钟乡龙庙村	拓宽龙庙至高坡村公路	2030
邻水县	西天乡走马村 西天村、四合村	走马、西天、四合至国道G210道路硬化改造工程	2028

资料来源:《广安市乡村旅游脱贫规划（2016—2020年）》。

汽车客运站提升：加快适合发展乡村旅游脱贫县、重点脱贫村的客运站（招呼站）建设，到2020年年末，所有区县符合开行班线客运条件的重点脱贫旅游地区开通班线客运。

（二）基础设施提升

积极对接农村危房改造、农村环境综合整治、特色景观旅游村镇和传统村落及民居保护等项目，整合资金，支持脱贫地区脱贫村的基础设施建设。一是大力推进"三网"建设工程，加强对脱贫地区的水、电、气三网的升级改造，解决脱贫地区供水、供电、供气设施落后问题。二是实施信息网络全覆盖工程。积极推进现代信息基础设施向旅游脱贫重点地区延伸，加快推动通信网、广电网、互联网三网融合和资源共享，统筹有线、无线和卫星三种覆盖方式，到2020年年末，广安贫困地区实现电视户户通、广播村村响和免费"Wi-Fi"全覆盖。

（三）公共服务体系提升

全面推进旅游公共服务体系"4+1"工程。支持和扶持脱贫村，配套中小型停车场、旅游厕所、旅游垃圾桶、标识导览系统和游客服务中心，完善旅游公共服务设施，提升旅游接待服务能力，提高旅游环境与品质。

（四）脱贫户接待设施提升

结合新村建设，对经营农家乐、农家客栈等乡村旅游的建档立卡贫困户，实施"五改三建"（即改水、改路、改厨、改厕、改圈、建池、建家、建园），加大传统文化村落建设，营造浓厚文化氛围，改善和提高贫困户旅游接待条件和能力。

（五）智慧乡村旅游

探索运用PPP等模式，建设在线商品销售平台，实现信息智能推送、在线服务、网络营销、网络预订和网上支付等互联网服务功能。

六、西部通村交通提升规划

高速公路方面，绵阳至九寨沟高速公路；绵阳至西充高速公路；绵阳至苍溪高速公路；绵阳至中江、平武至广元等。

干线公路方面，实施省道 205 线绵阳市城区过境段、国道 108 线绵阳市城区过境段等重点项目。省道 205 线绵阳市城区过境段工程；国道 108 线绵阳市城区过境段工程，率先开工建设控制性工程——宝成铁路跨线桥；国道 108 线梓潼绕城段；黄土梁隧道及引道工程，协调阿坝藏族羌族自治州加快建设；九环线江油、北川段提升改造工程；中坝至大堰快速通道、中坝至贯山公路要在 2022 年内完成改造，并完成农村公路建设 1546 千米。推进绵阳市病危桥梁整治工程及其他民生工程项目。

第二节 基础设施提升规划

完善秦巴山区脱贫村内部道路、步行道、游客中心、停车场、厕所、供水供电、应急救援等基础和公共服务设施的建设规范，以及旅游线路标志标牌、紧急救援及基本医疗设施、安全设施、汽车营地、旅游汽车租赁维修等配套设施建设。

一、脱贫村道路提升

村主干道建设应进出畅通。路面宽度为单车道时，适当设置会车点。利用道路周边、空余场地，适当规划公共停车场（泊位），根据需要设置乡村招呼站（牌）。村主干道严格按照《道路交通标志和标线》（GB 5768—2009）标准，设置减速、停车、让行等道路交通标志及交通标线，村口设置村名标识。道路两侧必须设置排水沟渠，并根据需要安装安全护栏、反光镜。道路路堤边坡坡面采取干砌片石护坡、浆砌片石护坡、植草砖护坡及植草护坡等进行防护。

二、给排水设施提升

给水设施。充分利用现有条件，改造完善现有设施，保障饮水安全。综合考虑居民生产生活用水的前提下，适当考虑游客用水，合理确定用水量指标。结合实际情况合理选择集中式和分散式给水方式。

排水设施。排水体制应选择雨污分流制。条件不具备的村庄可选择合流制，但在污水排入系统前应进行预处理。加强污水处理设施规划，污水处理设施的位置应选在聚居点的下游，靠近受纳水体或农田灌溉区。排水管渠应以重力流为主，宜顺坡敷设。

三、能源设施提升

结合秦巴山区电网升级改造工程，统筹确定电网各项建设，确保景区电网具有充足可行的供电能力。采用节能新技术和节能设备，被动式技术与主动式技术相结合，使用电力能源同时，鼓励使用太阳能、地热等能源，全面推进节能设备的使用。

按照《农村电力网规划设计导则（DL/T 5118—2010）》的要求，规划设计乡村电力网建设，按照《标准电压（GB/T 156—2017）》的标准设置电压等级。电力线路宜沿公路、内部主要道路布置，因地制宜架空或地下埋设。变压器（变电所）宜靠近负荷中心布置。根据需要合理配置照明路灯，宜采用节能灯具。

四、通信网络设施提升

固定电话安装规划普及率按 1~2 门/户计算。有线电视用户应按 1 线/户的入户率标准进行规划。电信设施应宜靠近上一级电信局来线一侧，应靠近市话负荷中心。通信线路应根据地形、地貌特点沿道路、河渠、绿化带敷设，采用直埋方式敷设时应避开易受洪水淹没、河岸塌陷、滑坡影响的不良地质构造地区，采用架空方式敷设时不得影响乡村景观风貌及总体布局。

五、环卫设施提升

根据实际情况，合理设置公厕、化粪池、垃圾桶、垃圾箱、垃圾收集点等设施。乡村的生活垃圾应采用袋装处理的方式。对农村特别废弃物（医疗废弃物、突发性死亡畜禽、突发性病害农作物等），应预留专门的场地进行专业化收集和处理。

县城及乡镇的垃圾处理设施，按城市总体规划及小城镇总体规划建设。县城附近的景区垃圾应收集转运至县城垃圾填埋场统一处理。各景区、度假区设垃圾转运站，景点、集镇小区、村寨设垃圾池，重点景区成立环卫管理站。

第三节 公共服务设施提升规划

一、旅游服务站提升

首先，依托高铁站、机场、客运站、火车站及码头等综合交通枢纽，加快旅游集散中心建设，开通各旅游集散中心到主要旅游景区的旅游专线，实现高铁站、机场、公共交通、旅游专线无缝对接，形成旅游城市—旅游乡镇—景区和旅游集散中心—分中心—集散点等旅游集散服务网络体系。推进旅游咨询服务中心建设，完善旅游咨询服务功能，实现重点旅游景区咨询服务全覆盖。

其次，针对秦巴山区文旅部门开展工作"缺腿"的问题，在相关重点集镇，规划设置旅游服务工作站。设立多个旅游咨询服务站，向全市募集志愿者，开展一系列旅游咨询活动。各旅游咨询服务站配置万能手机充电站、游客自助查询触摸屏等设施。游客不仅可以在此休息，还可及时获取食、住、行、游、购、娱等相关信息。

为确保游客安全，及时处理游客投诉，在各景区景点、旅游基地、星级饭店设立咨询、服务、安全监督、投诉受理 24 小时工作站。旅游、工商、公安等相关部门安排人员全天候值班，旅游部门继续开通为游客服务的多语种旅游咨询、投诉呼叫中心，定时发布旅游信息，加强节日值班制度。

二、旅游公共厕所提升

到 2025 年，通过政策引导、资金补助、规范标准等，实现"厕所革命"城乡全覆盖。实现厕所"数量充足、干净无味、实用免费、管理有效、卫生文明"的建设管理目标。

一是城市公厕提升：组织规划资质单位编制城市公厕专项规划，报县政府批准，由各乡镇政府组织实施新建、改建。二是乡村公厕：重点完善旅游城镇、乡镇政府所在地、中小学、乡镇卫生院、农村社区综合服务中心、公共场所、集贸市场等厕所建设。三是交通沿线厕所：按照车辆行驶每 2 小时或 200 千米左右应有 1 座厕所的标准，做好交通沿线厕所的选（布）点与建设。四是国家 A 级景区厕所：按照国家 A 级景区、度假区、生态旅游示范区等的建设标准，根据旅游发展需要，加大景区厕所建设改造。

引入市场机制，采取 PPP 模式、委托模式及认养模式，引进专业厕所管理公司进行集中管理，可利用企业广告、自动售卖等多种模式，创新厕所商业业态。引入现代技术，推广"互联网＋大数据＋厕所"模式，探索"厕所电子地图"、手机应用程序等智能管理服务技术在旅游厕所管理中的应用。统一承包管理，将厕所管理与服务纳入政府公共服务内容，采用公开招标方式，将厕所日常保洁、维护承包给专业保洁公司。

三、旅游标志系统提升

按照国家《公共信息图形符号　第 1 部分：通用符号》（GB/T 10001.1—2012）和《标志用公用信息图形符号　第 2 部分：旅游休闲符号》（GB/T 10001.2—2021）标准，建设多语标志系统，使用中、英、日、韩等文字。实现旅游交通导引标志的统一化、规范化。建立健全景区及度假基地的旅游导览系统。采用多语种印制旅游导览手册。主要景区提供 3 种以上常用外语导览服务，鼓励采用人脸识别系统。

完善三大引导标志系统。设置清晰明了的旅游标志系统，打造秦巴山区特色名片。包括城市旅游标识系统（行人导向系统、咨询地图标牌、城市形象标志、旅游交通标志)、景区旅游标志系统(行车导向系统、景区内部标志)、旅游服务设施标志系统(包括宾馆饭店、集散中心、购物中心、街区、厕所等)。

完善旅游标志管理机制。建设满足本地居民服务、游客引导和公共安全提示的全域旅游引导标志系统;科学设计具有秦巴山区特色的城市标识、引导服务设施标志;统筹线上和线下引导服务功能,依托秦巴山区智慧旅游系统,提供全方位引导服务;规范建设全域引导标志系统,指导提升各景区景点/商场等标志系统。

四、旅游商品销售场所提升

建设大型旅游商品购物中心:以批发业务为主,兼营零售业务,集中展示全市各类乡村旅游商品,为区域乡村旅游商品的销售打开一个窗口。还可定期举办商品交易会,或配合旅游业开展各种文艺形式的商品展销会,吸引各地客户前来交易。

打造特色旅游商品街:打造特色一条街,集中销售有地方特色的工艺品、纪念品、土特产品、风味小吃、特色食品等,要求品种多、规格大、档次齐全。打造特色旅游商店:在主要的景区(点)设置和完善特色旅游商店,规范旅游商店的经营活动,保障消费者的利益。建设农家超市、农资店,建筑面积 50~200 平方米。根据实际需求情况设置邮政、储蓄代办点。

建设旅游销售网点:在特色村落、旅游景点、停车场、景区出入口等游客相对集中的地点统一规划设置一些流动性、临时性的摊点或售货亭,出售一些乡村旅游纪念品、饮料、食品、日常用品等商品,方便游客的旅游活动。各销售网点应有显著的旅游标识和统一的建筑式样,统一的服务人员服饰。打造旅游电商平台:通过网络平台,交易特色旅游商品,既可提高销售量,又利于提高旅游商品的知名度。

五、文化休闲设施提升

推进旅游与文化深度融合,积极开展多种形式的文康娱乐活动。建设地方大剧院、地域文化馆、地方遗产展示馆等。加快完成地方民族体育活动中心、地方国际会展中心、地方各种主题乐园、特色小镇、古城修复、主题文化园、数字影院等。

建设地方民族文化博物馆、地方民族文化创意园、地方非遗传承展演基地,打造大型实景文化演艺精品,提升夜游旅游项目,支持发展棋牌、影视、歌舞、电玩城、游乐场、书吧、健身中心等大众文化娱乐项目。

大力发展各种休闲体育活动及户外活动。打造民俗休闲体验、特色酒吧体验、养生休闲、特色茶馆等,构建秦巴山区地方特色休闲娱乐体系。

六、旅游应急救援系统提升

在游客密集区附近合理设置灾害警铃、广播等示警设备以及应急避难场所。在危险地段及场所设置齐全、有效的防护设施。建立度假区灾害救援指挥中心。加强灾害预警系统建设，合理配置救援人员及设施。

设施主要包括医疗服务站内备有专职医护人员、急救箱、急救担架、日常药品，设内部救援电话。

建设紧急救援站：配备有关设备和医务人员，紧急救援中心要求标志醒目，给游客安全感，建筑风格与景区内其他建筑保持一致，内部包括防火、防盗、防暴力、救护等部门。

倡导其他服务：与多家医疗机构建立旅游救护定点医院，建立绿色通道，对旅游者实施无条件先前救护。

七、社区服务设施提升

提升完善社区服务体系。改造提升社区环境，完善社区物业管理、安全管理、公共卫生、医疗保健、文化娱乐、商业购物、托儿服务、停车服务等服务功能，开展多种形式的便民服务，为度假游客提供良好的社区服务环境。

按规范设置为老年人、残疾人旅游度假服务的无障碍设施，包括无障碍通道（路）、电（楼）梯、平台、洗手间、盲文标志和音响提示等设施。积极开发面向老年人、残疾人群体的度假产品及服务，如基本生活照料、康复护理、文化服务、紧急救援等服务。

集中打造一批儿童乐园和适合儿童活动的场所，相应设置儿童游乐设施，打造一批差异化的儿童度假产品，使之成为亲子游的主要吸引亮点。建立度假区的托儿（幼儿）服务体系，发挥现有社区托儿所作用，为度假游客提供完善的托儿服务。

八、自驾车服务体系提升

重点推进秦巴山区自驾车营地、旅游驿站建设，依托高铁站、汽车站、高速公路服务区及各主要交通要道上的加油站，建设自驾车营地咨询服务中心。设立自驾车线路导览牌，完善旅游咨询服务功能。

构建汽车租赁服务系统，举办电动汽车畅游活动，建立秦巴山区自驾旅游网，建设自驾游设施服务系统。立足全域旅游发展要求，面向自驾车游客，从汽车租赁、信息服务、食宿服务、露营服务、能源补给及汽车维修服务等方面，全面完善自驾服务体系。

第四节　信息化提升规划

一、建设目标及内容

完善秦巴山区脱贫村旅游信息化建设，实现手机信号全覆盖，完善沿线旅游信息化服务系统。具体内容主要包括：①旅游行政办公网；②旅游企业信息网；③公众信息网；④客户电子预订系统（CRS）与企业管理信息系统（MIS）；⑤秦巴山区旅游系统综合数据库。

积极推进"智慧秦巴""智慧乡镇""智慧景区"建设，实现重点城镇、旅游景区、宾馆酒店、乡村民宿等 Wi-Fi 全覆盖，开展秦巴山区智慧景区和智慧旅游城市试点建设。

二、智慧旅游建设提升规划

（一）提升秦巴山区二维码智慧旅游管理系统

利用云计算、二维码等新技术手段，通过移动互联网，借助便携的终端上网设备，方便终端游客主动获取信息的一种服务。景区可以利用二维码存储相关景点信息内容，包括文字描述、图片展示、语音播放、视频播放等进行及时发布，让游客能够及时了解旅游资讯、旅游经济、旅游活动、景点详情、路线导航等方面的信息，从而达到对各类旅游信息的智能感知、方便利用的效果，为游客提供咨询、预订、结算、运营等便利服务。

（二）提升秦巴山区智慧旅游云数据中心

建设秦巴山区智慧旅游云数据中心作为整个智慧旅游建设中的数据处理中心、数据交换中心，实现网上业务流程及各种业务应用，并集中管理和整合核心业务数据。全面汇聚旅游企业、相关机构、从业人员、游客旅游行业信息，食住行游购娱等旅游服务资源信息。

（三）提升秦巴山区旅游综合管理智慧体系

应用现代计算机技术、网络技术和通信技术，构建秦巴山区旅游综合管理联动智慧体系，建设智慧旅游行业运行监管平台、智慧旅游公共服务平台、智慧旅游公众服务平台、智慧旅游目的地营销平台和智慧旅游体验平台。建秦巴山区旅游日常运行监管及安全应急管理联动指挥体系。

（四）提升秦巴山区重点景区人脸识别系统

首先将人脸识别系统在重点景区作为探索性应用，然后有序推广应用于其他景区、公园、超市、小区广场、会议中心、体育场馆、医院、住宅区、商业街、大型农贸市场等公众活动和聚集场所的重要部位，以及酒店（宾馆）、餐饮、娱乐场所、办公楼的大堂出入口、电梯和其他主要通道。

第五节　景观质量提升规划

一、自然景观维持提升

坚持"保护生态，规划第一"原则，遵循"预防为主、保护优先、全面规划、综合治理、因地制宜、突出重点、科学管理、注重环境"的生态保护理念，实施生态环境五大保护工程、人文资源保护工程、城乡环境全域景观化。

完善生态环境制度体系与执法机制，探索建立生态文明创新机制，制定生态保护红线配套政策，推进自然资源资产确权登记；建立长效生态补偿制度，积极争取国家、省对生态特区的支持政策，建立流域生态补偿机制；建立覆盖城乡的环境监测网络，建立健全秦巴山区气温监测网络，构建水环境监测网络，建设环境保护大数据中心；完善生态文明教育体系，提高本地居民的生态文明意识，完善公众环境监督奖励机制。

二、生态景观提升工程

实施"山更青"工程。依法保护森林资源，推进退耕还林还草、森林抚育、天然林保护建设等生态工程。

实施"水更绿"工程。推进水资源治理和保护，实施小流域治理工程，加强饮用水源地保护、强化环境质量目标管理，加强城镇生活污水治理。

实施"天更蓝"工程。依法推进重点行业和领域大气污染综合治理，确保空气质量优良天数在300天以上。

实施"土更净"工程。依法推进耕地酸化治理和国土整治工程，耕地保护得到加强，土壤环境得到明显改善。

实施"城乡更美"工程。深入推进环境综合整治，切实加强新农村建设，建成一批特色乡镇、特色村庄。

三、人文景观提升工程

人文景观即乡村区域范围内，围绕"三农"为主的各种物质文化和精神文化景观的统称。人文景观保护具体涉及四大保护工程：

乡村文化基因保护工程。创新乡居建筑工艺传承方式，推进乡村宗祠建设，推进乡村博物馆建设，改变乡村文化消费习惯，促进乡村饮食文化传承和创新。

城市文化记忆保护工程。推进当地建筑在城市建设中的应用，推进民族剧院的建设，推进地域文化、民族文化及民俗文化活动的举办，推进地域、民族、民俗文化集中展示功能区建设。

历史文物古迹保护工程。划定文物保护范围和建设控制地带，采取必要的保护性措施，重点推进地域文化、民族和民俗文化，申报加入各级文化遗产保护名录。

非物质文化遗产活化工程。开发大型旅游节庆活动，促进文化元素创意物质化，加强非遗传承人的培养，开展文化巡演活动。

四、环境景观化提升

即城乡环境区域景观化。一是城镇环境景观化，二是乡村环境提升优化。

城镇环境景观化，就是以旅游化为主线实施城镇环境景观化，具体包括：完善城市现有的交通体系；建设步行道、自行车道、步行骑行等功能的综合道；整合水系与绿道、游憩、休闲资源，营造高品质城市格局；建立城市管网系统，要求城市洁净度达到高标准水平。

乡村环境提升优化，即以旅游化为主线实施乡村环境景观化提升，具体包括乡村道路提升，乡村河道整治，乡村垃圾处理整治，乡村风貌整治。

第六节　运营管理提升规划

一、完善运营机制

将旅游脱贫转型和农业产业发展相结合，将旅游项目和设施建设与农业产业基地建设、居民点搬迁和新农村建设、村镇基础设施和公益设施建设相结合，将脱贫转型试点村自身的资源、产业、劳动力优势和外部的资本、技术、市场优势相结合，设计以旅游发展带动脱贫村推进脱贫转型的组织模式和运营机制。

（一）创新乡村社区参与模式

个体农庄，是乡村居民拥有先进理念及经济实力较好的个体户通过对个人经营的农田、林场、牧场或水域进行改造和旅游项目的建设。

农户＋农户，是一种起源于大城市周边的乡村旅游发展模式，通常具有良好环境资源基础的农村地区所引领的一种乡村旅游发展模式。

公司＋农户，是在具有一定乡村旅游特色的村镇，引进经济实力和市场经营能力的公司或企业引导农户利用自身资源，发展乡村旅游。

公司＋社区＋农户，通过旅游公司的介入和带动，吸纳社区农民参与经营与管理，利用社区农户闲置的资产和富余的劳动力，开发各类农事活动，展示真实的乡村文化。通过引进旅游公司的管理，对农户的接待服务进行规范，提高服务水平。

村集体主导，通过由村集体直接或成立旅游公司对村属资源进行集中开发和统一管理，农户可自愿参加村旅游开发与经营。

公司制，通过引进组织结构成熟的公司经营，政府和集体在具体开发利用中不参与。所有权和经营权归公司，农民以个人身份加入，以劳动获取收益，以公司形象进行旅游开发和经营活动。

公司＋村集体＋农户，是"公司＋农户"的延伸模式，公司一般不与农户直接合作，而是通过当地村委会组织农户参与，由旅游公司来组织服务培训及相关规则的制定。

政府＋公司＋农户，这一模式其实质是政府引导下的"企业＋农户"：由县、乡各级政府和旅游主管部门按市场需求和全县旅游总体规划，确定开发地点、内容和时间，发动当地村民动手实施开发，开发过程中政府和旅游部门进行必要的指导和引导。

（二）社区参与模式优化

充分发挥政府职能，构建合理利益协调机制。出台相关地方性保障性政策，保护地方企业、居民的旅游经营活动，培养地方竞争力，同时完善土地补偿制度。严格划分土地租用、征用、征收界限，保障当地居民能够共享经济发展成果。

明确各参与主体的产、权、责，建立有效监管体系。在乡村旅游社区参与过程中，必须通过对产权中的收入分配权、资源支配权、转让权、使用权、使用索取权、经营监督权等各项经济权利配置，建立包括社区居民在内的监管体系，才能加强对乡村旅游资源的保护。

加强农民培训，提升农民参与程度。提高社区农民的文化水平，促进农村社区在旅游参与过程中的角色转变，从简单的劳动力提供向管理、开发、经营等方面不断扩展。

崔晓明（2018）[①]结合可持续生计分析框架，从社会、经济、政治、管理、生态环境、心理六个维度解析旅游对社区的影响，并构建旅游与社区耦合度评价指标体系，选择秦巴山区安康市瀛湖风景区周边乡村、宁陕县蒿沟村作为样本村，利用综合指数模型计算并评价秦巴山区旅游与社区两个系统及其要素间相互作用和耦合程度，以及系统间及内部各个序参量之间的相互协同作用下系统相变的特征与规律；通过多基子风险（PRS）评分方法解释秦巴山区旅游和社区协同发展的驱动机制，并基于可持续生计目标提出乡村旅游和社区协同发展的实现路径及相关措施。

二、完善旅游脱贫转型营销提升

广泛开展"旅游脱贫，共建小康"的主题思想道德教育和宣传活动，升级旅游脱贫转型工作。积极拓宽宣传范围，从县、市到省，乃至国家宣传秦巴山区脱贫成果，自然文化资源优势，群众脱离贫困的迫切愿望和旅游脱贫转型产品项目，争取得到更加广泛的社会支持。吸引更多的力量关注和参与旅游脱贫转型，营造全社会关注、参与、支持旅游脱贫的良好的浓厚的氛围。开展旅游脱贫转型志愿者服务，组织支教活动、志愿科教下乡活动等，多渠道宣传秦巴山区旅游脱贫转型成效、事迹和意义。

构建秦巴山区山地旅游脱贫转型营销管理体系，实施全域旅游整体营销，品牌体系完整、特色鲜明。设立旅游营销专项资金，制定旅游市场开发奖励办法。实施品牌营销战略，品牌体系完整，形象清晰，知名度和美誉度高。建立多主体、多部门参与的宣传营销联动机制，形成全域旅游营销格局。采取多种方式开展品牌营销，创新旅游脱贫营销方式。市场规模持续扩大，游客数量稳定增长。

实施区域联合宣传。把周边大中城市作为一级客源市场，组织乡村景区对周边主要客源地进行宣传推介，与当地旅行社进行业务合作。由本地人游带动外地人游，先起步，再做大，后做强，示范带动，造势旅游脱贫。要广开乡村旅游营销渠道，主动作为，积极谋划，把乡村旅游产品、特色小吃、特色农产品进行集中展示、捆绑营销、联合推介。

充分利用网络新媒体营销。支持推动互联网企业深度参与旅游脱贫宣传营销工作，充分利用网络媒体开展旅游资源和产品的宣传、营销。通过媒体专栏专题、微信、微博、社区论坛、微电影和旅游节庆等多种方式，切实加大旅游脱贫攻坚宣传力度，宣传秦巴山区旅游脱贫政策、成就、先进经验、典型事迹，开展旅游脱贫的意义、任务和进程，提高旅游脱贫工作的影响力和社会关注度。

实施精准脱贫转型营销。首先，要深入市场，认真了解市场需求，细分市场，既有前瞻性又有现实性、针对性，制定行之有效的措施。其次，一定要先了解当地实际

---

① 崔晓明.基于可持续生计框架的秦巴山区旅游与社区协同发展研究——以陕西安康市为例［D］.西安：西北大学，2018.

情况，掌握当地风土人情等，才能精准定位营销策略和目标，充分发挥自己的有利条件。最后，就是内外部一致精准，步伐一致，共同努力。

三、脱贫转型安全管理提升

安全保卫机构。旅游景区内设有专门的安全保卫机构，其职能包括交通、治安、消防和紧急救援等，有专人负责，有分管的专门领导。

安全保护制度。制定完善的安全保卫制度，有专人负责管理景区内的安全，每天安排专人在景区内负责安全巡逻。

安全处置。加强旅游高峰期游客安全处置，制定突发事件处理预案和应急措施，应急能力强，事故处理及时妥当，并做到档案记录准确、齐全。

安全设备设施。在旅游景区内至少设有安全集散广场和两个安全疏散通道，景区（点）设立报警电话、报警台，景区公布统一的急救电话号码。对旅游景区内安全防护设施、报警、消防、防盗、救护、救助等设备进行定期检查，保持设备的常见常新，交通、机电、游览、娱乐等设备要保持完好，运行正常，无安全隐患。设有安全瞭望站，对景区内可能出现的灾害进行监控与防范。

安全标志。建立健全的安全标志系统，在游客集散地、主要通道、危险地带等区域要按照国家标准《安全标志及其使用导则》（GB 2894—2008）设置安全标志系统，主要包括禁止标志、警告标志、指令标志和提示标志。

安全宣传。加强对安全保卫人员的科学管理，提高其警惕意识。并且要做好旅游景区内游客的安全教育工作，提高游客的安全意识，避免发生安全事故。

医疗救护服务。根据旅游景区的面积大小确定专门的医疗服务站或医疗服务点的数量和合理布局。通常设在景区主要出入口、事故易发区域附近。

第七章　旅游脱贫转型保障体系规划

区域旅游脱贫转型成功与否的关键是区域旅游脱贫转型的体制机制保障条件，如收益机制保障、资金保障、体制框架、政策保障、人才保障、资源环境保障、考核机制等。然而，我国乡村地区涉及面积广大，各种条件差异巨大，这给区域旅游脱贫转型支撑体系带来了明显挑战。不同贫困山区，地质地理条件迥异，山形地貌条件有别，经济社会不同，历史文化差异明显，旅游脱贫转型保障基础条件不同。这里以自然条件最复杂、地形地貌最多样、涉及省份最多、脱贫县和脱贫人口最多、内部差距最大的全国原有 14 个连片特困地区的典型代表——秦巴山区为依托，结合相关贫困山区旅游脱贫转型案例，对区域旅游脱贫转型保障体系规划进行阐述，内容主要涉及收益机制保障提升规划、资金保障提升规划、政策保障提升规划、人才保障提升规划、考核机制提升等。

第一节　收益保障提升规划

一、完善收益保障机制

李晓娟（2018）认为，脱贫人口参与旅游脱贫活动，通常存在人力资本、金融资本、社会资本、机构和平台等参与障碍。此外，构建了针对脱贫人口为核心的收益机制，主要包括精准识别机制、政府主导协调机制、脱贫人口内涵建设机制、利益分配机制、保障机制五大机制。

基于秦巴山区的旅游脱贫收益机制，主要包括：一是贫困户直接参与旅游经营获得收入，如开办农家乐和经营乡村旅馆开办民宿等；二是贫困户到旅游企业务工获得劳务收入；三是贫困户出售自家农副土特产品和手工艺品增加收入；四是贫困户出租房屋、土地等自有资产获得租金收入；五是贫困户通过将房屋、土地、人力等自有资源折算入股获得股金分红；六是建立资产收益扶持制度，针对没有能力没有资源参与进旅游脱贫的贫困户，可利用财政专项脱贫资金或部分支农资金作为脱贫人口的股份，参与专业大户、家庭农场、农民合作社等新型经营主体和龙头企业、产业基地的生产经营和收益分红，以增加脱贫人口的财产性收入等。

二、提升收益保障措施

有必要建立有效的监督检查保障机制，才能够确保脱贫人口的利益不受到伤害（李晓娟，2018）。一是健全相关监督机制的法律法规，制定符合旅游脱贫发展、能够保障脱贫人口利益的法律法规；二是建立完善的信息沟通传达系统、公开透明；三是强化新闻媒体等在社会中的传播力和影响力。

旅游脱贫收益保障措施主要包括：一是建立健全畅通的利益诉求表达机制；二是建立健全公平正义的利益分配机制；三是建立健全利益统筹与调节机制；四是建立健全科学合理的利益补偿机制；五是建立健全有效利益保障机制。

第二节　资金保障提升规划

一、加大政府投资力度

（一）争取国家和省市加大扶持

争取进入国家重点旅游项目名录和省级重点项目库，加大上级扶持力度。充分利用各种配套优惠政策和各种资金渠道。全面、充分地利用农业、林业、能源、环境保护、脱贫、文化项目等各项优惠政策，形成规模投资。

优选旅游脱贫项目，积极策划和筹备一批既符合国家、省市投资重点，又体现当地特色的旅游脱贫项目，完善前期评估论证，抓紧项目建议书和可行性研究报告的编制，争取列入国家专项建设债券支持范围。

（二）加大地方政府投资力度

强化财政资金保障。各相关市（州）和县（市、区）设立旅游脱贫专项资金，并纳入财政预算，用于支持旅游脱贫项目建设和旅游品牌创建，加大地方资金对旅游脱贫的投入力度。

对成功创建省级旅游脱贫示范区、省级旅游脱贫示范村、特色旅游示范村、申报创建的民宿旅游达标户分别给予相应奖励。整合相关部门资金，创新资金使用方式。

二、加大招商引资与融资

（一）加大项目对外招商引资力度

推动社会资本投入。每年包装推出一批贫困地区旅游优选项目，加大招商引资力度，促进各地积极落实优惠政策，吸引社会资本参与旅游脱贫开发。

加大投资开放力度，吸引国外资金，制定优惠政策，探索多种合作模式，加强政府的协调职能。

完善旅游脱贫激励政策。采取项目招标、政府采购、直接委托等方式，支持旅游企业参与贫困地区旅游开发。

对利用脱贫村（户）闲置的土地、房产等资产资源发展乡村旅游的企业，带动脱贫村（户）脱贫摘帽，给予脱贫再贷款支持。

（二）加强与金融机构合作

拓展融资渠道。向商业银行申请抵押或质押贷款，向政策性银行申请贴息贷款。创新融资方式，可以采用门票质押、景区开发经营权抵押、土地抵押、建筑物抵押等。

成立资产信贷公司，明确借贷主体。明确资产产权，剥离劣质资产，分离出可用于借贷的优质项目抵押资产。加大前期工作的力度，研究旅游脱贫开发区域的资产体系及相应的政策扶持措施。

（三）充分利用资本市场融资

优化公司资产结构。从主要依赖门票收入的景区开发经营模式，向宾馆、民居旅馆、餐饮经营、旅游交通、旅游纪念品产销等多项业务转移资本和收入，增强企业的融资能力。积极探索资本市场上新的融资方式。研究和尝试海外融资和信托融资的可能和效果。

三、高质量盘活民居资产

针对那些环境优美、生态良好，民族风情、民俗文化特色突出，古色古香的乡村民居资源，结合乡村旅游业发展的特殊带头和引领作用，应进行"盘活"闲置民居，助力乡村生态旅游发展，促进旅游精准脱贫。

盘活路径主要包括：①产权融资，包括产权酒店、商铺产权发售、项目公司拆分产权发售等；②出售部分产权，包括分时度假等；③第二驻地，包括第二居所、企业第二总部（或企业庄园）等；④租赁融资，包括设备租赁、资产租赁、土地租赁、房屋租赁等；⑤民居收藏，包括文化民居收藏、主题民居收藏等。

第三节　政策保障提升规划

一、创新旅游脱贫转型政策

王介勇等（2016）在其论文"我国精准脱贫政策及其创新路径研究"中，对我国精准脱贫转型政策创新进行了比较系统的论述，主要包括：①加快推进旅游脱贫转型配套政策和制度创新；②进一步完善多维贫困识别体系；③进一步完善旅游脱贫协调计划；④进一步健全旅游脱贫转型动态监管与目标考核体系；⑤实施无缝对接的旅游脱贫转型政策协调保障机制。

针对秦巴山区的旅游脱贫政策创新主要包括：

明确任务分工，涉旅相关部门建立协调机制，如发展和改革委员会、自然资源、生态环境、住房和城乡建设、交通、水利、农业农村、林业和草原、金融部门等，从各自职能和优势出发，为旅游脱贫转型重点村提供政策资金扶持，加快乡村旅游脱贫重点村脱贫转型致富。

加强组织协调，将旅游脱贫转型工作纳入脱贫攻坚大局，构建跨部门、跨单位、全社会共同参与、多元主体的旅游脱贫转型体系，统筹解决旅游脱贫转型工作中的规划对接、用地保障、行政审批和资金整合使用等问题，打好组合拳，形成政策合力。

强化督查考核，把乡村旅游脱贫转型工作纳入各级党委政府和有关部门的议事日程，及时开展旅游脱贫转型情况动态跟踪监测、督导检查，并通过电视台、报刊、微信等各种媒体，大力宣传旅游脱贫转型成果，推动各方参与旅游脱贫转型，共同分享旅游脱贫转型成果。

二、完善用地保障政策

旅游脱贫转型过程中，严格按照原国土资源部联合住房和城乡建设部、原国家旅游局印发的《关于支持旅游业发展用地政策的意见》（以下简称《意见》）指导实施，按照《意见》中提出的加大旅游脱贫转型用地保障政策要求，加大旅游脱贫转型用地保障。

鼓励土地权利人自行复垦开发废弃垃圾处理场、废弃矿山等历史遗留损毁土地建设的工程项目，对政府收回或征收的历史遗留损毁土地，允许通过招标拍卖挂牌方式合并确定新的土地使用权人和复垦投资主体，以吸引社会资本投资。

同时，按照《意见》要求，严格旅游相关农用地和未利用土地的用途进行管制；严格保护耕地和基本农田、节约集约用地。在相关市、县（市、区）、乡镇、村旅游精准脱贫规划及实施方案中，明确景区规划范围内永久建筑、游览设施、基础工程等用地，需避让永久基本农田保护区域。

第四节　人才保障提升规划

一、完善旅游脱贫转型人才体系

吴江（2016）在其著述"精准脱贫要有'精准'的人才队伍"中，认为要落实精准脱贫关键在于能否有一支高素质的精准脱贫人才队伍，主要包括：一要加强公共服务专业脱贫队伍建设，启动"精准脱贫万人计划"。二要加强贫困乡村基层干部队伍建设，启动"精准脱贫基石工程"。三要切实加强脱贫人才工作的组织领导和经费人员保障。

二、夯实基层队伍

抓实驻村工作队和帮扶责任人。严格执行驻村工作队选拔机制，积极与帮扶单位联系，制定驻村工作队管理办法，严格执行脱产驻村工作要求。持续加强领导干部定点联系脱贫村、贫困户制度，坚持一户一策一责任人。帮扶责任人要明确帮扶目标和任务，深入贫困户开展走访工作，了解贫困户致贫原因，进一步为贫困户理清发展思路、找准脱贫路子、细化帮扶措施。

三、壮大脱贫转型带头人

选派脱贫工作队是加强基层脱贫工作的有效组织措施，要做到每个脱贫村都有驻村工作队、每个贫困户都有帮扶责任人。实施"雨露计划"培训，做好农村青年人的职业培训工作，提升青年人就业创业能力。以专业科技人才提升农民科技素养，无论是果林业、苗木业，还是养殖业，科技含量很高，对农户的科技素养要求也很高；以"电商脱贫"加强农村经纪人队伍建设；以"龙头企业（合作社）+农户"的发展模式培养职业农民。

四、培育精准脱贫转型人才

脱贫人才培训涉及贫困地区可持续发展和"造血式"发展的根本问题。应有效整合人力、资金，开展贫困家庭劳动力精准培训，增强脱贫对象"造血功能"。围绕就业技能培训、岗位技能提升培训、劳务品牌培训、农村致富带头人示范培训等。汇聚精准脱贫劳动力培训力量，形成合力，分层次、分类别、分场所确定培训对象和培训内容，最大限度地发挥现有培训资源的效益。支持贫困家庭劳动力技能培训工作，增强劳动者就业技能，实现高质量就业和稳定就业，增加经济收入。

五、完善转型人才培养机制

实现脱贫转型人才是关键，培养一支高素质的"精准"人才队伍，是巩固脱贫攻坚成果的基础。脱贫人才培养与需求的错位，已经成为制约贫困转型地区发展的主要瓶颈之一。应以精准脱贫政策为导向，树立脱贫转型人才培养的先进理念和思路，构建脱贫人转型才培养的约束机制、激励保障机制、监督反馈机制，确保精准脱贫转型目标的实现（赵艳霞，2017）。

具体是构建满足脱贫转型工作需求特征的人才培养约束机制、驱动脱贫转型工作可持续发展的人才激励保障机制，以及具备信息动态跟踪的脱贫转型人才培养监督反馈机制。

第五节　资源环境提升规划

一、重要生态功能区提升规划

（一）完善生态及人文安全保护区

以秦巴山片区1处世界文化遗产（武当山）、2处世界地质公园、16处国家地质公园、30处国家级自然保护区、7处国家级风景名胜区及38处国家森林公园（表10-1）、6座中国优秀旅游城市、11座国家级历史文化名城（镇）、78处全国重点文物保护单位、33项国家级非物质文化遗产、11处全国工农业旅游示范点、12个全国特色景观旅游名镇（村）、16个国家红色旅游经典景区为核心，设立生态安全保护区，实行严格的保护政策，重点加强天然林保护，推进公益林建设，严格控制采矿、采伐等破坏生态安全的活动。

表 10-1　秦巴山片区相关功能区保护单元

类别	名称	位置
国家级自然保护区	河南南阳恐龙蛋化石群国家级自然保护区	西峡县、内乡县、淅川县、镇平县
	河南伏牛山国家级自然保护区	西峡县、内乡县、南召县
	河南内乡宝天曼国家级自然保护区	内乡县
	河南丹江湿地国家级自然保护区	淅川县
	湖北青龙山恐龙蛋化石群国家级自然保护区	郧阳区

续表

类别	名称	位置
国家级自然保护区	湖北十八里长峡国家级自然保护区	竹溪县
	湖北堵河源国家级自然保护区	竹山县
	湖北赛武当国家级自然保护区	茅箭区
	重庆大巴山国家级自然保护区	城口县
	重庆五里坡国家级自然保护区	巫山县
	重庆阴条岭国家级自然保护区	巫溪县
	四川王朗国家级自然保护区	平武县
	四川雪宝顶国家级自然保护区	平武县
	四川米仓山国家级自然保护区	旺苍县
	四川唐家河国家级自然保护区	青川县
	四川花萼山国家级自然保护区	万源市
	四川诺水河珍稀水生动物国家级自然保护区	通江县
	陕西周至国家级自然保护区	周至县
	陕西太白山国家级自然保护区	太白县、周至县
	陕西长青国家级自然保护区	洋县
	陕西汉中朱鹮国家级自然保护区	洋县、城固县、西乡县
	陕西佛坪国家级自然保护区	佛坪县
	陕西天华山国家级自然保护区	宁陕县
	陕西化龙山国家级自然保护区	镇坪县、平利县
	陕西牛背梁国家级自然保护区	柞水县、宁陕县
	陕西桑园国家级自然保护区	留坝县
	陕西青木川国家级自然保护区	宁强县
	陕西太白湑水河珍稀水生生物国家级自然保护区	太白县
	甘肃小陇山国家级自然保护区	徽县
	甘肃白水江国家级自然保护区	文县、武都区
世界文化遗产	湖北武当山古建筑群	丹江口市
国家级风景名胜区	石人山（尧山）国家级风景名胜区	西峡县、嵩县、南召县
	白云山国家级风景名胜区	嵩县、栾川县
	武当山国家级风景名胜区	丹江口市
	长江三峡国家级风景名胜区	云阳县、奉节县、巫山县、巫溪县

类别	名称	位置
国家级风景名胜区	剑门蜀道国家级风景名胜区	剑阁县
	光雾山—诺水河国家级风景名胜区	南江县、通江县
	白龙湖国家级风景名胜区	青川县
国家森林公园	河南天池山国家森林公园	嵩县
	河南白云山国家森林公园	嵩县
	河南龙浴湾国家森林公园	栾川县
	河南神灵寨国家森林公园	洛宁县
	河南寺山国家森林公园	西峡县
	河南玉皇山国家森林公园	卢氏县
	湖北沧浪山国家森林公园	郧阳区
	湖北牛头山国家森林公园	张湾区
	湖北诗经源国家森林公园	房县
	湖北九女峰国家森林公园	竹山县
	湖北偏头山国家森林公园	竹溪县
	重庆九重山国家森林公园	城口县
	重庆小三峡国家森林公园	巫山县
	重庆红池坝国家森林公园	巫溪县
	四川剑门关国家森林公园	剑阁县
	四川天马山国家森林公园	巴州区
	四川镇龙山国家森林公园	平昌县
	四川米仓山国家森林公园	南江县
	四川空山国家森林公园	通江县
	陕西楼观台国家森林公园	周至县
	陕西天华山国家森林公园	宁陕县
	陕西南宫山国家森林公园	岚皋县
	陕西金丝大峡谷国家森林公园	商南县
	陕西木王国家森林公园	镇安县
	陕西五龙洞国家森林公园	略阳县
	陕西汉中天台国家森林公园	汉台区
	陕西汉中黎坪国家森林公园	南郑区

类别	名称	位置
国家森林公园	陕西青峰峡森林公园	太白县
	陕西鬼谷岭国家森林公园	石泉县
	陕西千家坪国家森林公园	平利县
	陕西上坝河国家森林公园	宁陕县
	陕西黑河国家森林公园	周至县
	陕西牛背梁国家森林公园	柞水县
	陕西天竺山国家森林公园	山阳县
	陕西紫柏山国家森林公园	留坝县
	甘肃官鹅沟国家森林公园	宕昌县
	甘肃鸡峰山国家森林公园	成县
	甘肃文县天池国家森林公园	文县
世界地质公园	河南省南阳伏牛山世界地质公园	西峡县、内乡县、淅川县、南召县、镇平县
	陕西省终南山世界地质公园	西安市长安区
国家地质公园	河南尧山国家地质公园	鲁山县
	河南洛宁神灵寨国家地质公园	洛宁县
	湖北郧阳区恐龙蛋化石群国家地质公园	郧阳区
	湖北武当山国家地质公园	丹江口市
	重庆云阳龙缸国家地质公园	云阳县
	长江三峡（重庆）国家地质公园	奉节县、巫山县、巫溪县
	四川大巴山国家地质公园	万源市、宣汉县
	四川光雾山—诺水河国家地质公园	南江县、通江县
	四川青川地震遗址国家地质公园	青川县
	陕西岚皋南宫山国家地质公园	岚皋县
	陕西省金丝峡国家地质公园	商南县
	陕西省柞水溶洞国家地质公园	柞水县
	陕西省耀州照金国家地质公园	铜川市
	陕西省延川黄河蛇曲国家地质公园	延安市
	陕西省翠华山国家地质公园	西安市
	陕西省洛川黄土国家地质公园	延安市

（二）提升生物多样性保护区

以珍稀动植物物种为重点，着力保护红豆杉、白皮松、珙桐、秦岭冷杉、楠木野生树和大熊猫、朱鹮、金丝猴、羚牛、大鲵等珍稀濒危动植物，建立和完善自然保护区网络，加强连接通道建设，提高整体保护成效。积极推进野生植物资源核心区的原生境保护，禁止对野生动植物进行滥捕滥采，保持并恢复野生动植物物种和种群的平衡。抢救秦巴珍稀物种资源，建立秦岭野生动植物协作保护示范区，迁移保护丹江口库区珍稀物种，维护生物多样性。加强长吻鮠、黄颡鱼、鳜鱼等主要经济物种和裂腹鱼等地方特有物种的保护，在其主要生长繁育区域建立水产种质资源保护区，开展有针对性地增值放流，修复水域生态，净化水体环境，保护水生生物资源。推进自然湿地的抢救性保护和退化湿地的恢复，维护自然生态平衡。

（三）完善水源涵养保护区

秦巴山区作为国家重要生态屏障区，作为长江、黄河上游水源涵养区，也是我国"南水北调"工程的重要水源区，其水源生态保护具有重大的战略意义。具体以丹江口库区及其上游地区为重点，加大公益林建设力度，深入推进水土保持综合治理，减少水土流失面积，提高水源涵养能力。以汉江、嘉陵江、长江上游地区为重点，严格限制发展导致水体污染的产业，设立南水北调中线工程水源保护跨省协作示范区，积极开展丹江口库区生态保护综合改革试点，确保南水北调中线工程水源安全。

（四）提升地貌多样性保护区

以陕西秦岭终南山世界地质公园、河南南阳伏牛山世界地质公园、河南尧山国家地质公园、河南洛宁神灵寨国家地质公园、湖北郧阳区恐龙蛋化石群国家地质公园、湖北武当山国家地质公园、重庆云阳龙缸国家地质公园、长江三峡（重庆）国家地质公园、四川大巴山国家地质公园、四川光雾山—诺水河国家地质公园、陕西岚皋南宫山国家地质公园、陕西省金丝峡国家地质公园、陕西省柞水溶洞国家地质公园等为重点，设立地貌多样性保护区，建立严格的保护机制，防止各类经济活动对自然遗存地的影响和破坏。

二、生态保护提升规划

（一）加强生态保护与建设

加强秦岭区和大巴山区两个生物多样性保护优先区的保护，探索生物多样性保护与旅游脱贫相结合，促进经济社会与自然协调发展的新模式。继续实施天然林资源保护工程，长江流域防护林工程，加强自然保护区建设管理，巩固退耕还林成果，逐步恢复林草植被。提高林草覆盖率，提升林草固碳能力。加强森林抚育及管护，提高林分质量。逐步引导调整林业结构，在条件适宜地区重点推广核桃、猕猴桃、花椒、板栗等兼具生态作用和经济效益的林果产业。综合运用工程措施与生态措施，逐步推进水土流失区综合治理。

（二）加强生态文明示范工程建设

大力开展污染防治和生态修复，加强对外来入侵物种的防控力度，加快发展特色优势产业，积极倡导绿色消费，发展生态经济。建立健全保护自然生态安全的规章制度，逐步形成人与自然和谐发展的生态文化。支持湖北十堰市、重庆巫山县、陕西西乡县和宁陕县、甘肃陇南市等市县开展生态文明示范工程试点建设，支持南水北调中线工程水源区建设国家生态文明示范区。

（三）推进生态恢复治理

加快已开矿山、矿区移民迁出地生态恢复治理。严禁25°以上陡坡开荒，25°以下耕地逐步推广坡改梯及沿等高线发展农林生产。改进耕作方式，加快植被恢复。继续推进汶川、平武、文县等地震灾区生态修复，积极实施长江流域"两江一水"生态保护与综合治理。

（四）推进城乡绿化美化

积极营造城市园林化、城郊森林化、道路林荫化、农田林网化、村庄花园化的生态环境。全面实施森林城市建设、绿色通道建设和村、镇绿化、美化，结合农业综合开发、土地整理等工程，完善农田林网，建设绿色家园。

三、环境保护提升规划

（一）加强城乡环境保护

严格实施污染物达标排放，加快推进城镇和工业园区污水集中排放处理，强化污染物排放动态监控及污水处理厂的运营管理。统筹城乡垃圾处理场选址、垃圾收集和处理设施建设，开发推广适用的综合整治模式与技术，推进垃圾无害化、资源化处理。加强农村环境综合整治，实施农村清洁工程，因地制宜推行"户集、村收、镇转运、县处理"等多种垃圾处理方式。加大环境监督执法力度，建立健全城乡环境综合整治责任机制。

（二）加强水环境保护

加大长江、汉江、嘉陵江重点河流上游流域水环境综合治理和生态修复。制定水污染防治规划，确定水功能区纳污红线，从严核定水域纳污容量，强化工业节水，提高工业用水的循环利用率，严禁未经允许的江河捕鱼、河道挖沙取石等行为。建立健全水污染防治责任追究制度，增强突发性水污染事故的应急处置能力。

（三）加强农业面源污染治理

加快推广测土配方施肥和生物农药，减少化肥和农药使用量。推行农药施用时对包装物实行三次清洗的做法，降低农药包装物废弃后的环境风险。三峡库区、丹江口库区及上游要严格按照规划容量进行渔业生产。规范养殖业生产方式，推行标准化、规模化养殖，开展畜禽粪便综合处理利用，严格禁止沼液、动物养殖场冲洗废水直接排放进入江河河道。

（四）加强工业污染治理

实施工业污染企业"全防全控"工程，加强清洁生产技术改造，推进重点排污企业深度治理。建立更加严格的环境准入制度和重污染企业退出机制，严格实行污染物排放总量控制。实施尾矿库、矿渣库除险加固工程。规范危险废物管理，加强化学品、重金属和危险废物、固体废物污染治理。积极推进企业间排污权有偿使用和市场交易试点。

（五）加强环境监测与管理

完善生态环境监测和监督执法体系建设，重点加强水源地、河流水环境安全监测站点建设。建立工业增加值污染物产生量、排放量评价制度，完善节能减排监测统计，落实污染物减排考核指标。建立健全突发环境事件信息公开制度和责任追究制度，增强突发性污染事故的应急处置能力。

四、防灾减灾与应对气候变化

（一）加强地质灾害防治

根据建筑规范，设定建筑物的抗震设防要求。加强滑坡、泥石流等地质灾害的详细调查与风险评估。综合采取工程措施与生态措施，加大滑坡、泥石流等重点地质灾害易发区的综合治理。科学评估地质灾害工程处理的难度及可靠程度，对人口密集或重要设施区所处的滑坡体、危岩体，酌情采取加固、衬砌等工程处理措施。对不适宜采取工程措施的地质灾害区，及时搬迁避让，严格执行建设项目地质灾害危险性评估制度。

（二）加强防灾减灾体系建设

围绕泥石流、山体滑坡、洪涝、干旱等灾害防治，创新防灾减灾体制机制建设。进一步完善各类灾害预警与监测设施建设，强化风险管理，制订切实可行的应急方案。提高城乡建筑物灾害防御性能，加强避难场所、校舍、医院等基础设施的抗灾能力建设。开展防灾避险科普宣传，提高社会公众防灾减灾意识和参与程度，加强群测群防与专业防治相结合的灾害应急处置能力建设。

（三）积极应对气候变化

综合运用调整产业结构和能源结构、节约能源和提高能效、增加森林碳汇等多种手段，大幅度降低能源消耗强度和二氧化碳排放强度，有效控制温室气体排放。在生产力布局、基础设施、重大项目规划设计和建设中，充分考虑气候变化因素。加强对极端天气和气候事件的监测、预警和预防，提高农业、林业、水资源、交通等重点领域和生态脆弱地区适应气候变化水平。

第六节　考评机制提升规划

一、完善脱贫转型监测机制

依托省级旅游脱贫转型信息管理平台，构建市县乡村多级旅游脱贫转型信息管理体系。一是建立旅游脱贫村、户的基础信息库，对片区适合发展旅游的脱贫县、村、户进行精准识别，建立旅游脱贫县、旅游脱贫村、旅游脱贫户档案信息库，按照旅游脱贫示范区、重点培育县、旅游脱贫示范村、重点培育村、乡村民宿达标户、旅游脱贫重点培育户等分片区、分类、分级进行动态管理。二是建立旅游脱贫项目库，梳理出一批秦巴山区旅游脱贫项目，按照开工、续建、完工和储备四类项目分片区分类进行动态管理，确保旅游脱贫项目有序推进。

贯彻全省旅游脱贫工作督查、评估、考核工作机制。完善脱贫县旅游脱贫考核指标和细则，纳入脱贫县考核工作体系。省、市、县逐级分年度对旅游脱贫工作进行考核，并将评估考核结果报送同级政府、抄送下级政府，对成绩突出的按国家规定及时给予表彰，对旅游脱贫工作推动不力的给予通报批评。

建立乡村旅游和旅游脱贫转型观测点，构建覆盖秦巴山区全域旅游脱贫转型监测网络体系，及时分析解读监测数据，总结旅游脱贫转型先进经验和成功模式，不断扩大和巩固旅游脱贫转型成效。

二、完善脱贫转型考核制度

制定科学有效的脱贫转型考核体系，要在考核对象、考评内容和考核结果运用上精准发力，才能促使广大党员干部扶真贫、真脱贫，推动脱贫转型攻坚工作出实效。

全面落实干部能上能下的工作机制，对脱贫绩效考核"一般"的党政领导、部门领导和干部要及时组织调整。对精准脱贫工作扎实、业绩突出、作风优良的干部，要重点培养使用。对脱贫转型工作停滞不前、领导不力的干部，视情况采取召回管理、岗位调整、约谈问责等方式进行处理，促进脱贫攻坚工作提质增效，促进党员干部作风转变。

在年终目标考核和平时考核中，要加强对各级领导班子和领导干部脱贫转型攻坚工作开展情况的考核评定。要把脱贫工作列为承担脱贫转型任务的领导干部年度述职重要内容，把脱贫转型攻坚实绩选拔任用以及评先选优的重要依据，要到脱贫转型一线考察识别干部，以脱贫转型实绩论英雄，激励各级干部到脱贫转型攻坚战场大显身手。

三、完善脱贫转型监督机制

本着实事求是的原则，深入脱贫县、贫困乡镇、脱贫村督查，听取群众意见、基层干部意见，确保督查实效。要创新督查考核方式，把年访督查、暗访督查、调动督查、回访复查等方式综合运用，提高督查结果精准度。

围绕脱贫转型工作建立检查、督查、巡查、暗访、考核等机制，不折不扣地落实，要对存在的问题及时反思，并采取有效措施整改，使脱贫转型工作经得起历史的检验。

督导检查的关键目的就是要发现问题、梳理问题、整改问题。要重视督导检查中发现的问题，全面梳理问题清单，对照清单制定整改责任目标台账，逐项进行研究、逐条进行解决、逐个进行落实。

真正做到脱贫转型精到位、准到底、落到实，调动脱贫转型干部的主动性、积极性和能动性，持续用好督导检查机制，时刻提醒领导做到既精准脱贫又精准督导，对脱贫工作中出现的问题做到早发现、早提醒，早监督、早整改。

制定精准脱贫转型专题督查考核表，考核表主要涉及内容包括脱贫人口识别准确率、产业脱贫转型推进情况、易地脱贫转型搬迁推进情况、金融脱贫推进情况、脱贫县整合资金投入到位率等。

第五篇

旅游乡村振兴规划研究：框架体系

第八章　旅游乡村振兴规划路径及重点

随着 2020 年年底"绝对贫困"脱贫的结束，我国连片脱贫地区进入了全新的发展阶段——巩固脱贫攻坚成果和乡村振兴衔接发展新阶段。由于我国连片脱贫地区涉及面积广大，不同脱贫山区，地质地理条件迥异，山形地貌条件有别，经济社会不同，历史文化差异明显，贫困程度存在较大差别，不同脱贫山区进入脱贫转型及乡村振兴阶段的方式和路径不同。这里以自然条件最复杂、地形地貌最多样、涉及省份最多、脱贫县和脱贫人口最多、内部差距最大的全国原有 14 个连片脱贫地区的典型代表——秦巴山区为依托，结合相关贫困山区实践案例，在旅游脱贫转型规划成果基础上，结合旅游脱贫转型与乡村振兴之间的内在联系分析，对旅游乡村振兴规划的背景、思路、路径及重点进行阐述。

第一节　脱贫转型背景及问题

一、脱贫转型背景

著名全球发展问题专家杰弗里·萨克斯（Sachs Jeffrey，2005）认为，人类完全有能力在 2025 年消灭极端贫困，使贫困问题走向终结。联合国 2030 年可持续发展议程所设置的首要目标就是，到 2030 年在世界各地消除一切形式的贫穷（Sachs Jeffrey，2005；李小云和许汉泽，2018）。为此，2015 年中央明确提出，到 2020 年即"十三五"末，要确保中国现行标准下农村贫困人口实现脱贫，贫困县全部摘帽，解决区域性整体脱贫转型的目标。为实现以上目标，中央及各级政府投入了前所未有规模的资金和各方资源，开展脱贫转型与精准脱贫转型（图 11-1）。

具体是基于国内经济发展水平提高以及人们在吃、住等基本生活成本上升后的实际情况，国家以 2011 年人均年收入 2300 元（2014 年脱贫标准为人均年收入 2800 元）作为绝对脱贫县。2011 年全国脱贫人口为 1.239 亿，2012 年降至 9899 万，一年下降了 2291 万；2013 年减少到 8249 万，下降了 1650 万；2014 年减少到 7017 万，下降了 1232 万；2015 年减少到 5578 万，下降了 1439 万；2016 年减少到 4335 万，下降了 1243 万；2017 年减少到 3046 万，减少了 1289 万；2018 年减少到 1660 万，减少了 1386 万。在此过程中，脱贫的要求从以吃、住宿为主，逐渐向吃、住、健康等标准转变。

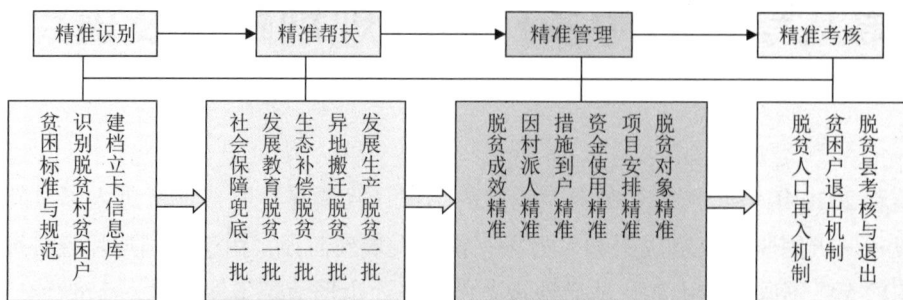

图 11-1　中国精准脱贫政策体系总体框架

（据国务院脱贫办建档立卡相关资料，王介勇等，2016。有修改和补充）

李小云和许汉泽（2018）认为，按照这个标准估算，到 2020 年中国在统计意义上，将不会存在年纯收入低于 2300 元的群体（按 2014 年脱贫标准为人均年收入 2800 元[①]），这意味着脱贫县将自然走入历史，中国将进入一个没有"贫困"的时代。然而，这里需要指出的是，按照农民人均收入 2300 元（按 2014 年脱贫标准为人均年收入 2800 元）计算的脱贫人口在统计上的消失，绝对不意味着中国农村贫困的终结。

具体解读如下：①现有脱贫主要解决的是区域性整体贫困问题，2020 年农村脱贫人口实现脱贫，针对的是全国连片特困地区，脱贫县全部摘帽，并不意味着所有贫困（如特殊贫困）的彻底消失。②现有脱贫主要是解决绝对贫困问题，因为脱贫县的设定及贫困的标准，是按照 2011 年 2300 元（按 2014 年脱贫标准为人均年收入 2800 元）的要求计算的，显然这是刚性的经济指标，这是完全依靠保底兜底的手段来解决的农村贫困问题（李小云和许汉泽，2018），而显然贫困并非只是简单的经济贫困。③贫困的重要组成部分——相对贫困将依然长期存在。如收入差距、公共服务资源、社会不公平现象等，这是全世界尚未解决的重大问题，在这一问题上，秦巴山区作为全国 14 大连片特困地区之首，尤其明显而突出。④人均年收入 2300 元（按 2014 年脱贫标准为人均年收入 2800 元）的贫困标准线并非固定不动的，2300 元以上的群体（脱贫群体）仍然有可能在各种变化风险中掉入脱贫线以下，这意味，仍然随时可能有低于 2300 元标准的绝对脱贫人口的存在，只是数量上不会很大（李小云和许汉泽，2018）。⑤脱贫县是一个变化的概念，随着生活水平和成本的上升，2020 年之后沿用 2011 年 2300 元标准的合理性会下降，届时提高绝对脱贫线的压力会上升，一旦调整脱贫线，在统计意义上的绝对脱贫人口又会重新出现（李小云和许汉泽，2018）。⑥脱贫目标是动态的概念，如果

① 从 2014 年以后，脱贫标准从 2011 年的 2300 元提升为 2800 元。

按照 2020 年"两不愁，三保障"[①]的脱贫目标要求，不仅满足贫困群众吃、穿等基本生活需求，还要在教育、医疗、住房方面使其得到保障，这意味着不仅解决贫困户最基本的生存需要，还将解决其部分发展需要（李小云和许汉泽，2018）。

绝对贫困概念的提出，是以生存观念为基础，指为了维持身体的机能而必须满足的基本条件[②]。消除贫困首先意味着消除绝对贫困，满足人民基本生活需要，这是其他所有人权发展的基础。李小云和许汉泽（2018）认为，从社会福利角度来看，只有当衣食住教医的基本保障做到人人覆盖，不断减少不同区域之间与同一地区内部之间的福利保障差距，并且其标准能做到按照全社会的福利水平逐年调整，绝对贫困才有可能消除。国务院扶贫办指出，消除绝对贫困需要解决的四大问题：一是缩小收入差距；二是防止返贫现象出现；三是社会保障制度建设；四是重视中小企业发展和三农工作。

二、脱贫转型主要问题

到 2020 年，秦巴山区与中国其他地区一样，已彻底消灭绝对贫困，这意味着贫困县将自然走入历史，将进入一个没有"贫困"的时代（李小云和许汉泽，2018）。但这绝对不代表着秦巴山区脱贫工作的结束，这是由秦巴山区具体实际和地区发展不平衡所决定的。因此，在 2020 年宣布农村脱贫目标实现时，需要客观指出 2020 年之后的农村贫困状况（李小云和许汉泽，2018），尤其是秦巴山区的贫困状况。现有贫困脱贫后未来相当一段时期，可能存在的相关问题主要包括：

一是过去解决的是区域连片或整体性贫困问题，这种脱贫往往有某种程度的宏观、区域性质，还存在个别、少数的特殊性贫困（深度贫困）问题，如特定区位的山区，如一些人迹罕至的高山峡谷地区，是自然人文遗产地，农民不愿也不能离开土地，必须靠人力畜力传统生产方式，而亩产和人均耕地都不高等，这种贫困地区很难通过传统的脱贫方式得到最终解决。这种情况就亟待创新发展模式，在确保当地经济发展的同时，既要发挥当地原生态资源特色优势，又要有利于当地资源环境生态的保护。

二是过去解决的问题主要集中于乡村区域，这种脱贫往往带有某种局限性、典型性和针对性，可能会出现农村与乡镇之间的脱贫空白地带，如边远地区乡镇虽然不属于农村地区，但仍然存在并非农村地区的绝对贫困群体。秦巴山区是中西部连片特困地区之首，区域发展不平衡、传统二元结构问题明显，城镇本身发展水平相对比较滞后，尤其是随着城乡一体化进程发展，同样出现一些其他城镇相关贫困问题，未来随着城乡一体化进程，大量农民从农村进入城市，城市贫困问题也将会凸显[③]。

---

① 即农村脱贫人口不愁吃、不愁穿，农村脱贫人口义务教育、基本医疗、住房安全有保障。
② 中国政府网.消除贫困是人权保障的基础.http://news.sina.com.cn/c/2009-11-03/170416546985s.shtml.
③ 内蒙古脱贫开发宣传平台：2020 年后中国脱贫将开启战略性变革.http://www.sohu.com/a/332152873_120214179.

三是过去解决的主要是绝对贫困问题，即针对吃、住、行为主的刚性贫困问题。这种脱贫往往造成绝对贫困与相对贫困之间的边界模糊，加之老百姓认知能力的局限，从而导致脱贫问题的复杂化。相对贫困问题如收入差距、公共服务差异、社会不公平现象等，依然较长期存在。尤其是秦巴山区作为中西部贫困山区的典型代表，由于自身客观自然与历史原因，一方面克服返贫压力大于其他地区，另一方面相较于绝对贫困，相对贫困更为错综复杂，脱贫任务更为艰巨和困难。

四是过去解决的主要是基于吃、住等基本生活成本问题，这种以经济为主的刚性脱贫相对容易，对贫困群体而言容易形成一种惯性，在政府容易形成一种已有的思路模式。而随着按照 2020 年"两不愁，三保障"更高的脱贫目标要求，这就意味着除了满足贫困群众吃、穿等基本生活需求外，还要在教育、医疗、住房方面给予帮扶。尤其是秦巴山区发展环境滞后、发展基础薄弱、发展成本高的革命老区，面临着的问题尤其复杂多样。

五是从过去的农村脱贫向乡村振兴发展的转型问题。现今的脱贫主要是以农村、绝对贫困、经济扶持为重点的初级的农村脱贫，而乡村振兴是一项漫长、复杂、立体、综合的系统工程，要求到 2020 年，乡村振兴取得良好进展，制度框架和政策体系基本形成；到 2035 年，农业农村乡村振兴取得决定性进展，现代化基本实现；到 2050 年，乡村全面振兴，农业强、农村美、农民富全面实现。从以绝对贫困为核心的农村脱贫到更高层次、更高要求、更为宏观的乡村振兴的转化过程，这是一个极其复杂、综合的系统工程，这需要全域城乡、全国上下的共同努力。

第二节　从脱贫转型到乡村振兴

一、脱贫转型特征

集中力量对连片特困地区开展脱贫开发是当前我国脱贫攻坚的重要举措。在新的历史时期，对连片特困地区开展脱贫开发，需要突破当前脱贫模式形成的路径依赖，我国脱贫制度的特点主要体现在（刘筱红、张琳，2015）：①以经济领域为先导的资源驱动；②以政府主导为重点的政策取向；③以目标瞄准为抓手的机制运行。有关 2020 年绝对贫困脱贫后，"后脱贫"时代的贫困现象及特征，李小云和许汉泽（2018）在其著述"2020 年后脱贫工作的若干思考"中，有了比较详细的论述。谷树忠和李小云等（2018）指出，到 2020 年我国贫困问题不再是单纯的经济现象，而是集经济、社会、自然等因素于一体的复合现象，因此需要从经济发展、社会发展、自然生境等多个维度，审视 2020 年之后的贫困问题。在即将到来的新形势下，以农村为主要对象、以相对贫困为特征的经济领域为主的脱贫攻坚，将要发生新的变化、形成新的特点。

（一）城乡统筹脱贫：农村贫困向城乡统筹贫困脱贫转型

由于区域发展不平衡和城乡二元结构，贫困主要分布在我国中西部山区广大的农村地区，农村贫困成为我国集中连片式、整体性、普遍性的贫困问题。绝大多数的脱贫人口是由于农村所处的相对原始自然条件所带来的落后的农村生活、生产、发展环境所造成的多因素致贫，如因灾致贫、缺水致贫、缺技术致贫、缺劳力致贫、缺资金致贫、交通落后致贫、能力不足致贫，以及相关的因病致贫、缺医致贫、就学致贫等。

随着 2020 年脱贫奔小康，我国这种集中连片式、整体性、普遍性、农村性、经济性的绝对贫困问题，将得到彻底解决。但随之而来的问题也将应运而生，那就是由于原来脱贫方式相关的返贫、二次贫困或贫困转型，如城乡一体化、移民搬迁、救济补助等带来的脱贫群体的失业，以及农村贫困群体涌入竞争而导致城镇居民的失业，所带来的向城镇蔓延的"新一波"的贫困人口的出现，也就是所谓的从原来的乡村贫困转化为城乡统筹贫困，当然这是属于一种相对少数、更高要求的二次贫困群体（李小云和许汉泽，2018）。

尤其是秦巴山区作为中西部发展不平衡和城乡二元结构特征较突出的贫困山区，成为全国脱贫转型与乡村振兴发展的重点和难点。城乡统筹的重点和难点是农民、农村和农业，"三农问题"的根本点还是农民的贫困问题。到 2020 年以后，转移就业和人口流动使得农村贫困问题需要延伸到城镇中加以解决（陆汉文，2019）[①]，这一时期，我国城市贫困问题变得更加复杂（陆汉文，2019）：一是原有贫困问题常态化；二是因农民失地而导致的新型贫困问题；三是前面所论及的进城务工人口相关联的贫困问题。这三类贫困问题叠加和交织在一起，将成为后脱贫时代重大的经济社会问题，也将成为城乡统筹脱贫的核心和重点。

城乡社会公共服务不均衡正在成为转型贫困的主要原因。从制度上讲，现有农村社会保障基本上属于补充性，还达不到真正意义上的支付性保障。例如，上大学和医疗费用对于农村和城市是一样的，但由于城市人口的支付能力远远高于农村，富裕人口远远高于贫困人口。很多处于贫困线之上的低收入群体，由于资产和社会保障的缺乏，由于抵御风险能力的极度脆弱而成为极易落入贫困陷阱的潜在脱贫人口，这些都构成了转型性的次生贫困（李小云和许汉泽，2018）。

（二）相对贫困脱贫：绝对贫困向相对贫困脱贫转型

现有贫困是以 2300 元的标准衡量的绝对贫困，主要是"吃穿"问题的、经济为主

---

① 陆汉文.城乡统筹脱贫应成为未来战略选择［N］.社会科学报，2019-01-31（001）.

的刚性贫困。主要停留在物质层面上的贫困，或者说是物质上的匮乏，是指缺乏为维持身体健康而绝对必需的物品的状态。在消费方面由于收入极低，难以满足人类在衣食住行等方面的基本消费。由于生产资料的缺乏，难以维持简单再生产，更难以扩大再生产，从而陷入"贫困循环"之中。主要表现为以经济因素为主导致的刚性贫困，即所谓的单维度致贫。这种经济因素包括单维度致贫、生活负担、居住环境、经济地位和人均年收入等。

随着 2020 年脱贫问题的解决，这种绝对贫困将退出历史舞台。然而，相对贫困问题仍然没有得到解决。因为相对贫困实质是不平等，只要社会存在不平等，就存在相对贫困。在现实中不平等是常态，因而相对贫困也将普遍存在，这是全世界至今尚未解决的重大问题，如公共服务资源、教育资源、医疗卫生、社会地位、住房条件等不平等。此外，城乡二元化结构下的流动儿童和留守儿童现象，存在营养、教育、医疗等多方面的欠缺和不足，都是相对贫困问题。相对贫困主要呈现为收入、社会公共服务获得上的不平等和多元维度贫困。相对贫困还体现在城乡收入差距方面即农村的低收入，2014 年城乡收入比依然高达 2.92 : 1。据西南财经大学基于 2010 年的数据研究显示，农村居民收入的基尼系数高达 0.60。这显示了收入不平等已经成为城乡差异的主要问题之一。

世界银行关于相对贫困的描述（诸世航，1982）："当某些人、某些家庭或某些群体没有足够的资源去获取他们那个社会公认的、一般都能享受到的饮食、生活条件、舒适和参加某些活动的机会，就是处于贫困状态。"可见，相对贫困与绝对贫困不同，相对贫困属于多维度致贫的，涉及收入、教育、健康保险、资产和生活质量五个维度，包括人均年收入、受教育程度、医疗保险、养老保险、电器资产、生活负担、掌握技能、居住环境、经济地位等多个变量。

（三）乡村振兴发展：农村贫困脱贫向乡村振兴转型

从某程度上讲，脱贫是乡村振兴的基础和初级阶段，乡村振兴是农村脱贫的目标。如何促进从旅游脱贫向乡村振兴的转型升级，成为重大战略问题。

乡村振兴的目标是，到 2020 年，乡村振兴的制度框架和政策体系基本形成，全面建成小康社会的目标如期实现。到 2022 年，乡村振兴的制度框架和政策体系初步健全。现代农业体系初步构建，农业绿色发展全面推进；农村一二三产业融合发展格局初步形成，乡村产业加快发展，农民收入水平进一步提高；农村基础设施条件持续改善，城乡统一的社会保障制度体系基本建立；农村人居环境显著改善，生态宜居的美丽乡村建设扎实推进；城乡融合发展体制机制初步建立，农村基本公共服务水平进一步提升；乡村优秀传统文化得以传承和发展，农民精神文化生活需求基本得到满足；乡村治理能力进一步提升，现代乡村治理体系初步构建。探索形成一批各具特色的乡村振兴模式和经验，乡村振兴取得阶段性成果。

乡村振兴战略的主要任务是：建设产业兴旺、生态宜居、乡风文明、治理有效、生活富裕的社会主义新农村。具体包括：一是以农业供给侧结构性改革为主线，构建现代农业产业体系、生产体系、经营体系，推动乡村产业振兴。二是以践行"绿水青山就是金山银山"的理念为遵循，加快转变生产生活方式，推动乡村生态振兴。三是传承发展乡村优秀传统文化，培育文明乡风、良好家风、淳朴民风，建设邻里守望、诚信重礼、勤俭节约的文明乡村，推动乡村文化振兴。四是建立健全党委领导、政府负责、社会协同、公众参与、法治保障的现代乡村社会治理体制，推动乡村组织振兴，打造充满活力、和谐有序的善治乡村。五是以确保实现全面小康为目标，加快补齐农村民生短板，让农民群众有更多实实在在的获得感、幸福感、安全感。

周仲高和柏萍（2014）借鉴国际上脱贫的逻辑切入点，即基本上是沿着从注重物质资本的投入，到关注人力资本的投资，再过渡到综合的反贫困战略思路，结合我国贫困的新趋势，认为未来脱贫战略有以下四大走向：一是脱贫主体转型由线性式走向网络式；二是脱贫对象转型由群体走向个体；三是脱贫方式转型由开发式走向发展式；四是脱贫重点转型由当代脱贫走向子代防贫。

二、脱贫转型主要任务

如上所述，2020年后的脱贫工作特点是：脱贫对象发生了变化，已经从农村贫困群体转向城乡所有贫困群体；脱贫杠杆发生了变化，已经从经济脱贫为主转向经济社会为主的杠杆；脱贫方式发生了变化，从行政手段向常规性贫困治理体系；脱贫内容发生了变化，已经从绝对贫困脱贫转向相对贫困为核心的脱贫攻坚；脱贫目标发生了变化，从2300元脱贫线转向实现"两不愁三保障"；脱贫环境发生了变化，已经从几年前以经济建设为主的发展环境转向以全域治理体系环境，那是经济、社会、文化环境乃至生态环境、人文环境和国际环境，都相应发生重大变化。正因为这些变化，造成2020年"二次脱贫"攻坚面临诸多挑战。

周仲高和柏萍（2014）认为，当前我国贫困发展的新趋势主要表现在：一是绝对贫困与相对贫困共存，相对脱贫人口成为主体部分；二是脱贫人口缺少发展机会，返贫现象折射贫困边缘人群困境；三是贫困代际传递日益显露，贫困现象陷入恶性循环。

直到20世纪末期，现有农村脱贫主要是在传统农村和农业发展框架下展开的。进入21世纪以来，随着保护式脱贫（如低保、教育、卫生等社会公共服务领域）在贫困地区的不断展开，农村脱贫开始不断超越农业发展为主线的制度界限，形成了复杂的多部门交织的局面。尽管如此，面对2020年后即将出现的二次贫困，仍然面临着各种各样的挑战。

首先，现有脱贫主要是通过行政手段开展的两项制度衔接[①]和资源整合方式进行，脱贫实践业已证实，农村脱贫在制度上的乏力，尤其是脱贫管理的碎片化与脱贫要求整体性推进之间的矛盾日益突出。这一矛盾在新的贫困格局下对二次脱贫有效性的影响将会更加显著。从此可以看出，亟待创新体制机制成为2020年后脱贫的重要保障。

其次，由于二次贫困主要是解决相对贫困问题，由于相对贫困多元化、多维度、转型性、次生性和复杂性特点，涉及脱贫各个领域的各级各类部门，尤其是在其专业管理和资源行业管理的分割体制下，在部门利益的割裂下，出现愈加明显的"脱贫碎片化"，难以有效整合各种资源（李小云和许汉泽，2018）。因而，构建针对相对贫困脱贫的专业化管理体制机制，成为当务之急。

再次，现行脱贫协调部门主要涉及农村，形成了针对绝对贫困以经济为杠杆的农村脱贫惯性思路和所谓的经验，而二次脱贫则主要覆盖在愈加广泛的城乡区域之间，城市化进程不断吸纳农村人口，相对贫困随之转移到城市，传统城乡二元脱贫治理格局显然不能应对即将到来的二次脱贫的错综复杂和千变万化。可见，破除传统城乡二元结构成为2020年后巩固脱贫攻坚成果的关键。

最后，现行脱贫机构尽管具有宏观协调职能，但由于相对贫困的复杂性以及随着相应的脱贫工作的不断开展和深入，碎片状的管理模式将导致行政管理资源的低效率，从而亟待创新多功能、综合性的治理结构。从这点上讲，在2020年的二次脱贫过程中，构建符合具体脱贫实际的脱贫攻坚组织机构。

综上，新贫困格局需要新的脱贫战略，而实施新的脱贫战略需要建构能适应新的贫困形势的新体制。新的贫困格局和战略需要一个综合的贫困治理机制，这是2020年后农村贫困工作的关键。

三、脱贫转型向乡村振兴升级

脱贫攻坚是乡村振兴的基础，乡村振兴是脱贫攻坚的目标。2020年年底完成"脱贫攻坚"任务后，我国贫困山区农村将进入"后脱贫时代"，工作重心将逐步向乡村振兴战略转移。由于我国农村自身资源禀赋限制，以及财政投入保障机制尚不健全、财政法治建设起步较晚、实施乡村振兴战略的顶层设计尚未理顺等原因（姚飞[②]，2019），在"后脱贫时代"仍存在一些亟待解决的问题，这些问题成为乡村振兴战略实施前必须解决的关键问题。

首先，脱贫成果亟待巩固和夯实。巩固脱贫成果压力较大，帮扶措施尚需继续，

[①] 两项制度衔接：实现农村最低生活保障制度（低保）和开发式的脱贫政策制度的有效衔接。即通过低保制度的开展解决农村困难户的最低生活保障问题，通过开发式的脱贫方针解决有劳动能力的贫困户的自我发展能力。

[②] 姚飞. 完善财政管理制度推进"后脱贫时代"乡村振兴. 人民网-中国共产党新闻网. 2019. http://cpc.people.com.cn/n1/2019/1231/c164113-31530633.html.

脱贫帮扶工作仍需努力，帮扶干部继续入户走访，做好后续帮扶措施（姚飞，2019）。尤其应重点关注脱贫质量不高的贫困户、患病户、无劳力户，真正让脱贫户做到遇病不返贫、遇困不返贫、遇灾不返贫，巩固好脱贫成效，建立长效脱贫机制，不能轻易出现返贫现象（姚飞，2019）。我国农村经济结构长期以农业为主，缺少工业支柱产业，完成脱贫任务较大程度上依靠补贴资金发放、医疗养老兜底和区财政注资村集体等"输血型"脱贫方式（姚飞，2019）。据初步统计，每年脱贫投入占当年总支出20%~30%。按照"脱贫不脱政策、脱贫不脱责任、脱贫不脱监管、脱贫不脱帮扶"的总要求，后续巩固脱贫成果的支出压力较大。如果长期维持"高成本高投入"的脱贫模式，既会滋生贫困农户自主发展动力不足现象，也会造成本区"三保"压力过大，进而影响乡村振兴战略实施（姚飞，2019）。

其次，因脱贫政策差异性导致的农村基础设施条件非均衡性问题。目前贫困山区不同程度地存在脱贫村与非脱贫村之间的政策非均衡性造成的基础配套服务设施差异性现象。按《国务院办公厅关于支持脱贫县开展统筹整合使用财政涉农资金试点的意见》要求，统筹整合的脱贫县涉农资金必须精确瞄准建档立卡脱贫人口，并严格按照规定范围和标准使用。通过持续脱贫攻坚，贫困山区脱贫村的农业生产发展和基础设施建设水平大幅提升。与此同时，也出现了一些非脱贫村因为资金相对缺少、政策缺乏支持，基础设施和公共服务改善缓慢明显落后于脱贫村，从而导致农村基础设施建设和公共服务领域出现了脱贫村水平高、非贫村水平低的"倒挂"现象（姚飞，2019）。例如，许多曾经的脱贫村均已建设脱贫车间、光伏发电站，甚至建有脱贫超市等生产设施，而非脱贫村则缺乏以上设施条件。此外，脱贫村硬化道路建设标准为"户户通"，非贫村的建设标准则为"村村通"。在安全饮水项目建设等领域，脱贫村在建设速度、建设标准上也有明显优势。造成非贫村干部群众意见较大。

再次，贫困山区"造血功能"产业培育实效亟待提高。由于前期脱贫攻坚阶段以"输血型"脱贫方式为主，缺少工业支柱产业，这是普遍现象。如何尽快发挥农村山区资源环境特色优势，激活特色产业发展，促进产业深度融合，增强产业附加值，形成具有经济、社会、生态效益统一的新兴产业发展模式，成为后脱贫时代面临的重大问题和挑战。纵观我国西部贫困山区，一些不利于环境保护的传统小作坊关停并转，缺乏工业，农业生产能力低，产业效益低下，产业结构单一，缺乏产业"造血"功能，尤其是"地下无矿产、地上无资源"，既缺少发展工业的资源禀赋，也缺少发展服务业的区位优势，一二三产业发展难度较大。因此，如何激活中西部高山峡谷地区农村产业发展，激活造血功能，培育符合当地实际的产业发展模式，意义重大。

最后，确保实现和乡村振兴的无缝连接。第一，做好贫困户思想工作。当前还存在一些贫困户未能真正实现"断奶"，存有"伸手等靠要"的思想，应树立群众自力更生、勤劳致富的意识（姚飞，2019）。"授人以鱼，不如授人以渔"，要指导好贫困户学习一技之长，利用好当地的资源，因地制宜发展产业。第二，从政策层面上要强化认识，要有大局意识，提高政治站位。绝大多数农村干部能够贯彻、执行上级党委政府的各项方针、政策、法律和法规。第三，从经验层面看，要进一步完善脱贫政策。将前期宝贵的脱贫经验和做法要经过深入研究和论证，有的可以上升为国家和政府监管部门的政策，形成长效机制。第四，从制度层面来看，要积极探索完善经营制度。第五，从技术层面上，借助互联网、大数据、人工智能、医疗技术的发展，带动新技术、新模式、新业态的涌现。所有这些新科技发展趋势在农村发展中的应用，在后脱贫时期，农村各级帮扶干部培训有待进一步加强。

第三节　旅游乡村振兴规划思路

一、旅游驱动脱贫转型

与以城乡统筹脱贫、相对贫困脱贫和全方位脱贫为特征的二次脱贫相呼应，生态旅游强调的就是城乡统筹发展、发展的一般性与特殊性的统一，以及全域生态旅游发展系统，生态旅游理论具有与生俱来的脱贫功能和理论实践框架，对二次脱贫攻坚具有独特的意义与作用，主要包括生态旅游主体、生态旅游地、生态旅游业、生态旅游环境和生态旅游管理五个方面。

（一）生态旅游主体具有服务社区的义务

生态旅游主体理论认为，生态旅游者是具有尊重周围环境（硬环境和软环境）的自觉性和公共责任心的旅游者，自己的行为特征和规范符合生态旅游体系相关要求的旅游者，在旅游活动过程中对周围环境（自然生态和人文环境）友好、友善的旅游者，将自己的旅游活动与过程行为与产生结果作为统一整体看待的旅游者，将自己旅游活动与旅游客体持续发展紧密结合的旅游者，通过旅游活动传播可持续发展理念进而有利于促进整个社会协调发展的旅游者。

而生态旅游者往往是以具备一定的人文素质、思想境界和行为规范特征为前提的。正因为如此，生态旅游者的可持续发展理念和生态行为是相对稳定不变的。不会因为今天经历了高层次的生态旅游产品才能成为生态旅游者，也不会因为明天消费了传统的大众旅游产品就不是生态旅游者。正因为生态旅游主体理论的上述主张与理念，比大众旅游者具有更高尚的情怀、更高雅的素质和更先进的思想，在2020年后巩固脱贫攻坚成果工作中，将发挥越来越重大的作用和意义。

（二）生态旅游地是社区可持续发展的主战场

生态旅游地理论认为，生态旅游社区具有原生态美的生态旅游资源或者生态旅游产品对不同类型生态旅游者产生不同类型和程度的吸引力，这种吸引力大小取决于旅游资源或产品的吸引力大小，而吸引力大小又取决于资源或产品的比较特色和比较优势。生态旅游社区的吸引力不是一成不变的，而是随着时空的变化和周围环境的变化而变化的，这与旅游地生命周期的利用、经营管理成效密切相关。同一个旅游社区，不同的经营管理者所带来的吸引力大小、生命周期长短是不同的：善于科学管理和更新产品的经营管理者，旅游地的吸引力是独特的，目的地产品周期是持久的。反之，则吸引力很弱小、周期是短暂的。

生态旅游社区对旅游者具有反作用力。若生态旅游社区具有明显吸引力的生态旅游资源或产品，还具有良好的生态旅游环境、经济社会环境和人文环境，则生态旅游社区不仅对客源地具有明显的吸引力，而且对客源地生态旅游发展具有促进作用。此外，生态旅游社区具有明显的教育功能，包括激发、引导、启迪、激励、示范、警示、带动和教育功能，传播美学功能、科教科普功能，生态旅游目的地良好的遗产保护、生态环境保护意识、科学发展观理念、和谐的人文氛围，不仅对社区发展意义重大，更重要的是通过其辐射、散布、影响和带动作用，影响着广大旅游者，对客源地人文教育和社会进步具有重要意义。正因为生态旅游地理论的主张和理念，成为二次脱贫发展的理念与生俱来的不谋而合。

（三）生态旅游业是社区发展的战略支撑

生态旅游业理论认为，生态旅游业发展所需的支持保障体系并非旅游企事业机构的简单相加，而是这些支持保障机构的全方位无缝衔接和鼎力相助。生态旅游企事业机构作为生态旅游媒体系统的一部分。生态旅游媒体并非传统单一的旅游业务部门，如旅游经营商、批发商、零售代理商、会议安排组织商、预订代理服务商，而是涵盖了旅游消费子系统和旅游吸引子系统之间发生作用所需要的相关机构、部门和单位，包括旅游交通部门、住宿接待部门、餐饮服务部门、旅游商品经营部门、旅游娱乐场所经营部门和目的地各级各类旅游组织部门等，以及上述诸机构和部门之间的全方位、立体性、无缝对接，共同构成旅游业发展的旅游支持系统，统称为旅游支持子系统。

生态旅游业理论的核心就是，强调生态旅游业各产业、各业态、各节点、各变量的积极性和自觉责任性，强调生态旅游业各环境、各变量之间的全方位、立体性、无缝对接，形成有机的、主动的产业发展系统。

（四）生态旅游环境是社区发展的最理想载体

生态旅游环境理论认为，生态旅游载体不仅仅是旅游地的自然生态环境或旅游区的环境容量管理，还是指整个生态旅游业从形成、运营、管理、发展所依托的各种外界环境要素的综合，包括旅游地环境，也包括客源地环境，也包括区域、跨区域、国内乃至世界环境，既包括自然环境，也包括文化环境、经济环境和社会环境，更包括投资环境和人文氛围，尤其是生态旅游业运营管理过程中的各种要素环境的相互关系和影响。上述各种级别、各种要素之间全方位、多元化、立体性的相互作用和相互影响所形成的复合体，构成生态旅游载体，亦即生态旅游载体子系统。

生态旅游环境理论的核心，就是强调生态旅游发展顶层环境到各级各类主体微环境的自觉责任性与高度的人文情怀，强调旅游者、旅游地社区、旅游企业、旅游市场、生态旅游资源、生态旅游景区、生态旅游社区、生态旅游环境等各主体环境之间的协调与无缝衔接，形成积极、有机的环境系统，为生态旅游健康可持续发展保驾护航。

（五）生态旅游管理是社区可持续发展的科学保障

生态旅游可持续管理理论认为，生态旅游管理就是生态旅游发展过程中所涉及的主体进行系统的规范、协调、控制等的管理活动过程。从主要管理内容来说，尤其强调旅游者、旅游地社区、旅游企业、旅游市场的可持续管理。此外还涉及生态旅游资源、生态旅游景区、生态旅游社区、生态旅游环境等的科学管理，以及这些方面的发展及其相互促进协调的可持续管理。生态旅游管理的最大特点就是强调，将生态旅游发展视为一个多成因、多关联、多期次的复杂、动态的综合动力系统，主张只有这个动力系统各个相关要素、变量，达到充分的协调、融合和高度协调，生态旅游发展才能达到应有的目的和目标。从这一点讲，秦巴山区旅游脱贫振兴发展的过程就是生态旅游可持续发展的过程。

二、旅游驱动乡村振兴

（一）乡村振兴实践中生态旅游的特殊作用

生态旅游作为自觉负责任的可持续旅游和复杂、动态的综合动力学系统，在强调旅游功能、保护功能、教育功能和促进社区协调发展功能四大基本功能基础上，极力主张自觉自然观、动力系统观、可持续旅游观、全域发展观、生态文明观，因而成为二次脱贫和乡村振兴与生俱来的脱贫途径和模式，将对乡村振兴实践具有特殊的意义和作用。

生态旅游强调旅游整个过程中各相关利益主体的自觉责任心，既包括生态旅游者、生态旅游地、生态旅游业和生态旅游环境各级层面主体的自觉责任心，也包括生态旅游发展过程中全社会所有相关主体的自觉责任心，主张不同部分、各种行业从自觉负责任的角度，参与到脱贫事业中来，有利于形成负责任的整体力量。

生态旅游强调生态旅游不只是生态旅游者与生态旅游资源分内之事，而是由真正的生态旅游主体、客体、媒体、载体四端元之间不同级别和维度的系统、变量、因子之间相互作用、有机组成的系统动力综合体。生态旅游认为脱贫是一个复杂的综合系统，涉及各种不同级别的子系统和变量，只有脱贫各方力量，整合到一起，整合资源、形成优势、优势互补，从而有利于解决各方问题。

生态旅游强调以可持续发展为目标，将可持续发展理念贯穿于生态旅游发展过程不同层面和各个环节之中，强调旅游目的地社会、经济与资源环境系统协调发展。脱贫的目的是通过资源、环境、经济、社会、文化等资源的整合和激活，实现全域经济、政治、文化、社会、生态文明五位一体健康可持续发展。

生态旅游在强调游客高质量生命体验的同时，强调生态旅游地社区根本利益和资源环境保护，强调生态旅游企事业和相关行业之间的鼎力协作及发展质量，也强调不同旅游发展环境之间政治、经济、社会、生态、科技等的协调可持续发展。生态旅游认为，脱贫不只是吃穿的解放，还要强调教育、医疗、卫生等的解放，更注重全社会的和谐小康与可持续发展。

生态旅游强调环境与发展的辩证关系，强调环境哲学理论指导下改善和提高生活质量，共享平等、自由、教育的成果，强调天—地—人的高度和谐统一。生态旅游不仅强调天地人的和谐统一，尤其注重经济社会文化政治的公平、公正、正义、和平发展，因而成为后贫困时期新脱贫最佳的模式。

可见，生态旅游从某种程度上讲，是一个地区或国家政治、经济、社会综合发展水平的综合体现，是衡量一个国家全民综合素养和文明程度的重要标志，生态旅游构成一个地区或国家重要的综合软实力，也是维护世界公平、公正、正义、和平的重要力量。这与乡村振兴发展的理念不谋而合，从而进一步验证，生态旅游是巩固脱贫攻坚成果和乡村振兴的最佳途径。

（二）乡村振兴的实现需要生态旅游理念指导

乡村脱贫与乡村振兴是中国乡村伟大复兴过程的不同时期的产物，农村脱贫是乡村振兴的基础，乡村振兴是农村脱贫的继续和发展，村振兴与否主要要看如下四个关键问题。一是乡村振兴中产业发展的问题，乡村振兴首先要有产业兴旺。产业兴旺必须要思考市场在哪里。乡村振兴首先要处理好政府、市场、社会组织之间的关系，明晰各自的定位和作用。二是乡村振兴与城市化的关系，城市化是现代化的必经之路，乡村振兴的过程一定是城市化充分发展的过程，是人口在城乡优化配置、城乡互动和融合发展的过程。这需要破解城乡二元结构，建立城乡一体、城乡融合、互促共进的体制机制。三是对"生态宜居"问题的认识，"生态宜居"是乡村振兴的环境基础，这种宜居的生态环境不应仅仅是针对乡村百姓的宜居，同样也应该是对城市居民开放、城乡互通的"生态宜居"。四是乡村振兴中的乡风文明建设，是传承的乡村农耕文明与现代文明相互融合与发展的"乡风文明"，其中包含着农村的乡贤，他们在吸引外部资源、协调关系和形成发展合力等方面可以起到重要作用。

从农村脱贫到乡村振兴的过程，就是生态旅游理论运用与实践的过程，也是区域乡村生态旅游发展的过程，从乡村振兴的产业发展、城乡关系，到生态宜居，再到乡风文明建设，实际就是生态旅游发展具体过程的实施和体现，无不需要生态旅游理论的指导和具体参与。

第四节　旅游乡村振兴规划路径

一、旅游脱贫转型规划经验

随着 2020 年绝对贫困消除之后，中国农村贫困将会进入一个以转型性的次生贫困为特点的"新贫困"治理阶段。新贫困主要呈现为收入和社会公共服务获得上的不平等和多元维度贫困两个方面（李小云和许汉泽，2018）。

很显然，在新的贫困格局下，需要改变原有的城乡脱贫二元战略框架和以农村开发式脱贫为主导的路径，2020 年后的贫困需要设计城乡一体化的脱贫战略和政策，这也意味需要将未来的脱贫战略重点放在社会服务数量和质量上的均等化上（南都观察，2017）。特别需要指出的是，社会服务的质量差异如儿童营养、中小学教育和医疗服务质量等方面，将会逐渐成为引发新贫困的主要方面。新的农村脱贫战略需要考虑两个一体化：城乡一体化、开发与社会公共服务一体化（李小云和许汉泽，2018）。

左停（2016）及李小云等（2018）提出，在 2020 年全面建成小康社会、打赢脱贫攻坚战之后，应该积极借鉴国内外的相关经验，重点做好反贫困政策与社会救助政策的衔接，并要大力提倡"发展型社会救助"。李小云等（2018）提出，现有的研究主要集中在对贫困性质变化、减贫战略调整以及反贫困政策转型创新等宏观层面的讨论。缺乏对于 2020 年之后脱贫政策需要调整的原因揭示，以及缺少对具体脱贫政策、脱贫体制、脱贫制度层面的回应与探索。这些支持性制度包括：掀起以改造自然环境为目的、以"四通"为内容的新农村运动，改革农地制度、教育制度、财税制度、金融制度、户籍制度、农民组织化制度、基于资源安全和环境安全的区域分工制度七个方面（万能，2005）。

李小云和许汉泽（2018）认为，应该实施"新动能减贫""生态红利减贫""特殊资源减贫""意愿校正减贫"等策略。2020年后的减贫战略将以少数、特殊性减贫治理、解决相对贫困、城乡减贫融合脱贫、国内减贫与国际减贫合作相结合、减贫发展国际合作等为特征（张琦，2016；李小云等，2018）。亟待对2020年后脱贫特征进行审视，并进行相应的政策调整，加强对具体脱贫政策、脱贫体制、脱贫制度层面的回应与探索（李小云等）。在2020年后，应该积极借鉴国内外的相关经验，重点做好反贫困政策与社会救助政策的衔接，并要大力提倡"发展型社会救助"（左停和李小云等，2018）。张琦（2016）及李小云等（2018）认为，2020年后的减贫战略将随着由集中性减贫治理战略向常规性减贫治理战略的方向转型，由解决绝对贫困向解决相对贫困转变，由重点解决农村贫困转向城乡减贫融合推进转变，由重点解决国内贫困向国内减贫与国际减贫合作相结合方向转变，减贫发展国际化合作将会强化。

面对2020年后贫困新形势和乡村振兴战略的实施，生态旅游从系统理论和动力学角度，认为生态旅游脱贫和乡村振兴为一多成因、多关联、多期次的复杂、动态的综合动力系统；注重现代科学技术和国内外全新发展背景对旅游脱贫和乡村振兴的影响，注重跨学科多技术的综合应用；不仅要从人文社科和经济管理学角度研究旅游脱贫和乡村振兴，还要从成因背景、时空格局、内在规律和演化机制的角度论述旅游脱贫和乡村振兴；着重论述生态旅游业与其他产业的融合发展，以及全新形势下旅游脱贫和乡村振兴的转型升级。因此，基于全域生态旅游发展成为巩固脱贫攻坚成果与乡村振兴的理想首选模式。

作者以为，脱贫转型作为贫困山区脱贫开发和脱贫攻坚在特定时期的必然产物，处于2020年前以绝对贫困脱贫为核心的工作结束与2020年以后以相对贫困脱贫为核心的工作之间，也是乡村振兴过程的初期产物。因此，脱贫转型的战略思路主要是：①在绝对贫困脱贫结束以后，对"脱贫后"全国14个连片特困地区的贫困状况进行重新核实、清理和统计，精准掌握"脱贫后"山区的情况，建立"脱贫后"山区的数据库；②针对"脱贫后"山区的新贫困，以生态旅游可持续发展理论为指导，对"脱贫后"山区人口进行脱贫"查缺补漏、填平补齐、后期整改"式的相对贫困脱贫攻坚；③通过"脱贫后"山区相对贫困脱贫攻坚，实现绝对贫困脱贫的最终消灭，为下一步相对贫困脱贫奠定重要基础，进而实现与乡村振兴的无缝衔接。

二、旅游乡村振兴规划路径

（一）实施基于全域生态旅游理念的城乡统筹脱贫发展战略

过去解决的问题主要集中于乡村，但秦巴山区也同样出现一些其他城镇相关贫困问题，未来随着城乡一体化进程，大量农民从农村进入城市，城市贫困问题也将会凸显。针对城乡统筹脱贫攻坚阶段，在新的农村贫困格局下，破除原有城乡脱贫方式的差异和以农村开发式脱贫为主导的传统方法，实施全域生态旅游经济发展模式。

秦巴山区作为我国中西部边远山区和革命老区的典型代表，有其独特的自然环境条件、历史人背景和经济社会特征，客观上要求走生态旅游经济的发展道路和模式，重在破解传统城乡二元结构，建立城乡一体、城乡融合、互促共进的脱贫体制机制。通过发展全域生态旅游业，秦巴山区生物多样性和文化多样性，及其相关的丰富的原生态自然山地和人文景观旅游资源，相对于平原地区及沿海地区形成了明显的比较优势，山地乡村独特的生态资源和环境形成了沿海和平原城市所不具备的比较优势，不仅弥补了工业化"不能上山"的短处，而且发扬了山地乡村生态旅游资源富集的长处，在保持原有山地乡村格局风貌的基础上，就地取材、扬长避短，使旅游资源向旅游产业再向生态旅游经济转化，在促进区域经济社会发展和科学脱贫攻坚的同时，有利于秦巴山区原生态资源和生态环境的保护。从而，实现工业化以外我国另一种可持续发展方式——生态旅游经济发展模式。

（二）构建基于生态旅游可持续发展理念的相对贫困脱贫发展模式

过去解决的是区域连片、整体性的绝对贫困问题，还存在少数的特殊性贫困和相对贫困问题。如位于"深山老林"的山地，如广元青川、巴中、达州等高山峡谷偏远地区，必须靠人力畜力传统生产方式，农民不能离开土地，而亩产和人均耕地都不高等。而这些地区往往是自然或文化遗产地区，针对这些特殊的贫困地区，不可能通过传统的脱贫方式实现脱困，即不能通过传统的救济方式、移民方式、基础配套服务设施等实现脱贫，而应因地制宜，走基于具体实际的生态旅游可持续经济发展之路。

过去解决的是区域性绝对贫困问题，秦巴山区与中国其他地区一样，随着绝对贫困的消亡，相对贫困问题如收入差距、社会不公平现象等，依然存在，并越加凸显，这是全世界尚未解决的重大问题。针对以收入差距、公共服务资源差别为核心的相对贫困脱贫攻坚阶段，实施生态旅游可持续发展战略，生态旅游可持续发展理念强调，代间、代际公平原则，注重经济社会的公开、公正、透明、合理原则，从而成为2020年后巩固脱贫攻坚成果最佳的发展模式。

巩固脱贫攻坚成果的重点应放在社会服务在数量和质量上的均等方面。生态旅游不仅注重发展与生态环境之间的关系，更强调区域经济社会发展的质量问题，强调发展的质量、速度与持续度之间的辩证关系。此外，随着未来经济社会发展，将按照"两不愁，三保障"的脱贫目标要求，这就意味包括吃、穿、教育、医疗、住房等综合方面的全域脱贫攻坚时期的到来。

（三）构建基于生态旅游管理理念的脱贫转型体制机制

以相对贫困为核心的二次贫困与以绝对贫困为重点的现有贫困，具有明显不同的本质及特征。从乡村贫困为主转向城乡一体化的二次贫困，从绝对贫困转向以相对贫困为主的次生贫困，以及从乡村脱贫转向乡村振兴发展等，这是一个长期、综合、复杂的系统工程，需要构建针对二次贫困背景下的全新的脱贫体制机制。

随着 2020 年后巩固脱贫攻坚的到来，贫困问题开始作为一种整体性的社会问题出现，并扩展到社会各个层面，贫困问题逐渐超越了单纯的经济层面，而涉及法律、民政、教育、医疗、卫生等多个部门（李小云和许汉泽，2018）。现有贫困碎片化的治理导致资源使用的低效率，加剧了问题处理和服务供给的难度和成本，因此亟待进行相应的创新和变革，探索建立多部门共同参与、协同治理的有效机制（李小云和许汉泽，2018）。面对致贫原因的多元化和新时期农村贫困的新特点，需要发育综合性的治理结构，进行制度结构层面的建构，开展脱贫制度的供给侧结构性改革，构建全域覆盖全民、城乡统筹、权责清晰、保障适度、可持续的多层次社会保障体系（李小云和许汉泽，2018）。

生态旅游管理强调生态旅游者、生态旅游地、生态旅游业、生态旅游环境等全方位的可持续管理，承认以相对贫困为核心的脱贫的系统性和全域性，通过建立基于生态旅游可持续管理理念的巩固脱贫攻坚体制机制，将巩固脱贫攻坚作为一个有机的动力系统加以解决，将有利于秦巴山区可持续发展的有力保障。

（四）铺筑基于生态旅游系统论的乡村振兴发展之路

巩固脱贫攻坚成果是乡村振兴的关键，也是现有脱贫向乡村振兴转型的桥梁，乡村振兴是乡村脱贫的目标。现有脱贫、二次脱贫和乡村振兴是一个伟大过程的不同阶段。乡村振兴强调的四个本质问题与生态旅游强调的四个发展理念不谋而合。乡村振兴中的产业发展与生态旅游系统中的生态旅游业相辅相成，就是要强调处理好政府、市场、社会组织之间的关系，明晰各自的定位和作用；乡村振兴强调处理好乡村发展与城市化的关系，与生态旅游强调的生态旅游系统论相一致，强调乡村振兴的过程一定是城市化充分发展的过程，是人口在城乡优化配置、城乡互动和融合发展的过程；乡村振兴中的"生态宜居"与生态旅游强调的生态旅游地及全域景观美化相呼应，注重对城市居民开放、城乡互通的"生态宜居"；乡村振兴中的乡风文明建设与作为生态旅游核心理念的原生态美遥相呼应，强调乡村传统文明和现代文明相互融合与发展的"乡风文明"。

现有脱贫是针对绝对贫困的经济为杠杆的基础脱贫，乡村振兴是一个涉及自然、生态、经济、社会、人文、安定等纷繁交错的综合系统问题，包括上述和脱贫相关的主要问题，如特殊贫困、城乡统筹脱贫、相对脱贫、深层次脱贫乃至乡村振兴发展，以及从乡村脱贫向乡村振兴衔接转型，这是一个涉及全局的战略问题，应走基于生态旅游系统论的乡村振兴发展之路。

第五节　旅游乡村振兴规划重点

根据《全国乡村旅游发展战略规划》，乡村旅游发展战略规划重点主要包括规划背景、总体要求、构建乡村振兴新格局、加快农业现代化步伐、发展壮大乡村产业、建设生态宜居的美丽乡村、繁荣发展乡村文化、健全现代乡村治理体系、保障和改善农村民生、完善城乡融合发展政策体系、规划实施总共 11 篇。基于生态旅游理念的旅游乡村振兴规划重点如表 11-1 所示。

表 11-1　旅游乡村振兴规划主要内容

篇	规划主题	主要规划内容
1	以旅游为引领统筹城乡发展空间	按照旅游主体功能定位，对国土空间的开发、保护和整治进行全面安排和总体布局，推进"多规合一"，加快形成城乡融合发展的空间格局
2	以旅游为主导分类推进乡村发展	结合生态旅游发展理念，顺应村庄发展规律和演变趋势，根据不同村庄的发展现状、区位条件、资源禀赋等，按照集聚提升、融入城镇、特色保护、搬迁撤并的思路，分类推进乡村振兴，不搞一刀切
3	以旅游为引领夯实农业生产能力基础	以乡村旅游发展为指导，深入实施藏粮于地、藏粮于技战略，提高农业综合生产能力，保障国家粮食安全和重要农产品有效供给，把中国人的饭碗牢牢端在自己手中
4	以旅游为引领加快农业转型升级	以生态旅游为主导产业，按照建设现代化经济体系的要求，加快农业结构调整步伐，着力推动农业由增产导向转向提质导向，提高农业供给体系的整体质量和效率，加快实现由农业大国向农业强国转变
5	以旅游为引领建立现代农业经营体系	以可持续旅游发展理念为指导，坚持家庭经营在农业中的基础性地位，构建家庭经营、集体经营、合作经营、企业经营等共同发展的新型农业经营体系，发展多种形式适度规模经营，发展壮大农村集体经济，提高农业的集约化、专业化、组织化、社会化水平，有效带动小农户发展
6	以旅游为引领强化农业科技支撑	以旅游产业融合理论为指导，深入实施创新驱动发展战略，加快农业科技进步，提高农业科技自主创新水平、成果转化水平，为农业发展拓展新空间、增添新动能，引领支撑农业转型升级和提质增效
7	以旅游为引领完善农业支持保护制度	以生态旅游理论为指导，以提升农业质量效益和竞争力为目标，强化绿色生态导向，创新完善政策工具和手段，加快建立新型农业支持保护政策体系
8	以旅游为引领推动农村产业深度融合	以旅游产业融合理论为指导，把握城乡发展格局发生重要变化的机遇，培育农业农村新产业新业态，打造农村产业融合发展新载体新模式，推动要素跨界配置和产业有机融合，让农村一二三产业在融合发展中同步升级、同步增值、同步受益

续表

篇	规划主题	主要规划内容
9	以旅游为引领完善紧密型利益联结机制	以生态旅游扶贫理论为指导，始终坚持把农民更多分享增值收益作为基本出发点，着力增强农民参与融合能力，创新收益分享模式，健全联农带农有效激励机制，让农民更多分享产业融合发展的增值收益
10	以旅游为引领激发农村创新创业活力	以旅游产业发展理论为指导，坚持市场化方向，优化农村创新创业环境，放开搞活农村经济，合理引导工商资本下乡，推动乡村大众创业万众创新，培育新动能
11	以旅游为引领推进农业绿色发展	以可持续旅游发展理论为指导，以生态环境友好和资源永续利用为导向，推动形成农业绿色生产方式，实现投入品减量化、生产清洁化、废弃物资源化、产业模式生态化，提高农业可持续发展能力
12	以旅游为引领持续改善农村人居环境	以生态旅游可持续发展理论为指导，以建设美丽宜居村庄为导向，以农村垃圾、污水治理和村容村貌提升为主攻方向，开展农村人居环境整治行动，全面提升农村人居环境质量
13	以旅游为引领加强乡村生态保护与修复	以可持续旅游发展理论为指导，大力实施乡村生态保护与修复重大工程，完善重要生态系统保护制度，促进乡村生产生活环境稳步改善，自然生态系统功能和稳定性全面提升，生态产品供给能力进一步增强
14	以旅游为引领加强农村思想道德建设	以可持续旅游理论为指导，持续推进农村精神文明建设，提升农民精神风貌，倡导科学文明生活，不断提高乡村社会文明程度
15	以旅游为引领弘扬中华优秀传统文化	以可持续旅游发展理论为指导，立足乡村文明，吸取城市文明及外来文化优秀成果，在保护传承的基础上，创造性转化、创新性发展，不断赋予时代内涵、丰富表现形式，为增强文化自信提供优质载体
16	以旅游为引领丰富乡村文化生活	以可持续旅游发展理论为指导，推动城乡公共文化服务体系融合发展，增加优秀乡村文化产品和服务供给，活跃繁荣农村文化市场，为广大农民提供高质量的精神营养
17	以旅游为引领促进自治法治德治有机结合	以可持续旅游管理理论为指导，坚持自治为基、法治为本、德治为先，健全和创新村党组织领导的充满活力的村民自治机制，强化法律权威地位，以德治滋养法治、涵养自治，让德治贯穿乡村治理全过程
18	以旅游为引领加强农村基础设施建设	以可持续旅游发展理论为指导，继续把基础设施建设重点放在农村，持续加大投入力度，加快补齐农村基础设施短板，促进城乡基础设施互联互通，推动农村基础设施提档升级
19	以旅游为引领提升农村劳动力就业质量	以旅游扶贫理论为指导，坚持就业优先战略和积极就业政策，健全城乡均等的公共就业服务体系，不断提升农村劳动者素质，拓展农民外出就业和就地近近就业空间，实现更高质量和更充分就业
20	以旅游为引领增加农村公共服务供给	以可持续旅游发展理论为指导，继续把国家社会事业发展的重点放在农村，促进公共教育、医疗卫生、社会保障等资源向农村倾斜，逐步建立健全全民覆盖、普惠共享、城乡一体的基本公共服务体系，推进城乡基本公共服务均等化
21	以旅游为引领加快农业转移人口市民化	以旅游产业转型升级理论为指导，加快推进户籍制度改革，全面实行居住证制度，促进有能力在城镇稳定就业和生活的农业转移人口有序实现市民化

续表

篇	规划主题	主要规划内容
22	以旅游为引领强化乡村振兴人才支撑	以生态旅游可持续发展理论为指导，实行更加积极、更加开放、更加有效的人才政策，推动乡村人才振兴，让各类人才在乡村大施所能、大展才华、大显身手
23	以旅游为引领加强乡村振兴用地保障	以生态旅游可持续发展理论为指导，完善农村土地利用管理政策体系，盘活存量，用好流量，辅以增量，激活农村土地资源资产，保障乡村振兴用地需求
24	以旅游为引领健全多元投入保障机制	以生态旅游可持续发展理论为指导，健全投入保障制度，完善政府投资体制，充分激发社会投资的动力和活力，加快形成财政优先保障、社会积极参与的多元投入格局
25	以旅游为引领加大金融支农力度	以生态旅游可持续发展理论为指导，健全适合农业农村特点的农村金融体系，把更多金融资源配置到农村经济社会发展的重点领域和薄弱环节，更好满足乡村振兴多样化金融需求

第九章　旅游乡村振兴规划纲要

在区域旅游脱贫转型相关规划成果基础上，根据旅游乡村振兴规划相关要求，依托全国乡村振兴战略规划内容及要求，以高质量发展战略和"两山"理论为指导，结合主体功能区、国家公园体系、国土空间规划体系、山地生态经济理论，以及脱贫转型及乡村振兴战略，对基于生态旅游理念的旅游乡村振兴规划纲要进行阐述。内容主要包括旅游乡村振兴战略规划、旅游乡村振兴总体规划、旅游乡村振兴专项规划、旅游乡村振兴项目规划、旅游乡村振兴保障体系规划等。

第一节　旅游乡村振兴战略规划

一、指导思想

乡村是具有自然、社会、经济特征的地域综合体，兼具生产、生活、生态、文化等多重功能，与城镇互促互进、共生共存，共同构成人类活动的主要空间。乡村兴则国家兴，乡村衰则国家衰。我国人民日益增长的美好生活需要和不平衡不充分的发展之间的矛盾在乡村最为突出，我国仍处于并将长期处于社会主义初级阶段的特征很大程度上表现于乡村。全面建成小康社会和全面建设社会主义现代化强国，最艰巨最繁重的任务在农村，最广泛最深厚的基础在农村，最大的潜力和后劲也在农村。实施乡村振兴战略，是解决新时代我国社会主要矛盾、实现"两个一百年"奋斗目标和中华民族伟大复兴中国梦的必然要求，具有重大现实意义和深远历史意义。

以新时代中国特色社会主义理论统领旅游乡村振兴战略规划。深入贯彻习近平新时代中国特色社会主义思想和党的十九大精神，在认真总结农业农村发展历史性成就和历史性变革的基础上，准确研判经济社会发展趋势和乡村演变发展态势，切实抓住历史机遇，增强责任感、使命感、紧迫感，把乡村振兴战略实施好。以习近平同志为核心的党中央着眼党和国家事业全局，深刻把握现代化建设规律和城乡关系变化特征，顺应亿万农民对美好生活的向往，对"三农"工作作出的重大决策部署，是决胜全面建成小康社会、全面建设社会主义现代化国家的重大历史任务，是新时代做好"三农"

工作的总抓手。发挥生态旅游在乡村振兴战略规划中的独特意义和重要作用。

二、基本原则

坚持党管农村工作。毫不动摇地坚持和加强党对农村工作的领导，健全党管农村工作方面的领导体制机制和党内法规，确保党在农村工作中始终总揽全局、协调各方，为乡村振兴提供坚强有力的政治保障。

坚持农业农村优先发展。把实现乡村振兴作为全党的共同意志、共同行动，做到认识统一、步调一致，在干部配备上优先考虑，在要素配置上优先满足，在资金投入上优先保障，在公共服务上优先安排，加快补齐农业农村短板。

坚持农民主体地位。充分尊重农民意愿，切实发挥农民在乡村振兴中的主体作用，调动亿万农民的积极性、主动性、创造性，把维护农民群众根本利益、促进农民共同富裕作为出发点和落脚点，促进农民持续增收，不断提升农民的获得感、幸福感、安全感。

坚持乡村全面振兴。准确把握乡村振兴的科学内涵，挖掘乡村多种功能和价值，统筹谋划农村经济建设、政治建设、文化建设、社会建设、生态文明建设和党的建设，注重协同性、关联性，整体部署，协调推进。

坚持城乡融合发展。坚决破除体制机制弊端，使市场在资源配置中起决定性作用，更好发挥政府作用，推动城乡要素自由流动、平等交换，推动新型工业化、信息化、城镇化、农业现代化同步发展，加快形成工农互促、城乡互补、全面融合、共同繁荣的新型工农城乡关系。

坚持人与自然和谐共生。牢固树立和践行"绿水青山就是金山银山"的理念，落实节约优先、保护优先、自然恢复为主的方针，统筹山水林田湖草系统治理，严守生态保护红线，以绿色发展引领乡村振兴。

坚持改革创新、激发活力。不断深化农村改革，扩大农业对外开放，激活主体、激活要素、激活市场，调动各方力量投身乡村振兴。以科技创新引领和支撑乡村振兴，以人才汇聚推动和保障乡村振兴，增强农业农村自我发展动力。

坚持因地制宜、循序渐进。科学把握乡村的差异性和发展走势分化特征，做好顶层设计，注重规划先行、因势利导，分类施策、突出重点，体现特色、丰富多彩。既尽力而为，又量力而行，不搞层层加码，不搞一刀切，不搞形式主义和形象工程，久久为功，扎实推进。

三、乡村振兴战略

以生态旅游发展为主线，推进乡村振兴战略的实施。

实施乡村振兴战略是建设现代化经济体系的重要基础。农业是国民经济的基础，农村经济是现代化经济体系的重要组成部分。乡村振兴，产业兴旺是重点。实施乡村振兴战略，深化农业供给侧结构性改革，构建现代农业产业体系、生产体系、经营体系，实现农村一二三产业深度融合发展，有利于推动农业从增产导向转向提质导向，增强我国农业创新力和竞争力，为建设现代化经济体系奠定坚实基础。

实施乡村振兴战略是建设美丽中国的关键举措。农业是生态产品的重要供给者，乡村是生态涵养的主体区，生态是乡村最大的发展优势。乡村振兴，生态宜居是关键。实施乡村振兴战略，统筹山水林田湖草系统治理，加快推行乡村绿色发展方式，加强农村人居环境整治，有利于构建人与自然和谐共生的乡村发展新格局，实现百姓富、生态美的统一。

实施乡村振兴战略是传承中华优秀传统文化的有效途径。中华文明根植于农耕文化，乡村是中华文明的基本载体。乡村振兴，乡风文明是保障。实施乡村振兴战略，深入挖掘农耕文化蕴含的优秀思想观念、人文精神、道德规范，结合时代要求在保护传承的基础上创造性转化、创新性发展，有利于在新时代焕发出乡风文明的新气象，进一步丰富和传承中华优秀传统文化。

实施乡村振兴战略是健全现代社会治理格局的固本之策。社会治理的基础在基层，薄弱环节在乡村。乡村振兴，治理有效是基础。实施乡村振兴战略，加强农村基层基础工作，健全乡村治理体系，确保广大农民安居乐业、农村社会安定有序，有利于打造共建共治共享的现代社会治理格局，推进国家治理体系和治理能力现代化。

实施乡村振兴战略是实现全体人民共同富裕的必然选择。农业强不强、农村美不美、农民富不富，关乎亿万农民的获得感、幸福感、安全感，关乎全面建成小康社会全局。乡村振兴，生活富裕是根本。实施乡村振兴战略，不断拓宽农民增收渠道，全面改善农村生产生活条件，促进社会公平正义，有利于增进农民福祉，让亿万农民走上共同富裕的道路，汇聚起建设社会主义现代化强国的磅礴力量。

四、战略目标

到 2022 年，旅游乡村振兴的制度框架和政策体系初步健全。现代农业体系、农村一二三产业融合发展格局、城乡统一的社会保障制度体系、城乡融合发展体制机制、现代乡村治理体系初步构建。

到 2035 年，旅游乡村振兴取得决定性进展，农业农村现代化基本实现。农业结构得到根本性改善，农民就业质量显著提高，相对贫困进一步缓解，共同富裕迈出坚实步伐；城乡基本公共服务均等化基本实现，城乡融合发展体制机制更加完善；乡风文明达到新高度，乡村治理体系更加完善；农村生态环境根本好转，生态宜居的美丽乡村基本实现。

到 2035 年，旅游乡村振兴取得决定性进展，农业农村现代化基本实现。农业结构得到根本性改善，农民就业质量显著提高，相对贫困进一步缓解，共同富裕迈出坚实步伐；城乡基本公共服务均等化基本实现，城乡融合发展体制机制更加完善；乡风文明达到新高度，乡村治理体系更加完善；农村生态环境根本好转，生态宜居的美丽乡村基本实现。

到 2050 年，乡村全面振兴，农业强、农村美、农民富全面实现。广大乡村区域成为全国乃至全世界美丽的旅游目的地。

五、构建乡村振兴新格局

按照主体功能定位，对国土空间的开发、保护和整治进行全面安排和总体布局，以生态旅游发展为主线，推进"多规合一"，加快形成城乡融合发展的空间格局。

（一）强化空间用途管制

强化国土空间规划对各专项规划的指导约束作用，统筹自然资源开发利用、保护和修复，按照不同主体功能定位和陆海统筹原则，开展资源环境承载能力和国土空间开发适宜性评价，科学划定生态、农业、城镇等空间和生态保护红线、永久基本农田、城镇开发边界及海洋生物资源保护线、围填海控制线等主要控制线，推动主体功能区战略格局在市县层面精准落地，健全不同主体功能区差异化协同发展长效机制。

（二）完善城乡布局结构

以城市群为主体构建大中小城市和小城镇协调发展的城镇格局，增强城镇地区对乡村的带动能力。加快发展中小城市，完善县城综合服务功能，推动农业转移人口就地就近城镇化。因地制宜发展特色鲜明、产城融合、充满魅力的特色小镇和小城镇，加强以乡镇政府驻地为中心的农民生活圈建设，以镇带村、以村促镇，推动镇村联动发展。建设生态宜居的美丽乡村，发挥多重功能，提供优质产品，传承乡村文化，留住乡愁记忆。

（三）推进城乡统一规划

通盘考虑城镇和乡村发展，统筹谋划产业发展、基础设施、公共服务、资源能源、生态环境保护等主要布局，形成田园乡村与现代城镇各具特色、交相辉映的城乡发展形态。强化县域空间规划和各类专项规划引导约束作用，科学安排县域乡村布局、资源利用、设施配置和村庄整治，推动村庄规划管理全覆盖。加强乡村风貌整体管控，注重农房单体个性设计，建设立足乡土社会、富有地域特色、承载田园乡愁、体现现代文明的升级版乡村。

六、总体要求

围绕落实中央统筹、省负总责、市县抓落实的乡村振兴工作机制，主要从五方面提出要求。

一是坚持党的领导。落实党政一把手是第一责任人、五级书记抓乡村振兴的工作要求，让乡村振兴成为全党全社会的共同行动。

二是尊重农民意愿。切实发挥农民主体作用，避免代替农民选择，形成全体人民群策群力、共建共享的乡村振兴局面。

三是强化规划引领。抓紧编制地方规划和专项规划或方案，推动形成城乡融合、区域一体、多规合一的乡村振兴战略规划体系。

四是注重分类施策。顺应村庄发展规律和演变趋势，按照集聚提升、融入城镇、特色保护、搬迁撤并的思路，分类推进，打造各具特色的美丽乡村。

五是把握节奏力度。坚持稳中求进工作总基调，谋定而后动，避免一哄而上、急于求成、层层加码，避免过度举债搞建设，避免搞强迫命令一刀切、搞形象工程堆盆景。

第二节　旅游乡村振兴总体规划

一、目标要求及任务

（一）发展目标

坚持乡村振兴和新型城镇化双轮驱动，从城乡融合发展和优化乡村内部生产生活生态空间两个方面，明确了国家经济社会发展过程中乡村的新定位，提出了重塑城乡关系、促进农村全面进步的新路径和新要求。秦巴山区应在 2020 年精准脱贫、全面小康基础上，打造旅游业带动乡村振兴样板区，建设国家生态文明试验区，建设秦巴山区生态旅游产业主导的乡村振兴发展之路。

到 2030 年，乡村振兴取得决定性进展，基本实现农业农村现代化。到 2050 年，实现乡村全面振兴，全面实现农业强、农村美、农民富的目标。构建美丽中国乡村特色的世界旅游目的地。

（二）重点任务

按照产业兴旺、生态宜居、乡风文明、治理有效、生活富裕的总要求，明确秦巴山区乡村振兴阶段性重点任务。

一是依托国家休闲农业和乡村旅游示范区，扎实推进农村人居环境整治，着力建设绿色生态美好家园。二是以农业供给侧结构性改革为主线，促进乡村产业兴旺。坚持质量兴农、品牌强农，构建现代农业产业体系、生产体系、经营体系，推动乡村产业振兴。三是以践行"绿水青山就是金山银山"的理念为遵循，促进乡村生态宜居。统筹山水林田湖草系统治理，加快转变生产生活方式，推动乡村生态振兴。四是以社会主义核心价值观为引领，促进乡村乡风文明。传承发展乡村优秀传统文化，培育文明乡风、良好家风、淳朴民风，建设邻里守望、诚信重礼、勤俭节约的文明乡村，推动乡村文化振兴。五是以构建农村基层党组织为核心、自治法治德治"三治结合"的现代乡村社会治理体系为重点，促进乡村治理有效。把夯实基层基础作为固本之策，建立健全党委领导、政府负责、社会协同、公众参与、法治保障的现代乡村社会治理体制，推动乡村组织振兴，打造充满活力、和谐有序的善治乡村。六是以确保实现全面小康为目标，促进乡村生活富裕。加快补齐农村民生短板，让农民群众有更多实实在在的获得感、幸福感、安全感。

二、优化乡村发展布局

（一）统筹利用生产空间

坚持人口资源环境相均衡、经济社会生态效益相统一，打造集约高效生产空间，营造宜居适度生活空间，保护山清水秀生态空间。围绕保障国家粮食安全和重要农产品供给，充分发挥各地比较优势，重点建设以"七区二十三带"框架下的秦巴山区农产品主产区。落实农业功能区制度，科学合理划定粮食生产功能区、重要农产品生产保护区和特色农产品优势区，严格保护农业生产空间。适应农村现代产业发展需要，科学划分乡村经济发展片区，统筹推进农业产业园、科技园、创业园等各类园区建设。

（二）合理布局生活空间

坚持节约集约用地，遵循乡村传统肌理和格局，划定空间管控边界，明确用地规模和管控要求，确定基础设施用地位置、规模和建设标准，合理配置公共服务设施，引导生活空间尺度适宜、布局协调、功能齐全。充分维护原生态村居风貌，保留乡村景观特色，保护自然和人文环境，注重融入时代感、现代性，强化空间利用的人性化、多样化，着力构建便捷的生活圈、完善的服务圈、繁荣的商业圈。

（三）严格保护生态空间

加快构建以"两屏三带"骨架下的秦巴山区国家生态安全屏障，全面加强国家重点生态功能区保护，建立以国家公园为主体的自然保护地体系。树立山水林田湖草是一个生命共同体的理念，加强对自然生态空间的整体保护，修复和改善乡村生态环境，提升生态功能和服务价值。全面实施产业准入负面清单制度，推动各地因地制宜制定禁止和限制发展产业目录，明确产业发展方向和开发强度。

三、分类推进乡村发展

（一）集聚提升类村庄

科学确定村庄发展方向，在原有规模基础上有序推进改造提升，激活产业、优化环境、提振人气、增添活力，保护保留乡村风貌，建设宜居宜业的美丽村庄。鼓励发挥自身比较优势，强化主导产业支撑，支持农业、工贸、休闲服务等专业化村庄发展。

（二）城郊融合类村庄

综合考虑工业化、城镇化和村庄自身发展需要，加快城乡产业融合发展、基础设施互联互通、公共服务共建共享，形态上保留乡村风貌，治理上体现城市水平，逐步强化服务城市发展、满足城市消费需求能力，为城乡融合发展提供实践经验。

（三）特色保护类村庄

统筹保护、利用与发展的关系，保持村庄的完整性、真实性和延续性。保护村庄的传统选址、格局、风貌以及自然和田园景观等整体空间形态与环境，全面保护文物古迹、历史建筑、传统民居等传统建筑。

（四）搬迁撤并类村庄

通过易地搬迁、生态宜居搬迁、农村集聚发展搬迁等，实施村庄搬迁撤并，统筹解决村民生计、生态保护等问题。统筹考虑拟迁入或新建村庄的基础设施和公共服务设施建设。坚持村庄搬迁撤并与新型城镇化、农业现代化相结合。

四、旅游带动乡村振兴规划

（一）景区带动型

通过存量景区提升和增量景区打造，促进周边乡村交通设施优化和生活环境改善，开展民居食宿接待、特色文化展示、景区务工、配套供应农产品、旅游商品销售和参与景区经营分红等方式，实现乡村振兴发展。

农村、农户既可是景区的一部分，共同参与景区品牌创建，也可位于景区周边作为景区发展的支撑。景区主要包括国家公园、国家 A 级景区、旅游度假区、生态旅游示范区、风景名胜区、森林公园、自然保护区、湿地公园、地质公园等。

景区带动型旅游发展路径主要包括：优化提升现有景区；创新开发一批新景区；畅通景区和脱贫村连接通道；增强景区脱贫带动能力；提升脱贫村旅游服务功能。

（二）乡村旅游型

依托城镇、交通干道，按照"风貌特色化、功能现代化、服务标准化"要求，打造乡村旅游特色业态，经营民宿、农家乐、乡村旅馆、骑行驿站、采摘园、乡村俱乐部、休闲农业综合体、农家超市、农耕博物馆、文化传习所、传统手工艺品作坊以及汽车营地、加油维修等，使农户成为第三产业的经营业主或者通过资产入股、土地流转、房屋出租等方式，增加收入。

乡村旅游型振兴开发路径主要有：开发特色乡村旅游产品；以标准引导提升质量与创建品牌；推动贫困地区乡村旅游集聚化发展；坚守地方生态和文化底线；拓展乡村旅游线路和产业价值链，突出农业价值；建立乡村旅游协同管理与服务机制，突出政府职能。

提高全民参与性、生态环境保护性及可持续性，以户、村为单位，进行网格状发展，将村民培养为"乡村旅游体验引导师"。

（三）旅游商品型

通过对土特产品的旅游化改造、文化产品的创意化设计、实用产品的文化加工，重新赋予内涵和地域特色，开发一批特色旅游商品。通过供应链将其输送到景区、农家乐、高速公路服务区等游客相对聚集的区域，或者以"电商"的方式进行销售，让当地居民享受到旅游发展的红利，带动农户增收致富，实现乡村振兴发展。

旅游商品发展模式主要包括：推动规模化发展，形成一批特色产品基地（特色种植业生产加工基地、养殖业加工生产基地、农副土特产品等研发及加工基地）；主题化发展，品牌化培育，打造一批精品旅游商品；每年推出一批品牌旅游商品；多渠道构建旅游商品销售网络；创新旅游商品生产和经营模式；推动当地企业与专业村建立合作关系。

（四）综合驱动型

这里所说的综合型旅游振兴模式，主要是指两种及以上旅游发展模式，鼎力相助实现乡村发展振兴的组合模式。事实上，村寨的贫困原因是多种多样、纷繁复杂的，缺乏单一的景区型、乡村型或者商品型脱贫村寨，而通常是既可以发展景区旅游、也可以发展乡村旅游或者商品的村寨发展，不要只立足于某一种旅游发展类型，应该尊重自然规律和具体实际，寻找出符合村寨脱贫具体实际的旅游振兴类型。

综合型旅游振兴模式是针对那些没有景区、远离城镇的乡村而言。这种村寨在民族地区尤其比较普遍，既远离城镇、区位不佳，又缺乏乡村旅游发展的环境，且周围也没有旅游景区带动，针对这种"三无"村寨，如何实现乡村振兴？这就涉及综合旅游脱贫的问题，如旅游与教育的组合、旅游与科技的组合、旅游与移民组合，甚至旅游、教育、科技、移民的综合振兴模式都要考虑到。

应该提及的是，无论哪种旅游发展类型，最关键的首先是贫困乡村的刚性生活保障问题、基本医疗教育保障问题、就业和产业问题。那种通过拨款式的脱贫发展并不科学，甚至会带来一系列的社会问题。即强调的是乡村发展的核心是扶持乡村培育"造血"功能，通过"造血"机器和功能，实现乡村的振兴与可持续发展。

第三节　旅游乡村振兴专项规划

一、区域乡村旅游发展规划

乡村旅游市场需求旺盛、潜力巨大，是新时代促进居民消费扩大升级，也是实施乡村振兴战略、推动高质量发展的重要方向。为进一步促进乡村旅游发展提质扩容，发挥乡村旅游对促进消费、改善民生、推动高质量发展的重要带动作用，国家发展改革委员会同有关部门共同研究制定了《促进乡村旅游发展提质升级行动方案[①]（2018—2020 年）》。

（一）规划核心内容

区域乡村旅游发展规划可划分为：国家级乡村旅游发展规划、跨区域乡村旅游发展规划、省级乡村旅游发展规划、市州级乡村旅游发展规划、县级乡村旅游发展规划等。规划核心内容主要包括如下几个方面。

1. 资源调查评价与承载力分析

乡村资源调查的目的在于收集规划区域的自然、社会、人口、经济方面的资料和数据，为充分了解生态过程、生态潜力与制约因素提供基础。

自然环境调查的内容包括地形、地貌、水文、气候、植被、野生动物、土地利用现状等方面。人文调查的内容包括当地的历史、文化、社会、经济等人文地理特征。社会经济要素的调查分析是确定旅游景区所在区域的经济水平，以及最临近中心城市、

---

① 国家发展改革委，等.促进乡村旅游发展提质升级行动方案. http://www.gov.cn/xinwen/2018—10/17/content_5331694.htm.

经济带、经济区的经济发展水平以及辐射距离。

承载力及适宜性分析是乡村旅游发展规划的核心，其目的是应用生态学、经济学、地学以及其他相关学科的原理和方法，确定景观类型对某一用途的适宜性和限制性，划分景区资源环境的适宜性等级，为景区旅游开发中的土地利用方式提出建议。

2. 旅游发展战略及目标

区域旅游发展战略就是指在一个较长的规划时期内对实现区域旅游发展总目标的大思路或措施的全局性整体谋划与安排，为实现区域旅游发展规划目标提供的行动框架。

一般来说，区域旅游发展战略内容包括旅游发展的战略定位、战略地位、战略目标、战略重点、战略部署、战略措施及对策等几个方面。

乡村旅游发展目标一般是指区域乡村旅游发展所带来的经济效益、社会效益和生态效益。规划区域乡村旅游发展目标直接影响着区域旅游规划调查分析的方式和政策、规划和建议的制定。区域乡村旅游发展目标的制定应在区域旅游规划的范围内根据实际情况进行市场可能性、资源承受性、社会接受性的检验。按照乡村旅游业的发育程度和规模可将其划分为：成长型产业、先导产业、支柱产业、主导产业、战略性支柱产业等。

3. 旅游空间布局及功能区

区域乡村旅游空间布局是在综合评价区域乡村旅游发展潜力的基础上，通过对旅游优先开发地域的确定、旅游生产要素的配置和旅游接待网络的策划，实现区域乡村旅游发展的总体部署。区域乡村旅游空间布局的影响因素一般有以下几个：①旅游资源因素；②区位条件；③经济因素；④社会因素。

在一个区域内，会出现旅游资源丰富多彩、地域差异明显的现象，如何认识这一现象并进行区域划分，对于认识区域内各种旅游资源的优势、合理布局旅游业有着重要的意义。规划分区的根本目的就在于客观地了解各个旅游区划单位的性质和特征，找出它们的各自优势，为扬长避短形成合理的旅游地域分工体系，为开发、利用和保护旅游资源，确定旅游发展方向、目标、战略重点、产业结构和各项旅游建设的综合布局，研究开发政策、步骤以及协调区际和区域内的各种旅游活动，推动地区经济的合理发展提供科学依据。

4. 旅游发展重点及乡村旅游产品

区域乡村旅游发展规划的重点任务之一是确定有发展潜力的地区——重点乡村旅游区，寻找乡村旅游发展的重点和突破口，以带动整个区域乡村旅游的发展。重点乡村旅游区应该具有丰富的旅游资源、较高的市场需求、良好的社会经济保障、明显的效益（社会、经济、环境）、方便的可进入性，对规划区内的旅游发展起主导作用。

规划建设农业生产区、农业景观区、现代农业产业园区、生活居住区、农业科普教育及农事体验区、乡村休闲度假区、产城一体服务配套区、衍生产业区等功能业态发展区。

对于区域乡村旅游来说，旅游产品通常是比较宏观、综合、广义的旅游产品体系。一般包括三方面的内容：①旅游产品设计，区域旅游产品设计考虑的是向旅游者提供什么样的经历和体验，提供哪些类型的旅游活动项目。②旅游服务设施，是专门（或直接）为旅游者提供服务所依托的物质条件，包括住宿设施、交通设施、餐饮设施、游览设施、娱乐设施、购物设施、旅行社、咨询服务处等。③旅游线路设计或选择。

5. 旅游环境影响评价与资源环境保护

区域乡村旅游发展环境影响评价需要从宏观政策背景分析和规划区内部关联性两个角度，对项目可能产生的各种环境影响进行比较分析，揭示项目是否与国家或地区发展计划目标相一致的结论，同时对各种规划的替代方案进行详细的环境影响对比分析，以期得到比较合理的与环境目标相一致的项目开发方案。

区域旅游可持续发展，不是单纯的经济发展，而是"生态—经济—社会"三维复合系统整体的可持续发展（林卫红，1998）。因此，区域旅游发展保护开发利用规划需要在调查分析区域本底环境的基础上，预测各项方案或措施实施过程中可能产生的环境问题和变化趋势，对方案进行优选，拟订保护开发方案。

（二）解决的主要问题

1. 补齐乡村旅游道路和停车设施建设短板

主要措施包括：①推进全国乡村旅游道路建设；②支持乡村旅游停车设施改造提升；③加大对乡村旅游基础设施建设的用地支持；④加大对贫困地区旅游基础设施建设项目推进力度。

2. 推进垃圾和污水治理等农村人居环境整治

主要措施包括：①建立垃圾和污水处理农户付费制度；②大力推进乡村旅游垃圾资源化利用与无害化处理；③梯次推进农村生活污水处理；④持续推进"厕所革命"。

3. 建立健全住宿餐饮等乡村旅游产品和服务标准

主要措施包括：①规范民宿、农家乐等乡村旅游服务标准；②完善乡村旅游基础设施的服务配套标准；③健全标准强化乡村旅游市场监管。

4. 鼓励引导社会资本参与乡村旅游发展建设

主要措施包括：①创新社会资本参与方式；②规范农户、村集体等参与乡村旅游服务设施建设。

5. 加大对乡村旅游发展的配套政策支持

主要措施包括：①因地制宜推进乡村旅游特色发展；②加大对乡村旅游债券融资支持力度；③探索建立乡村旅游产业投资基金；④加大对乡村旅游贷款支持力度；

⑤加强乡村旅游人才培养引进力度。

二、乡村三产融合发展规划

（一）乡村三产融合与乡村振兴

农村一二三产业的协调发展对乡村振兴有着重要的意义。其中，一产泛指农业生产，因地制宜，发展特色农业、循环农业、现代化高效农业。二产特指"农产品加工业"，是以农业物料、人工种养或野生动植物资源为原料进行工业生产活动的总和。三产是指"农业相关服务业"，拓展延伸农产品功能和提升附加值，如农业观光、科普教育、品牌展示、文化传承等。农村三产融合旨在实现资源、要素、技术、市场需求各要素在农村的整合重组，进而改变农村产业空间布局，成为振兴乡村产业的主要出口，而产业兴旺则是全面实现乡村振兴的坚实基础（图 12-1）。

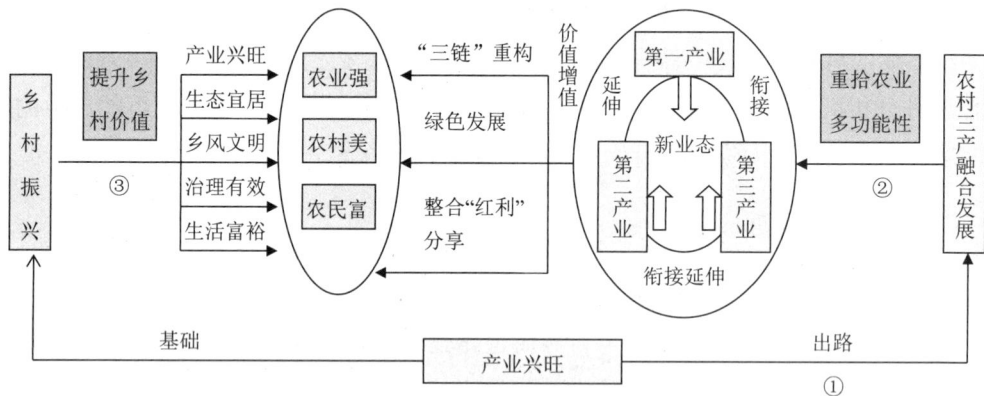

图 12-1　农村三产融合与乡村振兴内在关系

农村三产融合发展，就是通过对农村一二三产业之间的优化重组、整合集成、交叉互渗，使产业链条不断延伸，产业范围不断拓展，产业功能不断增多，产业层次不断提升，从而实现发展方式的创新，最终不断产生新业态、新技术、新商业模式、新空间布局等（刘奇，2019）。

农村一二三产业融合发展，对于实施乡村振兴战略具有十分重要的作用，主要表现在如下几个方面（万瑞宝，2019）：一是通过农村一二三产业相互融合和渗透，促进乡村产业发展方式转变，以市场需求为导向在农村整合重组生产资源和要素，调整农村产业布局，从而振兴乡村产业，促进产业兴旺。二是通过一二三产业融合发展，催生新产业、新业态，开辟农业就业新途径，促进农村富余劳动力就业，增加农民收入，成为增加农民收入的主要渠道。三是通过一二三产业融合发展，能够促进生产要素在城乡之间流动，将企业的资金、信息、人才、技术和管理等要素与农业资源在农村优化整合，运用机械化、自动化和智能化方式发展高效农业，使信息技术与传统生产、加工、流通、服务和消费等环节融合，降低生产成本，提高劳动生产率。四是通过一二三产业融合发展，发挥农业多重功能、农村多重价值、农民多重身份的优势，充分利用二三产业优势，让农业真正"跳出农业""超越农业"，促进城乡融合发展，缩小城乡差距。

（二）乡村三产融合特点

近年来，我国农村发展动能加快转换，农村新产业、新业态、新模式快速成长，农业与信息、旅游、文化、康养、餐饮等产业融合越来越明显，农业产业链延长，进入了农村一二三产业融合发展阶段，这一阶段具有以下几个新特点（万瑞宝，2019）。

一是市场形态发生变化。网络将乡村小散弱差的农户生产集聚起来形成规模效应，市场形态形成了线上线下市场并存的产品销售格局。网络零售不仅改变了农产品的销售方式，还为农村一二三产业融合发展带来更多可能性。"互联网＋农业"通过与加工业联动带动产业链上下游，农业产业发展形成了从农田到餐桌的全产业链模式。

二是信息技术成为融合发展新动力。随着信息技术快速发展，信息技术与传统的生产、加工、流通、管理、服务和消费等环节融合，极大提升了技术装备水平，完善了农村互联网基础设施和物流体系，延长了农业产业链，催生了大量新产业、新业态，培育了经济新增长点，开发了农业新功能，有力推动农村一二三产业融合发展。

三是三产融合发展模式多样化。随着一二三产业纵向渗透融合，农村三产融合发展模式趋于多样化。第一类是一二三产业中某二元产业的融合。第二类是三元产业融合，主要是以一产为基础向二三产业延伸。例如，探索"合作社＋公司＋农户"的发展模式，走生产、加工、经营三位一体的可持续发展路子。龙头企业与合作社成立公司，组织农户参与，共同建设集农业新技术应用、农业新成果推广、农耕文化展示、休闲娱乐等于一体的生态农业旅游产业。

四是利益联结机制和分配方式发生变化。通过延长产业链、提升价值链、完善利益链，把一二三产业紧密融合在一起，形成风险共担、利益共享的共同体。农民不仅从农业生产经营中获得收益，还借力第二产业科技支持获得增值效益，通过股份合作等形式分享二三产业的增值收益（万瑞宝，2019）。

五是开放发展趋势更加明显。"一带一路"农业国际合作及自由贸易试验区的设立，不仅有利于利用国际国内两个市场、两种资源保障农产品供应，而且促进了农业的国际分工与合作。农业产业链在更大范围内布局与重塑，使一二三产业优势互补、增强合力，从而提高劳动生产率，降低生产成本，提高产品质量，提升价值链，增强我国农业竞争力（万瑞宝，2019）。

（三）乡村三产融合发展模式

乡村三产融合的本质是延伸农业产业链和价值链，根本是增加农民收益，关键要充分挖掘农业非传统功能，载体是打造不断升级的平台，支撑是建立要素保障体系（王蓓蓓[①]，2018）。三产融合主要有如下模式。

第一、第三产业融合。主要是在发展服务业的同时，利用农业景观和农业生产活动开发观光农业。服务业向农业渗透，发展服务业的同时利用农业景观和生产活动，开发观光农业，而不仅仅是看看山水。利用互联网优势，提升农产品电商服务业；以农业和农村发展为主题，使用论坛、博览会、节庆活动等平台展现农业。

第一、第二产业融合。主要是利用工业工程技术、装备、设施等改造传统农业，采用机械化、自动化、智能化的管理方式发展高效农业。建设一批农产品加工园区，整合当地木本油料、茶叶、干鲜果品、中药材、畜禽，发展五大农产品加工业。以龙头企业带动农林产品基地建设，完善生产加工链条，提高产业核心竞争力。

第二、第三产业融合。主要是通过创意、加工、制作等手段，把农村文化资源转换为各种形式的产品。例如，由第二产业向第三产业拓展的工业旅游业，以工业生产过程、工厂风貌、产品展示为主要参观内容开发的旅游活动，以及以第三产业的文化创意活动带动加工业发展。

第一、第二、第三产业融合。主要是通过创意、加工、制作等手段，把农村文化资源转换为各种形式的产品。主要是以一产为基础向二三产业延伸。农村三产联合开发生态休闲、旅游观光、文化传承、教育体验等多种功能，典型业态有农产品物流、智慧农业、工厂、牧场观光、酒庄观光等。观光牧场融合畜牧业、乳产品加工业和牧场观光业的优势，使牧场改变单一的生产模式，是三产融合最具代表性的模式之一。

三、美丽乡村及智慧乡村规划

良好的自然生态环境和原生态的人文景观资源是农村最大的优势和宝贵财富。美丽乡村为美丽中国奠定了重要基础，美丽中国要靠美丽乡村和智慧乡村打基础。建设美丽乡村和智慧乡村是我国农村地区落实生态文明建设的重要举措，是加快转变农业发展方式、深化农村改革、实现城乡一体化发展的有效途径，是实现农村经济可持续发展的必然要求[②]。

---

① 王蓓蓓.聚焦乡村振兴战略，探索农村三产融合发展.2018. http://www.fx361.com/page/2018/0322/4973272.shtml.

② "美丽乡村规划设计"通知.中国网，2019. http://kc.china.com.cn/2018-10/19/content_40539959.htm.

（一）美丽乡村建设规划内容

美丽乡村规划的目的就是，要确保地域文化特色的村落保护体系，让保护利用与美丽乡村建设两相宜原则下，实现乡村可持续发展。对传统聚落的保护不应局限于建筑本身，还应包括聚落空间、传统风貌、历史环境及遗存、非物质文化遗产、乡村生活生产氛围等。在保护与开发中要做到历史真实性、风貌完整性、生活延续性，根据地理区位和地形地貌条件，突出野趣山居、水乡格局、诗意田园、高原牧场等特色，充分体现传统文化的保护与传承。

美丽乡村建设规划核心内容和解决的主要问题如下。

（1）产业发展规划：在区位条件好、经济相对发达地区的乡村，基本形成"一村一品""一乡一业"，实现农业生产集聚、农业规模经营的乡村，规划构建美丽乡村旅游产业链，针对每一个特色村寨，以主导产业融合相关产业。

（2）生态保护规划：在生态优美、环境污染少的地区，自然条件优越，水资源和森林资源丰富，具有传统田园风光和乡村特色，生态环境优势明显的乡村，以优质生态环境为依托，以规模化大农业资源为基础，以旅游产业集群化为方向的区域生态农业旅游综合开发。

（3）城郊集约规划：针对城市周边经济条件较好、公共设施和基础设施较为完善的乡村，借助城市庞大的市场、强大的带动型和辐射性，规划以品质乡村旅游为导向的新型城镇化和新农村社区建设示范项目。

（4）资源整合规划：针对水网发达的传统渔区，或者在秦巴山区牧区、半牧区县，或者其他农业资源相对发达地区，产业以渔业或者牧业的乡村，主要发展大农业资源与其他旅游休闲业态有机融合的农业旅游综合项目。

（5）高效农业规划：针对以发展农业作物生产为主、农田水利等农业基础设施相对完善的乡村，以当地特有的优质大农业资源与差异化"高、精、尖、新"农业科普展示内容相结合，可以发展现代都市型生态科技农业产业示范园。

（6）休闲旅游规划：针对区位边界、市场潜力、生态良好、环境优美、气候适宜，尤其是村寨、民居特色突出的乡村，适宜发展乡村旅游的地区，规划发展乡村民宿、家庭休闲农场、家庭农庄、企业乡村会所等。

（7）文化传承发展规划：包括古村落、古建筑、古民居以及传统文化的地区，主要开展文化传承型乡村建设规划，在保护和传承基础上，实施文旅融合，发展文化旅游。

（二）智慧乡村建设规划内容

智慧乡村并非传统的网络建设、产业特色、管理服务、投资模式的延伸，而是网络智慧技术与乡村环境要素的全域融合，它具有空间形态、互动体验、融合功能等特点。

智慧乡村建设规划主要包括如下内容。

一是构建智慧乡村旅游平台，构建乡村旅游大数据平台，目的是提高旅游产业运行监测、市场动态分析、营销推广、应急管理等方面的能力。

二是智慧乡村项目建设，通过智慧餐厅、智慧住宿、智慧景区、智慧农产品交易平台等，帮助农民销售农产品，创收致富；通过订单农业，实现智慧农场的生产加工管理，形成智慧乡村的整个云平台。

三是乡村智慧化管理。借助智慧云平台，实现智慧医疗实现远程监护就医、智慧社交丰富乡村公共文化、智慧教育增强城乡教学互动、配置智慧公共服务设施、智慧农业科技指导、智慧农业网络平台、乡村农业生产全程智能化规划、智慧乡村旅游掌握实时旅游资讯、智慧乡村信息服务平台快捷使用各类信息、智慧乡村交通掌握实时智能管理、乡村生活智能化规划等。

四是乡村智慧营销，主要包括网络营销、口碑营销、节假日、活动营销、体验式营销等。

四、人居环境与乡村治理规划

改善农村人居环境和治理质量，建设美丽宜居乡村，是实施乡村振兴战略的一项重要任务。按照《国务院办公厅关于改善农村人居环境的指导意见》[①]和《农村人居环境整治三年行动方案》[②]要求，实施乡村振兴战略，必须坚持农业农村优先发展，坚持绿水青山就是金山银山，顺应广大农民过上美好生活的期待，统筹城乡发展和生产生活生态，以保障农民基本生活条件为底线，全面改善农村生产生活条件，确保全国农村居民住房、饮水和出行等基本条件明显改善，建成人居环境干净、整洁、便捷、各具特色的美丽宜居乡村。人居环境与乡村治理规划主要内容如下。

（一）总体要求和任务

人居环境质量全面提升，基本实现农村生活垃圾处置体系全覆盖，基本完成农村户用厕所无害化改造，厕所粪污基本得到处理或资源化利用，农村生活污水治理率明显提高，村容村貌显著提升，管护长效机制初步建立。中西部有较好基础、基本具备条件的地区，人居环境质量较大提升，力争实现90%左右的村庄生活垃圾得到治理。地处偏远、经济欠发达等地区，在优先保障农民基本生活条件基础上，实现人居环境

---

① 国务院办公厅.关于改善农村人居环境的指导意见（国办发〔2014〕25号）. http://www.gov.cn/zhengce/content/ 2014-05/29/content_8835.htm.

② 中办国办.农村人居环境整治三年行动方案. https://m.huanqiu.com/article/9CaKrnK6BZ9，2018-02-06.

干净整洁的基本要求。

（二）规划的主要内容

人居环境与乡村治理规划主要内容及解决的主要问题包括：

（1）推进农村生活垃圾治理。统筹考虑生活垃圾和农业生产废弃物利用、处理，建立健全符合农村实际、方式多样的生活垃圾收运处置体系。有条件的地区，要推行适合农村特点的垃圾就地分类和资源化利用方式。

（2）开展厕所粪污治理。合理选择改厕模式，推进"厕所革命"。加快推进户用卫生厕所建设和改造。引导农村新建住房配套建设无害化卫生厕所。加强改厕与农村生活污水治理的有效衔接。鼓励各地结合实际，将厕所粪污、畜禽养殖废弃物一并处理并资源化利用。

（3）推进农村生活污水治理。因地制宜采用污染治理与资源利用相结合、工程措施与生态措施相结合、集中与分散相结合的建设模式和处理工艺。推动城镇污水管网向周边村庄延伸覆盖。积极推广低成本、低能耗、易维护、高效率的污水处理技术。加强生活污水源头减量和尾水回收利用。

（4）提升村容村貌。推进通村组道路、入户道路建设，大力提升农村建筑风貌，加大传统村落民居和历史文化名村名镇保护力度，推进村庄绿化，建设绿色生态村庄。完善村庄公共照明设施。推进卫生县城、卫生乡镇等卫生创建工作。

（5）加强村庄规划管理。推进实用性村庄规划编制实施，优化村庄功能布局，实现村庄规划管理基本覆盖。推行政府组织领导、村委会发挥主体作用、技术单位指导的村庄规划编制机制。加强乡村建设规划许可管理，建立健全违法用地和建设查处机制。

（6）完善建设和管护机制。基本建立有制度、有标准、有队伍、有经费、有督查的村庄人居环境管护长效机制。鼓励专业化、市场化建设和运行管护，推行城乡垃圾污水处理统一规划、统一建设、统一运行、统一管理。推行环境治理依效付费制度，健全服务绩效评价考核机制。

五、乡村人才振兴专项规划

人才振兴是乡村振兴的基础。实施乡村振兴战略，要培养造就一支懂农业、爱农村、爱农民的"三农"工作队伍，要激励各类人才在农村广阔天地大施所能、大展才华、大显身手，在乡村形成人才、土地、资金、产业汇聚的良性循环。必须培养一支懂农业、爱农村、爱农民的乡村振兴人才队伍，在培育人才、吸引人才、留住人才、使用人才等方面创新机制，让人才振兴成为推动农业农村现代化的内生动力。创新乡村人才工作机制，汇聚农业农村现代化人才资源，坚持农业农村优先发展，培育农民自我发展能力，以乡村人才振兴推进农业农村现代化。

（一）战略目标与定位

首先，必须从根本上树立"人才是第一资源"的理念（何忠国，2019）[①]，充分认识农民在乡村振兴中的主体地位，把乡村人才振兴放在乡村振兴的重要位置，培育产生一大批新型农民，打造一支强大的乡村振兴人才队伍，为加快推进农业农村现代化提供坚实人才支撑。

其次，坚持农业农村优先发展，培育农民自我发展能力（何忠国，2019）。一要坚持农业农村优先发展，让乡村振兴成为全党全社会的共同行动。二要培育农民自我发展能力，充分发挥农民群众在乡村振兴中的主体地位。新型农业经营主体培育的重点是农民、农户，国家政策支持的重点是新型职业农民。三要培育一大批有文化、懂技术、会经营、能创新的新型职业农民，为乡村振兴提供坚实的人力资源保障。

最后，创新乡村人才工作机制，汇聚农业农村现代化人才资源（何忠国，2019）。一要把本土人才资源当作重要支撑，充分激发乡村现有人才活力。二要筑巢引凤，引导返乡农民工、大中专毕业生、科技人员、退役军人和工商企业等返乡创业创新，在乡村振兴的舞台上施展拳脚、贡献才智。三要建立引导和鼓励高校毕业生到基层工作的长效机制，为大学生在农村施展才华提供广阔舞台。

（二）规划的主要内容

乡村人才振兴规划就是要围绕乡村人才"引得来""培育好""留得住"，从人才评价、培育、引进、激励、保障、服务等方面[②]进行谋划，出台相关的新政策、新措施。从而，确保乡村人才相关政策的含金量、针对性、可操作性。

乡村人才振兴规划的主要内容和解决的主要问题包括如下。

（1）乡村人才评价机制。建立以思想素质、经济效益、技术水平、带动能力和群众认可度等人才分类评价标准。一是建立职业农民职称制度；二是建立乡土人才技能等级评价制度；三是建立乡土人才以赛代评机制。

（2）乡村人才培育机制。建立健全乡村人才培养培训机制。一是实施百万新型农民技能提升计划；二是实施百万乡土人才培育示范计划；三是实施百万乡村人才定向培养计划。培养更多的"土专家""田秀才"。

（3）乡村人才引进机制。搭建基层人才引进培养项目，引进专家智力服务，引导退休人员参与乡村振兴。一是开展"雁归兴乡"返乡创业推进行动；二是招募"乡村

---

① 何忠国.以乡村人才振兴推进农业农村现代化.国际在线，2018. https://baijiahao.baidu.com/s?id=16156562789 27428720&wfr =spider&for=pc.

② 山东印发《推进乡村人才振兴若干措施》. http://www.reportway.org/xiangcunnews/20765.html.

振兴合伙人"；三是实施高校毕业生基层成长计划；四是畅通各界人士报效家乡的渠道；五是推动高层次人才"上山下乡"。

（4）基层人事管理机制。一是将"定向评价"向"定向使用"转变制度；二是实行乡镇专业技术人才直评直聘政策；三是创新乡镇事业单位人才招聘方式；四是建立县域统筹的岗位管理使用制度。

（5）乡村人才服务保障机制。完善人才向乡镇一线流动机制，建立人才智力对口帮扶机制，搭建一批乡村引才聚才平台。一是支持乡镇专业技术人员离岗或在职创业；二是激励乡村人才干事创业；三是组织开展"十强百优"选树活动。

第四节　旅游乡村振兴项目规划

一、田园综合体规划

"田园综合体"一词首次出现于 2017 年中央一号文件[1]，是乡村振兴发展新型产业的试点举措。通过《财政部关于开展田园综合体建设试点工作的通知[2]》特定的立项条件考核，可成为国家级和省级田园综合体，并分别获得相应的政策和资金支持。

（一）田园综合体特点及条件

田园综合体是以农民合作社为主要载体、让农民充分参与和受益，集循环农业、创意农业、农事体验于一体，通过农业综合开发、农村综合改革转移支付等渠道开展试点示范类型，是集现代农业、休闲旅游、田园社区为一体的乡村综合发展模式。其目的是通过旅游助力农业发展、促进三产融合的一种可持续性模式，指综合化发展产业和跨越化利用农村资产，是当前乡村发展代表创新突破的思维模式。

田园综合体注重保护原有产业，培育新兴产业，营造人居环境，并且具有可持续发展属性，因而是发达地区乡村现代化、城乡一体新型城镇化、社会经济全面发展较好的模式选择。其中，田园小镇、乡村文创园等项目是以田园综合体为商业模式，以新田园主义理论为指导的主要载体。

规划的田园综合体通常满足的七个条件：

功能定位准确。田园综合体应围绕有基础、有优势、有特色、有规模、有潜力的乡村和产业，按照农田田园化、产业融合化、城乡一体化的发展路径，以自然村落、特色片区为开发单元，全域统筹开发，全面完善农事体验一体化发展的基础和前景。

---

① 中共中央，国务院.关于深入推进农业供给侧结构性改革加快培育农业农村发展新动能的若干意见，2017.

② 财政部.关于开展田园综合体建设试点工作的通知，2017.

区域基础条件良好。田园综合体的区域范围内农业基础设施应较为完备，农村特色优势产业基础较好，区位条件优越，核心区集中连片，发展潜力大。

区域生态环境良好。田园综合体应落实绿色发展理念，保留青山绿水，积极推进山水田林湖整体保护、综合治理，践行看得见山、望得到水、记得住乡愁的生产生活方式。

地方政府政策支持。政府支持表现在地方政府积极性高，在用地保障、财政扶持、金融服务、科技创新应用、人才支撑等方面有明确举措，水、电、路、网络等基础设施完备。

投融资政策明确。好的田园综合体能积极创新财政投入使用方式，探索推广政府和社会资本合作，综合考虑运用先建后补、贴息、以奖代补、担保补贴、风险补偿金等，撬动金融和社会资本投向田园综合体建设。

带动作用明显。田园综合体的共建共享要以农村集体组织、农民合作社为主要载体，组织引导农民参与建设管理，保障原住农民的参与权和受益权。通过构建股份合作、财政资金股权量化等模式，创新农民利益共享机制，从而带动农民分享到产业增值收益。

运营管理通畅。应根据当地主导产业规划和新型经营主体发展培育水平，因地制宜探索适宜顺畅的田园综合体的建设模式和运营管理模式，可采取村集体组织、合作组织、龙头企业等共同参与建设田园综合体，盘活存量资源、调动各方积极性，通过创新机制激发田园综合体建设和运行内生动力。

（二）田园综合体重点

从发展模式上，田园综合体是指集现代农业、休闲旅游、田园社区为一体的特色小镇和乡村综合发展模式。田园综合体是在城乡一体格局下，顺应农村供给侧结构改革、新型产业发展，结合农村产权制度改革，实现中国乡村现代化、新型城镇化、社会经济全面发展的一种可持续性模式。

田园综合体的核心就是农业＋文旅＋社区的综合发展模式，田园综合体主要侧重于农业、文旅、社区三大产业的规划建设和发展管理。其中，农业侧重于发展现代农业生产型产业园＋休闲农业＋CSA（社区支持农业）；文旅产业侧重于建设符合自然生态型的旅游产品＋度假产品的组合，需要考虑功能配搭、规模配搭、空间配搭，加上丰富的文化生活内容，以多样的业态规划形成旅游度假目的地；社区建设，按照社区山水原始格局和村落肌理特征，统一规划、统一建设、统一管理、分散经营。

（三）规划主要内容

田园综合体与农旅综合体、农文旅综合体，其规划都是城乡统筹规划体系的有效补充，是新型城镇化发展路径之一和重要抓手，是农业农村统筹发展、城乡融合的主要规划设计类型。

首先，规划的内容，主要强调现代农业产业发展，是立足农业科技与农业产业链的共同建设，促进一二三产融合发展；促进生态效益和经济效益的统一；是注重生态文明建设发展的主要方式之一；是促进城郊地区和连片乡村区域的农民创业增收，是做强集体经济的主要方式。形成城乡统筹、融合联动发展。

其次，规划的侧重点，更加综合强调主导农业产业发展、生态环境建设、乡村田园社区建设以及农村集体经济、村民的共同参与和就业增收的一体化规划。

最后，田园综合体强调，在规划编制上应统筹城乡发展，创新城乡融合运营路径，应强化农业＋产业体系构建，增强农业科技引领和持续发展动能。

二、特色旅游小镇规划

用"非镇非区"的新理念，以生产、生活、生态"三生融合"方式，以产、城、人、文"四位一体"的新模式，培育创建一批能够彰显地方产业特色、凸显地域人文底蕴、引领区域创新发展的特色旅游小镇。特色旅游小镇建设特色性[1]体现主要表现为产业上坚持特色产业、旅游产业两大发展架构；功能上实现"生产"＋"生活"＋"生态"，形成产城乡一体化功能聚集区；形态上具备独特的风格、风貌、风尚与风情；机制上是以政府为主导、以企业为主体、社会共同参与的创新模式。截至2018年，全国两批特色小镇试点403个，省级特色旅游小镇若干。

（一）背景及目标

由于一些体制机制的限制，不利于一些小镇参与到市场化竞争中，因此挖掘一些有潜力、有特色的旅游小镇，通过一些产业的发展不仅可以带动经济的发展，也可以吸纳旅游小镇周边一部分农村劳动力就业。培育特色小镇主要是打造特色鲜明的产业形态，和谐宜居的美丽环境，彰显特色的传统文化，提供便捷完善的设施服务，建设充满活力的体制机制。培育特色旅游小镇的主要目的是促进有条件的镇更好地发展。

（二）规划主要内容

特色旅游小镇规划按照创新、协调、绿色、开放、共享发展理念，聚焦信息经济、环境保护、健康、旅游、时尚、金融、高端装备七大新兴产业，融合产业、文化、旅游、社区功能的创新创业发展平台的综合规划。具体可围绕主题选择、小镇选址、功能定位、空间组织、实施计划五个主要内容开展。

---

① 特色小镇孵化器. 特色小镇全产业链全程服务解决方案. 绿维文旅, 2016. http://www.lwcj.com/topic/tsxzfhq/index.html.

（1）特色产业型小镇：典型代表是浙江袜艺小镇。该小镇实施特色产业发展策略，明确分区——袜艺小镇分为众创空间、时尚市集、智造硅谷三大区域，建立智慧工厂，使产业链重组分工，提升智能化水平，还发展特色旅游业项目，构筑群落型的电商服务生态圈。

（2）特色文化型小镇：典型代表是山东台儿庄古城。该古城的旅游发展结合地域文化特色，挖掘文化内涵，形成小镇个性文化，并植入小镇建设的各个层面和领域，从而增强企业与居民的文化认同感。特色文化小镇一定是一个环境生态、景观优美的地方——特色小镇的优美景致，可以吸引企业和居民前来居住，为他们提供高品质的生活环境。

（3）特色旅游型小镇：典型代表是北京古北水镇。特色旅游小镇是调整乡村产业结构和促进村民就业、增收的一项重要举措，是推进城乡一体化统筹发展和新农村建设的有效途径。完善旅游基础设施配套乡村旅游服务点，提供完善的乡村旅游综合服务，整体提升乡村旅游服务质量是发展特色旅游小镇的关键。

（4）优质社区型小镇：典型代表是杭州"基金小镇"。该小镇以高标准规划、高起点打造，包括环境设计、建筑外观、功能布局、能源利用、生活设施、现代服务，构建了一个完善、优质、舒适的生活圈。既能吸引和满足小镇居民工作和创业的需要，也能使其感觉小镇生活的舒适和自在，增加对小镇社区的心理归属感。

（5）智慧生态型小镇：典型代表是浙江乌镇。智慧乌镇的创新理念是互联网时代的共生城市，发展理念是人与自然、人与人、线上与线下、古今中外四个方面的融合共生，目标定位与发展路径是国际风情小城、全球智慧名镇，从智慧旅游到智慧交通、全景区 Wi-Fi 覆盖，使乌镇成为智慧景区的优秀代表。

（三）国际特色旅游小镇

国际上，国际慢城提倡的以慢生活为核心价值、3 万人左右的城市规模、具有相应的衡量标准，深受英国、德国、意大利乃至世界各国纷纷效仿。目前已建立了涉及30 个国家和地区的国际慢城联盟。国际慢城提倡以慢生活为核心的个性、品质、高端、精致的城市形态和城市标准，非常符合秦巴山区的具体实际。

国际慢城概念系源于意大利 1.5 万人以上的小城市布拉，于 1999 年在意大利奥维多召开的第一届"世界慢城"大会上，提出的全新的城市模式。国际慢城特征和标准主要包括：①这里相对远离超大都市的嘈杂和喧嚣；②放慢生活节奏的城市形态；③慢城人口总数应在 5 万人左右；④体现对城市、居民、客人的关心呵护；⑤保持城市独一无二的个性、特点与自然状态；⑥推行健康的餐饮方式与生活方式；⑦传承传统、保护当地风俗习惯与文化遗产；⑧尊重现代化、创造综合效益；⑨在保证轻松生活基础上追求可持续发展；⑩慢城在全球化背景下，必须确保城市的个性，特别是保护具有地区象征性意义的产品。

三、国家农业科技园规划

按照《国家农业科技园区发展规划（2018—2025年）》，为实施乡村振兴战略，加快国家农业科技园区创新发展，经地方推荐和专家评审、科技部研究批准，可进入国家农业科技园区名单，建设期为三年。截至2018年年底，已公布8批国家农业科技园区，累计200多个。

（一）国家农业科技园

国家农业科技园区发展定位于集聚创新资源，培育农业农村发展新动能，着力拓展农村创新创业、成果展示示范、成果转化推广和职业农民培训的功能。强化创新链，支撑产业链，激活人才链，提升价值链，分享利益链，努力推动园区成为农业创新驱动发展先行区、农业供给侧结构性改革试验区和农业高新技术产业集聚区，打造中国特色农业自主创新的示范区。

国家农业科技园区以乡村振兴战略为引领，以深入推进农业供给侧结构性改革为主线，以提高农业综合效益和竞争力为目标，以培育和壮大新型农业经营主体为抓手，促进园区向高端化、集聚化、融合化、绿色化方向发展，发展农业高新技术产业，提高农业产业竞争力，推动农业全面升级，促进产城产镇产村融合，统筹城乡发展，建设美丽乡村，推动农村全面进步。

（二）目标要求与定位

以习近平新时代中国特色社会主义思想为指导，统筹推进"五位一体"总体布局和协调推进"四个全面"战略布局，牢固树立和贯彻落实新发展理念，以实施创新驱动发展战略和乡村振兴战略为引领，以深入推进农业供给侧结构性改革为主线，以提高农业综合效益和竞争力为目标，以培育和壮大新型农业经营主体为抓手，着力促进园区向高端化、集聚化、融合化、绿色化方向发展，发展农业高新技术产业，提高农业产业竞争力，推动农业全面升级；着力促进产城产镇产村融合，统筹城乡发展，建设美丽乡村，推动农村全面进步；着力促进一二三产业融合，积极探索农民分享二三产业利益的机制，大幅度增加农民收入，推动农民全面发展。

（三）总体要求及任务

一是全面深化体制改革，积极探索机制创新。以体制改革和机制创新为根本途径，在农业转方式、调结构、促改革等方面进行积极探索，推进农业转型升级，促进农业高新技术转移转化，提高土地产出率、资源利用率、劳动生产率。

二是集聚优势科教资源，提升创新服务能力。引导科技、信息、人才、资金等创新要素向园区高度集聚。吸引汇聚农业科研机构、高等学校等科教资源，在园区发展面向市场的新型农业技术研发、成果转化和产业孵化机构，建设农业科技成果转化中心、科技人员创业平台、高新技术产业孵化基地。

三是培育科技创新主体，发展高新技术产业。打造科技创业苗圃、企业孵化器、星创天地、现代农业产业科技创新中心等"双创"载体，培育一批技术水平高、成长潜力大的科技型企业，实现标准化生产、区域化布局、品牌化经营和高值化发展，形成一批带动性强、特色鲜明的农业高新技术产业集群。

四是优化创新创业环境，提高园区双创能力。构建以政产学研用结合、科技金融、科技服务为主要内容的创新体系，提高创新效率。建设具有区域特点的农民培训基地，提升农民职业技能，优化农业从业者结构，培养适应现代农业发展需要的新农民。

五是鼓励差异化发展，完善园区建设模式。全面推进国家农业科技园区建设，引导园区依托科技优势，开展示范推广和产业创新，培育具有较强竞争力的特色产业集群。按照"一园区一主导产业"，打造具有品牌优势的农业高新技术产业集群，提高农业产业竞争力。

六是建设美丽宜居乡村，推进园区融合发展。走中国特色新型城镇化道路，探索"园城一体""园镇一体""园村一体"的城乡一体化发展新模式。强化资源节约、环境友好，确保产出高效、产品安全。推进农业资源高效利用、提高农业全要素生产率，发展循环生态农业。

（四）规划主要内容

（1）体制机制创新规划。在农业转方式、调结构、促改革等方面进行积极探索，推进农业转型升级，促进农业高新技术转移转化，提高土地产出率、资源利用率、劳动生产率。推进科研成果权益改革试点。完善政策、金融、社会资本等多元投入机制。

（2）科教服务能力规划。建设农业科技成果转化中心、科技人员创业平台、高新技术产业孵化基地。引导园区积极开展技术培训、创新创业、企业孵化、信息交流、投融资等一体化服务，加强先进实用技术集成示范，打造科技精准脱贫模式。

（3）高新技术产业规划。打造科技创业苗圃、企业孵化器、星创天地、现代农业产业科技创新中心等，培育一批技术水平高、成长潜力大的科技型企业。打造优势特色主导产业，形成一批带动性强、特色鲜明的农业高新技术产业集群。

（4）园区创业环境培育。构建以政产学研用结合、科技金融、科技服务为主要内容的创新体系。建设具有区域特点的农民培训基地，提升农民职业技能，优化农业从业者结构，培养适应现代农业发展需要的新农民。

（5）园区建设规划。按照"一园区一主导产业"，打造具有品牌优势的农业高新技术产业集群，提高农业产业竞争力。建设区域农业科技创新中心和产业发展中心，探索创新驱动现代农业发展的特色模式。

（6）园区融合发展规划。探索"园城一体""园镇一体""园村一体"的城乡一体化发展新模式，打造"一园一品""一园一景""一园一韵"，建设宜业宜居宜游的美丽乡村和特色小镇，带动乡村振兴。

四、农村产业融合发展示范区规划

为加强农村产业融合发展示范园创建、认定和管理工作，着力打造农村产业融合发展的示范样板和平台载体，充分发挥示范引领作用，带动农村一二三产业融合发展。为充分发挥示范引领作用，加快推进农村一二三产业融合发展，国家决定开展农村产业融合发展示范园创建工作，要求各省结合实际，充分挖掘地区特色，围绕农业内部融合、产业链延伸、功能拓展、新技术渗透、产城融合、多业态复合六种类型，有针对性地创建农村产业融合发展示范园。

（一）农村产业融合发展示范园

农村产业融合是农村产业振兴的必由之路[①]。农村产业融合发展示范园系指在一定区域范围内，农村一二三产业融合特色鲜明、融合模式清晰、产业集聚发展、利益联结紧密、配套服务完善、组织管理高效，具有较强示范作用，发展经验具备复制推广价值，且经国家认定的园区。农村一二三产业融合发展中，部分县乡等行政区或某一产业集聚区，坚持产前产中产后有机衔接和一二三产业融合发展，已经形成了相对成型、成熟的融合发展模式和全产业链条，产业价值链增值和区域品牌溢价效果已初步显现，市场竞争已经由产品竞争上升到产业链竞争的新高度，并且其做法经验可复制、可推广，能够在全国发挥标杆引领和典型示范作用的区域。

农村产业融合发展是推动乡村产业振兴、促进农民增收致富的重要举措。培育打造一批融合发展先导区，有利于促进资源要素的集中集聚，增强融合发展的协同优势，加快提升产业整体发展水平；有利于总结推广融合发展新经验新模式，增强融合发展的辐射带动效果，加快推动我国农村一二三产业融合发展。

国家发展和改革委员会等七部门联合下发的《关于印发首批国家农村产业融合发展示范园名单的通知》明确指出，各地发展改革委要会同有关部门加强政策协调和业务指导，加大对示范园的支持力度，形成工作合力。鼓励示范园所在县（市、区、旗、农场）或地市政府，以示范园为重点，在不改变资金用途和管理要求的基础上，统筹利用各项涉农资金支持示范园符合条件的项目建设，完善示范园供水、供电、道路、

---

① 全国农村一二三产业融合发展先导区公示.农业农村部，2018，https://baike.baidu.com/reference/23161998/2049a.

通信、仓储物流、垃圾污水处理、环境美化绿化等设施条件。要对示范园用地在年度土地利用计划安排上予以倾斜支持，依法依规办理用地手续，鼓励按照国家有关规定，通过城乡建设用地增减挂钩、工矿废弃地复垦利用、依法利用存量建设用地等途径，多渠道保障示范园用地。支持示范园入园农业产业化龙头企业，优先申报发行农村产业融合发展专项企业债券，支持入园小微企业以增信集合债券形式发行农村产业融合发展专项企业债券。

（二）总体要求与目标

《国务院关于促进乡村产业振兴的指导意见》①明确提出，促进产业融合发展，增强乡村产业聚合力。跨界配置农业和现代产业要素，促进产业深度交叉融合，形成"农业＋"多业态发展态势。推进农业与文化、旅游、教育、康养等产业融合，发展创意农业、功能农业等。推进农业与信息产业融合，发展数字农业、智慧农业等。

以农村产业融合发展为路径，推进政策集成、要素集聚、服务集合、企业集中，加快建设一批农业产业强镇。按产城融合型、产业链延伸型、多业态复合型、新技术渗透型、功能拓展型、农业内部融合型等，建设一批产业园区、农业产业强镇，打造一批农村产业融合集群。

农村产业融合发展示范园的认定工作具体按《国家农村产业融合发展示范园认定管理办法（试行）》和《国家农村产业融合发展示范园认定评审标准（试行）》实施。

（三）规划主要内容及解决的主要问题

农村产业融合发展示范园规划主要从以下五个方面②进行：

①形成全盘统筹局面。优化区域结构、产业结构、要素投入结构和经营主体结构，加强顶层设计、科学布局和宣传引导，构建标准化原料基地、集约化加工园区、区域化支柱产业、体系化服务网络的格局，尽快形成规划引领、链条发展、合作共赢的发展态势。

②培育品牌市场主体。构建大型加工流通企业、新型经营主体全产业链条服务、广大原料生产农户，引导各类新型农业经营主体开展先进的质量管理、食品安全控制等体系认证；发挥行业协会在服务产业、规范行业发展、强化行业自律等方面的职能作用。

③培育政策实施主体。主动对接有关政策实施部门，推动政策措施在先导区落地

---

① 新华社新媒体. 国家农村产业融合发展示范园再扩容. http://baijiahao.baidu.com/s?id=1638541866141620756&wfr=spider&for=pc.

② 关于支持创建农村一二三产业融合发展先导区的意见.https://baijiahao.baidu.com/s?id=1589996338068466184&wfr=spider&for=pc.

见效；积极对接农村一二三产业融合发展、农产品加工、农业农村信息化建设等；组织开展银企对接、投资对接等活动，为区域内经营主体争取更多信贷支持。

④培育绿色产业主体。坚持种养结合、农渔、农牧循环、提高资源综合利用水平；统一建设节能降耗、低碳环境保护、循环利用的供热、供水、污水处理、垃圾处理等设施；推广绿色发展模式，建立绿色、低碳、循环产业发展的长效机制。

⑤培育新型农业经营主体。引导具有引领优势的新型农业经营主体，在推动区域产业链条延伸、农业功能拓展、区域品牌协同打造、创新利益联结机制方面发挥优势和作用。引导各类主体以价值增值和产业竞争力提升为目标，不断完善产业体系。

五、农村创业创新基地规划

为实施乡村振兴战略，农业农村部等 12 部门联合发布《关于促进农村创业创新园区（基地）建设的指导意见》[①]，提出建设一批具有区域特色的农村双创园区（基地），为广大返乡下乡双创人员提供场所和服务，全面助推农村创业创新。

（一）农村创业创新基地

农村双创园基地[②]是依托各类涉农园区（基地），通过政策集成、资源集聚和服务集中，融合各项服务为一体，具有功能定位准确、管理规范、示范带动能力强等特点的农村双创服务平台，是支持返乡下乡人员到农村双创的重要载体。

加快农村创业创新园区（基地）建设，有利于整合市场准入、金融服务、财政支持、用地用电、创业培训、社会保障、信息技术等政策措施，有利于聚集土地、资金、科技、人才、信息等资源要素，有利于开展见习、实习、实训、创意、演练等实际操作，形成统一的政策服务窗口、便捷的信息服务平台和创业创新孵化高地，吸引更多有一定资金技术积累、较强市场意识和丰富经营管理经验的返乡下乡人员到园区（基地）开展生产经营活动。建设好农村创业创新园区（基地），推动形成以创新促创业、以创业促就业、以就业促增收的良性互动格局，为现代农业发展注入新要素，为增加农民收入开辟新渠道，为社会主义新农村建设注入新动能具有重要意义。

（二）总体要求目标

要坚持以农为本、规划引领、市场化经营、服务优先的原则，重点加强园区（基地）的基础设施、信息网络、政策咨询、生产经营和创业创新等各类服务能力建设，

---

① 中华人民共和国农业农村部印发《关于促进农村创业创新园区（基地）建设的指导意见》http://www.moa.gov. cn/.

② 十二部门联合印发《关于促进农村创业创新园区（基地）建设的指导意见》. http://www.tudi66.com/ zixun/5786.html.

不断提高服务质量和效率。

坚持以农为本，重点发展农业生产和生产性服务业、农产品加工流通、休闲旅游、电子商务等涉农产业，支持产业融合发展、循环发展；坚持规划引领，重点发展与区域主导产业、发展规划相匹配的优势产业，发挥聚集效应，避免分散化、碎片化；坚持市场化经营，按照市场规律办事，充分发挥市场配置资源的决定性作用，充分调动市场和创业创新主体的积极性；坚持服务优先，重点加强基础设施、信息网络、政策咨询、生产经营和创业创新等各类服务能力建设，不断提高服务质量和效率。

按照"政府搭建平台、平台聚集资源、资源服务创业"的总体思路[①]和"创设一套政策、搭建一批平台、培育一批带头人、总结一批模式、构建一个服务体系"的"五个一"工作布局，会同有关部门积极推动农村创业创新园区（基地）建设，进一步强化产业引导，强化政策集成，强化典型示范，强化公共服务，强化宣传推介，努力营造浓厚的农村创业创新良好氛围，为农业供给侧结构性改革、加快培育农村发展新动能提供强有力的支撑。

（三）规划的主要内容及解决的主要问题

乡村创业创新基地规划的主要内容及解决的主要问题：

一是乡村服务功能规划。支持园区（基地）积极筹措资金，加强基础设施建设，加快搭建公共服务平台，不断创新体制机制，有针对性地开展各类培训项目。

二是政策环境营造规划。引导园区（基地）对接国家政策，帮助经营主体了解政策，获取政策支持。为企业等经营主体入园登记注册营造便利化、法制化的营商环境。引导各类金融机构加大对园区（基地）经营主体的金融支持。

三是促进资源集聚规划。支持园区（基地）参与涉农项目建设，积极为园区（基地）经营主体争取资金支持。支持园区（基地）建设星创天地[②]，支持社会力量举办创业辅导活动。

四是推动产城融合规划。引导园区（基地）与国家粮食生产功能区、重要农产品生产保护区、特色农产品优势区、现代农业示范区和现代农业产业园对接，支持引导返乡下乡人员按照全产业链、价值链的现代产业组织方式开展创业创新。

---

① 农业部关于公布全国农村创业创新园区（基地）目录的通知. http://www.moa.gov.cn/nybgb/2017/dqq/201712/t20171230_6133922.htm.

② "星创天地"是科技部科技计划体制改革农业领域的重要内容之一，是针对未来农业科技发展打造的新型农业创新创业"一站式"开放性综合服务平台。以农业科技园区、科技特派员创业基地、科技型企业、农民专业合作社等为载体，通过吸纳返乡农民工、大学生、农业致富带头人创新创业，利用线下孵化载体和线上网络平台，聚集创新资源和创业要素，促进农业科技成果转化与产业化。

六、国家农业公园规划

为实施乡村振兴战略，为建设低碳环境保护的社会主义新农村，根据农业部制定的相关标准，参照"国家农业公园评定标准及申报评价体系[①]"，计划用5~8年的时间打造出100个"中国农业公园"。农业部已于2008年制定了农业公园的相关标准，中国村社发展促进会、亚太环境保护协会等5家单位根据该标准联合制定了《中国农业公园创建指标体系》。

（一）国家农业公园定义

国家农业公园作为一种新型的旅游形态，它既不同于一般概念的城市公园，又区别于一般的农家乐、乡村游览点和农村民俗观赏园，它是中国乡村休闲和农业观光的升级版，是农业旅游的高端形态。它既不同于一般概念的城市公园，又区别于一般的农家乐、乡村游览点和农村民俗观赏园，其必须以原住民生活区域为核心，涵盖园林化的乡村景观、生态化的郊野田园、景观化的农耕文化、产业化的组织形式、现代化的农业生产，是一个更能体现和谐发展模式、浪漫主义色彩、简约生活理念、返璞归真追求的现代农业园林景观与休闲、度假、游憩、学习的规模化乡村旅游综合体。

申报条件：①与乡村、农业文化相关的风景、风物、风俗、风情具有吸引广大旅游休闲者的资源禀赋与基本质素；②产业结构中必须有农业产业（包括农林牧渔）作为重要方面；③有对乡村实施绿色文明和可持续发展的基本要求与考量；④以村域范围为主体来规划布局和开发建设；⑤尽力保留原农户、农民的人居原生态，农民生活情景应活化与融化在农业公园游览体系当中；⑥有相对完善的管理机构。

申请程序：①申报单位自愿报名，填写国家农业公园申报表格，申报材料以报告的形式整理，并采用文字与图片的合理搭配方式，装订成册，以便专家评审。②县区旅游和农业部门根据申报单位上报材料，联合进行初审，并在申报表格填写推荐意见，形成推荐报告，分别报送市旅游和农业部门。

申报范围：全国范围内的村庄、社区、乡镇，与新农村建设、农业产业化相结合的乡村旅游景区。

（二）国家农业公园标准

国家农业公园是以原住民生活区域为核心，涵盖乡村景观、郊野田园、农耕文化、产业形式、农业生产，是一个更能体现和谐发展模式、浪漫主义色彩、简约生活理念、返璞归真追求的现代农业园林景观与休闲、度假、游憩、学习的规模化乡村旅游综合

[①] 国家农业公园评定标准及申报评价体系表. https://wenku.baidu.com/view/b138aeb404a1b0717ed5dd1a.html.2018.

体。其评定标准主要包括：①乡村风景美丽，有吸引力较强的田园美景、地貌美景、水系美景和社区美景；②农耕文化浓郁，有展示传统农耕文化和现代农耕文化的场所；③民俗风情独特，有特色的饮食文化、特色的生产习俗、特色的生活习惯、特色的节令节庆、特色的民间工艺、特色的村规民约、特色的建筑人居；④历史遗产有效传承，乡村遗产保护传承机制健全，保护传承措施完善，保护传承效果良好，有相应的乡村遗产保护传承荣誉；⑤产业结构发展合理，耕地与农林用地保护状况良好，农业产业（农林牧渔）及内部产业结构和谐发展；⑥生态环境优化，社区生态环境、产业区生态环境、旅游服务提供区生态环境良好；⑦区内经济主体实力较强，经济组织形式先进、经济产业结构合理、经济管理模式健全、经济发展总量在同级区域中居于领先地位；⑧区内居民生活幸福指数较高，居民人均住房面积、居民就业率、居民人均收入、居民子女入学率在同级区域中居于领先水平；⑨服务设施配置完善，区内有较为完善的道桥游线设施、下榻接待设施、餐饮服务设施、娱乐休闲设施、购物消费设施、管理与导游设施、出行运载设施、通信视讯设施和康疗救护设施；⑩品牌形象塑造良好，有鲜明、有特色的休闲农业与乡村旅游品牌形象，品牌传播力广、美誉度强；⑪规划设计协调，现有规划设计符合国家农业公园各项标准要求。

（三）国家农业公园规划的主要内容

国家农业公园规划是从乡村资源到产品、营销、管理再到可持续发展规划的动态过程，规划内容主要包括：

一是公园基础设施规划，包括交通规划、卫生设施规划、安全设施规划、公园公共服务设施规划、信息服务规划、公园管应急理设施等。

二是公园空间规划，涉及农耕文化区、科技成果展示区、现代农业示范区、花卉苗木展示区、现代种苗培育推广区、农耕采摘体验区、水产养殖示范区、微滴灌溉示范区、民风民俗体验区、休闲养生度假区、商贸服务区等。

三是公园功能产品规划，包括各种基于乡村农业的旅游产品，如观光产品、休闲产品、度假产品、商务产品、文化产品、生态产品、体验产品等。

四是旅游营销与形象规划设计，包括公园营销战略规划、公园旅游形象规划、公园重大节事营销活动规划、公园品牌联盟规划、公园活动规划等。

五是公园农业产业发展规划，包括农业发展环境、主导产业选择、产业定位、产业组合、产业形态、产业融合、产业管理等。

六是公园发展模式规划，包括田园农业旅游型、民俗风情旅游型、农家乐旅游型、休闲度假旅游型、科普教育旅游型、村落乡镇旅游型、回归自然旅游型等。

七是公园管理与保障规划，包括运营模式规划、管理制度规划、安全保障规划、应急机制规划等。

第五节　旅游乡村振兴保障体系规划

一、组织机构

坚持政府主导、企业主体、市场导向、社区参与原则，乡村振兴战略，从人口流动和空间集聚的角度讲，乡村振兴的过程，是城市化充分发展的过程，也是人口在城乡优化配置、城乡互动和融合发展的过程，核心就是实现产业兴旺、生态宜居、乡风文明、治理有效、生活富裕。

在乡村振兴战略中，县政府在乡村治理、农村社会建设、乡村文化建设方面，主要是执行落实上位规划，县政府着重研究并创新思路的内容，主要包括农业、生态产业、乡村文化产业及产业脱贫。

二、体制机制

（一）旅游收益机制

一是贫困户直接参与旅游经营获得收入，如开办农家乐、乡村旅馆、民宿等；二是贫困户到旅游企业务工获得劳务收入；三是贫困户出售自家农副土特产品和手工艺品增加收入；四是贫困户出租房屋、土地等自有资产获得租金收入；五是贫困户通过将房屋、土地、人力等自有资源折算入股获得股金分红。

（二）推进运营机制

创新乡村社区参与模式。在原有村集体的基础上，采取个体农庄、农户＋农户、公司＋农户、农户＋公司、村集体主导、公司制、公司＋村集体＋农户、政府＋公司＋农户等模式。

社区参与模式优化。充分发挥政府职能，构建合理利益协调机制。明确各参与主体的产、权、责，建立有效监管体系。

三、资金来源

（一）争取国家和省州扶持

争取进入国家重点旅游项目名录和省级重点项目库。充分利用各种配套优惠政策和各种资金渠道，充分利用农业、林业、能源、环境保护、脱贫、文化项目等各项优惠政策，形成规模投资。

优选旅游脱贫项目，积极策划和筹备一批既符合国家、省州投资重点，又体现特色的旅游脱贫项目，完善前期评估论证，编制项目可行性研究报告，争取列入国家专项建设债券支持范围。

（二）加强与金融机构合作

拓展融资渠道。向商业银行申请抵押或质押贷款，向政策性银行申请贴息贷款。创新融资方式，可采用门票质押、景区开发经营权抵押、土地抵押、建筑物抵押等。

成立资产信贷公司，明确借贷主体。明确资产产权，剥离劣质资产，分离出可用于借贷的优质项目抵押资产。

（三）加大对外招商引资力度

推动社会资本投入。推出一批贫困乡村旅游项目，加大招商引资力度，吸引社会资本参与旅游脱贫开发。加大投资开放力度，探索多种合作模式。

完善旅游脱贫激励政策。采取项目招标、政府采购、直接委托等方式，支持旅游企业参与贫困乡村旅游开发。对积极支持利用脱贫村（户）闲置的土地、房产等资产资源，发展乡村旅游的企业。

（四）充分利用资本市场融资

优化公司资产结构。从主要依赖门票收入的景区开发经营模式，向宾馆、民居旅馆、餐饮经营、旅游交通、旅游纪念品产销等多项业务转移资本和收入，增强企业的融资能力。

（五）创新模式盘活民居资产

一是产权融资，包括产权酒店、商铺产权发售、项目公司拆分产权发售等；二是出售部分产权，包括分时度假等；三是第二驻地，包括第二居所、企业第二总部等；四是租赁融资，包括设备租赁、资产租赁、土地租赁、房屋租赁等；五是民居收藏，包括文化民居收藏、主题民居收藏等。

（六）加大地方政府投资力度

强化财政资金保障。设立旅游脱贫专项资金，并纳入财政预算，用于支持旅游脱贫项目和旅游品牌建设，加大地方资金对旅游脱贫的投入力度。

奖励创建省级旅游脱贫示范区、省级旅游脱贫示范村、特色旅游示范村、民宿旅游达标户。

四、人才保障

乡村振兴的主角是各类相关社会主体，包括企业、个人、村民、村集体等。政府的主要角色是宏观组织者、规则制定者、监督管理者。

充分发挥各利益相关的社会主体作用，尤其是不同行业岗位上的人才队伍的作用。关键是培育一支高素质的人才队伍，人才培训与精准脱贫有效对接，以"人才培训"为抓手，促进"能力提升工程"。

第十章 体制机制创新与规划实施

旅游脱贫转型规划及旅游乡村振兴规划是前所未有的伟大事业，能否成功地指导区域乡村可持续和高质量发展，关键是体制机制创新及规划的组织实施。本章在前面章节相关成果基础上，结合秦巴山区旅游脱贫转型相关体制机制创新和规划实施经验，依托全国乡村振兴战略规划内容和要求，结合主体功能区、国家公园体系、国土空间规划体系、山地生态经济理论，对基于生态旅游理念的旅游脱贫转型及乡村振兴规划体制机制创新及规划实施进行阐述。主要包括创新旅游发展政策、创新旅游体制机制、创新旅游乡村振兴政策、创新规划组织实施机制等。

第一节 旅游乡村振兴发展创新

一、旅游产业发展政策

为提高旅游产业发展地位，加强旅游产业的发展后劲，旅游综合改革试验区在旅游产业整体发展政策方面，要扩大区域旅游产业发展自主权，鼓励旅游产品体系创新，提高旅游产业人才待遇，并在法律框架内对一些能够促进区域旅游产业快速发展的新兴旅游业态实施特许政策。

扩大旅游产业发展的自主权，就是要试行下放必要的行政审批权，尤其是与区域旅游产业发展密切相关的城市规划、财税工作、土地管理、环境保护、项目审批、社会事业发展六个方面事权，以赋予旅游综合改革试验区更大的自主发展权。

鼓励旅游产品体系创新，就是要重点开发符合国家鼓励发展，并与国际接轨的休闲、度假、养生、康体等高端旅游产品和新兴旅游产品，包括加快发展森林生态旅游、积极发展自驾车游、特色房车游和体育休闲项目；探索发展温泉度假综合体、开展山地生态运动项目、建设旅游生态国家公园；开发面向国内外消费市场的旅游配套设施和现代服务设施等，以推动新兴旅游业态的发展。

提高旅游产业人才待遇，要制定对旅游人才具有吸引力的工资、住房、税收、社会保险等福利和优惠政策，鼓励国内外高中级旅游人才集聚试验区，为旅游高端人才解决后顾之忧。

此外，充分利用试验区特许政策。可通过承接东部地区旅游产业转移，吸引有实力的大型企业集团投资国际通行的旅游娱乐项目、发展会展产业、建立免税商店等。

二、旅游企业发展政策

旅游综合改革创新发展试验区对旅游企业的发展应给予明确的扶持。一方面应采取择优扶强的政策导向，鼓励旅游企业做大做强。另一方面要为各类旅游企业创造优惠的各种发展条件。

鼓励旅游企业做大做强，就是要支持民间资本和外资等，通过并购、合资等多种形式参与国有旅游企业改革和整合，培育大型旅游企业集团，积极引进国际连锁度假酒店集团参与旅游开发和管理；对于重大重点旅游项目的开发建设，可给予返还省市部分土地使用税一定年限（如 2 年）的扶持；对重点扶持的旅游企业，自取得生产经营性收入所属纳税年度起，前两年免征企业所得税，第 3~5 年按照一定比例的法定税率减半征收企业所得税；对纳税确有困难的亏损旅游企业，按税收管理权限办理减免相关税款。

对于各类旅游企业还应在多个方面给予政策配套支持。例如，对旅游企业使用水、电、气等，实行与工业企业基本相同价格；有线电视收视费按不高于实际安装终端数的 70% 收取；旅游企业用于宣传促销的费用依法纳入企业经营成本；允许旅游客运车辆在旅游淡季时，按有关规定办理报停手续并减免报停期间相关费用等。

三、旅游用地政策

突破土地瓶颈，应根据旅游发展需求，在时间、空间层次梯度上根据轻重缓急、分别对待，从时间、空间和政策上建构"三位一体"的土地资源利用模式：近期，主要针对重大旅游项目的落地实施需求，对已有建设用地指标挖掘潜力、盘活存量，探索旅游"一地多用"的方式，配合旅游管理体制改革，争取更多用地指标，增强土地自主审批权。中期，主要针对旅游产业发展的基础设施和支撑环境需求，在旅游产业发展用地上统筹城乡、集约优化，强化土地整理工作力度，建立旅游、土地联动机制，并尽可能在跨省土地利用上取得突破。远期，主要针对以旅游经济为主导的县域发展需求，科学规划协调，建设流转制度，建立适应旅游综合改革发展的跨区域土地系统，为旅游经济的长远发展提供土地保障。

四、旅游投融资政策

旅游综合改革创新发展试验区的投融资应在当前业已形成的融资渠道基础上，结合旅游产业特征，在政策上进一步加大政府或公立机构的拨款、贴息或低息贷款力度，丰富企业向银行、企业、个人融资的形式，并给予更为优惠的融资政策，以加快旅游产业实体经济的建设速度。

在企业融资方面，对投资者在试验区投资建设的景区旅游项目，金融部门可灵活采用门票收费权抵押贷款、信用贷款等形式，优先给予贷款支持；争取国家对试验区重大旅游开发建设项目，给予连续三年贷款"贴息"的优惠政策扶持；对某些旅游企业遗留的历史债务，可采取短期贷款转长期贷款、抵押贷款转为按揭贷款等办法处理，帮助企业减轻债务负担；支持符合条件的旅游企业通过发行股票、企业债券、项目融资、产权置换等多种方式筹措资金，扩大直接融资；推进企业股份制改造，大力培育上市公司；对符合条件的旅游企业可享受中小企业贷款优惠政策；对有资源优势和市场潜力但暂时经营困难的旅游企业，金融机构要按规定积极给予信贷支持；鼓励中小旅游企业和乡村旅游经营户以互助联保方式实现小额融资。

在政府管理方面，允许旅游综合改革创新发展试验区以财政资金、旅游专项资金投入建立旅游投资开发公司，发行旅游彩票、旅游债券进行社会融资，并对有良好开发前景的旅游项目统一提供贷款担保，探索切实可行的旅游投融资渠道；建立和完善融资、担保、信用三个服务体系，形成政府、银行、担保机构、旅游企业四位一体的融资新模式；旅游综合改革试验区政府安排融资专项资金，主要用于建立股份制信用担保公司，旅游项目招商引资信息库，培育中介服务体系，提高项目融资信用，促进旅游项目的开发建设；研究资源价格问题，实行资源有偿开发，探索旅游资源开发的有偿转让制度，出让一定时期的经营权，吸引开发商。

五、旅游环境保护政策

鼓励旅游综合改革创新发展试验区内的产业建设生态化、环境保护化、低碳化，最大限度保护旅游资源和环境，在政策上应着力两个方面：一是税费杠杆调节；二是有环境保护的系列机制建设。

在税费调节方面，对试验区建设污水处理厂、资源综合利用等项目实行零税率；对片区内采用循环经济技术，实现零排放、零污染的旅游企业，给予减免征收所得税的政策；对旅游开发建设项目中，同时建设污染源治理项目的企业，给予贷款贴息、免交建筑税等优惠政策；对排放污染物达到国家标准或地方标准，并已进入城市污水处理管网的旅游企业，缴纳污水处理费后，免征排污费。

对试验区内城市污水和废水处理设备等，实行进口商品暂定税率，享受关税优惠；对试验区退耕还林、还草、还湿地而产出的农业特产收入，在10年内免征农业特产税；对试验区使用新能源新材料的宾馆饭店、景区景点、乡村旅游经营户和其他旅游经营单位，将在其他税费方面给予进一步优惠或补贴。

在机制建设方面，制定生态补偿机制，实现资源受益地区补偿资源输出地区、城市补偿农村、旅游业发展带动新农村建设等；制定生态农业产业发展政策，建立环境污染与资源损害赔偿机制；实施鼓励试验区生态环境建设的技术提升机制，提高能源和资源的利用效率、减少污染物的排放；完善生态环境保护责任制和问责制。

六、探索人文环境政策

强化旅游综合改革试验区的人文软环境建设，是保障旅游产业快速发展的重要组成部分，需从消费环境、服务水平、市场监管、安全管理等方面加强政策保障。

制定优化旅游消费环境的政策，一方面就是要逐步建立以游客评价为主的旅游目的地评价机制，公开旅游收费项目，落实特殊人群优惠政策，为游客的食住行构建无障碍的信息获取通道，另一方面，开展城乡环境综合治理，营造文明和谐的社会环境，增强人民群众和广大游客的安全感。

完善提高旅游服务水平的政策，就是要完善旅游综合改革试验区旅游行业从业人员服务规范，提升从业人员服务意识和服务水平，建立和完善旅游职业资格和职称制度，健全职业技能鉴定体系，培育职业经理人市场。

实施加强旅游市场监管和诚信建设的政策，就是要完善试验区旅游质量监管机构，加强旅游服务质量监督管理和旅游投诉处理，加强联合执法，开展打击非法从事旅游经营活动，建立旅行社、旅游购物店信用等级制度。

加强旅游安全保障体系和制度建设，则是要严格安全标准，完善安全设施，加强安全检查，落实安全责任，建立健全旅游安全保障机制；严格执行安全事故报告制度和重大责任追究制度；在片区内实行旅游安全提示预警制度，重点旅游地区要建立旅游专业气象、地质灾害、生态环境等监测和预报预警系统；防止重大突发疫情通过旅行途径扩散；推动建立旅游紧急救援体系，完善应急处置机制，健全游客紧急救助机制，增强应急处置能力；搞好旅游保险服务，增加保险品种，扩大投保范围，提高理赔效率。

七、创新文化开发政策

文化是旅游业的灵魂，旅游综合改革试验区的文化开发政策是从鼓励文化产品开发、支持文化企业、组织文化活动、保护传统文化以及扶持文化产业等方面展开。

引导鼓励文化产品的开发，要鼓励当地特色文化旅游村、演出场所和文化旅游基地建设，优先批准建设一批原生态的特色文化旅游村；要建设一批有档次和科技含量的演出剧院和场所，不断推出地域文化娱乐精品，充分利用各种文物古迹、历史文化名城（镇）、博物馆、纪念馆、文化馆、科技馆，培育和建设一批特色文化旅游基地、科普科考和爱国主义教育基地。

制定有利于旅游文化企业发展的政策，建立优质旅游文化资源开发政府担保机制，引导国有大企业和有实力的外商、民营企业积极投入优质旅游文化资源的开发；扶持一批有生产条件和市场优势的中小企业，提高民族民间工艺品研发水平，形成游客参与、各具特色的民族民间工艺品的产销基地；鼓励和支持创办旅游文化娱乐和旅游文化演出企业，推出一批以地域风俗、民族歌舞、地方文化为特色的旅游表演项目和民间传统节庆活动等。

鼓励组织多种文化活动，即在试验区内鼓励举办大型旅游文化演出和节庆活动，丰富演艺文化市场，举办公路自行车赛、高尔夫球职业巡回赛等体育赛事，试办一些国际通行的旅游体育娱乐项目，探索发展竞猜型体育彩票和大型国际赛事即开型彩票。同时，积极招徕承办各种专题会议展览，争取在试验区举办国际旅游论坛和国际旅游商品博览会，培育国际会展品牌，优化会展业发展环境，对入境参展商品依法给予税收优惠和通关便利。

保护当地传统文化，就是要加强立法，通过舆论、媒体等多种途径强化居民和旅游者对传统文化的尊重、维护和发扬，对少数民族优秀文化艺术进行合理科学的开发利用。

扶持文化产业发展，应引进创意产业人才，大力发展文化创意、影视制作、演艺娱乐、文化会展和动漫游戏等各类文化产业，积极培育具有地域风情特色的文化产业群。此外，要加大财政税收对旅游文化产业的扶持力度，运用财政投入、财政补贴、贴息贷款、减免税收等多种手段，发挥财政投入的导向性作用，支持重点旅游文化项目和基础设施建设。

第二节　旅游乡村振兴体制创新

在用足用好用活现有政策的基础上，争取在创新金融改革、创新财税政策、创新土地利用模式、创新管理体制、创新内陆开放政策、创新投融资政策、创新人才政策和创新业态政策八个方面取得较大突破。

一、创新金融政策

主要从七个方面寻求突破：增强现有金融体系投资开发功能，成立秦巴山片区旅游综合改革投资公司，有条件时逐步建立专业性开发银行；完善基层农业银行体系，逐步建设村镇银行，推动待建的邮储银行开展竞争，提高农村金融服务水平；继续鼓励、扶持现有民间金融活动，放手让农民发展农村资金互助社，有条件时可以新建旅游文化发展扶持基金；加强项目融资，引进战略合作者打造秦巴山片区旅游高端融资平台；以直接上市、股权置换等多种形式向资本市场直接融资；充分利用杠杆效应，调动一切积极因素融资；推进外汇管理体制改革，赋予跨境结算业务。

二、创新财税政策

目前秦巴山片区需要配套的基础设施和公共服务体系任务艰巨，应加大财政投入，试行优惠税收政策。第一，设立"秦巴山片区旅游发展改革综合试点专项基金"，各省在财政给予秦巴山片区专项转移支付补助；第二，主动争取国家财政对秦巴山片区经济的扶持力度，建立相应的财政激励机制；第三，申请国家服务业引导资金，省财政予以配套；第四，按照经济特区政策标准和西部大开发的要求，在综合改革试点期减免各类税收；第五，实行境外游客消费退税与航权开放减免税费政策；第六，建立旅游资源补偿机制。

三、创新土地利用模式

为缓解旅游企业项目落地的土地压力，旅游综合改革试验区在旅游开发用地方面，着重从用地指标政策创新和用地税费政策创新两个方面，探索旅游业发展的土地促进政策。

（一）用地指标政策创新

对旅游改革试验区范围的土地，统一进行土地调规，可分别列为生态建设、产业调整和旅游开发用地；在不突破国家下达的耕地保有量、基本农田保护面积和建设用地总规模的前提下，试行对土地利用总体规划实施定期评估和调整机制，优先安排生态建设和旅游开发建设用地指标；对列入核心区开发的旅游项目用地，在年度计划指标内优先安排，对重大旅游开发建设项目用地，积极争取国家、省级政府用地指标单列。

（二）用地税费政策创新

对实验区生态建设和旅游开发用地设立规范标准，同等享受国家机关、军队自用土地，宗教、公园、名胜古迹自用土地，绿化地带公共土地的免税优惠规定，并免收征地管理费；对新增建设用地有偿占用使用费，除30%上缴中央财政外，其余属于上缴省、市财政部分全部返还试验区管委会，建立"旅游开发用地专项资金"，主要用于生态建设和旅游用地的部分补偿和旅游项目招商引资的支持；国家级和省级旅游度假区土地使用权出让收益和租金可在当年度内，按70%的比例优先返还度假区用于基础设施建设；在建设投资和绿化工作到位的条件下，对以出让方式取得旅游景区（点）及附近国有荒山荒地的土地使用权，并用于进行恢复林草植被等生态环境保护建设，可减免出让金，实行土地使用权70年不变，按照目前土地使用权出让最长的年限执行。

四、创新管理体制

围绕发展自主权利的增强和旅游业发展空间的优化，从项目单列切入，逐步迈向扩权强县，直至撤县设市，推进县域行政管理体制改革，为秦巴山片区旅游业加速发展提供县域行政管理体制的支持。与此同时，建设国际性的旅游休闲度假基地需要相关服务业的开放与发展，要按照国际惯例和适应旅游产业开放的大趋势，实行旅游相关服务业更开放的政策，如赋予举办国际文化、教育、体育产业的一定权限；实行更加灵活的高尔夫旅游产业政策；适度发展旅游公益博彩业政策以及更加灵活的旅游项目审批政策等。

五、创新内陆开放政策

建设内陆开放型国际旅游口岸区，积极融入"一带一路"建设；推动秦巴山区旅游业投资贸易自由化进程，促进人流、物流与资金流；探索建立秦巴山片区贸易旅游经济一体化推进格局；实施"走出去"战略，引进国外大旅行商与著名品牌酒店进入秦巴山片区旅游市场，积极推进国际旅游合作；营造国际化旅游环境，配套相关服务；组织全球传媒合作，宣传、提升秦巴山片区旅游形象。

六、创新投融资政策

制定优化投资开发商相关优惠政策。应鼓励引进一批大型企业集团前来开发，研究与制定一揽子解决用地指标问题，开放存量资产、落实资源价格问题，探索将秦巴山片区旅游打包上市的可能性和操作性以及创新金融服务等优惠服务政策，使秦巴山片区真正成为投资创业的热土。

七、创新人才政策

人才是秦巴山片区旅游业改革发展综合试验区建设的根本。进一步做好旅游人力资源规划，营造良好用人环境；实施高层次人才引进工程，加大旅游优秀人才引进力度；以邀请著名旅游大学来秦巴山片区开办分校、加强旅游职业教育及骨干人才的外送培养等形式，形成有秦巴山片区特色的人才资源教育培训体系；创办具有秦巴山片区特色的土特产品加工、鉴别、营销的培训中心。

八、创新业态政策

秦巴山片区目前旅游商品的生产设计落后，地域文化特色不明显。应进一步深入挖掘特色民族资源，开发境内特色民居。做好做优特色村镇、特色农业、特色风情等观光旅游。引进一大批国内外表演艺术；实施品牌战略，加大对新产品和新业态的政策扶持。建立旅游商品与产业创新机制。创新优化旅游业态发展政策。

第三节　旅游乡村振兴政策创新

秦巴山区旅游乡村振兴目标就是要建设秦巴山片区旅游乡村振兴国家级试验区、创新区和示范区。要实现这一目标，有必要在财政、税收和金融政策，投资、产业政策，土地政策，生态与资源补偿政策，脱贫相关政策，重大政策和项目贫困影响评估等方面获得突破。

一、财政、税收和金融政策

财政政策。主动争取中央财政均衡性财政转移支付力度。提高转移支付系数，增加转移支付额度。提高片区内基层政府财力保障能力。主动争取中央财政有关专项转移支付向片区内倾斜。秦巴山区所在的六省（市）财政要提高对片区的转移支付比重，延长省级财政性资金扶持政策执行期限。六省（市）财政专项转移支付包括脱贫资金要向片区倾斜。进一步完善旅游资源收益分配机制，将收益的大部分留给地方，并重点向资源产地倾斜。从土地出让收益中提取 10% 用于地方发展建设，同时切实保障被征地农民的合法权益。建立旅游脱贫奖励扶助标准和特别扶助标准动态调整机制。加大各级财政对片区新型农村保障制度的支持力度。

税收政策。认真贯彻落实现行有关促进西部大开发，鼓励企业投资建设公共基础设施、从事环境保护、节能节水项目，购置环境保护、节能节水、安全生产等专项设备以及公益性捐赠支出税前扣除等企业所得税优惠政策，积极支持脱贫开发。对国家鼓励发展的内外资项目和中西部地区外商投资优势产业项目，在政策范围内免征关税。推进资源税改革，制定合理的资源税分成标准，提高秦巴山区中央地方共享税种的地方留成比例。

金融政策。积极推动片区金融产品和服务方式创新，引导银行业金融机构加大对片区脱贫贴息贷款的投放力度，鼓励按规定开展小额信用贷款业务，努力满足片区内贫困农户发展生产的资金需求。多方面拓宽片区发展融资渠道，积极支持和引导片区内符合条件的企业发行短期融资券、中期票据、中小企业集合票据、企业（公司）债券等直接融资工具。深化片区内农村信用社改革，优化片区金融网点布局，支持村镇银行等农村新型金融机构发展，尽快实现片区内金融机构空白乡镇的金融服务全覆盖。鼓励保险机构设立基层服务网点，创新险种和服务机制，发展特色农业保险和小额脱贫保险。增加农业保险保费补贴范围，建立小额保险保费补贴脱贫机制，提高小额保险覆盖面。优先在片区县开展农业保险，加大支持力度，扩大特色种养业险种。

二、投资、产业政策

投资政策。六省（市）投资向民生工程、基础设施和生态环境等领域倾斜。各级部门专项建设资金投入向片区倾斜，加大对铁路、公路、民航、旅游等建设项目的投入或提高投资补助标准，加大对农村小型基础设施建设支持力度。支持片区内特色优势产业、新兴产业的企业技术改造和产业结构调整项目建设。对享受西部大开发政策的地区，中央安排的公益性建设项目，取消县以下（含县）以及集中连片特殊困难地区市地级配套资金。鼓励社会投资，支持片区内符合条件的项目借用国际金融组织和外国政府优惠贷款。

产业政策。实施差别化产业发展政策，鼓励资源就地转化，重点支持生物产业、现代物流、旅游产业、特色农业和具备资源优势、有市场需求的循环经济、资源综合利用的发展，在投资、用地、信贷等方面给予政策倾斜。加大对特色农业生产基地和商贸流通体系建设的支持力度。优先安排符合条件的国家大型项目、重点工程和新兴产业。制定承接产业转移的优惠政策措施，设立片区承接产业转移基金，引导劳动密集型产业向片区转移。合理确定节能减排指标和主要污染物排放量，主动争取中央财政对淘汰落后生产能力和关闭小企业的支持力度。

三、土地政策

科学编制土地利用总体规划，在各项土地利用调控指标控制下，统筹安排耕地保护、生态用地保护、城乡建设、基础设施建设、产业发展和生态建设等各业用地规模、结构、布局和时序。进一步完善建设用地审批制度，保障交通等区域发展重点工程建设用地和易地脱贫搬迁、生态移民建房用地。实行差别化的土地管理政策，土地利用年度计划、城乡建设用地增减挂钩周转指标向片区倾斜。在有条件的地区开展低丘缓坡荒滩等未利用地开发利用试点和工矿废弃地旅游发展试点。支持探索通过补充相同耕地面积落实占补平衡的前提下，研究提高补充耕地质量的新途径。支持探索重大基础设施建设涉及的生态修复整体绿化的用地方式改革。加快推进农村集体土地确权登记，深化集体林权制度改革，加快集体林地所有权和使用权登记发证扫尾工作，保障农民合法权益。

四、生态与资源补偿政策

主动争取中央财政对生态补偿相关转移支付力度。继续实施退耕还林、水土保持、天然林资源保护、防护林体系建设、石漠化治理、水生生态环境保护及修复、野生动植物保护及自然保护区建设等重点生态工程。力争把秦巴山片区等14个全国连片特困地区作为国家生态补偿试点地区，积极探索对脱贫村具有水土保持和碳汇生态效益的生态林给予生态补偿等政策。建立健全水源涵养区的生态补偿机制。通过市场机制引导企业进行生态补偿。研究建立旅游发展利益共享机制，探索建立旅游资源开发长效补偿机制，按照国家相关规定积极推进旅游发展生态资源补偿试点。

五、脱贫相关政策

制定定点脱贫政策。主动争取中央和国家机关、国有企业等单位对片区定点脱贫的支持力度。实行集团式帮扶，制定帮扶规划，明确帮扶任务，落实帮扶资金和措施。六省（市）党政机关和企事业单位对片区的定点脱贫要精纯脱贫。建立人才交流机制，六省（市）定点脱贫有关单位与片区进行双向人才交流，定期选派干部挂职锻炼，开展相关培训。支持建立片区县（市）人才交流互动机制，通过党政干部、专业技术人才交流任职促进片区协同发展。

制定对口脱贫政策。鼓励南水北调中线工程受水地区采取多种方式对水源区县（市、区）开展对口协作。加大对口帮扶四川、陕西、重庆、甘肃四省（市）的工作力度，积极参与片区脱贫攻坚，探索共建产业园的双赢帮扶模式。六省（市）要组织本地经济相对发达地区，与片区开展结对帮扶。

制定社会脱贫鼓励政策。鼓励各类企业和社会组织积极支持片区发展。加大光彩事业扶持力度。广泛开展"村企共建脱贫工程"。积极倡导脱贫志愿者行动，构建秦巴山片区脱贫志愿者服务网络。

六、重大政策和项目贫困影响评估

启动重大政策和重点工程建设项目的贫困影响评估。出台重要政策审批重大项目前应进行贫困影响评估。重大政策和项目实施前，要专门评估对贫困群体可能造成的影响。实施过程中，要对贫困影响进行跟踪监测。鼓励第三方专业评估机构积极参与贫困影响评估。

关注农村脱贫开发对象、措施、项目资金管理和监督检查。建立健全脱贫对象动态管理机制，明确和区分脱贫开发对象和民政低保对象、脱贫开发对象和脱贫开发范围。农村脱贫开发范围包括贫困户、脱贫村、脱贫县、连片特困地区。明确县级以上地方人民政府农村脱贫开发行政主管部门，应当建立健全脱贫对象动态管理机制，完善脱贫村、贫困户信息档案。

第四节　规划实施机制创新

一、建立全域综合性协调机制

旅游脱贫及乡村振兴规划关键在强化全域综合性协调体制机制。将"秦巴山区旅游规划"纳入"国务院部际联席会议"议程，建立由文化和旅游部牵头、全区6省（市）文化与旅游厅（委）组成的秦巴旅游合作联席会议制度和专项议事制度。

积极推进各省份旅游对口帮扶机制、鼓励推进建立规划区与周边经济区和城市群合作机制，构建形成纵向通畅、横向协调、统分结合的多层次协作机制。

二、创新旅游发展体制机制

创新投融资政策：建立健全国家财政投入机制，拟设立国家"秦巴旅游发展基金"，保障国家和地方旅游发展专项资金持续增加，整合各部门现有涉旅资金。鼓励金融企业、风险投资基金、私募股权基金参与旅游业发展和项目开发，推进旅游投融资平台建立和国有旅游企业产权多元化。积极探索推进旅游项目落地的PPP模式。

创新旅游产业政策：编制秦巴山区旅游产业投资引导目录，建立国家全域旅游示范区的旅游产业投资负面清单制度，大力推进全域旅游示范区"多规合一"规划体系探索。

创新旅游用地政策：探索差别化旅游用地和土地管理政策。落实旅游用地政策，推动土地差别化管理，引导旅游供给结构调整。在土地利用总体规划和城乡规划中统筹考虑旅游产业发展需求，合理安排旅游用地布局。在年度土地保障中明确旅游业发展用地需求。优先保障纳入国家规划和建设计划的重点旅游项目用地和旅游脱贫用地。完善农村土地产权制度，通过集体建设用地流转，支持乡村旅游发展。在土地所有权、使用权明确的前提下，支持农村集体经济组织和村民个人利用集体建设用地自主开发旅游项目；在不改变土地用途的前提下，支持农村集体经济组织和承包人利用非耕农用地、林权、集体土地承包权，以作价出资、投资入股、租赁等方式与开发商合作开发旅游项目。

三、创新人才培养和流动机制

大力加强旅游人才的培养。以提升旅游人才整体素质和竞争能力为导向，以建立现代旅游人才开发体系和制度体系为重点，以深化改革、推动政策创新、实施重点人才工程为抓手，推动人才链、产业链、教育链紧密衔接，统筹构建行政管理、经营管理、专业技术、服务技能和旅游实用五支重点人才队伍，重点培养旅游高层次领军人才、紧缺人才和新业态人才。

建立跨区域"人才流动"机制。建立统一开放的企业家、职业经理人、导游等专业人才市场；建立秦巴山区各省（市）之间人才交流机制，加强对人才的教育培训和管理。

加强跨区域旅游人才开发合作。推动实施跨区域合作办学项目，大力引进国内外高端旅游教育人才和创新创业人才，将旅游国内外高层次人才引进纳入国家相关人才计划，支持旅游专业骨干教师和优秀学生到海外留学进修。

四、创新规划组织实施机制

加强规划实施的组织领导。发挥国务院旅游工作部际联席会议制度与文化和旅游部领导和协调的作用，切实推动各省市政府和地方旅游局实施本规划纲要。积极争取国家相关部门对秦巴山区建设的支持，以及在旅游产业体制改革、机制创新和政策运用等方面的指导。按照"国家协调、部门联系、省级推动"的方式和"一事一议"的办法，切实推动秦巴山区旅游工作的开展。建立健全各省市政府的工作协调联动机制和激励机制。

充分发挥政府各部门的积极性、主动性和创造性，进一步形成加快旅游产业发展的整体合力。各省（市）旅游部门进一步履行职责，加强与相关部门的沟通联系，主动做好协调服务工作。各相关部门积极配合旅游部门开展工作，实现旅游发展和部门工作互利双赢。

建立规划实施的监测和考核机制。建立健全目标责任考核机制，并制定考核办法和指标体系，将秦巴山区旅游发展的主要任务分解落实到各省市相关部门，确保各项任务和措施的落实。各省（市）根据各自职能，将旅游产业发展和秦巴山区旅游发展紧密结合，切实推进各项任务的完成。

参考文献

著作：

[1] 阿玛蒂亚·森.贫困与饥荒[M].王宇，王文玉，译.北京：商务印书馆，2007.

[2] 安春英.非洲的贫困与反贫困问题研究[M].北京：中国社会科学出版社，2010.

[3] 安吉拉·艾朵斯.中国国家地理·美丽的地球系列：国家公园[M].北京：中国大百科全书出版社，2009.

[4] 丁忠兰.云南民族地区扶贫模式研究[M].北京：中国农业科学技术出版社，2012.

[5] 樊怀玉.贫困论——贫困与反贫困的理论与实践[M].北京：民族出版社，2002.

[6] 冯佺光，翁天均.山地经济：山区开发的理论与实践[M].北京：科学出版社，2013.

[7] 冈纳·缪尔达尔.世界贫困的挑战——世界反贫困大纲[M].顾朝阳，译.北京：北京经济学院出版社，1991.

[8] 冈纳·缪尔达尔.亚洲的戏剧——南亚国家贫困问题研究[M].方福前，译.北京：首都经济贸易大学出版社，2001.

[9] 何忠伟，王有年，郑一淳.北京沟域经济发展研究[M].北京：中国农业出版社，2011.

[10] 贺静.西方经济学穷人与贫困问题研究及启示[M].北京：中国社会科学出版社，2013.

[11] 康晓光.中国贫困与反贫困理论[M].南宁：广西人民出版社，1995.

[12] 刘易斯.贫困文化论[M].北京：经济科学出版社，2003.

[13] 陆宇海，邹艳芬.生态经济考核评价及生态产业发展研究[M].南昌：江西人民出版社，2015.

[14] 覃建雄.民族地区农文旅融合驱动乡村振兴研究[M].成都：西南交通大学出版社，2021.

[15] 覃建雄.现代生态旅游：理论进展与实践探索[M].北京：科学出版社，2018.

[16] 覃建雄.喀斯特景观与旅游开发[M].北京：科学出版社，2014.

[17] 覃建雄.地质公园旅游开发与管理[M].北京：科学出版社，2013.

[18] 覃建雄.西藏自治区虚拟旅游框架与发展模式研究[M].北京：科学出版社，2015.

[19] 覃朝晖.武陵民族地区沟域经济可持续发展研究[M].成都：西南交通大学出版社，2013.

[20] 秦大河.中国人口资源环境与可持续发展[M].北京：新华出版社，2002.

[21] 谭诗斌.现代贫困学导论[M].武汉：湖北人民出版社，2012.

[22] 宋志辉.印度农村反贫困研究[M].成都：巴蜀书社，2011.

[23] 汪晓梅.基于生态经济理论的我国生态旅游业发展问题研究[M].北京：旅游教育出版社，2011.

[24] 王青.山区发展与环境保育研究[M].北京.科学出版社，2010.

[25] 王永红.美国贫困问题与脱贫机制[M].上海：上海人民出版社，2011.

[26] 王有年.北京沟域经济理论与实践[M].北京：中国农业出版社，2010.

［27］王赵峰.民族地区旅游脱贫研究［M］.北京：中国社会科学出版社，2011.

［28］杨进.贫困与国家转型［M］.北京：社会科学文献出版社，2012.

［29］张义丰，谭杰.北京沟域经济发展理论与实践［M］.北京：气候出版社，2009.

［30］赵小芳，耿建忠，吴殿廷.中国沟域经济机制与发展模式研究［M］.南京：东南大学出版社，
2015.

期刊：

［1］白永秀，刘盼.全面建成小康社会后我国城乡反贫困的特点、难点与重点［J］.改革，2019（5）：
29-37.

［2］蔡雄.旅游脱贫的乘数效应与对策研究［J］.社会科学家，1997（3）：98-98.

［3］曹兴华，完得冷智，覃建雄.四省藏区旅游业竞争力及空间格局实证研究——基于生态位理
论［J］.贵州民族研究，2018（5）：153-157.

［4］陈赖嘉措，覃建雄.基于AHP模型的少数民族地区旅游资源开发评价研究——以云南省民族村
为例［J］.青海社会科学，2019（2）：99-104.

［5］陈志钢，毕洁颖，吴国宝，等.中国脱贫现状与演进以及2020年后的脱贫愿景和战略重点［J］.
中国农村经济，2019（1）：2-16.

［6］崔晓明，陈佳，杨新军.乡村旅游影响下的农户可持续生计研究：以秦巴山区安康市为例［J］.
山地学报，2017（1）：85-94.

［7］邓超颖，张建萍.生态旅游可持续发展动力系统研究［J］.林业资源管理，2012（6）：76-80.

［8］邓祝仁，程道品.旅游脱贫亟待解决的若干问题［J］.社会科学家，1998（2）：68-72.

［9］狄方耀，杨本锋.西藏二元经济结构的演进轨迹、主要特征及转化思路探讨［J］.西藏研究，
2008（6）：100-107.

［10］段从宇，任增元.全纳式公费高等教育——后脱贫时代的人口较少民族相对贫困治理路径论
略［J］.学术探索，2019（12）：137-143.

［11］段从宇，伊继东.教育精准脱贫的内涵、要素及实现路径［J］.教育与经济，2018（5）：23-28.

［12］方黎明.新型农村合作医疗和农村医疗救助制度对农村贫困居民就医经济负担的影响［J］.中国
农村观察，2013（2）：80-92.

［13］冯佺光，赖景生.我国西南地区山地经济业态及其开发模式研究［J］.产业观察，2003（5）：
427-431.

［14］高卉.后脱贫时代农村贫困治理的进路与出路——基于发展人类学的讨论［J］.北方民族大学学
报，2020（2）：142-150.

［15］高强.脱贫攻坚与乡村振兴有机衔接的逻辑关系及政策安排［J］.南京农业大学学报（社会科学
版），2019（5）：15-23.

［16］高强，孔祥智.论相对贫困的内涵、特点难点及应对之策［J］.新疆师范大学学报（哲学社会科
学版），2020（3）：120-128.

［17］高强，刘同山，沈贵银.2020年后中国的减贫战略思路与政策转型［J］.中州学刊，2019（5）：
31-36.

［18］高舜礼.旅游脱贫开发的经验、问题和对策［J］.旅游学刊，1997（4）：12-20.

［19］谷树忠.贫困形势研判与减贫策略调整［J］.改革，2016（8）：65-67.

［20］顾静，张佑印.社区居民在旅游脱贫中利益保障研究［J］.中国旅游评论，2015（3）：127-

134.

［21］郭洪涛."后脱贫时代"高校资助育人工作策略研究——以山东理工大学"时间银行"资助育人平台为例［J］.黑龙江教师发展学院学报，2020（4）：145-147.

［22］郭景福，董帮国.后脱贫时代民族地区绿色发展与减贫的对策研究［J］.云南民族大学学报（哲学社会科学版），2020（3）：81-87.

［23］郭小卉，冯艳博.后脱贫时代金融脱贫模式的转型探索——以河北阜平县为例［J］.金融理论与实践，2020（5）：110-118.

［24］何星，覃建雄.ST-EP模式视域下的旅游精准脱贫驱动机制：以秦巴山区为研究对象［J］.农村经济，2017（10）：86-90.

［25］何忠伟，李昀，王有年.北京沟域经济发展的内涵与模式分析［J］.农业经济问题，2010（9）：105-109.

［26］何晓妍，梅林，李扬.后脱贫时代长白县脱贫成效可持续发展路径探索［J］.吉林广播电视大学学报，2020（1）：146-148.

［27］何阳，娄成武.后脱贫时代贫困问题治理：一项预判性分析［J］.青海社会科学，2020（1）：109-116.

［28］黄承伟.我国新时代脱贫攻坚阶段性成果及其前景展望［J］.江西财经大学学报，2019（1）：55-62.

［29］黄渊基.贫困与反贫困的理论变迁和实践经验——一个制度经济学视角的研究［J］.云梦学刊，2017（6）：45-56.

［30］黄渊基.旅游脱贫机制优化研究［J］.中南林业科技大学学报（社会科学版），2018（3）：7-15.

［31］黄征学，高国力，滕飞.中国长期减贫，路在何方？——2020年脱贫攻坚完成后的减贫战略前瞻［J］.中国农村经济，2019（9）：2-14.

［32］姜雅，彦卫东，黎晓言.日本最新国土规划（"七全综"）分析［J］.中国矿业，2017（12）：70-74.

［33］姜会明，张钰欣，吉宇琴，等.2020年后脱贫开发政策转型研究［J］.经济研究参考，2019（24）：104-112.

［34］康彦华，豆小强，张明春，等.国定脱贫县金融脱贫政策效率分析及"后脱贫时代"政策建议［J］.浙江金融，2018（12）：58-66.

［35］康彦华，豆小强，张明春，等."后脱贫时代"国定脱贫县金融脱贫政策延展策略研究［J］.区域金融研究，2019（1）：67-76.

［36］孔凡飞，赵东旭.社会工作介入"后脱贫时代"贫困问题的思考［J］.长沙民政职业技术学院学报，2020（1）：24-28.

［37］李娜，王有强."后脱贫时代"农村边缘贫困群体帮扶机制构建研究［J］.乡村科技，2020（11）：23-26.

［38］李维，许佳宾.后脱贫时代农村青年教育价值、实践挑战及发展策略［J］.国家教育行政学院学报，2020（2）：56-63.

［39］李小红，段雪辉.后脱贫时代脱贫村有效治理的实现路径研究［J］.云南民族大学学报（哲学社会科学版），2020（1）：100-105.

［40］李晓娟.创新乡村旅游脱贫的收益机制［J］.开放导报，2018（4）：67-70.

［41］李晓琴，何成军.四川秦巴山区旅游脱贫适宜性评价研究［J］.国土资源科技管理，2018（2）：

66-82.

［42］李晓夏，赵秀凤.基于马克思主义的中国后脱贫时代贫困治理研究［J］.改革与战略，2020（6）：86-95.

［43］李小云，许汉泽.2020年后脱贫工作的若干思考［J］.国家行政学院学报，2018（1）：62-66.

［44］李小云，苑军军，于乐荣.论2020后农村减贫战略与政策：从"扶贫"向"防贫"的转变［J］.农业经济问题，2020（2）：15-22.

［45］李小云，马洁文，唐丽霞，等.关于中国减贫经验国际化的讨论［J］.中国农业大学学报（社会科学版），2016（5）：18-29.

［46］李小云，于乐荣，唐丽霞.新时期中国农村的贫困问题及其治理［J］.贵州民族大学学报（哲学社会科学版），2016（2）：35-41.

［47］李小云.我国农村扶贫战略实施的治理问题［J］.贵州社会科学，2013（7）：101-106.

［48］梁汉媚，方创琳.中国城市贫困人口动态变化与空间分异特征探讨［J］.经济地理，2011（10）：65-72.

［49］廖小东，曹文波.西部地区农村贫困的现状、原因及对策研究——以贵州省为例［J］.吉首大学学报（社会科学版），2010（11）：41-48.

［50］林闽钢.如何面对贫困和消除贫困——贫困视角及其政策转换的社会历程［J］.南国学术，2018（1）：148-155.

［51］凌经球.乡村振兴战略背景下中国贫困治理战略转型探析［J］.中央民族大学学报（哲学社会科学版），2019（3）：5-14.

［52］刘春腊，张义丰，刘沛林，等.沟域经济背景下的山区空间发展战略研究［J］.人文地理，2011（2）：74-79.

［53］刘峰贵.中国藏区区域划分的若干问题［J］.青海民族学院学报（社会科学版），2000（3）：120-123.

［54］刘佳，蒋洁梅.后扶贫时代教育政策信息的质效焦虑与治理优化［J］.教育发展研究，2020（1）：36-43.

［55］刘建.主体性视角下后脱贫时代的贫困治理［J］.华南农业大学学报（社会科学版），2019（5）：17-25.

［56］刘开华.后脱贫时代农村集体经济发展与防贫反贫机制［J］.江西农业，2020（6）：136-138.

［57］刘龙龙，王颖，邓淑红.全域旅游视角下秦巴山区旅游精准脱贫研究——以商洛市为例［J］.江西农业学报，2019（2）：127-134.

［58］李少伟，余成群，孙维.西藏农业结构特征及调整效应研究［J］.农业系统科学与综合研究，2009（3）：257-262.

［59］刘筱红，张琳.连片特困地区扶贫中的跨域治理路径研究［J］.中州学刊，2013（4）：82-87.

［60］刘向明，杨智敏.对我国"旅游扶贫"的几点思考［J］.经济地理，2002（2）：75-81.

［61］刘学敏.贫困县扶贫产业可持续发展研究［J］.中国软科学，2020（3）：79-86.

［62］刘远杰.后脱贫时代的教育扶贫行动——对教育扶贫过程与结果的教育哲学思考［J］.教育发展研究，2020（1）：27-35.

［63］卢黎歌，武星星.后扶贫时期推进脱贫攻坚与乡村振兴有机衔接的学理阐释［J］.当代世界与社会主义，2020（2）：89-96.

［64］陆汉文.城乡统筹脱贫应成为未来战略选择［J］.社会科学报，2019（3）：3-7.

[65] 罗丽，覃建雄.西南地区乡村旅游重点村空间分布及结构分析［J］.中国农业资源与区划，2022（5）：5-18.

[66] 骆胜东，邓飞.长阳县后扶贫时代的三乡产业对策［J］.湖北林业科技，2019（4）：69-71.

[67] 吕燕，徐培，冯霞.精准扶贫背景下秦巴山区红色饮食旅游资源评价及开发设想——以四川巴中地区为例［J］.四川旅游学院学报，2018（5）：57-67.

[68] 吕志祥，刘嘉尧.青藏高原地区生态法治基本原则新探——基于藏族传统生态文明的视角［J］.西藏民族学院学报（哲学社会科学版），2010（2）：23-27.

[69] 马梅芳.三江源地区生态旅游扶贫模式探讨［J］.青海师范大学学报（哲学社会科学版），2009（5）：18-21.

[70] 孟庆武.“后扶贫时代”精准生态扶贫的实现机制［J］.人民论坛，2019（24）：158-159.

[71] 牛胜强.多维视角下贫困内涵及我国农村贫困标准的科学构建［J］.当代经济管理，2018（7）：1-5.

[72] 彭志刚.后脱贫时代农业产业化发展的长效应对策略——以湖南省D县为例［J］.农业与技术，2020（10）：164-167.

[73] 覃建雄.旅游乡村振兴规划框架体系构建研究［J］.农村经济与科技，2021（19）：79-104.

[74] 覃建雄，张培，陈兴.旅游产业脱贫开发模式与保障机制研究：以秦巴山区为例［J］.西南民族大学学报（人文社会科学版），2013（7）：134-138.

[75] 覃建雄.我国限制与禁止开发区旅游脱贫创新发展研究：以秦巴山区为例［J］.西南民族大学学报（人文社科版），2015（6）：137-141.

[76] 覃建雄.秦巴山区旅游产业脱贫机制研究［J］.西南民族大学学报（社科版），2013（5）：137-142.

[77] 覃建雄.四川省旅游度假区成因分类、空间布局与开发模型研究［J］.中国人口·资源与环境，2013（11）：205-211.

[78] 覃建雄.荔波大小七孔景区战略转型升级实施路径规划研究［J］.贵州大学学报，2019（5）：93-100.

[79] 秦成逊，王杰.西部地区基于生态文明的山地经济发展研究［J］.生态经济，2012（10）：62-71.

[80] 邱锋露，庄子豪，杨雅莉，等.统筹城乡视角下福建后扶贫时代可持续发展探析［J］.台湾农业探索，2018（5）：33-37.

[81] 荣金凤，闵庆文，郑林.贫困地区的生态旅游资源及其可持续利用探讨［J］.资源科学，2007（1）：112-117.

[82] 尚清芳.基于乡村旅游资源特征的扶贫开发模式与策略——以秦巴山区陇南市为例［J］.陕西理工大学学报（社会科学版），2018（2）：51-57.

[83] 沈芳.后扶贫时代长沙地区贫困治理的新形势与新路径［J］.福建茶叶，2020（3）：285-286.

[84] 史亚军.沟域经济——一种山区产业发展的新方式［J］.农民科技培训，2014（2）：42-44.

[85] 苏海红.论我国藏区的脱贫开发与和谐社会构建［J］.青海社会科学，2008（6）：18-22.

[86] 孙迎联，向勇.“后扶贫时代”的减贫治理何以有效？——基于晋东T市H镇的考察［J］.学习论坛，2019（3）：41-48.

[87] 唐淑云.论山地经济的发展前景及途径［J］.山地学报，2002（2）：45-63.

[88] 唐顺铁.生态旅游与脱贫开发［J］.中国贫困地区，1999（3）：23-31.

［89］唐勇，张命军，秦宏瑶．国家集中连片特困地区旅游脱贫开发模式研究——以四川秦巴山区为例［J］．资源开发与市场，2013（10）：1114-1117．

［90］田波，柳长兴．人力资本视角下的"志智双扶"问题研究：后扶贫时代的脱贫治理［J］．重庆理工大学学报（社会科学），2020（2）：66-76．

［91］汪三贵，曾小溪，殷浩栋．中国扶贫开发绩效第三方评估简论——基于中国人民大学反贫困问题研究中心的实践［J］．湖南农业大学学报（社会科学版），2016（3）：2-5．

［92］王怀勇，邓若翰．后脱贫时代社会参与扶贫的法律激励机制［J］．西北农林科技大学学报（社会科学版），2020（4）：1-10．

［93］王介勇，陈玉福，严茂超．我国精准扶贫政策及其创新路径研究［J］．中国科学院学报，2016（3）：289-295．

［94］王立创，代秀亮．2020年后我国农村贫困治理：新形势、新挑战、新战略、新模式［J］．社会政策研究，2018（4）：3-14．

［95］王荣党．贫困线经典定义的百年演变：特质与内核［J］．贵州社会科学，2017（1）：136-143．

［96］王倩，毕红霞．我国农村最低生活保障标准研究［J］．调研世界，2016（10）：7-12．

［97］王汝辉，柳应华，马志新．西藏旅游产业的战略主导性分析［J］．中国藏学年，2014（4）：82-101．

［98］王太明．新型贫困的主要类型、成因及治理对策［J］．汕头大学学报（人文社会科学版），2019（5）：10-17．

［99］王习明，张慧中．后扶贫时代国家重点生态功能区的村组治理［J］．长白学刊，2020（3）：61-67．

［100］王小林，Sabina Alkire．中国多维贫困测量：估计和政策含义［J］．中国农村经济，2009（12）：4-10．

［101］王增文．当前亟须推进应急风险管理常态化——兼论"后扶贫时代"的贫困风险应急管理机制建设［J］．人民论坛·学术前沿，2019（5）：44-47．

［102］温军．青藏高原农业可持续发展战略研究［J］．中国藏学，2002（1）：3-12．

［103］吴通宜．民族贫困地区乡村旅游导向下的乡村振兴研究［J］．中国商论，2020（1）：207-209．

［104］夏支平．后脱贫时代农民贫困风险对乡村振兴的挑战［J］．江淮论坛，2020（1）：18-25．

［105］鲜祖德，王萍萍，吴伟．中国农村贫困标准与贫困监测［J］．统计研究，2016（9）：3-12．

［106］向勇，孙迎联．"后扶贫时代"的减贫治理：特征、困境与出路——基于山西省Q县Y乡的调研分析［J］．福建行政学院学报，2019（1）：33-41．

［107］肖星．中西部贫困地区旅游脱贫开发探索［J］．开发研究，1999（2）：60-64．

［108］肖兴政，肖钰琪．后脱贫时代农村人力资源配置研究——以S省B市柳林镇为例［J］．中国软科学，2017（2）：23-31．

［109］肖兴政，袁兰．后脱贫时代农村人力资源增量的影响因素及对策研究［J］．农村经济与科技，2018（4）：184-162．

［110］肖主宸．开发性普惠金融在"后脱贫时代"的"造血"功能［J］．金融经济，2020（16）：86-88．

［111］萧子扬．农村社会保障社区化：2020"后脱贫时代"我国乡村振兴的路径选择［J］．现代经济探讨，2020（3）：110-116．

［112］邢成举，李小云．相对贫困与新时代贫困治理机制的构建［J］．改革，2019（12）：16-25．

[113] 徐曼.打好"后脱贫时代"脱贫攻坚战[J].人民论坛，2019（9）：58-59.

[114] 许斌.后脱贫时代的健康扶贫：基于健康的社会决定性因素的思考[J].健康中国观察，2020（4）：36-38.

[115] 许加明.贫困的另一种诠释：权利方法视角下的贫困问题研究[J].社会科学论坛，2020（3）：74-83.

[116] 许源源.后扶贫时代的贫困治理：趋势、挑战与思路[J].国家治理，2020（1）：18-21.

[117] 杨立昌，杨跃鸣，曹薇."后脱贫时代"教育对口支援机制创新研究——基于"组团式植入"帮扶案例分析[J].凯里学院学报，2020（2）：86-93.

[118] 杨兮，陈志永.西南山地旅游业与农业融合发展路径找寻[J].贵州师范学院学报，2018（2）：6-12.

[119] 杨耀，杨金燕，唐艳.四川秦巴山区贫困特征及扶贫模式研究[J].国土资源科技管理，2016（2）：63-68.

[120] 杨振之，马琳，胡海霞.论旅游功能区规划：以四川汶川地震灾后恢复重建为例[J].地域研究与开发，2013（6）：90-95.

[121] 姚贵阳.依托山区资源优势构建山地经济体系[J].当代贵州，2020（2）：74-75.

[122] 阴姣姣，王晓芳，贾垚焱.旅游脱贫重点村空间可达性分布特征及影响因素研究[J].地理科学进展，2019（12）：1865-1875.

[123] 叶普万，王军.世界反贫困战略演变述评[J].山东社会科学，2005（10）：21-29.

[124] 叶兴庆，殷浩栋.从消除绝对贫困到缓解相对贫困：中国减贫历程与2020年后的减贫战略[J].改革，2019（12）：5-15.

[125] 遗梦长安.转引南都观察：2020年"贫困"的终结？[EB/OL].http://m.kdnet.net/share-12164208.html.

[126] 周歆红.关注旅游脱贫的核心问题[J].旅游学刊，2002（1）：45-52.

[127] 周仲高，柏萍.社会贫困趋势与反贫困战略走向[J].湘潭大学学报（哲学社会科学版），2014（1）：80-84.

[128] 左停.反贫困的政策重点与发展型社会救助[J].改革，2016（8）：25-32.

[129] 赵艳霞.精准扶贫呼唤"精准"的人才队伍[J].社会治理，2017（1）：1-2.

[130] 张欢欢.乡村振兴战略下河南省乡村旅游扶贫转型升级研究[J].现代商贸工业，2020（3）：28-29.

[131] 张建英.论青藏地区传统文化的特征[J].丝绸之路，2009（1）：37-39.

[132] 张敏敏，覃建雄，蔡新良.生态位理论视阈下跨省界旅游地整合发展研究——以泸沽湖为例[J].旅游研究，2019（6）：1-15.

[133] 张琦.减贫战略方向与新型扶贫治理体系建构[J].改革，2016（8）：77-80.

[134] 张青.相对贫困标准及相对脱贫人口比率[J].统计与决策，2012（6）：15-20.

[135] 张翔，余应鸿.对高校自主招生使贫困家庭子女失去受教育机会的思考[J].教育探索，2010（4）：36-41.

[136] 张雪，王怡，郭萌.秦巴山区（陕南）旅游可持续扶贫模式探讨[J].辽宁农业科学，2019（5）：46-50.

[137] 张涛，王春蕊.中国扶贫开发成效、创新与展望[J].河北学刊，2020（3）：147-155.

[138] 张义丰，贾大猛，谭杰.北京山区沟域经济发展的空间组织模式[J].地理学报，2009（10）：

1231-1242.

［139］张玉强，李祥.我国集中连片特困地区精准扶贫模式的比较研究——基于大别山区、武陵山区、秦巴山区的实践［J］.湖北社会科学，2017（2）：46-56.

［140］张燕.把"第六产业"打造成为广东现代农业新的增长极［J］.广东经济，2015（6）：16-19.

［141］诸世航.《1981年世界发展报告》简介［J］.外国经济与管理，1982（2）：20-26.

［142］张诗遥."后脱贫时代"防止返贫长效机制研究［J］.农村经济与科技，2020（8）：216-217.

［143］张协奎，吴碧波.壮族地区2020年后扶贫城镇转向及城乡脱贫共治研究——以崇左市为例［J］.广西民族研究，2019（3）：167-173.

［144］赵航.后脱贫时代高校图书馆助力乡村信息素养提升路径探究［J］.数字与缩微影像，2019（3）：40-43.

［145］周孟良，袁玲玲."后脱贫时代"扶贫小额信贷风险防范研究［J］.四川理工学院学报（社会科学版），2019（5）：88-100.

［146］周正义."后脱贫时代"高职院校产教融合精准脱贫模式探索［J］.才智，2018（17）：57.

［147］周正义，胡林波.职业教育脱贫与农产品电商的利益共建研究——兼论后脱贫时代产教融合视角下高职脱贫的现实基础和新要求［J］.中国商论，2020（4）：18-19.

［148］庄天慧.四川藏区农牧民收入水平、结构及差距研究［J］.南民族大学学报（人文社会科学版），2016（1）：152-155.

［149］Barker A，Stockdale A.Out of the wilderness? Achieving sustainable development within Scottish national parks［J］.Journal of Environmental Management，2008（1）：181-193.

［150］Bob E L Wishitemi，Stephen O Momanyi，et. al. The link between poverty，environment and ecotourism development in areas adjacent to Maasai Mara and Amboseli protected areas［J］.Kenya Tourism Management Perspectives，2015，16：306-317.

［151］B O Imbaya，R W Nthiga，P Lenaiyasa.Capacity building for inclusive growth in community-based tourism initiatives in Kenya［J］.Tourism Management Perspectives，2019（30）：11-18.

［152］Cara Cherry，Kirsten M Leong. Risk-enhancing behaviors associated with human injuries from bison encounters at Yellowstone National Park［J］.One Health，2018（6）：1-6.

［153］Caroline A，Harold G，Dilys R.Pro-Poor Tourism Strategies：Expanding Opportunities for the Poor［J］.The Journal of Tourism，2003（4）：45-53.

［154］Carlos M，Camilo M Botero. Beach litter in Ecuador and the Galapagos islands：A baseline to enhance environmental conservation and sustainable beach tourism［J］.Marine Pollution Bulletin.2019，140：573-578.

［155］César Viteri Mejía，Sylvia Brandt.Managing tourism in the Galapagos Islands through price incentives：A choice experiment approach［J］.Ecological Economics.2015，117：1-11.

［156］Caroline Ashley，Dilys Roe，Harold Goodwin.Pro-Poor Tourism Strategies：Making Tourism Work for the Poor［J］.ODI，IIED，and CRT，2001：489-497.

［157］Cochrane J.Indonesian national parks：Understanding Leisure Users［J］.Annals of Tourism Research，2006，33（4）：979-997.

［158］David S Green，Elise F Zipkin. .Long-term ecological changes influence herbivore diversity and abundance inside a protected area in the Mara-Serengeti ecosystem［J］.Global Ecology and Conservation，2019（20）：00697.

［159］Dallen J Timothy. Political boundaries and tourism：borders as tourist attractions.［J］Tourism Management, 1995, 16（7）：525-532.

［160］David Harrison. Development of tourism in Swaziland［J］. Annals of Tourism Research，1995, 22（1）：135-156.

［161］Deloitte，Touche. Sustainable Tourism and Poverty Elimination Study［J］. A report to the Department for International Development IIED Odi April，1999：487-496.

［162］Dilys R，Caroline A，Sheila P，et al. Tourism and the Poor：Analysing and Interpreting Tourism statistics from a Povety Perspective［J］. PPT Working Paper No.16, 2004：25-36.

［163］Douglas McNab. Impacts of Pro-poor Tourism Facilitation with South African Corporates［J］. Monitoring and Evaluation Report of the Pro-Poor Tourism Pilots Project, 2003：23-31, 136-156.

［164］Dorothea Meyer. The UK Outbound Tour Operating Industryand Implications for Pro-Poor Tourism［J］. PPT Working Paper No.17, 2004：210-226.

［165］Gusti Kade Sutawa. Issues on Bali Tourism Development and Community Empowerment to Support Sustainable Tourism Development［J］. Procedia Economics and Finance, 2012, 4：413-422.

［166］Freya Higgins-Desbiolles. Sustainable tourism：Sustaining tourism or something more?［J］. Tourism Management Perspectives, 2018, 25：157-160.

［167］Haether D Zeppel.Indigenous ecotourism sustainable development and management［J］. Columns Design Ltd, 2005：487-498.

［168］Hayley M Benham，Matthew P McCollum. Production of embryos and a live offspring using post mortem reproductive material from bison（Bison bison bison）originating in Yellowstone National Park［J］.USA. Theriogenology, 2021：160, 33-39.

［169］Jean Junying Lor，Shelly Kwa，John A Donaldson. Making ethnic tourism good for the poor［J］. Annals of Tourism Research, 2019（76）：140-152.

［170］Jeffrey D Sachs.The End of Poverty – Economic Possibilities for Our Time［J］.Penguin Press, New York，Hardbound, 2005：396.

［171］Jaime A Seba. Management of Sustainable Development in Ecotourism. Case Study Romania［J］. Procedia Economics and Finance, 2012, 35：427-432.

［172］John S Akama.Western environmental values and nature-based tourism in Kenya［J］. Tourism Management. 1996, 17（8）：567-574.

［173］Julia Jeyacheya，Mark P Hampton.Wishful thinking or wise policy? Theorising tourism-led inclusive growth：Supply chains and host communities［J］. World Development, 2020, 131：104960.

［174］Kevin X Li，Mengjie Jin，Wenming Shi. Tourism as an important impetus to promoting economic growth：A critical review［J］. Tourism Management Perspectives, 2018, 26：135-142.

［175］Lalita A Manrai，Dana-Nicoleta Lascu，Ajay K Manrai.A study of safari tourism in sub-Saharan Africa：An empirical test of Tourism A-B-C（T-ABC）model［J］. Journal of Business Research, 2020, 119：639-651.

［176］Lee Jolliffe. Pro-poor Tourism：Who Benefits? Perspectives on Tourism and Poverty Reduction［J］. Tourism Management, 2009, 30（3）：465-466.

［177］Lenin Riascos-Flores and Stijn Bruneel. Polluted paradise：Occurrence of pesticide residues within the urban coastal zones of Santa Cruz and Isabela（Galapagos，Ecuador）［J］. Science of The Total

Environment, 2020, 119: 142956.

[178] Marie-Eve Yergean. Tourism and local welfare: A multilevel analysis in Nepal Nepal's protected area [J]. Word Development, 2020, 127: 1-19.

[179] Min Jiang, Terry D, Nickson P M, et al. Some evidence for tourism alleviating poverty [J]. Annals of Tourism Research, 2011, 38 (3): 1181-1184.

[180] Mohd Y, Ab H, Rohayu R.Poverty eradication through vocational education (tourism) among indigenous people communities in Malaysia: Pro-Poor Tourism Approach (PPT) [J]. Social and Behavioral Sciences, 2013, 93: 1840-1844.

[181] Neda Z, Aliasghar S, Aliakbar A, Bidokhti.Islamic pro-poor and volunteer tourism — The impacts on tourists: A case study of Shabake Talayedaran Jihad, Teheran [J]. Tourism Management Perspectives, 2016, 19 (B): 165-169.

[182] Novelli M.Scarth A.Tourism in protected areas: Integrating conservation and community development inliwonde National Park (Malawi) [J]. Tourism and Hospitality Planning & Development, 2007, 4 (1): 47-73.

[183] Peter Malpass.Poverty: A Study of Town Life, University of the West of England, Bristol [J]. UK.Housing sdudies, 2012, 27 (3): 398-404.

[184] Ravallion M, Chen S.China's (uneven) progress against poverty [J]. Journal of development economics, 2007 (1): 10-15.

[185] Qin Jianxiong. Tourism resort destination systems: genetic classification and spatial management. 2017 2nd International Conference on Information Technology and Management Engineering (ITME) [J]. DEStech Publications, Inc.2017: 320-326.

[186] Qin Jianxiong. .Research status, progress and trend of rural tourism transformation and upgrading. 2015 International Conference on Social Science and Technology Education (ICMESD) [J]. ATLANTIS Press, 2016: 126-132.

[187] Qin Jianxiong.Geological Parks, Eco-tourism And Sustainable Development. 3th International Conference on Management Science and Management Innovation (MSMI) [J]. ATLANTIS Press, 2016: 58-67.

[188] Qin Jianxiong. Classifications and development frameworks of tourist resorts based on geospatial division theory: a case study of Sichuan province, western China.International Conference on Material Science and Application (ICMSA [J]). ATLANTIS Press, 2015: 752-760.

[189] Qin Jianxiong.Challenges and Countermeasures of Regional Tourism Cooperation Development Strategy of Sichuan-Shanxi-Gansu Golden Triangle Area [J].Western China. International Workshop on Social Science Progress (IWSSP), 2015: 1033-1039.

[190] Qin Jianxiong.A Study on Eco-Tourism and Sustainable Development of Economic Underdevelopment Area: An example From Kanas Nature Reserve [J]. Xinjiang, Western China. Smart & Grid and Renewable Energy, 2014 (5): 170-179.

[191] Richard Sharpley. Poverty alleviation through tourism: A comprehensive and integrated approach Poverty alleviation through tourism: A comprehensive and integrated approach [J]. Tourism Management, 2016, 56, 207-208.

[192] Sachs, Jeffrey. The End of Poverty: Economic Possibilities for Our time [J].New York: Penguin

Press，2005：587-598.

［193］Sachs，Jeffrey.The End of Poverty：Economic Possibilities for Our Time［J］.International Journal of Environmental Studies.Taylor & Francis Journal，2010，67（1）：85.

［194］Satya R C.On the Watts Multidimensional Poverty Index and its Decomposition［J］.World Development，2008（6）：123-129.

［195］Stephen F M.Challenges and Opportunities Along the Pathways to Building a National Park System in China［J］.Landscape Architecture，2019，26（4）：8-16.

［196］Regina Scheyvens.Tourism and Poverty.［J］.Milton Park，Abingdon，Oxon OX14 4RN.2011：487-798.

［197］Ryan M Yonk，Jordan K Lofthouse.A review on the manufacturing of a national icon：Institutions and incentives in the management of Yellowstone National Park［J］.International Journal of Geoheritage and Parks，2020，8（2）：87-95.

［198］Victor Teye.Geographic factors affecting tourism in Zambia［J］.Annals of Tourism Research.1988，15（4）：487-503.

学位论文：

［1］崔晓明.基于可持续生计框架的秦巴山区旅游与社区协同发展研究——以陕西安康市为例［D］.西安：西北大学，2018.

［2］万能.西部贫困地区城乡统筹模式研究［D］.贵阳：贵州大学，2005.

［3］王联兵.宁夏旅游主体功能分区研究［D］.西安：西北大学，2010.

［4］王颖.中国农村贫困地区旅游脱贫PPT（Pro-Poor Tourism）战略研究［D］.上海：上海社会科学院，2006.

［5］张茜.多维贫困视角下中国农村贫困家庭的识别研究［D］.北京：首都经济贸易大学，2018.

会议论文集：

［1］岑大明.加快山地经济体系构建研究——以贵州省黔西南州为例［C］//中共黔西南州委党校会议论文集.贵州.兴义.黔西南党校论坛，2019：36-39.

［2］覃建雄.武陵山片区旅游一体化发展难点调查与对策研究［C］//武陵山片区社会经济发展调查研究论文集.北京：经济科学出版社，2014：135-148.

报告、报刊：

［1］国家统计局农村社会经济调查司.2010中国农村贫困监测报告［R］.北京：中国统计出版社，2010.

［2］吴江.精准脱贫要有"精准"的人才队伍［N］.光明日报，2016-03-15.

［3］姚慧琴，徐璋勇.中国西部发展报告（2012）［R］.北京：社会科学文献出版社，2012.

［4］Dilys Roe etc.Tourism and the Poor：Analysing and Interpreting Tourism Statistics from a Poverty Perspective［R］.PPT Working Paper No. 16 March. 2004.

文件、电子文献：

［1］桂东桥头.乡村振兴战略与农村三产融合发展的价值逻辑关联及协同路径选择［EB/OL］.（2019-08-06）.http://www.sohu.com/a/296007451_737084.

［2］何忠国.以乡村人才振兴推进农业农村现代化.国际在线［EB/OL］.https://baijiahao.baidu.com/

s?id=1615656278927428720&wfr =spider&for=pc.

［3］刘奇 . 农村三产融合：如何融，怎样合［EB/OL］.http://theory.people.com.cn/n1/2019/0314/c40531-
30975726.html.

［4］万宝瑞 . 把握农村三产融合五大新特点 . 人民日报［EB/OL］.http://theory.gmw.cn/2019-08/28/
content_33113523.htm.2019.

［5］王蓓蓓 . 聚焦乡村振兴战略，探索农村三产融合发展［EB/OL］.http://www.fx361.com/page/2018/
0322/4973272.shtml.